I Jāms

I ɡofio am noson ...

buon ... ...

... "Pethauffyn"

D1145162

Août 1978

LLÊN CYMRU
A
CHREFYDD

LLÊN CYMRU A CHREFYDD

DIBEN Y LLENOR

R. M. Jones

Christopher Davies
Abertawe

Hawlfraint © R. M. Jones 1977

Cyhoeddwyd gyntaf ym 1977 gan
Christopher Davies (Cyhoeddwyr) Cyf
4/5 Thomas Row
Abertawe. SA1 1NJ

Cedwir pob hawl. Ni ellir atgynhyrchu unrhyw
ran o'r cyhoeddiad hwn na'i gadw mewn
cyfundrefn adferadwy na'i drosglwyddo mewn
unrhyw ddull na thrwy unrhyw gyfrwng,
electronig, mecanyddol, ffoto-gopïo, recordio,
nac fel arall, heb ganiatâd ymlaen llaw
gan y cyhoeddwyr
Christopher Davies (Cyhoeddwyr) Cyf

Argraffwyd gan
Wasg Salesbury Cyf
Llandybïe, Rhydaman
Dyfed

ISBN 0 7154 0439 3

1
Geoff ac Iola

CYNNWYS

BYRFODDAU

B	*Bwletin y Bwrdd Gwybodau Celtaidd,* Gwasg Prifysgol Cymru, Caerdydd.
BBC	*The Black Book of Carmarthen,* gol. J. Gwenogvryn Evans, Pwllheli, 1907.
	Brut Dingestow, Henry Lewis, Gwasg Prifysgol Cymru, Caerdydd, 1942.
BU	*Barddoniaeth yr Uchelwyr,* D. J. Bowen, Gwasg Prifysgol Cymru, Caerdydd, 1957.
BWLl	*Barddoniaeth William Llŷn,* J. C. Morrice, Jarvis a Foster, Bangor, 1908
CCH	*Cylchgrawn Cymdeithas Hanes Eglwys Methodistiaid Calfinaidd Cymru.*
CG	*Cerddi'r Gaeaf,* R. Williams Parry, Gwasg Gee, Dinbych, 1952.
CLIH	*Canu Llywarch Hen,* Ifor Williams, Gwasg Prifysgol Cymru, Caerdydd, 1935.
Cy	*Y Cymmrodor*
DGG	*Cywyddau Dafydd ap Gwilym a'i Gyfoeswyr,* Ifor Williams a Thomas Roberts, Gwasg Prifysgol Cymru, 1935.
E	*Profedigaethau Enoc Huws,* Daniel Owen, Hughes a'i Fab, Wrecsam, 1891.
G	*Geirfa Barddoniaeth Gynnar Gymraeg,* J. Lloyd-Jones, Gwasg Prifysgol Cymru, Caerdydd
GDG	*Gwaith Dafydd ap Gwilym,* Thomas Parry, Gwasg Prifysgol Cymru, Caerdydd, 1952.
GDN	*The Poetical Works of Dafydd Nanmor,* Thomas Roberts ac Ifor Williams, Caerdydd, 1923.
GGG	*Gwaith Guto'r Glyn,* gol. Ifor Williams, Caerdydd, 1939.
GP	*Gramadegau'r Penceirddiaid,* G. J. Williams ac E. J. Jones, Gwasg Prifysgol Cymru, Caerdydd, 1934
GPC	*Geiriadur Prifysgol Cymru,* Gwasg Prifysgol Cymru, Caerdydd.
GT	*Gwen Tomos,* Daniel Owen, Hughes a'i Fab, Wrecsam, 1894.
H	*Llawysgrif Hendregadredd,* gol. J. Morris-Jones a T. H. Parry-Williams, Caerdydd, 1933.
H	*Yr Haf a Cherddi Eraill,* R. Williams Parry, Gwasg y Bala, 1924.
HGC	*Hen Gerddi Crefyddol,* gol. H. Lewis, Caerdydd, 1931.
IGE[2]	*Cywyddau Iolo Goch ac Eraill* (arg. newydd), Henry Lewis, Thomas Roberts, Ifor Williams, Gwasg Prifysgol Cymru, Caerdydd, 1937.

M   *Myvyrian Archaiology of Wales,* gol. Owen Jones, et. al., Dinbych, 1870.

M Ph   Modern Philology, Chicago.

OBWV   *The Oxford Book of Welsh Verse,* Thomas Parry, Clarendon, Oxford, 1962.

PG   *The Poetry of the Gogynfeirdd,* gol. E. Anwyl, Denbigh, 1909.

PKM   *Pedeir Keinc y Mabinogi,* Ifor Williams, Gwasg Prifysgol Cymru, Caerdydd, 1930.

R   *Report on MSS in the Welsh Language,* J. Gwenogvryn Evans, London, 1898-1910.

RC   *Revue Celtique.*
Rom. Rev. *Romanic Review*
Rh.   *Hunangofiant Rhys Lewis,* Daniel Owen, Hughes a'i Fab, Wrecsam, 1885.

S   *Straeon y Pentan,* Daniel Owen, Hughes a'i Fab, Wrecsam, 1895.

T   *Y Dreflan,* Daniel Owen, Hughes a'i Fab, Wrecsam, 1881.
TC   *Transactions of the Honourable Society of Cymmrodorion,* Llundain.

WCCR   *The Welsh Church From Conquest to Reformation,* Glanmor Williams, University of Wales Press, Cardiff, 1962.

WM   *Llyfr Gwyn Rhydderch,* gol. J. Gwenogvryn Evans, Gwasg Prifysgol Cymru, Caerdydd, 1973.

ZCP   *Zeitschrift für Celtische Philologie*
Zt. f. rom.
Phil.   *Zeitschrift für Romanische Philologie,* Halle.

RHAGAIR

YN niwedd *Tafod y Llenor* fe nodwyd y byddai angen o leiaf un gyfrol arall er mwyn cwblhau'r darlun arbennig o lenyddiaeth yr oeddwn i'n ceisio'i gyflwyno. Partneres i'r gyfrol honno ydyw hon. Lle yr oedd *Tafod y Llenor* yn ceisio'n bennaf ddisgrifio'r drefn neu'r patrwm symudiadol yn iaith llenyddiaeth, y mae'r gyfrol hon yn ceisio manylu'n bennaf ar gyfeiriad y patrwm hwnnw. Fel yr awgrymais yn y gyfrol gyntaf, y mae *cyfeiriad* y patrwm yn egluro inni rywbeth ynglŷn â *natur* y patrwm, ac felly nid yw'r naill agwedd ar ein hastudiaeth yn orffenedig (cyn belled ag y mae dim yn y maes hwn byth yn orffenedig) heb y llall.

Diau y gwêl y cyfarwydd nad yw'r llyfr hwn ddim yn dilyn y dull arferol mewn beirniadaeth Saesneg (neu Americanaidd); a rhaid i'r awdur syrthio ar ei fai yn hyn o beth. Ni bydd felly, ysywaeth, yn plesio pawb. Ond y rheswm syml am hyn—ar wahân i ffaeleddau diamheuol yr awdur ei hun—yw ei fod yn gwneud rhagdybiau neu ragosodiadau gwahanol. Ceisiwyd rywfodd yn y gyfrol hon ddarganfod pa ragosodiadau a oedd yng nghanol y meddwl Cristnogol a fu mor bwysig yn y proses o lunio'r traddodiad llenyddol Cymraeg; ac yna, sylwi ym mha fodd yr oedd y rhagosodiadau hynny wedi gosod dibenion i lenyddiaeth, ac felly wedi effeithio'n ddwfn ar ei difrifoldeb a'i hyder.

O chwilio y math o ffordd y gallai'r meddwl Cristnogol ddylanwadu ar fframwaith y syniad am lenyddiaeth, fe obeithir dadlennu rhywbeth am y modd y mae llenyddiaeth Gymraeg wedi datblygu.

Nid llenyddiaeth Gristnogol neu lenyddiaeth a chanddi gefndir Cristnogol yn unig a gaiff sylw, oherwydd fe ddadleuir fod pob llenyddiaeth—yn anymwybodol neu beidio—wedi'i seilio ar ragosodiadau neu ragdybiau ynghylch diben, gwerthoedd, a threfn. Hynny yw, er mor seciwlar y cais rhai llenyddweithiau ymddangos, nid oes y fath ffenomen â gweithiau niwtral yn bod sydd heb eu cyflyru gan ragdybiau diwinyddol-lenyddol. Y

11

grwndwal cyffredinol hwn o ragdybiau cyfeiriol sy'n sail angenrheidiol a gorfodol i bob llenyddiaeth, bydded Gristnogol neu beidio, yw gwir wrthrych ein myfyrdod, er bod y gyfrol hon, oherwydd penderfyniad i ymglymu'n ddiriaethol wrth enghreifftiau penodol, a'r rheini'n Gymraeg, wedi tueddbennu o raid tuag at rai o liw Cristnogol.

Diolchir i rai golygyddion (ac awdurdodau eraill) am ganiatâd caredig i gasglu defnyddiau a gyhoeddwyd o'r blaen mewn fersiwn arall ganddynt hwy—i'r Athro J. E. Caerwyn Williams (a'r cyhoeddwr Mr. Charman a Gwasg Gee) am ysgrifau a ymddangosodd yn *Ysgrifau Beirniadol*; i Mr. D. Tecwyn Lloyd, golygydd *Taliesin*; y diweddar Mr. Alwyn D. Rees, golygydd *Barn;* Dr. R. Tudur Jones, golygydd *Y Cofiadur*; i'r Eisteddfod Genedlaethol; i Wasg y Brifysgol am y bennod ar Forgan Llwyd a gyhoeddwyd yn gyntaf yn *Astudiaethau Amrywiol* gol. Thomas Jones; i'r Athro Jac L. Williams, golygydd pamffledi llenyddol Cyfadran Addysg Aberystwyth. Cefais fudd mawr ar hyd y deuddeng mlynedd y bûm yn gweithio'n achlysurol ar y gyfrol hon wrth ymddiddan gyda'm cefnder, y Parch. Geoff Thomas Aberystwyth, ar arwyddocâd Cristnogaeth ymhob agwedd ar ein bywyd; efô a'm cyflwynodd i weithiau Kuyper a Dooyeweerd, Van Til, Schaeffer, a Rookmaaker, yn ogystal ag i'r traddodiad Awstinaidd a Phiwritanaidd; ac nid yw ond yn weddus felly mai iddo ef a'i wraig y cyflwynir y gyfrol hon. Braint hefyd imi yw diolch i'r Athro Caerwyn Williams, y bu ei gefnogaeth ysgolheigaidd yn gymaint o ysbrydiaeth i mi ers blynyddoedd, am ei gynnig haelfrydig i ddarllen yr efrydiau hyn cyn eu danfon i'r Wasg, ac i'r Athro T. J. Morgan am fynd drwy'r gyfrol yn ofalus gan awgrymu llawer o welliannau buddiol iawn.

Rhaid i mi serch hynny arddel y beiau a erys yn y gyfrol. Ceisiais fynd ymhellach na neb o'r blaen wrth gymhwyso'r safbwynt Calfinaidd at egwyddorion llenyddol, at hanes llenyddiaeth, ac at un traddodiad enghreifftiol yn neilltuol yn llenyddiaeth y byd sef y traddodiad Cymraeg; a diau y bydd llawer yn meddwl imi fynd yn rhy bell. Fy anesmwythyd mawr i yw nad euthum yn ddigon pell. Ond fy ngobaith oedd y byddai i'r gyfrol fach hon wneud rhywbeth bychan, megis fy nghyfrolau eraill,—er mor aneffeithiol ac anorffenedig fônt,—er gogoniant ac er clod i Dduw.

I

RHAGYMADRODD

'Dans l'ancienne tradition chinoise shih, *'poésie, art verbal'* et chih, *'finalité, dessein, but'* sont deux noms et concepts étroitement liés.'

(Roman Jakobson)

DIBEN Y LLYFR

Dichon na byddai darllenydd anghrediniol yn gwadu nad oes i lenyddiaeth Gymraeg ryw fath o linach neu gysylltiadau Cristnogol. Yn wir, cyn y ganrif hon, anodd yw dod o hyd er y chweched ganrif i un llenor Cymraeg na fyddai'n arddel y label 'Cristion' pe bai galw am hynny. Ac y mae'r meddwl Cristnogol, beth bynnag fo'n barn ni heddiw amdano, wedi llunio cryn dipyn ar nod ac ar athrawiaeth ein llenyddiaeth ni erioed.

Ymgais y gyfrol hon, o safbwynt y darllenydd seciwlar yw olrhain ac egluro'r modd y mae syniadaeth Gristnogol a chrefyddol—er drwg neu er da—wedi llunio cymhelliad neu ddiben adeileddol o ryw fath i lenyddiaeth Gymraeg; dehongliad ydyw, un dehongliad posibl, o un symudiad syniadol yn ein traddodiad; ac yn ogystal fe ddadleuir fod y grwndwal diwinyddol-lenyddol hwn sydd yn ein llenyddiaeth ni yn enghraifft genedlaethol neu benodol o rwndwal diwinyddol-lenyddol o ryw liw neu'i gilydd a geir, heb yn wybod yn fynych, o dan bob llenyddiaeth yn y byd, er na ellir disgwyl i ddarllenydd seciwlar gytuno mai'r diben i fywyd (ac i lenyddiaeth) a ragdybir yn y gyfrol hon yw'r un hollgynhwysfawr, a'r unig un ymarferol yn y pen draw sy'n bosibl i bawb.

Ymgais y gyfrol hon o safbwynt y darllenydd o Gristion, ar y llaw arall, yw ystyried pa gymorth a geir yn ein traddodiad llenyddol i benderfynu beth yn hollol yw diben cywir a chyflawn pob llenor.

Ni bydd yr awdur yn ceisio celu ei ragosodiadau Cristnogol ei hun. A dichon y dylid ymddiheuro yn y fan yma os byddir yn eu dadlennu mewn modd sy'n gwylltu'r darllenydd. Un o ryfeddodau ysgolheictod ein dyddiau ni yw, er bod cytundeb ymhlith haneswyr a llenorion ac athronwyr nad oes modd yn y byd inni

13

ddehongli a dethol hanes, dyweder, na thrafod cymhellion dynol yn ôl cywair 'niwtral' ac yn wrthrychol ddiduedd, eto cynhelir y myth croen-galed fod y gwaith hwnnw'n gallu mynd yn ei flaen rywsut heb ymwybod yn ormodol â'r rhagdybiaethau penderfyniadol hynny.[1] Y dehongli mwyaf peryglus yw hwnnw sy'n cuddio'i ragosodiadau crefyddol ei hun, neu'n naïf anymwybodol ohonynt, yn arbennig y rhai "seciwlar-grefyddol". Os bydd y darllenydd, felly, yn gwylltu dro am fod yr awdur hwn mor wyneb-agored yn arddel ei ragfarnau oesol, caiff ei gysuro'i hun nad yw'n gwylltu hanner cymaint â'r awdur hwn ei hun pan wêl hwnnw awduron eraill sy'n felys anfeirniadol o'u rhagfarnau hwy.

Mewn beirniadaeth lenyddol Rwsiaidd yn y cyfnod diweddar fe geir tair ysgol: yr un ffurfiolaidd, nad oes a wnelo hi ddim oll â dangos diben llenyddiaeth; ac yna, yr un fetaffisegol (a gysylltir â phobl megis Berdjaev) sy'n ymddiddori mewn llenyddiaeth fel modd o wybod am yr absoliwt; ac yn olaf, wrth gwrs, yr un Farcsaidd neu gymdeithasol, sy'n synied am lenyddiaeth fel modd i feddwl ac i weithredu'n gymdeithasol. Cyfetyb f'ymdriniaeth i, *Tafod y Llenor,* i'r ysgol gyntaf, set yr un ffurfiolaidd, a'r ymdriniaeth bresennol i'r meysydd a ddiddora'r ddwy ysgol arall. Ni charwn, serch hynny, awgrymu fod y meysydd hyn yn wahanredol ddigyswllt; a rhan o'm tasg i yw ceisio dangos beth yn hollol yw'r berthynas rhyngddynt.

Carwn grynhoi rhai rhagosodiadau wrth ateb un cwestiwn tyngedfennol mor dwt ag y medraf yn y fan hon ar y dechrau. Beth sydd a wnelo beirniadaeth lenyddol â Christnogaeth? Yn sicr, nid oes a wnelo ddim oll ag ymgais i broselytio gan fod dulliau cymhwysach o lawer o wneud hynny, a lleoedd llawer mwy priodol. Peth chwithig a diangen hefyd yw ceisio gwyro natur llenorion er mwyn eu llocio hwy o fewn rhyw gredoau sy'n annwyl gan y beirniad, fel y gwnaeth John Eilian mor aflwyddiannus (gredaf i) wrth geisio ystyried R. W. Parry fel math o uchel-eglwyswr cloff yn ei ysgrif arno yn *Gwŷr Llên* gynt. Nid oes a wnelo chwaith â rhoi mwy o bris ar y sawl sy'n cyfrannu o'r un cyflwr â'r Cristion ei hun, a chollfarnu'r rhai sydd y tu allan i'r

---

1. Enghraifft nodweddiadol o hyn oedd A. J. Ayer yn gweithio oddi ar egwyddor nad oedd dim oll yn ystyrlon oni ellid ei wireddu'n empeiraidd â'r synhwyrau, cyn sylwi na ellid gwireddu'r rhagosodiad cyntaf hwnnw ei hunan â'r synhwyrau.

safle yna; yn wir, nid yw paganiaeth yn aml yn fwy o atalfa ymddangosiadol ar lenor nag y byddai hi ar chwaraewr rygbi, dyweder; ac fe all y Cristion yntau fod yn llenor arswydus o sâl, er nad yw ei gredoau yn gymaint o rwystr iddo weithiau ag y câr rhai beirniaid gwrth-Gristnogol inni ei gredu. Na. Gellir crynhoi y prif gysylltiadau canolog rhwng beirniadaeth lenyddol a Christnogaeth fel hyn:

1. Y mae'n bwnc i ysgrifennu amdano, megis serch a byd natur ac yn y blaen.
2. Crefydd yw maen prawf pob barn. O fewn gwerthoedd crefyddol y mae pob gwerthoedd yn y pen draw yn cyfundrefnu.
3. Gweithgaredd crefyddol, y mae'n bosib, ar y cychwyn oedd llenyddiaeth i gyd—cerdd, drama, a chwedl; a hysbys y dengys y dyn . . .
4. Meddwl Awstinaidd-Galfinaidd yw'r syniadaeth lywodraethol fwyaf treiddgar yn llenyddiaeth Cymru o'r cyfnodau cynnar hyd drothwy'r ganrif hon; ac ni fu'n ddibwys hyd yn oed yn ystod y ganrif hon, yn gadarnhaol ac yn negyddol.
5. Y mae nod llenyddiaeth yn dylanwadu llawer ar ei gwerth cadarnhaol a ffrwythlon; a mater crefyddol yw nod.
6. Y mae trefn, a'r math o drefn, a ragfeddylir gan y Cristion, i'w chanfod hefyd mewn llenyddiaeth.
7. Felly, y mae Cristnogaeth yn medru dylanwadu'n gyrhaeddbell ar arddull, ar symbol ac ar fyth. Er enghraifft, dengys Erich Auerbach yn ei lyfr disglair *Mimesis*[2] fel y torrwyd ar draws y rheol glasurol o lefelau gwahaniaethol mewn arddull (sef y safbwynt a gadwai *le sublime* a *le grotesque*, dyweder, mewn cylchoedd ar wahân). Medd ef: 'Hanes Crist, gyda'i gymysgedd ddidrugaredd o realiti bob dydd ynghyd â'r trasiedi mwyaf aruchel, a goncrodd y rheol glasurol o arddulliau.' Sonia Hugh Sykes Davies,[3] yntau, wrth drafod Milton, am gatholigrwydd diwarafun yr eirfa a ganiateir gan y Beibl.
8. Y mae'n bosib i feirniad o Gristion werthfawrogi'r cwbl sydd o fewn cwmpas amgyffred y beirniad seciwlar (*gras cyffredin*); eithr y mae math arall o lenyddiaeth sy'n ymwneud ag ystyr dimensiwn arall (*gras arbennig*) yn agored iddo ef hefyd,

---

2. Cyhoeddir yr adran berthnasol yn *Literary English Since Shakespeare*, gol. G. Watson, OUP, 1970, 18.

3. ibid. 189, 'The first of these authorities was Christ himself, who used all kinds of discourse, "mild and familiar . . . plaine and impartiall homespeaking . . . bitter and ireful rebukes." The Bible itself, and through it the Spirit of God, had not avoided the occasional use of obscene words, "words not civill at other times to be spoken." '

15

llenyddiaeth na fedr y beirniad seciwlar, oherwydd cyfyngder profiad a gwybodaeth, ymateb yn foddhaol effeithiol iddi.

9. Caniatâ syniadaeth grefyddol inni, mewn beirniadaeth lenyddol, gysylltu ystyriaethau llenyddol—diben, dulliau, a gwerthoedd—â chylchoedd eraill mewn bywyd.

Yn awr, mewn gosodiadau mor foel â hyn, ni ellir gobeithio dadlau achos yn ddeheuig na chyfiawnhau'r casgliadau, er bod gobaith am wneud hynny'n fwy hamddenol dros nifer o benodau. Crynhoi'r pwyntiau hyn yr ydys yn y fan yna, er mwyn cyflwyno amlochredd cynhwysfawr y testun.

Mewn beirniadaeth lenyddol Gymraeg yn ddiweddar y ddwy theori seciwlar y tâl inni gyffwrdd â hwy'n bennaf yw y cnewyllyn hwnnw o ddamcaniaethau sy'n crynhoi o gylch y fformiwla 'celfyddyd er mwyn celfyddyd' (er nad ydys yn hoffi bellach ei dderbyn fel 'na) ac sy'n hawlio annibyniaeth celfyddyd gan honni na ddylid ei barnu yn ôl gwerthoedd eraill; ac yn ail, y cnewyllyn hwnnw o ddamcaniaethau, y gellir cynnwys Marcsiaeth yn eu plith (er prinned hynny yn y Gymraeg) sy'n darostwng celfyddyd i ofynion cymdeithasol neu seicolegol. A chyn i mi geisio goleddfu y naill na'r llall o'r rhain, gellir o leiaf gydnabod yr agweddau cadarnhaol sydd ynddynt—fod i lenyddiaeth ar y naill law ei hunanlywodraeth yn ôl yr ystyr fod iddi ei mesuriadau a'i dulliau priod ei hun nad yw'n weddus eu cystwyo i ffitio ffurfiau gweithgareddau eraill; a bod diben eithaf llenyddiaeth i'w gael hefyd nid o'r tu mewn iddi ei hun, eithr yn ôl pwrpas all-lenyddol, y mae 'cymdeithas' a'r 'unigolyn' yn enwau ar ddwy wedd arno (yn wir, yn rhan ohono).

Wrth sôn am 'hunanlywodraeth' celfyddyd, ac wrth gydnabod ei bod yn gylch priod 'rhydd' cyfartal â chylchoedd eraill megis gwleidyddiaeth, y mae un pwynt pellach, is-bwynt fel petai, sy'n gofyn am ei oleddfu ryw ychydig. Un wedd ar iaith yw llenyddiaeth. Ni ellir enwi llenyddiaeth ochr yn ochr ag iaith ei hun, mathemateg, ac yn y blaen, fel pe bai pob un yn gyfartal ac yn gyfwerth gyfochr o fewn holl gylchoedd gweithgarwch dyn. Terddir llenyddiaeth mewn iaith. Y mae perthynas organaidd rhyngddi ac iaith. Math o wastad ieithyddol yw llenyddiaeth. O fewn ieithyddiaeth gellir sôn am wastadau amryfal megis ffonoleg, morffoleg, a semantoleg; ac y mae i bob un o'r rhain ei "hunanlywodraeth" ei hun. Er eu bod ill tair yn gyd-berthnasol, y mae iddynt bob un ei phriodoleddau neilltuol a gwahaniaethol. Ai gwastad cyffelyb, felly, o fewn y deyrnas gynhwysfawr ieith-yddol honno ydyw llenyddiaeth hithau? Nage ddim. Ni all neb sy'n siarad iaith ddianc rhag yr un o'r tri gwastad hynny, ffonoleg, morffoleg na semantoleg; a phryd bynnag y siaradom neu yr ysgrifennom, y mae'r tri hyn oll yn gyd-weithredol yr un pryd ac yn anochel. Nid felly, llenyddiaeth. Dibynna llenydd-iaeth ar ffurfioli arbenigol arall nas gweithredir pa bryd bynnag a phle bynnag y defnyddir iaith—dibynna hi ar ffurfioleg arbenigol megis dethol, a chyferbynnu gorieithyddol, ac yn y blaen, a ddefnyddir yn 'achlysurol'. Os ieithydda yw siarad, yna gorieith-ydda yw llenydda. Gweithgaredd ieithyddol caniatáus, eithr nid gweithgaredd ieithyddol angenrheidiol ydyw llenyddiaeth.

Ond dewch i ni ddychwelyd at y ddwy theori uchod ynghylch diben llenyddiaeth. Eu tuedd a'u perygl yw eu gosod eu hun gyfarwyneb â'i gilydd megis dau elyn: sef,

Llenyddiaeth yn bod er ei mwyn ei hun.[4]
Llenyddiaeth yn bod er mwyn y byd y tu allan.

O gymryd y safbwynt cyntaf y mae'r holl safonau a gwerthoedd i'w cael o fewn y llenyddwaith ei hun. Eithr o gymryd yr ail, mesurir rhagoriaeth llenyddwaith yn ôl ei effaith arnom ni ac yn ôl ei berthynas â'r byd y tu allan iddo. Ar y naill law, fe geir hunanlywodraeth llenyddiaeth. Ar y llaw arall, ymrwymedig-aeth a defnyddioldeb. Bod . . . a gwneud. Dichon y bydd modd rywsut ddangos eu cyd-ddibyniaeth, ac awgrymu nad gelynion digymrodedd mohonynt wrth natur wedi'r cwbl.

Dichon yn wir y gall hyd yn oed y beirniad seciwlar ganfod eu cyd-ddibyniaeth, ac wrth gyferbynnu'r amcanion unigolyddol mewnblyg â'r rhai cymdeithasol allblyg, amgyffred fod y llenor ar waith yn unigolyn ac yn fod cymdeithasol yr un pryd, ac o gan-lyniad fod ei ddibenion llenyddol yn gynhwysfawr ddeublyg. Yn wir, gellid awgrymu bod modd mewn gwirionedd ddosbarthu'n driphlyg swyddogaethau 'seciwlar' celfyddyd yn ôl y tri gwrth-rych sy'n ymhlyg ynddi, a chymryd fod i'r llenyddwaith ei hun (fel gwrthrych) briodoleddau gwahaniaethol na wiw eu cymysgu â gwrthrych arall yr unigolyn nac â gwrthrych y gymdeithas.

4. Sonia E. a T. Burns yn eu rhagymadrodd i *Sociology of Literature and Drama,* Penguin, 1973, 11, am feirniadaeth Ortega, Leavis, Eliot ac efallai'r 'New Criticism' Eingl-Americanaidd, fel pe bai'n 'response and counter-attack to the Marxist undermining of the autonomy of literature.'

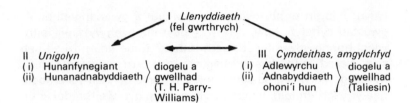

```
                        I  Llenyddiaeth
                          (fel gwrthrych)
```

II *Unigolyn*			III *Cymdeithas, amgylchfyd*	
(i) Hunanfynegiant	\ diogelu a		(i) Adlewyrchu	\ diogelu a
(ii) Hunanadnabyddiaeth	/ gwellhad		(ii) Adnabyddiaeth	gwellhad
	(T. H. Parry-		ohoni'i hun	/ (Taliesin)
	Williams)			

Sut bynnag, tuedd beirniaid diweddar yn aml yw cymysgu I a II fel pe baent (mewn cywilydd) am gelu'r hunanoldeb[5] a awgrymir gan II dan gochl I, gan asio'r llenor a'i waith yn un. Meddai Charles Baudelaire wrth sgrifennu am Edgar Allen Poe[6]: 'Il croyait, en vrai poéte qu'il était, que le but de la poésie est de même nature que son principe, et qu'elle ne doit pas avoir en vue autre chose qu'elle-même.' Dyma un dehongliad o bwrpas llenyddiaeth a ymagorodd yn rymus yn nechrau'r ganrif hon, fod 'ei hanfod ynddi'i hun', nad oes y tu allan i lenyddiaeth ddim y mae angen cyfiawnhau ei bodolaeth o'i herwydd. Y mae'n ''ddiddefnydd'' neu'n annefnyddiol. Cynrychiolwyr Saesneg nodweddiadol o'r ddadl hon dros annibyniaeth ddibennol llenyddiaeth yw A. C. Bradley[7] a Clive Bell.[8] W. J. Gruffydd a Parry-Williams yw ein cynrychiolwyr ni.

Dehongliad yr un mor rymus yw'r un cymdeithasol sy'n dadlau fod llenyddiaeth yn tynnu dynion at ei gilydd, ac yn dangos iddynt lawenydd eu hundod gan addysgu'u cymeriad a'u credoau a'u synhwyrau. Lleisir y safbwynt hwn gan Tolstoi[9] a chan George Santayana[10] a chan Farcsiaid megis Nikolai Bakharin.[11] Yn rhesymegol, nid yw'r dehongliad cymdeithasol hwn ond yn estyniad o'r dehongliad hunanol neu fewnblygol, ond bod y cyd-destun yn fwy cynhwysfawr. Yn wir, dywed yr Athro T. J. Morgan,[12] 'Pe bawn yn ymgymryd â'r dasg o brofi mai estyniad o'r ego yw'r genedl, ar y llinellau hyn y ceisiwn drefnu'r dystiolaeth, sef mai'r

5. gw. yr ymdriniaeth 'True artists write only for themselves' yn *The Rhetoric of Fiction*, Wayne C. Booth, University of Chicago Press, 1961, 89 yml.
6. Rhagymadrodd i *Histoires extraordinaires* gan Poe, 1856 (yn ei *Oeuvres complètes*, Paris, 1885, cyf. V).
7. *Oxford Lectures on Poetry*, Macmillan, 1909, 4-25, 30-32.
8. *Art*, Chetto & Windus, Adran III, Pennod II.
9. *What is Art? and Essays on Art*, cyf. Aylmer Maude, OUP, 1938, 227-250.
10. *Reason in Art*, Charles Scribner's Sons, 1933, 166-190, 222-230.
11. 'Poetry, Poetics and the Problems of Poetry in the USSR,' *Problems of Soviet Literature*, gol. yn Saesneg gan H. G. Scott, Internat. Publishers, New York, dim dyddiad, 187-210.
12. *Ysgrifau Llenyddol*, W. Griffiths a'i Frodyr, Llundain, 1951, 85.

estyniad cyntaf o'r ego yw'r teulu (o dad a mam a brodyr a chwiorydd, etc.); mai'r ail estyniad yw'r tylwyth; mai'r trydydd yw'r llwyth rhanbarthol; ac mai estyniad pellach o hynny yw'r genedl.'

Nid fel hyn y digwyddodd pethau'n hanesyddol, bid siŵr, er y gall fod yn ddull systematig neu hyd yn oed seicolegol hollol foddhaol o synied am y datblygiad. Yn hanesyddol, o'r llwyth i'r ego y symudodd y pwyslais llenyddol; ac nid oes neb wedi disgrifio'n well na'r Athro Morgan y traddodiad o ddiben cymdeithasol a fu'n eglur iawn yn llenyddiaeth Gymraeg o'r dechrau cyntaf:[13] 'Y cymhelliad llwythol, yn ddiau, yw'r pwysicaf yn llenyddiaeth Cymru, a daliodd i weithredu yn ein hanes yn fwy nag yn hanes Lloegr am y rheswm syml fod llwyth y Cymry wedi gorfod ymladd am eu heinioes a'u tiriogaeth a'u hiaith a'u diwylliant a'u ffordd arbennig o fyw ar hyd y canrifoedd.'[14]

Dyma synnwyr cyffredin di-lol. Ac ystyr dweud hynny yw nad oes a fynno Dr. Morgan ddim oll â chanfod 'athroniaeth' Saundersaidd o fath yn y byd yn y farddoniaeth lwythol draddodiadol Gymraeg. 'Nid unrhyw athroniaeth haniaethol a ddysgid yn ysgolion y beirdd sy'n cyfrif am y modd y dylid moli brenin, ond y dyb naturiol a di-lol fod yr ansawdd riniaethol yn hanfod ynddo'n ddiriaethol . . . awdurdod ac urddas a gogoniant; mewn gair, cysegredigrwydd brenhinol.'[15]

Trafferth y dyfyniad hwn yw bod ei ddiwedd fel pe bai'n gwrthddweud ei ddechrau: er na ddysgid i'r beirdd yn ffurfiol mai Platoniaeth oedd Platoniaeth, ac mai ffurfiau neu ddelfrydau oedd yr ansoddau yr oeddynt hwy'n eu diriaethu wrth foli'r tywysogion a'r uchelwyr, eto yr oedd plethwaith a rhagdybiaethau eu hathrawon eisoes wedi'u llunio yn ôl y patrwm medd-

---

13. ibid. 38.
14. Yng nghyd-destun fy nehongliad i, addas yw dyfynnu rhai cymariaethau crefyddol gan Dr. Morgan, ibid. 42, 'Y mae bardd y llys yn gweithredu dros y llwyth wrth foli'r tywysog yn union fel y mae'r offeiriad yn gyfrwng i ddatgan mawl i Dduw ar ran y gynulleidfa oll neu'r plwyf neu'r genedl'; ibid. 43, 'Yr oedd y bardd a fawrygai'r tywysog a'i gampau yn magu'r ymdeimlad o ddibyniaeth ac ymlyniad a thrwy hynny'n sicrhau cyfanrwydd yn y llwyth yn hollol fel yr oedd anogaethau'r proffwydi yn cadw cenedl yr Iddewon yn gyfan mewn cwlwm o ffyddlondeb i Jehofa'; 'Y mae pencerdd y llys a'r llwyth yn "gwasanaethu" drwy gyfrwng ei awdl yn hollol fel y mae'r offeiriad yn gwasanaethu'r Eglwys a'i chredinwyr drwy ddatgan gogoniant i Dduw ac ymddiriedaeth ei bobl yn ei ddawn achubol, a throsglwyddo diogelwch Duw a rhiniau cadwedigol yr Eglwys i gyrraedd y credinwyr.'
15. ibid. 54-55.

yliol hwn, nad oes neb wedi'i amlinellu'n well nac yn fwy treiddgar na Mr. Saunders Lewis yn ei draethiadau ar farddoniaeth y cyfnod canol. Ac y mae'r Athro Morgan ei hun, yn wir, yn ei fynych sôn am 'riniaeth' fel pe bai ef yn cylchu'n betrus o gwmpas yr un dehongliad yn union, ond mai 'rhin' yw ei air ef am 'ffurf' Plato.

Cyn gynted ag y dechreuwn weld y tu ôl i'r unigolyn neu y tu ôl i'r gymdeithas ryw rinweddau o'r math hwn, ac y sylwn fod y beirdd fel pe baent am i'r rheini barhau drwy fynegiant a chyrraedd neu oroesi i mewn i gyfnod arall, cyn gynted ag y nodwn fod mawl ei hun yn ymestyn tuag at safonau o berffeithrwydd mewn nerth a phurdeb, haelioni ac undod, fe sylweddolwn hefyd ein bod yn ymwneud â mater gwahanol i wrthrych diriaethol o unigolyn neu i wrthrych diriaethol o gymdeithas. Yng Nghymru ar hyd ei hanes, pe chwilid yn fanwl ymhlith rhagdybiaethau sylfaenol ein llenorion, ni ellid llai na nodi'r gred gyson nad oedd yna ystyr i ddyn ynddo ef ei hun ac ar ei ben ei hun, ac nad oedd ystyr i'r gymdeithas chwaith yn ddaearol yn unig, yn weledig ac yn gyfyng o fewn y dimensiwn amseryddol 'pur' o ddibenion llenyddiaeth, nac mewn dehongliad personol, nac ychwaith mewn dehongliad cymdeithasol: fe'u gosodid hwy oll, yn hytrach, mewn fframwaith mwy cynhwysfawr ac ansawddweddnewidiol (hynny yw, mewn fframwaith sy'n fwy nag estyniad)—fframwaith o ystyr absoliwt.

Ystyr 'ystyr' yw bod pob peth yn cyfeirio at beth arall. Ac os gellir yn y fan yma haerllug ddynodi'n blwmp ac yn blaen beth yw'r wybodaeth Gristnogol am gyfeirbwynt eithaf pob ystyr, fe ellid dweud yn syml ac yn anghyfrwys mai'r Gair ydyw—Crist, cyflawnder ystyr. I'r Cristion, ystyrlon ydyw popeth, bid siŵr; a chan mai gwirionedd cyffredinol yw hynny, y mae'n dal yn wirionedd sylfaenol o dan holl waith y llenor creadigol, bydded Gristion neu beidio. Ystyrlon yw dyn ei hun. Camddealltwriaeth neu hunan-dwyll, a'i darddiad mewn balchder cnawdol, ydyw'r 'diystyr' fel y'i gelwir—dyn yn cefnu ar Dduw, gan ddyfeisio eilunod 'absoliwt' iddo'i hun mewn byd caeëdig hunanlywodraethol.

Y mae'r llenor byw yn dod o hyd i gyfeiriad gwir greadigol pan fydd ffrwythlondeb ei waith ef yn cydio yng ngrymusterau cadarnhaol y Greadigaeth ei hun, a phrin y mae angen dweud bod dicter a phethau 'negyddol' felly' yn medru bod yn rym cadarnhaol). Meddai Sparshott,[16] 'Man, one may then say, is after all a hymn-singing animal, and performs in his artistic activities his simple duty of gratitude to God. So indeed Epictetus suggests (*Discourses* I, xvi, 15-21). Many poets have thought of their poetry thus.' Ymgais i ddylunio amlochredd neu gyfoeth arwyddocâd yr ymadrodd 'hymn-singing animal' ydyw'r llyfr hwn ar ei hyd.

Nid ymadrodd eglwysig mohono. Nid gwasanaethu crefydd, yn yr ystyr sefydliadol i'r gair, yw swyddogaeth celfyddyd. Nid mynegi chwaith faterion a ystyrir yn uniongyrchol gysegredig. Digon priodol yw protest Prall:[17] 'Art in the service of religion, all sanctimonious talk to the contrary notwithstanding, is no more likely to be successful as art than art in the service of capitalism or communism.'

Golygu yr ydys yn hytrach nad oes yna ddim annibyniaeth noeth—gan lenyddiaeth ei hun, gan y llenor, na chan ei gymdeithas. Mae ganddynt oll gyfeirbwynt eithaf. Ni ellir ymwneud â'r un ohonynt o fewn ei sffêr cyfyngedig o brofiad ei hun yn unig. Y mae ganddynt eu sfferau, yn ddiau, ond y tu allan iddynt ac o'u blaen y mae diben yn bod. Y tu allan iddynt hefyd y mae'u nerth a'u hundod, er y gellir ymwybod â'u diben ac â'u nerth yn ymgrisialu (neu'n ymgnawdoli) o'u mewn yn ddirfodol. Yn fynych iawn, yn hanes llenyddiaeth Gymraeg, daeth y ffaith hon yn amlwg a gellid synhwyro'n gymharol ddidrafferth beth yn hollol sy'n rhoi rhuddin i waith y llenorion a beth yn hollol sy'n cynnal cadernid y traddodiad, beth mewn gwirionedd yw cyfeiriad dirgel ond deinamig ein llenyddiaeth oll, ei *Gestaltqualität* os mynnir. Nid pawb sy'n dweud ei fod yn gweithio mor uniongyrchol â Phantycelyn:[18] 'mi wnes fy ngoreu, pa beth bynnag fyddai natur yr Hymn,—achwyniad, erfyniad, ymffrost dduwiol, neu

---

16. *The Structure of Aesthetics,* F. E. Sparshott, University of Toronto Press, 1963, 221.

17. *Aesthetic Analysis,* D. W. Prall, Crowell, New York, 1936, 158.

18. Rhagymadrodd i'r tryd. arg. 'Aleluia' (*Gweithiau,* Cynhafal, II 23); cf. rhagymadrodd i'r arg. cyntaf 'Golwg ar Deyrnas Crist' (*Gweithiau,* Cynhafal, I, 69): 'I anog fy enaid fy hun, yn nghyd ag eneidiau eraill, i garu Tywysog mawr ein Hiechydwriaeth, oedd un diben a'm cymhellodd i wneyd y Llyfr hwn am Helaethrwydd Teyrnas, a Godidowgrwydd Person, y Messiah; yn nghyd a cheisio argyhoeddi rhai o'u diystyrwch cyhoedd o Grist, ac eraill o'u difrawder ewyllysgar i bwyso arno am gyfiawnhâd enaid.'

fawl,—fod Crist yn ganol-bwynt i'r cwbl.' Ond yn ei Olwg ef ar Deyrnas Crist, fe welodd Pantycelyn yn ddigon clir nad oes dim encilio yn unman rhag cwmpas eang y llywodraeth honno, a bod ei helaethrwydd o ran amgyffrediad yn ddigonol i gynnwys y gwyddonol a'r celfyddydol, y materol a'r ysbrydol, y greadigaeth oll, ie, yr anghrediniol a'r crediniol; ac yn ôl y math yna o dueddbeniad, mi obeithiaf, fe fyddir yn awr yn archwilio y priodoleddau cadarnhaol ac adeiladol sy'n gwneud *ystyr* (sef y Gair) yn hanfod canolog i lenyddiaeth greadigol yn gyffredinol ac i lenyddiaeth Gymraeg yn arbennig.

Y CYFWNG PRESENNOL

Yr ateb poblogaidd bellach i'r cwestiwn 'Beth yw pwrpas llenydda?' yw dim.

Damwain yw llenyddiaeth, megis bywyd ei hun. Os na chredwn mwyach fod yna bwrpas i fywyd, prin y byddem yn honni gormod am lenyddiaeth ychwaith.

Yn anaml, wrth gwrs, y byddwn yn taro wrth yr ateb yn ei ffurf grai a syml fel hyn. Fel arfer y mae'n fwy anymwybodol o lawer, yn rhan o ffasiwn arddull a dull meddwl yr amseroedd. Ond teg yw dweud fod llenyddiaeth er canol y ganrif ddiwethaf yn Ewrob wedi tueddbennu fwyfwy tuag at ddiffyg pwrpas, ac ni fu Cymru yn ddilychwin yn hyn o beth.

Fe garwn sylwi am y tro ar rai enghreifftiau tra adnabyddus o'r duedd hon yn yr ugeinfed ganrif. Mewn llyfr diweddar gan Dr. Derec Llwyd Morgan ar T. Gwynn Jones, fe gywirwyd y darlun traddodiadol o waith y bardd hwnnw, y darlun sy'n pwysleisio'i hiraeth rhamantus a dihangus am Wlad Hyfryd. Dangosodd Dr. Morgan fel y mae'r thema o anobaith ac o seithugrwydd mor aml yn cael y lle blaenaf, ac fe ddywedodd am y pennill canlynol o un o gerddi olaf T. Gwynn Jones ei fod 'yn crynhoi, yn llun unig truenus, weledigaeth oesol Thomas Gwynn Jones':

> *'A safodd Dyn*
> *ar ei ben ei hun*
> *heb obaith mwy, ddim un,*
> *pan oedd y byd*
> *yn ymgreinio yn ei waed a'i wŷd,*

o hyd, o hyd;
a gofynnodd dyn
iddo ef ei hun,
yn ei wae a'i wŷn:
"I ba le yr af?"
Ac ateb, nid oedd un.'

Yng ngolau'r dehongliad hwn gan Dr. Llwyd Morgan, nid yw'n syndod, wrth ddychwelyd at waith T. Gwynn Jones, mor ddibwynt ac ofer yr ymddengys ymdrechion cynifer o arwyr y bardd. Beth yw pen draw Madog?

'Rhonciodd y llong, a rhyw wancus egni'n ei sugno a'i llyncu,
Trystiodd y tonnau trosti, bwlch ni ddangosai lle bu.'

Nid annhebyg yw tynged Argoed yn ei hunanladdiad chwaith:

'Yno ni welid ond un anialwch—
Rhyw wast o ludw lle bu fforest lydan.'

Broséliàwnd drachefn yn cael ei gyflawni fel hyn:

'Yno, bu dawel wyneb y dewin,
A mwy ni chlywwyd, ni welwyd eilwaith,
Na'i lais na'i wedd drwy lys a neuaddau;
Ni wybu dyn mo'i anwybod yno;
Yno, ni wybu un ei anobaith;
A than y dail, yn y syrthni dulas,
O'r mud rigolau tremiai dirgelwch
Esmwyth, hudolus, a maith dawelwch.'

Ni charwn orwneud y pwyslais hwn, a diau fod yna themâu eraill cyfredol y dylid eu tanlinellu hwy'n gyffelyb. Ond yn sicr, y mae myfyrdod maith uwchben methiant bywyd a gwacter ystyr yn un o'r haenau canolog drwy gydol gwaith T. Gwynn Jones.

Rhyw ddifyrrwch i'r un perwyl yw un o brif bynciau myfyrdod T. H. Parry-Williams yntau. Meddai'r Athro T. J. Morgan amdano, 'Un o gampau pennaf y bardd yw'r arddull hon o lysenwi a dilorni, a chyfleu ffieidd-dod yn lle moliant.' (*Gwŷr Llên*, gol. A. T. Davies, Llundain, 1948, 198). Wrth wneud hyn, y mae Parry-Williams yn dadlennu un ymagwedd weddol gyson at fywyd y gellid ei henghreifftio drwy ddyfynnu ei rigwm i 'Amser':

23

> *'Er nad ydyw ond dim, y mae*
> *Yn gallu gwneud difrod a llanastr a gwae*
>
> *Heb ddim ond gadael i bawb yn ei dro*
> *Ddirywio a darfod a mynd o go'.—*
>
> *Y drindod anegni sy'n dangos nad yw*
> *Bywyd yn ddim ond bustachu byw,*
>
> *Ac nad yw amser o awr i awr*
> *Yn ddim ond dim a'i ben at i lawr.'*

Y mae hyn yn fwy na sinigrwydd munud awr gan fod y bardd yn cyson ddweud rhai pethau hanfodol am fywyd, nid yn unig yn ei rigymau enwog, eithr yn y sonedau hefyd. Dyma ran o'i soned i'r Hen Ddyn:

> *'Gwall oedd ei greu a rhoddi iddo'r had*
> *A'r gennad i genhedlu hil ar hil*
> *A dewis daear iddo'i hun yn stad*
> *I lusgo'i lanastr iddi yn ei sgil . . .*
> *Wedi i'r cna' fod yn llyffanta cyd,*
> *Mae grifft o'i ôl yn llysnafeddu'r byd.'*

Yn gorwedd o dan y safbwynt gweddol gyffredinol hwn o eiddo Parry-Williams a Gwynn Jones ceir yr ymdeimlad mai gwacter yw bywyd, nad oes dim ystyr i ddim, ofer hollol yw pob ymdrech a phob gweithred; sur yw pob ffrwyth.

Yn hyn o beth nid oedd ein beirdd ond yn rhan o'u cyfnod yn Ewrob. Ni raid ei briodoli i'r un dylanwad penodol. Nid oedd y ffaith fod W. J. Gruffydd mor debyg o ran ei gredoau diwinyddol i bawb bron o'i gyfnod ym Mhrydain yn beth i synnu ato. Meddai ef ei hun, 'Teg i mi yw mynegi'n groyw nad o lyfr na syniadau neb arall y cefais i fy nghred "fodernaidd"; fe'i gweais, yn gam neu'n gymwys, o'm profiad a'm gwelediad i fy hun.' Ni raid ei anghredu. Fe ymddangosai ei syniadau'n debyg, yn gaeth o debyg i'r rhelyw o'i gyfnod, am mai dyma oedd y meddwl cyffredin. Er iddo geisio ymddangos yn *wrthryfelgar* ar dro, gwiw yw cofio mai'r peth cyffredin a derbyniol oedd swnio'n wrthryfelgar.

Nid peth dieithr, felly, ar gyfandir Ewrob oedd y math o agwedd hollol seithug a digalon a glywir mor loyw yng ngwaith T. Gwynn Jones a Parry-Williams. Efallai mai Nietzsche (1844-1900) ydyw proffwyd *par excellence* yr ing anobeithiol hwn yn y ganrif ddiwethaf. Gyda Nietzsche daeth pesimistiaeth drasieg yn ddelfryd: nid oedd yn ei fryd ef yn y dyfodol ond gwyll yr ailadrodd tragwyddol o fyd disynnwyr, gweledigaeth a gafodd gryn ddylanwad ar lawer o lenorion a ddaeth ar ei ôl, llenorion megis Sartre a Camus. Iddynt hwy, disgynyddion Nietzsche, disgynyddion hefyd i Kant a Rousseau a Hegel, gyda'r pwyslais ar ddyn hunanlywodraethol, nid oedd gobaith am ateb unol i wybodaeth a bywyd. Yr unigolyn oedd canolbwynt y bydysawd, ond bydysawd oedd hwnnw bellach heb atebion ystyrlon i'w gwestiynau mawr.

Yr oedd y diffyg ymwybod â phwrpas mewn bywyd ac mewn llenyddiaeth yn adlewyrchiad neu'n adlais o'r hyn a ddigwyddasai ar y ffrynt ddiwinyddol. Yno yr oedd Cristnogaeth hanesyddol wedi cael ei disodli gan fath o ddyneiddiaeth ansicr a damweiniol.

Felly y bu hi drwy gydol traean cyntaf y ganrif hon yng Nghymru. Gyda'r genhedlaeth nesaf, serch hynny, yn neilltuol gyda Saunders Lewis a Gwenallt a Waldo, fe ailgydiwyd nid yn unig yn nhipyn go lew o genadwri Cristnogaeth hanesyddol, eithr hefyd mewn pwrpas—pwrpas llenyddol a phwrpas bywydol. Ymosodai Saunders Lewis ar y ddyneiddiaeth a ysigai fywyd Cymru. Dyneiddiaeth yr enwadau confensiynol, dyneiddiaeth y llenorion. Yr oedd ef yn ei gweld hi'n tarddu mewn Pelagiaeth, credo a ddaliai'n sylfaenol (yn ôl *Buchedd Garmon*) y gallai dyn "ennill ohono, ei nefoedd ei hun, mewn hunanfoddhad diysgog". Y sicrwydd newydd gan Saunders Lewis o bwrpas gostyngedig dyn, o bwrpas bywyd a Chymru, sef eu pwrpas Duwganolog, dyna a roddodd inni ddramâu arwrol megis *Blodeuwedd,* a *Siwan,* ac *Esther,* a *Gymerwch chi Sigaret?* a *Brad.* A chyda'r rheini fe ddaeth cerddi megis 'Difiau Dyrchafael'—

> *'Beth sydd ymlaen fore o Fai ar y bronnydd?*
> *Edrychwch arnynt, ar aur y banadl a'r euron . . .'*

Eithr wedyn, yn y chwe-degau, hyd yn oed o'r tu mewn i Eglwys Rufain ei hun, fe ddechreuodd yr elfennau ansicr gryfhau'n enbyd drachefn, elfennau a oedd wedi bod yn lled bresennol erioed, ond a barchuswyd bellach gan rai diwinyddion neo-fodernaidd. Hysbys bellach yw'r hollt ddiweddar yn yr

25

Eglwys honno, yr hollt rhwng y rhai a fynnai gadw'r hen a'r rhai sy'n mynnu arddel rhywbeth newydd. Er na wn yn union fanwl am hyn, byddwn i'n tybied mai'r hen y byddai Saunders Lewis yn ei bleidio gyda'r materion allanol o leiaf—y Lladin, y siant Regoraidd, yr arogldarthu, y gwisgoedd hir i'r lleianod, yr offeiriadaeth ddibriod ac ati; ond y teimlad sydd gennyf yw ei fod wedi dechrau ildio dan bwysau'r ymosodiad neo-fodernaidd ar rai o ganolbwyntiau'r ffydd. Fe gafwyd trybini personol. Ni fynnwn symleiddio'r newid; ond dyma ef ei hun yn mynegi'r safbwynt diweddar hwn o'i eiddo—ac onid yw'n ein clymu o'r newydd wrth seithugrwydd T. Gwynn Jones a Parry-Williams?

> 'Weithian mi wn anobeithio.
> Anobaith, anobaith, mae'n chwalu pob bod
> Yn ulw â'i gnulio.'

Duw yn llefaru oedd Duw'r credinwyr erioed, y Gair yn siarad geiriau. Ond i Saunders Lewis, erbyn 'Gweddi'r Terfyn' 1973, mud oedd Duw; ac wrth farw, fe fyddai mud yn mynd at y mud. Gwn y gellir ceisio ysgafnhau'r anobeithio hwn (gw. *Saunders Lewis,* gol. D. T. Lloyd a G. R. Hughes, 1975, 176-7); ond gwiw yw ei osod yn y cyd-destun lletach.

Digon amwys erbyn ei ddrama *Cymru Fydd* yw'r llwybr o'i flaen. Ar ryw olwg y mae Dewi'n ei fynegi'n well ac yn fwy argyhoeddiadol na neb. Ac er gwaetha'r baban posibl yng nghroth Bet, dyma'r nodyn sydd drechaf yn y ddrama:

> 'Rhaid i mi greu fy ystyr fy hun i fywyd. Rhaid imi ddewis, a thrwy ddewis sefyll fy hunan yn wyneb byd a chymdeithas, troi byw yn sialens ac yn wefr. Herio cymdeithas, herio cyfraith a barn, dewis bywyd trôseddwr a herwr. Dyna'r ateb i argyfwng gwacter ystyr. Roedd gan Hitler wlad a chenedl i chwarae gyda nhw a rhoi iddo ias byw, ac wedyn darfod o'i fodd. Does gen i ddim, dim ond fy mywyd fy hunan. Fi ydy Cymru Fydd.'

A'i ddewis ef, ac uchafbwynt y ddrama, fel y mae'r araith hon ei hun yn ei awgrymu oedd yr un â dewis T. Gwynn Jones mor fynych yn ei gerddi, sef hunanladdiad: dyna ddiweddglo *Yn y Trên* hefyd. Gwn fod yna ochr arall i'r ddrama; gwn fod beirniadaeth Bet ar ymagwedd Dewi'n ddigon canolog (er ei bod hi'n seinio'n fwy meddal ddiruddin, fel y pregethau anghydffurfiol cyfarwydd ynghylch *agape* di-farn):

'Rydan ni wedi addunedu i'n gilydd,' meddai hi.

'Ail-gychwyn byw. Bywyd newydd a Chymru newydd mewn ffydd a chariad.'

Ond nid dyna'r halen sy yn y ddrama. Presenoldeb llethol seithugrwydd diflastod ac anobaith anesgor, dyna'r elfen sy'n rhoi asgwrn cefn i'r chwe-degau a'r saith-degau yn natblygiad Saunders Lewis.

Yn ein dyddiau ni, un llenor sy'n gryn arwr ymhlith beirniaid a llên-garwyr Cymraeg ydyw Samuel Beckett, llenor y cyfieithodd Saunders Lewis un o'i ddramâu. Ar ryw olwg y mae'n gynrych-iolydd da o duedd y diffyg pwrpas neu ddiffyg ystyr mewn llenyddiaeth gyfoes. Fe'i cyfrifir, wrth gwrs, yn un o fawrion yr oes.

Y mae ei nofelau a'i ddramâu yn rhoi mynegiant manwl a dwys i'r ing sydd ynghlwm wrth wacter bywyd. Cymerwch y tamaid yma o'i nofel *Watt*:

'Ond os oedd ceg Watt yn agored, a'i ên wedi suddo, a'i lygaid yn delwi, a'i ben wedi suddo, a'i benliniau wedi plygu, a'i gefn wedi plygu, yr oedd ei feddwl yn brysur, yn prysur synfyfyrio p'un oedd orau, ai cau'r drws, yr oedd yn teimlo'r drafft drwyddo, ar ei war, a gosod ei fagiau ar lawr, ac eistedd, ynte cau'r drws a gosod ei fagiau ar lawr, heb eistedd, ynte cau'r drws, ac eistedd, heb osod ei fagiau ar lawr, ynte gosod ei fagiau ar lawr, ac eistedd, heb gau'r drws, ynte cau'r drws, yr oedd yn teimlo'r cwthwm drwyddo, ar ei war, heb osod ei fagiau ar lawr nac eistedd, ynte gosod ei fagiau ar lawr, heb drafferthu i gau'r drws nac eistedd, ynte eistedd, heb drafferthu i osod ei fagiau ar lawr na chau'r drws, ynte gadael pethau fel yr oeddynt, a'r bagiau'n tynnu wrth ei ddwylo, y llawr yn gwthio wrth ei draed, a'r awyr yn chwythu drwy'r drws ar ei war...'

Ac yn y blaen am 250 o dudalennau heb fynd i unman yn arbennig. Ac wrth gwrs, dyna'r pwynt. Mynegi y mae ef oferedd gwag bywyd, y byd digynllun y gellir profi ei hanfod mewn anobaith llwyr, rhyw fath o hunanladdiad synnwyr, heb benderfynu dim, heb arwain i ddim, yn gyfan gwbl ddiflas ac mewn gwir-ionedd yn annarllenadwy. Afradlondeb hurt, casgliad anferth o ddim byd, negyddiaeth ddogmatig wedi mynd dros ben llestri. Yn ôl Beckett ei hun, y mae ef wyneb yn wyneb â'r 'mynegiant nad oes dim i'w fynegi, dim i'w fynegi ag ef, dim i'w fynegi allan ohono, dim gallu i'w fynegi, dim awydd i'w fynegi, ynghyd â'r orfodaeth i'w fynegi.' Mewn llenyddiaeth y mae'n cyflawni marwolaeth llenyddiaeth.

Fel hyn y mae un beirniad wedi disgrifio'i ddrama enwocaf *Wrth Aros Godot,* yr un a gyfieithwyd gan Saunders Lewis: 'Does dim byd yn digwydd, ddwy waith.'

Fe ellir honni fod Beckett wedi mynd i ben draw'r duedd a oedd eisoes ar gerdded, wedi puro'r duedd a'i chrynhoi yn well na neb, wedi dod o hyd i fynegiant o'r profiad yr oedd T. Gwynn Jones a Parry-Williams yn chwilio amdano.

Y ddrama sydd, gredaf i, yn cyrraedd yr uchafbwynt o burdeb, yw ei ddrama *Anadl* a berfformiwyd ym 1969. Y mae'n para am 35 o eiliadau, ac felly ni chymer fawr o ofod imi gynnwys y ddrama i gyd. Does dim actorion ynddi, na dim geiriau: dim personau, dim iaith.

Tynnir y llen yn ôl.

1. Golau gwelw ar lwyfan yn llawn o sbwriel amrywiol. Dalier felly am tua 5 eiliad.

2. Cri ysgafn fer ac ar unwaith anadlu i mewn ynghyd â chynnydd araf yn y golau yr un pryd, gan gyrraedd uchafbwynt yr un pryd o fewn deg eiliad. Tawelwch a dalier am tua 5 eiliad.

3. Anadlu allan a gostyngiad araf ar y golau gan gyrraedd isafbwynt yr un pryd (y golau megis yn 1) o fewn deg eiliad, ac ar unwaith cri megis o'r blaen. Tawelwch a dalier am tua 5 eiliad. Llen.

Does dim amheuaeth nad yw Beckett yn dweud rhywbeth tra chywir am ei gyfnod yn ei nofelau ac yn y dramâu hyn, a'i fod yn ei ddweud mewn modd gwreiddiol ac effeithiol; a gellid dadlau fod y peth hwnnw'n ingol o dreiddgar ac wedi priodi'r ffurf addasaf ar gyfer ei grisialu. Does dim amheuaeth chwaith nad dyma'r meddwl cyffredin yng Nghymru y dwthwn hwn o fynd ag ef at ei hanfod: efallai y gellid dweud ymhellach mai dyma'r norm sylfaenol ar gyfer dyn ymhob cyfnod, os yw'n dilyn ei duedd naturiol i'w ystyried ei hun yn hunanlywodraethol ac yn awdurdod hunanganolog, ac os cred mai'r gweledig neu'r anianol vw pen draw realiti gwrthrychol.

Mae gan yr arlunydd o Sais, Francis Bacon, eiriau sy'n crynhoi cyflwr llawer o gelfyddyd yr ugeinfed ganrif yn reit effeithiol:

'Y mae dyn yn awr yn sylweddoli mai damwain yw ef, mai bod cwbl seithug ydyw, bod rhaid chwarae hyd ddiwedd y gêm, heb reswm. Yr wyf yn meddwl hyd yn oed pan oedd Velasquez yn peintio, hyd yn oed pan oedd Rembrandt yn peintio, eu bod o hyd, beth bynnag oedd eu hagwedd at fywyd, wedi'u lled gyflyru gan ryw fathau o bosibiliadau crefyddol a ganslwyd bellach, gellid dweud, ar gyfer dyn. Ni all dyn mwyach namyn ceisio'i ddifyrru'i hun dros dro, drwy estyn einioes — gan brynu rhith ar anfarwoldeb drwy'r meddygon. Welwch-chi, fe ddaeth peintio—fe ddaeth celfyddyd i gyd—yn gêm y mae dyn yn gallu llenwi'i fryd â hi. A gellwch honni mai felly y bu hi erioed, ond erbyn hyn gêm yw hi yn gyfan gwbl. Yr hyn sy'n gyfareddol yw y daw hi'n llawer anos i'r artist, am fod rhaid iddo ddyfnhau'r gêm er mwyn bod o unrhyw werth o gwbl, fel y gall wneud bywyd ychydig bach yn fwy cyffrous.'

(*Francis Bacon,* John Russell, Methuen, 1965, 1)

Dechreuwyd adeiladu'r byd hwn, a ddisgrifir gan Bacon a Beckett, eisoes erbyn y ddeunawfed ganrif, o leiaf yng Nghymru. Braidd yn ddistaw ac yn anamlwg y diorseddwyd ystyr bywyd a Duw ar y cychwyn, gyda dyn yn ceisio cystrawennu'r byd newydd yn rhesymegol ar ei ben ei hun. Mewn diwinyddiaeth y gwelid yr arwyddion cyntaf oll yn ymddangos, ac yna yn y ganrif ddiwethaf ymledodd yn raddol i mewn i lenyddiaeth.' Adeiladu byd newydd' oedd y dybiaeth; ond fel y sylweddolir bellach, distrywio a difa oedd prif fodd yr 'adeiladu', gweithgaredd a ganfyddir yn loywach heddiw, pan welwn yr hen themâu wedi'u distrywio, yr hen werthoedd wedi'u dienyddio, y drefn a'r safonau wedi'u chwalu'n lân, y syniad am ddyn wedi'i ladd, a'i fyd wedi'i droi'n ddiystyr, hyd yn oed ei hiwmanistiaeth ymchwyddgar wedi'i bwrw i'r llwch yn ei hoferedd. Nid colli ffydd yn Nuw yw'r hyn sy wedi tymheru o'r newydd ddychymyg y ganrif hon: yr oedd y ffydd glasurol yn Nuw wedi hen golli'i sylwedd a'i grym ymhlith deallusion Cymru erbyn 1900. Colli ffydd mewn cynnydd materol a gwyddonol yw nodwedd fwyaf amlwg yr ysigo crediniol ymhlith pobl ddiwylliedig yn ystod y ganrif hon. Os gellir sôn am 'adeiladu byd newydd', beth a adeiladwyd?—onid chwalfa a damwain, alltudiaeth a dieithrwch, marwolaeth ac afrealedd? Er bod y rhain bid siŵr, i gyd yn sobr o gyfriniol.

Yn awr, nid datblygu celfyddyd un cam ymhellach, fel y gwneid dyweder rhwng y bedwaredd ganrif ar ddeg a'r bymthegfed ganrif, nid dyna ystyr y newidiadau hyn. Daw rhai mwy diniwed na'i gilydd at weithiau'r ugeinfed ganrif ac ystyried eu 'newydddeb' yn *avant-garde;* a heb ddadansoddi'n hanesyddol-ddiwinyddol beth sydd ymhlyg yn y datblygiadau hyn, hawdd yw i'r anfeirniadol dderbyn yn oddefgar neu hyd yn oed yn frwd y datblygiadau a gyfrifid yn 'fodernaidd' er diwedd y ganrif ddiwethaf. Ond fel y ceisir dangos, y mae'r tueddiadau amlwg mewn celfyddyd yn fynegiant o gyflwr ysbrydol a feddiannodd y gymdeithas benbwygilydd, a gwiw yw i feirniad beidio â bod yn daeog: gwiw yw iddo sefyll ar wahân i'r llif i ystyried arwyddocâd yr hyn a fu ac sydd ar gerdded.

Dweud rhywbeth y mae llenyddiaeth fodernaidd, yn ei ffurf ac yn ei chynnwys, amdani hi ei hun ac am fywyd. Y mae llenyddiaeth ein dyddiau ni yn ymwneud yn ymwybodol iawn â gwerthoedd eithaf. Meddai T. Gwynn Jones:

> 'Bod ydyw'r pwnc, neu beidio, a diau
> y deall dyn hynny.'

Y mae llenorion anghristnogol, hyd yn oed rhai na welant bwrpas i fywyd, fel petai er eu gwaethaf eu hun, wedi mynegi gwirioneddau y mae'n wiw eu clywed. Dinoethasant yr afrealaidd a'r ymchwyddgar a'r ymhongar mewn moes a chredo. Ac er iddynt yn fynych bleidio'r anarchaidd a'r hurt, gwnaethant hynny am eu bod yn dra ymwybodol o nerth y drwg 'parchus' ac yn hydeiml i'r peryglon heddiw sydd i'r 'sefydliadau' dynol. Yr hyn a gawsom yn aml oedd ymateb effro i chwalfa gwerthoedd a pharodrwydd i wynebu'n ddeallol y ffaith fod dynoliaeth gnawdol hunanfodlon o dan farn frawychus. Aeth llawer o'r hyn a ystyrid yn 'llenyddiaeth grefyddol' yn ystrydebol ac yn niwlog, yn bietistig ac yn sychdduwiol, yn findlws ac yn hunan-foddhaus; a chan anghredinwyr yn fynych y cafwyd y gonestrwydd i fynegi'r tywyllwch ysbryd sy'n treiddio drwy'r ymwybod cyfoes. Ar y llaw arall, y mae osgo o'r math yna hefyd yn medru troi'n beth rhwydd ac yn gibddall, yn ddefod ac yn ystrydeb; a gall argyfwng fynd yn thematig gyfleus ac ing yn ffasiynol.

Diddorol yw dylanwad credo negyddol fel hyn ar ffurf ac ar arddull. Cymerer ffurf ffasiynol y nofel ddiweddar yn Ewrob. Meddai Mrs. Enid Morgan wrth drafod llenyddiaeth gyfoes yn Ffrainc (*Taliesin*, Cyf. 8, 61):

> 'I Sartre hanfod bodolaeth yr unigolyn oedd teimlo ei fod yn byw mewn byd o bethau gelyniaethus ac annealladwy.
> Dim ond un cam sydd o safbwynt Sartre i safbwynt Alain Robbe-

Grillet; iddo ef y mae pethau, nid yn elyniaethus, ond yn ddiystyr. Sentimentalrwydd dyn yn unig sydd yn rhoi i bethau deimlad ac ystyr, ac am hynny nid yw pethau o'n cylch yn gwneud dim ond ystumio'n ddiystyr—mor ddibwrpas â phlaster baroque a ffugbensaernïaeth. Hwn yw'r peth a welir yn y ffilm "L'Année Dernière à Marienbad" — y sgript gan Alain Robbe-Grillet — a'r effaith ar ei nofelau yn gwneud iddo ymwrthod yn llwyr â delweddau a chymariaethau am eu bod yn ddiystyr. Ni ellir ond dweud ffeithiau—megis nifer y coed a phatrwm y rhesi yn y blanhigfa sy'n gefndir i'r nofel "Jalousie". Oherwydd hyn, dywed Robbe-Grillet na all dynion gyfathrachu â'i gilydd na gwybod y gwirionedd am eu profiadau.'

Rhestru pethau. Dyna'r unig beth sydd ar ôl i nofelydd:rhestru heb wybod pam. Pan fo damweinioldeb wedi dod yn hanfod celfyddyd, yn bendifaddau yr ateb i'r cwestiwn 'Beth yw pwrpas llenydda?' yw 'Does dim o'r fath beth â phwrpas yn bod.' Dyma arswyd bod yn ystyrlon farw, ac eto'n fyw o hyd: dyma ryddid heb ffurf.

Un ffordd o olrhain hanes y safbwynt hwn fyddai mynd yn ôl i resymoliaeth. Os gwnawn reswm yn absoliwt, yn hunanlywodraethol, ac yn faen prawf hollgynhwysol, os gwnawn amser a gofod yn ben draw popeth, yna nid oes i ddyn ddim ystyr, a'i ddiwylliant nid yw namyn seithug, gan fod rheswm 'pur' yn methu ag ymestyn y tu allan iddo'i hun, ac felly y mae'n hunanganibalaidd wrth natur. Nid oes ateb rhesymegol i'r un o'r cwestiynau mawr clasurol. Aeth rhai athronwyr Saesneg i beidio â gofyn dim o'r cwestiynau hynny, ac ymdroesant yn ddiddig mewn myfyrdodau ieithyddol mewndröedig. Gyda'r dirfodwyr cyfandirol ar y llaw arall, am eu bod yn mynnu dal i holi'r cwestiynau clasurol, ceisiwyd troi oddi wrth reswm a mabwysiadu methodoleg arall, methodoleg na cheisiai wireddu dim drwy resymeg. Methodoleg y llam, y profiad cyfriniol uniongyrchol. Methodoleg a geisiai bwrpas i ddyn y tu hwnt neu ar wahân i'w reswm.

Nid oedd hyn yn hollol ddierth i'r rhamantwyr gynt. Un dull o lamu neu o sythweled y gwirionedd heb lyffetheiriau rheswm oedd celfyddyd. Dyma'r ateb anchwiliadwy i'r llam, fel petai. Meddai W. J. Gruffydd yn ei Ragymadrodd i *Ynys yr Hud a Chaneuon Eraill:*

'Nid oes gennyf amheuaeth o gwbl ar y cwestiwn; yr wyf yn sicr mai'r bardd, yr artist, sydd yn iawn, oherwydd od yw fardd ac od yw'n proffwydo yn ôl ei olau a'i ysbrydoliaeth, y mae'n tynnu ei wybodaeth (neu ei deimlad) o fyd tragwyddol sicr a diysgog, y byd y tu hwnt i'r llen y rhoddwyd iddo'r ddawn i fynd iddo weithiau.'

Casgliad tebyg oedd gan Heidegger yn *Beth yw Athroniaeth?*

Byddai Gruffydd yn hoff iawn o sôn am *Reswm*, wrth gwrs. Dyma un o'i egwyddorion absoliwt. Ond yr oedd yn hoff yr un pryd o ddatgysylltu'r *Cyfriniol* nad oedd a wnelai ddim oll â rheswm. Llwyddai er ei foddhad ei hun i gadw ei barch uchel at reswm mewn byd ar wahân i'w sythwelediad llamsachus. Meddai ef am greadigaethau'r dychymyg: 'Y maent yn perthyn yn fy mywyd i gylch o feddwl lle nad oes le i reswm na beirniadaeth.' Sefydlwyd ganddo ef a'i gyfoedion y ddeuoliaeth hon fel y gallai'r beirdd rhamantaidd fyw eu bywyd beunyddiol ymarferol ochr yn ochr â'u llenydda awenyddol. Ac ni raid i ninnau bellach holi beth oedd yr elfen a gysylltai reswm hunan-ganolog â chyfriniaeth hunan-ganolog. Yr hyn sy'n bwysig yw na ellir holi dim ar y llam celfyddydol hwn o'r eiddynt: y mae'r weledigaeth gelfyddydol yn absoliwt. Bu'n ffordd oddrychol gyfleus o ymguddio rhag arswyd y diddymdra.

Yn awr, wedi sefydlu'r fethodoleg afresymol hon, yr oedd hi'n anochel ac yn rheidrwydd i *gynnwys* y weledigaeth fod yn afresymol. Ni ddylid disgwyl cynnwys trefnus pan oedd y dull o weithio mor elyniaethus i drefn. Yn yr hen amser, pan gyfrifid mai trefn oedd un o nodweddion dull y greadigaeth o weithio, yr oedd yna *drefn gynhwysol* i'r greadigaeth honno. Yr oedd yna drefn ystyrlon mewn llenyddiaeth. Felly, pan aethpwyd i wadu nad oedd yna drefn uwchlywodraethol a threiddgar ar gael, daeth anhrefn i fod yn fater mewnol hefyd. Neu fel y dywed Syr Thomas: 'Y mae rhyw allu daemonig ar waith yn y greadigaeth hon sy'n oferu pob dyhead diddanus ac yn seithugo pob synhwyriad sgilgar.' (*Myfyrdodau*). Dyna a wêl Mr. Dafydd Glyn Jones yn brif safbwynt a symbyliad holl ysgrifau, rhigymau a sonedau Parry-Williams: 'rhyw ymdeimlad llethol o oferedd ac unigrwydd a diddymdra.' *(Ysg. Beirn. II).* Dywed Mr. Jones ymhellach: 'Ystrydeb yr ystrydebau yw dweud mai'r weledigaeth hon o annirnadrwydd bodolaeth, ac o afresymoldeb ysgubol holl ystad dyn, yw'r symbyliad mwyaf llywodraethol a mwyaf sylfaenol mewn llenyddiaeth erbyn hyn.'

Yn awr, nid wyf yn honni fod pob cyfriniaeth yn anarchaidd ac yn ddi-ystyr. Lle y bo'r gwrthrychol yn cyfrif, lle y bo deddf a threfn yn hanfod, lle y bo Duw o'r tu allan i'r hunan a hwnnw'n berson, lle y bo'r tragwyddol yn priodi amser a'r trosgynnol yn fewnfodol, yna fe allwn ddod o hyd i weledigaeth amgenach.

I Sartre, serch hynny, y mae popeth sydd y tu hwnt i'r goddrych yn ddi-ystyr ac yn ddi-sail: y mae pob dim sydd y tu allan i weithred oddrychol dyn mewn rhyddid yn hurt: cythrwfl di-drefn ac amherthnasol ydyw.

Gellid tybio mai bardd nodweddiadol y goddrychedd cyfriniol yn y Gymraeg fyddai Waldo Williams. Efô oedd y lladmerydd i lawer yn y chwe-degau o ryw niwlogrwydd cyfriniol, y llam dall i mewn i'r goddrych. Ond meddai fe ei hun—

> *'Mi welais drefn yn fy mhalas draw.'*

'Draw' sylwer, yn wrthrychol allanol ac mewn trefn. Mae yna dystiolaeth allanol a gweledig o'r math o Dduw sy gennym:

> *'Dy dystion yw'r sêr, i'w hamseriad*
> *Yn treiglo eu cylchoedd trwy'r cant—*
> *Rhai clir fel cof cariad*
> *A sicr fel dychymyg y sant.'*

Nid o'r tu mewn iddo'i hun y mae'n cynhyrchu gwaredigaeth. Meddai fe:

> *'Tyrd yn ôl, hen gyfannwr,*
> *Ac ymestyn i'n hachub ynghyd.'*

Y tu allan iddo'i hun y daw Waldo o hyd i realiti hefyd, er bod yn rhaid i'r gwrthrych feddiannu'r goddrych:

> *'Swmpo'r post iet er amau,*
> *Ac O, cyn cyrraedd drws y cefn,*
> *Swn adeiladu daear newydd a nefoedd newydd*
> *Ar lawr y gegin oedd clocs mam i mi.'*

Yn hyn o beth yr oedd Waldo'n dra anffasiynol. Yr ymdeimlad o ddiffyg pwrpas, dyma a oedd yn rhemp drwy wledydd poblog y gorllewin, ac yr oedd yn esgor ar gerddoriaeth siawns John Cage ac ar chwalfa gysodol y print ar dudalen, megis chwalfa paent Jackson Pollock ym myd arlunio. Damweinioldeb pur oedd priod egwyddor celfyddyd fel priod sylfaen y greadig- aeth hithau.

Mae yna rai a gred, os dyma yw cywair y meddwl cyfoes, ac os dyma yw'r peth diweddaraf, ac yn sicr os dyma sy gan wledydd poblog Ewrob, yna y peth cymwys i Gymru yw rhuthro i'w fabwysiadu hefyd. Fe dderbynnir yr ymagwedd hon yn anfeirn- iadol a chyda breichiau agored. Rhaid i lenyddiaeth Gymraeg gydymffurfio â phob ffasiwn estron, gan ddynwared pob arbrawf pa un bynnag, yn enwedig os yw'n ymddangos yn 'fodernaidd'.

Yn awr, mi garwn awgrymu y gall Cymro cyfoes ddod o hyd i ateb arall. Ni raid rhoi ateb negyddol i'r cwestiwn a oes pwrpas i lenyddiaeth. Ond mi garwn gynnig yr un pryd nad oes dim modd sôn am bwrpas cadarnhaol i lenyddiaeth os na welwn bwrpas i ddyn. Os byddwn yn niwlog ac yn annelwig ynghylch pwrpas dyn, niwlog ac annelwig fyddwn ynghylch pwrpas llenyddiaeth. Y mae'r dyn modernaidd wedi cefnu ar bwrpas bywyd, wedi'i anghofio, wedi anghofio pwy yw ef a beth yw ystyr bywyd. Ni all ef, felly, lai na bod yn aneglur ynghylch beth yw pwrpas llenydd- iaeth. Os nad yw dyn yn fwy na chasgliad damweiniol o atomau wedi digwydd yn llif ansicr a chwiwus hanes y byd, yna y mae sail hanfodol ein diwylliant wedi diflannu a hurt yw gwareiddiad.

Dichon, heddiw, y byddai ateb cadarnhaol i'r ymagwedd hon yn ymddangos braidd yn 'adweithiol', os 'adweithiol' yw ym- wrthod â llif meddwl ein cyfnod. Eto, yn ôl bron unrhyw ddiffiniad anffafriol, yr hyn y disgwylir i 'adweithiol' ei olygu bellach yw bod yn erbyn grymusterau bywyd. Carwn innau sôn am wrthryfel, ond am wrthryfel chwyrn yn bendant o blaid bywyd.

Mewn gwirionedd, 'adwaith' yw'r hyn yr ŷm ni am ei ddisodli. Clywch Sartre:

> 'Mae a wnelom â herio'r nofel drwyddi hi ei hun, â'i distrywio dan ein trwynau ar yr un pryd ag yr ymddengys ei bod yn cael ei hadeil- adu; y mae a wnelom ag ysgrifennu nofel am nofel na ellir ei hysgrifennu, â chreu ffuglen sy'n sefyll yn ymyl gweithiau cyfansoddedig Dostoiefsci a Meredith fel y saif yn ymyl darluniau Rembrandt a Rubens y cynfas yna gan Mirô a enwyd ''Llofrudd- iaeth Peintiad''.'

Mi garwn awgrymu fod yna ragosodiad arall yn bosibl, hyd yn oed yn angenrheidiol, oes, heddiw ym machlud yr ugeinfed ganrif. Y mae o hyd yn bosibl adeiladu athrawiaeth lenyddol ar y sail fod yna gynllun pendant o fewn y greadigaeth, cynllun ystyrlon a osodwyd ynddi yn wrthrychol o'r tu allan iddi. Nid baw yw dyn, nid siawns a adeiladodd ei gelfyddydau, nid hap a damwain yw hanfod meddwl, ac nid trai a llanw hanner-pan yw hyd yn oed teimladau dyn. Fe ellid credu mai creadur rhyfeddol yw dyn ar ddelw Rhywun sy'n uwch nag ef ac ar wahân iddo. Dyma ffaith wrthrychol, gredaf i. Ac y mae i ddyn bwrpas, sef bod mewn cytgord a pherthynas bersonol gyda'r Rhywun hwnnw, a chyflawni ewyllys neu gynllun y Person hwnnw ar y ddaear. Sylwch: Person, nid syniad nac egwyddor, nid grym amhersonol na theimlad meidrol nac athrawiaeth, ond Person cyflawn, amlochrog, ac anfeidrol. Y mae i bob dyn—colledig neu beidio—ei arwyddocâd tragwyddol. Un peth na all ef fyth ddianc rhagddo yw ystyr ei fywyd.

Wrth gwrs, nid dysg newydd yw hon: yn sicr, nid dysg newydd yng Nghymru. Rhan o hanes y traddodiad llenyddol Cymraeg, gredaf i, yw'r frwydr gyson o blaid pwrpas. Drwy'r frwydr honno fe fedrir canfod gweledigaeth gadarnhaol am ddyn ac am gymdeithas.

Gellid disgrifio'r weledigaeth honno am ddyn fel hyn. Y mae iddo le mewn cynllun sydd ynghlwm wrth realiti y tu hwnt i ddyn. Nid yw dyn yn rhydd (yn yr ystyr Sartraidd) i ddewis. Nid yw'n dewis cael ei eni hyd yn oed. A rhaid iddo hefyd farw: ni chaiff fawr o ddewis ar y pen hwnnw. Rhaid iddo bechu. Rhaid iddo fodoli mewn amser a lle. Dyma sicrwydd diddewis. Rhaid iddo hefyd, os yw am fyw, gyflawni'r ystyr y crewyd ef ar ei chyfer. Os yw e'n ceisio dewis marw, nid yw hynny yn ei ryddhau chwaith.

Ni all dorri'r cyfyngiadau yn y drefn; a babïaidd yw honni y medr ef. Y mae'n fod cymdeithasol; ac os yw ef am i'w hil oroesi, rhaid iddo ymddwyn yn gymdeithasol. Nid yw'n ddilyffethair i gynhyrchu plant ar ei ben ei hun. Does dim cwestiwn am hyn. Nid yw'n hunanddigonol, ac ni all ei fwydo'i hun oddi arno ef ei hunan. Er mwyn iddo fyw, rhaid iddo gydymddwyn â rhai amodau. Gyda phob anadl y mae'n ei anadlu, a phob meddwl a gerdd drwy'i ymennydd, y mae ef yn ddwfn ac yn arswydus o gaeth o fewn trefn. Er chwilio am ansicrwydd rhydd, er dyfal hiraethu am ansicrwydd, er ceisio bod yn 'ymholwr' fel y dywedir, yr un peth y mae'n gorfod ei wynebu er ei waethaf, yn ei ddannedd, yw sicrwydd. Sicrwydd—y peth gwrthun, cas, y peth 'annynol' a gelyniaethus hwnnw. Ac yntau erioed wedi cogio bod mor glên yn ymholi, mor ingol yn ymbalfalu yn nryswch modernaidd y dyn sy wedi dod i'w oed, druan, yr hyn sy'n llygadrythu arno yw trefn a chynllun clòs y greadigaeth, ie, yn ei waed ei hun. Ac eto, er gwaetha'r holl gaethiwed hwn, yr un pryd, y mae ef yn gwybod hefyd ei fod yn gyfrifol.

Yn ein dyddiau ni fe ddaeth yn ffasiynol i honni ansicrwydd, yn wir i honni fod pob dim yn ansicr, ac mai ansicrwydd yw hanfod bodolaeth. Amlder o bosibiliadau cydwrthwynebus; dyna'r dogma, dyna'r rhigol, heddiw. Pawb â'i chwiw yw hi, meddan nhw; ymhob pen . . . Daethpwyd i anwesu amhendantrwydd, ac weithiau rhoddwyd yr enw 'rhyddid' ar yr amhendantrwydd hwn, a'i gyplysu wrth ymreolaeth y dyn absoliwt, soffistigedig. Y mae'r safbwynt 'modernaidd' hwn, fel y gwelsom, yn arwain yn anochel at nihilistiaeth a diddymdra (*le néant*) hunan-addoliad a hunan-alltudiaeth. I Foderniaeth nid yw diwylliant namyn hunan-ddiwylliant, safbwynt sy'n gwbl groes i'r traddodiad Cristnogol Cymraeg.

Y mae yna feddwl arall wedi ffrwythloni llenyddiaeth Gymraeg drwy ddarparu ar ei chyfer wydnwch pwrpas goruchel, a dyfnder profiadol mewn meddwl a theimlad ystyrlon, ac ymdeimlad parhaol o drefn a disgyblaeth; a'r rheini'n *moli* ac felly'n rhan o gynhaliaeth y greadigaeth. Mawl mewn trefn yw'r hyn sy ar ganol traddodiad llenyddol Cymru. Drwy'r oesoedd fe fu'n fawl unol ac yn fawl amrywiol.

Y mae llenyddiaeth fodernaidd y gwledydd poblog, ar y llaw arall, wedi'i seilio ar ddiwinyddiaeth wahanol bellach, a honno'n rhagdybiaethu'n anghywir. Diwinyddiaeth a fu ar dwf ymhlith crefyddwyr Cymru ers canrif a hanner. Diwinyddiaeth sy'n gelwydd. Diwinyddiaeth sy'n arwain yn benodol i wacter. Mewn llenyddiaeth y mae'n arwain i chwalfa iaith a chwalfa ystyr, i chwarae gyda llythrennau, i theatr o syrffed, i afrealaeth afreolaidd mewn prydyddiaeth, ac ar ei ffurf fwyaf gonest i dawelwch llwyr.

Mae yna rywbeth tu mewn i ni, hyd yn oed tu mewn i'r anghredadun rhonc sy'n dweud wrtho fod y ffordd honno o synied am fywyd yn ffals. Mae yna rywbeth ynom (ac rwy'n credu y gellid esbonio beth ydyw), mae yna rywbeth ynom sy'n dweud fod yn rhaid bod yna ystyr. Ac wrth gwrs, y mae'r ymwybod cudd yma'n gywir. Yn y dechreuad yr oedd yr ystyr.

Ond dowch yn ôl at y rhywbeth yna sy'n dweud fod ystyr wrth-rychol ac absoliwt i'n hiaith a'n meddyliau a'n gweithgareddau llenyddol.

Fe gredaf fod yr ymwybod yma o bwrpas yn rhwyddach i'w am-gyffred mewn gwlad fel Cymru. Mae hi'n wlad fechan y gallwn ei hadnabod yn weddol yn ei chyfanrwydd. Mae hi hefyd yn genedl sy'n wynebu'r dewis rhwng bod ac anfod. Yn ein plith ni—ymhlith ein pobl ifainc—y mae'r argyhoeddiad dwfn o bwrpas (heb ddim diolch i ni) yn dân ysol yn y dyddiau hyn. Efallai, mewn cenedl fawr, fod y pwrpas sydd gan ddiwylliant yn dywyll ac yn beth anodd i'w deimlo. Yn llenyddiaethau poblog y byd y mae'n naturiol disgwyl chwalfa gwerthoedd a dibenion. Ond mewn llenyddiaeth gryno ac mewn llenyddiaeth sydd dan berygl y mae'r ymwybod o bwrpas yn fwy effro. Y mae'r peth hwnnw, sy'n dweud fod yna ystyr i fywyd yn llefaru'n groywach.

Dyma un o'r manteision lawer sy gennym fel cenedl fechan ac fel cenedl dan berygl. Edrychwn hefyd ar lenyddiaethau estron cyffelyb, llenyddiaethau amhoblog y byd, sydd dan berygl. Fe geir ynddynt hwythau yr un egni a'r un ysfa i feddiannu ystyr a phwrpas. Weithiau fe'n cynghorir i ddynwared y llenyddiaethau poblog—barddoniaeth goncrit Lladinwyr De America, prydydd-iaeth 'beat' California, nofel 'newydd' Ffrainc, a drama afreswm. Peidiwch â llithro'n ôl o'r ffasiwn, meddan nhw, hyd yn oed yng Nghymru fach. Ond fy ngalwad i yw i ymadael â'r ddiwinydd-iaeth au a gynhyrchodd ddiffyg pwrpas y llenyddiaethau poblog, cyfoes.

Pe bawn i wedi rhoi is-deitlau i'r adran hon fe fyddwn wedi'i galw hi'n 'llenyddiaeth *ar ôl* yr abswrd' neu '*wedi* barddoniaeth goncrit'. Llenyddiaeth sy'n galw am gyfeiriad hollol wahanol i eiddo'r llenyddiaethau poblog. Sylwer: pledio'r wyf nid am fynd *yn ôl* cyn Beckett ac Ionesco, cyn Sartre a Ginsberg, cyn y swrealwyr, ac yn y blaen. Ni ellir bychanu eu profiad a'u myneg-iant hwy. Ond rhaid i'r llenor cyflawn yn niwedd yr ugeinfed ganrif gerdded drwy'r anialwch modernaidd hwn heb osgoi a heb suddo,—nid heb wingo ac nid heb ei gleisio,—ond gan sylweddoli mai diffrwyth yw ymdroi yn y fan yna am byth, a chan sylweddoli hefyd, fe obeithiaf, fod peryglon negyddol digon tebyg wedi'u trechu o'r blaen hyd yn oed gan Dante a Siôn Cent, gan Goethe a Williams Pantycelyn.

Braint fawr y llenor o Gymro heddiw yw ei eni i frwydr. Os yw ef yn gymharol effro, y mae'n *rhaid* iddo gredu rhywbeth o werth. Er bod pwysau Lloegr ac America, yr awyrgylch gwleidyddol a chrefyddol, fel pe bai'n gwasgu arno i gyfeiriad peidio â chredu, fedr y Cymro ddim llai: nid oes ganddo ddim dewis. Nid oes ganddo ddim amser i fod yn ffasiynol ansicr. Moeth maldodus yw'r dogma o amheuaeth. Mae'n cael ei orfodi i gredu *rhywbeth* cadarnhaol. Ar unwaith. Ni all, wrth raid, osgoi'r clwyf hyll amlwg yn ysbryd ac yn niwylliant ei bobl. A'r un pryd, er mor brudd a phesimistaidd y mae'n caru bod (yn wir, y mae'n gorfod bod), faint bynnag y mae'n ymddifyrru mewn yfed dagrau, ni all lai nag ymwybod â'r grym adeiladol hefyd—grym enfawr, gredaf i—sy'n symud yma o blaid adnewyddu ac adfywio'i wlad. Teflir y llenor ifanc o Gymro heddiw i ganol yr helbul hwn, ac ni all syllu y tu arall heibio. Pe bai ef yn trigo yn Huddersfield neu yn Wigan neu yn Southampton, fe allai ddatblygu'n llenor heb ei gorddi gan argyfwng byw a marw ei gyfrwng, gan fyw a marw ei gymdeithas i gyd; ond yng Nghymru heddiw, dim ond y sinig marw o wleidydd sy'n medru eistedd ar ben llidiart, dim ond y crefyddwr proffesiynol, sydd wedi ymrwymo'n gibddall i ddiffyg credu'r genhedlaeth eciwmenaidd o'r blaen, a all ymdroi mewn merddwr teimlad ac mewn difaterwch. Y mae rhai llenorion yn dal mai braf fyddai byw'n 'normal' fel pobl Sheffield, heb fod eu diwylliant cenedlaethol mewn perygl o ddiflannu'n derfynol i ddifancoll o fewn ychydig o genedlaethau. Ond ar hyd a lled y byd, mewn cannoedd o wledydd, fe geir cynifer o bobloedd sy'n gynnwrf oherwydd bygythion unffurfiaeth a pharlys diwylliannol a chenedlaethol: ar bum cyfandir fe gyfyd yr argyfwng Cymreig i'r golwg fel na allwn ddweud mai trafferth plwyfol yw hyn. Y mae'n fath o her ryngwladol. Ac yn sicr, y mae'n hwyl ac yn wreichion i'r gwaed ac yn fwrlwm i'r meddwl.

Rhaid ymryddhau rhag beirniadaeth lenyddol a safonau'r gwledydd poblog—y rhai sy'n mesur pwysigrwydd yn aml mewn dull ffisegol, yn ôl nifer y bobl sy'n siarad yr iaith a maint eu byddin, ac sy'n hollol ddirywiol yn eu gweledigaeth am lenyddiaeth. Tueddaf, yn wir, i weld seithugrwydd y llenorion 'beat' yn y pum-degau yn America—Ginsberg a Kerouac a'r lleill—yn nodweddiadol o feddwl a theimlad y gwledydd poblog hyn. Llethwyd llenorion hydeiml yn y mannau hynny gan ddiffyg gwreiddiau a diffyg cyfeiriad, fel plant mewn ysgolion cyfun enfawr yn Llundain, sydd yn fy marn i yn rhyw fath o ysgolion 'beat'.

Trueni gweld mewn gwlad, sy'n hyfryd o fach, y gwaseidd-dra ffasiynol i redeg yn anfeirniadol ar ôl pob diffeithwch er mwyn 'bod yn gyfoes'. Nid mewn gwledydd helaeth eu poblogaeth y cawn ein cymheiriaid diwylliannol. Hyd yn oed pan fyddant yn siarad yn nawddoglyd haelionus o'r tu allan—fel Sartre—am frwydr y gwledydd bach, fe ellir eu hanwybyddu. Edrychwn tuag at wledydd dioddefus yr Affrig ac Asia, at Wlad y Basg, at Lydaw ac at Gatalonia. Y maent wedi cael eu gyrru i le sy'n dangos pwrpas iddynt. Edrychwn yn ôl hefyd i glasuron llenyddol cadarnhaol y byd yn y gorffennol, ac yn anad dim i draddodiad mawl llenyddiaeth Gymraeg.

Gadawn i'r gwledydd poblog dybied fod ganddynt fonopoli imperialaidd ar ddiwylliant, ac nad oes neb arall yn bod. Y gwir yw bod ganddynt heddiw fonopoli bron ar ddiffyg pwrpas.

Wrth fyfyrio am y realiti agos ac egniol yng Nghymru, fe ellir amgyffred fod yn rhaid i lenyddiaeth ymglymu wrth bwrpas, mai ystyr mewn gwirionedd, yw ei hanfod. Mawl cadarnhaol mewn iaith ffrwythlon yw'r hyn sy'n gorfod bod yng nghanol llenyddiaeth. Hyd yn oed pan fydd yna ddychan (ac eironi), fel y sylwodd beirdd Cymraeg yr oesoedd canol, rhaid i'r dychan yna fod yn iswasanaethgar i'r peth adeiladol—mawl. Diau fod ambell gyfoeswr fel Beckett wedi datguddio yn ei waith wirionedd go sylfaenol am ddyn: ond oherwydd iddo gael ei feddiannu i'r pen draw gan wacter ac oferedd, fe'i harweiniwyd ef hefyd i diffrwythder arddull mewn llawer o'i gynnyrch, ac fel y gwelsom i ddistawrwydd ac absenoldeb llenyddol yn ei ddrama *Anadl*: 'mynd yn fud at y mud.'

Os yw'r Cymro cyfoes yn ceisio datrys ei swyddogaeth lenyddol heb gael ei orlethu gan yr awydd a'r taeogrwydd i efelychu llenorion eilradd yr ieithoedd poblog, os gall y Cymro ymryddhau rhag ffasiwn difaol cyffredinedd y poblogaethau mawr, yna fe all ddarganfod fod llenydda yn Gymraeg yn anturiaeth hynod. Mae'r argyfwng yng Nghymru yn gorfodi'r llenor i gydnabod y pwrpas sy'n bod. Gall y sawl nad yw ei ddiwylliant wyneb yn wyneb â marwolaeth fforddio chwarae a chelwydda. Ond y mae tranc yn dinoethi pob rhagrith a ffug a ffasiwn.

Eto, sylwer. Os ydym yn ymwrthod â'r ffasiynau poblog mewn moderniaeth, nid am resymau *bourgeois* y gwnawn ni hynny. Yr ymateb *bourgeois* yn erbyn arlunio modern ac yn erbyn cerddoriaeth 'beat' oedd mai pethau annealladwy i'w dirmygu oeddynt. Fe geisiwyd gwrthod y gelfyddyd, nid yn ddeallol, ond am nad oeddent yn gyfarwydd â'r arddull. Ac yn wir, sarhad dicllon digon chwyrn ydoedd y cyfryngau newydd hyn yn erbyn gwerthoedd sefydlog y gorllewin. Yr oedd baster masnachol a chysuron meddal y diwylliant confensiynol yn wrthun iddynt. Daeth sgrechian anwar a churiadau rhythmig diymatal yn fodd iachus i fynegi gwrthodiad o barchusrwydd marwaidd.

Roedd y brotest yn ddilys. Ond os ydym ni'n ymwrthod â'r gwacter newydd, os ydym ni'n ymwadu â'r athrawiaeth hunanganolog a ymglymodd wrth y gwrthryfel modernaidd hwn, os ydym ni'n gwrthod y gwrthodiad fel petai, y mae'n briodol inni sylweddoli pa bethau yr oeddynt hwy'r modernwyr yn eu cyfiawn ddiarddel. Nid mynd yn ôl at yr hyn a oedd yn bendant wrthun eisoes, nid dyna a ddymunir. Roedd yr hunanfodlonrwydd sentimental a'r balchder cysurus a oedd yng nghraidd y darlun *bourgeois* ohono'i hun hefyd yn tarddu o'i ddiwinyddiaeth hunanganolog.

Yr her i'r llenor ifanc o Gymro heddiw yw, ar sail y realiti o gyffro bywydol sy'n mynnu eplesu yn ein gwlad, iddo ddod o hyd i bwrpas modern nad yw ar gael gan farddoniaeth yr ieithoedd poblog, ac yn sicr nad oedd ar gael chwaith yn yr hen hunanfodlonrwydd *bourgeois,* ond sydd mewn cytgord â'r drefn gadarnhaol yn y greadigaeth. Wrth iddo wynebu'r her hon, diau y bydd yn sylwi nad her lenyddol yn unig mohoni, eithr ei bod yn her ysbrydol, yn her sydd yn ei yrru'n ôl at y pethau sy'n pallu darfod.

Y CYNLLUN—SOFRANIAETH Y SFFERAU

Y mae'r llyfr hwn wedi'i ysgrifennu'n ôl rhagdybiau ym-wybodol. A dyma un.

Y mae llenyddiaeth yn rhan o gynllun. Pan wedir y cynllun hwnnw neu pan geisir ei wrthweithio, y mae llenyddiaeth ei hun mewn perygl.

Ni raid i'r llenor fod yn ymwybodol o'r cynllun,—yn wir, ni all anghredadun ei wybod—ond rhaid iddo gydymffurfio ag ef. Rhaid derbyn amodau a phwrpas llenyddol y cynllun.

Bu llenyddiaeth Gymraeg drwyddi draw yn ymwybodol o le llenyddiaeth yn y cynllun hwnnw. Mewn gwirionedd, hanes brwydr syniadau yw un ffordd ddilys o synied am lenyddiaeth Gymraeg ar ei hyd yn erbyn bygythion i chwalu'r cynllun; a cheisio olrhain rhai ergydion yn y frwydr honno a wna'r gyfrol hon.

Y cynllun syml yw hyn:bod yna gylchoedd ar y ddaear o weith-garwch cymharol annibynnol (ffedral' yw'r gair gorau), fel y bo i bob un ei bwrpasau, a'i amodau, a'i briodoleddau'i hun—cylch-oedd megis y teulu, y wladwriaeth, mathemateg, yr eglwys leol, iaith, celfyddyd, ac yn y blaen. Gall un cylch wasanaethu cylch arall, ond ni all ei ddisodli a'i dra-awdurdodi'n ddi-amod: hynny yw, ni all (heb ladd) fabwysiadu nod a nodweddion y cylch arall. Ond, cynwysedig yw'r holl gylchoedd o fewn awdurdod sydd yn ddi-amod ac yn annherfynol: y maent yn atebol i awdurdod sydd y tu hwnt i bob cylch ac yn eu rhagflaenu a'u cysylltu oll. Gwaith llenyddiaeth yn ei chylch ei hun o fewn y cynllun mawr yw ffrwythloni'r meddwl dynol drwy iaith mewn modd neilltuol, modd y cawn sylwi'n fanylach arno ymhellach ymlaen.

Yn awr, trefn yw hon i bawb, i lenyddiaeth gwledydd eraill yn ogystal ag i Gymru, ie, i wledydd anghrediniol (fel y mae pawb yn y pen draw yn gorfod ymostwng i drefn amodedig y ddaear); ond yn hanes llenyddiaeth Gymraeg fe gorfforwyd y drefn hon mewn argyfyngau eglur, ac y mae modd inni ei holrhain o genhedlaeth i genhedlaeth yn ddi-dor.[19]

Y mae trosiad y cylchoedd yn gallu bod yn gamarweiniol. Ar un ystyr gellid dweud fod yna gylchoedd ffedral (h.y. o natur a phwrpas gwahanol) o fewn y cylch holl-gynhwysol, sef teyrnas Crist: cylchoedd neu foddau cosmig y mae iddynt eu deddfau'u hun, a phob cylch creëdig o dan drefn. Fe'i darluniaf fel hyn dros dro, er na chyflwynir y dadansoddiad hwn ond er mwyn hwylustod y drafodaeth; ac ni all fod yn fanwl derfynol.

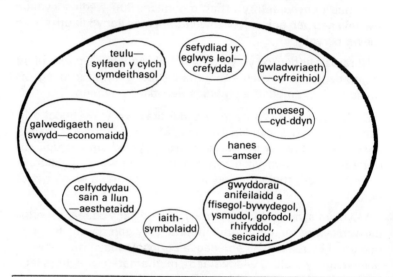

19. Tardda'r athrawiaeth hon yn y rhaniadau a'r 'cylchoedd' gwahanol a greodd Duw, hyd yn oed o'r eiliad gyntaf: 'Yn y dechreuad y creodd Duw y nefoedd a'r ddaear.' Y mae i bob rhaniad ei bwrpas a'i le priodol, cf. Preg. 3, 1-8. Dyma un o'r gwirioneddau a ddatganodd Siôn Dafydd Rhys: 'Ni pherthyn i brydydd, mal prydydd, namyn prydu o ba ddefnydd bynnac, ag ar y theologydd i perthyn adrodd pethau a berthyn at ffydd a moesau.'

Y mae Herman Dooyeweerd, *A New Critique of Theoretical Thought*, 4 cyfrol, cyfieithiad (Presbyterian and Reformed Publishing Co., Philadelphia, 1957) wedi ceisio cynnig dosbarthiad go drwyadl o'r cylchoedd neu'r amodau hyn oll—megis rhif, gofod, bywyd organaidd, hanes, economi, cyfraith, ffydd, estheteg, etc., gan ddwyn y cwbl, bid siŵr (a dyma ergyd y llyfr hwn) o dan gyfeiriad canolog: Dat. 5, 12; 11, 15; 2 Cor. 5, 17. Hynny yw, Cristnogaeth yw'r cyfan, a diwylliant yn rhan ohono—nid fel arall, fel y tybia'r pagan: gw. H. R. Van Til, *The Calvinistic Concept of Culture*, (Presbyterian and Reformed Publishing Co., Philadelphia, 1959) 37-63; C. Seerveld, *A Christian Critique of Literature*, (Association for Reformed Scientific Studies, Ontario, *1964; H. E. Runner, 'Sphere-Sovereignty', *Christian Perspectives 1961*, (Hamilton, Ontario) 53-87; J. M. Spier, *An Introduction to Christian Philosophy*, (Presbyterian and Reformed Publishing Co., Philadelphia, 1954).

Yr un pryd (rhag inni gamddeall cydberthynas y patrwm), gellir dal, fel y mae pobun wedi'i eni o fewn i'r cylch mawr o dan Grist, y mae pawb wedi'i eni i ddau arall, sef i'r teulu ac i'r wladwriaeth: hynny yw, o ran cynwysoldeb y mae'r tri hyn yn ymddangos yn gymesur. Ar y llaw arall, y mae ambell gylch arall yn arbenigol wahanol: nid yw'r eglwys Gristnogol neilltuol ond ar gyfer y rhai sydd yng Nghrist yn unig, yr etholedigion; ac erys rhywrai y tu allan iddi hi, er na *allant* ar y llaw arall aros y tu allan i'w tueddiadau *crefyddol* (eu pechod, y ffaith eu bod yn wrthodedig ac o dan farn, eu hymwybod o drefn, etc.), nac i'r teulu, nac i'r wladwriaeth.

Sylwer felly, a rhaid pwysleisio: nid yr un o gwbl yw bywyd dyn o flaen Crist â'i fywyd yn yr eglwys leol. Gwaith yr eglwys leol (pan fo'n wir eglwys) yw tystio i anghredinwyr am yr iachawdwriaeth i'w hanghenion tragwyddol o ddod i berthynas bersonol arbennig â'r Arglwydd Iesu Grist, adeiladu teulu'r ffydd, a darparu moddion iddynt i ymgynnull mewn cyd-addoliad. Y mae gan ddyn fywyd defosiynol personol hefyd—ar wahân i'r eglwys leol; ac ymhellach, y mae gan Grist ei hawliau ymhob rhan o'i fywyd—ei deulu, ei wladwriaeth, y celfyddydau, ei gymwynasau i'w gyd-ddynion, ac yn y blaen. Er na chaiff yr 'eglwys' ymyrryd yn awdurdodol derfynol yn y celfyddydau, dyweder, ni all Crist lai na gwneud hynny.

Propaganda yw'r hyn a geir pan fydd cylch y wladwriaeth neu gylch yr eglwys 'leol' (nid Crist) yn *ymyrryd* â hawliau cylch y llenor. Gall y llenor o ran testun, (ond nid o ran awdurdod) droi at unrhyw gylch. Ond pan fo'n gymharol iach, y mae'n cadw'i hunanlywodraeth sfferaidd neu ffedral. Pan gyll ef ei hunanlywodraeth, fe dry'n bropagandydd.

Nid hunanlywodraeth ydyw hyn, serch hynny, ar wahân i Grist, eithr hunanlywodraeth 'ar wahân' i sefydliad y wladwriaeth, 'ar wahân' i sefydliad yr eglwys leol. 'Sefydliad' iddi'i hun yw llenyddiaeth: celfyddyd iaith. Eithr ni all osgoi hawliau Crist arni (fwy nag y gall unrhyw gylch arall): y mae hawliau Crist yn effeithio ar lenyddiaeth, Gristnogol neu beidio, yn ôl yr agweddau hyn:

1. Diben celfyddyd;
2. Ffurf neu drefn celfyddyd;
3. Diben a ffurf y greadigaeth, sef gwrthrychau gwaith y llenor, a deunydd ei fyfyrdod a'i ymateb;
4. Natur a gwerth dyn, a'r llenyddwaith ei hun yn benodol.

Bydd ei gredoau neu anghredoau (sy'n fath o gredoau) ymhob un o'r meysydd hyn yn effeithio ar ei waith, ac ni all neb ddianc rhagddynt, er na raid meddwl fod hyn yn treisio'i bersonoliaeth o'r tu allan, oherwydd y mae'r rhain oll yn bethau sylfaenol yng ngwneuthuriad hanfodol y bersonoliaeth gyflawn.

Gellid cymharu'r cymysgedd meddyliol a ddigwydd pan fydd y wladwriaeth yn ymyrryd mewn llenyddiaeth â'r hyn a ddigwydd i grefyddwr dyneiddiol modern yn fynych sef uniaethu cylch moeseg â chylch yr eglwys leol nes bod y naill yn gyfystyr â'r llall.

Amlochredd ei chynnwys yw un o'r priodoleddau sy'n rhoi i lenyddiaeth ei 'hymreolaeth', ac yn ei gwarchod rhag ymyrraeth gan yr un cylch arall yn neilltuol. Nid oes gan wleidyddiaeth, er enghraifft, yr hawl i ddweud wrthi: 'Cenwch i mi. Dowch i ganol fy arena i,' (er y gall llenor *ddewis* gwneud hynny), oherwydd nid llai yw hawl aderyn y coed i ofyn iddo ganu'r rhywbeth hwnnw a welodd yn ei lygad ef: Nid oes gan yr eglwys leol ychwaith fwy o hawl, fel y sylwodd Dafydd ap Gwilym, i fynnu gan y prydydd byncio i'w dibenion hi nag sydd gan y gariadferch hithau i hawlio iddi hi—a neb arall—gael ei chlodfori. Y mae gwrthrychau'r cynnwys llenyddol hwn y tu allan i lenyddiaeth, a'u priod awdurdod y tu allan i lenyddiaeth hefyd.

Wedi cydnabod nad gwag yw cynnwys llenyddiaeth, ac er addef y dylai'r llenor fod yn ddinesydd cyfrifol, ac mai gwyn ei fyd hefyd os yw'n Gristion, er derbyn ohonom hyn oll, eto, yn ei waith llenyddol—fel mewn cynifer o dasgau daearol—y mae ganddo safonau ac amcanion swyddogaethol sy'n cael eu penderfynu gan rywrai heblaw gwleidyddion a phregethwyr. Wedi arddel y pwynt hwnnw,—ac efallai y byddai dyneiddiwr yn cydsynied yn weddol hyd y fan yna—dylwn ychwanegu nad wyf yn credu o gwbl mai hollol *an-nibynnol* a digyswllt yw'r cylch-oedd bywydol hyn ar ei gilydd; y maent yn cyd-ymgysylltu[20] ac y

---

20. *Russian Formalism,* Victor Erlich, Mouton, The Hague, 1969, 198 'Autonomy but not separation—this was the crux of the matter. This meant that art was a distinct mode of human endeavour, not wholly explicable in terms of other spheres of experience, yet closely related to them. It implied the notion of 'literariness' as neither the only pertinent aspect of literature, nor merely one of its components, but a strategic property informing and permeating the entire work, the principle of dynamic integration, or, to use a key term of modern psychology, a *Gestaltqualität'* cf. *Egwyddorion Cenedlaetholdeb,* Saunders Lewis, Plaid Genedlaethol Cymru, 1926, 'Mynnwn felly, nid annibyniaeth, eithr rhyddid.'

maent oll yn ddarostyngedig i bwrpas unol; ac y mae'r pwrpas hwnnw'n ymestyn y tu hwnt i'r gweledig a'r amlwg, ac yn wir y mae'r ffaith honno yn golygu—yn baradocsaidd ddigon, fel y dywedodd Euros—'Lle mae'r gweledig, yno mae'r anweledig yn weladwy.' Sffêr yw llenyddiaeth; ond fel yr holl sfferau, y mae ei diben y tu allan iddi'i hun.

Ceir dau brif ymosodiad ar y cylch llenyddol, y naill gan y cylch eglwysig a'r llall gan y cylch gwleidyddol. Dyfynnwyd ynghynt safbwynt W. J. Gruffydd (megis Heidegger), a ddwyfolai gelfyddyd, a gellid cymharu geiriau Rivière (a ddyfynnodd Saunders Lewis yn *Williams, Pantycelyn*), 'Gyda rhamantiaeth yn unig y dechreuwyd edrych ar waith llenyddol megis ymosod ar y Diamod, a'i ganlyniad yn ddatguddiad. Yn y funud honno etifeddodd llenyddiaeth orchwyl crefydd.' Dyma'r ymosodiad mwyaf difrifol o hyd i ni yn y Gorllewin, a bu'n hen berygl yng Nghymru. Yn y Dwyrain, ar y llaw arall, fe ddeil yr ymosodiad Marcsaidd gan y cylch gwleidyddol i fod yn ymyriad sylweddol.

Un wedd bwysig ar draethodl Dafydd ap Gwilym, 'Y Bardd a'r Brawd Llwyd' yw'r darlun o'r ymosodiad gan gylch arbennig yr eglwyswr ar gylch y prydydd (heblaw'r feirniadaeth foesegol ddigon dealladwy). Meddai'r Brawd Llwyd:

> 'Llaesa boen y dydd a ddaw,
> Lles yw i'th enaid beidiaw,
> A thewi â'r cywyddau
> Ac arfer o'th baderau.
> Nid er cywydd nac englyn
> Y prynodd Duw enaid dyn.'

Nid yw hyn ddim llai na gwadu arwahanrwydd priod y cylch llenyddol, ac yn ymgais i'w ddarostwng i awdurdod lwyr yr eglwys ddaearol (leol), yn wir ei ddisodli a'i ddileu. Y mae'r cwpled olaf yn ddiwinyddol amheus, oherwydd fe brynodd Duw enaid dyn er mwyn (llawer o bethau a grynhoir yn y bwriad) i ddyn fyw yn helaethach; ac yn ôl yr un safonau fe ellid dal nad er mwyn tyfu tatws nac er mwyn cyfathrach rywiol y prynodd Duw enaid dyn. Dyma dywyllu cyngor, yn wir.

Y mae Dafydd, yn ei ateb, yn dynodi priod bwrpasau gwahanol yr eglwys ddaearol (leol) a'r llenor yntau:

45

> 'Cyn rheitied i mi brydu
> Ag i tithau bregethu,
> A chyn iawned ym glera
> Ag i tithau gardota.'

Ac yna, yn briodol iawn, y mae Dafydd yn cadarnhau'r ddysgeidiaeth hon yn ysgrythurol drwy ddyfynnu (er nad yw'n nodi hynny) o lyfr y Pregethwr, dyfyniad sy'n arddangos y dull dadansoddol-amrywiol a chylch-wahanredol y dosbarthwyd gweithgareddau'r ddaear:

> 'Amser a rodded i fwyd
> Ac amser i olochwyd,
> Ac amser i bregethu,
> Ac amser i gyfanheddu.'

Yn nhridegau'r ganrif hon yng Nghymru yr oedd cryn drafodaeth ar y berthynas a ddylai fod rhwng llenyddiaeth a phropaganda. Yr oedd Williams Parry byth a hefyd mewn cerddi megis 'Y Ffliwtydd,' 'Propaganda'r Prydydd,' 'Bardd yr Oed a'r Rhedyn,' a 'Marwoldeb' yn pryderu cryn dipyn ynglŷn â'i gyfrifoldeb cymdeithasol; ac ar y cyfan, yn dadlau y dylai'r bardd ymwrthod â gweithgareddau cenedlaethol neu grefyddol ac ymatal rhag ymddiddori yn ein byw crebachlyd.

A oes a wnelo'r ymneilltuo aesthetig hwn â sofraniaeth y sfferau?

Gellid cytuno, fel y gwnaethom, fod yna 'ymreolaeth' i'r cylch aesthetig ar fywyd, a bod iddo ei briodoleddau ei hun nad ydynt yn iswasanaethgar i wleidyddiaeth nac i waith yr eglwys leol. Nid cyflawni. gorchwyl y gwleidydd neu'r pregethwr yw priod swydd y bardd, am fod ganddo gylch gwaith gwahaniaethol. Y mae hyn yn wir hefyd am iaith. Y mae gan iaith ei rheolau ei hun sy'n wahanol i ddeddf gwlad; y mae ganddi ei swyddogaeth ei hun hefyd sy'n wahanol, dyweder, i waith ffatri laeth. Eto, yr un pryd, yr hyn sy'n cymhlethu'r sefyllfa gydag iaith yw, er ei 'hymreolaeth' i gyd, oherwydd ei natur unigol a'i phwrpas arbennig, y mae hefyd yn treiddio i bob man—i ddeddf gwlad yn ogystal ag i'r ffatri laeth. Felly, llenyddiaeth hithau. Y mae gan lenyddiaeth 'ymreolaeth', bid siŵr. Eithr, nid oes ganddi annibyniaeth anghyfrifol. Y mae'n gyd-ddibynnol ar fywyd i gyd ac yn medru tarddu ym mhob profiad dynol; nid bod a wna ar wahân i'r byd dirweddol: y mae'n gyfrifol i'w gwrthrychau.

Y mae'n gyfrifol hefyd i'r ffynhonnell. Er cydnabod awdurdod briodol pob cylch iddo'i hun, rhaid pwysleisio'r cwlwm annatod rhwng pob cylch ar y naill law a'r arfaeth gyffredinol ar y llall. Y mae'r cwlwm hwn yn ein harwain i ystyried mater go sylfaenol, sef yr heresi ynghylch ymreolaeth celfyddyd yn yr ystyr nad oes awdurdod wrthrychol absoliwt y tu allan i gelfyddyd neu ei bod hi (o ran posibilrwydd) y tu allan i oruchwyliaeth ddwyfol ac ar wahân i undod y patrwm cyfan.

Dau ganlyniad sydd i'r fath safbwynt:

1. Hen fygythiad traddodiadol llenyddiaeth Gymraeg: Pietistiaeth, h.y. trin celfyddyd ar wahân i arfaeth Duw, a gwrthod celfyddyd.
2. Bygythiad diweddar mewn llenyddiaeth Gymraeg: Abswrdiaeth anghrediniol, h.y. trin celfyddyd ar wahân i arfaeth Duw, ac ymwrthod ag arfaeth neu drefn a phwrpas Duw.

Canlyniadau yw'r naill a'r llall i'r ysgariad sylfaenol, ac felly y maent yn dwyn tebygrwydd i'w gilydd. Gwedd gymharol newydd yw abswrdiaeth, megis positifiaeth resymegol (*logical positivism*) a nihilistiaeth ac yn y blaen, ar bietistiaeth, y wedd tu-wyneb-allan fel petai. Tarddasant oll o'r hollt sylfaenol rhwng cylchoedd y gweithgareddau daearol ar y naill law a'r weledig-aeth holl-gynhwysol am awdurdod Duw ar y llall, hollt sy'n gallu arwain at gyfrif

naill ai

1. Duw yn dda a chelfyddyd yn ddrwg neu'n wacter amherthnasol,

neu

2. Celfyddyd yn dda a Duw yn ddrwg neu'n wacter amherthnasol.

Rhaid, o'r safbwynt Cristnogol neu gyflawn ar y llaw arall, yw cydnabod celfyddyd yn gylch o weithgaredd ac iddo'i briodol-eddau'i hun, a'i awdurdod ei hun o fewn amodau'i fodolaeth. Y mae iddo ei reolau a'i hawliau ar wahân. Ac *eto,* y mae bodol-aeth y cylch ei hun yn seiliedig ar awdurdod derfynol y tu allan, awdurdod sy'n cynnwys pob cylch. Y patrwm hwn sy'n rhoi i lenyddiaeth ei phwrpas.

Enghraifft dda o'r ysgariad rhwng celfyddyd ac arfaeth Duw yw'r ddadl rhwng Siôn Cent a Rhys Goch Eryri. Dadleuodd Siôn

Cent fod yna ddwy awen, y naill sy'n briodol i'r cylch daearol-eglwysig (ac yr oedd ef yn gwneud hyn yn gyfystyr â bywyd oll, *Corpus Christianum*) a'r llall (y dylid ei gwrthod) a oedd yn perthyn i'r bygythion anghrefyddol:

> 'Deuryw awen dioer ewybr
> Sy'n y byd o loywbryd lwybr.'

Ymddengys ei fod yn gwneud yr awen ddwyfol yn gyfystyr â chanu eglwysig, ac yn dal mai'r unig farddoniaeth gywir yw cerddi eglwysig:

> 'Awen gan Grist ddidrist ddadl
> O iawn dro awen drwyadl.
> Hon a gafas yn rasawl
> Proffwydi a meistri mawl,
> Angylion saint yng nglyn Seth
> Ar dyfiad y mydr difeth.'

Yr awen arall yw'r awen draddodiadol Gymraeg, yr awen a ganai i fawrygu arglwyddi, merched, ac i ddychanu. Ymosod a wna Siôn Cent ar holl bwrpas y traddodiad llenyddol Cymraeg:

> 'Awen arall (nid call cant
> I gelwydd budr a goeliant),
> Yr hon a gafas, gwŷr hy,
> Camrwysg prydyddion Cymry.'

Yn ei feirniadaeth ar y traddodiad Cymraeg y mae Siôn Cent mewn gwirionedd yn ymosod ar farddoniaeth ei hun a'i phriod natur. Gwelwyd hynny gan Rys Goch Eryri yn ei ateb, ac yr oedd ef yn gweld na allai fod dau fath o awen. Un awen sydd, a fwriadwyd i fod yn awen gyflawn, iach, ond a all gael ei cham-ddefnyddio a'i gŵyrdroi. Tarddu y mae, meddai ef, fel y dywedodd Gramadegau'r Penceirddiaid hwythau, o'r Ysbryd Glân:

> 'Dwy awen ryfedd, meddud,
> Y sydd, odidog eu sud.
> Un a roes Duw iawnras dôn,
> Yng ngolwg ei angylion . . .
> Nid oes chwaith awen ond un.
> O'r Ysbryd Glân, gwiwgan gwawd,
> Y tyf honno i'r tafawd.'

48

Yn yr ymryson wedyn rhwng Edmwnd Prys a Wiliam Cynwal, y mae Wiliam Cynwal yn dadlau fod swyddogaethau gwahaniaethol yn y byd, ac eto un awdurdod derfynol y tu ôl i'r cwbl. Cydnebydd ef gylch pregethwrol Edmwnd Prys a'i ragoriaeth o'i fewn, ond myn na raid i brydydd blygu i safonau a gofynion a dibenion y cylch hwnnw. Sylwer fel y mae Wiliam Cynwal yn darlunio'r amrywiol sfferau hyn fel petaent wedi'u hordeinio gan Dduw. Medd ef yn ei wythfed cywydd:

'Pregethwr wyd, pleidiwr plwyf,
Parod ddadl, prydydd ydwyf.
O ddefein, noddfa Wynedd,
It o ran art yr un wedd,
Cymer y maes, laes lwyswar,
Ddwy gamp wych yn ddigwmpâr.
Moes ran cerdd, mesur yn cau,
Yma unwedd i minnau.
Duw ordeiniodd, drud anian,
Bybyr rodd, i bawb ei ran.
I ti y rhoed, heuwr iaith,
Iawn bregethu, brig wythiaith.
Rhoed i minnau, rhad mynych,
Rhwydd yw y swydd, rhodd sy wych:
Prydyddu, parod oeddwn,
Pennod hardd, yn y pwynt hwn.'

Yr hyn y methodd Wiliam Cynwal â'i weld oedd y gallai'r un dyn ymwneud ag amryw gylchoedd. Gallai'r un person fod yn dad mewn teulu, yn ddinesydd o fewn gwladwriaeth, yn bregethwr yn ei swydd, yn llenor o ran tueddfryd yn ei amser rhydd, ac yn y blaen. Ond am hawliau gwahanol y cylchoedd hyn, a'u priodoleddau pwrpasol yr oedd yn hollol iawn: yr oedd y cylchoedd yn bod, yn wahanredol; nid oedd ef yn rhwymedig i fod yn ysgolhaig eglwysig yn ei farddoniaeth, gan fod i honno hefyd ei dyfnder ei hun. Yr oedd gan bregethwr ei amcanion dyrchafedig eithr cyfyngedig yn ei swydd ei hun, a safonau cydweddol hefyd i'w cynnal. Camgymeriad o'r mwyaf (camgymeriad a ddigwyddodd yn rhy aml yn hanes llenyddiaeth Gymraeg) oedd i'w swydd ef ymyrryd ag amcanion a safonau swydd arall. Yr un ddadl yn y bedwaredd ganrif ar bymtheg a boenai Daniel Owen wrth iddo amddiffyn yr awen 'gelwyddog' yn erbyn y croniclwyr diddychymyg. Meddai Wiliam Cynwal yn ei bymthegfed cywydd ar hugain:

'Nid oeddwn, o dôi weddi,
Rad o'th ddysg, unard â thi:
Bardd wyf, hardd beraidd fawrddysg,
Offeiriad wyd, coffr y ddysg.
Nid nes it wybod nodi,
Fudd dawn, fy nghelfyddyd i
Nag im wybod, freisglod frau,
Ddwys ged uthr, dy ddysg dithau.'

Diau fod Edmwnd Prys wedi magu uchelgais i Gristioneiddio llenyddiaeth Gymraeg. Ac yr oedd un rhagoriaeth bendant yn ei weledigaeth ef rhagor rhai o'r llenorion a geisiai'r un nod ymhellach ymlaen. Yr oedd ganddo amgenach agwedd at gyflawnder y greadigaeth (nid annhebyg i Bantycelyn yn 'Golwg ar Deyrnas Crist'), ac nid ystyriai mai'r unig lenyddiaeth Gristnogol oedd honno a ymwnâi â'r cysegr neu â diwinyddiaeth. Datganai raglen lydan ar gyfer barddoniaeth, rhaglen nad esgeulusai'r un pwnc mewn gwirionedd:

'Dysgu hanes, dasg hynod,
Hysbys ein hynys a'i nod;
Cael natur, coelion ytynt,
O beraidd gerdd y beirdd gynt,
Aur a mŵn o ryw mynawr,
A llysiau maes, er lles mawr,
Adar dwfr, rhai drud efrydd,
A deor gwawd adar gwŷdd,
Preniau a gemau a'u gwaith,
Pryfed a phob rhyw afiaith;
Dysgu naws (o dasg, iawn oedd)
Yn 'feiliaid, naw o filoedd;
Dysgu iawn ganu'n gynnar
Naws gwyllt a hanes y gwâr,
Natur pysg yn neitio'r pair
A rôi enau ar enwair.
Dyna ddysg, dawnaidd ysgol,
Da iawn i fardd, o dôi'n f'ôl . . .'

Y gwall yn ei weledigaeth ef o lenyddiaeth oedd ei fethiant i ganfod y gwahaniaeth rhwng swydd y pregethwr a swydd y bardd, a'i fethiant i sylweddoli'r gwahanol safonau a dulliau a oedd i'r naill weithgaredd a'r llall. Er mai y feirniadaeth undeb-llafur sy'n ymddangos yn uchaf ym meddwl Wiliam Cynwal, dichon mai'r pwynt pwysig hwn hefyd a oedd ganddo mewn golwg wrth iddo estyn rhai o'r ergydion cryfaf a wnaeth ef yn ystod y ddadl bwysig honno.[21]

Yn ymddangosiadol groes i ymosodiad y cylch 'eglwysig' ar y cylch llenyddol, fe gafwyd yn rhamantaidd iawn gan Rousseau yn y ddeunawfed ganrif duedd gysylltiedig, ond un fwy technegol fel petai, mewn beirniadaeth lenyddol, sef ei duedd i gefnu ar y cyffredinol ac i ymgyfyngu i'r arbennig. Yr unigol oedd canolbwynt *par excellence* y greadigaeth i'r rhamantwyr, ac felly yr oedd yn hunan-gynhaliol ac yn 'rhydd' oddi wrth amodau'r cyffredinol.

Diau, bid siŵr, mai yn yr arbennig yr oedd llenyddiaeth yn ymgrisialu, megis yr oedd gwyddoniaeth yn y cyffredinol; ond fel y dibynnai gwyddoniaeth ar y symudiad oddi wrth yr arbennig at y cyffredinol, felly y dibynnai llenyddiaeth (a'r iaith ei hun) ar y symudiad o'r cyffredinol at yr arbennig. Ni ellid gwadu'r cyffredinol.

Yr oedd y cyffredinol ynghlwm wrth y gorchwyl o foli. Pe na châi'r beirdd gorffori'r cyffredinol, ni buasai eu mawl yn fawl diffiniol. Er y bydd angen ymhelaethu ar ystyr 'moli' ymhellach ymlaen, dichon y bydd un agwedd ar y gweithgaredd canolog hwnnw yn berthnasol yma, sef y modd y mae'n ymwneud â sofraniaeth y sfferau: yr oedd diffinio sffêr yn golygu delfrydu; ac wrth gydymddwyn â delfryd, yr oedd person unigol yn ennill nodweddion mawl.

Priod waith y prydydd yw moli, ac yn gysgod i hynny y ceir, yn ogystal, y gwaith negyddol atodol—hollol angenrheidiol—o oganu: 'Sswydd prydydd yw moli . . . Ystoriav ysgrifen, ac ymddiddanav kyvannedd, ac odidogion ovynnav, ac atebion a berthyn ar brydydd, i ddigrifhav llyssoedd, ac i ddiddanv gwyrda a Rianedd, ac i ymddiddan a doethion, kans rrann o ddoethineb annyanawl yw prydyddiaeth, ac ethrylith, kans o vn o'r ssaith

---

21. Meddai Saunders Lewis am y Cywyddwr (*Llenor,* 1928, 219): 'Ni chymysgent hwy orchwylion, nid ymyrrent â swydd offeiriad. Cododd un yn eu. plith unwaith gan gondemnio "awen gelwyddog" y prydyddion Cymraeg a galw arnynt oll i droi cywydd yn bregeth. Ond ni wrandawodd neb ar Siôn Cent, a gwawdiwyd ei ganu moesol gan ei lysenwi'n ardd fresych. Swydd clerwr — y creadur bras hwnnw — oedd ceryddu a beio a dysgu moeswersi: "ar glerwr y perthyn gogan ac anghlodfori a gwneuthur cywilydd a gwaradwydd." Ni ddeuai hynny ar orwel byd barddoniaeth. Llawenydd a digrifwch oedd cyweirnodau'r byd hwnnw, "diddanu rhianedd a digrifhau gwŷr da a gwragedd da." '

gelvyddyd yr henyw, ac awen a henyw o'r Ysbryd Glan.' (*Gram. Pen.* 133).[22]

Wrth iddo gyferbynnu safonau'r Oesoedd Canol â safonau heddiw, y mae Saunders Lewis (*Wms. Pant.* 18) yn nodi mai diddanu trwy foliant oedd diben llenyddiaeth y naill, a diddanu trwy feirniadu a thorri i lawr a wna'r llall. Fe esbonia ef hyn drwy ddal fod cymdeithas yr Oesoedd Canol wedi'i sylfaenu ar unol-iaeth athroniaeth am bethau pwysig bywyd o'i chyferbynnu â'r gymdeithas ddiweddar ar chwâl a'i hathroniaeth yn unigol-yddol. Casgliad ychydig yn garlamus yw hyn, dybiaf i, oherwydd y mae'n anwybyddu, beth bynnag, swydd y *clerwr* yn fframwaith yr Oesoedd Canol. 'Ar glerwr y perthyn goganu, ac agloduori, a gwneuthur kewilid a gwaradwyd . . .' (GP 35). Rhaid cymryd y clerwr ynghyd â'r prydydd er mwyn canfod cyfanrwydd llenydd-iaeth, ddoe a heddiw, gan gofio'r un pryd, 'trech y dyly vod uolyangerd prydyd no gogangerd klerwr.' Rhyw fath o ddrych, gyda'r ffigurau'n wrthwyneb, yw goganu; ond fe'i penderfynir ac fe'i rheolir gan yr unrhyw ffurf sydd eisoes yn ddigyfnewid yn y moli.

Peth difyr a sanctaidd yw moli, yn y bôn. Pan chwilir *Gramadegau'r Penceirddiaid* i ymholi beth yw natur a diben barddoniaeth, cawn yr atebion hyn:

'*Tri pheth a berthynant ar brydyd: clotuori, a digryfhau, a gwrthneu gogangerd.*' (G.P 17)

'*Kyffran o doethineb anianawl yw prydydyaeth, ac o'r Yspryt Glan y pan henyw, a'e hawen a geffir o ethrylith a cheluydyd aruer . . .*' (GP 35)

'*Krefft prydyd yw kanmawl, a chlotuori, a digrifhau, a gwneuthur molyant a gogonyant a didanwch.*' (GP 56)

Mae'r egwyddor lydan o sofraniaeth y sfferau, o'r gwahan-iaethau priodol sy'n perthyn i elfennau amryfal y greadigaeth a chymdeithas dyn, yn hanfodol i ddeall athrawiaeth y beirdd hyn ynghylch 'pa ffurf y moler pob peth.' Dechreua'r ymdriniaeth yn Llyfr Coch Hergest: '*Reit yw bellach gwybot pa furyf y moler pob peth o'r y mynner prydu idaw. Deu ryw beth y dylyir prydu idaw, nyt amgen, peth ysprydawl a pheth corfforawl; peth ysprydawl megys Duw a'r seint; peth corfforawl, megys dyn, neu lwdyn, neu le. Duw a dyly y uoli o dwywolder, a chedernynt . . .*'

---

22. Diau fod y datganiadau hyn yn GP yn adlewyrchu'r atrefniad o alwedigaeth y prydydd yn y 14edd ganrif: cf. IGE[2] XL; *Llyfr yr Ancr,* 1894; 36, 40, 98.

Yna, y mae dadansoddiad yn dilyn o'r swyddogaethau a'r priodoleddau cynhenid sy'n gwneud ffenomenau yn unol â'u natur.

Ystyr moli oedd priodoli i'r unigol (efallai mewn modd hynod unigol) y nodweddion a oedd mewn gwirionedd yn hanfodol eiddo iddo ac eisoes yn hysbys amdano yn y drefn ddelfrydol gyffredinol: ymgais i ddarganfod ac i grisialu yn yr arbennig a'r diriaethol yr hyn a oedd yn gyfreithiol gywir iddo erioed, ac wedi'i sefydlu'n wybyddus. Nid ei wenieithu, ac nid dweud yn amgenach neu'n rhagorach amdano. Dweud yn ffyddlon am bresenoldeb cynhenid yr hanfod, dyna oedd moli. Canlyniad i hyn ydoedd diddanu. Canlyniad arall oedd cynnal a chadw. Ond nid modd yn unig i gyrraedd y canlyniadau pellach hynny oedd moli: yr oedd moli ynddo'i hun yn ddiben, a'i ddull oedd symud oddi wrth y cyffredinol (y ffurf) at yr arbennig, tadogi ar yr unigol y priodoleddau a oedd yn gwir hanfod yn y delfrydol: sef gweith-garedd a oedd yn ysfa angenrheidiol ynghlwm wrth bob gweithred yn y proses ieithyddol, mor angenrheidiol i iaith â'r proses gwrthwyneb— y proses gwyddonol—o chwilio am y cyffredinol y tu ôl i'r arbennig, sef symud oddi wrth yr unigol at y delfrydol.

Cyfeiriad cyntaf celfyddyd, felly, yw diriaethu ffurf drwy engh-reifftio gwirionedd. Gan fod hyn yn *cynnal* gwirionedd ac yn rhoi boddhad ymarferol i'r meddwl dynol, am fod y meddwl hwnnw wedi'i adeiladu mewn iaith drefnus, yr ydys felly'n teimlo angen i noddi ac i gynnal celfyddyd llenyddiaeth. Ni chaniateir digrifhau rhywsut rywsut. Nid cywir synied am Ddafydd ap Gwilym fel per-fformiwr difyr, a dyna'r cwbl. Nid diddanu yw'r diben cyntaf a'r diben terfynol ac awdurdodol i'r un llenyddiaeth iach. Didd-anwch a geir am fod yna drefn ar gael: y drefn honno sy'n rhoi'r diddanwch.

Beth yw ystyr hyn yn ymarferol? Y mae'n fwy na dweud am uchelwr ei fod yn ddewr, yn gadarn, ac yn y blaen: oherwydd, wrth gwrs, cyffredinoli'r unigol fyddai hynny, a hynny'n unig, a gwaith y prydydd yw, nid cyffredinoli, eithr y gwrthwyneb, sef unigoli'r cyffredinol. Sef yw hynny, personoli'r amhersonol-dorfol. Y mae'r dewr yn amhersonol; ond y mae Urien Rheged yn bersonol. Hynny yw, felly, amserola'r bardd y tragwyddol. Y mae'r dewr yn dragwyddol; ond y mae Urien Rheged yn benodol ɔ fewn byd amser, yn wir, yn ymrithio'n rhyw fath o bresennol byw. Rhithio'r unigol neu'r arbennig neu'r personol o fewn amser, a'r rheini ar sail gwerthoedd diysgog: dyna, yn syml, yw moli. Pan lithrir oddi wrth y personol, fe geir yr haniaethol a chollir y synhwyrus. Pan lithrir oddi wrth y berthynas rhwng y ddwy ochr, fe geir yr anhrefnus ddiystyr.

Diddorol, felly ar lefel fanwl ieithyddol, yw sylwi ar y gwrth-daro a'r cyd-uno yn yr iaith lenyddol rhwng geirfa haniaethol a geirfa ddiriaethol. Sonia D. Myrddin Lloyd am gylch ffrwythlon y geiriau haniaethol a chylch y geiriau diriaethol yng ngwaith Cynddelw Brydydd Mawr:[23] 'Medrodd gyfamodi'r ddau mewn ambell linell ddisglair sy'n magu nerth o'r ddau gyfeiriad:

> O uffern craunuern creulonaeth—181 b 34
> Canys breu mal guydyr hydyr hudolyaeth—180 b 43.

Dyma gynheilydd y traddodiad llenyddol Cymraeg yn mynnu edrych yn ddiriaethol hyd yn oed ar haniaethau meddylwyr Platonaidd, megis y gosododd Morgan Llwyd hwy ar dafod tri aderyn.'

LLENYDDIAETH UNIONGYRCHOL GREFYDDOL

Awgrymwyd eisoes y dylai Cristion diwylliedig fwynhau i'r eithaf—yn fwy nag anghredadun 'cyffelyb'—lenyddiaeth seciwlar dda; a dylai beirniadaeth lenyddol Gristnogol ymgodymu â'r cwestiwn pam, heb droi'n ôl at y camymresymiad seciwlar ynghylch osgo 'niwtral' celfyddyd, a 'bod yn amhersonol wrthrychol' wrth ddarllen. Nid trafod themâu 'crefyddol' yw gwaith priod y llenor Cristnogol, fel y gwelsom: yn wir, megis y gall anghredadun dreulio'i oes drwy sgrifennu am themâu 'crefyddol', felly fe all Cristion dreulio'i oes, a chyflawni gorchestion, heb ymdrin o gwbl â themâu 'crefyddol'. Nid oes a wnelo'r 'testun' fel y cyfryw ddim oll o anghenraid â swydd y Cristion o lenor.

Camdealltwriaeth sylfaenol o'r broblem o berthynas llenyddiaeth a Christnogaeth, camddealltwriaeth gyffredin a geir ymhlith anghredinwyr rhonc yn ogystal ag ymhlith Cristnogion

---

23. B VI, 125.

selog, yw'r dybiaeth fod a wnelo swyddogaeth llenor o Gristion â phriodoli ar y pryd ystyr pob dim, bob tro, yn benodol, o fewn geiriad uniongyrchol pob gwaith llenyddol, i ddaioni Duw. Hynny yw, mai mewn llenyddiaeth uniongyrchol grefyddol yn unig y gwelir priod berthynas Cristnogaeth a llenyddiaeth. Neu mewn geiriau eraill, y dybiaeth onid oes cyfeiriad at roddion Duw neu hyd yn oed at waed iawnol Iesu Grist mewn llenyddwaith, ni ellir ei gyfrif yn Gristnogol, er nad yw o anghenraid yn anghristnogol neu'n wrthgristnogol chwaith, wrth gwrs. Disgwylir yn ôl y safbwynt hwn mai arwyddocâd unrhyw drafodaeth ar lenyddiaeth a Christnogaeth yw bod neges neu fawl amlwg Gristnogol, yn hanfodol angenrheidiol; a hynny'n thema wedi'i hamgylchu gan briodoleddau athrawiaethol neu brofiadol, sydd o leiaf yn *enwi* un o'r Drindod.

Yn awr, gellid honni nad yw'r gamddealltwriaeth *anghrediniol* yn y maes hwn o fawr ddiddordeb: yn wir, tebyg fod camddealltwriaeth yn un o nodweddion canolog a chwbl orfodol anghrediniaeth. Ond fe ddylid oedi gyda'r gamddealltwriaeth hon ymhlith Cristnogion hwythau, oherwydd fe all ymamlygu weithiau o amgylch ymwybod o euogrwydd.

Nid oes amheuaeth sylfaenol gan y Cristion, lle bynnag y bo'n troi'i sylw, nad arfaeth a phersonoliaeth Duw sydd y tu ôl i'r cyfan. Dywedwch fod bardd o Gristion yn cael ei ddal gan gyfaredd hollol feddiannol dyffryn Rheidol: ni all ei fyfyrdod ef lai na throi yn y pen draw, pe bai'n ei ddilyn,—yn wir, ni all lai na rhedeg yn awchus ac yn hiraethlon orfoleddus—at y Crëwr a'r Purwr mawr ei hun. Dywedwch wedyn ei fod yn cael ei ddal mewn myfyrdod uwchben hagrwch gweithredoedd dyn, a'i fod yn canfod trychineb ofnadwy mewn caledrwydd ysbryd mewn cartref, mewn rhyfel, yn y tranc gwenwynllyd a wêl yn digwydd i ddiwylliant ambell genedl fechan, yn y modd hyll y mae pobl weithiau yn afradu bywyd ar yr hyn a ystyrir yn 'fyw', ac yn y blaen: ni all y bardd o Gristion beidio â gweld gwir achos ysbrydol hyn ar waith yn rymus; ac yn wir am ei fod eisoes yn ymwybodol yn fywydol â gwaredigaeth, fe fydd ei fyfyrdod ef yn annatod glymedig wth sylweddoliad o brynedigaeth pwerus yr arfaeth ddwyfol.

Beth, felly, a ddywedwn am y llenor o Gristion sy'n tewi am hyn oll, sy'n llunio stori ddigrif, dyweder, am ddau grwt yn mynd

ar goll gyda mul ynghanol gweundir Pumlumon, neu beth a
ddywedwn am fardd o Gristion sy'n ceisio mynegi mewn cân
serch i'w gariadferch y gwiriondeb rhyfedd yna sy'n mwydro'i
ben, a'r naill fel y llall heb sôn gair am Dduw, ac yn sicr heb gryb-
wyll y Gwaed a lifodd ar y Groes? A ydynt yn llai Cristnogol o'r
herwydd?

Nid ydym yn amau, meddwch, nad yw eu bywyd yn Grist-
gyfeiriol; bid siŵr, y mae ystyr pob awr, fe gydnabyddant,
ynghlwm wrth yr unig wir a bywiol Dduw, ac fe ellir dal yn onest,
wrth gwrs, mai bwriad eu heinioes—yn y pen draw (a dyna'r
broblem)—yw moli'r Duw hwnnw. Fe allwn fynd ymhellach ac
addef fod yr undod a'r cysondeb a'r cyfanrwydd a welir yn eu
gwaith (o'u chwilio) yn dwyn delw y Creawdwr, a bod y gyng-
hanedd a'r heddwch a gaiff y craff o fewn eu gwaith wedi dod yno
drwy fod eu Gwneuthurwr wedi derbyn eu hedifeirwch. Ac eto,
ni chydnabyddir yno yn agored benodol arglwyddiaeth Crist; ac
am a wyddai'r darllenydd talog, gogoneddu dyn yr ydys: gwedir y
Gwaredwr os gwadu yw peidio â dweud amdano.

Nid ydym yn amau, meddwch, nad yw'r datguddiad ysgrythurol
yn llewyrch i'w llwybr hwy, ond ychydig o wahaniaeth a ym-
ddengys rhwng yr artistiaid hyn (a *allai* lawenhau—eithr nis
gwnânt yn amlwg yn eu gwaith—yn eu bywyd newydd yng
Nghrist) a'r rhai mwy arwynebol sy'n dwyfoli celfyddyd, neu'n
cyfrinioli sythwelediad, synwyrusrwydd a deall. Nid yw'r Crist-
nogion hyn, i bob golwg, yn gogoneddu Crist, ac nid ydynt yn
nodi'n benodol yr adnewyddiad a'r heddwch a roddir i ddyn ac y
canodd Williams Pantycelyn, er enghraifft, mor llwyddiannus
amdanynt.

Ai cyfeiliorni, felly, a wnânt?

Gadewch i ni geisio symud cyfeiriad y broblem. Sylwer ar ddau
ddyn. Y mae'r naill yn gadwedig a'r llall yn golledig. Wrth edrych
arnynt, fe ddylai'r ffaith hon, meddwch, y bwysicaf o bob ffaith
iddynt hwy, fod yn gwbl amlwg. Fe ddylai afiaith ei iachawdwr-
iaeth ddisgleirio gymaint yn llygaid y Cristion nes bod ei wyneb
oll yn tywynnu oherwydd hyfrydwch y bywyd hwnnw. Fe ddylai
fod modd i chwi wrth weld y ddau ddweud yn syth, 'Hwn yma
ydi'r Cristion, ac nid y llall . . .' Ond nid felly y mae hi.

Dewch ymhellach. Dyma ddau wyddonydd, neu ddau ffermwr,
neu ddau redwr, y naill yn Gristion a'r llall heb fod felly: fe ddylai'r
gweddnewidiad a ddigwyddodd i ysbryd y naill bob tro fod mor

amlwg nes gadael ei ddelw'n weledig bendant yn ei waith. Eto, wrth edrych arno, o leiaf ar yr olwg gyntaf, ni ellir canfod y barchedigaeth a ddylai fod, ac yntau'n byw bob munud fel y gwyr yn burion yng ngwydd Brenin y brenhinoedd. Hawdd y gellid camgymryd y Cristion o wyddonydd uwchben ei ficrosgop am anghredadun hollol galed ac anwybodus.

Dyna'r cyd-destun y carwn osod y llenor o Gristion ynddo. Y mae perygl bob amser i grebachu bywyd llenyddiaeth. Fe ymdeimlir â'r perygl yn amlwg (er mor ffrwythlon) o gyfeiriad yr *avant-garde*: mabwysiadant weithiau un dechneg gyfyngedig, rhyw ddyfais allanol 'eithafol', a gweithio o fewn y dull hwnnw, weithiau gan honni mai'r cywair meddwl hwn sy'n angenrheidiol i roi bywyd a newydd-deb i lenyddiaeth. Ond y mae helaethrwydd y traddodiad llenyddol a helaethrwydd ffurfiau'r iaith yn ogystal â helaethrwydd y ddaear y mae eu gweithiau'n lladmerydd iddi ac amdani, oll yn dystion fod posibiliadau llenyddiaeth yn fwy cyfoethog ac yn fwy amlochrog nag y tybiant hwy. Mwy difrifol, debygaf i, yw'r hyn a ystyriaf yn grebachiad pietistig neu'n grebachiad propagandaidd.[24] Dichon na fyddai hyd yn oed y pietist yn mynnu i'r gwyddonydd Cristnogol nac i'r ffermwr nac i'r rhedwr arddangos yn eglwysig ymhob rhan o'i waith yn uniongyrchol fod bywyd yn Iesu Grist wedi dod i'w ran; ond rywsut, yn fynych, pan ddaw hi'n fater o ddefnyddio *iaith*—nid yn y cyd-destun beunyddiol, bid siwr, (prynu a gwerthu, holi ac ateb, cyfarwyddo a chynnig gwaith a chyfeirio siwrnai)—ond o ddefnyddio iaith yn llenyddol, disgwylia'r pietist na ddylai llenor Cristnogol ymhél â'r fath ymarfer heb nodi'n benodol rywbeth am neges yr efengyl. Disgwylir ganddo genadwri Gristnogol bendant. Disgwylir diolch uniongyrchol i'r Crëwr. Disgwylir, yn fyr, fod llenor Cristnogol yn llywodraethu'i ddefnyddiau ac yn gweithredu'i ddoniau nid yn unig mewn modd gwahanol i anghredadun, ond mewn modd sylfaenol wahanol i wyddonydd neu i ffermwr neu i redwr. Disgwylir iddo yn y bôn fod yn bregethwr. Er na chafodd yr un alwad i fod yn weinidog ar braidd yn neilltuol, disgwylir iddo gan rai beirniaid Cristnogol,

---

24. Cafwyd trafodaethau o dro i dro ar berthynas propaganda a llenyddiaeth: *Erthyglau Beirniadol,* D. Tecwyn Lloyd, Y Clwb Llyfrau Cymreig, 1946, 33-58; *Sylwadau,* A. T. Davies, Gwasg Aberystwyth, 1951, 58-67; *Cerddi Cadwgan,* D. R. Griffiths et al., Gwasg Cadwgan, 1953, 3-5; *I Ganol y Frwydr,* J. Gwyn Griffiths, Llyfrau'r Dryw, 1970, 11-51; *Ansawdd y Seiliau,* R. Gerallt Jones, Gwasg Gomer, 1972, 139-156.

ymddwyn fel pe bai ef wedi'i osod mewn pulpud neu'n arwain ei gynulleidfa gerbron yr allor.

Dyma nid yn unig gamddeall natur a diben llenyddiaeth: dyma, goeliaf i, gamddarlunio a chamddefnyddio'r weledigaeth Gristnogol am bwrpas bywyd yn y byd. Heb danlinellu o'r newydd yn y fan yma, felly, yr hyn a gredir yw pwrpas a natur y bywyd beunyddiol hwn i fod ar y ddaear, nid oes modd dehongli'n iawn holl rychwant y maes llenyddol i'r Cristion. Credaf mai'r ffordd iach i ddyn dreulio'i fywyd ar y ddaear yw drwy ei diwyllio hi i'r eithaf ym mhob dull a modd er gogoniant i Dduw. Gan mor amryfal a goludog yw'r greadigaeth hon, y mae'r dasg hon o ddarganfod ei chyfrinachau di-ben-draw, o ddefnyddio'i hadnoddau, o wrteithio'i chynnwys, ac o fwynhau a chynnal a ffrwythloni'i holl rannau yn cael ei chyflawni mewn gwahanol ffyrdd. Pan wneir hyn yn iawn, fe fydd dyn yn gweithio a mwynhau ymwneud â'r defnyddiau daearol hyn am chwe diwrnod yr wythnos, heb anghofio byth beth yw sylfaen a nod ei lafur a'i amseroedd; eithr ar y seithfed dydd fe fydd yn neilltuo'i ddiwrnod i gydnabod yn uniongyrchol pwy a batrymodd ei fywyd oll. Ac fe fydd sancteiddio'r Saboth fel hyn yn gymorth iddo i gynnal gweddill ei holl fywyd yn grwn o fewn amgyffrediad cywirach o bwrpas ac o natur sancteiddiol bodolaeth. Rhan y llenor yn y gwaith hwn felly, yw defnyddio iaith, (y teclyn daearol rhyfedd hwn) yn gelfydd am chwe diwrnod: gosodwyd ffurf o fewn yr iaith, neu iaith am ffurf efallai, gan Dduw; ac y mae'r iaith yn adlewyrchu peth o'r ffurf sydd yn y cread ei hun y mae'n cael ei defnyddio i'w fynegi; a gwasanaethu neu lywodraethu'r ffurfiau hyn oll a wna'r llenor wrth ddisgrifio a moli'n deimladus y greadigaeth syrthiedig hon sydd o hyd yn symud o fewn arfaeth yr Hollalluog. Dyna'n syml ddiben y llenor. Ond 'gwaith beunyddiol', gorchwyl y chwe diwrnod yw llenyddiaeth gan mwyaf; ac fel arfer, yn ein hoes ni—y mae'n cael ei hysgrifennu (hyd yn oed pan fo'n waith gan Gristnogion) gan rai na dderbyniasant alwad allan o weddill y praidd Cristnogol i fod nac yn bregethwyr nac yn flaenoriaid. Gwaith daearol ydyw. Gwaith diwyllio.

Mewn oesoedd eraill,—rhwng canol yr unfed ganrif ar bymtheg a diwedd y ganrif ddiwethaf,—yr oedd presenoldeb y llenyddiaeth uniongyrchol grefyddol mor helaeth yn y Gymraeg, a chynifer o'n llenorion yn bregethwyr, hyd nes bod natur ein traddodiad wedi'i newid, gwaetha'r modd, ac fe ddaeth yn anodd gwerthfawrogi lle a chyfraniad llenyddiaeth "seciwlar", ac yn anos, bellach, amgyffred lle llenyddiaeth uniongyrchol grefyddol yn y traddodiad hwnnw. Er mwyn adfeddiannu'r naill gyfraniad a'r llall, rhaid sefyll yn ôl a thremu ar y darlun cyflawn.

Sylwer, felly, ar yr hyn nad yw'n fwriad i lenyddiaeth. Nid yw wedi'i bwriadu, mwy nag y bwriadwyd amaethyddiaeth na gwyddoniaeth i fod yn gyfrwng arferol gras arbennig. Ffolineb pregethu Gair Duw dan fendith yr Ysbryd Glân a gweinyddu'r ordinhadau, dyna'r moddion neilltuol a fabwysiadodd Duw fel arfer i weinyddu Ei ras achubol. Arall yw swydd llenyddiaeth.

Bid siŵr, nid yw llenyddiaeth mor gyfan gwbl neilltuedig oddi wrth waith yr eglwys leol a daearol ag amaethyddiaeth, dyweder. Yn gyntaf oll, oherwydd tarddiad neu ddechreuadau hanesyddol llenyddiaeth ym mhob gwlad, am wn i, mewn mawl uniongyrchol. Yn ail, oherwydd fod y Duwdod ei hun a'i waith uniongyrchol a'i ras cadwedigol Ef yn dal yn destun, yn wir yn destun goruwch pob testun, i lenor cyflawn. Rhaid i'r llenor yn ôl ei swydd, yn wahanol i'r ffermwr neu i wyddonydd neu i redwr, yn aml, fyfyrio uwchben arwyddocâd dyfnaf y gwrthrychau daearol y sonia amdanynt, ac felly y mae'n methu â pheidio â bod yn grefyddol. Ac yn drydydd, iaith y meddwl yw cyfrwng y llenor, a honno ynghlwm yn bersonol wrth yr unigolyn. Rhaid i'r iaith honno ddisgwyl cael *cynnwys* arwyddocaol iddi, cynnwys teimladol a syniadol, a all fod yn bersonol bwysig i'r sawl a'i llefara.

Y mae rhywbeth o'i le ar feirniadaeth lenyddol y Cristion sy'n methu â gwerthfawrogi medrusrwydd llenyddol yr anffyddiwr. Llai difrifol o lawer, am ei bod yn anochel, yw'r feirniadaeth lenyddol honno nad yw'n medru dygymod â'r bregeth neu â thractau cenhadol neu â myfyrdod diwinyddol, ac sy'n mynnu aros yn 'rhamantaidd' ar wahân i un rhan o'r profiad dynol ac ar wahân i rai ffurfiau o'i mynegi hi. Anodd gwybod sut y medrir yn ddynol drechu'r anhawster hwnnw.

Yn hyn o beth y mae pob beirniad seciwlar wedi'i dynghedu i fod yn naïf am ei fod yn ddibrofiad. Cymerer y pennill syml canlynol:

'Dyma gyfarfod hyfryd iawn,
Myfi yn llwm, a'r Iesu'n llawn;
Myfi yn dlawd, heb feddu dim,
Ac Yntau'n rhoddi popeth im.'

Fe fedr y beirniad seciwlar naïf amgyffred uniongyrchedd crisial bur yr iaith, ac adeiladwaith cadarn y pennill hwn o'r llinell osodiadol ragarweiniol i'r ddau bâr o gyferbyniadau cyflythrennol, y naill o fewn yr ail linell, a'r ail yn ymagor yn ddwy linell glo. Ond ni fedr ef ymateb, fel y gwnaeth Pantycelyn ei hun, ac fel y gwna pob Cristion sydd wedi profi Crist, i ysictod llethol y gair 'llwm' nac i orfoledd anhygoel y gair 'llawn': ni ŵyr ef—ac ni all ef wybod drwy ddychymyg seciwlar—beth yw grym arswydus y drydedd linell; a phe na bai'n deall onid y ganfed ran o ystyr y llinell olaf yna, fe fyddai eisoes yn peidio â bod yn feirniad seciwlar naïf ac wedi dod yn ddarllenydd o Gristion.

Ar y llaw arall, nid anodd yw i Gristion daflunio'i ddychymyg i gyflwr neu i sefyllfa anghrediniol, am fod pob Cristion rywbryd neu'i gilydd wedi profi holl gulni ac anwybodaeth y cyflwr hwnnw ac yn dal i syrthio i demtasiynau.

Nid oes a wnelo cydymdeimlad llenyddol yn gymaint â rhannu'r un athrawiaethau na'r un ymddygiad na'r un rhagfarnau: tyf yr anhawster yn hytrach gyda rhywbeth mwy canolog, sy'n wreiddyn i gredo ac i ymddygiad fel ei gilydd ond sydd hefyd yn ddimensiwn goruwchnaturiol. Rhywbeth lle y mae'r weithred o daflunio'n pallu.

Daw hyn â ni at un dogma beirniadol sy'n bur boblogaidd ac yn cael ei dderbyn braidd yn rhy rwydd ymhlith beirniaid—y syniad cyfarwydd mai celfyddyd fawr yw honno sy'n apelio at bobl ledled y byd a chanddynt wahanol argyhoeddiadau ac yn eu huno mewn norm cytûn a chanolog. Shakespeare yw'r enghraifft arferol o hyn ac fe'i trafodir felly gan Wayne C. Booth.[25] Os yw ein dadl ni yn y fan yma yn gywir, sut bynnag, gwelir ein bod yn awgrymu y gallai llenyddiaeth fawr, yn wir y llenyddiaeth fwyaf oll, am ei bod yn digwydd mynegi profiad yr ailanedig, fod y tu hwnt i amgyffred a thafluniad y rhelyw o ddynolryw, ac na ddylid hawlio y dylai'r llenyddiaeth fwyaf bob amser ymgyfyngu i'r cyffredinolion cynefin hyn sy'n dderbyniol ystyrlon i anghredin-

---

25. *The Rhetoric of Fiction,* University of Chicago Press, 1961, 133-34, 141-42.

wyr a Christnogion fel ei gilydd. Fe all llenor mawr greu llenydd-
iaeth fawr nad yw'n ymdroi gyda'r cyffredinolion anianol; ac
felly, nid dyna'r safon o'i farnu.

Y mae angen i bob darllenydd, pwy bynnag fo, ei daflunio'i hun
i mewn i'r hyn a ddarllenir, ac wrth wneud hynny y mae'n pell-
hau oddi wrth ei hunan crai: y mae fel pe bai'n llunio delwedd
ddieithr ohono'i hun, delwedd y darllenydd, sef yr un sy'n cael ei
arwain. Actio hyn a wna, megis gŵr sy'n ceisio dilyn dadl gŵr
arall, ac o ganlyniad sy'n cyd-feddwl gydag ef, heb o angen-
rheidrwydd gytuno ag ef. Mae yna ymrwymedigaeth: mae yna
bellhad hefyd. Cyn belled ag a fynnom â materion 'seciwlar' y
mae hyn yn theoretig bosibl i bawb.

Nid dweud yr ydys fod y darllenydd yn dod at lenyddwaith heb
yr un gredo, wrth gwrs, er mai dyna hoff osgo naïf ein canrif ni.
Cofir am resi o bobl gynt megis I. A. Richards yn dweud pethau
carlamus megis, 'we need no beliefs, and indeed we must have
none, if we are to read *King Lear.'*[26] Trachwant cyffredin ein
canrif ni yw peidio â chredu, a rhesymolir hyn yn fath o ragdyb-
iaeth hollol angenrheidiol ar gyfer beirniadaeth lenyddol dder-
byniol. O hyn y tyfodd y myth 'diniwed' o wrthrycholdeb.

Nid yw hyn namyn hunan-dwyll, bid siŵr, y mae'n hawdd ei
esbonio'n ddiwinyddol. Ac wrth gwrs, yn llenyddol nid dyna sy'n
digwydd o gwbl. Y mae'r sawl sy'n darllen llyfr yn ei daflunio'i
hun, a'r hunan newydd hwnnw (nad yw o bosib yn gallu cyrraedd
ar ei liwt ei hun yr uchelderau o hydeimledd a fynegir gan R.
Williams Parry, na'r dyfnderau o wacter chwaith a ddarlunia
Kafka) sy'n cael ei ffug-lunio gan y llenyddwaith, er bod yr un
pryd yn cadw llinyn cyswllt cadarn rhwng yr hunan newydd
darllenol hwnnw a'r hunan beunyddiol gwreiddiol. Gwrthrych
yw'r llenyddwaith i'r darllenydd, yn ogystal â goddrych; ac ym-
daflu i ddychmygu'r gwrthrych hwnnw yw'r unig wir 'wrthrych-
oldeb' y gellir sôn amdano'n gywir.[27]

Ychydig iawn o brofiadau sydd y mae'n gwbl amhosibl i
ddarllenydd cyffredin ddyfeisio delwedd gyfatebol o fath cym-
harol foddhaol yn ei ddychymyg ei hun i'r hyn a gaiff yn y llenydd-

26. 'Poetry and Beliefs', *Science and Poetry* (1928), fel y'i ceir yn *Critiques and
Essays* gol. R. W. Hallmann, New York, 1949, 329-33.
27. *The Rhetoric of Fiction,* Wayne C. Booth, University of Chicago Press, 1961,
137-144.

waith. Yn wir, ni allaf feddwl yn y pen draw ond am y profiad o ail-eni, a'r hyn sy'n ei ganlyn, i ddealltwriaeth y sawl nas ganwyd ond unwaith: gellir dyfalu'n niwlog am y peth, ond y gwir yw, wrth gwrs, nad oes dim tebygrwydd rhwng y cyflwr ail-anedig hwnnw a'r hyn a ddychmygir amdano gan y dibrofiad: ni all ef wybod chwaith. Ac yn hyn o beth yr wyf yn gwahaniaethu rhwng llenyddiaeth grefyddol, sydd yn grwn o fewn amgyffred i bawb, megis 'Dychwelyd' Parry-Williams, a llenyddiaeth Gristnogol, sydd o fewn amgyffred Cristnogion yn unig, megis 'Dyn dieithr ydwyf yma' Pantycelyn.

Daeth y ffaith fod beirniaid seciwlar braidd yn ddiymadferth gerbron llenyddiaeth Gristnogol yn eglurach yng Nghymru'n ddiweddar, gyda chyhoeddi dwy nofel y fedal ryddiaith, 1973 a 1974, sef *Mae Heddiw Wedi Bod* Emyr Roberts ac *Eira Gwyn yn Salmon* Dafydd Ifans. Roedd yr adwaith ar ran beirniaid, sy'n arfer bod yn ddeallus ac yn graff, yn rhagweladwy. 'Mae'n well gen i'r rhannau seciwlar o'r gyfrol. Efallai ei bod hi'n amhosibl cyfleu i neb y profiad o dröedigaeth. Y darnau pechadurus sy'n apelio ata i, rhaid cyfadde—efallai oherwydd fy mhechadurus-rwydd fy hun, ho, ho, ho.'

Ond yr hyn a oedd yn arbennig o ddiddorol i mi, ac a ddylai fod yn rhagweladwy, yw'r adwaith chwyrn a gafwyd yn erbyn y prof-iadau Cristnogol, yn arbennig yn yr adolygiadau llafar, adwaith a leddfwyd i raddau wrth ei gofnodi ar lyfr. Nid yn unig y mae tröedigaeth wrth natur yn ddwfn annealladwy i'r anghredadun, eithr y mae hefyd yn dramgwydd, a gall yr adwaith fod yn ystryd-ebol o ddiymadferth. 'Smyg, syniadau nid greddfau, gormod o bregethwra,' dyna'r math o annealltwriaeth y mae'n rhaid ei ddisgwyl os caeir dyn gan ei gyflwr y tu allan i ddealltwriaeth profiad llenyddol neilltuol.

Wrth ddweud rhywbeth, y mae pob llenor yn dweud rhywbeth am fywyd. Yn y dechreuadau, ac yn weddol gyson drwy gydol hanes llenyddiaeth, gwirionedd delfrydol (nid o anghenraid y Gwirionedd bob amser) oedd yr hyn a draethid yn y bôn, hyd yn oed gan rywun fel Dafydd ap Gwilym. Adlewyrchai'r gwaith yr hyn a ddeëllid am realiti. Nid addurn yn unig ydoedd llenydd-iaeth fel y ceisiai rhai beirniaid ein darbwyllo. Disgwylid ganddi fwy na thlysni. Yr oedd hi'n wreiddiol ynghlwm wrth weledig-aeth am werthoedd, ac ni ellid dianc rhag hon. Heb gofio'r cefndir ysbrydol sydd iddi, y mae'n gwbl annichon gwir ddeall llenyddiaeth Gymraeg. [28]

Y mae'n gwbl annichon gwir ddeall unrhyw lenyddiaeth arall ychwaith heb ystyried ei chynnwys. Ac y mae ansawdd y llenyddiaeth honno yn dibynnu i ryw raddau—o anghenraid—ar ansawdd y cynnwys hwnnw, er bod 'cynnwys' yn yr achos hwn yn golygu llawer mwy na'r gosodiadau a draethir. Rhan o fethiant beirniadaeth lenyddol yn ddiweddar yw'r ffaith ei bod wedi osgoi arwyddocâd moesol neu fetaffisegol y cynnwys neu'r ystyr yn aml iawn yn ei werthfawrogiad o ansawdd, fel pe bai seiniau neu adeileddau ffurfiol yn medru bodoli ar wahân i'w pwrpas. Rhan o'r rheidrwydd sydd ar feirniadaeth lenyddol Gristnogol yw datrys sut y mae gwendid neu lygredd yn y cynnwys (ar yr wyneb o leiaf), yn medru peidio â difetha'r gamp lenyddol, a pha ffordd y mae'r gwendid mewnol hwn hefyd yn gorfod ysigo potensial y gwaith hwnnw. Yn y modd hwnnw, y mae beirniadaeth lenyddol gyflawn yn gorfod amgyffred a disgrifio'r ysgogiadau deunyddiol sy'n llywio teimladaeth a syniadaeth y llenyddweithiau a astudia.

Os felly, meddwch, onid yw beirniadaeth a diben llenyddiaeth yn mynd i ddibynnu ar eich 'safbwynt', fel y dywedir? Pawb â'i oddrych yw hi gyda chelfyddyd, meddan nhw. Chwiw a mympwy, ffasiwn a dadl sy'n mynd â hi. Fe fydd yr anffyddiwr hiwmanistaidd yn dal mai mynegi'r hunan neu gorffori mewn ffurf yr emosiynau neu'r meddyliau dynol uchaf yw ei nod—neu rywbeth o'r fath—a phwy yw'r Cristion, meddwch, i ddywedyd yn amgenach? Mae hawl gan bawb i'w fympwyon ei hun; ac y mae'r pagan mwyaf gwrth-Gristnogol yn gallu boddhau gystal neu'n well na'r Cristion gloywaf. Onid siarad drosto'i hun y bydd y Cristion, felly, wrth honni mai diwyllio a darostwng y ddaear er gogoniant i Dduw yw pen-llad y llenor, yn hytrach na geirio gwirionedd cyffredinol ar gyfer nebun arall?

Nage. Dyna anwybyddu honiadau'r Ymgnawdoliad unigryw, a gwneud relatifiaeth yn anffaeledig. Pan fo Cristion yn honni mai

---

28 Sonia Auerbach am y weledigaeth Gristnogol fel hyn: 'Y mae pob digwyddiad ar y ddaear nid yn unig yn ei arwyddocáu ef ei hunan ond ar yr un pryd un arall, a ragddywedir neu a gadarnheir ganddo, heb warafun dim i nerth ei realiti diriaethol yma nawr.' 'Realism and the Three Styles,' Erich Auerbach, yn *Literary English Since Shakespeare*, gol. G. Watson, OUP, 1970, 19.

Duw a luniodd y ddaear, nid codi damcaniaeth (neu argyhoeddiad personol) y mae ef ar gyfer trafodaeth y gall fod sawl barn yn ei chylch, eithr, o raid, adleisio datguddiad anffaeledig o ffaith. Ffaith roddedig ddi-ddadl fwy sicr na bod un ac un yn ddau. Ffaith sydd hefyd yn anochel effeithio ar berthynas dyn a'i gydddyn ac ar berthynas y llenor a'i waith creadigol. Pan fo Cristion yn sôn am bechod gwreiddiol, nid bwrw amcan y mae ef na chynnal safbwynt, eithr adleisio ffaith gyflyrol sydd, ymysg pethau eraill lawer, yn medru esbonio i'r rhamantwr druan pam y mae ei fynegiant o harddwch yn methu â boddhau'n derfynol ac yn gyflawn, a pham y mae ei optimistiaeth ddelfrydus ef ynghylch daioni dyn neu ei besimistiaeth nihilistaidd yn cloffi ei lenyddwaith rywsut neu'i gilydd. Ac felly hefyd, pan fo'r Cristion yn ystyried y gorchymyn diwylliannol a roddwyd i bob dyn o'r dechrau gan Dduw ac sy'n gymhelliad iddo i lenydda ac sy'n pennu diben iddo, nid ymdrin y mae ef â'i faes personol ef ei hun a'i ffordd ei hun o edrych ar ysbrydoliaeth neu ar awen neu ar amcan. Y mae hyn yn fframwaith gorfodol ar gyfer pob llwyddiant mewn diwylliant ac felly mewn llenydda: y mae'n rwndwal ar gyfer pob ffrwythlondeb celfyddyd. O ganlyniad, y mae'r pagan eithaf, megis y Cristion yntau, yn llwyddo mewn llenyddiaeth cyn belled ag y bo ei waith llenyddol ef yn cyd-fynd â bwriadau Duw ar gyfer Ei ogoniant Ef Ei hun ar y ddaear. Nid pawb â'i amcan piau hi yn y mater hwn. Y mae yna amcanion gwrthrychol ac allanol ar gael eisoes y bydd pob llenor ar ei ennill—o ran cywirdeb deall—os dônt hefyd yn oddrychol ac yn fewnol iddo. Trafod diben i'r llenor yn gyffredinol yr ydys, felly, nid o ran 'safbwynt' neu o ran 'pwyslais', eithr o ran gorfodaeth ac amodaeth.

Llenyddiaeth uniongyrchol Gristnogol, serch hynny, yw llawer o lenyddiaeth Gymraeg (gwaetha'r modd) o'r llyfr printiedig cyntaf hyd gyfnod llanw'r dirywiad anghydffurfiol yn ail hanner y ganrif ddiwethaf; sef llenyddiaeth sy'n ymwneud yn uniongyrchol â defosiwn, ac yn tarddu'n uniongyrchol o gadwedigaeth Cristion sy'n adnabod Ei Dduw. Dyma'r dosbarth o lenyddiaeth sy'n cynnwys y rhan fwyaf o'n hemynau, llawer o brydyddiaeth arall, y rhan helaethaf o'n pregethau hyd drydydd chwarter y ganrif ddiwethaf, amryw byd o'n llyfrau defosiwn a'n diwinyddiaeth, ac yn y blaen. Hyn hefyd sydd wedi gosod y cefndir priodol ar gyfer y gweddill o lenyddiaeth yr un cyfnod. Pan fo gwaith llenyddol yn uniongyrchol Gristnogol fel hyn, yr ydys yn ymwneud â math o lenyddiaeth na all yr anghredadun ei werthfawrogi byth ond mewn modd hollol arwynebol, niwlog, ac aillaw. Hoff ganddo ei hanwybyddu neu swilio o'i blaen. Y mae'r testun neu'r cynnwys, o raid yn annealladwy iddo ond mewn ffordd gwbl gibddall: (I Cor. 2, 14) 'Eithr dyn anianol nid yw yn derbyn y pethau sydd o Ysbryd Duw: canys ffolineb ydynt ganddo ef; ac nis gall eu gwybod, oblegid yn ysbrydol y bernir hwynt.'

Dadleuwn fod adnoddau beirniadol yr anghredadun yn fwy cyfyngedig nag eiddo'r Cristion. Nid yw hyn yn golygu rhagoriaeth llenyddiaeth sy'n uniongyrchol Gristnogol, o safbwynt esthetaidd, eithr bod y maes hwn y tu hwnt i wir amgyffred anghredadun. Arall ydyw'r perygl gyda'r Cristion, mae'n ymddangos, megis gyda Gwenallt; sef i'r ysfa i lenydda'n uniongyrchol grefyddol ddisodli neu feddiannu'i holl fryd llenyddol. Fe glywch ambell ŵr duwiol yn eich annog i ddarllen bywgraffiadau'r saint, hanes y diwygwyr a'r eglwys, diwinyddiaeth efengylaidd ac ati, ac yn lled-awgrymu mai tipyn o wastraff ar amser yw nofelau a barddoniaeth a dramâu. Pobl felly a boenai Daniel Owen gynt. Dyma bietistiaeth, y peth hwnnw a fu'n gyfrifol ynghanol y ganrif ddiwethaf fod dawnsiau a cherddoriaeth, chwedlau gwerin a chaneuon ysgafn, a lliaws o bethau hardd, yn anathema. Yn awr, heblaw'r ffaith fod y fath agwedd gibddall wedi bod yn dystiolaeth ddychrynllyd dros yr efengyl ac yn rhwystr i laweroedd glosio ati, ni all dyn lai na thybied hefyd fod yna rywbeth dieflig yn y fath safbwynt. Y mae holl gyfoeth y ddaear ar ein cyfer ni i'w fwynhau. Y mae cyfyngu ar ffrwythau'r dychymyg yn sen ar ewyllys Duw. Gwae ni os bydd Cristion yn colli diddordeb yn y tlws ac ym myd cyffrous y crebwyll er mwyn ymgyfyngu i'r hyn a elwir yn 'ddyrchafol' neu'n foeswersol.

A yw'r ffaith fod Cristion ac anghredadun yn rhannu gras cyffredinol yn golygu fod ganddynt dir cyffredin i gyfarfod y tu allan i lenyddiaeth uniongyrchol grefyddol? A yw'r ffaith fod Cristion ac anghredadun yn medru cyd-drafod materion seciwlar, a helpu'i gilydd yn y maes hwnnw, yn golygu eu bod yn dod at ei gilydd mewn ffug niwtraliaeth felys?

Mewn ffordd chwithig, ydyw: does dim dau nad oes modd cael llawer o ryw fath o dir cyffredin allanol rhwng y naill ochr a'r llall yn y fan yna. Fe all yr anghredadun werthfawrogi i raddau helaeth iawn beth wmbredd o waith llenyddol y Cristion pan fo'n ymwneud â'r byd creëdig: yn wir, fe all werthfawrogi'n well na chyd-Gristion ambell waith, yn ôl y doniau deall a chwaeth ac amgyffrediad dychmyglon a roddwyd iddo. Ond erys un man dall sy'n gorfod aros yn nealltwriaeth yr anghredadun o gyfangorff llenyddiaeth er gwaetha'r cwbl. A dyma ydyw. Nid ymwneud ag un *agwedd* ar fywyd a wna Gras Arbennig, yn y bôn: nid dawn sy'n gwedd newid y defosiwn, a gadael pob dim arall yn llonydd. Mae'ch testunau llenyddol oll, eich blodau a'ch puteiniaid, eich Cymru a'ch Tsheina, eich rhyfel a'ch tlodi, eich cariad teuluol a'ch casineb gwleidyddol, oll yn dod o dan yr un oruchwyliaeth enfawr. Trawsffurfir pob un dim ar y ddaear pan fo creadur yn dod yn Gristion, er nad yw ef, o bosib, wedi gallu deall hynny ar unwaith, wrth gwrs. Ac felly, y mae llawer o gynnyrch Cristion, hyd yn oed pan fo'n ymwneud â materion 'seciwlar', hyd yn oed ei agwedd at *ffurf* llenyddwaith, yn gorwedd y tu hwnt i lawn amgyffrediad yr anghredadun. Y mae awdurdod amcan y Cristion yn treiddio drwy drefn ac ystyr ei holl waith. Meddai Kierkegaard yn ei ragair i *Claf i Angau:* 'O'r safbwynt Cristnogol, dylai popeth, pob peth sydd i'w gael, wasanaethu er adeiladaeth. Mae'r math o addysg nad yw yn y pen draw yn adeiladol yn anghristnogol am yr union reswm yna.'

Rhan o werth pob un o'r celfyddydau yw eu bod yn bywhau ac yn meinhau'r synhwyrau a'r dychymyg. Y mae'n dda i bob person, pwy bynnag fo, beidio â marw i liwiau cain y ddaear hon. Y mae'r Cristion sy'n effro yn esthetaidd, neu'r Cristion sy'n fyw i lenyddiaeth, nid yn unig yn berson cyfoethocach, ond y mae'n well Cristion: y mae'n llawnach ac yn fwy hydeiml ac yn fwy addas i fod yn stiward dros Dduw ar y ddaear. Fe fwriadodd Duw inni fod yn gyflawn, ac y mae'r celfyddydau'n ymwneud ag agwedd hanfodol ar y natur ddynol y mae'n wiw i bawb mewn gwirionedd ei meithrin a'i mwynhau yn helaethwych.

DAU ORCHYMYN

Ceir dau orchymyn yn yr ysgrythur y gellid eu cyferbynnu â'i gilydd:

(a) *Y gorchymyn diwylliannol,*

a

(b) Y gorchymyn cenhadol.

(a) Gorchymyn yw'r cyntaf ar gyfer pob dyn. Fe'i rhoddwyd yn wreiddiol adeg creadigaeth dyn, wrth i Dduw osod ger ei fron bwrpas ei fywyd: 'Ffrwythwch, ac amlhewch, a llenwch y ddaear, a darostyngwch hi; ac arglwyddiaethwch ar bysg y môr, ac ar ehediad y nefoedd, ac ar bob peth a ymsymudo ar y ddaear.' (Gen. 1, 28). Dyma'r gorchymyn cyntaf a roddodd Duw erioed i ddyn[29]: fe'i hadnewyddwyd droeon, megis ar yr achlysur pwysig ar ôl y dilyw pryd yr oedd Duw yn ailgyfeirio Noa a'i feibion ynghylch eu nod yn y byd hwn: 'Ffrwythwch, a lluosogwch, a llenwch y ddaear.' (Gen. 9, 1). Y mae pob cylch o weithgarwch daearol dyn yn cael ei gyfrif yn llwyddiant yn ôl fel y mae'n cydweddu â'r gorchymyn cychwynnol hwn: ymwneud y mae â bendithion arferol bywyd, â'r hyn a elwir weithiau yn 'ras cyffredinol.' Dyma faes llenyddiaeth hithau. Disgrifia Siôn Dafydd Rhys nod a budd celfyddyd fel hyn: *'A'r rhai hyn (sef y celfyddydau) a drefnawdd Duw i ddyn drwy astudrwydd a diball barhäedig lafur a phoen, er mwyn mynnu ohono, o'i fawr ddaioni, roddi awchedd a min llym i drychbwl a syrth-drymllyd anian natur ddynol, ag er mwyn mynnu ohonaw ddyhunaw a deffroi a megis dadanhuddaw had gwybodaeth ddynawl, mal dadredd anhuddedig o dan ludw.'*

Er bod y gorchymyn hwn wedi'i roi ar gyfer pawb, nid yw hynny'n golygu ein bod yn ymwneud â rhywbeth niwtral. Y mae hawliau Crist ar ryw olwg yn dotalitaraidd—o ran eu presenoldeb a'u harwyddocâd. Nid oes bywyd ond ynddo Ef. Nid rhan o ddiwylliant (peth ar gyfer Cristnogion yn unig) yw Cristnogaeth

---

29. Ymdrinnir yn fanwl ag ef gan H. R. Van Til, *The Calvinistic Concept of Culture*, (Presbyterian and Reformed Publishing Co., Philadelphia, 1959) 25-35.

yn yr ystyr yma: rhan fach o deyrnas Crist yw diwylliant, y rhan sy'n ymwneud â darostwng y ddaear er mwyn cyflawni ewyllys greadigol Duw. Y mae teyrnas Crist yn cynnwys popeth; ac eto, wrth gwrs, (oherwydd pechod) y mae'r bywyd Cristnogol cywir a llawn yn cael ei neilltuo'n ddethol.

Er bod diwylliant yn gyffredin i Gristnogion ac i anghredinwyr, nid yw Cristnogion i fod i batrymu eu diwylliant hwy ar eiddo'r lleill: 'na chydymffurfiwch â'r byd hwn; eithr ymnewidiwch trwy adnewyddiad eich meddwl, fel y profoch beth yw daionus, a chymeradwy, a pherffaith ewyllys Duw.' (Rhuf. 12, 2). Tuedd y byd yw iselhau pob agwedd ar fywyd, megis y mae'n ei wneud er enghraifft gyda serch rhywiol.

Meddai William T. Herridge: 'Person diwylliedig yw hwnnw sy wedi aeddfedu ymhob rhan o'i fywyd fel y bydd yn gallu cyflawni pwrpas ei greadigaeth.' Pan fo gras cyffredin yn ymgyfuno â gras arbennig, fe'n gwna ni'n gydweithwyr gyda Duw i ddwyn Ei greadigaeth Ef i'w chyflawnder: rhydd gras arbennig i ras cyffredinol werthoedd newydd am fywyd a'r byd.

Beth yw *gwaith,* felly, pob gwaith, i Gristion, onid ufuddhau i'r gorchymyn diwylliannol? Ei hanfod yw gwasanaeth i Dduw, lle y caiff dyn ei lawenydd mwyaf. Nid caethwas (yn yr ystyr seciwlar) yw'r Cristion, eithr addolwr. Tuedd ambell sylwedydd mwy uchel-eglwysig neu gyfriniol na'i gilydd yw hau'r gair 'sagrafen' ledled popeth; a phopeth yn iawn, os na fyddwn yn cymysgu'r term â'r ordinhadau penodol yn yr eglwys leol. Y gwir yw ein bod yn trafod yn y fan yma berthynas y Cristion â phopeth creëdig; ac i'r Cristion, y mae'r oll yn gysegredig ond nid yn bantheistig. Gair enwog Kuyper yn ei ddarlith agoriadol wrth sefydlu Prifysgol Rydd Amsterdam yn 1880 oedd: 'Nid oes modfedd ar holl arwynebedd bodolaeth ddynol lle na waedda Crist, benarglwydd pob peth, "Eiddof i yw hyn."' 'Ac meddai Emrys ap Iwan yn ei bregeth 'Y ddwy alwedigaeth': *'Os olrheiniwn y celfyddydau i'w dechreuad cyntaf, fe welwn mai'r Creawdr yw eu tad, ac nid neb o'i greaduriaid; canys efe yw ffynhonnell pob peth sy dda ... Efe yw Duw ein hiachawdwriaeth; ie, efe, yn y pen draw, yw Duw gwareiddiad hefyd.'*

Nid yw'r Cristion yn bychanu gwaith yr anghredadun; yn wir, cydnebydd fod Duw yn cyfrannu, drwy Ei ddirgel ras, ddoniau rhyfeddol i bawb yn ddiwahân, i rai anghredinwyr (fe ddichon) yn helaethach nag i Gristnogion. Meddai Emrys ap Iwan yn yr un lle: *'Ai eiddo'r Cenhedloedd yw llên, celf, a gwydd? Gwneled pobl Dduw hwynt yn eiddo iddynt eu hunain. Ysbeilier yr Eifftiaid o'u tlysau a'u gwisgoedd gwychion; canys, er nad yw'r pethau hyn ond ffrilion ac addurniadau ofer yn eu dwylaw hwy, eto, yn nwylaw Israel Duw, gellir eu cysegru i harddu pabell y Brenin mawr.'* Meddai Calvin (*Inst. II*, 2, 16,): 'Os bu'n dda gan yr Arglwydd inni gael ein cynorthwyo mewn ffiseg, rhesymeg, mathemateg a'r celfyddydau a gwyddorau eraill, gan lafur a gweinidogaeth yr annuwiol, gadewch inni eu defnyddio; rhag i ni, wrth esgeuluso'r bendithion a roddwyd yn rhad felly inni gan Dduw, ddioddef cosb gyfiawn ein hesgeulustod.' Dyna pam y dylai Cristnogion ymlawenhau mewn llenyddiaeth baganaidd a seciwlar dda. Ac eto, meddai Calvin (ibid. II, 3, 15): 'Felly, gan ei bod yn amlwg fod dynion, a elwir gan yr Ysgrythurau yn "anianol", yn medru gweld mor fân ac mor eglur wrth archwilio pethau isradd, dylai eu hesiampl ddysgu inni gymaint o ddoniau a adawodd yr Arglwydd yn eiddo i'r natur ddynol, er gwaetha'r ffaith iddi gael ei difwyno o ben-llad.'

Ymwneud y mae'r holl bethau hyn â'r gorchymyn diwylliannol: â Duw'r Creawdwr, o'i gyferbynnu â'r swyddogaeth arall a gymerodd Ef, sef Duw'r Gwaredwr.

Nid crëwr yw dyn, ar y llaw arall, ond yn drosiadol: gorffennwyd y creu diriaethol ar y chweched diwrnod. Mwynhawr a deiliad yw dyn: y mae ef yn stiwardio ac yn blasu'r greadigaeth a blannodd Duw. Ac ni all fwynhau'n wirioneddol ddwfn ond cyn belled ag y mae ef yn adnabod ac yn cydweithio â'r deddfau a sefydlodd Duw ym mywyd y bydysawd.

Y mae diwyllio yn golygu gwasanaethu (Gen. 2, 15), cymdeithasu (Gen. 1, 28; 1 Cor. 11, 7-9), a chyfeirio neu gysylltu holl waith daearol dyn a Duw, ar ffurf addoliad ohono: crynhoir y cyfeiriadu ystyrlon hwn yn sefydliad neu gyfeirbwynt y Sabath, sydd yn pwysleisio *perthynas* gwaith dyn ac sy'n ei wneud yn ddynol—oherwydd nid oes gwir ddynoliaeth ond yn y berthynas â Duw.

Pan holir yn blwmp ac yn blaen, beth yw ystyr unrhyw beth? Yr ateb yn syml yw Crist y Gair. Pan holir eto, beth yw pwrpas llenyddiaeth? Yr ateb mwyaf cryno ac anghyfrwys yw Crist. Ei berson cyflawn Ef sy'n rhoi'r ateb cyflawn, amlochrog. Person yw ef:

dyna pam y mae gweddïo yn fwy o lawer nag y byddai pobl fel Wittgenstein neu Tillich yn ei gredu—sef myfyrio neu feddwl ynghylch ystyr bywyd—y mae gweddïo yn golygu siarad â Duw personol y gellir Ei adnabod, er yr holl arswyd a dirgelwch sydd ynglŷn ag Ef, am ei fod yn ein caru ni. Nid ymarfer ymenyddol yw adnabod Duw, ond ymateb iddo'n llawn.

Wrth reswm, ni all y dyn anianol amgyffred hyn yn iawn.

Eto, ni ddylid gwawdio celfyddyd seciwlar fodern a'i galw'n sothach am ei bod yn amhersonoli ac yn dad-ddwyfoli bywyd, oherwydd ynddi hi y gwelwn ymgais y dyn cyfoes i ymgodymu ag ymosodiad bydolrwydd modern ar ystyr bywyd, ac i sylwi ar chwalfa'r hen drefn ddirywiol o feddwl gan gynnwys methiant mewnol yr eglwys.

(b) I Gristnogion yn unig y mae'r ail orchymyn yn gyfyngedig, wrth raid, ac y mae'n ymwneud â gras arbennig. Fe'i rhoddir yn groyw i ddisgyblion yn niwedd Mathew (28-20): 'Ewch gan hynny a dysgwch yr holl genhedloedd, gan eu bedyddio hwy yn enw y Tad, a'r Mab, a'r Ysbryd Glân; gan ddysgu iddynt gadw pob peth a'r a orchmynnais i chwi.' O'n safbwynt ni, y mae a wnelo'r gorchymyn hwn, y Gorchymyn Cenhadol, â'r llenyddiaeth honno sy'n uniongyrchol eglwysig; ac fe'i gwneir yn bosibl oherwydd gras arbennig.

Pwrpas y gorchymyn hwn yw, nid ysgogi diwylliant y ddaear, eithr achub pechaduriaid (1 Tim. 1, 15) a moli Duw. Yng nghyddestun ein hymdriniaeth ni y mae'n bwysig sylwi nad yw'n disodli'r gorchymyn arall, y Gorchymyn Diwylliannol, nac yn ei ddifrïo, nac yn ei alltudio. Y mae'n ychwanegiad ac yn weddnewidiad. Nid gwrthddiwylliannol ydyw, eithr mewn-ddiwylliannol ac uwch-ddiwylliannol. Y mae'n ymyrryd mewn hanes, nid yn dileu hanes. Y mae ar gael mewn rheswm, ac uwchlaw rheswm. Y mae'n oruwchnaturiol yn y naturiol.

Fe'i rhoddwyd am fod dyn yn uwch na'i ddiwylliant, a'i dynged yn ymestyn ymhellach. Fe'i rhoddwyd am fod hadau marwolaeth i'w cael wedi'r cwymp mewn diwylliant megis ym mhopeth creëdig arall; ac ewyllys Duw yw bod yna ddaear newydd a nefoedd newydd. Ewyllys Duw yw cadw rhywrai.

Pwysig i'r sylwedydd llenyddol o Gristion yw ei fod yn ymwybod â'r ddau orchymyn gwahân hyn ac yn canfod eu perthynas â'i gilydd.

Nid dwy lenyddiaeth sydd gennym ni, un Gristnogol ac un baganaidd. Y mae gennym un llenyddiaeth (ac ynddi amrywiaeth di-ben-draw) sydd yn rhagori yn ôl fel y mae ynddi'r rhinwedd rasol o 'greadigrwydd', a chyn belled ag y mae'n unol â'r gorchymyn diwylliannol o ffrwythlondeb. Yn yr un modd, un feirniadaeth lenyddol sydd gennym; ac fe fydd honno ar ei llawnaf ac ar ei dyfnaf cyn belled ag y mae'r ymwybod yn effro ynghylch dibenion eithaf llenyddiaeth a diwylliant ac yn ôl fel y mae'n llwyddo i ddadansoddi natur creadigrwydd yn ymarferol yn ôl criteria Cristnogol. Eto, canolbwyntio yn gyntaf ar *lenyddrwydd* llenyddiaeth a wna beirniadaeth lenyddol, nid ar ei moeseg nac ar ei diwinyddiaeth na chwaith ar gyflwr calon ailanedig (neu beidio) yr awdur: onid e, nid beirniadaeth lenyddol mohoni.

Ceir cymorth neu ddoniau ar gyfer cyflawni'r ddau orchymyn hyn gan Dduw mewn dwy ffordd wahanol:

(a)   *Gras Cyffredinol.*[30]

Rhydd Duw fywyd a chynhaliaeth a helaethrwydd o ddoniau i bawb fel ei gilydd. Ffaith ydyw bod Duw wedi gwasgaru doniau—llenyddol, corfforol, mathemategol, etc.—ymhlith dynion yn ddi-wahân, a bod llenorion paganaidd yn eu derbyn yn ddiwarafun, er Ei fod wrth gwrs yn trawsffurfio doniau'r Cristion. Felly: Math. 5, 45, 'Y mae efe yn peri i'w haul godi ar y drwg a'r da, ac yn glawio ar y cyfiawn a'r anghyfiawn.' Cf. Luc. 6, 35; Rhuf. 1, 21; Act. 17, 28. Dywed Van Til (op cit. 234), 'Y mae i lenyddiaeth anghrefyddol alwad yn nheyrnas gras cyffredin. Felly, anoga Calfin Gristnogion i ddefnyddio cyfraniadau'r didduw ynghylch materion isradd am eu bod hwythau hefyd yn cael eu cynhyrchu drwy Ysbryd Duw, sy'n unig ffynhonnell i wirionedd': cf. t. 239, 'Y mae Duw'n caru dynion yn ddiwahân, a rhaid i ninnau ddilyn ei esiampl drwy beidio â thynnu llinell rhwng saint a phechaduriaid ym mhethau cyffredin bywyd. Rhaid i ni ddysgu caru, mwynhau a gwerthfawrogi'r diwylliant cyffredinol, heb lusgo'r gwrthgyferbyniad i mewn i'r darlun'; cf. t. 244, 'Casglwn yn awr y gallwn gydnabod fod y ddysgeidiaeth ynghylch "gras cyffredinol" yn negyddol drwy fod yn ddylanwad ymataliol yn ogystal ag yn nerth cadarnhaol drwy adeiladu dyn.'

---

30. Nid da gan rai ddefnyddio'r gair 'Gras' am y ffenomen hon; ond gweler Geiriadur Charles o dan y testun 'Gras'.

Ym myd llenyddiaeth y mae hyn yn golygu fod amlder bywyd yn cael ei rannu ymhlith pobl y ddaear blith draphlith—dychymyg creadigol, gweledigaeth eiriol, meddwl bywiog, chwaeth a chrefft ac athrylith, a chraffter i fynegi profiad yn ei helaethrwydd. Y mae llenyddiaeth yn gylch o weithgaredd dynol ac iddo'i briodoleddau'i hunan. Y mae ganddi ei hamodau ei hun, ac fe fernir ei rhagoriaethau yn ôl yr amodau hynny. Nid yw breintiau dyn mewn unrhyw gyfeiriad crefyddol yn sicrhau na fydd yn fethiant llwyr yn y maes llenyddol, hyd yn oed ei fendithion ym myd hollgynhwysol iachawdwriaeth. Fe all dyn fod yn Gristion da ac yn llenor anobeithiol. Y mae'r doniau llenyddol (megis ei ddoniau daearol eraill) sydd gan anghredadun, dyweder, yn gallu cyflawni amodau llenyddiaeth yn y fath fodd o ran ansawdd a pherthynas ffurf a chynnwys, nes y gall yr anghredadun hwnnw ragori ar Gristion yn rhwydd ei wala ambell waith.

Ond gan y Cristion y mae'r profiad helaethaf. Bu'r Cristion fel pobun arall yn bechadur colledig; ond yn wahanol i'r anghredadun y mae ganddo ddimensiwn arall sy'n rhoi persbectif arall iddo heblaw'r un anianol, profiad o lygredd dyn a'i natur ei hun yn ogystal ag o'r gwirionedd goruwchnaturiol. Gras cyffredinol sy'n peri fod testunau celfyddyd yn agored led y pen i'r Cristion, yn fwy felly nag i'r pagan. Fel y dywed Siôn Dafydd Rhys: *'Pob rhyw ddefnydd yn y byd a phob celfyddyd a gwybodaeth a ellir eu cynnwys yn a than gelfyddyd prydyddiaeth, gan gymryd a derbyn, mal i clywsawch, nid gan y prydydd e hun, mal prydydd a cherddawr, ddefnyddolion bethau y gerdd honno, namyn gan y neb a fo celfydd a chynnil a chowraint yn [y] gelfyddyd i caffer y defnyddolion hynny ynddi ag ohoni . . . Cenwch y peth a fynnoch.'*

(b) *Gras Arbennig.*

Y mae Cristion ac anghredadun fel ei gilydd yn gwybod am Ras Cyffredinol.

Ond beth yw gras arbennig? Gweithred gan Dduw ym mywyd person, fel yr adferir perthynas fyw arbennig rhyngddo ef a Duw. Fel y mae gras cyffredinol yn perthyn i ddyn yn ôl y geni cyntaf, nid yw gras arbennig yn perthyn ond i'r sawl sy'n cael ei ail-eni. Dyma ddosbarth sydd ar wahân i'r 'byd' yn yr ystyr gnawdol i'r gair: I Ioan 3, 1, 'Gwelwch pa fath gariad a roes y Tad arnom, fel y'n gelwid yn feibion i Dduw: oblegid hyn nid edwyn y byd chwi, oblegid nad adnabu efe ef.' (cf. Ioan 13, 18; Rhuf. 8, 28-30). Dyma'r gras sy'n gwahanu rhwng y rhai ar y naill law sydd yng Nghrist ac sydd felly wedi ymwacáu a derbyn Ei arglwyddiaeth Ef, y rhai arbennig y cyffyrddodd Ef â'u calon hwy'n lanhaol, ac ar y llaw arall y rhai sy'n aros yn ddieithr ac yn bell, yn 'feistri' yn eu tŷ eu hunain. Rhuf. 9, 5-7. 'Yr etholedigaeth a'i cafodd, a'r lleill a galedwyd.' Dyma'r gwahaniad goruwchnaturiol.

Duw yw ffynhonnell y ddau fath o ras, serch hynny. Y mae'n amlwg fod gras arbennig yn effeithio ar bwrpas bywyd: y mae'n goleuo'r diben tywyll yn y pen draw heblaw llewyrchu ar y llwybr. Nid bob amser y cofiwn fod gras cyffredinol a'r gorchymyn diwylliannol hwythau hefyd yn peri inni ganfod y diben hwnnw'n loywach: nid bob amser y cofiwn fod i ras cyffredinol ei darddiad yn yr un Gwirionedd â gras arbennig.

Ond o fyfyrio, gwelwn y rheidrwydd i'r gorchymyn diwylliannol cyntaf daflu goleuni pellach ar y cwestiwn—beth yw pwrpas llenydda? Y mae gweithgaredd neilltuol yn dadlennu un elfen arbenigol yn y Pwrpas Mawr. Mae gan yr Athro T. J. Morgan ymdriniaeth dra diddorol â chymhellion llenorion, lle y mae'n dangos fel y mae rhai am ddiddanu ac eraill am amddiffyn y llwyth ac eraill am addysgu, ac yn y blaen. Ond yr hyn a'n diddora ni yn yr astudiaeth hon yw beth sy'n uno'r holl gymhellion hyn fel y bo llenydda ei hun—nid unrhyw lenor unigol yn unig—ond pob llenydda yn beth pwrpaslawn. Pa ddiben sy'n bresennol ymhob gweithred ac ymhob gwaith o lenydda sy'n gwneud llenydda ei hun bob amser yn beth ffrwythlon? Os ffrwythloni yw'r pwrpas cyffredinol i lenyddiaeth fel i bob gwaith gwareiddiol arall, beth yw ei bwrpas neilltuol? Fe all llenyddiaeth gyflawni lliaws o ddibenion anllenyddol, ond y mae iddi hefyd swyddogaeth sy'n briodol iddi hi ei hun, ac na pherthyn i'r un gweithgaredd arall: sef ffrwythloni iaith drwy ffurfiau "goruwch-ieithyddol." Fe ellir diddanu drwy chwarae pêl-droed, ac amddiffyn y llwyth drwy ddwyn arfau, ac addysgu drwy esiampl ymddygiad; ond pan gorfforir unrhyw un o'r cymhellion hyn ar ddelwedd mewn llenyddwaith,—hynny yw drwy iaith ac mewn ffurf a thrwy egni dychymyg,—yr ydys yn gweithio o fewn amodau neu o fewn natur y cyfrwng hwnnw'n arbenigol; a'n gwaith yw myfyrio ar hanfod yr arbenigrwydd hwnnw. Hanfod ydyw sy'n undod a hefyd yn amrywiaeth. Dengys gras cyffredinol i'r Cristion gyfoeth amrywiaethol y Duw hollalluog y mae ef yn ei wasanaethu.

73

Dengys hefyd Ei drefn a'i gyfeiriad adeiladol. Y mae'r ymwybod o'r ysfa i ffrwythloni'r ddaear yn ffactor sy'n effeithio ar arddull y gelfyddyd. Dyweder fod dyn yn gwadu natur ffrwythlon ei waith: dyweder ei fod yn dal mai 'Dim' yw'r ateb i'r cwestiwn 'Beth yw pwrpas llenyddiaeth?' Yn rhesymegol, fe fydd celfyddyd yn y pen draw yn diflannu; neu os bydd yn parhau dros dro oherwydd inertia ac arferiad, fe fydd y gofal sy drosti a'r safonau sy ynddi yn chwalu. Os etyb ef 'Dim', serch hynny, a heb feddwl hynny i'r gwaelodion (nid peth anghyffredin), hynny yw, os osgo neu fwgwd neu act yw'r ateb hwn yn y bôn, neu sylwad-aeth arwynebol ddifeddwl, heb ddim diffuantrwydd na dyfnder argyhoeddiad, (hynny yw, os achubir ef rhag diddymdra meddwl drwy ras ataliol), yna, gellir cael ffurfiau newydd ar gelfyddyd lle y mae'r llenor yn ymddangos yn chwaledig ac yn rhydd ddi-bwrpas, ond lle yr un pryd y mae'r gweithiau'n ddigon cynhyrfus a bwriadus yn y bôn. Yn wir, gyda'r llenor modernaidd sy'n credu (a dyna'r norm) mai ofer yw bodolaeth, a bod yn rhaid i'w len-ydda ef gydymffurfio neu adlewyrchu neu fynegi'r seithugrwydd hwnnw, yn y bôn, anodd yw casglu nad yw'r ymateb hwnnw namyn ffugio arwynebol, gan na all llenyddiaeth fodoli heb fod yn rhan o'r rheidrwydd i ffrwythloni; a chyn belled ag y mae llenor yn cyflawni'i ddiben priod o ffrwythloni'r ddaear drwy gyfrwng neilltuol, cyn belled â hynny yn unig, y mae'n llenor o gwbl.

Fe all darllenydd ddweud, 'dydw i ddim yn Gristion. Beth felly yw gwerth yr esboniad hwn i mi?' Rhaid i Gristion ateb ei fod yn wir am Gristnogion ac am anghredinwyr fel ei gilydd, ac nad oes yna'r un esboniad amgenach. Yn wir, gwagedd hanfodol pob esboniad arall, dyna sydd wedi arwain yn anochel at 'esbon-iadau' megis abswrdiaeth neu anarchiaeth neu nihilistiaeth gel-fyddydol sydd mewn gwirionedd yn wrth-esboniadau am eu bod yn hunanladdiad. Credwn, os gellir datblygu a chyflwyno'r saf-bwynt Cristnogol hwn yn eglur y geill yr anghredadun werth-fawrogi'n ddeallol rai o'r elfennau dan sylw (er na all ef mo'u credu) am y rheswm syml ein bod yn dangos yn ystyrlon mai dyn ydyw'r hwn y dywed y Cristion ei fod. Ar sicrwydd o'r math yma yr adeiladwyd y traddodiad llenyddol Cymraeg; ac os dymunir ei wadu neu'i negyddu bellach, yna y mae gofyn cyflwyno'r wrth-ddadl yn llawnach ac yn fwy organaidd nag y gwnaethpwyd gan neb hyd yn hyn.

MOESOLDEB A RHINWEDDAU LLENYDDOL

Pan fydd Cristnogion yn beirniadu llenyddiaeth, tybiant weithiau mai eu prif safon, yn wir eu hunig safon, yw moesoldeb. Dyma duedd y llyfryn bach *The Christian and the Arts,* Derek Kidner a gyhoeddwyd gan Inter-Varsity Press yn 1959. Prin byth y byddant yn trafod amaethyddiaeth neu fabolgampau fel yna, er bod lle pendant i foesoldeb yn ffrwythlondeb y gweithgareddau hynny (megis yn y celfyddydau): eto, tybiant yn fynych mai moesoldeb yw'r criterion canolog a phenderfynol wrth feirniadu celfyddyd. Bid siŵr, ni ellir ynysu celfyddyd a'i neilltuo'n llwyr oddi wrth foesoldeb fel y cyflea'n defnydd o'r ansoddair 'da' wrth sôn am lenyddiaeth; ac fel y gall diffyg moesol fod yn falltod terfynol i amaethyddiaeth ac i fabolgampau, felly hefyd fe all gorbresenoldeb tywyllwch moesol yn ysgogiad yr artist fod yn gelfyddydol ddifaol. Eithr heb ddeall mai arall yw priod ragoriaeth y meysydd hyn ac arall yw eu cyfraniad, ni fyddwn yn gallu deall sut y mae 'cymeriadau' sâl yn medru llunio llenyddweithiau da, a sut y mae 'cymeriadau' gloyw yn medru llunio llenyddweithiau tila. Fel y mae rhedwr anfoesol yn gallu bod yn chwimwth ei gyhyrau, felly y mae Duw wedi donio llenorion hwythau â dychymyg ac ymwybod â ffurf iaith er bod eu hymwybod moesol yn ddigon gwyrdroedig.

Y mae i gelfyddyd ei phriod rinweddau'i hun, ac yn hyn o beth y mae'n ymddangos yn ymreolus. Eithr fel y mae cenhedloedd ymreolus y byd, hefyd, yn ddiwylliannol, yn economaidd a hyd yn oed yn wleidyddol glymedig wrth ei gilydd, felly yn ei dro y mae'r esthetig neu'r celfyddydol yn glymedig wrth y moesol, a phob maes yn gynwysedig o fewn llywodraeth holl-gynhwysol Duw. Felly, gwiriondeb pur fyddai trafod llenyddiaeth yn gwbl "annibynnol" fel pe na bai moesoldeb yn berthnasol, mewn rhyw ddirgel ffyrdd, i'n hamodau gwerthfawrogol.[31]

Un o egwyddorion llenyddiaeth, y ceisiais ddadlau drosti yn ail ran y rhagymadrodd hwn, yw bod yn rhaid iddi hi gynnal ystyr. Os syniwn am 'ystyr' fel term cadarnhaol ac adeiladol, o anghenraid, fe ellir honni ymhellach fod yn rhaid iddi fod yn 'fawl'. Rhaid

---

31. *The Rhetoric of Fiction,* Wayne C. Booth, The University of Chicago Press, 1961, 379n., 'We cannot pretend that whether it is degrading is irrelevant to its value.'

hyd yn oed i'r goganu foli; sef moli'r egwyddorion neu'r safonau sy'n cynnal y gymdeithas a'i hiaith. Ni raid i ogan, wrth gwrs, gynnal yn uniongyrchol: fe all feirniadu mor chwyrn o eithafol nes carthu teimladau'r darllenwr wrth wynebu'r fath ymosodiad. Ond pan ymedy gogan yn rhy bell oddi wrth y gwaith anuniongyrchol gadarnhaol o gynnal, yna y mae'n colli mewn diffyg sylwedd a diffyg gwerth.

Yn y cywydd a ddechreuodd ei ymryson gyda Rhys Goch Eryri, y mae Siôn Cent yn beirniadu'r beirdd traddodiadol am fod eu dychan yn mynd dros ben llestri. Diraddiant y ddynoliaeth gan sôn am uchelwyr fel petaent yn gŵn. Y mae eu celwydd, wrth ddychanu, cynddrwg â'u celwydd wrth wenieithu.

Mae gan Siôn Cent yn y fan yma bwynt go bwysig, yn ddiau. Eto, er cyfiawnder i'r beirdd, rhaid cofio bod eu hergydion yn gyrhaeddgar oherwydd (yn eu bryd hwy) fod cŵn yn wrthosodiad arhosol i ddynion, oherwydd bod y safonau'n cael eu cynnal. Nid ceisio hyrwyddo chwalfa egwyddorion yr oeddid. Casáu yn drefnus a wnaent: ffordd o ganmol y Gwir ydyw ymosod yn adeiladol ar yr anwir. Drwy negyddu negyddiaeth, fe all llenor—yn wir, fe ellir hawlio, yn y gwaelod dyfnaf, fod yn rhaid i lenor—hyrwyddo'r safonau cadarnhaol, y safonau rhoddedig a ddiffinnir drwy wrthosodiad.

Dyma ni felly wedi lled awgrymu dau o'r camau moesol penodol ar hyd ffordd llenyddiaeth y mae'n rhaid iddi eu dilyn os yw am aros yn ffrwythlon. Yn gyntaf, rhaid iddi dderbyn ffurf a safonau gwrthosodiad; ac yn ail, rhaid iddi weithio i gyfeiriad yr adeiladol yn y gwrthosodiad, hyd yn oed os bydd hi'n gwneud hynny mewn modd llaw-chwith.[32] Dyma ran o'r dull y mae llenyddiaeth yn cyflawni ei phwrpas a ffrwytho ac amlhau a darostwng y ddaear. Yn yr ystyr yma y mae hyd yn oed *Gweledigaeth Angau* Ellis Wynne yn 'fawl'.

Beth yw ystyr 'bod yn adeiladol', felly, i lenor o Gristion?

Yn gyffredinol, gellir dweud yn syml fod dau weithgarwch absoliwt gan y llenor—mawl a dychan. Mynegi diben ystyrlon bywyd a wna mawl: dengys fod cyfeiriad cadarnhaol i'n bodol-

---

32. Dadleuir yn ddeheuig o blaid y gwrthosodiad mewn llenyddiaeth yn wyneb peryglon y cyfosodiad gan Francis Schaeffer yn *The God Who is There*, Hodder and Stoughton, 1968, ac yn *Escape from Reason*, IVF, 1968: gw. hefyd *Modern Art and the Death of a Culture*, H. R. Rookmaaker, Inter-Varsity Press, 1970.

aeth a bod trefn i'n moesoldeb. A dadlennu gŵyrdroad y 'byd' gwrthryfelgar a wna dychan: dengys y llygredd aruthr sy'n ymosod beunydd hyd yn oed ar fywyd y Cristion. Nid yw'r naill weithgaredd yn bodoli heb y llall o fewn llenyddiaeth sy'n Gristnogol gyflawn, nac mewn llenor sy'n amlochrog ei weledigaeth. Pan fo mawl heb ddychan, y mae llenor yn rhamantaidd unllygeidiog, neu'n sentimental anonest, fel yr aeth cynifer o bregethwyr rhyddfrydig a geisiodd sôn am gariad Duw gan dewi â sôn am Ei gyfiawnder a'i farn; a phan fo dychan heb fawl, y mae llenor yn mynd yn negyddol ddiffaith. Ystyr 'bod yn adeiladol' yw cyd-ddal y ddau weithgaredd hyn fel y bo mawl yn drech ac yn arweiniol, ac eto mewn perthynas â dychan.

Mewn cyfrol ddiweddar gan Merle Meeter, sef *Literature and the Gospel* a gyhoeddwyd yn 1972 gan y Presbyterian and Reformed Publishing Co., y mae hi'n enwi deg ar hugain o nodweddion llenyddol (normau yw ei therm hi) sydd ynghlwm wrth egwyddorion neu orchmynion Cristnogol: ceir pennod ar bob un. A chan fy mod yn cytuno bron yn gyfan â'r dadansoddiad cyffredinol hwn, er fy mod yn anghytuno'n llwyr â'i dull hi o'i drafod, carwn restru yn y fan yma yr hanfodion *Cristnogol* a wêl hi'n sylfaenol i lenyddiaeth:

> Undod, Amrywiaeth, Symlrwydd, Rhythm, Bywiogrwydd, Newyddeb, Gwrthdrawiad, Cyffredinolrwydd, Cynghanedd, Diriaetholdeb, Cariad, Gwirionedd, Doethineb, Ufudd-dod, Parchedigaeth, Cymedroldeb, Sancteiddrwydd, Amynedd, Cyfiawnder, Trugaredd, Edifeirwch, Harddwch, Llawenydd, Gobaith, Ffydd, Gostyngeiddrwydd, Mawl, Heddwch, Ysbrydolrwydd, Proffwydoliaeth.

Dichon y ceir cyfle eto i ddychwelyd at rai o'r priodoleddau hyn, gan eu bod yn nodweddion penodol a chymharol ddiamwys (er mor llac yr ymddangosant ar yr olwg gyntaf); ac o'u cymryd gyda'i gilydd y maent yn llunio rhaglen hynod ddiddorol ar gyfer y llenor o Gristion. Ond y mae rhywbeth yn f'anesmwytho i: y mae'r awdures yn ei llyfr yn hoff o ynysu un o'r rhain—Undod, dyweder,—ac yna'n ei gymhwyso at lenor megis Shakespeare yn *Hamlet,* drama y mae'n ei chael yn brin oherwydd ei bod yn gorddyrchafu'r dyn hunanlywodraethol yn y dull hiwmanistig paganaidd ac yn ein harwain i dybied mai cydwybod dyn biau'r hawl i ddial, ac nid fel y dysg yr ysgrythur, yr Arglwydd yn unig.

Y mae hi'n dynodi egwyddor arall wedyn—Llawenydd—ac yn chwilio amdano yn nofelau Hardy a Conrad, Zola a Camus: fe'u ceir hwythau'n brin bob un, ac fe'u condemnir yn groyw o'r herwydd. Symlrwydd wedyn; ac yma fe gyll hi olwg ar y rhinwedd gydadferol 'cymhlethrwydd', ac fe syrth Thomas Mann megis Henry James i golledigaeth. (Ni allwn lai na chofio ysgubell Tolstoi ar drywydd tebyg yn symud o'r neilltu Soffocles, Aeschylus, Ewripides, Aristoffanes, Dante, Tasso, Shakespeare, Raffael, Michelangelo, Bach a Beethoven.) I'r perwyl arall, sef yr un cadarnhaol, tyn hi ein sylw at nofelau sy'n rhagori, meddai hi, yn eu tystiolaeth Gristnogol, sef *The Adjustable Halo,* Ken Anderson, *Andrew Connington* Grace Irwin, *No Graven Image* Elisabeth Elliot, ac yn y blaen.[33]

Yn awr, ni wna hyn fyth mo'r tro. Mae hi'n dweud llawer o bethau gwerth-chweil, bid siŵr. Dengys fel y canmolir llawer o lenyddiaeth anghristnogol gan ddarllenwyr seciwlar am ei bod yn cyd-fynd â'r llygredigaeth a'r grymusterau dirywiol sydd yn ein natur syrthiedig; ac ar y llaw arall, nid oes disgwyl i bagan ymateb (ond yn ail-law megis) i'r afiaith sydd mewn geiriau o fawl uniongyrchol i'r Duw byw ac i'r mynegiant o brofiadau gorfoleddus o ras cadwedigol. Mi all llenyddiaeth Gristnogol fod yn gwbl gyfyngedig o ran dealltwriaeth ac effaith rhag yr rhelyw o'r byd, ac eto fod yn rhagorol. Ond wedi dweud hyn, a deall ei holl ymhlygiadau, y mae rhywbeth o'i le ar ganonau beirniadaeth nad yw'n medru dygymod â champweithiau llenyddol sy'n gwadu'r efengyl, neu sy'n dyrchafu cyfansoddiadau go dila yn syml am eu bod yn traethu'r safbwynt uniongred.

Gwelsom o'r blaen ddwy egwyddor neu ddau gasgliad go sylfaenol:

1. Y mae Duw yn gwasgaru doniau llenyddol yn ddiwahân, nid yn ôl mabwysiad, nac yn ôl cywirdeb buchedd, nac yn ôl uniondeb credo.
2. Y mae a fynno doniau llenyddol, megis doniau gwyddonol, â'r gwaith uniongyrchol o ddarostwng y ddaear (yn ei hystyr ehangaf).

---

33. Gweithiau eraill sy'n tueddu i fod yn rhy fyrbwyll yn eu condemniad o 'foesoldeb' llenyddiaeth yw *Norms for the Novel,* Harold C. Gardiner, New York, 1953; *Studies in Literature and Belief,* Martin Jarret-Kerr, London, 1954; a *Man in Modern Fiction,* Edmund Fuller, New York, 1958.

Ceisiwyd eisoes ddatblygu'r egwyddorion sylfaenol hyn ryw ychydig; ond rhaid brysio ar hyn o bryd i nodi'r tyndra sydd ynglŷn â hwy, gan lunio dwy 'ddeddf' ymhellach. Cyfyd tyndra oherwydd nad yw gweithgareddau daearol yn rhydd o'r math o ystyriaethau eithaf y sonia Merle Meeter amdanynt.

3. Ni ellir ysgaru gwerth llenyddiaeth oddi wrth nerth ei gwirionedd yn y bôn; ac oni ellir ei pharchu'n ysbrydol fe grina llenyddiaeth o'r herwydd.
4. Ni ellir yn weledigaethol lenydda *in vacuo* na darostwng y ddaear yn ystyrlon heb ganfod diben eithaf y fath weithred.

Egwyddorion fel y rhain sy'n trefnu cydberthynas y gwahanol ragoriaethau mewn llenyddiaeth. Synfyfyrio o amgylch y ddau bâr hyn o egwyddorion, dyna a'n hysgoga i synied fod y clod sydd yn y pen draw yn beth ar gyfer yr unig Wir Dduw yn ffenomen hynod amrywiol ac yn fynych yn bresennol mewn llenyddiaeth 'seciwlar' mewn modd annisgwyl; ac eto, ni wna ei amrywiaeth esgusodi ei ŵyrdroi,—er enghraifft pan fo'n ceisio dwyfoli'r greadigaeth yn lle'r Creawdwr neu wasanaethu'r goddrych yn lle'r Gwrthrych. Amrywiol yw gwrthrychau'r llenor; amrywiol gydberthynol. O fewn cylch holl-gynhwysol yr Efengyl, fe geir, fel y dangoswyd eisoes, lawer o gylchoedd, ac un cylch yn unig yw cylch canolog yr eglwys ddaearol; eithr os bydd honno, sy'n uned yn amrywiaeth y clod, yn ymyrryd yn hytrach na chydweithio â gwyddoniaeth neu â chelfyddyd (er ei bod yn adnewyddu pob sefyllfa ddaearol), yna ymyrrir â'r rhaniadau holl-bwysig a osododd Duw; a gogwyddir tuag at 'undod' sydd yn drais. Y mae Ei raniadau (er gwaethaf llawer o sentimentaliaeth lipa ac afiach—yn ogystal â llawer o wirionedd—ynghylch Unoliaeth) yn rhoi i bob cylch ac i bob cyflwr a maes ei briodoleddau dwfn ei hun o fewn patrwm cydberthynol. Diau fod llawer o ganeuon Williams Pantycelyn i'w Anwylyd yn weithiau mawr ac uchelwych, eithr nid ydynt fymryn fwy felly na chaneuon Dafydd ap Gwilym i'w anwylyd ef. Diau fod emynau Luther ac Ann Griffiths yn ysbrydoledig ac yn gain; felly y mae sonedau daearol iawn Williams Parry yntau. Heb ddygymod â'r ffaith hon y gall llenor (megis gwyddonydd) wneud gwaith glew—heb ddeall tarddiad na diben y fath ddaioni, o bosib—ni byddwn yn gallu dod o hyd i ystyr daioni llenyddol.

Y mae tarddiad gras cyffredinol Duw, sef Duw Ei hun, yn peri bod holl elfennau'i waith yn dwyn Ei gymeriad Ef ac yn gydberthynol. Gan Ei fod Ef wedi traethu amdano'i hun mor helaeth ('helaeth' mewn ystyr ddynol iawn) yn yr ysgrythurau, gan wneud gosodiadau ystyrlon, y mae gennym fodd i ddirnad llawer am y rhagoriaethau a ganfyddir mewn llenyddiaeth yn cydgordio â'i natur Ef. Felly, ac ail-ystyried y rhinweddau a restrir gan Merle Meeter, gallwn amlinellu un set o rinweddau llenyddol sy'n adlewyrchu peth o natur y Crëwr fel hyn, gan eu clymu'n gydberthynol wrth yr amrywiaeth sydd o fewn yr undod:

MAWL	
YR UNDOD —————>	<————— Y DRINDOD
Un	Amryw
Symlrwydd Cyffredinolrwydd Cynghanedd	Cymhlethrwydd Yr Arbennig Newydd-deb rhythm
Yr UNOLIAETH sy'n cwmpasu'r Cread	Yr AMRYWIAETH a ddeddfwyd o fewn y Cread.

Wedyn, a symud i ystyried set arall: y mae gan ddyn fyd sy'n weledig ac yn greadigaeth ddiriaethol o eiddo Duw, sydd yn Ysbryd; eto, y mae'r cyfuniad mewn dyn o gorff (o lwch y ddaear) ac o anadl ysbrydol ac eneidiol Duw ei hun yn golygu fod yna *ddeuoliaeth* ymunol ynddo ef y gellir ymwybod â hi yn ei weithiau llenyddol, yn bennaf yn y ddeuoliaeth enwog—ffurf a chynnwys ystyrlon (neu ddeunydd). Y mae i'r ddeuoliaeth ymunol hon drefn berthynol a symudiad ffyniannol; ac fe'i gwelir yn treiddio i'r rheidrwydd cynhenid sydd ar lenyddiaeth i fod yn ddiriaethad neu'n ymgrisialad o bob rhinwedd sydd ynddi. (gw. Tabl 1, t 81)

Ond y mae un set neu un tabl arall o nodweddion llenyddol y mae'n rhaid inni eu cyfrif, yn arbennig oherwydd natur syrthiedig dyn, a'i gyflwr o frwydr ym myd darfodedig amser. Hyn sy'n cyfrif am lawer o'r tyndra sy'n hanfod mewn llenyddiaeth. Y mae'r amherffeithrwydd neu'r marwoldeb, sy'n dwyn barn arno, yn golygu bod testun ei fywyd daearol ef ac anfodlonrwydd ei ysfeydd ef yn cael eu cyfeirio'n wahanol i'r hyn sy'n hanfodol i'w

UFUDD-DOD	
Anweledig →	Gweledig
Ysbrydolrwydd Cariad Gwirionedd Doethineb Sancteiddrwydd Amynedd Cyfiawnder Trugaredd Harddwch Llawenydd Heddwch	Tair swydd ddaearol ac ymarferol dyn a berffeithiwyd yn ymgnawdoliad yr Arglwydd Iesu Grist:— I *OFFEIRIAD* (Ymostwng parchedig) II *PROFFWYD* (Proffwydo'r gwir) III *BRENIN* (Gweinyddu mewn Cymedroldeb)
YSBRYD	CORFF
Duw anweledig yn Ei sylfaenol fynegi Ei hun yn Ei greadigaeth: symud tuag at y gweledig.	Y llenor gweledig ei hun yn dod o hyd i natur y Crëwr: derbyn oddi wrth yr anweledig.

natur greëdig. Ac y mae dwy nodwedd lenyddol i'w cael o fewn fframwaith y sefyllfa hon.

Y Cwymp a Gras Arbennig	
Gwrthdrawiad →	Edifeirwch →
Y broblem	Y gras atebol

Hyn sy'n cyfrif nad yw llenor craff byth yn derfynol fodlon ar ei waith.

Y mae'r gwaith o feirniadaeth lenyddol yn ymwneud â'r gweithgaredd enghreifftiol o adnabod a chydnabod y modd y mae llenyddwaith yn corffori'r setiau gwahanol hyn o nod-weddion dynol. Rhan o waith y beirniad yw disgrifio'n ymarferol sut y mae gwaith llenyddol yn llwyddo drwy fynegi ac adlewyrchu'r rhinweddau creiddiol hyn. Wrth reswm, gan ei fod ef nid yn unig yn ffaeledig, ond hefyd wrth natur yn dymuno ymostwng i'r llygredig a rhedeg ar ôl chwiwiau cnawdol, y mae'r beirniad llenyddol yn fynych yn ymhoffi yn yr arwynebol ffasi-ynol, yn y clyfar gŵyrdroedig, ac yn y trawiadol a'r beiddgar wrth-dduwiol gan dybied mai newydd-deb a bywiogrwydd yw pethau

81

felly.[34] A rhan o waith y beirniad llenyddol Cristnogol yw pwyso a mesur a disgrifio safonau a dulliau beirniadaeth gyffredinol ei gyfnod ei hun, sef arolygu'r tueddiadau cyfoes (am fod ganddo ef fodd i sefyll y tu allan i'r darfodedig), gan ogrwn yr hyn sy'n perthyn i'r cyfanrwydd eithaf ac sy'n unol â'r gynghanedd dragwyddol. Y mae yntau hefyd, wrth gwrs, yn ffaeledig, ac wedi'i gyfyngu gan ei ddoniau prin; ond am fod ei safle ef yn neilltuol, fe ddylai ei farn ef (os yw'n ffyddlon i gyfanrwydd y weledigaeth) gael ei chywiro'n waelodol yn fwy o lawer na phe bai ef yn wasanaethgar i'r dimensiwn daearol di-ail-genhedliad.

Yr wyf wedi gosod y tri thabl hyn gerbron er mwyn amlygu'r fframwaith ansoddol sy'n orfodol i bob llenyddwaith (Cristnogol neu beidio) oherwydd—

1. Natur cyfansoddiad y greadigaeth gan y Duw Tri-yn-Un, y Duw y gwnaethpwyd dyn ar Ei ddelw; sef Undod ac Amrywiaeth.
2. Y diriaethu sydd mewn creu; perthynas rhinweddau Ei Ysbryd anweledig Ef (ynddynt eu hun) a'r mynegiant achlysurol ac iswasanaethgar yn yr amlwg; Crëwr a chreëdig.
3. Cyflwr llenyddol dyn oherwydd ei falchder a'i ymchwyddo hunan-ganolog, a'r angenrheidrwydd i ymostwng ac i ymwacáu o'r newydd ac i frwydro; Gwaredwr a phechadur.

Ni raid ychwanegu, mae'n siŵr, nad oes yr un llenor byth yn llwyddo'n llawn i gorffori yn ei waith y cwbl o'r rhinweddau hyn yn gyfewin gymesur, na bod yr un beirniad chwaith yn medru eu dal ynghyd yn berffaith wrth iddo ddadansoddi a disgrifio ac ymateb i lenyddiaeth. Eto, y mae'r beirniad fel y llenor ei hun yn gweithio o fewn y cyd-destun cyflawn, ac y mae eu cynhyrchion ill dau yn cael eu diffinio a'u cyflenwi yn ôl y gofynion a'r safonau hyn.

Cyfundod y Duwdod ynddo'i hun yw'r rhagosodiad cyntaf ar gyfer pob gwaith celfyddyd: 'Y cyntaf o'r holl orchmynion yw, Clyw Israel; Yr Arglwydd ein Duw, un Arglwydd yw'. (Marc 12, 29). 'Ac y mae efe cyn pob peth, ac ynddo ef y mae pob peth yn cydsefyll.' (Col. 1, 17). Yr undod hwn yw gwrthrych hiraeth mwyaf y byd. Gwir bod pechod wedi dwyn anghytgord i fywyd

---

34. Dangosodd Wayne C. Booth op. cit. 377-398 fod llawer o'r amddiffynwyr yn erbyn y beirniaid ar anfoesoldeb tybiedig llenyddiaeth, mor naïf â'r rhai a wrthwynebant.

dyn; ond y mae Duw wedi mynd i'r man eithaf i ail-eni ac i gymodi dyn ag Ef ei hun ac i adnewyddu'r gynghanedd bersonol. Enillwyd y llawn undod organaidd hwnnw yn ôl i rywrai, yn ymarferol wrthrychol drwy Grist: 'Megis na all y gangen ddwyn ffrwyth ohoni ei hun, onid erys yn y winwydden; felly ni ellwch chwithau, onid arhoswch ynof fi.' (Ioan 15, 4).

Unwyd dynoliaeth hefyd yn y Greadigaeth (y diriaethu), sef yn y berthynas gychwynnol gan Dduw; a'r un modd yn y Cwymp, sef yn eu hangen cyffredinol am lanhad. Hyn sy'n cyfrif fod llenyddiaeth yn ennill arwyddocâd yn ôl fel y mae'n berthnasol i'r ddau bwynt sylfaenol hyn ym mhrofiad darllenwyr. O'r undod hwn y tardda amryw o'r rhinweddau eraill. Y mae symlrwydd cynnil, er enghraifft, ym myd arddull, yn nodwedd sy'n gysylltiedig ag undod ym myd meddwl adeileddol ac ym myd profiad. Y mae cyfarwyddyd yr ysgrythur ar hyn yn eglur ddigon: 'Gŵr synhwyrol a atal ei ymadroddion.' (Diar, 17, 27). Unir pob gweithgaredd ieithyddol gan ei ystyr eithaf nas ceir ond mewn mawl adeiladol: 'Trwyddo ef gan hynny offrymwn aberth moliant yn wastadol i Dduw, yr hyn yw ffrwyth ein gwefusau yn cyffesu i'w enw ef.' (Heb. 13, 15).

Eto, undod ydyw heb droi'n undonedd. Yn rhyfedd iawn, y mae diwinyddiaeth Gristnogol ar sail y Beibl yn sôn am ddwy natur yn un Person, ac am Dri pherson yn Un Duw. Ni raid sylwi a manylu yn y fan yma, fel y ceisiwyd ei wneud yn *Tafod y Llenor* ar yr elfennau cyfunol hynny (dwy elfen fel arfer; tair elfen weithiau) sy'n gwneud ffurf mewn celfyddyd, heblaw nodi mai hanfod pob ffurf seiliol mewn llenyddiaeth yw'r asiad bywydol rhwng dau neu dri safle meddyliol. Hyn sydd y tu ôl i 'rythm', fel yr oedd y tu ôl i'r rhythmau cyntaf: 'A'r hwyr a fu, a'r bore a fu, y dydd cyntaf . . . a'r hwyr a fu, a'r bore a fu, yr ail ddydd.' (Gen. 1, 5-8). 'Pryd hau a chynhaeaf, ac oerni a gwres, a haf a gaeaf a dydd a nos, ni phaid mwy holl ddyddiau y ddaear.' (Gen. 8, 22). Ceir yr un rhythm hyd yn oed o fewn cyfiawnder Duw. 'A dywallto waed dyn, trwy ddyn y tywelltir ei waed yntau, oherwydd ar ddelw Duw y gwnaeth efe ddyn.' (Gen. 9, 6). Mewn llenyddiaeth, wrth gwrs, cyd-drawiad dwy neu dair elfen yw'r hyn sy'n adeileddu odl a chynghanedd a throsiad hwythau.[35]

---

35. Nid damwain yw hi fod ar gael dri pherson (byth mwy) yng nghyfundrefn y rhagenw personol (a'r ferf) ymhob iaith yn y byd. Adlewyrchir natur y Crëwr—hyd yn oed wedi'r Cwymp—yn y greadigaeth.

Cyd-fwriad yr elfennau hyn a'r gwrthdrawiad rhwng egnïon sy'n cyfrif fod llenyddiaeth lwyddiannus bob amser yn newydd ac yn fywiog, ac y mae hynny'n gydweddol â'r trawsffurfiad bywydol oddi wrth hender ysbryd a gair drwy adnewyddiad y meddwl (Rhuf. 6, 4; 12, 2); hynny yw, y mae'r newydd-deb ysbryd mewn celfyddyd fel pe bai'n gysgod o'r adferiad iachusol sy'n angenrheidiol i enaid dyn rhag y dirywioldeb sy'n llethu'i fywyd yn yr eithaf terfynol.[36]

Y mae llenyddiaeth, felly, yn yr amlwg, yn adlewyrchu nod-weddion dyfnaf a chudd enaid dyn a'i anghenion ysbrydol pennaf. Yn y pen draw, pan fo'n iach ac yn llawn, adlewyrchu cymeriad creadigol Duw a wna; ac nid yw'n syn, felly, i'r Ysgrythur ddweud wrthym:

'Yn y dechreuad yr oedd y Gair, a'r Gair oedd gyda Duw, a Duw oedd y Gair.' (Ioan 1, 1)[37]

Heblaw rhinweddau llenyddol, y mae yna feiau ysbrydol mewn llenyddiaeth. Y mae peryglon amlwg yn ymglymu wrth gelfyddyd yn ôl fel y mae llenor yn meithrin perthynas arwynebol—

(a) ag ef ei hun,
(b) â'i gyd-ddyn,
ac (c) â Duw.

Tuedda'r dyn anianol i droi gwaith ei law, sydd fel petai'n estyniad ohono'i hun, yn wrthrych addoliad. Y mae'n gweld ei greadigaeth ei hun yn hardd, ac yn gadael i honno bennu ffiniau metaffisegol. Yn ystod y ganrif hon fe dyfodd un ysgol adnabyddus o feirniaid Saesneg Americanaidd, a ddwedai bethau go hallt am efrydiau cofiannol a thrafodaethau esthetig cyffredinol, ac a dybiai y dylid ymgyfyngu'n anhygoel dwt i'r 'gwaith ei hun.' Nid annhebyg mewn cyfeiriad arall oedd yr ysgol o lenorion yn y ganrif ddiwethaf a bleidiai gelfyddyd er mwyn

---

36. Medd Virginia R. Mollenkott, 'Christianity and Aesthetic: Conflict or Correlation?' *Christianity Today,* May 9, 1969: 'A Christian who is aesthetically aware will be a richer human being, and therefore is a better Christian, than a Christian who is uninterested in beauty and insensitive to it . . . A Christian who has not developed his sense of beauty by appreciative contact with the arts is an incomplete man . . . The Christian lover of beauty is in a position to make his own life a work of art.' cf. T. S. Eliot, 'Religion and Literature,' *Selected Prose,* Penguin, 1953, 32-44.

37. cf. *Words and the Word,* Kenneth Hamilton, Wm. B. Eerdmans, Michigan, 1971.

celfyddyd, ac a fethai â gweld ei pherthnasedd hi i fywyd i gyd. Perygl gwneud cyfrwng fel hyn yn ddiben yw bod cynnwys llenyddiaeth yn teneuo ac o ganlyniad ei ffurf yn llesgáu.

Yr ail berygl, perygl yr un mor enbyd yw bod perthynas llenor â'i ddarllenydd hefyd yn anghywir. Y mae'r dyn anianol yn awyddus i ennill clod dyn yn hytrach na chlod Duw. Canlyniad hyn yw ei fod am fod yn boblogaidd: y mae'n gadael i ffasiynau neu i gywair yr amseroedd ymyrryd yn rhy barod yn ei waith: y mae'n ystumio gwirionedd er mwyn creu rhyw effaith ar feddyliau'i ddarllenwyr: y mae'n ceisio chware â dymuniadau mwyaf amlwg gyffroadwy y lluoedd. Y mae'r duedd hon hefyd yn crebachu ei bwnc a'i ffurf am ei fod yn cael ei sianelu gan alluoedd esthetig, neu'r hyn a dybia ef yw galluoedd esthetig, ei ddarllenwyr.

Diddorol sylwi fel y mae cofianwyr llenyddol yn nodi'n aml, hyd yn oed gyda llenorion go fawr, fod eiddigedd er enghraifft wedi chwarae rhan amlwg yn eu bywyd ac wedi ymyrryd â'u gwaith. Tueddaf i amau gwir bwysigrwydd ystyrlon hyn. Mewn celfyddyd y mae cenfigen yn greiddiol ddiystyr am nad oes dim cynnydd gwerth yn angenrheidiol o ganrif i ganrif, ac nid oes *raison d'être* dros eiddigedd. Mewn gwyddoniaeth, ar y llaw arall, lle y mae bywyd yn parhau ar hyd un llinell, gydag un unigolyn yn 'lladd' gwaith rhyw unigolyn arall o hyd, gellid deall yr ymdeimlad o ddisodli terfynol. Ond mewn celfyddyd y mae gan bob un ei linell ei hun o'r newydd, a gall sawl gweledigaeth gelfyddydol ar yr un testun fod yn 'hunanlywodraethol.' Lle y bo 'disodli', nis ceir ond ar wastad tra arwynebol. Rhaid yw cael yr amrywiaeth gwahanedig ac 'anghytun' hwn rhwng gweithiau celfyddydol am fod pob un, rywsut, yn fynegiant unigol a diriaethol ynddo'i hun. Y mae pob gwaith celfyddydol, ar un ystyr, er gwaethaf pob traddodiad a phob dibyniaeth arall, yn gychwyn newydd personol, ac yn ateb drosto'i hun, lle y mae pob gwaith gwyddonol yn barhad ar sail ailadrodd pur ac yn gyd-systemateiddiad amhersonol ac "anarbennig" o'r hyn sydd eisoes yn bod.

Ond y trydydd perygl, y perygl creiddiol a sylfaenol a wynebir gan y dyn anianol, wrth gwrs, yw diffyg perthynas dyn â Duw. Y mae hyn yn ffynhonnell i bob gŵyrdroad ac yn achosi pob math o arwynebolrwydd. Pan fo creadur yn effro ac yn hydeiml i bresenoldeb Duw, y mae'n ymwybodol fod pechod wedi gwenwyno pob rhan o'i bersonoliaeth: nid oes yr un rhan berffaith—ei syniad ei hun am wirionedd, cynghanedd, cydbwysedd, harddwch, synwyrusrwydd, na bywyd—fe'u difethwyd oll. Oni ŵyr ef hyn, y mae ei hunanfeirniadaeth yn ddiffygiol naïf, ei syniad am bwrpas yn gloff, a'i amgyffrediad ysbrydol yn dlotach. Unig ffynhonnell gwirionedd perffaith a harddwch llawn yw Duw; a bendith amlwg yw bod llenor yn gwybod hynny o'r tu fewn i berthynas iach.

FFURF Y FFRWYTHLONI (YMDRINIAETH DECHNEGOL—I ARBENIGWYR)

> 'L'habitude nous empêche de voir, de sentir les objets, il faut les déformer pour que notre regard s'y arrête: c'est là le but des conventions artistiques.'
> (Tzvetan Todorov)

Beth yw ystyr ffrwythloni yng nghyd-destun llenyddiaeth?

Estyn y meddwl mewn iaith; ychwanegu at gynnyrch y dychymyg drwy ffurfiau ieithyddol newydd; diriaethu'r haniaethol neu arbenigo'r cyffredinol o fewn symudiadau tymhorol delweddol.

Ac wedi dweud hynny, yr wyf yn teimlo'n rhinweddol iawn ond yn enbyd o sicr fod angen datgymalu'r ymadroddion hyn a'u harchwilio'n arafach.

Y mae celfyddydwaith yn cynnig trawsffurfiad dychmygus sy'n fath o estyniad ar symudiad a geir eisoes yn ein hiaith bob dydd.

IAITH BOB DYDD:
Mecanwaith yr iaith:

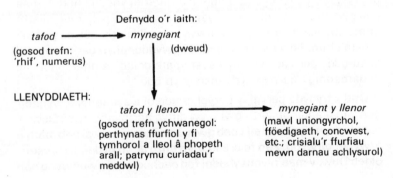

Defnydd o'r iaith:

tafod ⟶ *mynegiant*
(gosod trefn: (dweud)
'rhif', numerus)

LLENYDDIAETH:

tafod y llenor ⟵   *mynegiant y llenor*
(gosod trefn ychwanegol: (mawl uniongyrchol,
perthynas ffurfiol y fi   ffoedigaeth, concwest,
tymhorol a lleol â phopeth   etc.; crisialu'r ffurfiau
arall; patrymu curiadau'r   mewn darnau achlysurol)
meddwl)

Y mae'r mynegiant *llenyddol* yn wahanol i fynegiant cyffredin (mewn sgwrs, gwaedd, etc.) am fod iddo ffiniau ffurfiol allanol a chydberthynas fewnol nad ydynt yn angenrheidiol mewn iaith. Gwrthrych ydyw, ar wahân i bersonoliaeth yr artist, cyfanwaith synhwyrus sy'n fyd neu'n sffêr iddo'i hun a all sefyll yn lle'r byd dirweddol; byd posibl lle y mae pob dim yn cydberthyn o'i fewn. Fel yr awgryma'r dyluniad uchod, allan o'r defnyddiau rhoddedig a'r dulliau rhoddedig, rhydd y llenor at ei gilydd adeiladwaith newydd, gan ddirweddu posibilrwydd profiad mewn deunydd synhwyrus ar sail trefn wahanol neu ddelfryd sy'n estyniad o'r arferol.

Mewn iaith gyffredin ceir y 'drefn angenrheidiol': mewn iaith gelfyddydol ceir y 'drefn angenrheidiol' *ynghyd* â'r 'drefn gelfyddydol'. Ond atolwg, pa beth ydyw'r 'drefn gelfyddydol' hon? Trefn ydyw a lunnir o ddefnyddiau'r iaith gyffredin (e.e. seiniau, ystyron) ac o ffurfiau sylfaenol yr iaith gyffredin (e.e. cyferbynnu presenoldeb/absenoldeb), ond sy'n ychwanegol ac yn ddianghenraid ar gyfer ymddiddan arferol. Mae *mydr* yn enghraifft syml o hyn. Bid siŵr, y mae'r 'drefn gelfyddydol' hon wrth reswm yn effeithio'n benderfynol ar y 'testun celfyddydol', fel y mae'r testun yn effeithio arni hi. Ond atolwg eto, pa beth ydyw'r 'testun celfyddydol' hwn? Cylch tafluniedig, gwrthrych neu ddelwedd a luniwyd gan y dychymyg ar sail sylwadaeth y llenor am fywyd; ond lle y byddai'r testun arferol (hynny yw, mewn sgwrsio bob-dydd) fel pe bai'n anorffenedig ac yn ddi-lun, y mae'r testun celfyddydol yn orffenedig ac yn lluniaidd.

Y mae i waith llenyddol fwy nag ystyr ddealladwy iaith arferol; y mae ganddo ef ei hun *ei ystyr gyflawn,* a'r uned ystyr yna'n bod ar wahân i lif bywyd am fod y llenor wedi gweld pwnc yn ddigon pwysig i fod yn destun llenyddwaith. Hyd yn oed pan fo'n darlunio byd 'abswrd', y mae'r llenyddwaith am hynny'n llwyddo am ei fod yn *sylw o bwys* ac yn ystyrlon yn ei ddelwedd o fyd 'diystyr'. Gan ei ystyr y gyrrir y *gair* mewn iaith gyffredin: neu o'i roi mewn dull technegol Guillaumaidd—

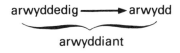

87

Felly hefyd, mewn llenyddwaith, gyrrir y cyfan adffurfiedig gan ei ddeunydd ystyrlon—

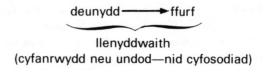

llenyddwaith
(cyfanrwydd neu undod—nid cyfosodiad)

Modd i feistroli profiad yn gyfan ystyrlon, a'r profiad hwnnw o bwys i'r llenor, dyna'i ymrwymedigaeth. Ffordd o ddarostwng y ddaear yw ei dadansoddi hi a'i chynnwys mewn iaith: ffordd ydyw llenyddiaeth o ddefnyddio'r iaith honno i adeiladu yn y meddwl brofiad (neu fyd) mwy ystyrlon.

Cynrychioliad o'r byd yw'r iaith gyffredin; taflunnir profiad o'r greadigaeth ar ffurf symbolau cynrychioliadol ar unedau seiniol o iaith. Gweddnewidiad ar y cynrychioliad hwnnw yw llenyddiaeth—ailgread felly, ailadeiladaeth. Oherwydd y pellter ar y naill law rhwng y greadigaeth o'n cwmpas a'r iaith gyffredin, ac ar y llaw arall rhwng yr iaith gyffredin a'r iaith lenyddol, y mae'r greadigaeth a'r llenyddwaith yn ddau fyd go wahân ac iddynt ill dau eu nodweddion gwahaniaethol: er bod perthynas drefniadol a tharddiadol rhyngddynt (cynt—wedyn), y mae ganddynt y naill a'r llall eu hunanlywodraeth. Y pellhad 'artiffisial' hwn rhyngddynt yw ffurf a chynnwys celfyddyd. Yn y gweddnewidiad hwn ar y greadigaeth o'n cwmpas, y cam cyntaf yw ei throi'n gyfan gwbl ieithyddol, a'i ddarostwng felly i'r gair (arwydd + arwyddedig) ac i holl gyfundrefn iaith: sef ieithydda gwrthrychau. Yr ail gam, sef yr un llenyddol, yw dethol mynegiant, a rhoi ffiniau iddo (rheidrwydd fu dethol, ffurfioldeb yw ffinio); a llunnir cydberthynas rhwng y rhannau a'r cyfan ar sail synwyrusrwydd: hynny yw, gosodir ffurfioldeb arall o fewn iaith, drwy deimlad, yn y mynegiant ffiniedig, sef amrywiaeth o fewn undod (sy'n golygu cydgysylltu'r amryfal rannau).

Crybwyllais yn gryno uchod y berthynas rhwng Deunydd a Ffurf, rhwng y cynnwys a'r cynhwysydd, sef yr arbennig a'r cyffredinol. Gellir crynhoi'r ddeuoliaeth ddeinamig honno yn y weithred lenyddol fel hyn:

1.   2.

Defnyddioldeb thematig   ━━━━━━━▶   Adeiledd ffurfiol
(yr ysgogiad)

3. thema adeileddol

Digon hwylus wrth geisio diffinio natur y weithred gelfydd-
ydol yw cyferbynnu'r math o weithgaredd sydd ar gerdded mewn
gwyddoniaeth. Y mae celfyddyd yn ymwneud â lluosogrwydd o
fynegiannau 'hunanddigonol' ac ynysedig, lle y mae gwyddon-
iaeth yn ymwneud ag un mynegiant sy'n ymledu'n barhaus. Tuag
at gytundeb a chyd-doddiad neu gyfosodiad y symuda'r meddwl
gwyddonol: symuda'r meddwl celfyddydol tuag at amlder
gwahaniaethol. Mewn gwyddoniaeth ceisir undod mewn
amrywiaeth, a darganfod y caeëdig ar sail yr agored, gan symud
oddi wrth y mynegiant tuag at y drefn achosol. Mewn celfyddyd
ceisir amrywiaeth mewn undod, darganfod yr agored ar sail y
caeëdig, gan symud oddi wrth y drefn achosol tuag at y
mynegiant.[38] Dichon y gellid crynhoi ein cyferbyniad rhwng y
ddau ddull meddyliol mewn modd gweledig fel hyn: cais
gwyddoniaeth yr egwyddorion cyffredinol cudd sydd yn gyn-
henid yn y ffenomenau sydd yn y golwg.

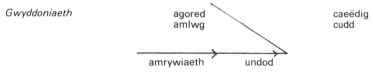

Ar sail ffurfiau cyffredinol cais celfyddyd greu gweithiau sydd bob
un yn wahanol ac yn ddiriaethol.

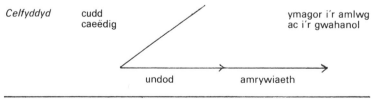

---

38. Cedwir yr undod hyd y diwedd yn y ffiniau allanol ac yn y cydberthyn mewnol.

Y mae perthynas amrywiaeth ac undod, neu'r lluosog a'r unigol yn bwnc o gryn ddiddordeb, ac yn haeddu sylw pellach. Rhaid bod yr amrywiaeth sy'n rhagflaenu undod o ansawdd hollol wahanol i'r amrywiaeth sy'n olynu undod. Ac y mae'r dybiaeth honno'n ein hatgoffa am y ddau fath o luosog a geir yn system rhif yng ngramadeg iaith, sef lluosog mewnol (deuol etc.) a'r lluosog allanol.[39] Fe allwn amlinellu'r system rhif mewn iaith fel hyn yn gryno:

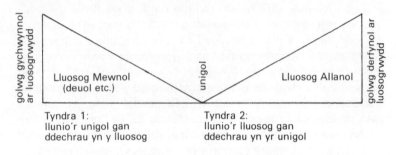

Tyndra 1:
llunio'r unigol gan
ddechrau yn y lluosog

Tyndra 2:
llunio'r lluosog gan
ddechrau yn yr unigol

Yn awr, yng ngolau hyn fe ellid cyferbynnu hanfodion gwyddoniaeth a chelfyddyd fel hyn:

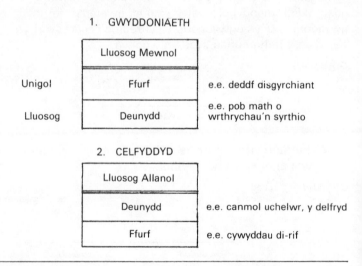

1. GWYDDONIAETH

	Lluosog Mewnol	
Unigol	Ffurf	e.e. deddf disgyrchiant
Lluosog	Deunydd	e.e. pob math o wrthrychau'n syrthio

2. CELFYDDYD

Lluosog Allanol	
Deunydd	e.e. canmol uchelwr, y delfryd
Ffurf	e.e. cywyddau di-rif

39. *System in Child Language,* R. M. Jones, University of Wales Press, 1970, 18-19.

Yr un problemau, a chyffelyb yw deunydd y profiadau, a gaiff llen-orion o oes i oes, ond fe'u clymant mewn amryfal ffurfiau.

Y mae llawer iawn o bwyntiau ynglŷn â *ffurf* y ffrwythloni llen-yddol hwn sy'n arbennig drawiadol i'r Cristion ac y carwn innau ymdroi gyda nhw: yr ymwybod o arfaeth neu o gynllun,[40] y symudiad o'r anweledig i'r gweledig (yr ymgnawdoli neu'r creu),[41] y duedd i'r drefn ganolog i fod naill ai'n ddeublyg yn ei chyferbyniad (dwy natur mewn un Person) neu'n driphlyg (h.y. yn drindodaidd), heblaw amryfal fanylion cyfundrefnus eraill, fel pe bai cymeriad Duw wedi'i argraffu'n greadigol yn hanfod y greadigaeth. Ond rwy'n ofni, cyn mentro ar y fath ddadan-soddiad uchelgeisiol, y carwn i'n gyntaf geisio dadansoddiad yr un mor gyffrous, sef ystyried beth yw'r weledigaeth Gristnogol wrth ddadansoddi iaith ei hun—tasg a ofynnai o leiaf gyfrol iddi ei hun er mwyn ei chyflawni'n weddol ac na ddaeth mo'i hamser eto.

Dichon y gellid cyfeirio'n gynnil ac yn enghreifftiol at adeiledd y digwyddiad, sef rhan allweddol o graidd y stori lenyddol. Ceisiais awgrymu yn *Tafod y Llenor* nad 'gweithred' yn syml sy'n nodweddu adeiledd y digwyddiad llenyddol; eithr sythwelediad neu ymwybod syml o gwymp (cwyddo) oddi wrth y norm. Ni allaf lai na chanfod ffynhonnell i'r ymwybod hwnnw yn y Cwymp gwreiddiol, y tro cyntaf erioed y drylliwyd y norm. Er nad oes dim cyfeiriad at y ddelwedd o gwymp yn Genesis,[42] dyma'r syth-welediad y cydiwyd ynddo i gyfleu natur y ffenomen yna. Yn ôl Dillistone, y rheswm tebygol cyntaf dros lwyddiant y ddelwedd

40. Medd Awstin, *De Diversis Questionibus,* 83, rhif 78, 'De Pulchritudine Simulacrorum,' 'Darganfyddir y cymesureddau a'r cynganeddau, a sylwedd-olir ganddynt hwy (h.y. yr artistiaid) mewn peth ffisegol gan weithrediad ffisegol, yn neall y Doethineb uchaf hwnnw a sylweddolodd drwy gelfyddyd o arfaeth wahanol, gymesureddau a chynganeddau'r holl fydysawd ffisegol a grëwyd o ddim.'

41. Medd *Russian Formalism,* Victor Erlich, Mouton, The Hague, 1969, 104: 'In his *Historical Materialism,* one of the basic texts of early Soviet Marxism, Nikolaj Buxarin maintained that "teleology leads straight into theology." The Formalist School was presumably no exception to this "law". Was not the cult of the Word, inquired Trockij, the preoccupation with the verbal devices typical of *Opojaz,* a symptom of a *sui generis* religiosity? "The Formalists," concluded Trockij, "are followers of St. John. They believe that 'In the beginning was the Word'." '

42. 'The Fall: Christian Truth and Literary Symbol,' Frederick W. Dillistone, yn *Comparative Literature: Matter and Method,* gol. A. O, Aldridge, University of Illinois Press, 1969, 146: 'Somehow the language and imagery of "fallen-ness" came to prevail.'

hon yn niwinyddiaeth yr Eglwys oedd, 'to fall is one of the com-
monest and most shattering experiences of life.' Ond â yn ei
flaen: 'But more significant still, it appears to me, is the vivid lan-
guage of the prophets employed to denounce the tyrannous
powers of their day . . . the theme recurs in the great visions of
the Apocalypse, when Satan's final overthrow is envisaged.'[43]
Ymddengys i mi mai'r rheswm mwyaf argyhoeddiadol, a'r un a
anwybyddodd Dillistone, yw mai dyma'r ddelwedd a ddefnyddir
yn y Testament Newydd sef mewn cyd-destun awdurdodol, i
ddehongli cynddelw cyfeiliornad: e.e. Gal. 5, 4: 'chwi a syrth-
iasoch ymaith oddi wrth ras'; Dat. 2, 5: 'Cofia gan hynny o ba le y
syrthiaist, ac edifarha, a gwna'r gweithredoedd cyntaf'; Jud. 24:
'Eithr i'r hwn a ddichon eich cadw chwi yn ddi-gwymp.'[44]

A phe ceisid esbonio pam y siaradodd y Testament Newydd fel
hyn, yna y mae peth o esbonio 'seciwlar' Dillistone[45] yn ddigon
atebol (cyf.): 'Ofn syrthio yw un o'r ffurfiau cynharaf o bryder yn y
seic ddynol, ac nis trechir byth yn llwyr. Ar ryw olwg cwympo yw
bywyd ar ei hyd—cwympo oddi wrth ein deisyfiadau, ein del-
frydau, ein gobeithion, ein bwriadau . . . O ochr anthropoleg gym-
deithasol gwelwyd y Cwymp yn fynegiant o ddatblygiad cym-
deithasol sydd eto'n cyfansoddi profiad unrhyw gymdeithas lle
bynnag y'i ceir.'

Pan drown wedyn i ystyried ffenomenau llenyddol hynod ffasi-
ynol megis Paradocs ac Eironi, ni ellir llai na sylwi ar rai gwirion-
eddau paradocsaidd yng nghanol y grefydd Gristnogol sydd fel
petaent yn ffactorau adeileddol yn hanfod bodolaeth—y Duw
anweledig yn ymgnawdoli'n ddyn gweledig, brenin tragwydd-
oldeb yn blentyn amser-a-lle, Tywysog Bywyd wedi'i eni mewn
preseb stabl, rhoi Awdwr Bywyd i farwolaeth a chladdu'r
Atgyfodiad mawr, yr orymdaith fuddugoliaethus ar gefn asyn, y
rhaid i bob pechadur ymostwng er mwyn cael ei godi, a cholli'i
fywyd er mwyn ei ennill.[46]

---

43. ibid. 146-147.
44. cf. Rhuf. 11, 11-12; 14, 4; Heb. 4, 11; Iago 1, 2; 5, 12; II Pedr 3, 17; I Tim. 3, 6-
    7; 6, 9.
45. op. cit. 156.
46. Meddai Elizabeth Dipple yn *Plot*, Methuen, 1970, 11: 'Because the active
    force of the medieval period was Judaeo-Christian, a change in the style of
    mimesis gradually took place, severing the classical distinction between
    high and low style. Auerbach describes a new kind of realism in which high
    and low can be dissolved because of their resolution in the person of
    Christ—King of Kings, born in a stable, subjected to the degradation of a very
    shoddy method of public execution.'

Agweddau yw'r gwahanol ffurfiau a gorfforir yn unigolyddol yn y greadigaeth fel hyn ar harddwch meddwl yr Awdur, sef Duw, harddwch y mae Awstin yn ei ddynodi â'r gair 'Rhif'. Y mae'n gweld Rhif yn drindod o wynebau: undod, cymesuredd, a threfn (sy'n cynnwys y diben neu'r cyfeiriad sydd i'r cymesuredd). Y mae ar ddyn ac ar ei feddwl angen trefn bersonol: delwedd o'r drefn honno neu wrthrychiad ieithyddol ohoni ydyw llenyddiaeth. Canfod y drefn hon ydyw pleser esthetig.[47] Y mae ffurf neu drefn lenyddol, a'r ias a geir o'u canfod, yn ymglymu yn y bôn wrth ystyr fetaffisegol sy'n cael tarddell, felly, y tu hwnt i lenyddiaeth.

UNDOD A GWRTHOSODIAD

Yn yr ymdriniaeth â *Thafod y Llenor,* ceisiais gysylltu'r ffurfiau llenyddol sylfaenol â sythwelediad seiliol ac anymwybodol yn y meddwl dynol, sythwelediad sy'n cynhyrchu ffurfiau drwy gyferbyniadau elfennol a chyffredinol ynghylch bodolaeth, megis y cyferbyniad rhwng un a llawer, rhwng absennol a phresennol ac yn y blaen. Nid yn ymwybodol yr adeiledir y ffurfiau mawr hyn yn fframwaith y meddwl: i lefel addurn arwynebol ac i unigolyddiaeth achlysurol y perthyn gweithgaredd yr ymwybod. Carwn ddweud yn y fan yma nawr rywbeth ymhellach ar y pwynt hwnnw yn y cyd-destun newydd hwn, oherwydd fel y gwelir droeon yn y gyfrol hon, nid amherthnasol yw Tafod y Llenor i Ddiben y Llenor.

Fel y gwelir wrth drafod Dechreuadau Llenyddiaeth, bu'n wiw gan feirniaid erioed honni fod y math o weithgaredd yr ymgymer yr artist ag ef, ei ddychymyg a'i ysbrydoliaeth, a'i awch am harddwch, rywsut ynghlwm wrth ryw ddiniweidrwydd plentyn, wrth ryw ddaionusrwydd glân a darddai mewn dimensiwn arall-

---

47. *Aesthetics from Classical Greece to the Present,* M.C. Beardsley, Macmillan, 1966, 96: 'This sort of perceptual rightness or wrongness cannot be given in sensation alone (De Musica VI, xii, 34); it presupposes that the spectator bring with him a concept of ideal order and unity which is never exhibited in the corporeal world. He possesses this concept by a "divine illumination," by which God's light enables the mind to grasp the Forms in the mind of God. It follows that when the spectator judges the beauty of a painting, he does it by unalterable objective—because a priori—standards; there is no relativity in beauty (*De Trinitate* IX, vi, 10; *De Libero Arbitrio* II, xvi, 41)'.

fydol, ac wrth adeiledd syml y myth. Un agwedd ar y safbwynt hwn a dâl i'w hystyried ymhellach yw un peth a awgrymodd Dooyeweerd ynghylch y profiad naïf. Credaf fod yna gysylltiad pendant rhwng y lefel hon o wybodaeth a ddisgrifir gan Dooyeweerd a'r math o ffurfiau ieithyddol elfennol a wêl Guillaume yng nghraidd trefn y meddwl.

Yn ôl Dooyeweerd, seiliol i'r meddwl dynol yw'r wybodaeth am bethau diriaethol ac am ddigwyddiadau sydd i'w chael yn uniongyrchol ac yn anfwriadus, mewn ymateb di-ymyrraeth rhwng goddrych a gwrthrych. Mewn ymateb felly ni cheir mo'r pellter astudiedig rhwng gwybyddwr a'r gwybyddedig a berir gan estronrwydd haniaeth. Y mae'r meddwl canolog yn gweithio'n naïf mewn cyfanion.

Ar ôl yr olwg gyntaf mae'r dull gwybod hwn, y gwybod naïf a diriaethol, yn wahanol ddigon i'r gwybod naïf a haniaethol a ragdybir gan Guillaume. Ond y maent ill dau yn perthyn i'w gilydd yn eu hanfwriadusrwydd anymwybodol ac yn eu ffurf syml. Ac mewn gwirionedd, y mae'n bur amheus a oes yna'r fath beth â gwybod diriaethol nad yw'n troi'n haniaethol wrth ddod yn wybodaeth; a gellid tybied felly fod y naill wybod yn ddigon tebyg i'r llall.

Yn ôl Dooyeweerd y mae sythwelediad yn haen waelodol, drawsfoddol a chosmig o'r ymwybod (*tijdelijke dieptelaag*): y mae hi bob amser yn bresennol, a dyma sy'n caniatáu fod gwybodaeth ddynol yn bosibl. Hyn sy'n darparu'r wreichionen o ddirnadaeth ar gyfer arbrawf gwyddonol.[48]

Gan nad yw'r dull gwybod hwn o dan reolaeth ymwybodol y meddwl, aethpwyd yn naturiol i briodoli ysgogiad dwyfol neu arallfydol iddo. Y mae hefyd yn ddull "cyffredinol" yn yr un ystyr ag y mae'r ffurfiau ieithyddol sy'n perthyn i "dafod", fel y'i disgrifir gan Guillaume, hefyd yn gyffredinol, o'u cyferbynnu â'r mynegiannau achlysurol; a naturiol yw cysylltu'r cyffredinol â'r cosmos ac â'r gwir tragwyddol.

Beth sydd a wnelo'r artist â'r dull gwybod hwn? A yw'r symlder a'r cyfandod crisial a ymdeimlir mewn artistwaith yn gweithio drwy'r naïfder meddwl sythweledol? Gellid cynnig, mi gredaf, mai yn y fan yna y mae'n tarddu. Hyn hefyd, gredaf i, sy'n

48. *De Wijsbegeerte der Wetsidee* [Amsterdam: H. J. Paris, 1935-36] II, 408-410, 414-416; *A New Critique*, II, 473-475, 479-480.

gyrru'r undod sydd yn clymu gwaith celfyddyd, ac yn darparu fframwaith i bob ffurf.

Mae yna bleser arall hefyd ynglŷn ag ef. Fel y ceir ias o hyfrydwch wrth sythweled gyda newydd-deb wirionedd gwyddonol, ac fel y gellir afieithu wrth fyfyrio deddfau trefn gudd y greadigaeth, felly hefyd y mae'r math o brofiadau a'r disgrifiad gloyw a roddir ohonynt gan artist—pan fo'n ymwneud yn arbennig â'r naïfder canolog mwyaf elfennol—yn rhoi i ddarllenydd fwynhad croyw a chyffrous.

Yn awr, un o'r cyferbyniadau sy'n hanfodol i ffrwythlondeb mewn celfyddyd yw'r cyferbyniad rhwng un ac amryw; ac er mor gynhyrfus yw'r profiad sydd ynghlwm wrth naïfder gwybod profiad, y mae'r dychymyg yn symud ymlaen o'r fan yna, ac yn wir yn gwrthgyferbynnu cymhlethdod bodolaeth, gan beri i'r naill ysgogi'r llall a hefyd i'r naill fod yn gynhwysydd i'r llall. Felly, wrth ddyrchafu naïfder gwybod, a'i ystyried ef yn un o nodweddion mawr celfyddyd, rhaid cofio nad yw'n gorffen yn y fan yna. Y mae celfyddyd hefyd yn ceisio cyfuniadau ac yn ymhyfrydu mewn cymhlethdod.

Nid anwybyddu cymhlethdod yr ydys, felly, wrth danlinellu naïfder y gwybod celfyddydol (neu'n hytrach ei symlder canolog), eithr ynysu a chanolbwyntio'r meddwl ar un o briodoleddau celfyddyd a all gael ei ddefnyddio'n drawiadol uniongyrchol gan yr artist ac a all gael ei gorffori ganddo yn ei waith. Y symlder sydd y tu hwnt i gymhlethdod. Y mae bodolaeth fel y'i datguddiwyd i ddyn yn y *Gair* hefyd, sef yn y genadwri Gristnogol, yn yr Undod sy'n Drindod, yn cyfrannu hefyd o'r un symlder creiddiol anghyfrwys, hyd yn oed o gyferbyniadau mor elfennol hanfodol â'r rhai sy'n patrymu iaith yn ôl dehongliad Guillaume. Cymerer y dyrchafu i'r uchelderau, yr esgyn aruthrol a gysylltir o raid â'n cymdeithas ni â Duw: y mae'r uchder hwn yn rhagdybied i ni bellach fod yna gwymp potensial a chyfatebol. Cwymp sydd wedi digwydd. Y mae'r goleuni nefol i'w gyferbynnu â thywyllwch pechod. Dyma fframwaith ein bodolaeth ddaearol bellach, sylfaen ein gobaith neu'n colledigaeth. Yn wir, y gwirioneddau cyffredinol hyn am fodolaeth uchel ac isel, presennol ac absennol, yw'r sylfeini neu'r rhagosodiadau sy'n caniatáu neu'n trefnu iaith a ffurfiau a gweithgaredd llenyddol, hyd yn oed mewn manylion bach megis rhythm. Symlder yr hanfod.

Y mae corffori'r gwirioneddau hyn, yn wir eu diriaethu hwy mewn llenyddiaeth, yn cyflawni angen sylfaenol yn y natur ddynol. Pan fo dau weithiwr cyffredin amser cinio yn cyd-drafod digwyddiad "hanesyddol" yn eu hanes personol ac yn dadlau—efallai'n hollol ddiangen ar yr olwg gyntaf, ac yn ymddangosiadol amherthnasol, ac eto mor hanfodol gyffredin ai am ddau o'r gloch ynteu am hanner awr wedi dau y digwyddodd hyn neu'r llall, ac ai yma ynteu ganllath i ffwrdd y bu tybed, y pryd hynny y maent yn ôl pob tebyg yn ceisio diffinio'u hunaniaeth ac yn mynnu crisialu sicrwydd bodolaeth o fewn amser a gofod yn synhwyrol ganfyddadwy. Fe all yr athronydd drafod yn hirfaith oblygiadau'r cwestiwn 'Pwy wyf i?; ond y mae'r dyn cyffredin yn gorfod ei ateb, yn ddiymwybod ac ar frys yn eiliad ei gyfarfyddiad â phrofiadau bywyd. Fe all llenorion seciwlar (neu ffasiynol) wadu ystyr bodolaeth a brawychu gerbron argyfwng y gwacter, ond y mae rheidrwydd ymhob eiliad o'n bywyd ymarferol inni ymaflyd yn ymylon ystyr pob dim a wnawn ar y pryd ac i ragdybied fod ei arwyddocâd yn anochel ac yn werthfawr inni.

Ac y mae hyn oll yn greiddiol o syml, yn ieithyddol anghyfrwys, megis y gwahaniaeth rhwng byw a marw, megis crïo, megis rheidrwydd i'r enw ar wrthrych (i'n henw ni ein hun) fod yn gwbl gywir; ac eto fe all y cyfuniad terfynol wedyn yr un pryd fod yn gymhlethdod o deimladau ac o feddyliau cyd-drawiadol a gwrthdrawiadol o fewn amseroedd a lleoedd hynod amrywiol. Nid y cymhlethdod hwn, serch hynny, ydyw'r dyfnder, o'r hyn lleiaf, nid yr unig ddyfnder. Y dyfnder ydyw'r diogelwch eglur—neu'r golledigaeth—a geir yng ngwreiddyn bod.

Dyma'r sylfeini syml ac elfennol sy'n hanfodol yn ein diymwybod bob dydd.

Un o'r nodweddion sy'n perthyn i'r meddwl cyffredin yw tebygolrwydd; a thebygolrwydd yw un o'r nodweddion hanfodol a ddisgwylir yn amodol ac yn safon mewn llenyddiaeth glasurol. Diffiniad Rapin o debygolrwydd (*vraisemblance*) yw 'pob dim sy'n cydymffurfio â barn y cyhoedd.'[49] A ymlaen i ddweud: 'Ni phair y gwirioneddol ond i bethau fod fel y maent, ond fe bair y tebygol iddynt fod fel y dylent fod. Diffygiol yw'r gwirioneddol bron bob amser, drwy'r cymysgedd o gyflyrau unigol sy'n ei gyfansoddi. Ni enir dim i'r byd nad yw'n ymbellhau oddi wrth

49. *Réflexions sur la Poétique,* 1674, *Oeuvres,* Amsterdam, 1709, II, t. 114.

berffeithrwydd ei syniad wrth iddo gael ei eni. Rhaid dod o hyd i'r gwreiddiol ac i'r patrwm yn y tebygol ac yn yr egwyddorion cyffredinol sydd i bethau: yno lle na ddaw dim materol nac unigolyddol i'w lygru.'

Yn yr un modd, y meddwl "cyffredin"—nid unrhyw ieithydd dawnus na phwyllgor ysgolheigaidd—sydd wedi llunio'r adeileddau dyfnaf yn yr iaith (amseroedd y berfau, y fannod, personau'r rhagenw, etc.) megis yr adeileddau dyfnaf mewn llenyddiaeth. Mae'r meddwl cyffredin yn sefydlu'r hyn sy'n hanfodol yn nisgwyliad dyfnaf darllenydd wrth iddo ymlwybro drwy nofel neu wylied drama; ac os ymedy cymeriad â'r safonau amodol hyn, fe berir chwithdod ac anghydbwysedd.[50] Dyma'r egwyddorion distaw sydd ar waith mewn gwaith clasurol.

Y rhain hefyd sydd ar waith pan dreisir hwy mewn "moderniaeth": fe'u diffinnir hwy ac fe'u bywheir hwy hyd yn oed wrth geisio'u dirmygu. Nid red y tebygol i ffwrdd pan chwaraeir ag ef. Yn wir, bodolaeth y tebygol sy'n gwneud yr annhebygol yn bosibl. Oni bai am y tebygol, i'w herio ac i'w amau ac i wrthryfela'n ei erbyn, ni byddai'r un safon ar gael i wneud dim sy'n annhebygol; a deuai'r annhebygol wedyn yn debygol.

Y meddwl anymwybodol hwn sy'n rhoi undod ffurf i bob llenyddiaeth: *un* peth yw bywyd, *un* peth yw gweld cyn mynegi.

Ond nid undod yn unig yw'r diwedd. Ceir amrywiaeth cyfatebol o'i fewn, a hynny'n tarddu bob amser yn y gwrthosodiad sylfaenol. Gwrthosodiad sylfaenol trefn y byd. Gwrthosodiad sy'n gychwynnol syml.

Mae'r cynllun gwaelodol mewn llenyddiaeth ar waith mewn ffyrdd manwl iawn; ac eto, er gwaetha'r cymhlethdod helaeth hwn, y tu ôl iddo fe ellir canfod rhai egwyddorion hynod elfennol. Fe garwn i grybwyll un neu ddwy ohonyn nhw yn awr.

Yn gyntaf oll, y cyferbyniad sy rhwng gosodiad a gwrthosodiad. (Nid cyfosodiad, sylwer; nid oes dim cymrodedd). Y mae'r cyferbyniad hwn mewn llenyddiaeth yn un o'r adeileddau mwyaf ffrwythlon a mwyaf treiddgar. Fe'i ceir mewn Cynghanedd Groes ac mewn odl. Fe'i ceir mewn trosiad ac mewn mydr. Ac y mae'n tarddu o'r gwirionedd fod yna absoliwt, absoliwt mewn bodolaeth, absoliwt mewn moesoldeb, ac

---

50. megis pan â Chimène ati yn y *Cid* (1637) i briodi llofrudd ei thad: gw. *Figures II*, Gerard Genette, Seuil, Paris, 1969, 71-78.

absoliwt i'r meddwl. Os yw un peth yn iawn, yna mae'r gwrth-
wyneb yn anghywir. Os yw codi yn bosibl, yna y mae cwymp yn
bosibl hefyd. Trefnwyd pegynau bodolaeth yn ôl patrwm felly, ac
yr oedd yn rhaid i'r meddwl, os oedd am feistroli dirwedd y
ddaear, dderbyn y gwirionedd hwn. Dyma un o seiliau Cristnog-
aeth hanesyddol.

Mewn llenyddiaeth yr oedd y meddwl yn dal un safle, yn
cynnal un gosodiad, ac yna yr oedd yn defnyddio'r gosodiad
hwnnw i greu drych neu wrthdaro ag ef, sef y gwrthosodiad.
Felly, mewn Cynghanedd Groes yr oedd y bardd yn gyntaf yn
dadlennu patrwm seiniol mewn rhyw eiriau neilltuol, yna mewn
geiriau gwahanol (a rhaid oedd cael y gwahaniaeth) yr oedd ef yn
ailadrodd yr un patrwm. Drwy ddefnyddio'r un patrwm seiniol yr
oedd yn sefydlu perthynas: drwy newid rhywfaint ar y patrwm
hwnnw yr oedd yn peri bod cyferbyniad. Yr oedd y naill ochr yn
wrthosodiad clir i'r llall, ac ni chaniateid cyfosodiad a gymysgai'r
ddwy ochr ac a geisiai greu cymrodedd rhyngddynt. Yr hyn a
geid oedd cyfanrwydd neu undod, nid cyfosodiad.

Yn yr un modd gyda throsiad. Y mae posibilrwydd creu tros-
iadau'n gorwedd ar y drefn eglur fod modd cyferbynnu dwy ystyr,
bod yr ystyron yn bod ar wahân i'w gilydd, yn barod fel petaent i
wrthdaro neu i effeithio ar ei gilydd. Achos ac effaith. Dyma'r
olyniaeth neu'r patrwm sefydlog sy'n caniatáu bod modd i dros-
iadau fod yn ffrwythlon.

Felly hefyd gydag odl. Y mae llinell syth gysylltiol-anweledig
fel petai rhwng dau air, un ohonynt yn osodiad a'r llall yn wrth-
osodiad; a'r ddau safle ystyrlon hyn sy'n esgor ar ffurf lenyddol.
Fel y gwyddys, gyda Hegel fe ddaeth damcaniaeth athron-
yddol y cyfosodiad (fel modd i ddod o hyd i'r gwirionedd) yn ffasi-
ynol yn y ganrif ddiwethaf. Yng Nghymru daeth i mewn drwy
gyfrwng Lewis Edwards a chreu cryn hafog ymhlith ein diwin-
yddion. Chwalwyd llawer o safonau moesoldeb yn y byd cyfoes;
pwy bellach a ddwedai fod un peth yn ddrwg a'r llall yn dda yn ein
dyddiau diddrwg-didda ni, fod un peth yn wir a'r llall yn anwir?
Bellach yr oedd popeth yn llwyd: ym mhob pen roedd piniwn:
ansicrwydd oedd yr awdurdod, ac nid oedd yna'r un absoliwt.
'Rhaid peidio â bod yn ddogmatig', meddai un dogmatwr dwl. Fe
geir perthynas ddigon uniongyrchol rhwng y ffydd hon mewn

cyfosodiad ar y naill law a "chyfriniaeth" gelfyddydol ar y llall. Y mae cyfosodiad yn ergyd wrth wraidd bydysawd trefnus ac ystyrlon, oherwydd fod ffurf mewn celfyddyd yn orfodol glymedig wrth wrthosodiad.

Mae yna un pwynt pellach ynglŷn â gwrthosodiad mewn llenyddiaeth y dylwn ei grybwyll. Fe awgrymais mai deuol oedd cyferbyniad sylfaenol neu gnewyllyn y patrymwaith mewn llenyddiaeth. Y mae hyn yn wir; eithr, y mae'r egwyddor ddeuol ffurfiol yn gallu ymestyn yn ddeuol—yn yr isymwybod neu mewn ffurf anfwriadus—un cam ymhellach, i ffurfio cnewyllyn o dair elfen ambell waith, sef yn y trydydd cam: Gwrthosodiad + Gwrthosodiad. Sylwer er enghraifft ar Gynghanedd Sain neu ar Gynghanedd Bengoll. Dyma gyferbynnu Odl + Odl ac yna heb ymadael â'r ail, Cytseinedd + Cytseinedd; neu Gytseinedd + Cytseinedd, ac yna'r cwbl hwnnw wedi'i gyferbynnu ag absen-oldeb Cytseinedd. Yn gyfanrwydd newydd.

Ceir yr un egwyddor neu batrymwaith q driawd os ystyriwn y rhaniad clasurol o 'fathau' sylfaenol llenyddiaeth, sef Telyneg, Drama, Arwrgerdd. Ac nid yw hyn yn ddamweiniol. Nid oes modd i'r meddwl cyferbyniol creiddiol, y meddwl "naïf" unol, weithio gyda rhagor na thair elfen: dyma'r cwmpas pellaf. Gellid defnyddio mwy na dwy neu dair yn ymwybodol—yn addurn-iadol—i adeiladu ffurfiau tarddiadol. Eithr yn nefnyddiau'r gwraidd ac yn y ffurfiau crai, dwy neu dair yw'r hanfod. Eto sylwer, nid cyfosodiad yw'r drydedd hon, eithr gwrthosodiad i wrthosodiad. (Byddai gwrthosodiad i wrthosodiad i wrth-osodiad yn golygu rhestru; ac nid 'ffurf' sylfaenol yw rhestr.)

Gwyddys fod yr ymraniad ffurfiol o driawd yn batrwm tra chyffredin mewn meysydd eraill o wybodaeth. Cymerer iaith, a thri pherson y rhagenw, lle y mae'n amhosibl i'r un iaith ddyf-eisio person (personol) arall. Neu dair gradd gynyddol cymharu ansoddeiriau. Gwarchaewyd oddi amgylch y drefn unedol hon gan orfodaeth bodolaeth. Yr wyf i yn lled dybied (er nad dyma'r lle i geisio datblygu hyn yn awr) mai'r rheswm tebygol dros y drefn hon o dair elfen, fel cwmpasgylch eithaf ffurf sylfaenol y meddwl dynol, yw bod Duw, sef y Drindod Sanctaidd wedi argraffu peth o'i gymeriad Tri-yn-Un yn ei greadigaeth, ac mai adlewyrchiad o'i natur Ef yw'r rheswm drosti.

Bid a fo am hynny, y prif bwynt yr wyf yn ceisio'i wneud yn awr yw bod y cynllun sydd ar gerdded mewn llenyddiaeth yn drefnus wrthosodiadol; a'r cynllun hwn mewn gwirionedd sy'n peri bod ffrwythlondeb yn bosibl. Ni cheir gwir ryddid ond mewn deddf.

AC ONID E

Yn chwe-degau'r ganrif hon daeth J. R. Jones yn llenor Cymraeg o bwys, yn arbennig yn ei sylwadau gogleisiol ar genedlaetholdeb. Er mai eildwym seciwlar ac eilradd ddyneiddiol ydoedd yn ei ddiwinyddiaeth, hyd yn oed yn y maes hwnnw yr oedd yn dal yn ddiddorol odiaeth am ei fod yn adlewyrchu sefyllfa weddol gyffredinol ym meddwl Cymru ar y pryd ac yn crynhoi'n hwylus dueddiadau meddyliol ein gwlad er canol y ganrif ddiwethaf. Y rhagdybiaethau neu'r normau hynny, fel y gwelir, y mae'r ymdriniaeth bresennol yn ceisio'u gwrthwynebu. Gyda llawer iawn o gydymdeimlad, fe obeithiwn.

Sonia J. R. Jones yn *Ac Onide* (3) am ddelfryd hiwmanistaidd sydd yn nodweddu'r byd modern, sef 'delfryd seiliedig ar y bersonoliaeth anturus a fynnodd reolaeth ar ei thynged ei hun,' a mynnodd fod hyn wedi tarddu yn y Dadeni Dysg, y Chwyldroadau Gweriniaethol a'r Diwygiad Protestannaidd. Ond hen gân dra hynafol yw hon: dyma'r union ddisgrifiad a rydd Genesis 3 o Adda: cyngor Satan i Adda oedd iddo luchio cyfyngiadau Duw o'r neilltu ac iddo fentro dod i wybod drwg yn ogystal â da, a 'byddwch megis duwiau.' Dyna'r modd y cymerodd Adda arno'i hun gaethiwed newydd a dieithrwch ymbellhaol hunanlywodraethol: yn lle deddfau cariad Duw a chaethiwed daioni fe dderbyniodd ef bechod a chaethiwed marwolaeth. Bu'r ysbryd 'rhyddymofynnol' hwn, fel y'i gelwir yn eironig, gyda ni er yn gynnar iawn; a hen iawn yw'r pryder ynghylch diffyg ystyr bywyd. Dyma erioed arwyddocâd anochel 'rheolaeth ar ei dynged ei hun.'

Y mae'r deddfau sydd ar gael mewn gwyddoniaeth a gwirionedd a siawns (hyd yn oed), am eu bod yn adlewyrchu trefn brydferth Duw, yn rhan o 'gaethiwed' hanfodol y greadigaeth. Er mor 'rhamantus' ac 'anturus' yr ymddengys y delfryd haniaethol o ryddymofyn hiwmanistaidd, y rhyddymofyn gwir anturus yw hwnnw sy'n darganfod deddfau cyffrous a phersonol y Duwdod Ei hun, a'r rhamant eithaf, rhamant o orfoledd a syndod, yw derbyn y rheini'n ymarferol i wythiennau bywyd drwy adnabod eu Hawdur. Pan fo gwyddonydd yn darganfod deddf newydd, fe rydd y dadleniad hwn iddo wefr a bodlonrwydd; ond nid yw hynny ond pitw a chyfyngedig wrth ochr yr ias a'r diddanwch gloyw a'r gweddnewidiad sydd i greadur a ddargenfydd fod y drefn sydd yn real ar y ddaear hon wedi'i chlymu wrth drefn ryfeddol sydd y tu hwnt i amser a gofod, a bod iddo ef, druan bach, berthynas â Duw personol hollalluog.

Ystyr 'ffydd' i J. R. Jones (5) yw *amau*: sef, yn y bôn, o'i chynnal i'r pen, gwrthod ar egwyddor, peidio byth â derbyn, peidio â chyrraedd; hynny yw, y dogma o aros ar goll. I'r Cristion, ar y llaw arall, dyna ydyw ffydd, sef dal ar ffyddlondeb Duw: ffydd yw'r dwylo gwag a godir tuag at rodd rad Duw. Y mae ffydd yn gadarn seiliedig ar wirionedd sydd yn bod mewn Duw trosgynnol-fewn-fodol, sef ar wybodaeth bendant a gyflwynwyd ac ar adnabyddiaeth a brofwyd. Ffydd yw plygu (er mor anffasiynol ydyw bob amser)—plygu ym myd 'Bod' (yn greadur gerbron Creawdwr personol-anfeidrol), ac ym myd 'Gwneud' (yn bechadur argyhoeddedig gerbron yr unig Un a fedr lanhau).

Erbyn ein dyddiau ni, sut bynnag, caregwyd y dogma o amau: erlidir credinwyr bellach gan yr 'uniongrededd' newydd: a cheir enghreifftiau o weinidogion sy'n ofni trin 'mythau' y Creu a'r Dilyw fel ffeithiau hanesyddol—er bod eu deall hyd yn oed, wedi tueddu i gadarnhau'r datguddiad mai felly y buont—oherwydd dicter a rhagfarnau gorffwyll o blith cyfran o'r cyhoedd yn erbyn unrhyw gredu gwirionedd gwrthrychol, yn wir, yn erbyn y posibilrwydd y gallai myth fod mor naïf â throi'n hanes.

Cyfaddefwn yn frwd nad oes gan neb ohonom, ddynion, fonopoli ar y gwirionedd. Ni all neb wrth sôn am Dduw lai na gwybod fod pob esbonio a dehongli'n gwbl aneffeithiol, yn 'hanerog' ac yn chwerthinllyd o dlawd. Eithr wrth gyfaddef fod Ei wirionedd Ef yn ddiderfyn, a'n bod ni yn hollol annigonol i'w gwmpasu byth na'i fynegi'n foddhaol, nid yw hyn yn dweud na all Ef roi gwybod i ni amdano: nid yw'n esgus chwaith dros ganiatáu 'pob peth' a thros goelio pob celwydd: y mae yna Na yn ogystal ag Ie; y mae yna au yn ochr y gwir; a ffug ostyngeiddrwydd llipa fyddai cogio'n 'oddefgar' (fel y dywedir) y gallai du fod yn wyn,—am a wyddem ni,—ac na charem, gan ei fod yn anffasi-ynol, fod yn rhy anoddefgar o bendant. Y caregu hwn mewn amhendantrwydd a'r ymgaledu mewn amheuaeth yw'r geidwadaeth fwyaf 'awdurdodol' yn ein dyddiau ni: rheidrwydd a dyletswydd ansicrwydd pitw yw'r gydymffurfiaeth gyfoes.

Sonnir weithiau (Ac Onide 21) am 'genhedlaeth a gollodd ei ffydd.' Y gwir yw nad oes yr un genhedlaeth yn cael ei geni i'r ffydd. Fel arall yn hollol: genir pob cenhedlaeth 'yn erbyn' y ffydd. Peth annaturiol yw credu o'r galon. Y mae'r Groes yn dramgwydd bythol i'r Iddewon ac yn ffolineb o hyd i'r Groegwyr. Y norm yw anghredu, neu grefydda heb y galon ddrylliog. Cenhedlaeth normal, naturiol yw honno sydd heb ffydd, y genhedlaeth honno sy'n esgus chwilio (ar yr amod nad ydyw byth yn cael), y genhedlaeth oesol honno y mae Duw 'wedi marw' iddi, ac sydd yn hollol analluog i gredu.

Nid annuw hollol yw'r genhedlaeth honno, meddir, yn yr ystyr syml o fod yn 'atheist', eithr 'amheuol'; ac y mae amau (er nad da gan yr anghredinwyr sôn am hyn) yn golygu nid yn unig amau nad yw Duw yn bod, ond y mae'n gorfod golygu hefyd ryw rithyn o amheuaeth chwithig hefyd y gall Ei fod Ef yn bod. Nid sicrwydd pendant a gwybodaeth awdurdodol nad oes yna Dduw yw amheuaeth loyw. Er bod ysfa hanfodol y natur ddynol yn ei gyrru i fyw yn ôl yr agwedd gyntaf ar yr amau, hynny yw i ddibynnu ar ei gwrthodiad yn unig, y mae gwir amheuaeth ddiffuant yn golygu fod y dyn naturiol yn sefyll yn barhaus hefyd ym mhresenoldeb y tamaid arall, y tamaid cadarnhaol, o'i amheuaeth. Ai dyma gyflwr arferol y genhedlaeth a 'gollodd ei ffydd,' sef yw hynny, pob cenhedlaeth?

Paham y mae'r 'gwir' amheuwr, felly,—sy'n gorfod amau y gall fod yna Dduw sy'n Dduw,—yn anochel ddewis byw fel pe na bai dim Duw? Yn syml, oherwydd nid y cwestiwn ynghylch bodolaeth Duw ydyw'r cwestiwn sylfaenol iddo, wedi'r cwbl. Sgadenyn coch,—dihangfa,—yw'r Amheuaeth honno. Gwir broblem y dyn naturiol yw Gwrthod, pendantrwydd ynghylch peidio ag ymostwng ar unrhyw gyfrif, pendantrwydd nad oes ymwacáu ewyllysiol i fod ganddo ef. Nid amau y mae, eithr gwrthwynebu. Problem Penarglwyddiaeth Duw nid y ffaith o Dduw yw'r broblem greiddiol iddo ef, y Benarglwyddiaeth a saif yn erbyn tueddfryd parhaol ei galon falch a chynhenid i ymchwyddo ac i ymhonni'n awdurdod 'absoliwt': dyma wir dramgwydd y genhedlaeth hon a 'gollodd' ei ffydd, nid bodolaeth Duw o gwbl. Defnyddio arswyd amheuaeth ynghylch bodolaeth a wna dyn rhag colli ohono'i awdurdod 'absoliwt' ef ei hun.

Ystyr *anghredu* i amheuwyr ac i Gristnogion fel ei gilydd, yw nid yn gymaint bendroni a yw Duw yn bod, ond eu pellter safle mewn balchder) oddi wrth Ef. Pan fydd Cristion yntau yn yr un modd yn achwyn am flinderau anghrediniaeth, tristáu y mae ef am ei fod yn pellhau oddi wrth gariad Duw: fel y mae credu'n golygu ymddiried ynddo Ef, felly y mae anghredu'n golygu methu ag ufuddhau. Pan fydd amheuwr wedyn yn sôn am anghrediniaeth, nid gwrthod bodolaeth Duw yw'r brif broblem (gan fod y rhithyn chwithig o bosibilrwydd yn aros yn y pen), ond methu â gwacáu, methu â nesáu o gwbl at Dduw, casáu ufudd-dod yn y galon, osgoi dibyniaeth.

Yr ydym oll yn pwyso ar ddeddfau'r greadigaeth. Gwir fod llygredd wedi'u cymylu. Ond y mae'r deddfau'n aros, er gwaetha'r cwbl. Rhan o'r llygredd hwn yw ein hysfa i beidio â chydnabod ein dibyniaeth arnynt: dyma'r 'adwaith sylfaenol fabanaidd' (*Ac Onide*, 181). Gwir aeddfedrwydd dynoliaeth, ar y llaw arall, yw dyn yn cydweithio â Duw, ac felly'n dewis y da (nid 'er ei fwyn ei hun'—nad yw'n golygu dim byd) ond am mai dyna ewyllys Duw: hynny yw, dyna'i drefn frenhinol a godidog.

Beth yw'r cymhelliad i ufuddhau o'r galon i Dduw? Nid oherwydd ofn hunanol, eithr oherwydd duwioldeb Duw. Darlunia J. R. Jones, megis cartŵn, ddyn yn clywed am anghysur uffern, ac yn ceisio achub ei groen drwy droi'n Gristion. Nid yw gwybod am uffern, serch hynny, yn peri ufudd-dod o galon nebun byth: i'r anghredadun ni phair namyn caledu a balchder a herio llencynnaidd neu ynte chwant hunanol am ddihangfa; eithr i'r credadun y mae clywed am uffern yn dadlennu peth o barchedig ofnadwyaeth a sancteiddrwydd ysol a chyfiawnder y Duw byw, a rhydd ymwybod iddo â'r hyn sy'n briodol iawn iddo ef, bechadur. Camddeall arwynebol yw tybied mai ofn hunanol a barodd erioed i neb ffoi at Dduw. Os ffoi a wnawn ato, nid ffoi a wnawn oddi wrth Uffern yn ymwybodol, eithr ffoi oddi wrth bechod. Ffoi oddi wrth arwahanrwydd. Digwydd ffoi yr un pryd a wnawn oddi wrth Uffern. Bod ar wahân i'r Duw byw ofnadwy (a holl ganlyniadau hynny) ydyw Uffern.

Y mae Ofn, serch hynny, yn fwy cymhleth o lawer nag yr awgrymir yn y fan yma. Yn llaw Duw y mae ofn sanctaidd yn sylfaenol fuddiol, wrth gwrs, fel yn ein bywyd ymarferol bob dydd y gallwn ddiolch yn ddidwyll am ofn greddfol, iddo ein cadw'n wir rhag damweiniau a rhag marwolaeth yn aml. I'r balch yn anad neb y mae'n gallu bod yn fudd ysbrydol, am ei fod yn ei ddinoethi ac yn ei ddangos yn ei faintioli priod. Ac os digwydd y dinoethi hwnnw yn ysbrydol ar ffurf argyhoeddiad gan ei arwain i ostyngeiddrwydd, y mae gobaith hefyd ynghlwm wrth yr ofn hwn.

Dehongliad arall yr un mor gamarweiniol o gymhelliad y Cristion uniongred i gymodi yw mai ateb yw hynny (*Ac Onide*, 180) 'fel petai, o du Duw—i'w grefu babanaidd am ollyngdod o boenedigaeth euogrwydd'. Yn awr, gwir gymhelliad cymodi, fel y mae'r gair yn ei awgrymu, yw symud y rhwystr rhwng dyn a Duw. Ateb ydyw i'r balchder ysbrydol a orwedda rhyngddynt, modd i uno dau fod a ddylai fod gyda'i gilydd ond a wahanwyd gan falchder cnawd. Cyn bod dyn yn gwybod dim am ei drosedd, y mae Duw wedi adeiladu'r bont odidog hon rhyngddynt. Cyn bod dim crefu gan ddyn, dyfeisiwyd y ffordd ryfeddol hon i gymodi. Nid rhaid bychanu ymdeimlad dyn o euogrwydd (gerbron Duw na cherbron ei gyd-ddyn) drwy'i alw'n 'fabanaidd'. Os wyf wedi gwneud cam yn erbyn Person hardd ac annwyl Duw, er fy mod yn glamp o ŵr mewn oed, ni raid fy mod mor hunan-gyfiawn fel na allaf drwy ras ymdeimlo â'm sen a'm ffieidd-dod personol yn Ei erbyn Ef. Eithr nid er mwyn swcro fy nheimladau i a'm gollwng i o unrhyw ymwybod diflas o anghysur y bu Crist farw, ond er mwyn yn syml imi gael fy ngeni o'r newydd yn fabwysiedig i deulu Duw, er gogoniant i Dduw a'i drefn.

Gofyn J. R. Jones ynghylch dameg y Mab Dychweledig—Pam nad yw hi mewn unrhyw fath o ffordd yn ddarlun o "drefn y cadw"? Yn awr, cyn belled ag y gwelaf i, nid yw'n ddim arall: stori sydd yn y ddameg hon am ddyn ifanc yn ei falchder yn mynd i'w fforrdd ei hun, yn ymbellhau oddi wrth ei dad, ac yn tybied ar y dechrau ei fod yn cael cryn hwyl gyda'r rhyddymofyn. Ond daw hi'n argyfwng sylfaenol arno, ac fe'i deffroir ef i'w wir ystad. 'A phan ddaeth ato ei hun . . .' y mae'n codi ac yn dychwelyd. Pan ddaw gerbron ei dad, ei gyffes gyntaf fydd 'pechais', a sylwer 'pechais yn erbyn y nef', ac wedyn, 'o'th flaen dithau'. Ond cyn iddo ddweud dim o hyn, ymhell cyn iddo gyrraedd y tŷ hyd yn oed, y mae'r tad wedi'i weld ef, wedi tosturio, rhedeg, a syrthio ar ei wddf, a'i dderbyn. 'Nid ydwyf mwy deilwng', medd y mab. 'Dygwch allan y wisg orau, medd y tad. 'Cans fy mab hwn oedd farw, ac aeth yn fyw drachefn; ac efe a gollesid, ac a gaed. A hwy a ddechreuasant fod yn llawen.' Anodd cael eglurach darlun o drefn y cadw na hynyna. Y mab wedi troi, ac yn dod yn waglaw at y tad. Dichon y gallai rhyddymofynnwr achwyn oherwydd y mab hwn a'i 'grefu babanaidd am ollyngdod o boenedigaeth euogrwydd' a threfn y cadw; eithr nid dyna gymhelliad y tad o gwbl, ond yn syml ei awydd i dderbyn y mab (y mab aeddfed, bellach) yn gariadus yn ôl i'w dŷ.

Dyma'r efengyl Gristnogol yn ei phurdeb. Troi, a dod yn waglaw hollol at Dduw. Dyna ydyw credu. Y symlder y tu hwnt i gymhlethdod. Nid derbyn athrawiaethau'r Ymgnawdoliad a'r Iawn, yr Eiriolaeth a'r Prynedigaeth, yr Ysgrythur anffaeledig, y Farn, y gwyrthiau, yr Atgyfodiad, yr Ail Ddyfodiad, y Drindod, ac yn y blaen. Ond dod yn dlawd yn yr ysbryd, yn sychedig ac yn newynog, heb ddeall dim o'r rheini'n aml, heb ddibynnu ar ein rhyddymofyn ymenyddol bondigrybwyll mwyach nac ar ein moesega creadigol ac annibynnol ein hun; eithr gan ddibynnu'n llwyr ostyngedig ar Dduw. Yn wir, cyn i neb ohonom ymostwng fel hyn, sylfaenol dywyll fydd yr holl athrawiaethau Cristnogol eraill i'r enaid colledig. Sonia J. R. Jones am yr anhawster yn yr oes hon i dderbyn 'ffrâm athrawiaethau'r Prynedigaeth.' Ond, felly y bu hi i'r galon ymhob oes, yn ddiwahân: y maent yn hollol hurt ac yn ddirgelwch gwirion, a hyd nes bod dyn yn Gristion, gwell iddo adael y ffrâm honno—fel ffrâm—yn hollol lonydd. Ychydig a chyfyngedig iawn yw gwir ofynion cyntaf y dyn anianol.

Nid peth newydd yw gwacter ystyr. Dyna'r norm i bob dyn naturiol. Gwag o ystyr fu ymwybod dyfnaf pob dyn erioed nad oedd mewn cysylltiad â Duw. Ni cheir dim ystyr i ddyn ond mewn modd annealladwy a diymwybod nes bod Duw yn y canol.

Llyfr cymysglyd yw *Ac Onide,* serch hynny, er mor gyson yw ei wrthodiad o'r efengyl. Cafodd J. R. Jones damaid gan hwn a thamaid gan y llall: adlewyrchiad ydyw o chwalfa pulpud Cymraeg y can mlynedd diwethaf yn y cyd-destun Prydeinig. Ymhlith y gwahanol dameidiau, serch hynny, fe ddywed ef hyn—'Pan ddaw dyn i wynebu Dirgelwch sy'n dywedyd wrtho mai peth cyfangwbl ddibynnol ydyw ym myd 'bod', fe ddaw'n ymwybodol eto o ffiniau ei feidroldeb. Fe dorrir crib ei falchder . . . Ac yna, wedi'r gwacáu, ''Minnau'r truan/Ffof dan adain Brenin

Nef.' Dyma gnewyllyn dywediad go fawr. Pe bai ef wedi dechrau yn y fan yna, a gadael llonydd i'w ryddymofyn "annibynnol" (tra dibynnol) a'i foesega creadigol, bondigrybwyll, fe fyddai wedi dadlennu beth yw gwir ryddid a gwir greadigrwydd ysbrydol.

Pe bai ef wedi dechrau gyda'r tamaid hwn—sef y tamaid a gafodd (ar wahân efallai i'r gair 'peth') gan uniongrededd efengylaidd ei deidiau, gan y ffydd hanesyddol, sef, Cristnogaeth fythol—fe fuasai mwy o gyfanrwydd ac aeddfedrwydd i'w genadwri. Clytwaith diddorol ydyw, fel y mae, antholeg o ddulliau'r oes o aralleirio hen wrthryfel dyneiddiol, ond un nad yw'n mynd fawr o ffordd ymlaen (yn wir, nad yw'n cerdded modfedd) ar hyd y ffordd union at ystyr.

Un mater o bwys diwinyddol a gyfyd yn y llyfr, fel y sylwodd SL yn ei sylwadau craff (*Ysg. Beirn.* VI, 235), yw casgliad Simone Weil: 'Y mae Duw yn bresennol yn y greadigaeth; y ffurf a gymer ei bresenodleb yw absenoldeb.' Carwn oedi ychydig gyda hyn. Y mae rhan gyntaf y gosodiad yn syml eglur; ond y mae'r ail yn cynnwys llawer o ymhlygion pwysig cymhleth, fel pe bai'n ceisio cyfuno ystyriaethau 1. *Pechod/Perffeithrwydd*; 2. *Meidroldeb/Anfeidroldeb a dirgelwch*; 3. *Cyfrifoldeb dyn/Penarglwyddiaeth a gorfodaeth ddeddfol natur Duw.*

Rhois y cyntaf o'r parau hyn yn gyntaf am mai dyna'r un a esgeulusir gan J. R. Jones, a dyna'r un a effeithia ar y dyn naturiol o dan yr oruchwyliaeth sydd ohoni. Ni all dyn, ni all pechod alltudio'r Duw holl-bresennol, wrth reswm; ond oherwydd pechod, gyrrwyd dyn o ŵydd Duw, a disgynnodd ar ddyn arswyd Ei absenoldeb Ef. Er mor agos ydyw Duw bob amser, nid yw'n hysbys ac yn amlygedig i'r dyn colledig ond ar ffurf absenoldeb. Ei ias (os daw'n Gristion) yw gwybod yr absenoldeb—cyn adnabod y presenoldeb.

Eithr hyd yn oed cyn y cwymp yr oedd dyn yn feidrol gyfyngedig: nid efô oedd y Crëwr, ac nid oedd erioed yn hollalluog nac yn hollwybodus. Felly, er ei fod yn llawn o Dduw, yr oedd Duw bob amser yn ddirgelwch iddo. Yr oedd dyn yn "annibynnol" ar Dduw, er mor ddibynnol ydoedd: bod arall oedd ef. Ac yr oedd y dirgelwch hwn o fod yn fod, megis 'absenoldeb' iddo; ond lle y byddai'r 'absenoldeb' oherwydd pechod yn friw ac yn arswyd, yr oedd yr 'absenoldeb' oherwydd dirgelwch yn odidowgrwydd ac yn destun mawl.

Y mae'r 'paradocs' Calfinaidd ynghylch cyplysu cyfrifoldeb dyn ynghyd â phenarglwyddiaeth Duw hefyd yn ein dwyn wyneb yn wyneb â phroblem 'absenoldeb' Duw. Os yw dyn yn gyfrifol, y mae'n ymddangos fel pe bai penarglwyddiaeth Duw yn 'absennol'; ac os yw Duw yn benarglwyddiaethol, y mae *fel pe bai* dyn yn anghyfrifol. Dyma'r drefn gyfrin. Y mae bodolaeth 'annibynnol' dyn yn bosibl, am fod Duw wedi caniatáu iddo fod megis yn fod ar wahân.

Un o ladmeryddion llenyddol y ddyneiddiaeth gyfoes J. R. Jonesaidd yn llenyddiaeth Cymru yw Dr. John Gwilym Jones. Gwrandewch arno, felly, yn esbonio'r anobaith ffasiynol a ddaeth i'n llenyddiaeth:

> '*Mae'r biolegwyr bellach,*' meddai, y biolegwyr, sylwch, *wedi lladd y syniad o natur garedig, fendithiol—o'r prydferthwch a dim arall—yr hyn a swynai'r Williams Parry cynnar—*
>   *Ond cefais gan yr hon a'm dug*
>   *Fy ngeni'n frawd i flodau'r grug.*
> *Mae'r Coleg a gafodd gan ei dad a rhodio'r byd i wella'i stad wedi dysgu iddo'r gwir annymunol, fel i bawb ohonom ni, fod elfennau brwnt, gwrthnysig, aflan mewn natur, rhyw greulondeb cynhenid sy'n gwneud i'r wenci, y sugnwr sydyn yn y wasgod wen, fod yn feistr corn ar gwningen.*'

Yn awr, ni wn i faint o fioleg yn dadlennu'r elfennau brwnt hyn a oedd gan Siôn Cent yntau pan ganodd am yr hen lyffant bach:

> Wedi bo yno unawr,
> Y dyn a'r gwallt melyn mawr,
> Llyffant hyll, (tywyll yw'r tŷ,)
> Os gwŷl, fydd ei was gwely . . .
>
> Ac wythgant, meddant i mi,
> O bryfed yn ei brofi.

Teimlo'r wyf fod gan Siôn Cent amgyffred go dreiddgar o ffieidd-dod chwydlyd y ddaear hon, ac nad oedd angen bioleg na mynd i goleg, rywsut, i ddatgelu iddo yr hyn a oedd yn sefydlog amlwg i bawb a chanddo ysbryd byw.

Yn ei flaen yr â Dr. John Gwilym Jones, serch hynny, i esbonio ymhellach wreiddiau'r anobaith cyfoes:

'Erbyn heddiw, 'rwy'n ofni bod yn rhaid inni wynebu'r ffaith fod erchyllterau dau ryfel—Hiroshima a Belsen—a chwmwl du arswyd difodiant bom hydrogen, sydd bellach yn bosibilrwydd ymarferol, a dirywiad y gwerthoedd traddodiadol fel cadw gair a pharchu'r naill a'r llall, y rhagrith ofnadwy sy'n cael ei ddangos gan ein gwlad ni, er enghraifft, yn delio â phroblemau du a gwyn, ac yn enwedig yn America—fod y pethau hyn wedi tanseilio'r hen gredoau.'

Bonheddig ac ymatalgar iawn yw'r disgrifiad hwn gan Dr. Jones o ddychrynfeydd yr ugeinfed ganrif, yn arbennig o'i gymharu â'r hwyl a gawsai Ellis Wynne, dyweder, ar ddisgrifio sefyllfa union debyg. Yr hyn sy'n arwyddocaol, serch hynny, yw nad tanseilio'r hen gredoau a wnaethai'r realiti arswydlon yn achos Ellis Wynne, eithr yn wir ni ellid ei ddeall ef yn iawn (yn bersonol deimladol yn ogystal ag yn feddyliol) ond drwy amgyffred rhywfaint bach ar yr hen gredoau hynny ac ar amlochredd (goruwchnaturiol yn ogystal â naturiol) y realiti yna.

Yr hyn sy'n ddiddorol amdanom ni, fel y dengys Dr. Jones, yw ein bod ni'n ymhonni fod gennym ni amgenach gweledigaeth ar hagrwch bywyd—oherwydd bioleg, oherwydd rhyfeloedd ein canrif, oherwydd anfoesoldeb hysbys ein hamseroedd. Oherwydd cymhlethdod, druan. Gallwn ni yn ein doethineb newydd gymryd arnom nad oedd y weledigaeth glasurol am lygredd dyn ddim ar gael, ac mai darganfyddiad gwyryfol diweddar yw'r 'elfennau brwnt' mewn natur.

Y mae math o doriad deallol mewn dyneiddiaeth lenyddol rhag grym meddwl a phrofiad y canrifoedd. Fe geir ganddi—efallai'n gronolegol gyntaf, fel yr awgryma Dr. Jones — ryw fath o optimistiaeth fabïaidd mai "prydferthwch a dim arall" yw natur. Ac yna, cyn pen fawr o dro, pan welir mai dwli yw'r fath safbwynt, fe droir ben i waered at ryw fath o anobaith sydd bron yr un mor arwynebol ac unochrog. Oddi wrth optimistiaeth ddyneiddiol at besimistiaeth ddyneiddiol.[51] Esgus yw bioleg, esgus yw rhyfeloedd yr ugeinfed ganrif, i geisio'n darbwyllo'n hun ein bod ni bellach wedi dod i oed; a'r gwir trist yw, yn ein dealltwriaeth o fawredd profiad y gorffennol, ei bod yn hen hen bryd inni ddod i oed.

Esgus yw bioleg a'r lleill hefyd i esbonio'r chwithdod llancaidd a dyf am nad ydym yn ddigon o ddynion i blygu i Dduw. Aeth chwithdod neu ddiflastod neu besimistiaeth ddyneiddiol neu'u

---

51. Ymdrinnir yn rhagorol â hyn yn *The Dust of Death,* Os Guinness, IVP. 1973.

cyffelyb yn norm ymhlith llenorion, yn syml am fod dynion yn awchu am ddyrchafu'r hunan, nid oherwydd unrhyw ddarganfyddiad newydd ynglŷn â'r Gwirionedd.

Nid dyneiddiol oedd optimistiaeth Cristnogaeth, serch hynny. Nid oes ganddi hi ddim gobaith afreolaidd mewn dynolryw. Nid yw hi'n synio'n rhosynnaidd ac yn sentimentalaidd am gymdeithas nac am reswm nac am wyddoniaeth nac am alluoedd dynol. Wrth geisio cystrawennu athrawiaeth Gristnogol am lenyddiaeth, ni wna dychwelyd i optimistiaeth Fictoriaidd nac i ryddfrydiaeth lac yr enwadau confensiynol mo'r tro. Dyna, mewn gwirionedd, ffynhonnell uniongyrchol y nihilistiaeth a'r gyfriniaeth ddigynnwys a feddiannodd fryd cynifer o lenorion canol y ganrif hon.

Bid siŵr, gwell pesimistiaeth o'r ail fath yna, pesimistiaeth ddyneiddiol na throi'n ôl at optimistiaeth o'r math cyntaf. Nid gwaeth yw pesimistiaeth dywyll hiwmanistaidd nag optimistiaeth ddisylwedd hiwmanistaidd, oherwydd fel arfer y mae'n fwy gwir. Gwacter yw dyfnder bywyd y dyn anianol. Y mae'n sicr iddo gael ei fwriadu ar gyfer anrhydedd a phethau mawr: y mae ei bosibiliadau'n aruthrol. Ond yn ei gyflwr presennol y mae'n gwbl ddiwerth. Nid pesimistiaeth ŵyrdroedig yw dweud hynny, ond realistiaeth. Eithr, wrth gwrs, yng ngwead y greadigaeth o'n cwmpas, y mae yna gadarnhad a ffrwythlondeb yn blethwaith hefyd, a gwelir mai celwydd yn llygadrythu arnom yw hiwmanistiaeth besimistaidd ac optimistaidd fel ei gilydd.

Y mae yna hen barodrwydd yng Nghymru i ddilyn ffasiwn gwledydd mawr Ewrob,—ffasiwn er mwyn ffasiwn, arbrawf er mwyn arbrawf, abswrdiaeth, diffyg ystyr, diffyg pwrpas cenedlaethol, llenyddiaeth Americanaidd yn Gymraeg, ac yn y blaen, yn ddigon didwyll wrth gwrs, a chan ymgysylltu â'r gwacter dynol sylfaenol yr ydym eisoes wedi'i drafod. Ond chwithig iawn yw'r elfen efelychiadol hon, oherwydd gwahanol ac unigolyddol yw'r cyfle yng Nghymru—

(a) i feddiannu traddodiad cyflawn hynod wreiddiol mewn modd ystyrlon a chreadigol (y mae'n fwy na chyfle: ceir gyrru ysgytiol); traddodiad sy'n amgyffredadwy o benodol;

a

(b) i feddiannu ymwybodaeth effro o bwrpas cenedlaethol cyfoes: cenedl sy gennym a yrrwyd i fod yn hydeiml o'i bodolaeth.

109

Pan fo'r fath arbenigrwydd â hwn ar gael, israddoldeb a thaeogrwydd yw dilyn yn slafaidd ddiymholiad ffasiynau estron dirywiol. Dylid gwybod cymaint ag y medrid am gymheiriaid estron, yn ddiau ddiamau, a'u parchu a'u hadnabod a'u 'meistroli', a chydnabod yn realistig hefyd y pydredd sydd ynghanol ac yn peryglu bywyd diwylliannol Cymru. Ond (a) y mae traddodiad byw a nerthol yn medru bod yn ystyrlon mewn modd hynod o fewn ymwybod y Cymro cyfoes o hyd; yn wir, y mae rheidrwydd dal y traddodiad hwnnw yn argyfyngus iddo. A

(b) y mae'r Cymro cyfoes yn cael ei ysgogi i fod yn synhwyrus effro i bwrpas ac ysfa ei genedl i fyw fel cyfanwaith.

Dichon y byddai wynebu Cymru gyfoes ac wynebu'r traddodiad fel hyn yn gorfodi Cymro synhwyrus effro yn y pen draw i wynebu her sy'n fwy sylfaenol byth, sy'n fwy canolog nag adnewyddu Cymreictod. Oherwydd natur Gristnogol ein traddodiad, ni all y Cymro synhwyrus effro lai nag ymwybod ag ymsymud cadarnhaol sydd ynghlwm yn y grefft o lenydda. O synfyfyrio uwchben nerth a natur yr ymsymud hwnnw, fe all y Cymro synhwyrus effro ddod i wybod rhywbeth am ei anghenion dyfnaf ef ei hun. A gall llenyddiaeth hefyd—fel yr holl greadigaeth—lefaru wrtho am yr Un sy'n medru aileni popeth.

Nid wyf, wrth gwrs, yn dadlau fod yr adfywiad cenedlaethol yn perthyn mewn unrhyw fodd i adfywiad ysbrydol, crefyddol. Honni yr wyf fod y bygythion tyngedfennol i Gymru yn ein rhyddhau ni oddi wrth faldod yr hiwmanistiaeth besimistaidd ffasiynol fel y mae'n ein rhyddhau oddi wrth swrealaeth, dyweder. Fe ddylai perygl difodol ein cenedl heddiw ein hatal ni rhag chwarae gyda'r ymddieithrio moethus a'r abswrdiaeth anghreadigol, sef y farwolaeth ddiwylliannol ac ysbrydol honno y mae cenhedloedd eraill yn gallu fflyrtian gyda hi. Y mae pwll ein natur ni yn gweiddi mai celwydd sy'n gorwedd y ffordd yna.

Ar y llaw arall, ni allwn lithro'n ôl ychwaith i'r hiwmanistiaeth optimistaidd a'i rhagflaenodd. Dysgodd Kafka a Nietzsche, Sartre a Camus i ni wagedd y ffydd mewn rheswm a chynnydd, gwyddoniaeth a hunanddigonolrwydd dyn hyd yn oed os na sylweddolwyd hynny drwy ymateb yn fyw i'r ysgrythurau. Ond yn wir, pe na bai hiwmanistiaeth besimistaidd wedi dysgu i'r optimistiaid gynt rywbeth bach am yr alltudiaeth yn ein cyflwr, fe fyddai sefyllfa Cymru ei hun heddiw'n ddigon yn sicr i rwystro pob hiwmanistiaeth optimistaidd naïf. Dadlennwyd yn arswydus y diffygion yn y math yna o ramantu. Prin y dylai gobaith rhamantaidd mwyach dwyllo'r Cymro cyfoes, a realiti chwalfa ac ymddatod mor fyw o dan ei drwyn ef.

Felly, rhaid i'r hiwmanistiaeth sy'n arwain i ddigalondid terfynol a rhwystredigaeth lethol fod mor wrthodedig i'r Cymro treiddgar heddiw â'r hiwmanistiaeth sy'n arwain i freuddwydion peraidd a rhosynnaidd. Hynny o leiaf sy'n ddiwrthdro—Onid e?—i'r llenor a fo'n effro i sefyllfa gyfoes ei wlad.

YR YMWYBOD O DDIBEN MEWN LLENYDDIAETH GYMRAEG

Oes,—medd y darllenydd mwyn bondigrybwyll,—y mae angen ymwybod o bwrpas ar lenor. Efallai na fydd e ddim yn ei sylweddoli ar y pryd. Efallai na fydd y diben hwnnw ddim yn eglur iddo. Ond wrth fyfyrio am yr egni a'r calondid a'r hyder sy'n angenrheidiol ac wrth ystyried y gogwydd cadarnhaol y mae ei eisiau yn y dychymyg, oes, mae'n rhaid iddo yn y bôn gredu rhywbeth. Does dim ots beth yw e. Mae angen iddo ymrwymo rhywfaint i ryw fath o bwrpas. Heb fynd i eithafion.

Ond na,—medd y llenor llai mwyn o lawer,—nid dyna'r cyfan. Chewch chi ddim dianc ar hynyna. Rhaid dilyn y "credu rhywbeth" yna ymhellach.

Welwch chi, y mae rhai "pethau" y gellir eu credu sydd yn annigonol. Nid ydynt yn dal eu harchwilio. Fe ellwch gael ar y naill law ddehongliad o fywyd nad yw'n ddim mwy nag athrawiaeth—cyfundrefn o syniadau,—lle y daliai'r Cristion ar y llaw arall—ac y mae'n rhaid iddo ddal—fod y "peth" y mae ef yn ei gredu yn fwy o lawer iawn na hynny. Er ei bod yn *cynnwys* athrawiaeth ystyrlon a chyflawn, ymwneud y mae Cristnogaeth yn hanfodol â digwyddiadau. Gweithredoedd hanesyddol yw ei chraidd.

Y mae'n fater o fewnolion, wrth gwrs, o fewnolion corfforol, meddyliol ac ysbrydol; ond y mae hefyd yn fater o allanolion. Y mae'n wybodaeth ac yn brofiad. Y mae'n oddrychol ac yn wrthrychol. Ar gyfer yr holl bersonoliaeth. Ac yn y berthynas bersonol honno rhwng Creawdwr a chreadur diymadferth, y dechreuwn sylweddoli cyflawnder a pherffeithrwydd Cristnogaeth. Y daearol a'r tragwyddol ynghyd. Y cyffredinol a'r personol. Yr ysbrydol a'r hanesyddol. Y rhesymol a'r uwchresymol. Y ddysgeidiaeth a'r digwyddiad unigryw.

Ond nid ei *cyflawnder* yw'r unig nodwedd sy'n darparu cefnlen ar gyfer ein hymwybod â llenyddiaeth. Y mae a wnelo Cristnogaeth filwriaethus yn anad dim â *newid* pobl, troi meidrolion llwgr yn anfeidrolion sy'n dderbyniol yng ngŵydd y Duw glân a sanctaidd. Nid gwirionedd absoliwt neu ddysgeidiaeth y mae'r meddwl yn ei sylweddoli ydyw hyn felly, ond rhodd oddi wrth Dduw ei hun. Gwaceir drwy weithred oruwchnaturiol yr ymhonni a'r ymdrechu hunanol, darostyngir y dull dynol o drafod y byd, a gwneir ni yn barod i dderbyn hunan-ddatguddiad awdurdodol Duw, a thrwy ffydd yr ydys yn gallu edifarhau a chyfieithu'r berthynas newydd hon yn fywyd ymarferol. Yr ydys yn cael mwynhau cariad goruwchnaturiol y Creawdwr, a ninnau'n greaduriaid cyffredin heb ddoniau cyfriniol arbenigol. Ni all beirniadaeth lenyddol Gristnogol lai na chyfeirio at yr agwedd newydd o weddnewidiol hon sy'n hanfodol, megis cysgod o bob bywydu creadigol, mewn adnewyddiad ysbrydol.

Yng nghanol y ffydd Gristnogol hefyd, fe geir yna *berson*—dyn—Iesu Hanes. Yng nghanol y ffydd Gristnogol, yn yr un lle yn union, fe geir Duw sydd y tu hwnt i hanes. Yma y cyferfydd y ddaear a'r bywyd y tu hwnt i'r bedd, y "cysegredig" a'r "seciwlar". Dwy natur mewn un person. Nid datguddiad oddi wrth Dduw yn unig mo hyn, eithr datguddiad o Dduw, hunanddatguddiad terfynol mewn person. Ac ni all y beirniad llenyddol unwaith eto ymgyfyngu i deimlad neu i ddeall, i'r allanol neu i'r mewnol. Rhaid cyflawni. Nid oes enw arall dan y nef.

Felly, ddarllenydd mwyn, os gellir cyrraedd y lle y gwelir angen diben mewn llenyddiaeth er mwyn parhau'r gweithgaredd o lenydda o gwbl, yr ydys o fewn golwg i'r posibilrwydd hefyd y gall y diben hwnnw fod yn dipyn o sialens i'r meddwl seciwlar, o ran cyflawnder gweddnewidiol personol. Bid siŵr, awgrymwyd eisoes efallai mai'r tramgwydd mwyaf ar y ffordd, yw na ellir (yn ôl y datguddiad dwyfol) ddod o hyd iddo fel y mynnwn, yn ôl ein nerth ein hun, tan ein hunanlywodraeth falch annibynnol ein hun. Ond y mae ef i'w gael.

Yn awr, nid wyf am eiliad yn awgrymu, wrth gwrs, fod llenor yn gorfod ymwybod â chyflawnder gweddnewidiol personol fel hyn os yw ef am lenydda. Ond yr wyf yn credu, pe bai modd i'r beirniad seciwlar—a does dim modd (fel yr wyf wedi ceisio dangos)—ystyried diben llenyddol neu ddiben bywydol i'r pen, yna fe fyddai'n rhaid iddo ddod o hyd i Gristnogaeth fel yr unig ateb sy'n gyflawn, gweddnewidiol a phersonol. Pe bai modd ymroi i olrhain i'w ffynhonnell (fel pe bai'n athronydd, druan) ystyr yr egnïon celfyddydol sydd gan y llenor paganaidd neu'r llenor Hindwaidd neu Foslemaidd, a hynny'n ddi-rwystr ac yn berffeithgwbl, yna fe fyddai hwnnw'n gorfod darganfod Crist.

Ond nid ffenomen i'w darganfod yw Crist. I'r tlawd ei ysbryd, i'r un ar y gwaelod, i'r gwag ei ddwylo, i'r cardotyn meddyliol a theimladol, i hwnnw y mae'n ateb y curiadau, ac yn ei roi ei hun; ac i hwnnw yn unig.

Efô yw'r ateb parod wedyn i bob ymchwil am ddiben.

Yn yr ymdriniaeth, a geir yn y gyfrol hon, o weithiau neu o gyfnodau achlysurol mewn llenyddiaeth Gymraeg, nid ceisio amlinellu hanes ein llenyddiaeth yr ydys, eithr olrhain dehongliad o lenyddiaeth sy'n brigo i'r golwg yn gyson drwy gydol yr hanes hwnnw. Olrhain y modd y mae ymwybod â diben llenyddiaeth yn aros yn waddol i'n holl draddodiad. Olrhain profiad llenyddiaeth Gymraeg o grefydd.

Ceisir dadlau fod llenyddiaeth Gymraeg wedi bod yn ymwybodol o bwrpas ar hyd ei hanes. Os llawnder ystyr yw'r hyn sy'n groes i wacter ystyr, dyna'r hyn a geisiwyd yn y traddodiad Cymraeg, a hynny'n bennaf oherwydd nerth yr ymwybod Cristnogol. Mawl cadarnhaol (yn ei ystyr lawnaf), dyna a fu ar y briffordd hon yng Nghymru, a hynny'n tarddu mewn argyhoeddiad ynghylch arwyddocâd crefyddol bywyd.

Nid bob amser y bu'r ymagwedd hon yn llwyddiannus yn llenyddol. Weithiau methodd y llenorion yn eu llawnder oherwydd iddynt grebachu rhywfaint ar gynnwys neu ar ffurf y mynegiant. Ond drwy gydol yr amser, diogelwyd difrifoldeb y dibenion a dyfnhawyd ynni'r ysbrydiaeth gan y ffaith fod y llenorion mewn rhyw fath o gysylltiad ag athrawiaeth a phrofiad Cristnogol aeddfed a datblygedig—datblygedig oherwydd iddynt gael eu cynnal drwy'r canrifoedd, er gwaethaf bygythion gan wendidau a chyfeiliornadau dyneiddiol.

Fe ellir dweud yn syml groniclaidd: traddodiad Cristnogol sydd i lenyddiaeth Gymraeg hyd drothwy'r ganrif hon.

Pan eir ati i esbonio'r gosodiad hwnnw, fe welir fod llenorion Cymru, drwy'u traddodiad, wedi ymestyn i ddehongli'u hagwedd Gristnogol o fywyd drwy fynegiant llenyddol. Y maent wedi ymgodymu â'r broblem gyd-drawiadol o lenydda ac o fod yr un pryd yn Gristnogion: ac ymgais anymwybodol mewn hanes yw hynt eu hymgais i ddatrys y broblem ryfedd honno. Er mwyn deall llenyddiaeth Gymraeg yn llawn, ni ellir osgoi myfyrio uwchben y berthynas rhwng gofynion celfyddydol y bywyd Cristnogol a'r gofynion ysbrydol sydd ar y llenor o Gristion.

Cyrch unigol gwahanol ar ddryswch y broblem honno ac eto cyrch cyfunol fu gwaith pob llenor Cymraeg: cyrch di-ymwybod hefyd. Eu nod uniongyrchol yn aml oedd diddanu neu argyhoeddi, llunio celfyddydwaith neu fynegi profiad; ond yn sylfaen i'r cwbl oll, heb fod yn orymwthiol o bosib, yr oedd dwy amodaeth—yr oeddynt yn llenydda'n ffrwythlon ac felly'n ymgymryd â holl amodaeth y gweithgaredd hwnnw, ac yn ail yr oedd eu meddwl ac yn aml eu hysbryd a'u profiad eneidiol yn gweithio o fewn fframwaith Cristnogol, pwrpasol.

Cais i ystyried y mater olaf hwnnw yw'r gyfrol hon, gan chwilio i ba raddau y gall yr ymostwng Cristnogol beri anawsterau celfyddydol onis gwelir yn gyfan, a hefyd sut y mae'r profiad a'r weledigaeth Gristnogol yn gallu esbonio rhywbeth am wir bwrpas a gwerth llenyddiaeth o bob math.

Am mai crefydd sy'n ymwneud â phwrpas bywyd yn gyffredinol, hi sy'n pennu fod yn rhaid i lenyddiaeth wrth ei diben. Am mai hi sy'n datguddio natur dyn, hi sy'n dadlennu hefyd hanfodion natur llenyddiaeth.

Wrth efrydu llenyddiaeth Gymraeg fe welwn fod crefydd, sef y grefydd Gristnogol fel arfer, ar waith mewn dwy ffordd. Dywedasom mai Cristnogol yn y bôn yw'r traddodiad llenyddol Cymraeg, a Christnogaeth sy'n rhoi iddo'i feddwl cynhaliol a chynhwysfawr ac yn darparu ar ei gyfer fframwaith o ystyr helaeth a dwfn. Nid olrhain natur Gristnogol ein traddodiad yw'r unig orchwyl a wynebwn yn y fan yma, serch hynny. Oherwydd fe geir bod crefydd ar waith mewn ffordd arall, hyd yn oed mewn gwaith a gyfrifir yn "seciwlar": y mae'n amodi llwyddiant llenyddiaeth, yn gosod safonau, yn dangos pwrpas hyd yn oed pan na fo'r pwrpas hwnnw'n ymwybodol "Gristnogol". A gwaith y beirniad heddiw yw archwilio presenoldeb cyson yr ystyron crefyddol hyn, a cheisio deall beth yw eu lle hwy.

Cymerer Taliesin. Nid yw'r delfryd o arwr a adeiledir ganddo ef yn dwyn unrhyw arwyddocâd Cristnogol amlwg. Ond y tebyg yw hynny darddu'n union ac yn gyflawn mewn mawl cyntefig i Dduw: rhinweddau cadwedigol ac adeiladol a gyflwynir i ni. Dyna'r weledigaeth a ddelweddir gan y bardd. Ac y mae i *swyddogaeth* y bardd ei hun, hyd yn oed, ymhlygion arallfydol neu siamanistig fel y cawn weld.

Dowch wedyn i ystyried y chwedlau yn yr Oesoedd Canol. Wrth gwrs, yr ydym heddiw yn gallu canfod yn ddigon eglur eu ffynonellau crefyddol. Ond hyd yn oed i'r bobl a wrandawai arnynt yn yr unfed ganrif ar ddeg a'r ddeuddegfed, diau fod yr elfen o ryfeddod a oedd ynghlwm wrth eu bywyd, a'r gwerthoedd parch a oedd yn cynnal y chwedlau hyn, yn dal i ymbresenoli mewn storïau a oedd bellach fel pe baent wedi ymbellhau gryn dipyn oddi wrth y mythau arswydus cynnar.

Gallwn ddilyn y llinynnau cudd hyn oll, sydd yn uniongyrchol ynghlwm wrth ystyriaethau crefyddol, ymlaen hyd ein canrif ni.

Eithr y mae i feirniadaeth Gristnogol hefyd y cyfrifoldeb o ddehongli arwyddocâd ffrwythlondeb llenyddol nad yw'n amlwg grefyddol o gwbl. Y mae'r daioni sydd yn nhlysni ffansi Dafydd ap Gwilym, yng nghyhyredd ei sangiadau a'i gynganeddion ef, ac yn egni ei themâu, y mae hyn fel petai'n sefyll ar ei sodlau'i hun: ni raid ceisio dangos ei gysylltiadau "Cristnogol" bob tro; eithr i Gristion, y mae cydnabod ei hyfrydwch, a cheisio canfod ei swyddogaeth yn yr arfaeth, yn fater o olrhain patrwm cyflawn dull ei Dduw o weithio ar y ddaear.

Un gamddealltwriaeth o'r theori Gristnogol o lenyddiaeth yw'r dybiaeth fod a wnelo hyn â defnyddioldeb llenyddiaeth, â'i neges neu â'i gwerth propagandaidd. Cwbl anghywir yw hyn. Ymddiddori a wna'r theori Gristnogol ym modolaeth llenyddiaeth, yn ei natur ffrwythlon, ac yn ei swyddogaeth briodol, wahaniaethol ac ymgyfunol.

Eithr y mae Cristnogion bid siŵr ar hyd y canrifoedd yng Nghymru wedi cael cryn anhawster i gymodi eu hysfa naturiol i lenydda'n "seciwlar" â'u dyletswydd amlwg i foli Duw; i gysoni "celwydd" llenyddiaeth â gwirionedd moesol; i gyfuno afradlonedd dychymyg neu synwyrusrwydd geiriol â difrifoldeb y bywyd ysbrydol. A chreodd yr anhawster hwn gryn fagl i lawer llenor a beirniad. Rhan o waith penodol y beirniad Cristnogol cyfoes yw olrhain y ffordd y bu'r llenorion a'r beirniaid hyn o bryd i'w gilydd yn ymgodymu â'r anhawster hwn.

Rhan arall o'n gwaith yw esbonio lleoliad a pherthynas llenyddiaeth broselytaidd neu ddidactig yng nghyfanwaith llên; a'm tuedd bersonol i yw diffinio llenyddiaeth (gan gynnwys llenyddiaeth ddidactig hithau) ar seiliau ffurf, a ffurf yn unig, ac nid yn ôl ei diben.

Rhy fynych, yn fy marn i, y ceisiwyd cael gwared ar y broblem o lenyddiaeth ddidactig drwy'i hesgymuno, fel petai y tu allan i deyrnas llenyddiaeth, mewn dull tebyg i hyn:

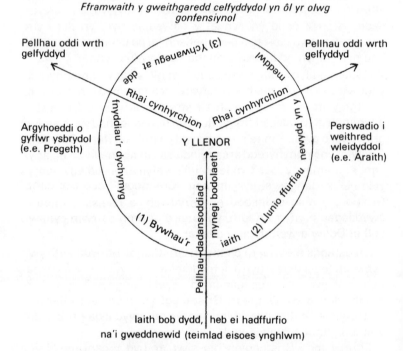

Fframwaith y gweithgaredd celfyddydol yn ôl yr olwg gonfensiynol

Cylchyn defnyddioldeb sy'n penderfynu cyfeiriad a ffin y deinamedd, yn ôl y safbwynt hwn. Y mae croesi'r ffin yn golygu fod yna bellhau yn bosibl oddi wrth gelfyddyd. Dyna'r olwg aesthetlyd wrth-ddidactig.

I mi, serch hynny, gweithgaredd pendant gelfyddydol ydyw'r gwaith o adeiladu pregeth neu araith. Y mae dethol a threfnu cyfanwaith, a'i arwain o frawddeg i frawddeg lenyddol o'r dechrau hyd y diwedd, heblaw'r ambell gymhariaeth, ar un-waith yn gosod cynhyrchion o'r math yma yn sicr o fewn teyrnas llenyddiaeth; a thasg y beirniad llenyddol yw wynebu'r gorch-wyl plwmp o'u disgrifio a'u gwerthfawrogi. Er da neu er drwg, y mae hi'n ffaith fod ein traddodiad Cymraeg yn cynnig llawer o ffurfiau o'r math hwn; ac oherwydd eu rhagfarnau rhyddfrydol, seciwlar ac anneallus, rhy fynych y bu'n dda gan ein beirniaid fynd o'r tu arall heibio, fel petaent yn byw mewn gwlad arall. Tyst o hyn yw'r diffyg ymdriniaeth lenyddol o gampweithiau digam-syniol megis pregethau Henry Rees a phregethau John Jones.

Dyna rai o'r agweddau ar waith y beirniaid Cristnogol, wrth nesáu at y traddodiad Cymraeg. Ond fe erys o leiaf un her arall. Fe geir o dro i dro, ac fe gafwyd yn gyffredin iawn yn y ganrif hon, lenyddiaeth a oedd nid yn unig yn "seciwlar" eithr a oedd yn syl-faenol wrth-Gristnogol. Tasg arall i'r beirniaid, felly, yw deall hyn—deall (yn un peth) sut y mae'n gallu bod fod llenyddiaeth o'r math hwn mor hyfryd; ac eto ddeall hefyd pa elfennau sydd ynddi (ac y mae'n rhaid eu bod ynddi), a all wrthweithio bodolaeth llenyddiaeth ei hun yn y pen draw: y gwerthoedd sydd ar waith yn erbyn ystyr, hynny yw, yn erbyn bywyd, y gwerthoedd y gellir eu condemnio'n ddibetrus, heb ofni peidio ag ymddangos yn soffistigedig wrbân a goddefgar ac yn y blaen, am eu bod yn syml yn tanseilio yn y pen draw yr union ffynhonnell sy'n hanfodol i greadigrwydd ac i egnïon dychymyg a ffurf.

Rhyfedd o annisgwyl yn nhyfiant difoesedd a seciwlariaeth o dan orchudd Niwtraliaeth yn y cyfnod diweddar yw gweld y modd y ceisir ei hamddiffyn hi drwy fath o Sffêr-sofraniaeth. Meddai Anton Tshechof mewn llythyr at A. S. Swforin (27 Hydref, 1888): 'Mae yna arbenigwyr ar gael ar gyfer cwestiynau neilltuol; eu busnes nhw yw barnu ynglŷn â'r cymundod, dyfodol cyfalaf-iaeth, drygioni diota, afiechydon menywod . . . Ni ddylai'r artist farnu ond ynghylch y pethau y mae e'n eu deall; mae ei gylch ef mor gyfyngedig ag eiddo unrhyw arbenigwr arall—ailadroddaf hyn a mynnaf ei bwysleisio.'

Ystyriaf y cyfyngu hwn yn rhyfedd, oherwydd, fel arfer, tarddai o blith pobl a bleidiai ryddid dilyffethair yn eu testunwaith, a hynny yn rhamantaidd braf. Meddai Gustave Flaubert mewn llythyr (10 Awst, 1868): 'Nid wyf yn cydnabod fod gen i hawl i gyhuddo neb. Dydw i ddim yn meddwl y dylai'r nofelydd fynegi ei farn ei hun am y byd hwn. Fe all ei throsglwyddo, ond dydw i ddim am iddo ei datgan . . .'

Fel y sylwodd George Sand mewn llythyr yn ôl at Gustave Flaubert un tro (18-19 Rhagfyr, 1875), dyfarniad moesol am y byd hwn ydyw'r math hwn o agwedd, ei hun; ac ni ddaw hynny mewn unman yn amlycach nag mewn dwy frawddeg nodweddiadol o eiddo Oscar Wilde, lle y mae'r ail yn gwrthddweud y gyntaf: 'Nid oes y fath beth â llyfr moesol neu anfoesol. Does dim ond llyfrau wedi'u sgrifennu'n dda neu wedi'u sgrifennu'n wael.' (Rhagair i'r Dorian, 1891).

Ffug ac esgus yw'r hunan-gyfiawnhad 'niwtral' hwn, wrth gwrs. Gwell i mi ddyfynnu'n llawnach eiriau George Sand yn ei hateb: 'Rydw i'n gwybod eich bod yn anghymeradwyo ymyrraeth, mewn llenyddiaeth, gan ddysgeidiaeth bersonol. A ydych yn eich lle? Onid egwyddor bersonol ydyw'r diffyg argyhoeddiad hwn? Ni all fod gan neb athroniaeth wirioneddol heb iddi ddod i'r golwg . . . Ynddyn nhw (sef llenorion o gyfeillion i Flaubert, megis Goncourt), yn fy marn i, y mae yna ddiffyg, ac y mae hyn yn arbennig o wir amdanoch chi—diffyg gweledigaeth ddigon pendant a helaeth o fywyd.'

Bid siŵr, ni ddylid bod mor naïf â pheidio â sylweddoli fod propagandeiddio sgrechlyd yn gallu mygu dychymyg nac ychwaith fod y math o wirionedd a ddadlennir gan gelfyddyd yn wahanol i wirionedd gwyddoniaeth. Ond diolch i'r mudiad rhamantaidd, nid dyna'r perygl y dyddiau hyn. Y naïfder y mae gofyn am ei osgoi heddiw ydyw'r diffyg sylweddoliad fod gan lenyddiaeth ac iaith wrthrych y mae'n rhaid iddynt ddygymod ag ef yn berthnasol, a bod llenyddiaeth hefyd yn ffitio i mewn i gyflawnder annatod ac organaidd y bersonoliaeth ddynol a'r byd creëdig.[52] Y naïfder ffasiynol sydd ohoni bellach yw ymhonni niwtral rhamantaidd sy'n ceisio osgoi'r ddwy ffaith anghyfforddus hyn.

---

52. Meddai Wayne C. Booth, *The Rhetoric of Fiction,* The University of Chicago Press, 1961, 144, 'At the beginning of the modern period, no doubt the danger of dogmatic overjudgement was the greater one. But for at least two decades now, I am convinced, far more misreading has resulted from what I can only call dogmatic neutrality' . . . 147 'To claim that we can make ourselves into objective, dispassionate, thoroughly tolerant readers is in the final analysis nonsense.'

II

DECHREUADAU LLENYDDIAETH-TALIESIN

Yng Nghymdeithas Ieithyddol Paris, un pwnc y gwaherddir ei drafod ac un yn unig, sef dechreuadau iaith. Fe ymatelir rhag ei drafod oherwydd yr ehediadau damcaniaethol hollol ddi-sail a gafwyd yn ei gylch yn y gorffennol. Damcaniaethau digon tebyg a gafwyd pryd bynnag yn unman y ceisiwyd ymdrin â dechreuadau llenyddiaeth hefyd, a gellid cymeradwyo gwaharddiad cyffelyb ar gyfer theorïwyr llenyddol. Nid ydys yn y fan yma am geisio datrys y broblem arbennig hon; ac ni wneir namyn archwilio natur peth o'n llenyddiaeth gynnar, gan sylwi ar y modd y mae'n ymdebygu i lenyddiaethau cynnar eraill. Ond yr un pryd cyfeirir at rai esboniadau a gynigir ar hyd y canrifoedd ledled y byd, yn weddol gyson, i olrhain tarddiad crefyddol llenyddiaeth yn gyffredinol. Tyfodd yr adwaith anochel, wrth gwrs, yn erbyn y theori fod llenyddiaeth oll wedi tarddu mewn gweithgaredd crefyddol[1]; ond er bod rhaid gochel rhag mynd i eithafion gorunplyg wrth dderbyn y dechreuadau crefyddol hynny, rhaid cyfaddef rhyw anocheledd fod crefydd dyn, am ei bod yn cyfundrefnu'i deimladau dyfnaf am fywyd ac yn fynegiant o'i weledigaeth am y byd, yn naturiol wedi mynnu ymddangos ynghanol ei waith llenyddol cynharaf.

Yr oedd beirdd o Gymry wedi dod i ryw gytundeb hyfryd o fodlon yn yr Oesoedd Canol ynghylch tarddiad yr Awen. Yn yr Ymryson enwog rhwng Rhys Goch a Siôn Cent, meddai Rhys:

> 'Nid oes chwaith awen ond un.
> O'r Ysbryd Glân, gwiwgan gwawd,
> Y tyf honno i'r tafawd.
> Ac o'r nef, cartref pob ced,
> Yn fynych a ddanfoned . . .'

(IGE², LX1)

---

1. *The Structure of Aesthetics,* F. E. Sparshott, University of Toronto Press, 1963, 294-296.

Nid annhebyg oedd pendantrwydd Gruffudd Llwyd hefyd wrth geisio amddiffyn ei Awen:

> 'Ysbryd Glân a'm cyfyd cof,
> Difai enw, a dyf ynof.
> Hwn a lestair, f'eurgrair fydd,
> Brad yn erbyn ei brydydd . . .
> Awen a rydd o iawn ras
> Duw â'i law i'w deuluwas.'
>
> (IGE², XL)

Dyma Lywelyn ab y Moel yntau'n pyncio i berwyl cyffelyb mewn ateb i Rys Goch:

> 'Yr awen befr oreuwaith,
> A roed i mi, radau maith,
> O'r Ysbryd, iawngyd angerdd,
> Glân y'i cad, goleuni cerdd,
> Ac a'i rhoes . . .
> Ar y Sul Gwyn . . .'[2]
>
> (IGE², LVI)

Cawsant hyn gan y beirdd cynt:

> BBC 9.1-2
> devs ren rymawy awen.

> 69.6
> Etri bet yg kewin kelvi. awen ae divaud imi
> (Y tri bedd yng Nghefn Celfi,
> Yr awen a ddwedodd wrthyf amdanynt)[3]

Hynny yw, dawn broffwydol neu ddewinol yw'r awen.

> H. 197.1-2
> Am roto douyt dedwyt deweint.
> Awen gan awel pan del pylgeint[4]
> (h.y. dawn Duw)

---

2. Y mae dyddiad rhoi'r awen yn fater o anghytundeb, a dadleua Rhys (LVII) fod awen i'w chael cyn llunio'r byd ymhlith angylion; ac fe'i rhoddwyd yn gyntaf i Adda ymhlith dynion. Ond nid oes anghytundeb parthed achau dwyfol yr awen.
3. gw. *The Black Book of Carmarthen Stanzas* of the Graves, T. Jones, 1967, British Academy, 130.
4. gan Wynfardd Brycheiniog; cf. P. 1186. 14-15.

M.159a.25-26
Dymgwallouwy duw diheudawn awen
Awdyl urten amgen amgall digawn[5]

M.205b.21-22
Duw douyt dym ryt reitun awen ber
Ual o beir kyrridwen.[6]

M.248b.22-24
Gwertheuin dewin duw ym gwared
Gwerthuawr briodawr gwawr gwaredred
Wrth y uot ym rwyf am roted awen.[7]

Cawn gyfle i ymdroi o gwmpas y pwnc diddorol hwn mewn pennod ddiweddarach, ac ni raid yma namyn cyfeirio at gysondeb y farn hon ymhlith beirdd o Gymry, ymlaen drwy ymryson Edmwnd Prys a Wiliam Cynwal hyd at gywydd nodedig Goronwy Owen, 'Bonedd a Chyneddfau'r Awen' a ddilynwyd wedyn yn y ganrif ddiwethaf gan Wallter Mechain, Dafydd Ddu Eryri a Dewi Wyn.

Y mae Saunders Lewis yn cysylltu thema Goronwy Owen â beirniaid a beirdd Saesneg megis Hobbes a Waller.[8] A da cofio nad cyfyngedig i Gymru oedd yr ymagweddu Cristnogol hwn at ddarddiad yr awen. Meddai John Dennis,[9] y theorïwr Saesneg gorau ym myd llenyddiaeth hanner cyntaf y ddeunawfed ganrif:

'Poetry is the natural Language of Religion, and . . . Religion at first produc'd it, as a Cause produces its Effect. In the first Ages of writing among the *Grecians,* there was nothing writ but Verse, because they wrote of nothing but Religion, which was necessary for the cementing the Societies which in those times were but just united . . .' Yn y datganiad hwn cawn ddau awgrym y talai inni eu dilyn ymhellach: yn gyntaf, y cyfeiriad at ddarddiad

---

5. dechrau Marwnad Cadwallawn m. Madawc gan Gynddelw.
6. dechrau 'Y Ruffut ab Hywel ap Ywein Gwynet' gan Brydydd y Moch.
7. dechrau 'Canu y Gaduan' gan Lywelyn Fardd: medd *L'esthétique du moyen âge,* Edgar De Bruyne, Louvain, 1947, 185: 'L'humanisme médiéval, carolingien ou caractéristique soit du XIIe soit du XIIIe siècle, est de droit et de fait plus biblique classique, tout en s'assimilant aussi bien les trésors de l'antiquité que ceux de la Révélation.'
8. *A School of Welsh Augustans,* Saunders Lewis, Wrecsam, 1924, 107-112.
9. *The Grounds of Criticism,* 1704, yn Critical Works, gol. E. N. Hooker, Baltimore, 1939, 364.

crefyddol llenyddiaeth sy heb fod yn Gristnogol, ac yn ail anocheled y fath ffynhonnell.

Y theori fwyaf poblogaidd, wrth gwrs, ynglŷn â chyfeirbwynt llenyddiaeth gynharaf y byd (barddoniaeth a rhyddiaith) yw mai amcanion crefyddol a oedd iddi; ac wrth reswm, ceir cytundeb cyffredinol mai chwedlau am dduwiau Celtaidd gynt yw cnew-yllyn y chwedlau Cymraeg a Gwyddeleg sydd wedi goroesi o'r oesoedd bore. Digon tebyg yw'r ymagweddu at y beirdd cynnar hwythau. Dynion oeddynt y priodolid iddynt ryw fath o swyddog-aeth arallfydol; ac yr oedd y syniad am natur eu hawen, eu hyfforddiant yn ogystal ag effeithiau llesol eu cyfansoddiadau, i gyd yn dwyn olion gweledigaethol, proffwydol, ac ysbrydoledig.

Adnabyddus yw'r chwedlau am Daliesin. Yn ôl Syr Ifor Williams,[10] perthynai gwaith bardd yn agos i grefft swynwr, a byddai'n ymarfer â llawer o weithgareddau hudol. Heb anghytuno, wrth gwrs â'r eglurhad gloyw hwn, fe ddylid cofio yr un pryd fod yna hen hedyn i'r fath ddarlun ohono yn y cysyllt-iadau mantig a oedd i'r bardd. Dywed N. Kershaw Chadwick[11] (cyfieithaf): 'Ymhlith y bobloedd Geltaidd gynnar datblygwyd a helaethwyd y meithriniad o ysbrydoliaeth farddol a'r holl gelfyddyd fantig (*mantic*) i'r fath raddau na wyddys eu tebyg mewn unman arall.'

Dyna ddweud go fawr, a dichon mai priodol fyddai dyfynnu'n helaethach rai o'r rhesymau dros y casgliad hwn gan Mrs. Chadwick. Meddai hi[12]: 'Y mae llenyddiaeth Geltaidd yn arbennig o gyfoethog yn y wybodaeth ynghylch yr agwedd dech-negol ar fantigiaeth, yr arwyddion yr adweinir y doethyn ifanc wrthynt yn ystod ei fywyd cynnar, addysg ei febyd a magwraeth y gweledydd, rheolau'i fuchedd a'i wisg broffesiynol a'r gwisg-ychwanegiadau, ei hyfforddiant asetig a'r paratoad ar gyfer ei alwedigaeth. Pwysicach byth yw'r storïau sy'n adrodd am ei brofiadau ysbrydol diweddarach—ei anturiaethau ym myd yr

---

10. *Chwedl Taliesin,* Gwasg Prifysgol Cymru, 1957, 3; cf. J. E. Caerwyn Williams, 'Beirdd y Tywysogion: Arolwg,' *Llên Cymru,* Ion-Gorff, 1970, 54, 'Canu shamanistig yw'r canu mawl . . . y mae lle i gredu fod mwy o nod-weddion Taliesin hanes yn y Taliesin chwedlonol nag yr ydym yn barod i gyd-nabod, neu mewn geiriau eraill, fod Taliesin, bardd Urien, yn fwy o shaman nag yr ydym ni'n barod i gydnabod.'
11. *Poetry and Prophecy,* University Press, Cambridge, 1942, 6.
12. ibid.

ysbrydion, y camre amryfal a gymer ei ysbryd wrth symud tuag at ei weledigaeth ddwyfol. Heb fod yn llai diddorol yw'r adroddiadau, yn aml yn bytiog ac yn dywyll, ond yn rhyfedd o gyson, ynghylch techneg y gweledydd o'i ddwyn ei hun i gyflwr ysbrydoledig. Sylwn ar y cyfnod rhagbaratoawl o ymneilltuad, y bwyd a llyn ysgogiadol, yr angenrheidrwydd o alltudio pob atyniad arall, y cymorth a roddir iddo gan ei gymdeithion. Disgrifir y rhain a'r holl elfennau eraill yn y proses mantig a'r profiad mantig â chyfoeth o derminoleg dechnegol . . .'

Y mae'r Athro Caerwyn Williams[13] yn tueddu i dderbyn damcaniaethau C. M. Bowra[14] mai canu siamanistig oedd y canu naratif cynnar yng Nghymru, a dewiniaeth yn brif gyfrwng i'w lwyddiant. Datblygiad diweddarach oedd i Ddyn ddod yn ganolbwynt diddordeb. Ond erys peth o ôl y cychwyn dewinol hwnnw ar y diwedd a ganfyddwn heddiw, fel yr erys rhai o nodweddion gwedd y bachgen ifanc yn y dyn mewn oed. Prin bod yn yr Oesoedd Canol diweddar ffurf fwy siamanistig na'r darogan a'r canu brut.[15] Yr oedd ymddygiad y siaman yn dal yn ddigon byw o hyd yn niwedd y ddeuddegfed ganrif, fel y dengys disgrifiad adnabyddus Gerallt Gymro:[16]

'Pan ymgynghorir â hwy ynghylch rhyw bwnc amwys, gan ruo ar unwaith cipir hwy oddi arnynt eu hunain, fel petai, gan ysbrydoliaeth, a gwneir hwynt yn wŷr wedi eu meddiannu gan ryw bŵer. Ac er hynny, ni roddant ateb i'r cwestiwn yn uniongyrchol: ond ar ôl llawer o eiriau amwys, ymhlith amrywiol frawddegau o ffiloreg a gwegi yn hytrach nag o synnwyr, ond i gyd, er hynny, yn goeth a chabol, a lifa ohonynt, o'r diwedd caiff y sawl a sylwo'n graff ar yr ateb, yr hyn a geisia wedi ei esbonio. Ac felly, o'r diwedd, dihunir hwy gan eraill o'r perlewyg hwn, fel petai o gwsg trwm, a gorfodir iddynt, trwy ryw gymaint o rym, ddychwelyd atynt eu hunain.'

---

13. op. cit.
14. *Heroic Poetry,* London, 1952.
15. R. Wallis Evans, 'Trem ar y Cywydd Brud,' *Harlech Studies,* gol. B. B. Thomas, Gwasg Prifysgol Cymru, Caerdydd, 1938, 149-163 (cf. traethawd M.A. 1935); W. Leslie Richards, 'Cywyddau Brud Dafydd Llwyd ap Llywelyn ap Gruffudd o Fathafarn', *Llên Cymru* Gorff. 1953, 244-254; M. E. Griffiths, *Early Vaticination in Welsh with English Parallels,* Caerdydd, 1937.
16. Thomas Jones, *Gerallt Gymro, Hanes y Daith trwy Gymru,* Caerdydd, 1938, 195; cf. J. E. Caerwyn Williams, op. cit. 19-20.

Rhagflaenydd mawr y math hwn o ganu dewinol yw'r dosbarth hwnnw o chwech o gerddi a gysylltir ag enw Myrddin[17], gŵr a allai fod yn fardd hanesyddol o'r chweched ganrif.[18] A diau fod Gerallt fel Sieffre yn gwybod yn burion amdano ef.

Gwêl yr Athro T. J. Morgan[19] y thema o oroesi yn un o brif briodoleddau'r canu cynnar i gyd, a'r cymhelliad i gadw ac i estyn einioes yn un o bennaf cymhellion llenorion Cymraeg. Credaf hefyd fod y mawl cadwedigol i lewyrch boneddigaidd yr uchelwr a'r tywysog fel pe bai'n dwyn ôl y llewyrch arallfydol parhaol hwnnw drwy eirio uwchnormal am wrthrych y mawl.

Dichon fod i'r swydd arbennig hon, a oedd gan farddoniaeth, gysylltiadau eto â'r traddodiadau siamanistig. Meddai Mrs. Chadwick[20]: 'Addewid y gweledydd o anfarwoldeb mewn rhyw ffurf neu'i gilydd yw'r hyn sydd yn bennaf wedi rhoi iddo'r fath afael fawr a pharhaol ar wrogaeth dynion yn Ewrob, Asia, Polynesia, a'r Affrig.'

Amlycach o lawer, serch hynny, na darganfod elfennau mantig yn ein Hen Ganu yw canfod ym mha ffordd y mae chwedlau rhyddieithol yr Oesoedd Canol yn dod o hyd i'w gwreiddyn ym mytholeg gyn-Gristnogol y Celtiaid, er mai gweddus yw cofio bod y naill a'r llall yn perthyn i'r un cefndir. Fel hyn y dywed T. Gwynn Jones amdanynt:[21] 'Yn y chwedlau hyn y cawn fwyaf am hen syniadau crefyddol ein hynafiaid—eu hymdrech i ddeall y byd a'u gosod eu hunain mewn iawn berthynas ag ef . . . Yna, cawn haen o Hud a Lledrith diweddarach, yn cynnwys pethau sy'n ymddangos fel pe baent yn perthyn i ddechreuad y crefftau cynharaf . . . Yn y pethau a ddywedir am Fendigeidfran, er enghraifft, cawn yn ddiamau weddillion traddodiadau am ryw hen dduw cyntefig . . . I'r haen chwedlonaidd hefyd, yn ddiau, y perthynai Llŷr a theulu Don ar y dechrau, ac efallai fod a wnelo trefn y totem rywbeth â chysylltiad cynifer

17. 'The Welsh Myrddin Poems,' A. O. H. Jarman, *Arthurian Literature in the Middle Ages*, gol. R. S. Loomis, Oxford, 1959, 20-30.
18. 'Y Cynfeirdd a'r Traddodiad Cymraeg,' Rachel Bromwich, B.XXII, 32-34.
19. 'Arddull yr Awdl a'r Cywydd', *T.C.* 1946-47, 276; cf. a ddywed Caerwyn Williams, *The Court Poet in Medieval Ireland*, The British Academy, 1972, 24: 'The Indo-European poets sang of "immortal," or to put it as concretely as they did, of "unfading glory".'
20. op. cit. 56.
21. *Llenyddiaeth y Cymry*, Cyf. I, T. Gwynn Jones, Gee, Dinbych, 1915, 39-40.

o'r cymeriadau ag anifeiliaid ac adar.' Yn ei gyfrol *Rhwng Chwedl a Chredo* y mae Pennar Davies yn olrhain y newid o'r gweddillion paganaidd hyn ymlaen at lawnder Cristnogol yr Oesoedd Canol; ac yn ei ail bennod y mae'n manylu ychydig ar gymeriad rhai o'r hen dduwiau hynny megis Lleu a Beli, Don a Math, a'r drindod Gwydion, Amaethon a Gofannon.[22]

Wrth ystyried y math hwn o dystiolaeth am y beirdd ac am y chwedlau, nid syn fod yna duedd wedi bod yng Nghymru i ddod i gasgliad go bendant fod llenyddiaeth wedi tarddu mewn math o weithgarwch crefyddol a seremonïol. Diau bellach na ellir gwadu nad yw enwau Llŷr a Mabon fab Modron ac eraill wedi'u hetifeddu gan hen dduwiau Celtaidd ac nad yw rhai o'r digwyddiadau yn y chwedlau yn weithredoedd neu'n fotiffau dirywiedig a darostyngedig a gysylltid gynt â bodau dwyfol. Bid siŵr, fe fyddai rhai yn y ganrif ddiwethaf, a hyd yn oed Syr John Rhys yn eu plith, yn or-barod i weld duwiau-haul (neu dduwiau storm) ym mhobman; a chofir am y gwawd am ben y fath ysfa nes ceisio ffug brofi'n ddiamheuol mai myth haul oedd Napoleon ei hun. Ond yr wyf i o'r farn bod scepticiaeth yr amheuwyr ysgolheigaidd diweddar, hyd yn oed gofal yr Athro Kenneth Jackson,[23] wedi mynd yn rhy bell o lawer.

Bid a fo am hynny, yr hyn sy'n bwysig, o safbwynt beirniadaeth lenyddol (o'i chyferbynnu â hanes llenyddol), yw nid a yw llenyddiaeth yn tarddu mewn crefydd, bydded mewn myth neu mewn seremonïaeth, eithr i ba raddau y gwelir hynny wedi effeithio ar gynnwys neu ar egni'r llenyddwaith diweddar. Nid ydys, felly, yn hidio rhyw lawer, yn feirniadol, am ffynhonnell ddilys hanesyddol yr elfennau (crefyddol neu beidio), ond sylwi yr ydys ar bresenoldeb haen gudd neu drwch mewnol o fath neilltuol, hynny yw, ar natur y ffynhonnell systemataidd. Fe'i canfyddir mewn dramâu a storïau a cherddi modern yn ogystal ag mewn rhai cynnar, ac nid yw o bwys mawr a·ddymunwn neu beidio dadogi cyhuddiad o gyntefigrwydd gweddilliol ar y fath arwyddion. Nid mater o drafod llenyddiaeth *gyntefig*, yn wir, yw canfod cynddelwau neu fythau ar waith eithr ymwybod â sym-

---

22. Ymdriniaeth bwysig yw *Celtic Heritage,* Alwyn Rees a Brinley Rees, 1961.
23. *The International Popular Tale and Early Welsh Tradition,* Cardiff, 1961, 129.

bolau cyffredinol, canolog o fewn cyd-destun arwyddocaol. Fel arfer, hwy sy'n darparu patrwm mewnol y ddelweddaeth.

Oherwydd yr ansawdd crefyddol, y mae'r gynddelw'n *cyfrif*—y mae o bwys, rhaid ei hystyried o ddifrif, y mae iddi arwyddocâd dwfn: y mae iddi hefyd botensial symbolaidd ac ysbrydol cyffredinol: oherwydd yr ansawdd crefyddol fe geir y tu ôl i'r amlwg y cudd, ac yn gyfredol gyda'r gweledig yr anweledig: ceir hefyd ddibyniaeth ar y rhoddedig, yr hyn sydd y tu hwnt i reolaeth rheswm ac ewyllys; ac yn y traddodiad Cristnogol diogelir gyda hyn y personol, yr hanesyddol a'r moesol mewn geiriau gwrthrychol.

Cymerer, felly, yn yr un modd esboniad Jung ynghylch cynddelwau hiliol. Dichon na ellir ar hyn o bryd brofi cywirdeb neu anghywirdeb y fath ddamcaniaeth sythwelediadol; ac yn bendifaddau, ni pherthyn gwaith felly i feirniadaeth lenyddol. Ond profodd y ddamcaniaeth o werth i feirniad megis Mr. Dafydd Glyn Jones wrth batrymu cymeriadaeth sylfaenol elfennaidd Saunders Lewis yn ei ddramâu. Yn yr un modd, ni raid coelio bod athrawiaeth ymwybodol Blatonaidd yn ffactor o bwys yn natblygiad nac yng nghadwraeth y patrwm neu deip o'r Tywysog Cymreig yn narlun Taliesin o Urien: eto, y mae damcaniaethau gan Saunders Lewis ynghylch hyn yn wir gymorth i ni amgyffred yn llawnach natur creadigaeth Urien a'i arwyddocâd i'r canrifoedd wedyn. Y mae syniad am y delfrydol, yr idea bur, yn cyffwrdd ag ymateb yn ein gwerthfawrogiad o natur ac o rym pellgyrhaeddol ffurfiau meddyliol o rai mathau, yn yr un modd ag y gall y gŵr seciwlar, er ei waethaf, ymwybod â realiti cudd (ie, realiti crefyddol) pan fydd ef yn taro wrth thema lenyddol fawr.

Y mae pawb sy'n synied am gorff ac ysbryd yn gynefin â'r arfer yma o amau ystyron cudd, y rhai sydd heb fod ar yr wyneb; a dyma sut y tarddodd delwau a delweddau, symbolau a sagrafennau. Mae gan Williams Pantycelyn, yn ei lyfr *Aleluia*, gyfres o emynau 'Crist yn ateb y *cysgodau*' (gw. yng ngolau dameg enwog Plato o gysgodion yr ogof), sef Crist yn cyfateb i'r cysgodion neu'r symbolau—Arch Noa, Isaac, Jacob, Ysgol Jacob, Job, Joseph, Moses, etc. Cymerwch, er enghraifft, yr un traddodiadol lle y mae Crist neu Ei groes yn Arch inni nofio ynddi uwch dilyw pechod y byd hwn:

'Tydi yw'n harch pan lawio'r nef
Mi goda'm llef hyd atat;
O fewn dy glwyfau cuddia'i 'mhen
Nes d'od i ben Ararat.'

Dywed y Dr. T. J. Morgan am y Piwritaniaid: 'Gwelent ddwy ystyr ym mhob digwyddiad beiblaidd, y ffaith hanesyddol a'r cysgod hwnnw o arwyddocâd ysbrydol a hanfyddai yn yr hanes.' Ond fe ddywedai Plato, a thebyg y cytunai llawer o'r Piwritaniaid ag ef, mai'r ffaith hanesyddol ei hun oedd y cysgod.

Gwir awgrymiadol yw ymdriniaeth y Dr. Morgan ag ymgais barddoniaeth Gymraeg i chwilio am rin a hanfod pethau. Fe ddengys mor aml y cais y beirdd gael gafael ar y gwir hanfod rhiniol sydd y tu ôl i ymddangosiad arwynebol y cnawd. Fel y dywed Islwyn yn ei gerdd *Angel*: 'A gaiff fy ysbryd i, Yng ngharchar defnydd du, Fydryddu'th *hanfod* cu, O angel rhydd?'

Ceir perygl, wrth gwrs, wrth hela ar ôl hanfod haniaethol fel hyn yn lle wynebu a phrofi'n ddynol y diriaethol presennol, wrth chwilio'r syniad o Urien, dyweder, yn hytrach na gweld y corffyn penwyn hwnnw a oedd gerbron Taliesin. A dichon fod Gwenallt yn ei epigram yn cael sbort am ben y duedd drofaus hon:

'Yr athronwyr modern ni chredant mewn *gwrthrychau*
Fel cath a gwely a gwraig a gwrych;
Ac ar ôl priodi ni chysgant hwy gyda'u gwragedd
Ond gyda delw synhwyrus ohonynt yn y drych.'

Yr un perygl, yn ddiau, a geir gan ambell ddarllenydd wrth weld 'ieir' R. W. Parry (a cherddi tebyg) yn symbol o ddynion yn unig, a cholli eu gogoniant fel ieir. Annynol farw yw gor-symboleiddio.

Beth bynnag, y taro hwn wrth gysgod, fel petai, yn aml onid bob amser sy'n ysgogi beirdd i ganu. Ac ni wiw gwadu fod delfryd o dywysog yn fyw iawn ym meddwl Taliesin, ac mai'r cysgod hwnnw a geir yn ei gerddi.

Credaf hefyd—boed damcaniaeth Jung am y diymwybod hiliol yn iawn neu beidio—fod ei esboniad am gynddelwau yn y diymwybod, ac yn arbennig ei fyfyrdod uwchben hunaniaeth a chymeriad y cynddelwau cyffredinol hynny a ddisgrifir ganddo, yn wir gymorth inni werthfawrogi dyfnder symbolaidd Urien. O safbwynt y beirniad llenyddol, nid yw o bwys mawr pa un a yw seicoleg Jung yn gywir neu beidio: yr hyn sydd o ddiddordeb yw

127

ei ddadansoddiad sythwelediadol o batrwm a natur y symbolau cyffredinol.

Gŵyr pawb fel y dadlennwyd ffaith a llawer o natur y diymwybod gan seiciatryddion hanner cyntaf y ganrif hon, yn neilltuol Freud, Adler a Jung: fe gymharwyd y seic (neu gyfanrwydd y meddwl) ag ynys, peth o'r tir yn brigo uwchben wyneb y dŵr ond llawer yn gorwedd dan y dŵr o'r golwg. Ynys newydd ei darganfod yn iawn yw hon, er bod chwedlau amdani wedi eu clywed lawer gwaith cyn hyn: ynys a dybiwyd unwaith yn wlad ddiogel amlwg: dywed Gwenallt amdani yn *Gwreiddiau* (Gwlad ac Ynys):

> Gwlad wareiddiedig oedd yr ymwybod gynt,
> A'r haul yn taflu ei oleuni rhesymol
> Ar y tir twt, trefnus heb fwrw yr un cysgod . . .
> Nid oedd dirgeledigaethau y tu hwnt i'r gorwelion
> A than wyneb y pridd nid oedd na phechod na thrasiedi . . .
> Archwilwyr newydd a ddaeth i fapio'r wlad,
> A phrofi yn wyddonol nad oedd hi yn ddim ond ynys,
> Yn ddim ond ynys mewn môr cudd, cyfrwys a chynoesol.
> I'r lan yr aethom a gwelsom (ac yr oedd yn sioc i'n gwyddoniaeth
> Ac yn ysgytwad i'n gwareiddiad)
> Yr hen ofergoelion marw yn nofio yn y dyfnder
> Fel morfilod cyntefig, angenfilod cynddelwig,
> Ac yn eu mysg yr oedd pysgodyn y Pasg.'

Yn ôl Freud ac Adler, personol hollol oedd y diymwybod cudd yma; ni pherthynai ond i'r unigolyn yn unig, pawb yn ei dro, er eu bod ill dau'n cyfaddef nad yw'r reddf rywiol neu'r reddf ymwthio, dyweder, ddim yn nodweddion unigol o gwbl. Ond yn ôl Jung, yr oedd yr haen hon o'r diymwybod, y profiadau personol a anghofid neu y ceisid eu gwthio o'r neilltu, ac a alwai'n *ddiymwybod personol,* yn gorffwys ar haen ddyfnach, sy'n gynhenid a heb darddu mewn profiad personol o gwbl, sef y *diymwybod cyffredin.* Fe gynnwys hwn batrymau ymddygiad sydd fwy neu lai yr un fath ym mhobman a chan bob unigolyn, fel y tir yn ymgysylltu rhwng ynysoedd o dan y dŵr. Fel y mae yna etifeddiaeth gorfforol sy'n gyffredin i'r hil i gyd, siâp y corff, er enghraifft, yn ogystal â thueddiadau egnïol fel y reddf rywiol, pethau na fedr yr un unigolyn ddianc rhagddynt hyd yn oed pe bai'n ei ddymuno, felly yn yr un ffordd, dadleuai Jung, y mae prof-iadau cyffredin wedi cael eu hargraffu yn y meddwl ers miliynau o flynyddoedd. Ac fe welir y patrymau hyn yn adeiladwaith y seic yn cael eu mynegi ar y naill law mewn mythau ar hyd a lled y byd mewn amrywiol wledydd, lle y ceir motiffau cyffelyb i'w gilydd er nad oes dim posibilrwydd benthyca rhyngddynt, ac ar y llaw arall mewn breuddwydion ac mewn syniadau a gweledigaethau pobl abnormal eu meddwl. Y diymwybod cyffredin lle y mae dynion yn debyg i'w gilydd hyd yn oed o'r golwg.

Hynny yw, y mae tuedd amlwg i hen brofiadau rheolaidd, bythol a chyffredin i'r hil ddynol i gyd—codiad a machlud yr haul, genedigaeth a marwolaeth, chwilio am gymar neu am fwyd, dianc rhag perygl, cyfnewidiadau'r tymhorau a'r tywydd, cyf-nodau tyfiant fel adolesens—gael effaith debyg ar ddynoliaeth i gyd o-dad-i-dad, ac i'r ymennydd ar hyd amlder o genedlaethau gael ei ffurfio'n gyfatebol. Mae ein hynafiaid fyrdd wedi torri llwybrau yn y seic. Dyna sy'n esbonio pam y mae delweddau cymharol ystrydebol i'w cael mewn breuddwydion a mythau hyd yn oed gan bobl na wyddant ddim am arwyddocâd neu berth-ynas y delweddau hyn yn ymwybodol. Nid ydynt ond y seic ar waith er ein gwaethaf yn crisialu'r egnïon sy'n gweithio ar hyd llwybrau diymwybod hiliol cyffredin.

Cynddelwau yw'r enw a rydd Jung ar y ffurfiau yn y di-ymwybod a grëir gan y profiadau hyn. (Archetypus yw ei air: Llad. archetypum ‹ Gr. archetypon: nid da gennyf fathu gair a phob iaith arall yn Ewrob yn defnyddio'r un term, ond byddai archdeip yn rhoi'r argraff o brif deip.)

Gwelir ar unwaith mor agos yw'r rhain at y greddfau, sydd hwythau hefyd yn etifeddol ac yn anorfod. Dywed Jacobi am-danynt: 'hwy yw'r sianelau . . . gwelyau afonydd y torrodd dŵr bywyd yn ddwfn iddynt.' Ac meddai Jung: 'Mae'r greddfau'n am-hersonol ac wedi eu lledu'n fydeang. Ffactorau etifeddol ydynt o gymeriad dynamig neu gymelliadol, ac yn dra aml methant mor lân â chyrraedd yr ymwybyddiaeth fel y mae'n rhaid i seico-therapi modern wynebu'r dasg o helpu'r claf i'w hwynebu hwy. Ymhellach, nid pethau niwlog ac annelwig yw'r greddfau hyn wrth natur, ond grymusterau a ffurfiwyd yn benodol, sydd, ym-hell cyn pob ymwybod ac er gwaethaf pob ymwybod wedyn, yn anelu at eu nodau cynhenid. O ganlyniad, y maent yn gydwedd

â'r cynddelwau, ac mor agos mewn gwirionedd fel y mae
rheswm da dros dybied fod y cynddelwau yn ddelweddau an-
ymwybodol i'r greddfau eu hunain, mewn geiriau eraill eu bod
hwy'n *batrymau ymddygiad greddfol.*' Mewn man arall medda-
fe: *'Yn seicolegol . . . y mae cynddelw fel delwedd o reddf yn nod
ysbrydol y mae holl natur dyn yn ymdrechu tuag ato.'*

Dalier yn llawn ar y frawddeg olaf honno, oherwydd y mae
honno'n ein dwyn ni'n ôl at ffurfiau Plato, ac at ystyried perth-
ynas cynddelw Jung ag eidos Plato, ac arwyddocâd cynddelwau
Jung wrth drafod Urien fel delfryd Platonaidd o dywysog.

Yr oedd Jung ei hun, bid siŵr, wedi sylwi ar debygrwydd e
syniad ef i'r hyn a ddaliai Plato. Credai ei fod yn 'rhoi'r Ffurfiau
Platonaidd ar sail empeiraidd:' ac mewn man arall, 'mae'r term
"cynddelw" yn tarddu o Sant Awstin. Aralleiriad esboniado-
ydyw'r term i'r *eidos* Platonaidd.'

Efallai mai yn y darn canlynol y mae Jung yn cydnabod fwyaf e
berthynas i Blato: 'Dengys athroniaeth Plato, sut bynnag, brisiad
uchel iawn o'r cynddelwau. Delir eu bod yn esiamplau neu'r
fodelau metaffisegol i'r gwir bethau. Nid yw'r gwir bethau namyr
efelychiadau o'r ffurfiau patrymol. Er gwaethaf rhyw amryw-
iadau, fe roddodd yr holl athroniaeth a ddaeth yn union ar ei ôl e
sylw cyffelyb i'r cynddelwau. Wrth yr un argyhoeddiad y glynodd
athroniaeth yr oesoedd canol, gan ddechrau gyda Sant Awstin (
cefais y term 'cynddelw' ganddo) a chan orffen gyda Male
branche a Bacon. Felly, daeth y syniad o gynddelwau, fel del-
weddau naturiol wedi eu hysgythru yn y meddwl, i fyd sgolastic-
iaeth.'

Mae'r cynddelwau, i Jung, yn bresenoldeb tragwyddol yn '
seic, pa un a sylwn ni arnynt neu beidio: safant uwchlaw prof-
iadau'r unigolyn; ni all ef na'u creu na'u hosgoi. Ac yn wir, sylwa-
fod Lecky (yn ei *Hist. Eur. Morals,* cyf. i) ymhell cyn amser Jung
yn defnyddio'r term mewn cyd-destun cyffelyb: 'Yn athroniaeth
Plato, ystyrid harddwch moesol yn gynddelw nad yw harddwch
gweledig i gyd yn ddim ond cysgod neu ddelwedd iddo.'

Eto, er bod y Ffurfiau'n fynegiant athronyddol i'r cynddelwa-
seicolegol hyn—neu'r cynddelwau'n fynegiant seicolegol i'
Ffurfiau—y mae'n bwysig sylwi ar y gwahaniaeth rhyngddyn-
Rhan o'r organwaith byw yw'r cynddelwau, ac y maent yn ddyn-
amig ac yn greadigol. Mae Jacobi yn ei lyfr ar Seicoleg Jung y-

dweud fel hyn: 'Chwiorydd yw'r cynddelwau i'r hyn a alwai Plato yn 'Ffurf'. Eto, ni ellir deall Ffurf Plato ond fel delwedd gynfodol o'r perffeithrwydd pennaf yn eu hagwedd olau, ymhell uwchlaw realiti daearol; ar y llaw arall, nid yw ei gymar tywyll yn perthyn i fyd tragwyddoldeb eithr i fyd tymhorol dynoliaeth. Ar y llaw arall, y mae'r adeiladwaith daubegynol yn gynhenid yn y gynddelw, yr ochr dywyll yn ogystal â'r olau, yn ôl syniad Jung ohono.' Sylfaenol ddynol yw cynddelwau Jung, felly; rhan o gaethiwed anochel dynoliaeth.

Anweledig yw'r cynddelwau, yn gorwedd yn dawel ond yn ddisgwylgar yng nghuddfan y diymwybod. Ni ellir eu hadnabod ond yn ôl yr effeithiau a gynhyrchant, sef y *delweddau cynddelwig, y symbolau.* 'Dylid ystyried cynddelw yn gyntaf ac uwchlaw pob dim fel maes magnetig a chanolfan fagnetig yn gorwedd o dan y trawsffurfio o'r prosesau seicig yn ddelweddau.' (Jacobi). Mynegir y cynddelwau (sef y llwybrau, patrymau'r seic) mewn delweddau, felly, a'r rhain yw gwrthrych ein hastudiaeth. Ers canrifoedd di-rif, mae'r profiadau hanfodol wedi creu delweddau cyffelyb yn fynegiant iddynt—megis cwrs beunyddiol yr haul a nos yn dilyn dydd yn cael ei gorffori ym myth yr arwr sy'n marw ac yn atgyfodi (Lleu)—ac mae'r sylfaen i'r delweddau hyn wedi cael ei argraffu yn y seic dynol. Ac er bod cymaint o gynddelwau ag sydd o sefyllfaoedd nodweddiadol mewn bywyd, cymharol ychydig yw'r delweddau pwysicaf.

Yn chwedloniaeth Cymru fe welir y delweddau hyn mewn cymeriadau chwedlonol sefydledig ac mewn themâu hynafol gosodedig. Ni ellir namyn crybwyll ambell enghraifft yma. Megis yr *Anima.* Cynrychiola hon y profiad a gafodd gŵr o'r fenyw ar hyd ei hanes: cerfiodd hi gynddelw ohoni ei hun ynddo a aeth yn rhan ohono. A phryd bynnag y bydd dynion yn ceisio delweddu'r fenyw nodweddiadol neu'r fenyw arwyddocaol, y mae hi'n tueddu i ddwyn cymeriad arferol y gynddelw hon—yn ddwyochrog, sef yn olau ac yn dywyll, yn bur ac yn gyfrwys, yn ifanc ac eto'n brofiadol: cysylltir hi yn aml â dŵr neu â daear (y famddaear), ac y mae rhyw allu neu ddoethineb dirgel ynddi. Hi yw Iarlles y Ffynnon, môr-forynion mewn chwedlau gwerin, Arglwyddes Llyn y Fan Fach, a Branwen.

Cymhares iddi hi yw'r *Fam Fawr* (Rhiannon, Modron), sy'n gynddelw oesol o arwr-frenin brifddelwedd i'r ymwybod enfawr eithriadol: fe all hon fod mor eithafol o famol nes mynd yn feddiannol, ac amgylchynu pawb a all hi fel plant iddi ei hun.

Yna fe geir yr *Hen Ŵr Doeth,* sydd ambell dro'n frenin neu'n arwr: gan hwn y ceir doniau proffwydo, iacháu a gwybodaeth. Hwn yw Math a Gwydion, Llwyd fab Cilcoed, a Gwyn ab Nudd.

Mae'r *Arwr-Blentyn* hefyd yn gynddelw bwysig, sef y plentyn sy'n medru gwneud y fath ryfeddodau fel y perir syndod i'r holl oedolion a'i gwêl—megis Mabon a Thaliesin (yn *Chwedl Taliesin).*

Fe fyddai'n dra diddorol oedi i fanylu ar yr holl gynddelwau hyn. Ond fe hoffwn ymdroi'n arbennig o gwmpas cynddelw'r *Arwr* (brenin fel arfer) sy'n gymar i'r *Hen Ŵr Doeth,* oherwydd dyma'r lle y daw Urien i'n trafodaeth. Ynddo ef fe greodd Taliesin o'r gynddelw oesol o arwr-frenin brifddelwedd yr ymwybod llwythol. Ei batrwm ef o ddewrder llym mewn brwydr ynghyd â haelioni tyner yn ei lys oedd llwybr y beirdd uchelwrol am ganrifoedd lawer wedyn.

Nid yw'n ddelwedd seml a chyntefig: yn wir, trafoda Taliesin y ddwy agwedd arwynebol wrthwynebus sydd ynddi bron fel petaent yn baradocs ac yn annisgwyl. Ambell dro mewn gwrthgyferbynnu sydyn fe ymdeimlir â chyfoeth y paradocs: mewn un llinell troir o'r naill at y llall—

'Anogiad cad!
Gwlad diffreidiad!
Gnawd amdanad
Pystylad twrf
Cwrf o'i yfed
A cein tudded

diffreidiad gwlad!
cad anogiad!
twrf pystylad,
ac yfed cwrf,
a cein trefred:
ry'm anllofed.'[24]

(IV: Anogwr brwydr, amddiffynnydd gwlad! Gwlad amddiffynnydd, a brwydr anogwr! Arferol o'th gwmpas yw twrw pystylad, pystylad-dwrw ac yfed cwrw, cwrw i'w yfed a chartrefi teg: gwisg a roddasid i mi.)

Neu eto—

'Cynan cad diffred   a'm anllofes ced.'

---

24. Cadwaf y testun, heblaw adfer rhai ffurfiau—cytseiniaid gan amlaf—a geid yn ôl pob tebyg yn y gwreiddiol; ac yna, ychwanegaf gyfieithiad. Wrth adfer peth fel hyn, ceir ychydig o syniad am y cyflythreniad.

(I: Cynan, noddwr ced yw fy noddwr cad; Cynan, nawdd mewn brwydr, a roddodd anrheg i mi.)

Y paradocs rhyfedd hwn yw testun llawer o'i gerddi. Un tro, yn y trosiad o feddwi ar waed—gwin coch Idon, try priodas y paradocs yn arswyd, o dynnu'r cyferbyniadau at ei gilydd:

> 'Gwelais gwŷr yn drws rhyd lledrhuddion
> Eirf dillwng i rhag blawr gwofeddon.
> Unynt tanc gan aethant gwolluddion
> Llaw yng croes gryd y gro grangwynion.
> Rhyfeddw ynt y cynrein rygwin Idon,
> Gwanegawr gwolychynt rhawn eu caffon.'

(II: Yn y bwlch at y rhyd gwelais wŷr ystaenedig â choch, yn gollwng eu harfau gerbron yr hen bennaeth penllwyd. Chwenychant heddwch am iddynt fynd i rwystrau gan roi'r gorau drwy groesi eu dwylo, yn y frwydr ar ro'r rhyd y maent yn welw eu hwynebau. Meddw iawn yw'r penaethiaid; llawer iawn o win yw Idon; golchodd y tonnau rawn eu ceffylau.)

Toddir, datrysir y paradocs yn y ffaith fod Urien yn 'dud achles', yr hyn a hawlia y ddau, haelioni a dewrder:

> 'Ni noddes na mäes na choedydd
> Tud achles! dy gwormes pan ddyfydd
> Mal tonnawr tost eu gawr tros elfydd.'

(II: Ni noddodd na maes na choedydd—O amddiffynnydd dy bobl!—dy elyn pan ddaw fel tonnau erchyll eu sŵn dros y tir.)

Pan geir delwedd braidd yn gymhleth (sef un a gynnwys fwy nag un agwedd) fel hon, rhaid bod iddi achau fel cynddelw Jung-aidd: rhaid ei bod yn ddisgynnydd i ddwy gynddelw a briodwyd. Yn ôl Jung gellir cael cynddelwau Primaidd, rhai Secwndaidd, Tertaidd, Cwaternaidd ac yn y blaen. Ymddengys Urien yn gynddelw Secwndaidd a'i ach fel a ganlyn:

Tad (dewrder) —— Mam (tynerwch—haelioni'r fam ddaear)

Urien (y paradocs)

Ychydig, mewn gwirionedd, sydd o ddatblygiad yma o'r gynddelw brimaidd, gan fod honno'n tarddu yn y profiad sylfaenol syml sy'n sail i'r greadigaeth ei hun—tywyll-golau, nefoedd-daear, ac yn y blaen.

Yn ymarferol, wrth gwrs, 'roedd naill ochr y paradocs, yr haelioni, yn dibynnu'n economaidd ar yr ochr arall, sef y brwydro a'r ysbeilio. Ond nid yw'r bardd yn rhesymoli fel yna: gweld anhunanoldeb neu'n hytrach bri y tywysog yn y naill faes a'r llall y mae ef a dal syndod y cyferbyniad. Gweld y naill nid fel moddion i'r llall, ond fel ffrâm i'r llall mewn darlun o arwr edmyglawn. Yn 'Nhrawsganu Cynan Garwyn Fab Brochfael' fe agorir ac fe gaeir y disgrifiad agoriadol o'i haelioni â mynegiant o'i safle mewn brwydr:

> 'Cynan cad diffred
> Cant nid geu gwofyged
> Cant gworwydd cyfred
> Cant llen ehöeg
> Cant armell i'm arffed
> Cleddyf gwein carreg
> Cant Cynan caffad
>
> a'm anllofes ced:
> gworthelgwr trefred,
> ariant eu tudded,
> o un amgyffred,
> a pympwnt cathed,
> dyrngell gwell no neb
> cad cas angweled.'

(I: Cynan, nawdd mewn brwydr, a roddodd anrheg i mi. Gan nad celwydd mohono, wele foliant i un sy'n rhoi dodrefn i dŷ a'i diroedd: fe roddodd gant o feirch, pob un cyn gyflymed â'i gilydd, ac addurn arian ar eu cyweirdebau; can llen lliw grug yn gyfartal o ran maint; can breichrwy yn fy arffed, a hanner can tlws; cleddyf a chanddo wain garreg, a'i ddwrn o liw melyn, gwell na'r un. Gan Gynan y'i cafwyd, yr hwn y mae ei elyn mewn rhyfel yn ffoi rhag iddo'i weld.)

Fel rhan o'r ffrâm, sylwer ar y defnydd medrus o'r gair 'cant', yn dechrau'n arddodiad, yna'n rhifair, yn rhifair, yn rhifair, yna'n sydyn yn troi'n ôl yn arddodiad.

Grymus hefyd yw'r cyferbyniad yn y llinellau hyn:

> 'Pan dremher arnaw
> Gnawd gwyledd amdanaw
>
> ys ehelaeth y braw:
> am dëyrn gwognaw.

(III: Pan edrychir arno, y mae braw yn gyffredinol: eto arferol yw cwrteisi o'i gwmpas, o gwmpas tywysog garw ei dafod.)

Syndod o beth mor aml y mae beirdd yn cael eu testun mewn

paradocs, mor aml y cânt eu procio gan symbol paradocsaidd (ac yn ôl Jung, y mae pob symbol yn baradocsaidd). Bid siŵr, mewn symbol paradocsaidd y mae egni ar waith yn bwhwman o'r naill ochr i'r llall, ac felly y deuir ac y crynhoir yr egnïon perthnasol gan gynulleidfa a'u sianelu mewn canolbwynt. Honna Jung fod pob symbol yn drawsffurfiwr seicig i egni, fod ganddo natur iachaol sy'n helpu i adferyd cyfanrwydd yn ogystal ag iechyd: 'Ni bydd symbol yn byw mewn gwirionedd ond pan fydd yn fynegiant holl-berffaith i rywbeth a ddyfelir ond nas adwaenir gan y sylwedydd. Y pryd hyn . . . fe fydd ganddo effaith fywydol ac ysgogol.'

Dyma ni'n awr yn ymylu ar werth a phwysigrwydd y symbol hwn i'r Cymry a wrandawai ar Daliesin ac i'r cenedlaethau a ddaeth ar ei ôl. A dichon yr esgusodir un dyfyniad go sylweddol gan Jolande Jacobi, un o brif ddehonglwyr ysgol Jung (o'i lyfr *Komplex/Archetypus/Symbol in der Psychologie C. G. Jungs*)er mwyn egluro'r symbol fel mater o iechyd i'r llwyth, a chofio'r un pryd honiad Jung nad yw newroses fel arfer ddim yn faterion preifat yn unig ond yn ffenomenau cymdeithasol:

'Gellid ystyried y rhinwedd bontiol, gyfryngol sydd gan y symbol fel un o ddyfeisiau cywreiniaf a mwyaf arwyddocaol yr economi seicig. Dyma'r unig wrthwynebydd gwir naturiol ac iachaol sydd i ymddatod cynhenid y seic, a'r ymddatod hwnnw'n berygl i'w undod adeiladwaith. Dyma'r unig ffactor a all ymladd â'r perygl hwn gyda rhyw obaith o lwyddo. Canys wrth orfod ar yr ochrau anghymarus drwy eu huno ynddo'i hun (ac yna gadael iddynt ymwahanu drachefn, fel na bo dim anystwythder, dim llonydd o ganlyniad) fe geidw'r symbol fywyd seicig mewn llif cyson a'i gario yn ei flaen tuag at nod ei dynged. Caniateir i dyndra ac i ymollyngdod—fel mynegiant o foment fywydol y broses seicig—amyneilio mewn rhythm cyson.'

O ganlyniad, nid dyfeisio Urien a wnaeth Taliesin ond ei ddarganfod; ac nid gwrando ac edmygu'r disgrifiad a wnâi'r llys ond ei brofi. 'Roedd y gynddelw o Arwr yn rhan o ddiymwybod y llwyth; wrth ei mynegi yn y symbol o Urien yr oedd Taliesin yn helpu i adferyd cyfanrwydd i'w meddwl. I ni yn y byd rhamant-aidd, rhyfeddwn fel y gall Taliesin beri i'r 'dyn' ynom fyw ac nid yr unigolyn, sut y gall fod yn wrthrychol ac yn amhersonol ac eto'n enbyd o ddwfn-deimlad. Fe'i gwna oherwydd iddo grisialu cynddelwau'r diymwybod hiliol mewn symbol byw yn ei gerddi diledryw. 'Roedd angen ac arfer y llwyth wedi creu'r gynddelw: gafaelodd Taliesin ynddi a thrwy ei athrylith ei throi'n weledig, yn ddiriaethol solet eglur. Dywed Goethe: 'Fe geir symbolaeth wir pan gynrychiolir y cyffredinol gan yr arbennig, nid fel breuddwyd neu gysgod, ond fel datguddiad tymhorol, byw o'r annirnadwy.' Dyna gamp Taliesin, ac yn y gamp honno yr oedd yn feddyg o fardd.

Credaf fod barddoni i arwyr mawr megis Urien yn barhad didor—yn systemataidd onid yn hanesyddol—o'r canu mawl i dduwiau,[25] fod y canu i frenin wedi mabwysiadu bellach ddullwedd a ffurf a chynnwrf llawer o'r canu a gafwyd ynghynt (ac a geid o hyd) i fodau dwyfol. Fel yr oedd yr uchelwyr ymhellach ymlaen yn mynd i etifeddu patrwm ac arddull mawl i'r tywysogion, felly yr oedd y brenhinoedd a'r tywysogion megis Urien yn etifeddion i'r moliant crefyddol. Medd yr Athro Caerwyn Williams.[26] 'It is more than probable that in Indo-European society the ruler was both king and priest and that he was regarded as a divine figure, perhaps as the descendant of a divine son such as the issue of the marriage of the Heaven-God to the Earth-Goddess . . . 'Praise of men' as a literary genre originated in the 'praise of gods'.' Ac yr oedd siâp y sianel a dorrwyd yn y lle cyntaf yn penderfynu llawer o brif nodweddion y cerddi a fyddai'n rhedeg yn y sianel honno wedyn. Diau fod llawer o nodweddion cymeriad Urien i'w gweld yn rhyngwladol, fel y dangosodd y Chadwickiaid yn eu cyfrolau *The Heroic Age* (1912) a *The Growth of Literature* (1932, 1936, 1940), ac ar gael mewn cymdeithasau 'annibynnol' eraill, mewn 'oes arwrol' a ddarlunnid yn ôl patrwm defodol adnabyddus; ond anodd credu nad oedd y darlun hwnnw bob amser, er mewn thema ryngwladol, yn ddyledus i ymwybod arallfydol y canu crefyddol gwaelodol.

Bid siŵr. ni fu'r gwahanfur rhwng y dwyfol a'r dynol erioed yn wal ddiadlam; a dadleuai beirniaid seciwlar cyfoes fod y gŵr cyntefig druan yn anthropomorffeiddio Duw, lle y byddai'r Cristion

---

25. Meddai Alwyn D. Rees (*Goleuad* 25/12/68): 'Cyfundrefnau theocrataidd oedd y cyfundrefnau gwleidyddol cynharaf y mae gennym dystiolaeth amdanynt. Y brenin oedd eu canolbwynt, a chredid ei fod ef yn ymgnawdoliad o Dduw, y Brenin Dwyfol.'
26. *The Court Poet in Medieval Ireland,* British Academy, 1972, 17-18.

yn cydnabod mai dyma yn hytrach ganfyddiad o un agwedd ar y gwirionedd hanfodol ynghylch natur bersonol y Duwdod. Beth bynnag, yr oedd yr oes arwrol a'r gymdeithas arwrol a ddisgrifiai Chadwick mor loyw yn ddrych go agos o'r oes honno pryd yr oedd 'duwiau' i'w gweld ar gerdded ar hyd y ddaear; ac yr oedd yr amodau neu'r nodweddion arwrol hyn yn adlais o'r bywyd a geid ymhlith y duwiau hwythau. Yr hyn a wnâi Taliesin oedd yr hyn y byddai chwedleuwyr y cyfnod rhwng y nawfed ganrif a'r ddeuddegfed ganrif hwythau yn ei wneud mewn modd gwahanol wrth edrych yn ôl ar yr arwyr gynt: fe greodd ef fyth o Urien. Wrth foli, swyddogaeth y bardd oedd dweud[27] 'beth a olygid wrth y gair arwr yn y dyddiau gynt. Nid gŵr eithriadol ddewr yn unig mohono, y mae ganddo gwlt. Y mae cwlt arwrol, medd Gaster, yn golygu fod pobl yn gweld yn yr arwr rywun a chanddo ansawdd arbennig sy'n peri bod ganddo le nodedig iawn o'i gymharu â mwyafrif llethol y meirwon, a deuir o hyd i'r ansawdd hwnnw yn union yn y ffaith honno ei fod ef yn berchen *hic et nunc* ar hanfod delfrydol. Yr hanfod hwn, ac nid ei bersonoliaeth ddynol, a addolir mewn gwirionedd.'

Ystyr llunio myth oedd bod y Cynfeirdd yn trosglwyddo i'r Gogynfeirdd ac i Feirdd yr Uchelwyr wedyn egwyddor adeileddol, patrwm meddyliol, a oedd yn sylfaenol i'w golwg hwy ar fywyd: yr oedd yn gymorth iddynt ganfod diben y byd. Yr oedd yn rhoi ffurf i'r math o fyd yr oedd pobl yr oesoedd canol yn credu ei fod yn gywir, y math o etifeddiaeth ac o dynged a oedd yn berffaith: yr oedd yn rhoi ffurf i ddiben y tywysog neu'r uchelwr ac i'w ddeiliaid fel ei gilydd. [28] Yr oedd yn ffurfio'r meddwl poblogaidd ac yn ei arwain i ddehongli natur pethau [29] drwy grynhoi prif amodau neu nodweddion y bywyd da a diogel mewn un person.

27. cyf. *Heroic Song and Heroic Legend,* Jan de Vries, OUP, London, 1963, 230; diddorol yn y cyd-destun hwn fyddai cyfieithu tamaid pellach o dud. 235: 'Rhaid ei bod yn eglur bellach fod amryfal bwyntiau o debygrwydd rhwng Duwiau ac arwyr. Ond erys y gwahaniaeth bob amser mai gŵr marw yw arwr a dyfodd ymhell y tu hwnt i fywyd cyffredin. Addolir ef oherwydd rhyw ansawdd neu'i gilydd, oherwydd un neu fwy o ffeithiau eithriadol, neu alar a ddygir yn wrol. Fe ellir felly—a chofio'r gwahaniaethau crefyddol i gyd — ei gymharu ef â'r sant. Ac fel, yn fuan ar ôl ei farwolaeth, neu hyd yn oed yn ystod ei oes, y datguddia'r sant ei sancteiddrwydd i'w ddilynwyr drwy gyfrwng gwyrthiau, felly y gall yr arwr tymhorol gynhyrfu parchedigaeth edmygus ei *milieu* yn fuan ar ôl ei farwolaeth, neu y gellir ei ystyried ef yn fwy na dynol hyd yn oed yn ystod ei oes.'
28. *The Stubborn Structure,* Northrop Frye, Methuen & Co., London, 1970, 18-20.
29. *A History of Esthetics,* K. E. Gilbert & H. Kuhn, Macmillan, New York, 1939, 2.

A'r amodau neu'r nodweddion hynny? Aristocrataidd a rhyfel-
gar bob un: tywysogion yw'r cymeriadau, a llys neu faes brwydr
yw'r olygfa. Tadogir bri goruwchddynol a gormodieithol ar yr
arwr, a hanfod nid ateg yw brwydro i'w fywyd. Ceir llawer o
gyfeiriadau at arfau, yn arbennig gwaywffon, cleddyf a tharian,
fel pe bai'r bardd yn ymhyfrydu mewn sôn amdanynt: ym-
hyfrydir hefyd mewn disgrifio ysblander llys—gwledda, an-
rhegu a moethusrwydd.

Fel yng ngherddi arwrol gwledydd eraill, nid annisgwyl yw
gweld yng ngwaith Taliesin areithiau gan dywysogion (cf.
dialogau mewn cerddi yn y Llyfr Du—Myrddin, Trystan, Ugnach,
Gwyn ap Nudd, etc.). Sylwer ar 'Weith Argoed Llwyfein', a'r ym-
ddiddan dramatig yn codi at uchafbwynt grymus yn niwedd
araith Urien, gyda chlo ymataliol hyderus o ymfalchïo teg mewn
buddugoliaeth. Gwaetha'r modd, haws yw mentro cyfieithu
bellach na chynnig testun:

> Ym bore duw Sadwrn cad fawr ai fu
> O'r pan ddwyre heul hyd pan gynnu.
> Dygryswys Fflamddwyn yn bedwar llu,
> Goddeu a Rheged i ymddullu,
> Dyfwy o Argoed hyd Arfynydd.
> Ni cheffynt eirios hyd yr un dydd.
>
> Adgworgelwis Fflamddwyn fawr trybestawd,
> 'A ddoddynt 'y ngwystlon? A ynt parawd?'
> Ys atebwys Owein dwyrein ffosawd,
> 'Nis doddynt, nid ydynt, ni bynt parawd.
> A ceneu Coel byddei cymwyawg
> Glew cyn as talei gwo gwystyl nebawd.'
>
> Adgworgelwis Urien udd Yrechwydd,
> 'O bydd ymgyfarfod am gerenhydd,
> Dyrchafwn eiddoedd odduch mynydd
> Ac am porthwn wyneb odduch emyl,
> A dyrchafwn peleidyr odduch pen, gwŷr,
> A chyrchwn Fflamddwyn yn ei lluydd
> A lladdwn ac ef a'i gyweithydd.'
>
> A rhag Argoed Llwyfein
> Bu llawer celein.
>   Rhuddei frein rhag rhyfelgwyr.
> A gwerin a gryswys gan hynefydd
> Armaaf blwyddyn nâd wy cynnydd.

Ac yny fallwyf hen
Ym dygn angheu anghen,
Ni byddif ym dirwen
Na molwyf Urföen.

(VI: Ar fore dydd Sadwrn bu brwydr fawr o godiad haul tan fach-lud. Cyrchodd Fflamddwyn yn bedwar llu, tra oedd Goddau a Rheged yn ymdrefnu i ymladd i Ddyfwy, a'u dyfynnu o Argoed hyd Arfynydd. Ni chânt oedi hyd yr un dydd.

Bloeddiodd Fflamddwyn fawr ei rodres, 'A ddaeth fy ngwystlon? A ydynt yn barod?' Fe'i hatebodd Owain, a oedd yn gystudd i'r dwyrain. 'Ni ddaethant. Nid ydynt, ni byddant yn barod. Byddai'n galed iawn ar un o ach Coel cyn y talai yr un gwystl.' Bloeddiodd Urien arglwydd Yrechwydd, 'Os bydd ymgyfarfod ar gyfer cynghrair, dyrchafwn amddiffynfa uwch-law mynydd a chodwn wyneb uwchlaw'r ymyl, a dyrchafwn waywffyn uwchlaw ein pennau, wŷr, a rhuthrwn ar Fflamddwyn yn ei fyddin a lladdwn ac ef a'i osgordd.'

Ac ar ymyl Argoed Llwyfain bu llawer celain. Rhuddai'r brain o flaen y milwyr. A rhuthrodd y llu gyda'r pennaeth (ar y gelyn). Bwriadaf y flwyddyn ar ei hyd ganu i'w buddugoliaeth.

A hyd y darfyddaf mewn henaint yn nygn angen angau, ni byddaf yn fy afiaith oni folaf Urien.)

Fel sy'n arferol mewn canu o'r natur hon fe welir mai yn yr arwr y canolir 'gwladgarwch' y bardd: nid oes cariad at y llwyth neu genedlgarwch fel y syniwn ni amdanynt. Teyrngarwch i'r arweinydd yw'r cwlwm canolog sy'n rheoli'r perthnasoedd dynol; ac o gael amddiffynfa a gwobrau ganddo ef, fe roddir yn ôl wasanaeth a ffyddlondeb. Bywyd arwr-ganolog ydyw, gan weld y gymdeithas drwyddo ac ynddo ef. Nid yn y llwyth y mae'r didd-ordeb, ond yn yr unigolyn.

Heblaw ar areithiau'r tywysogion, sylwer ar bwrpas y gerdd, sef dathlu nid dysgu. Sylwer eto ar yr awyrgylch neu'r naws anturiaethus. Mae'r ailadrodd ymadroddion hefyd (Adgwor-gelwis . . . ynt parawd . . . dyrchafwn . . . odduch . . .) a gryfheir gan yr ailadrodd cyseiniol, yn nodwedd ychwanegol sy'n gyffredin mewn canu arwrol. Un esboniad ar yr ailadrodd yw ei bod yn farddoniaeth lafar, ac felly yr oedd angen help i glywed ac i ddeall pethau y gellid eu colli; ond amheuaf hyn. Ailadrodd yw hanfod patrwm, ac fe'i ceir mewn cyseinedd, mydr, odl a phryd bynnag y bo seremonïo geiriau, ac yn aml pan fo geiriau'n angerddoli neu'n cael eu cryfhau.

O'r dwsin o gerddi sydd gennym o waith Taliesin, mae mwy o ddefnydd storïol yn hon nag yn y lleill: eithriadol yw hi yn hyn o beth. Ond cyffredin iawn fel arfer mewn canu arwrol yw elfen storïol o'r natur yma.

I ddarllenwyr heddiw y mae llawer i gymeradwyo cerdd fel hon o hyd, er cymaint ei pherthynas i'w hoes: yr agoriad syml diffwdan wrth nodi'r dydd mor fanwl ag y dywedai Williams-Parry, 'Yn ôl y papur newydd yr oedd saith/A phedwar ugain o foduron dwys . . .' Gosodir yr olygfa yn dawel yn gyntaf. Yna, gyda newid odl, dechreua'r ddrama gyda Fflamddwyn yn taflu dau gwestiwn i herio'r Brython, ac yna Owain gyda'i ailadrodd dwbl yntau'n bwrw'r cwestiynau'n ôl yn ei ddannedd. Yna gyda newid odl eto, cyflwynir Urien sy'n fwy nag atebol, yn ei araith, i Fflamddwyn, er mor atebol ydyw ffurf ei linell 'Adgworgelwis Fflamddwyn . . . Adgworgelwis Urien . . .'; ac yn llais Urien, o ail-adrodd unrhyw gystrawen ei frawddegau drosodd a thro, clywir angerdd her y Brython. Cloir y gerdd yn dawel eto, yn gynnil derfynol yn y lladdfa. Sylwer ar symlder y canu hwn, o'i gyferbynnu â'r Gogynfeirdd, dyweder. Yn wir, er mor dywyll yr ymddengys peth o'i eirfa, am rai o gerddi Taliesin teg yw dwedyd mai ef oedd ein bardd symlaf a mwyaf naturiol am bron mil o flynyddoedd o leiaf hyd y bymthegfed ganrif, ac yn sicr 'roedd yn symlach na'r beirdd Eingl-Sacsoneg a ymhyfrydai fwy (fel y Gogynfeirdd) mewn cyfansoddeiriau a llinellau anystwyth.

Sylwyd droeon mai llygad-dyst yw'r bardd yn fynych iawn yn y cerddi cynnar hyn am frwydro. Yn ôl Poseidonius fe fyddai beirdd proffesyddol Celtaidd yn mynd gyda'u tywysogion i'r frwydr, ac yn cael gwobr ariannol o'r herwydd. Yn y gerdd 'Gweith Gwên Ystrad' (Arwyre gwŷr Catraeth gan ddydd), mae'r ffaith o 'weld' yn dwyn elfen o fanylder byw, o gyffro, ac o daerineb 'presennol' i'r adroddiad:

> Gweleis gwŷr gwychyr yn llüydd . . .
> Gweleis twrf treffin trangcedig . . .
> Gweleis gwŷr yn drws rhyd lledrhuddion . . .
> Gweleis gwŷr gwosbeithig gwosbylad . . .
> Gweleis rhan rheodig am Urien . . .

(II: Gwelais wŷr ffyrnig yn lluoedd . . . Gwelais dorf dros y ffin yn farw . . . Yn y bwlch at y rhyd gwelais wŷr ystaenedig â choch . . . Gwelais wŷr ysbeiliol wedi digalonni . . . Gwelais lu ysblennydd o gwmpas Urien.)

Ar ôl rhagymadrodd i osod yr olygfa, o gwmpas y llinellau hyn y patrymir gweddill y gerdd i gyd. Ymosod, ffyrnigrwydd, barbareiddiwch: a'r arwr yn ysbeiliwr didrugaredd o flaen llygad y bardd. Rhaid cofio nad amddiffyn tir yw cymhelliad yr arwr wrth ymladd, yn aml, ond ysbeilio gwartheg cymdogion: lleidr buchod—'gwarthegydd', dyna oedd Urien.

> 'Arwyre gwŷr Catraeth gan ddydd
> Am gwledig gweithfuddig gwarthegydd.
> Urföen hwn hanwawg hynefydd.'

(II: Cyfyd gwŷr Catraeth gyda'r wawr o gwmpas eu tywysog, lleidr gwartheg, buddugol mewn brwydr. Urien yw hwn, pennaeth enwog.) Un o'r teitlau mwyaf cyffredin ymysg sagâu Iwerddon yw *Táin Bó—*, sef 'Dwyn Buchod—' (e.e. Táin Bó Cualnge, yr enwocaf ohonynt oll). Gwŷr go ddidostur oedd yr ysbeilwyr hyn: cyffredin yw'r sôn amdanynt yn casglu pennau eu gelynion a'u crogi wrth fwng eu ceffylau neu wrth eu gwregysau. Yn Chwedl Mochyn Mac Dathó brolia Conall Cernach mai anaml y bu'n cysgu heb fod pen gŵr o Gonnacht o dan ei wegil. Ac y mae digon o awgrymiadau fod y Cymry'n cael hwyl ar gasglu pennau eu gelynion yn yr un modd â'r Gwyddyl a'r Galiaid: diau fod Urien yn gyfarwydd â'r arfer yma, neu o'r hyn lleiaf, felly yr awgryma'r englynion marwnad 'Pen Urien' yng Nghanu Llywarch Hen, pryd y casglwyd ei ben yntau.

Fe dalodd Taliesin i ni megis i Urien am ei oroesi: fe brynodd ei amser. Mae'r Dr. T. J. Morgan eisoes wedi ymdrin yn feistrolgar â'r thema o 'dalu am glod' sy'n rhedeg drwy'r Cynfeirdd a'r Gogynfeirdd. 'Roedd y llwythau hyn (megis yr Eingl-Sacsoniaid) yn ymwybodol iawn o'r gyfundrefn *wergyld*—talu—gwerth bywyd dyn yn ôl ei safle mewn cymdeithas. Talodd Urien i Daliesin; ond talodd Taliesin yntau. Y tâl a roddai Taliesin i Urien am arwriaeth, am ysbeilio gwaedlyd, difrodol oedd cerddi cyfatebol yn dal naws ac yn cronni'n 'gyfwerth' ansawdd y bywyd yr oedd Urien ei hun yn ei fyw: tâl iesin!

141

Crybwyllodd Saunders Lewis fod y beirdd yn y canrifoedd helbulus wedyn wedi troi'n ôl at y portread hwn o Urien fel patrwm amddiffynnydd. Dyma a wneir yn gyson gydag oesau arwrol. 'Roedd enwau hen arwyr yr Eingl-Sacsoniaid (Attila'r Hwn, Eormanric y Goth, Theodoric, Hildeburh, etc.) a'r gogoniant gynt yn ysbrydiaeth i'r presennol. Ac yn fwy nag ysbrydiaeth, 'roedd y beirdd yn medru eu hatgyfodi hwy, eu cyffelybu, fel y meithrinid ac y cedwid hen ogoniant yn nerth byw yn y presennol a'r dyfodol.

Gwyddys fel y byddai'r Cymry yn neilltuol rhwng y nawfed a'r ddeuddegfed ganrif yn edrych yn ôl ar yr Oes Arwrol gyda hiraeth, ac yn ei hailgodi ar chwedl a chân ar gyfer eu dyddiau llai arwrol hwy. Yn awr, yn yr Oes Arwrol honno y bu Taliesin ei hun yn byw: nid hiraethwr mohono ef: 'roedd awyr yr arwyr amdano. Ac felly fe ddaeth yntau'i hun yn arwr i'w fawrygu ar chwedl a chân. Fe'i henwir gan y beirdd ochr-yn-ochr â'r arwyr eraill; ef yw un o'r ychydig gymeriadau hanesyddol a grybwyllir ym Mhedair Cainc y Mabinogi (yn un o'r saith arwr a ddihangodd o Iwerddon); ac yn anad dim y mae Chwedl gyfan wedi ei gwau amdano. Fel y dengys Syr Ifor Williams (yn *Chwedl Taliesin*) yr oedd rhyw ffurf o chwedl am Daliesin eisoes erbyn y nawfed ganrif. O'r pryd hynny hyd yr unfed ganrif ar bymtheg 'roedd chwedlona am Daliesin yn beth bythwyrdd cyffredin. Dywed Syr Ifor am y ffurf hynaf oll o chwedl Taliesin; 'Ynddi, nid oedd wahaniaeth rhwng Taliesin a'r hen dduwiau; cymer ei le gyda Lleu, a Dylan, a Gwydion, a Manawydan, a Math, a Dôn, ac Arianrhod—yr holl bantheon, gan gynnwys, 'rwyf yn siŵr, ei frawd Mabon ap Modron.'

Yn y fersiwn o'r chwedl sy'n adnabyddus i bawb, disgrifir sut y cafodd Taliesin ei alluoedd gwybod anghyffredin oddi wrth y tri dafn bendigaid o bair Ceridwen, a sut y derbyniodd ddawn awen. Gan ei fod yn un o'r arwyr rhyfeddol a fu'n byw yn yr Oes Arwrol, a chan fod ei gerddi ar gael o hyd yn nechrau oes y mawrygu, sef dechrau'r nawfed ganrif, naturiol oedd iddynt gael eu dyrchafu'n awdurdod felly; a'u cyfrif yn arallfydol bron, bron fel pe bai pŵer o'r Oes Arwrol yn oedi yn eu sillafau o hyd.

Yn ôl Chwedl Taliesin, fe ymddengys fod y syniad am Daliesin wedi datblygu rhywfaint nes ei gyfrif yn dipyn o ddewin, yn union yn yr un modd ag y datblygodd Fyrsil (Fferyll) y bardd Lladin 'i fod

142

yn ddewin ac yn feistr ar bob math o gelfyddyd witsio, sêr-
ddewiniaeth, swyngyfareddau, codi cythreuliaid, proffwydo'r
dyfodol, popeth a berthynai i grefft swynwr'. Bod yn ddewin
geiriau megis Taliesin oedd uchelgais y beirdd a ddaeth ar ei ôl.
Megis Guto'r Glyn:

> 'Taliesin, ddewin ddiwael,
> A'i troes yn well na'r tri hael.
>   (sef a droes Frân y cybydd)
> Un fodd â hwnnw fyddaf,
> Troi'n well dy natur a wnaf.

Canys agos yw gwaith bardd at waith dewin. Ymgysylltant ill
dau ag ymarferion crefyddol, a diau mai'r un person a gyflawnai'r
ddwy swydd mewn cyfnod cynnar iawn. Fe fyddaf yn clywed tinc
llafarganu swynion (incantation) yn amryw o gerddi Taliesin.
Onid yw'r ailadrodd amrywiadol, sef y cymeriad 'geiriol', yng-
hyd â'r aml odli yn peri fod 'Myng gorffowys', er enghraifft, yn ein
hatgoffa am ddewiniaeth?

> Myng gorffowys
> Cant Rhegedwys,
> Parch a chynnwys,
> Medd meueddwys,
> Meueddwys medd
> Ddi gworfoledd.
> A chein tiredd
> Ddi mi yn rheumedd,
> A rheumedd mawr
> Ac eur ac awr
> Ac awr a ched,
> A chyfrifed
> A chyfrifiant
> A rhoddi chwant.
> Chwant o'i roddi
> Er fy llochi.

(IV: Caf orffwysfa gyda gwŷr Rheged, parch a chroeso i aros,
helaethrwydd o fedd, medd mewn helaethrwydd hyd at orfoledd,
a thiroedd yn gyfoeth imi, a chyfoeth mawr ac aur lawer, ac aur
ac anrheg ac anrhydedd, a gwerthfawrogiad a gwrthrych fy
mlys. Y mae ynddo awydd eu rhoddi er mwyn fy modloni.)

Ymysg yr hen gerddi Anglo-Sacsoneg ceir amryw swynion i adfer gwartheg a ladratwyd neu a gollwyd (gol. Grein Wülcker, *Bibl. d. ags. Poesie I*, 323 yml.). Mae'r swynion i adfer iechyd, wrth gwrs, yn adnabyddus; ond fe hoffwn gyfeirio'r sawl y mae ganddo diddordeb at un trawiadol i adfer iechyd, sy'n disgrifio'r gwaith o wrthwynebu lluoedd natur gan luoedd goruwchnaturiol ac sy'n darllen yn union fel petai'n ddisgrifiad gan y dewin Taliesin o frwydr rhwng Urien a'i elynion (*Angl. Sax. Magic and Med.*, Grattan & Singer). Mewn oes a etifeddodd hen goelion a chyfrinachau defodol i wella haint ac afiechyd, yr oedd swynion Taliesin er amddiffyn corff y llwyth yn cymryd eu lle'n naturiol iawn. Oedd, yr oedd yn feddyg o fardd.

Yng ngwaith Taliesin y mae'r traddodiad mawl Cymraeg, cyn belled ag yr ŷm ni'n ei adnabod, yn tarddu. Yn y fan yna, i raddau helaeth, y gwelwn y patrwm i'r dyfodol; yno y gwelwn natur diben y mawl a oedd gan y beirdd.

Beth yw mawl? Gellid dadlau mai mawl i uchelwr oedd geiriau da amdano sy'n cael eu mynegi er cynhaliaeth iddo ac er hyrwyddo'i fudd. Meddai'r Athro Caerwyn Williams,[30] 'Every primitive poet was to some extent a shaman or magician, in other words he claimed the ability to exercise power over things, and his poetry was the means to that end . . . In a sense then by affirming the courage and honour of his patron he gave and confirmed courage, he gave and confirmed honour, and in so doing he ensured his fame.' Dyma ddisgrifiad campus yn ddiau. Ond beth am fawl i Dduw? Pam moli Duw? Ni ellir gwneud lles i Dduw, ac ni ellir ychwanegu dim at Ei nerth a'i anrhydedd Ef. Ni ellir Ei gynnal Ef.

Wrth ystyried y gwahaniaeth rhwng mawl i Dduw a'r mawl i ddyn y gwelwn fel y mae ystyr mawl yn llithro ychydig, ac eto fel y mae hefyd yn cadw peth o'i hanfod. Mawl, pob mawl, yw ymateb yn gadarnhaol i bwrpas bywyd; a dyna'r lle y mae mawl i Dduw, i Urien, neu i Forfudd, neu i'r ehedydd, yn cyfrannu ym mhwrpas ei gilydd ac yn perthyn yn organaidd i'w gilydd. Ond pan geir mawl i Dduw, yr ydys yn crynhoi yn ei eithafbwynt ystyr pob mawl arall. Yr unig wir reswm dros foli Duw yw nid er lles dyn (er bod moli'n llesol i ddyn, bid siŵr) ac wrth gwrs nid er lles Duw,

---

30. *The Court Poet in Medieval Ireland,* The British Academy, 1972, 25-26.

eithr yn syml oherwydd mai er mwyn hyn y crewyd dyn. Nid yw dyn yn gyflawn nes iddo ogoneddu Duw, mewn gair ac mewn gweithred. Y peth iachaf a llawnaf a llawenaf y gellir ei wneud byth yw moli Duw.

Ac efallai, yng nghynffon y bennod hon, y ceir y lle priodol imi nodi fy nghred anghonfensiynol ac anghyfrwys mai moli yw priod swydd y beirniad llenyddol yntau ("moli" ynghyd â "goganu", sef y gweithgaredd isradd o atgyfnerthu'r mawl mewn modd negyddol). Gwahanol yw maes theori lenyddol, sef priod ac union faes y gyfrol hon megis y gyfrol flaenorol *Tafod y Llenor*: ateb y cwestiwn Beth yw Llenyddiaeth? a'r cwestiynau cysylltiedig Pam? a Sut? yw gwaith y theorïwr. Nes ydyw at swyddogaeth y gwyddonydd. Ymwneud a wna â'r cyffredinol. Ond y mae'r beirniad, efallai ar sail y theorïa hwnnw neu'i debyg, yn cyflawni gwaith cyffelyb i waith y bardd o foli, moli wrth geisio dod o hyd i'r ansoddau arhosol sy'n hanfod yn ei wrthrychau arbennig.

Gofynnodd beirniad seciwlar i mi un tro sut y mae beirniad Cristnogol yn medru gwerthfawrogi'r moliant i greulondeb sydd yn yr Hengerdd. Mae'r ateb i'r cwestiwn hwn yn ddigon syml bellach. Moliant crefftus i ddewrder sydd yma, mawl celfydd i gynheiliaid y drefn Gymreig, ymgais i amddiffyn drwy eiriau y wlad ddelfrydol. Gwir bod yma ddisgrifiadau o greulondeb, ond nid oes neb call a wadai realiti hynny byth, a chredaf y dylai'r ym-wybod o ffieidd-dod ac o arwyddocâd dyfnaf creulondeb fod yn fwy byw i'r Cristion nag i'w gymar seciwlar hyd yn oed. Yn wir, y mae argyhoeddiad o ddifrifoldeb llygredd nid yn unig fel rhwystr rhwng dynion a'i gilydd, ond yn fwy o lawer fel rhwystr rhwng dyn a Duw yn ffaith sy'n fraw y mae Cristion yn mynnu peidio ag osgoi ei wynebu. Ond ta waeth, y mae'r beirniad Cristnogol yn ymateb yn gyntaf oll i fedr celfyddydol yr arddull ac yn canfod hefyd—o fewn cyd-destun ei gyfnod a'i ddealltwriaeth—fod Cyn-fardd yn dweud rhywbeth gloyw a grymus a chywir am fywyd a'i ddyheadau. Os yw ef yn heddychwr neu beidio, ni ddellir mohono gan fflach yr arfau rhag cydnabod y nerth crefftus a gwrywaidd sydd ym mynegiant y bardd.

III

OWAIN*

Yr oedd yng ngwaith Taliesin urddas a gwefr, fel y gwelsom, oherwydd yr ymdeimlad siamanistig fod ganddo ef rywbeth tyngedfennol i'w ddweud, ac oherwydd ei ymwybod byw fod y doniau a'i cynhyrfai o ansawdd uwch-bywyd-cyffredin. Nid topicaliaid oedd ei benillion; ac nid rhigymu'r achlysurol heb ddim arwyddocâd cyffredinol oedd ei nod.

Nid storïau tylwyth teg diniwed ychwaith oedd chwedlau a rhamantau'r Oesoedd Canol i'w llunwyr hwy mewn canrifoedd wedyn. Er na raid coelio am foment fod y llunwyr hynny'n credu o gwbl eu bod yn ymwneud â defnyddiau mytholegol hanfodol grefyddol, eto yr oedd y ffaith fod yr arwyr wedi etifeddu safle (disgynedig) hen dduwiau, a phrif ddigwyddiadau'r storïau wedi'u seilio ar weithredoedd canolog o arwyddocâd dwyfol (yn wreiddiol) ac yn dwyn nodweddion seremonïol o hyd, yr oedd hyn oll yn rhoi rhuddin i'r chwedlau a'r rhamantau: yr oedd yn gosod gwedd riniol ar eu rhediad ac yn gloywi'u thema. Hyn hefyd a greai'r awyrgylch o gyfaredd, ac a symudai'r cymeriadau ar raddfa ac mewn cywair a gyfatebai i'w tarddiad dyrchafedig.

Yr ymdeimlad hwn o ryfeddod a oedd yn ysbrydoli'r storïwr ac yn un o'r prif ffactorau gweddnewidiol neu greadigol wrth benderfynu natur ei arddull a chynllunwaith ei stori. Yn hyn o beth y mae'r holl chwedlau a rhamantau'n debyg i'w gilydd er cymaint sydd o wahaniaethau eraill ynddynt, a charwn drafod un rhamant, nid oherwydd ei harbenigrwydd a'i gorchest, er cymaint hynny, eithr oherwydd ei bod yn enghraifft weddol nod-weddiadol o ran trwch y rhyfeddod sy'n ei thrydanu o'r wawr hon a roddai gymeriad i storïau'r oesoedd canol.

---

* Trafodwyd y pwnc hwn mewn dull tebyg ond helaethach yn fy nhraethawd MA Prifysgol Cymru, *Astudiaeth Destunol a Chymharol o Owain a Luned*, 1951.
1. Gellid cymharu rhaniad tebyg yn *The Medieval Stage*, E. K. Chambers, Rhyd-ychen 1903, I 105 yml.

Gellir rhannu'r prif elfennau chwedlonol mwyaf unigolyddol yn rhamant *Owain a Luned* o dan ddau ben[1]: o dan y cyntaf, cawn y 'duw' sy'n peri'r storm a'r diffeithwch, a gyplysir gan amlaf â duw haul a mellt; o dan yr ail cawn 'dduwies' y ffynnon, y fforest a cheidwad ffrwythlondeb. Cyd-drawiad wrth y ffynnon yw'r prif ddigwyddiad; a'n pwrpas ni yma yw gweld y modd y gwewyd yr elfennau eraill sydd yn y chwedl o gwmpas y prif ddigwyddiad hwn.

Nid dyma'r tro cyntaf i neb gynnig mai brwydr rhwng duw'r storm a duw'r haul oedd thema wreiddiol *Owain a Luned*[2], er ei bod, wrth gwrs, wrth gael ei hail-lunio'n rhan o'r cylch rhamant-aidd, wedi colli'i arwyddocâd mytholegol bron yn gyfan gwbl. Nid thema anghyffredin ychwaith oedd thema creu'r storm yn y llenyddiaeth ganol. Tynnodd amryw'r sylw at y tebygrwydd sydd rhwng y storm ym *Manawydan* a'r un a geir yn *Owain*. Dyma'r modd y'i darlunnir yn *Owain* yn ôl fersiwn y Llyfr Gwyn[3]: yn yr ail baragraff gosodaf er cymhariaeth ychydig o gainc *Manawydan*.[4]

> nachaf ytwryf yn dyfot yn
> wwy yn da noc ydywedassei
> y gwr du. Ac yn ol ytwryf
> y gawat. Adiheu oed genhyf
> i gei na diaghei na dyn
> na llwdyn or a ordiwedei
> y gawat yn wyw kany
> orssauei vn kynllyskyn
> ohonei yr croen nac yr kic.[5]

> llyma dwrwf achan ueint y twrwf
> llyma gawat o nywl yn dyuot hyt
> na chanhoed yr un ohonunt wy
> y gilid. Ac yn ol ynywl llyma yn
> goleuhau pob lle. A phan edrychyssant
> y ford yguelyn y preideu ar anreitheu
> ar kyuanhed kyn no hynny ny
> welynt neb ryw dim na thy nac

---

2. Ceir llu o gyfeiriadau gan *Arthurian Tradition and Chrétien de Troyes,* R. S. Loomis, Columbia University Press, 1949, 269 yml.
3. WM 231
4. WM64; cf. 71, Ac ar hynny gyt ac ybu nos llyma dwryf arnunt achawat onywl a chan hynny dirtlannu ygaer ac eymdeith ac wynteu.
5. cf. Geraint, WM 451, Can di y corn racco heb ef. ac yr awr y kenych ef aa y nywl ymdeith.

aniueil. na mwc. na than. na dyn. na
chyuanhed eithyr tei y llys yn wac diffeith
anghyuanhed heb dyn heb uil yndi.

Mewn llenyddiaeth Wyddeleg y mae thema'r storm draws-ffurfiol hon yn ddigon cyffredin,[6] gymaint nes i'r Athro Delargy[7] ddweud: 'The following motifs in Icelandic folk-tales may be of Gaelic origin: (a) The magic mist (an ceó draodheachta), a commonplace in both Celtic and Icelandic tradition, which suddenly appears and from which the hero wanders into an enchanted country.' Yng ngolau hyn, nid wyf yn siŵr a yw Loomis yn mynd yn rhy bell pan ddywed[8]: 'The main theme, the Waste Land and its disenchantment, seems to have been indigenous to Wales.' Yn wir, y mae'n naturiol fod ofergoeledd yn datblygu am storm fawr a sydyn ym mhob gwlad drwy'r byd,[9] ac y mae'n

6. er enghraifft:
   Táin Bó Cualgne, gol. Windisch; *Irische Texte,* 148-151.
   Fled Bricrend, gol. Henderson, *Irish Texts Soc.* II, 43-51.
   Compert Conculaind, gol. Windisch, *Irische Texte,* I, 137;
      cf. *Voyages of Bran,* II, 41; RC IX, 11.
   Tucait Baile Morgain, gol. Kuno Meyer, *Voyage of Bran,* I,
      Atod. IV, 56-8.
   Baile in Scáil, *Voyage of Bran,* I, 187.
   Acallamh na Senórach, O'Grady, *Silva Gadelica,* II, 222
      (testun I, 196).
   Echtra Airt, *Ériu,* III, 157.
   Yn *Rom. Rev.* III, 143 yml. y mae A. C. L. Brown yn trafod rhai o'r rhain. Am lyfryddiaeth ar y mater mewn llenyddiaeth Geltaidd, gw. *Fairy Mythology of Arth. Romance,* Paton, 84; ac ychwaneger *Early Irish History and Mythology,* T. F. O'Rahilly, Dulyn, 1946, 52-4, 58 yml., 66, 110 yml.; *Home of the Eddic Poems,* Bugge-Schofield, Llundain, 1899, 351; 'Holiday Notes in Athole,' J. Mackintosh Gow, *Proceedings of the Society of Antiquaries of Scotland,* xii (cyfres newydd); *Welsh Folk-lore,* Elias Owen, Croesoswallt a Wrecsam, 1896; *Folklore of Scottish Lochs and Springs,* James M. Mackinlay, 1893, 225-8; PLMA, XX, 677 n. 8.
7. *The Gaelic Story-Teller,* Syr John Rhys Mem. Lect. 40.
8. Loomis, op. cit. 354.
9. *The Golden Bough,* J. G. Frazer, Llundain, 1911, III, 266; IV, Cyf. 1, 183; *Romance in Iceland,* Margaret Schlauch, 1934, 120; 'The Oak and the Thunder God,' H. Munro Chadwick, *Journal of the Anthropological Institute,* XXX, 1900, 22-42; *The Thunderweapon in Religion and Folklore,* Chr. Blinkenburg, Cambridge Archaeol. and Ethnol. Ser. 1911. Dywed A. C. L. Brown (*Iwain,* Havard Studies VIII, 1903, 127 n. 1), 'Gervase of Tibury in his *Otia Imperialia* written about 1212, describes a certain very clear fountain in a province of the kingdom of Arles, into which if one threw a stone, forthwith there arose a mist from the water and drenched the offender. In the same work there is an account of a lake on a mountain called *Cannagum* in Catalonia. No one could find the bottom of this lake, and it was regarded as the habitation of demons . . . Gervase adds a story about a girl who was carried off by the demons and imprisoned for seven years in the lake.'

tarddu am fod dyn yn ymwybod fod y tu ôl i'r ffenomenau gweledig esboniad sy'n anweledig, a rhaid bod y tu ôl i'r arwynebol ystyr sy'n fwy sylfaenol.[10] Er mai gweddillion, yn unig, o'r ymwybod yma a oedd ar ôl yng nghyfnod y rhamantwr ei hun, ni ellir amau nad oedd yr ymwybod o ddeuoliaeth neu eglurhad anamlwg ym myd natur yn brif gymhelliad wrth i'r storïwr gyflwyno'r eithriadol a'r rhyfeddol i'w gynulleidfa.

Arferiad digon cyffredin ledled y byd yw addoli'r haul a disgwyl ganddo ddefodau ac arferion uwchnaturiol,[11] ac y mae hyn yn adnabyddus ddigon yn y gwledydd Celtaidd.[12] Wrth i'r fytholeg am y duw hwn droi'n storïau poblogaidd ynghylch arwr mwy dynol, ni allesid hepgor rhai o'i weithrediadau traddodiadol. Wrth geisio penderfynu pa nodweddion rhyfeddol yn y rhamant sy'n cadw gweddillion o'r hen fytholeg hon, a chan fod modd dod o hyd i brofion yn rhy rwydd yn aml pan fo'r ymchwil yn tueddbennu i gyfeiriad symbolaidd neu thematig, rhaid ymochel rhag dilyn Syr John Rhys ar bob un o'i ddamcaniaethau.[13] Eto, dylid cydnabod, onid oes damcaniaeth foddhaol arall, ac os ydyw'r elfennau'n ateb yn unfryd bwyllog i hon, mai dyma'r un y mae rhaid ei derbyn ar hyn o bryd. Fe all brawddegau fel y rhain,[14] 'It is, of course, unnecessary to agree with Rhys that the lady of the lake was a dawn-goddess, Owein a solar hero, and Urien a dark divinity. The latter were certainly historic persons,' fod yn llawer mwy camarweiniol, gan y gwyddom nad traethu hanes syml a wna'r cyfarwyddiaid yma.

Carwn hel ynghyd yn y fan yma y profion cyfun pennaf yn chwedl *Owain* y gellir gweld ynddynt gysylltiadau mytholegol â'r haul neu bresenoldeb ymwybod â pherthynas o ryw fath rhwng y chwedl a'r haul:

---

10. gw. *The Science of Folklore,* A. H. Krappe, Llundain, 1930, 318.
11. J. G. Frazer, op. cit. I, Cyf. 2, 98-9; IV, Cyf. 2, 126; *Primitive Culture,* Llundain, 1920, 6ed arg. I, 342 yml.
12. Y mae O'Rahilly op. cit. 470 yn nodi prawf o 'Confessio' Sant Padrig fod addoli'r haul yn nodwedd bwysig yng nghrefydd baganaidd y bumed ganrif yn Iwerddon; cf. hefyd *Études Celtiques* III, 1938, 46-58; *Origin and History of Irish Names of Places,* P. W. Joyce, Dulyn, 1875, Cyf. II, Pennod 14.
13. Ceir beirniadaeth ddeifiol ar fyth yr haul gan A. H. Krappe op. cit. 204-5, 265, 317-8, ac yn *Gottingische gelehrte Anzeigen,* Göttingen, 1928, 376 yml.
14. Loomis yn *Speculum* XX, 1945, 202 n. 8; sylwer ar rybudd teg gan Mrs. Rachel Bromwich, *Llên Cymru* VIII, 52.

1. Cyfeiriad penodol yn *Yvain* Chrétien at natur heulog Gauvain.
2. Posibilrwydd llew onomastig: Ileu.
3. Tebygrwydd Owain i Leu.
4. Modrwy.
5. Heusor unllygeidiog.
6. Iacháu.
7. Olyniaeth disodli.
8. Codi'r storm.

Dibwys yw'r cyfeiriad cyntaf, ac nis crybwyllaf ond er mwyn ei osod mewn cyd-destun helaethach. Yn y fersiwn *Yvain* gan Chrétien de Troyes, sy'n cyfateb i ramant *Owain,* fe ddywedir,[15]

> Mes solemant de l'acointance
> Vuel feire une brief remanbrance,
> Qui fu feite a privé consoil
> Antre la lune[16] et le soloil.
> Savez, de cui je vos vuel dire?
> Cil, qui des chevaliers fu sire
> Et qui sor toz fu renomez,
> Doit bien estre solauz clamez.
> Por mon seignor Gauvain le di . . .

(Ond yn unig, dymunaf grybwyll yn fyr am gyfeillgarwch a wnaethpwyd yn ddirgel rhwng y lloer a'r haul. A wyddoch pwy 'rwyf yn siarad amdano â chwi? Hwnnw a oedd yn arglwydd marchogion ac yn enwog uwchlaw pawb. Dylai haeddu cael ei alw'n haul. Soniaf am f'arglwydd Gauvain.)

Dywedir yn eglur mai'r haul yw Gauvain; ac y mae ei nerth yn llawer o'r chwedlau yn chwyddo tan hanner dydd ac yn lleihau wedyn. Nid oes fawr arwyddocâd i'r elfen hon ond yn y cyd-destun ehangach.

Un o'r elfennau mwyaf unigolyddol yn rhamant *Owain* ydyw'r llew, gymaint felly nes i'r fersiwn Ffrangeg o'r chwedl ddwyn yr enw *Le Chevalier au Lion* (Marchog y Llew). Dyma deitl, felly, ar

---

15. *Chrestien de Troyes, Yvain,* gol. T. B. W. Reid, Manchester University Press, 1942, 11. 2395-2403.
16. Cyfeirio yr ydys yma, wrth gwrs, at enw Lunet yn Ffrangeg: gw. trafodaeth ar yr enw, *Llên Cymru,* IV, 1957, 219. Y mae Loomis, op. cit. 294-300 wedi ymhelaethu ar ei chysylltiad â'r lloer. Meddai *Das keltische Brittannien bis zu Kaiser Arthur,* E. Windisch, Leipzig, 1912, 279, 'Nur *Lunet* ist ein romanischer Name, der im Cymrischen noch als ein Fremdort empfunden worden ist.'

Owain ei hun. Diddorol sylwi wedyn fel y mae'r enw *Lleu,* ar y cymeriad chwedlonol hwnnw y cytunir bellach mai disgynnydd ydyw i dduw goleuni Celtaidd, wedi troi'n *Llew* bron yn rheolaidd yn chwedl *Math*: ceir *Llew* ddeuddeng ngwaith yn WM a *Lleu* ddwywaith.[17] Yn rhamant *Owain,* yn ôl pob golwg, y mae'r llew'n rhesymoliad o fwystfil arweiniol.[18] Pe bai gennym, felly, dduw'r haul yn elfen fytholegol ganolog yn y rhamant hon, ni byddai'n syn i'r llew ymddangos yn onomostaidd neu'n atodol i arwain y prif gymeriad.[19]

Cysylltir llew â duw'r haul. Meddai S. H. Langdon,[20] wrth ddisgrifio darlun cynnar o Swmeria o'r duw-haul ar adegau gwahanol o'r dydd: 'On the left stands a god with a bow, probably representing the Sun-god as a hunter, and the lion of the sun with open jaws reaches at the celestial hunter from the left. The eagle,[21] Sumerian symbol of luminary which takes its daily flight . . .' Yn yr Encyc. Brit., wrth ymdrin â'r Zodiac, fe ddywedir, 'The Lion, as the symbol of fire, represented the culmination of the solar heat.'[22]

Nid anodd canfod y cysylltiad rhwng y llew a'r haul.[23] Heblaw'r gair arwyddocaol 'lleu', gellir nodi pedair elfen yn stori Lleu Llaw Gyffes (ym *Math*) a ail-ymddengys eto yn *Owain:*

(i) Yn y naill stori a'r llall ceir cymeriadau y mae eu henwau, *Luned* (= lloer), ac *Arianrhod* (= lloer), yn eu cydio wrth ei gilydd. Plethodd tynged Leu ag Arianrhod ar hyd ei hanes bore: cyplysir

---

17. gw. *Math Vab Mathonwy,* W. J. Gruffydd, Caerdydd, 1928, 60 n 24; 235-6.
18. gw. A. C. L. Brown ym *M. Ph.* IX, 1911, 112 yml.
19. Diddorol sylwi ar ystyr y gair *lug* yn yr Wydd. sy'n awgrymu y gall mai 'lincs' oedd y llew'n wreiddiol, ac iddo newid oherwydd cymysgu *lleu* (o'r Gelt. lug.) â *llew*: am *lug* yn yr Wydd. yn golygu 'lincs' gw. Pedersen, *Vergl. Gr.* I, 186; RC. XLVII, 166-8; cf. *Aspects of Celt. Mythology,* A. G. van Hamel, Sir John Rhys Memorial Lect. 1934, 44; *Hessen's Irish Lexicon,* Halle, 1938, 81; *Wörter und Sachen,* J. Loewenthal, X (1923), 140 yml.
20. *Mythology of All Races,* V, 1931, Semitic, 60.
21. Y mae Lleu yntau'n eryr ym *Math;* am yr haul fel aderyn, gw. O'Rahilly op. cit. 520.
22. Y mae duwdod y llew yn ddigon adnabyddus. Meddai Mary Williams, 'The dying god in Welsh lit.,' RC 46, 193-4 'We find the Lion God occurring continually in Lyria and the East as one of the original forms of the Deity. In India Vishnu is said to have taken on the form of a lion . . . In the rock sculptures of Boghaz-Keui in North West Cappadocia the lion is associated with the Dying God . . .' Yn ôl Frazer op cit. V, 137; 162 n. 2, y mae Hercwl y chwedlau Groeg yn dduw cynhaeaf ac yn dduw-lew; cyfyd i'r nefoedd gyda thrwst taranau, ac enfyn law i ffrwythloni daear.
23. cf. BD 115, 'Dyn a damlygir y gan lew byw, a luchyaden eur a dalla llegeyt y rei a edrychyont.'

yr un fath enw Owain a Luned. Cysylltir y ddwy hyn â'r dŵr fel sy'n briodol i leuadau; ac y mae thema'r fodrwy hefyd yn tystio i'w lleuadrwydd.[24] Nid oes gennym ddigon o dystiolaeth union-gyrchol, bid siŵr, i honni mai'r hyn a geir ym mhriodas Owain a'r Iarlles yw priodas haul a lloer; ond gan fod y dystiolaeth anunion-gyrchol yn ein tueddbennu i'r cyfeiriad yna diddorol nodi'r hyn a ddywed A. H. Krappe,[25] This latter notion (h.y. priodas nefol yr haul a'r lloer) is found not only among peoples whom we con-temptuously like to call "savages" (such as the inhabitants of Tahiti, for example) but also among the Lithuanians, the ancient Greeks, the Vedic Indians, nay even among the Hebrews of the Old Testament.'

(ii)   Ym *Math* y mae'r gerwyn[26] yn cyfateb i'r ffynnon yn *Owain.* Er gwaetha'r gwahaniaeth rhwng y ddau wrthrych hyn, fe'n darbwyllir i ystyried eu tebygrwydd ac yn wir eu hunaniaeth gan gerwyn yng nghyfranc Lludd a Llefelys[27] sy'n gweithredu'n debyg i ffynnon Owain:

> 'A gwedy daruot hynny, Llud Vrenhin a beris arlwy gwled, diruawr y meint. A gwedy y bot yn barawt, gossot kerwyn yn llawn o dwfyr oer geyr y law; ac ef e hun, yn y priawt person a'e gwylwys. Ac ual y byd uelly yn wiscedic o arueu, val am y tryded wylua o'r nos, nachaf y clyw llawer o didaneu odidawc ac amryuaelyon gerdeu, a hun yn y gymell ynteu y gyscu. Ac ar hynny, sef a oruc ynteu, rac llesteiryaw ar y darpar, a'e orthrymu o'e hun, mynet yn vynych yn y dwfyr. Ac yn y diwed, nachaf gwr diruawr y veint yn wiscedic o arueu trymyon kadarn yn dyuot y mywn.'

(iii)   Y mae'r darn,[28] sy'n disgrifio Owain yn mynd o'i gof oher-wydd galar ac yn tyfu blew fel bwystfil, yn dra phwysig, gan mai dyma'r unig enghraifft lawn mewn rhyddiaith Gymraeg o ryw-beth a ddigwyddodd i Fyrddin. Serch hynny, tebyg oedd newid

---

24. Trafodir hyn ymhellach ymlaen. Gelwid bys y fodrwy yn *arianfys.*
25. *The Science of Folk-lore,* Llundain, 1930, 329. Am addoli'r lloer ymysg y Celtiaid, gw. *The Celtic and Scandinavian Religions,* J. A. MacCulloch, Llun-dain, 1948, 16 yml.
26. a llyn y morynion
27. *Cyfranc Lludd a Llevelys,* Ifor Williams, Jarvis a Foster, Bangor, 1910, 6-7.
28. WM 250

Lleu,[29] ond iddo ef droi'n eryr a mynd i ben coeden[30]: pydrodd mewn modd tebyg i Owain hyd at drengi, ac fe'i hiachawyd mewn modd tebyg.[31] Y mae dau sylw o eiddo Mary Williams[32] yn hynod o bwysig yn y cyswllt hwn, gan ei bod hi wedi dyfod at y chwedl o gyfeiriad arall:

(a) 'Doubtless in the earliest form of our story, Llew was restored through the efforts of Arianrhod (Ishtar, Iris), but the meaning of the story having been lost it seemed more natural that his father Gwydion, being a magician, should find him again.'

(b) Deil hefyd i Leu gael ei iacháu ag *eneint*: 'There is therefore room to believe that the events in the Welsh narrative have been inverted at some stage in the development of the story: the bath has been made to precede instead of follow the death of Llew. Possibly the story-teller, ignorant of the real meaning, felt he must explain the presence of the bath which has displaced the (original) river, still mentioned in the story although for no apparent reason. Incidentally, the Welsh word used, *eneint, eneinio* meant both 'to bathe' and 'to anoint'. Just as Tammuz, dead, was washed, anointed and clad, so was Llew.'

(iv) Os derbyniwn ddamcaniaeth Mary Williams fod cerwyn wedi disodli'r afon wreiddiol, dichon y gellid ychwanegu *llech* yn bedwerydd ffactor arwyddocaol sy'n cysylltu Lleu ac Owain:

PKM 92 'llech a welaf ar lan yr auon.'

Nid hwyrach mai dyma'r llech yr arllwysodd Owain y dŵr drosti ac a enwir bob tro wrth sôn am y ffynnon: WM 230, 232, 236,

---

29. PKM 89-90; cf. Peredur WM 149, Kulhwch WM 452, BD 5, 26. Y mae gwallgofrwydd oherwydd cariad yn gyffredin yn yr oesoedd canol, gw. 'The Lover's Maladye of Hereos,' J. L. Lowes', M. Ph. XI (1914), 491 yml. Ar thema gwallgofrwydd yn y Gymraeg gw. B IX, 8-27; 'The Welsh Myrddin Poems', A. O, H, Jarman, *Arthurian Literature in the Middle Ages*, R. S. Loomis, Rhydychen, 1959, 25-30.
30. cf. Suibhne Geilt yn hedeg a Myrddin yn dringo i'r Afallon rhag lluoedd Rhydderch.
31. Ceisiais ddatblygu'n weddol helaeth y cysylltiad uniongyrchol a oedd rhwng Cyndeyrn (fab Owain ab Urien) a Myrddin yn fy nhraethawd MA op. cit. 285-289.
32. RC 46, tt. 204, 203; am sylwadau pellach am atgyfodiad wedi 'ennaint' (neu gerwyn) gw. *Llên Cymru*, V, 1959, iii, 134.

153

246.[33] Diddorol sylwi hefyd ar Lyn Llech Owen ym mhlwyf Llanarthne, Sir Gaerfyrddin. Ceir amryw storïau i esbonio'i enw.[34] Dyma'r un a edrydd Rhys[35]:

'There was once a man of the name of Owen living on Mynydd Mawr, and he had a well (ffynnon). Over this well he kept a large flag (fflagen neu lech fawr: 'fflagen' is the word in common use now in these parts for a large flat stone), which he was always careful to replace over its mouth after he had satisfied himself or his beast with water. It happened, however, that one day he went on horseback to the well to water his horse, and forgot to put the flag back in its place. He rode off leisurely in the direction of his home; but, after he had gone some distance, he casually looked back, and to his great astonishment, saw that the well had burst out and was overflowing the whole place. He suddenly bethought him that he should ride back and encompass the overflow of the water as fast as he could[36]; and it was the horse's track in galloping round the water that put a stop to its further overflowing. It is fully believed that had he not galloped round the flood in the way he did, the well would have been sure to inundate the whole district and drown all. Hence the lake was called the lake of Owen's Flag (Llyn Llech Owen).'

Yn ôl adroddiad Tom Matthews[37], 'he is sometimes, but not usually, stated to be one of Arthur's Knights'.

Yn y chwedl Wyddeleg *In Gilla Decair* ceir adar yn canu, cawg yfed, nant, a marchog a ymddengys wedi cynhyrfu'r dŵr, yn ogystal â *llech*.[38] A thebyg y dylid ystyried y llech yn *Owain* yn

---

33. cf. Manawydan, PKM 56 (cf. WM 177, Ac ymon y llwyn ymae llech . . . Ac ef a gyfodes gwr du ydan y llech).
34. gw. *Hanes Plwyf Llandybïe*, Gomer M. Roberts, Caerdydd, 1939, 249-255; y mae straeon gyda'r un esboniad yn ardal y Bala am Lyn Tegid, heb enw Owain.
35. *T.C.* 1892-3, 11-12.
36. sef arfer yr haul.
37. *Trans. Carm. Ant. Soc.* VI, 9-11.
38. Gan fod y llech yn *Owain* (ac yn fwy ym *Manawydan*) yn gysylltiedig â diflannu'r deyrnas (neu ei diffeithio), a chan fod *maen* y fodrwy'n gysylltiedig â diflannu, dichon fod perthynas rhyngddynt. Yn ôl Spurrell ystyr 'maen cawod, maen glaw' yw 'precious stone.' Yn ôl Pughe (Geiriadur 1832) y maent yn enwau ar 'the crystal which used to be rolled for procuring rain, and hence, probably the *manalis lapis* of the Romans,' a dyfynna B. Brwynllys 'Y fun . . . A'i mwngwl oll fal maen glaw.' Mewn cân gan Y Nant y dyfynna G. J. Williams, *Tradd. Llen. Morg.* 116 ohoni, 'A'th lys yn ddisglair, faen mererid Mair/A'th glych yn gywair, fegis *main cawad.*' Eto, dichon mai cesair (hail-stones) a weddai orau wrth ddisgrifio merch.

fotiff chwedlonol arwyddocaol.[39]

Beth bynnag, credaf nad damweiniol yw'r cyfuniad hwn o fotiffau chwedlonol wrth ystyried y berthynas rhwng Lleu ac Owain, ac wrth geisio archwilio pa gysylltiadau a oedd gan Owain â motiffau duw'r haul.

Symudwn un cam ymhellach yn y ddadl o blaid nodweddion heulog *Owain.* Ac ystyriwn y fodrwy a'i lle yn y chwedl:

WM 237. a dot amdy vys, a dot y maen hwnn y mywn dy law. achae dy dwrn am y maen. a thra gudyych ti euo euo ath gud ditheu..

Ceir modrwy debyg yn rhamant *Peredur*[40]:

WM 156. Aphei rodut ti dy gret vyg caru yn wwyhaf gwreic mi arodwn it vaen val y gwelut ti efo pan elut ymywn Ac ny welei ef tydi . . . 157. Ac yna y difflannwys y vorwyn ymdeith gwedy rodi ymaen yn llaw pedur.

Ceir modrwy rinweddol hefyd yn *Breudwyt Ronabwy* 7, 3:

Ac yna y dywawt Idawc, 'Ronabwy, a wely di y vodrwy a'r maen yndi ar law yr amherawdyr?' 'Gwelaf', heb ef. 'Vn o rinwedeu y maen yw, dyuot cof yti a weleist yma heno; a phei na welut ti y maen ny doei cof ytti dim o hynn o dro.'

Y mae thema'r fodrwy hud yn o gyffredin[41], a diau mai symbol yr haul (neu'r lloer) a oedd yn gyfrifol amdani'n wreiddiol. Meddai

---

39. Yn ôl *Das keltische Brittanien bis zu Kaiser Arthur,* E. Windisch, Leipzig, 1912, 184, 'Die Quelle und mehr noch der Stein war als der Eingang in die untere Welt gedacht. Dies lässt sich durch eine ähnliche Stelle beweisen. Peredur wird nach einem Bergabhang dirigiert, wo sich ein Gebüsch befindet und darin ein flacher Stein, um dort einen Kämpfer zum Kampfe herauszufordern: ein solcher kommt unter dem Stein (also aus der unteren Welts) hervor, RM I, 241, 30; Loth II 108. Hier haben wir den irischen Sid. Im Falle Peredurs scheint sein blosses Erscheinen am Eingange in die Unterwelt zu genügen. Beim Abenteuer Oweins kommt das Begiessen des Steines mit Wasser dazu. Man könnte den Mythus verstehen, dass auf den Stein, d.i. auf den Eingang in die Unterwelt ausgegossenes Wasser in der unteren Welt ein Unwetter erregt und ihre Bewohner mobil macht.'
40. cf. *Arthurian Tradition and Chrétien de Troyes,* R. S. Loomis, Columbia University Press, 1949, 239; Windisch op. cit. 128. Cymhara A. C. L. Brown, *Iwain,* Harvard Studies and Notes in Phil. and Lit. VIII, 1903, 144 ddigwyddiad ym Malory, Llyfr 7, "the ring presented by Dame Lyonesse to Gareth, which gives him the power of changing colour so that he cannot be recognized, reminds us of the shape-shifters in Other-World story, from Manannán to Avartach of the Many-coloured Raiment.'
41. *The types of the Folk-tale,* Antti Aarne, trans. Stith Thompson. Helsinki, 560; *Mabinogion* Loth, II, 18; Piefro Toldo, *Romanische Forschungen* (1904), XVI, 623 yml.; Clouston, 'Magical elements in Chaucer's Squire's Tales', Chaucer Society, Ail gyfres, 26, t. 338 yml.

O'Rahilly[42] mewn ymdriniaeth olau, lle y mae'n crybwyll enghreifftiau Cymraeg eraill o'r fodrwy heulog—Olwen, Branwen, Rhiannon, Arianrhod—'When the solar deities are represented anthropomorphically, the symbols of ring or wheel are often found associated with them.'

Diddorol sylwi fod sôn yn ddiweddarach[43] am forwyn yn dyfod i lys Arthur i gael y fodrwy gan Owain am iddo ei bradychu a'i gadael hi. Ni chrybwyllir modrwy arall yn y Gymraeg er bod yr Iarlles yn *Yvain*[44] yn rhoddi modrwy arall er mwyn iddo gofio amdani drwyddi hi. Os casglwn mai'r un oedd yr Iarlles a Luned yn *wreiddiol*[45] fel yr awgryma enw'r chwedl, ymddengys mai rhesymoliad ar ran Ffrancwr sy'n cyfrif am y gwahaniaeth hwn yn y Ffrangeg. Bathodd y Ffrancwr hefyd stori am Lunete yn mynd i lys Arthur gynt ac yn cael help gan Owain yno, fel rheswm dros ei pharodrwydd hi i'w helpu.

Cymeriad dibwys, ond arwyddocaol yn y ddadl sydd gennym dan sylw, yw'r heusor anferth sy'n cyfarwyddo Owain ar ei ffordd. Fe'i disgrifir yn *Owain* WM 228 fel gŵr du ag un droed, ac un llygad yng nghnewyllyn ei ben. Y mae'r nodwedd gyntaf yn ein hatgoffa am Sol yn *Kulhwch* WM 466, sef haul, sy'n gallu sefyll ar un droed drwy'r dydd;[46] ac y mae'r ail nodwedd, sef fod ganddo un llygad yng nghanol ei ben, yn symbol heulog adnabyddus, fel y dangosodd O'Rahilly yn helaeth.[47]

Yn awr, mi gredaf i mai'r un un oedd swydd yr heusor a swydd amddiffynnydd y ffynnon mewn fersiwn cynharach o'r chwedl, eithr iddynt ymwahanu'n gymeriadau gwahanol. Diddorol yw sylwi yn *Peredur* WM 152: '*Ac ef aglywei twrwf mawr. Ac yn ol ytwrwf ef awelei wr du mawr vn llygeityawc yn dyfot ymywn . . .*

---

42. op. cit. 305. Medd Rhys, *The Arth. Leg.* Rhydychen, 1891, 97: 'The ring is probably to be regarded as a solar symbol: referred to its original in mythology, it meant the disk of the sun.'
43. WM 250; gw. 'On the independent character of the Welsh Owain,' A. C. L. Brown, *Rom. Rev.* III (1912).
44. vs. 2600 yml.
45. cf. Caru mercn nis câi'r marchog/A fu rhwng y porth a'r ôg. B.D.G. 152, 5-6.
46. Un droed ac un llygad a oedd gan y Fer Caille, RC XII, 99.
47. op. cit. 58 yml., 330 n. 3; 520; RC XII, 99; RC XXII, 41.

153. pwy adiodes dylygat. vn om kynedueu oed . . . 154. Am ɩenw ineu yw ydu trahawc.' Yn *Giolla deacair*[48] y mae Diarmait ɩam ryddhau Conán a'i gyfeillion. Daw i wastadedd blodeuog lle y ɩclyw adar yn canu ac y gwêl bob prydferthwch. Y mae yna un goeden fawr yn pingad o ffrwyth: o'i chwmpas gwelir cylch o feini, ac un yn dalach na'r lleill. Gerllaw y mae ffynnon risial, ac fe blyg Diarmait i yfed ohoni. Ond cyn llwyddo, fe glyw dwrf mawr fel marchogion yn nesáu. Pan gyfyd ar ei draed, ni wêl ddim. Plyg eto a chlywed y sŵn; ac wedi ail-godi, fe wêl fod cawg aur ar y maen mawr. 'Tebyg gennyf,' ebe ef, 'mai â'r cawg yn unig y caniateir yfed.' O'r braidd y mae'n dibennu cyn gweld *gruagach*[49] yn dyfod gan gyflymu tuag ato o'r dwyrain mewn mantell ysgarlad a gwallt melyn. Cyfarcha Ddiarmait yn gwbl anghwrtais gan ei geryddu ef am yfed o'r ffynnon. Ymladdant "fel dau lew" neu "fel dwy sarff." Wedi brwydro drwy'r dydd, fe ddiflanna'r *gruagach* i lawr y ffynnon gan ei bod yn nosi. Wrth aros amdano, crwydra Diarmait a gwêl braidd o geirw. Lladd rhai a bwyta. Gyda'r bore, daw'r *gruagach* yn ei ôl, a'i geryddu am ladd rhai o'i geirw. Brwydro eto tan y nos pryd y diflanna'r *gruagach* i lawr y ffynnon. Ac felly ymlaen tan y pedwerydd dydd pryd y mae Diarmait yn dal y *gruagach* gyda'r hwyr ac yn diflannu gydag ef i lawr y ffynnon.

Os caf achub y blaen ar fy nehongliad o adeiladwaith pensaernïol y rhamant hon, carwn nodi imi weld yn y chwedl hon—yn ôl dull llawer o chwedlau gwerin, wrth gwrs—gyfres o unedau wedi'u hailadrodd, neu gylchoedd yn cael eu haildroi, plethwaith o ddybladau sy'n canoli ar undod mythologol sylfaenol. Felly, credaf y gellir profi'n weddol foddhaol fod marchog y ffynnon, yr iarll du, y Du Traws, a hyd yn oed yr heusor anferth yn ddybladau ar ei gilydd, ac felly ar dduw'r storm-haul. Gydag amddiffynnydd y ffynnon (WM 231) sydd â'i farch, gwisg a'i ystondard yn ddu, yr iarll du (WM 232) a'r Du Traws, y mae'r amgylchiadau'n hollol debyg—sef amddiffyn neu ennill morwyn,

---

48. gol. Hogan a Lloyd, 1905, 29 yml.
49. sef cawr o greadur blewog. gw. *Popular Tales of West Highlands*, Campbell, I, 33-4; *Hibbert Lectures*, Rhys, 189. Dichon fod y *gruagach* yn ffurf gyfryngol sy'n hanner ffordd rhwng y *geilt* sy'n tyfu blew ac yn crwydro yn y fforest a'r heusor anferth. Nodwyd eisoes y cysylltiad rhwng Owain a thema'r *geilt*.

gyda ffynnon yn y cefndir. Ceisiwyd uchod ddangos fel y mae
swydd yr heusor yntau yn ffitio i batrwm cyffelyb.[50]

Dof yn awr at y chweched ffactor sy'n peri i mi gysylltu chwedl
Owain â motiffau traddodiadol duw'r haul, sef yr elfen iacháu
sydd yn y rhamant.

Ar ôl iddo fynd yn wyllt, daw morwyn yr iarlles at Owain, a'i
iacháu ag ennaint. Y mae hi, y mae'n ymddangos, yn ddyblad ar
Luned—fel yr awgrymir gan ei swydd yn y chwedl[51] ac fel yr
awgryma Malory hefyd.[52] Gan mai cerwyn ymolchi oedd
'ennaint' hefyd, fel y dengys PKM 138, ac ystyried mor gyffredin
oedd ffynhonnau iacháu [53] ym Mhrydain, dichon mai'r ffynnon

---

50. Ar seiliau eraill, fe ddangosodd Miss Paton, *Folk-lore* XVIII, 47 fod yr Heusor
Anferth yn ddyblad ar amddiffynnydd y ffynnon. Felly A. C. L. Brown, *Studies
and Notes in Philol.* & *Liter.* VIII, 114; *Mod. Phil.* IX, 1911, 109. Yn *Folk-lore*
XVIII, 4 (The European Sky-God, VIII, The Celts) y mae A. B. Cook wedi cydio
'the hospitable host, the defender of the fountain, and the club-bearing
giant.' Er bod y lletywr hael yn dangos y ffordd yn union ym modd yr Heusor
Anferth, nis enwir yn ŵr du: gŵr melyn ydyw. Ond sylwer fod Owain yn
newid ei wisg ddu am wisg felen ar ôl priodi: gwrthgyferbyniad rhwng storm
a haul ydyw. Yn *Erec* (vss. 5405 yml.), Eurain yw enw'r lletywr hael, a dichon
fod hynny'n adlewyrchu ei liw. (Pwysig sylwi mai Owain sy'n cyfateb iddo yn
Geraint WM 446). Sylwodd Brown, *Mod. Phil.* IX, 1911, 109 yml. fod yr
Heusor Anferth a'r lletywr hael yn un yng Nghustennin (Kulhwch).
    Ceir rhai sylwadau gan Ifor Williams *C LI LI*, XX ar deip y gŵr du, ac y mae
Lloyd-Jones, G. 394 wedi casglu'r enghreifftiau priodol oll. Y gyfres o wŷr
duon sy'n gwrthwynebu Peredur, WM 164, 175, 177 yw'r peth tebycaf yn yr
iaith i elynion Owain.
51. *The types of the Folk-tale*, Antti Aarne, cyf. Stith Thompson, Helsinki, 1928,,
610-619; cf. *Romance in Iceland*, Margaret Schlauch, Llundain, 1934, 134
yml., *Celtic Myth and Arthurian Romance*, R. S. Loomis, Efrog Newydd,
1927, 87; *Folklore of the British Isles*, E. Hall, Llundain, 1928, 68; *The Fians*,
Campbell, Llundain, 1891, 242.
52. Nodais y rhain yn y gyf. gyntaf o *Le Morte D'Arthur*, Thomas Malory, introd.
John Rhys, Everyman's, Llundain, 1906, 215: 'And forthwithal came Dame
Linet, and took up the head in the sight of them all, and anointed it with an
ointment thereas it was smitten off; and in the same wise she did to the
other part thereas the head stuck, and then she set it together, and it stuck as
fast as ever it did; 216, Right so came this damosel Linet before them all, and
she had fetched all the goblets of the head that Sir Gareth had thrown out at
a window, and there she anointed them as she had done tofore, and set
them together again; 221, And then she laid an ointment and a salve to him
as it pleased to her, that he was never so fresh nor so lusty; 234, And then by
means of the damosel Savage Sir Gawaine and Sir Gareth were healed of
their wounds.'
53. *The Holy Wells of Wales*, Francis Jones, Gwasg Prifysgol Cymru, Caerdydd,
1954; *Our baths and wells*, John Macpherson, Macmillan, 1871; *The Folk-
lore of the Afan and Margam District*, Martin Phillips, 38, 85 (Cysylltir â
ffynnon iacháu Sant Baglan, Pantyrarian, gyfeiriadau at dduwies dŵr: Mi
wela Ffynnon Baglan/A'r ferch foneddig ddiddan/Yn plethu llaw mewn
dwfr byw/Ei gwallt 'run lliw â'r arian.)

sydd mor ganolog yn y rhamant hon (*Iarlles y Ffynnon*) a oedd yn iacháu'n wreiddiol, gan ddefnyddio ystyr arall 'ennaint' er mwyn peidio â chymysgu'r dyblad â'r iarlles wreiddiol.

Y mae O'Rahilly[54] yn cysylltu'r ddawn hon â duw'r haul, 'One of the attributes of the sun-god was the healing of disease; and in this belief we have one of the reasons of the importance attached in ancient times to the wearing of rings or other solar emblems, which were primarily amulets and only secondarily ornaments.'

Wrth inni.ystyried i ba raddau y mae olion mytholegol yn aros yn rhamant *Owain* o darddiad mwy cyntefig yng nghymeriad a motiffau duw'r haul, casglu y buom rai nodweddion gwasgarog. Gwasgarog ond digon arwyddocaol. Wrth eu rhoi gyda'i gilydd y mae'r dystiolaeth amgylchiadol yn cynyddu. Dolen wan yn y gadwyn hon yw'r nodwedd nesaf y carwn ei chrybwyll, ac nis gwelaf yn arwyddocaol ond o'i dodi yng nghyflawnder y darlun cyfun. Sef yr elfen o olyniaeth ddisodlol. Disodli iarll y ffynnon a wna Owain, gan ddyfod yn ŵr i'w wraig ac yn berchen ar ei swydd, yn gymwys fel y bydd un haul yn dilyn haul arall, neu storm yn disodli haul, neu fab yn cymryd lle tad yn ei holl etifeddiaeth.[55] Adlewyrchir y syniad o etifeddiaeth yn yr hyn a ddywed Luned, W.M. 243: 'Ony elly di gynnal y ffynnawn. ny elly gynnal dy gyuoeth. Ny eill kynnal y ffynnawn namyn vn o teulu arthur.'[56]

Diau y gellid dadlau mai patrwm Vidua, sef 'The Matron of Ephesus' sydd y tu ôl i'r briodas frys, fel y mae Foerster yn ei honni.[57] Cawn y stori honno yn *Chwedlau'r Saith Doethon*,[58] lle y mae gwraig yn galaru ddydd a nos dros fedd ei gŵr. Y mae marchog, a amddiffynnai gorff dyn crog, ar fedr ei ladd ei hun am i'r gelain gael ei lladrata oddi ar y crocbren. Cynigia'r weddw

---

54. op. cit. 303 (cf. 472).
55. *Celtic Myth and Arthur. Romance,* R. S. Loomis, Efrog Newydd, 1927, 70 yml; Nitze yn *M. Ph.* III 267; *M.Ph.* VII, 145; *Arthur. Tradition* & *Chrétien de Troyes,* R. S. Loomis, Efrog Newydd, 1949, 326.
56. Amlwg, felly, fod y gŵr du, amddiffynnydd gwreiddiol y ffynnon, yn dyfod o deulu Arthur.
57. Rhagymadrodd i *Ywain* (Der Löwenritter), Kristian Von Troyes, Halle, 1891; cf. *The Evolution of Arth. Romance,* J. D. Bruce, II, 81. Ceir llyfryddiaeth lawn o'r teip hwn yn Antti Aarne op. cit. 178.
58. *Chwedleu Seith Doethon Rufein,* gol. Henry Lewis, Wrecsam, 1925, 62 yml. Diddorol sylwi yng ngolau hyn ar y benthyciad yn *Chwedleu y Seith Doeth,* o chwedl *Owain* a nodir gan Henry Lewis ibid. 24.

159

alarus ei chariad iddo, a dyry hi gelain ei gŵr ar y crocbren yn lle'r llall er mwyn i'r marchog ddianc.

Nid yw'r ffaith seml fod, yn *Owain,* wraig sy'n priodi'n fuan wedi marwolaeth ei gŵr yn ymglymu wrth y motiff canolog, serch hynny.[59] Mwy perthnasol ar gyfer hynny fyddai deall mai disodli neu adnewyddu ceidwad y ffynnon yw'r cymhelliad arwyddocaol. Ymdriniodd Frazer â'r mater hwn yn o fanwl. Dywed,[60] 'He, too, (sef Brenin y Coed) had to be killed in order that the divine spirit, incarnate in him, might be transferred in its integrity to his successor. The rule that he held office till a stronger should slay him might be supposed to secure both the preservation of his divine life in full vigour and its transference to a suitable successor as soon as that vigour began to be impaired. For so long as he could maintain his position by the strong hand, it might be inferred that his natural force was not abated; whereas his defeat and death at the hands of another proved that his strength was beginning to fail and that it was time his divine life should be lodged in a less dilapidated tabernacle.'

Byddai cydnabod mai un yn disodli'r llall sydd yma, megis mab yn disodli tad, yn esbonio ffaith o ddiddorol, sef bod stori yn y *Didot-Perceval* am Urien yn cymryd yn union yr un rhan ag Owain neu ag Iarll y Ffynnon.[61] Cyferfydd Urbain, fab Noire

---

59. Am briodas frys debyg yn yr Wyddeleg ac mewn rhamantau eraill, gw. *Origin of the Grail Legend,* A. C. L. Brown, Cambridge (Mass), 1943, 452. Dengys T. P. Ellis (Cym. 39, t. 129) nad anghyffredin mo weddw'n priodi'n union ar ôl marw ei gŵr; a thraetha ef yn hir ar gywirdeb y briodas hon (ibid. 124, 126, 132). Yn ôl *Mabinogion,* Guest (Everyman's), 374: 'It was very usual for widows and heiresses in the troublous days of knight errantry to marry those whose strength and valour rendered them best able to defend and preserve to them their possessions. Stc. Palaye in enumerating the advantages of the order of Knighthood, does not forget to mention this easy mode of advancing to fortune.' Honna Baist (*Zt. f. rom. Phil.* XXI, 1897, 402-5) y byddai'r Cymry'n disgwyl yn anochel mai eiddo i Enillydd y Ffynnon fyddai Iarlles y Ffynnon, a chymhara briodas frys Kilydd yn *Kulhwch.*

60. *The Golden Bough,* III, 205-6; cf. 206-13; *The Magic Art* & *the Evolution of Kings,* I, 1 yml.; II, 378 yml.

61. *Didot-Perceval* I, 459 yml . . . Ar ddiwedd *Geraint,* y mae Owain sy'n berchen ar gae niwl WM 224 yn cyfateb i Eurain (Urien) yn *Erec* 5367-6410. Gwyddys am bwysigrwydd totem y brain ar gyfer Owain (*Breudwyt Ronabwy,* gol. Melville Richards, Gwasg Prifysgol Cymru, 1948, xvi-xviii, 53; Alexander H. Krappe, Mitteilungen d. Schlesischen Gesellschaft f. Volkskunde, XXXV, 1935, 98 yml.; *Mabinogion,* Guest, Everyman's, 349; Aberystwyth Studies, VIII, 1926, 78): cofier hefyd am eu cysylltiad ag Urien—*Gwaith Guto'r Glyn* 264, Brain Urien a'i brynarodd; *Med. Heraldry,* E. J. Jones, Caerdydd, 1943, lv, 'Urien's arms were argent, chevron sable between three ravens proper.'

spine (= gŵr du) â morwyn brydferth mewn Fforest. Arweinia
i ef i gastell teg, gan addo ei garu os erys ef gyda hi. O hyn ym-
aen, fe drig yn y castell gyda hi *heb i neb ond y forwyn ei weld,* a
hwythau ar bwys rhyd y mae hi'n ei hamddiffyn. Un diwrnod,
daw Perceval i'r rhyd, a'i faeddu ef. Ar unwaith, *distrywir* y
castell o hud' gyda thrwst *aruthrol.* Try gordderch Urbain yn
aderyn a'i morynion yn adar, sy'n hedfan i lawr i ymosod ar
Perceval.[62]

Yn llên gwerin Cymru, ceir stori nid annhebyg:[63] 'Yn Sir ddin-
bych y mae plwyf a elwir llan verrys/ag yno y mae *Ryd y*
vyfarthfa ag ynyr hen amser y doe gwn y wlad y gid y lan y Ryd
hono y gyfarth ag nyd oedd y fentre vyned y sbio beth oedd yno
nes dyfod urien Reged a ffyn doyth y lan y Ryd (n)y wele yno ddim
ond merch yn golchi ag yno tewi or kwn ar Cyfarth ag ymhafel o
urien Reged ar verch ag ymweithredy a hi ag yna y dwad hithe
bendith ddyw ar y traed yth ddygoedd yma pam heb y(nte) achos
bod ynhyngedfen i olchi yma nes enill m(ab) o griston/a merch
wyfi y vrenin anyfwn a dyred di yma am ben y flwyddyn ag di y
gay y mab ag velly y dayth ynte ag y Cafas yno vab amerch nyd
amgen noc owein ab urien/a morfydd verch eirien.'

Ymddengys y gellid damcaniaethu, felly, mai Urien—ar ryw
fersiwn ar y chwedl—oedd Iarll y Ffynnon, cyn dyfod o Owain. O
leiaf, gellid deall sut y newidid eu henwau yn yr amrywiadau dat-
blygol ar y stori. Gelwir y ddau yn Arglwydd Rheged. Ac y mae
orgraff enw Urien, hyd yn oed yn y llên gwerin uchod, yn ansicr[64]
awgrymiadol. Yn achau Woolvestown[65], ceir orgraff Urien fel
Arian, Arien, Arion. Ac yn *Erec,* Chrétien, 5404, Eurain a geir.

---

62. Felly y try Morrigain a'i morynion yn frain i amddiffyn Cúchulain. Diddorol
ail-nodi mai brain oedd amddiffynwyr Owain.

63. Pen. 147 (Cymeraf ddarlleniad R. 911). Ceir ymdriniaeth gan Gwenan
Jones, *Aberystwyth Studies,* IV, 1922, 105.

64. CLIH xxvi; CT 37-8, 39, 71. Yn Llst. 58 yn y chwedl hon, Owain ab Eirien a
sgrifennir fel yn Owen's *Pemb.* I, 280, Eyrien (cf. St. James Clerkenwell
church register, '1635. Joan d. Finlye Eurin,' sydd yn ôl C. W. Bardsley, *Dict.*
of Eng. & Welsh names, Llundain, 1901, yn amrywiad ar Urien). Ceir trafod-
aeth ar darddiad Urien yn CT 37-8; *Cy.* 34, 37; *Cy.* 35, 131; Thurneysen,
Ztsch. f. deutsche Phil. XXXVIII, 83; *Arthurian Legend,* Rhys, 243; *Das kelt.*
Britt. bis zu kais. Arthur, E. Windisch, 1912, 170.

65. *Cy.* 35, 138. Y mae Urien yn un o ddau frawd Lleu mewn llawer o'r achau, e.e.
Historia Reg. Brit. Red Bk, II, 194, 14. Yn ôl y trioedd RM 303 (gw. hefyd *Mab.*
Loth, II, 2) Llovan Llawdivro oedd ei lofrudd, a gysylltir â Llew (gw. *Arthur.*
Legend Rhys, 254-257; cf. CLIH 140-1; Windisch op. cit. 178).

Dichon fod ymgais yn y rhain i adlewyrchu syniad am Urien ei fo
yn euraid neu'n arian, ac felly'n heulog ei darddiad.

Os brwydr rhwng tad a mab sydd ym mrwydr y ffynnon, y ma
yma thema wrth gwrs sy'n bwysig yn chwedloniaeth y byd.[66]

Yn yr ymdriniaeth hyd yn hyn buwyd yn ceisio dynodi'r gwa
hanol elfennau a wnâi batrwm mythologol y gellid ei gysylltu
duw'r haul. Ond diau mai'r ffactor pwysicaf oll yn rhaman
Owain yw'r un mwy canolog o beri storm; yr arwr y mae e
ddyfodiad ef yn esgor ar storm. Dyma'r motiff y mae hi'
rhwyddaf oll i'w gysylltu â'r haul. Meddai O'Rahilly, [67] 'Like othe
peoples in ancient times, the Celts believed that lightning and it
accompanying thunder had, like fire in general, their source i
the sun. The Sun-god, I may remark, was not only the god o
lightning and thunder; he was also the lord of the Otherworld
and the ancestor (or maker) of mankind.'

Yn awr, wrth geisio cysylltu storm â haul, nid yw'n annhebyg
gellid cyhuddo mytholegwr straenllyd o ddamcaniaethol o geisi
profi fod du yn wyn; ac yn wir, nid yw'n ddrwg o beth i godi ambe
bwl o betruster fel hyn ym mryd mytholegwr pan fydd ef y
jwglan gyda'r *motiffau* chwedlonol. Rhaid iddo ddysgu arafu, ga
nad yw'n fawr o gamp i brofi, mewn llawer amgylchiad, fod du'r
wyn fel y gŵyr pob cyfreithiwr gwerth ei halen. Yn wir, yn ôl po
tebyg, y mae'r Gym. *Ilug* yn golygu "du" yn ogystal â "golau".[68]
naturiol ddigon i bobl ymwybodol o'r tywydd yw uniaethu duw
storm â duw haul. Y mae duw'r haul Mug Ruith yn codi tymes
neu'n ffurfio cwmwl.[69] Edrychid ar fellt a heulwen gan bob
gyntefig fel petaent yn tarddu o'r un gwreiddyn.[70] Yn *Droplauge*

66. *Die irische Helden und Königsage,* Thurneysen, Halle, 1921, 404 yml.;
    Romance in Iceland, Margaret Schlauch, Llundain, 1934, 116-118; *Math,*
    W. J. Gruffydd, 107; *Arthur Trad.* & *Chrétien de Troyes,* R. S. Loomis, Efrog
    Newydd, 1947, 326, 328.
67. op. cit. 58.
68. RC XXXIX, 72-3, Loth; CLIH, 189; B VIII, 34, R. J. Thomas: cf. Gwydd *dé* yr
    golygu 'mwg' ac eto'n dyfod o wreiddyn cytras â gwreiddyn *dydd* y Gym. (se
    *diiats: dydd ‹ *diies).
69. O'Rahilly op. cit. 520. Ceir cyfeiriad at yr Haul yn llyncu draig, symbol
    dywydd stormus gan *Mythology of All Races* VII, Alice Werner, 1925, 392; cf
    y llew yn baeddu'r sarff yn *Owain.* Am frwydr rhwng duw'r Haul a duw'
    Storm gw. *Mythology of All Races* VIII, 225-7, 230-1.
70. *Celtic Myth. and Arthur. Romance,* R. S. Loomis, 45 yml.

;ona saga[71] y mae dau fab Droplaug yn cychwyn i ymweld â
Geitir, ond y mae storm eira'n disgyn arnynt, a chânt wybod mai
oherwydd iddynt gerdded o gwmpas y tŷ gyda'r haul y dechreu-
wyd y storm. Y mae negydd i'r cadarnhaol, o'r herwydd, yn cael ei
ddiffinio yn ôl ei berthynas i'r cadarnhaol; ac yn yr eglwys Grist-
nogol fe welwyd fel y mae gŵyrdroi'r ffydd yn enbyd yn gallu dig-
wydd pan anghofir fod derbyn glendid yn golygu'r un pryd wrthod
aflendid, a Barn ynghlwm wrth Iachawdwriaeth. I'r gwrthodedig
y mae goleuni, y pryd hynny, yn dywyllwch; a cheir gwrthgyfer-
byniad tebyg o liwiau,—melyn a du—am yr Iesu yn *Pryd y Mab*.[72]

*   *   *

Yr ydym wedi ceisio'n fras arolygu rhai o'r elfennau mythol-
egol a oedd wedi gweddillio ac wedi darparu ar gyfer y storïwr ei
ddefnyddiau crai yn rhamant *Owain,* er mor anwybodus y gallai
ef ei hun fod o wir arwyddocâd crefyddol yr elfennau hynny yn
wreiddiol.

Yn awr, fe garwn fynd un cam ymhellach a cheisio cysylltu'r
sylwadaeth fytholegol hon, nad yw'n anghonfensiynol iawn, â
sylwadaeth arall ynghylch adeiladwaith y chwedl. Yn y fan yma
eto, (o'i chymryd ar ei phen ei hun) ni bydd fy sylwadaeth yn rhyw
newydd nac anghonfensiynol. Y lle yr wyf yn tybio y gall fod peth
newydd-deb yw yn y cyswllt dwfn sydd rhwng y naill a'r llall,
rhwng y symbolwaith a'r adeiladwaith.

Bûm yn ymgyfyngu gan mwyaf yn yr ymdriniaeth fytholegol i
ran y duw haul-storm, sef y grym gwrywaidd sydd ar waith yn y
chwedl. Ond y mae'n amlwg fod i'r grym benywaidd hefyd le yr
un mor hanfodol yn adeiladwaith y chwedl.[73] Nid cywir fyddai dal
fod y ddwy ochr hyn yn wrthwyneb i'w gilydd; eto rhaid cyd-

---

71. *Romance in Iceland,* Margaret Schlauch, 20. Medd hi ymhellach (ibid. 121)
    'Motion with or against the sun is supposed to have an effect on its power,
    and therefore on the weather.'
72. *Gwaith Guto'r Glyn,* 350; cf. Owain mewn arfogaeth ddu i ddechrau, ond
    wedi ennill ei wraig yn gwisgo melyn. Marchog du yw amddiffynnydd y
    ffynnon yn *Ywain,* ond Esclados li Ros yw ei enw.
73. Tuedd Marie-Louise Sjoestedt, *Gods and Heroes of the Celts,* cyf. Dillon,
    Llundain, 1949, 93 yw gorgymdeithasoli'r dehongliad: 'Thus we have a male
    principle of society to which is opposed a female principle of nature, or rather
    (for it is important that we do not find an abstract unity in what the Celt con-
    ceived as a concrete mutiplicity) social forces of male characters opposed by
    natural forces of female character.'

nabod deuoliaeth y gyfundrefn fytholegol, sy'n ein harwain at ddeuoliaeth yr adeiladwaith chwedlonol. Y mae adeiladwaith llenyddol yn dibynnu ar ymwybod o gyferbyniad isymwybodol rhwng grymusterau sylfaenol yn y meddwl dynol, ac yr oedd mytholeg eisoes—cyn i chwedloniaeth ymaflyd yn y defnyddiau storïol—wedi adnabod natur y ddeuoliaeth a oedd ar waith.

Ar yr ochr fenywaidd fe geir yr Iarlles (Laudine) a Luned. Yr chwedlonol yr un pwrpas sydd i'r ddwy hyn, a gwelir cymhelliad Luned yn WM 237: 'Ac oed iawn y wreic wneuthur da ytti. Duw awyr na weleis i eirmoet was well no thidi wrth wreic. O be gares itt goreu kar gwreic oedut. O bei orderch itt goreu gorderch oedut. Ac wrth hynny heb hi yr hynn aallaf i o waret itti m aegwnaf.' Ac yn WM 259 ar ôl amddiffyn Luned, y mae Owain wedi ennill yr Iarlles yn ôl. Morwyn i'r Iarlles yw Luned ac felly'r dwyn Owain iddi ac yn ei iacháu ef drosti. Ymddengys mai dyblad yw'r forwyn ar swydd chwedlonol ei meistres.

Dichon y gellid crynhoi'r patrwm dyblu ar yr ochr fenywaidd fel hyn:

a. Dyblad yw Luned ar y forwyn a ddaw i ddwyn modrwy Owain, neu'n hytrach hi ydyw honno gan nas enwir, WM 250.
b. Y mae hefyd yn ddyblad ar y forwyn a ddaw i'w iacháu a chwilio am ei gymorth, WM 251.
c. Mae'r croeso a gaiff Owain yn y castell ar y ffordd WM 235 yn ddyblad ar groeso castell y ffynnon. Luned yw'r forwyn yn y castell hwnnw (un yn *Yvain,* pedair ar hugain yn y Gym.: *Celt. Myth & Arth. Romance,* Loomis, 70; *Origin of the Grail Legend,* A. C. L. Brown, 115)
ch. Mae'r llys yn WM 260 (gyda'r pedair ar hugain) yn ddyblad ar lys c.
d. Mae'r forwyn WM 257 sydd ar gael ei haberthu i gawr (a diddorol sylwi y gelwir hwnnw'n fwystfil ac yn ŵr: WM 257, Sef y mae bwystuil yno; WM 258, A phanwelas y gŵr) yn ddyblad eto ar Luned ar gael ei llosgi WM 258.

Gwelir, felly, yr egwyddor o ddeuoli yn mynd ar led, ac yn dechrau ffurfio hierarci ymhlith y cymeriadau.

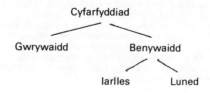

164

Digwydd yr un peth ar yr ochr wrywaidd, ac wrth gwrs, datblyga'r dybladau benywaidd ymhellach, hwythau. Ac o gam i gam yn natblygiad y rhamant fe welwn, nid yn unig fod yna hierarci o gymeriadau, eithr hefyd batrwm o ailadrodd neu o ddyblu digwyddiadau. Cyfochredd digwyddiadol yw un o'r nodweddion sylfaenol yng nghyfansoddiad y rhamant—megis yn llawer iawn o chwedlau'r oesoedd canol; ond nid ffenomen ganoloesol yn unig mohoni, ac y mae Ffurfiolwyr Rwsia wedi rhoi cryn sylw i'w phwysigrwydd yn ein dealltwriaeth gyfoes o gelfyddyd y stori lenyddol.

Meddai Victor Erlich[74]: " 'Architectonic tautology', the recurrence of the same episode in a novel, a ballad, or a folk song, serves the same esthetic purpose as 'verbal tautology'—alliteration, refrain, rhythmical parallelism. In either case what could have been a straightforward statement is twisted by artful detours into a bizarre, multi-storied edifice. This Sklovskij asserted, is the function of compositional parallelism, the favourite device of Lev Tolstoy . . . "In War and Peace," observed Sklovskij, "one can clearly discern the following juxtapositions: (1) Napoleon versus Kutuzov, (2) Pierre Bezukhov versus Andrei Bolkonskij, with Nikolaj Rostov serving as an external point of reference for both parties. In *Anna Karenina* the group Anna-Vronskij is juxtaposed with the group of Levin-Kitty.".''

Yn awr, er cytuno y gall y llenor a luniodd *Owain* yn derfynol fod wedi'i hadeiladu'n fwriadol ar ffurf ddybladol fel hyn, a'i fod ef o bosib wedi gosod troad celfydd fel petai ar ei ddefnyddiau crai, eto, fy nadl i yw y gall y rhamant hon ddangos inni fod y cyferbyniadau seiliol hyn a'r rhythmau o wrthdrawiadau sy'n rhedeg drwy'r chwedl yn weddillion o gyferbyniadau a phatrymau mytholegol sy'n llawer mwy canolog a dyfnach yn y meddwl dynol na dyfeisiadau ar y pryd gan gymhwyswr canoloesol. Yn wir, nid amherthnasol yw dychweliad ailadroddol yr haul yn ei rod fel drych neu sylfaen i ddychwelediad ailadroddol duw-haul yng nghyfansoddiad chwedl.

Sylwodd Miss Richter[75] eisoes ar ddwy enghraifft o ddyblu dig-

---

74. *Russian Formalism,* Victor Erlich, Mouton, The Hague, 1969, 243-4.

75. *Zt. f. rom. Ph.* XXXIX, 393 yml., 'Die Künstlerische Stoffgestaltung in Chrestiens Ivain.'

wyddiad yn *Yvain;* sef Lunete yn cynghori Laudine 'ddwywaith (vs. 1666 yml. a 6586 yml), a Laudine yn gwylltio wrth Lunete ddwywaith. Ond y mae dyblu digwyddiad yn mynd lawer ymhellach na hynny ac yn sylfaen i'r chwedl i gyd:

1. Fe adroddir am gyrch i'r ffynnon bedair gwaith, ac y mae adroddiad Cynon WM 225 yml. bron yn yr un geiriau'n union â'r adroddiad am WM 234 yml . . .

Heblaw dyblu llydan, diddorol yw sylwi ar y manylion:

2. Y mae llys WM 227 yn ail-ymddangos WM 256-7 gyda'r nodweddion hyn:

   (a) WM 227 yn well kyweirdeb y bwyt ar llyn aweleis yno noc yn lle eiryoet.
   WM 256-7 na welas eiryoet lle kystal y wassanaeth a hwnnw.

   (b) WM 227 morynion yn y Gymraeg, ond un yn y Ffrangeg.
   WM 257 Un verch oed idaw ar y tu arall y owein. A diheu oed gan owein na welas eiryoet vn vorwyn delediwach no honno.

   (c) WM 227 A bwyta a orugam hyt amhanher bwytta ac ny dywawt nar gwr nac vn or morynnyon vn geir . . .
   WM 257 Ac am hanner bwytta gressawu owein aoruc y iarll.

3. Yn WM 251 a 253 fel ei gilydd, daw morwyn at Owain a'i achub; y mae'n derbyn moethau a diogelwch, ac wedyn yn amddiffyn *iarlles* yn erbyn ei gelyn.

4. Y mae kaer vawr llywychedic WM 225 yn ail-ymddangos WM 236.

5. Ailadroddir WM 238-9, A chynnu tan glo aoruc y vorwyn. a chymryt kawc aryant aoruc hi adwfyr yndaw. a thwel ovliant gwynn ar y hysgwyd. a rodi dwfyr y ymolchi aoruc y owein. A dodi bwrd aryant goreureit rac y vronn. abliant melyn yn lliein arnaw. a dyuot ae ginyaw idaw. A diheu oed gan owein. nawelsei eiryoet neb ryw vwyt. ny welei yno digawn o honaw. eithyr bot yn well kyweirdeb ybwyt awelei yno. noc yn lle arall eiryoet.

Cymharer:

> WM 240-1. Ac ar hynny kyuodi aoruc y vorwyn achynneu tan glo, a llanw crochan odwfyr ae dodi

ydwymaw. a chymryt twel ovliant gwyn ae dodi am vynwgyl owein. a chymryt gorflwch o ascwrn eliphant. a chawc aryant. ae lanw ordwfyr twym. a golchi pen owein . . . a dyuot ae ginyaw idaw. adiheu oed gan owein. na chafas eiryoet kinyaw kystal ahonno nadiwallach y wasanaeth.

6. Mae'r disgrifiadau o'r llew'n dianc i amddiffyn Owain yn debyg i'w gilydd:

WM 258. A gwell o lawer yd ymladei y llew ar gwr mawr noc owein. Yrofi a duw heb y gwr wrth owein. nyt oed gyfyg gennyf ymlad a thidi bei na bei yr anifeil gyt a thi. Ac yna y byryawd owein y llew yr gaer. a chaeu y porth arnaw. A dyuot y ymlad ual kynt argwr mawr. a disgrech aoruc y llew am glybot gofut ar owein. a drigyaw yny vyd arneuad yr iarll. ac yar y neuad hyt ar y gaer. ac yar y gaer y neidyawd yny uu gytac owein. a phaluawt atrewis . . .

WM 259. Ac ar hynny y llew a nerthwys owein. ac aoruuant ar y gweisson. Ac yna y dywedassant wynteu. ha unbenn. nyt oed amot ynni ymlad namyn athydi dy hun. Ac ys anhaws ynni ymlad ar anifeil racko noc athydi. Ac yna ydodes owein y llew yny lle y buassei y uorwyn ygkarchar, a gwneuthur mur maen ar y drws. Amynet y ymlad ar gwyr malkyt. ac ny dothoed owein y nerth ettwa. Ahydyr oed y deu was arnaw. Ar llew vyth yn disgrechu amvot gouut ar owein. a rwygaw y mur aoruc y llew yny gauas fford alla. Ac yn gyflym y lladawd y neill . . .

7. Wedi gofyn am help i'r frwydr:

WM 227 ac yna edrych aoruc y gwr arnaf agowenu
WM 253 Sef a oruc y iarlles yna chwerthin.

Dyma blethwaith o adleisiau y byddai Sklovskij'n ei ystyried yn gerddoriad geiriol (verbal orchestration): nid annhebyg o ran natur dechnegol yw hyn i gynghanedd ac adeileddau ail-adroddol eraill felly. Medd Erlich[76]: 'an analogy is established be-tween such seemingly disparate phenomena as architectonic "tautology"—a recurrence of the same event in an epic song or a

---

76. op. cit. 75.

folk tale—and a verbal repetition. Alliteration in a poem by Puskin, "tautological parallelism" in a folk ballad and the device of epic retardation or, to use Sklovskij's expression, "of the staircase-like structure," are placed in the same category."

Yn awr, yr wyf am ddadlau fod yna ddau beth sy'n cysylltu'r adeiladwaith storïol hwn yn *Owain* â'r cynnwys mytholegol cynhwynol gynt, a'r ddau yn rhan o'r ffordd anymwybodol ond systematig y mae'r meddwl dynol yn ei batrymu'i hun:

1. Y gwrthdrawiad neu frwydr—haul/storm, nos/dydd, da/drwg, cadarnhaol/negyddol.
2. Y patrwm o ailadrodd y ffenomen honno sydd hefyd yn rhan gynhenid o'n hymwybod dadansoddol â natur realiti—sef â rheoleidd-dra dychwelus dydd a nos, haf a gaeaf, hindda a drycin, fis ar ôl mis, flwyddyn ar ôl blwyddyn.

Ceisiais ddadlau o'r blaen yn *Tafod y Llenor* fod y llenor yn dod o hyd i adeiledd sylfaenol ei ffurfiau llenyddol mewn cyferbyniadau anymwybodol a dwfn yn y meddwl dynol; megis y ceisiais ddadlau hefyd yn *System in Child Language* fod y plentyn wrth ddysgu iaith (pan fydd yn dysgu system driphlyg y rhagenw, er enghraifft) yn dod o hyd i fframwaith gramadegol, dyweder, drwy ganfod yn ddiymwybod fod yna gyferbyniadau hanfodol sy'n dadansoddi realiti mewn modd cyfundrefnus (yn achos y rhagenw, fod yna dri dimensiwn anymwybodol mewn gofod). Felly yma hefyd, yr oedd y chwedleuwr a oedd yn gallu patrymu *Owain* ar sail defnyddiau mytholegol yn canfod ei thema ynghlwm wrth yr ymwybod dwfn â rhythmau ailadroddol sy'n adeileddu'n bodolaeth feunyddiol a thymhorol ni. Yr oedd ei ymateb personol ef i'r patrymau cudd hyn yn darparu ar ei gyfer adeiledd a allai ddod yn fframwaith i'w system storïol. Ac yr oedd y gyfathrach rhwng y defnyddiau mytholegol a'r patrymwaith storïol hyn yn rhoi i'w ramant rin a ffurfiant a oedd yn medru boddhau ymateb dyfnaf y gwrandawr neu'r darllenydd.

Trown yn ôl drachefn i sylwi ar batrymwaith *Owain*. Atseinir y dyblu digwyddiadol mewn ailadrodd geiriol achlysurol megis: WM 239. Ac ar hynny nachaf y clywynt diaspedein yny gaer. a gofyn a oruc owein . . . Ac am hanner nos yclywynt diaspedein girat. Py diaspedein yw hwnn weithon heb yr owein . . . Ac amrynnawd ordyd. y clywynt diaspedein agweidi.

neu eto:

WM 235. Ahoffach o lawer oed gan owein e tecket. ac euhardet. noc ydywawt kynon idaw ... A hoffach vu ga owein y borthant. no chan gynon ... A hoffach uu gan owein meint ygwr du no chan gynon ... WM 236. Mwy o lawer noc ydywedassei gynon oedynt. . . WM 246. A hoffach o lawer oed gan arthur meint ygwr du noc ydywedyssit idaw.

Gellid dadlau fod WM 225 'deu was pengrych melyn (Asaetheu ac eu peleidyr o askwrn morwil)' a WM 258 'deu was penngrych wineu deledïw', yn ddisgrifiadau ystrydebol o weision tebyg i'r rhai yn Peredur WM 146, 'A deu was ieueinc yn saethu karneu eu kyllyll o ascwrn morvil. y neill ohonunt yn was gwineu. Ar llall yn was melyn,' ac nad dyblu mohonynt. Gellid dadlau'n gyffelyb fod yn WM 226 'pedeir morwyn arugeint' a WM 260 'pedeir gwraged ar hugein' rifyn diarhebol.[77] Eto, y mae'r ffaith fod ystrydebau felly ar gael yn y storïau yn arwydd fod y storïwyr yn glynu wrth fformiwlâu neu batrymau bron yn reddfol.

Ceid y dyblu hwn nid yn unig y tu mewn i chwedl Owain. Mae'r chwedlau gwahanol i gyd yn cynnwys adleisiau o'i gilydd: benthycir nid yn unig yn eiriol, ond hefyd yn chwedlonol. Yr wyf i eisoes wedi cymharu'r niwl, a'r cawg a'r llech ym Manawydan. Ac y mae Syr John Rhys yntau[78] wedi gwneud cymhariaeth nodedig o Owain a Peredur; a phriodol fyddai dyfynnu yma un tamaid ohoni[79]: 'The whole incident of Peredur's returning wasted and disabled to Gwenhwyvar to be healed, his being brought by Yngharad of the golden Hand to make use of speech again, and his upholding the honour of the court, in the absence of Arthur's men, against the challenging knights, has its counterpart in the story of Owein.'

---

77. Daliai Rhys am y rhain (Arthurian Legend, Rhydychen, 1891, 210), 'In them we have, apparently, the 24 hours of the day, here treated as all alike captives of the king of darkness.'' Bid a fo am hynny, y mae'n amlwg fod 24 yn un o'r rhifau cyfrin: cf. PKM 72 ar y pedwyryd ar ugeint o ueibyon gwyrda; WM141 (Peredur) petwar marchaw arhugeint (cf. y xxiv marchogion llys Arthur, cyfres a ddaeth yn boblogaidd tua diwedd yr oesoedd canol, BXII, 11; Z.C.P.XX, 33; Hafod 5, 234, enwav y pedwar brenin ar hygain); yn ôl y cyfreithiau 24 o wasanaethwyr a oedd yn y llys (Black Book of Chirk, ZCP XX, 31); pedair camp ar hugain a ddisgwylid gan ŵr bonheddig yn yr oesau canol (rhestr ar ddiwedd Dictionarium Duplex. John Davies, 1632; gw. hefyd Education in Wales during the Middle Ages, Inaugural lecture, E. J. Jones, 1947, 41-42), a phedwar mesur ar hugain Cerdd Dafod.

78. op. cit., 85-109

79. ibid. 86.

Carwn ychwanegu, at yr hyn a nodir ganddo ef, yr adlais:
WM 257. Duw awyr arnaf heb yr iarll uot yn diweirach gennyf diuetha vy meibon agafas om hanuod. no rodi uy merch idaw ombod.

WM 135. (*Peredur*) Nyt awn inheu om bod idaw ef. ny rodei vyn tat inheu om hanuod nac idaw nac yneb.

Gellid ychwanegu hefyd yn y fan yma led adlais o gystrawen *Owain* a geir yn *Breuddwyd Rhonabwy:*
WM 227. Ac yna edrych aoruc y gwr arnaf a gowenu. adywedut wrthyf. pei na thebyccwn dyfot gormod o ouut ytti oy venegi yt mi ae managwn yt yr hyn a geissy.

B Rh 6-7. Ssef a oruc yr amherawdyr, glas owenu . . .
'Idawc,' heb yr Arthur, 'nyt chwerthin a wnaf, namyn truanet gennyf vot dynyon ky vawhet a hynny yn gwarchadw yr ynys honn gwedy gwyr kystal ac a'e gwarchetwis gynt.

Felly, nid derbyn dylanwadau yn unig a wnaeth *Owain.* Gellid cymharu sylw o eiddo Henry Lewis yn *Seith Doethon Rufein* (24) fod galar y weddw (ll. 579-583) yn debyg i alar yr Iarlles yn *Owain* (WM 240). Ond y mae darn arall tebyg yn *Seith Doethon Rufein* (ll. 86-88), 'A ryued nat oed yssic penneu y byssed, rac ffestet y maedei benneu y byssed a'e dwylaw y gyt.'

Hefyd gellid cymharu pethau megis—
WM 229. 'Ac estwng eu penneu a orugant hwynteu ac adoli idaw ef val y gwnaei gwyr gwaredawc y eu harglwyd.

Llst. 2.323. 'Ac val yd oed Jessu yn dyuot y mywn y gostyngawd yr ystondardeu ac y(d)adolassant idaw val gwyr gwaredawc yd y harglwydd.'[80]

Yr ydym yn ymwneud yn y fan hon â ffenomen sy'n ddyfnach o lawer na diffyg gwreiddioldeb llenorion yr oesoedd canol. Ymwneud yr ŷm â ffactor adeileddol. Sylwodd Propp fod 'swyddog-aeth[81] un cymeriad mewn stori werin yn aros yn sefydlog mewn fersiwn arall o'r un stori, ond bod y 'cymeriad' ei hun o ran enw a phriodoleddau yn medru newid yn ddirfawr. Gellid priodoli'r un weithred i amryw bersonau: gellid cyflawni'r un digwyddiad gan farchog mewn un fersiwn (neu mewn un chwedl) a chan sarff neu lew mewn fersiwn arall.[82]

---

80. yn yr un llawysgrif â *Seith Doethon Rufein.*
81. 'motiff' fyddai term cyfatebol Veselovskij.
82. *Morphologie du conte,* Vladimir Propp, Seuil, 1970.

Ymddengys fod yna batrymau cynddelwaidd o ddigwydd-adau, patrymau yr esgorwyd arnynt ym mytholeg yr hil, fel petai, i ddaethai'n fframwaith ar gyfer y chwedlau a'r rhamantau mewn oesoedd diweddarach. O ganlyniad, y mae'r ailadrodd neu'r dychwelyd adleisiol neu'r dyblu a welsom yn *Owain* i'w ganfod mewn rhamantau eraill[83], yn ogystal â rhwng y chwedlau a'i gilydd, nes ei bod yn amhosibl dyfalu ym mha chwedl yn union y tarddodd y digwyddiad neu'r rhediad geiriol yn wreiddiol, os gellir yn wir sôn am darddiad llenyddol o gwbl i'r fath ffenomen sydd â'i chysylltiadau y tu allan i lenyddiaeth mewn mytholeg.[84]

Oherwydd yr hylifedd hwn, nid anodd deall fel yr oedd digwyddiadau, a oedd yn briodol i dduwiau yn y lle cyntaf, yn cael eu tadogi'n rhwydd ddigon ar gymeriadau hanesyddol megis Owain ab Urien. Symudwyd y cymeriadau hanesyddol i fyd o ddelfrydau ac o gynddelwau cylchynol. Yr oedd yr ailadrodd motiff hefyd yn fodd diymwybod o gyffredinoli, o gyffredinoli cymeriad a'i symud ef i gywair cosmig a mawreddog, ac o gyffredinoli digwyddiad a'i wneud yn gynddelw o ddigwyddiad a oedd uwchlaw'r achlysurol a'r tymhorol. Yr oedd felly'n fodd o ganmol Owain ab Urien ac o osod anrhydedd arno.

Y mae gennym, felly, ddwy agwedd ar gyffredinoli ar waith mewn rhamant megis Owain: (a) y cyswllt â'r themau mythol-egol (gan gynnwys yr haul ailadroddol), (b) yr adeiledd o ail-adrodd rhiniol. Plethwyd y ddwy hyn mor glòs ac mor ddwfn yng nghyfansoddiad y chwedl nes bod eu presenoldeb yn gudd ac yn aml yn amhosibl i'w dirnad.

Cymerer er enghraifft, yng ngolau'r fframwaith deublyg hwn, y frwydr rhwng y llew a'r sarff. Cynigiwyd eisoes fod y llew'n ddyblad ar dduw'r haul oherwydd ei enw ac oherwydd traddod-iadau perthnasol i'r llew yn rhyngwladol; y mae hefyd yn amlwg,

83. gw. traethawd M.A. R. M. Jones op. cit. 250-251.

84. Diddorol yw cymharu'r hyn a ddywed Margaret Schlauch am themâu'r *lygisögur* (*Romance in Iceland,* Llundain, 1934, 95): 'Some of them have had a single origin at a given time and place, but have since become so widely dif-fused and so often adapted to the needs of various story-tellers that it is im-possible to trace their beginnings; other may have originated more than once and quite independently in various parts of the globe . . . Now the *lygisögur,* as we have seen, are nothing if not conventional; therefore it is not surprising that many of them are in substance little more than mosaics of these stereotyped, international literary themes. Sometimes the whole career of the hero is merely a tissue of such banal adventures that it is im-possible to talk about "sources" for any of them.'

gan ei fod yn cymryd rhan Owain yn y chwedl, nad ydyw namyn dyblad chwedlonol arno, fel yr Heusor Anferth.[85]

Pwy oedd y sarff? Nid anghyffredin cysylltu sarff â dŵr. Diddorol oedd sylw George Henderson[86]: 'In Virgil we meet Aeneus pouring libations on his father's tomb, when a gorgeous serpent appeared, either the genius of the place or an attendant on his father in the other world. (Aeneid, V.90-93).' Yn wir, ceir y sarff yn symbol o ddŵr, neu'n dduw dŵr, drwy'r byd i gyd,[87] a mwy cyffredin fyth yw cysylltu sarff â storm.[88] Sylwodd Goblet D'Alviella[89]: In the mythology of primitive nations the contest between the sky, or sun, and the clouds is frequently represented by a fight between an eagle[90] and a serpent[91] . . . The ease with which symbols are borrowed is indisputable. Represented on the ordinary productions of industry, favourite subjects with artists they pass unceasingly from one country to another, with commodities of commerce and articles of ornament.'

---

85. Daeth A. C. L. Brown i'r un casgliad (*Rom. Rev.* III, 1912, 'On the independent character of the Welsh Owain,' ail ran ei ymdriniaeth) drwy foddion eraill mwy mentrus na'm dadleuon i: 'The second half of *Yvain* is to a great degree a repetition of the first half. The Hospitable Host of the first half corresponds to the Hospitable Lady of the second; the Monster Herdsman who points out the way to the Helpful Lion, and Esclados di Ros, the "husband" of Laudine, to the "Seneschal" who was Laudine's champion.'
86. *Survivals in Belief among the Celts*, Glasgow, 1911, 169.
87. *Hibbert Lectures*, J. Rhys, 172; *The Golden Bough*, J. G. Frazer, Llundain, 1911, Rhan I, Cyf. 2, 150-7; Rhan III, 86-7. Ceir chwedl adnabyddus am sarff yn amddiffyn dŵr, ac y mae deugain ac un o fersiynau ohoni ar glawr yn ôl *Pausania's Description of Greece*. J. G. Frazer, 1898, Cyf. V, 143-4; fersiynau o Roeg, Norwy, yr Almaen, yr Eidal, Bwrma, Tseina, Lithiwania, yr Alban, Llydaw, etc.. Dyma'r thema n fras: y mae sarff yn amddiffyn ffynnon (neu lyn neu fôr) ac yn hawlio lladd pawb oni chynigir un person (gwyry fel arfer) yn ysglyfaeth iddi bob blwyddyn (neu bob wythnos, neu'n feunyddiol). Diddorol yw'r elfen ailadroddol. Rhoddir merch y brenin o'r diwedd; ond daw'r arwr mewn pryd i ladd y sarff a derbyn llaw'r dywysoges. Mewn rhai fersiynau mae'r sarff yn bygwth yr eteil y dŵr oni dderbynio'r aberth. Ceir heusor anferth yn y fersiwn Gaeleg.
88. gw. *Mythology of All Races*, Alice Werner, 1925, VII, 80-81, 392; XII, 79-84. Yn XII, 105 atelir yr haul rhag cael ei eni gan ddraig dŵr. Cofiwn (fel y dengys VII, 392) fel y mae'r haul yn gallu llyncu draig (sy'n symbol o storm). Nid amherthnasol yw BRh 10.27 yml. 'A llun deu sarf ar y cledyf o eur. A phan tynnit y cledyf o'r wein, ual dwy fflam o tan a welit o eneueu y seirf. A hynny nyt oed hawd y neb edrych arnaw rac y aruthret. Ar hynny nachaf y llu yn arafhau a'r kynnwryf yn peidaw;' cf. BD. 103 11. 19-22.
89. *The Migration of Symbols*, Westminster, 1894, 17.
90. Eryr oedd Lleu ym Math; cf. *Mythology of All Races*, V, 60.
91. Yn nhafodiaith Bangor ystyr 'dreigiau' yw 'sheet-lightning,' *The Welsh Vocabulary of the Bangor District*, O. H. Fynes-Clinton, 1913, 101.

Felly, cynigiaf fod y sarff yn ddyblad ar amddiffynnydd y ffynnon, a bod y frwydr yn grynodeb symbolaidd o brif thema'r chwedl i gyd mewn oes pan oedd symbolau'n bethau ymwybodol a byw iawn i gyfarwydd ac i gynulleidfa. Nid annormal, yn ôl y duedd gyffredin, oedd bod Gruffudd Llwyd[92] yn galw amddiffynnydd y ffynnon yn ddraig:

> 'Owain ab Urien gain gynt,
> Pan oedd fuan ymwanwr
> Y marchog duog o'r dŵr;
> Gŵr fu ef wrth ymguraw
> A phen draig y ffynnon draw.'

Gwirionedd ar ffurf storïol neu symbolaidd yw myth. Lle y mae *rheswm* yn ei fynegi ei hun yn syniadol ar ffurf athroniaeth, y mae *myth* yn mynegi sythwelediad drwy gynllun naratif. Ond fe all y naill fel y llall geisio cyfleu pam y mae pethau fel y maent a pham y gwna dyn yr hyn a wna. Drwy ddelweddau syniadol y mae myth yn corffori gorffennol a thynged ddyfnaf natur, a dyn.

Dyma'r fframwaith, y mae'n amlwg, ar gyfer chwedlau'r Oesoedd Canol. Ond y mae'r llyfr hwn yn dadlau fod fframwaith crefyddol neu fytholegol o ryw fath yn fuddiol, onid yn angenrheidiol, i bob llenyddiaeth pryd bynnag.[93] Nid o'r tu mewn i sffêr llenyddiaeth y caiff hi ei hystyr na'i chyfeiriad na'i hegni, eithr yn y fframwaith crefyddol sy'n ei chynnal ac yn ei chysylltu â'r gweddill o fywyd. Allan o fframwaith felly y tarddodd ffrwythlondeb a gwirionedd llenyddiaeth yn y gorffennol, a hyn sydd o hyd yn darparu'r persbectif personol o wrthrychedd goddrychol sy'n adlewyrchu gwirionedd ynghylch y greadigaeth ddwyfol. Nid oes a wnelo hyn â gobeithion Matthew Arnold a W. J. Gruffydd fod barddoniaeth yn disodli crefydd oruwchnaturiol. Ymwneud y mae yn hytrach â dirgelwch tragwyddol nad oes dianc rhagddo.[94]

---

92. IGE², 123.
93. cf. *Hieroglyphics,* Arthur Machen, Llundain, 1923.
94. Ymhlith y beirniaid llenyddol a roddodd gryn sylw i le myth mewn llenyddiaeth, gellid enwi Maud Bodkin, *Archetypal Patterns in Poetry,* Llundain, 1934 a Northrop Frye, *Anatomy of Criticism,* Princeton University Press, 1957; cf. 'Myth a Symbol yn y Llenyddiaeth Fodern,' D. Gwenallt Jones, *Efrydiau Athronyddol,* XXVI, 1963.

Nid gweithgaredd cyntefig yw hyn. Er bod llenorion diweddar yn gallu mabwysiadu hen chwedlau, yr hyn a wnânt bron yn ddieithriad (megis T. Gwynn Jones yn *Ymadawiad Arthur* neu Saunders Lewis yn *Blodeuwedd*) yw eu gweddnewid at eu hiws eu hun. Meddai Glenys Powell[95], 'Gydag eithriadau, nid ailadrodd y chwedlau fel y cofnodwyd hwy yn y Canol Oesoedd a wnaeth llenorion yr ugeinfed ganrif, ac nid ceisio ail-ddarganfod y gwirioneddau gwreiddiol y ceisiai'r mythau hyn eu hamgyffred (er bod hyn yn digwydd weithiau), ond defnyddio'r hen fythau i roi eu dehongliad hwy eu hunain o ddirgelion y natur ddynol, ac weithiau i roi eu barn ar bynciau hollol gyfoes a Chymreig.' Yn wir, gan amlaf, nid atgyfodi hen fythau canoloesol a wna'r llenorion diweddar, eithr dyfeisio a dychmygu mythau newydd i ateb eu pwrpas yn fwy unigolyddol; ond y maent yn gorfod gwneud hynny ar sail y fframwaith o ystyr grefyddol neu fytholegol sy'n amgylchu ac yn trydanu pob llenyddiaeth.

Crisialu neu gorffori'r ystyr hon mewn digwyddiadau neu gymeriadau neu brofiadau unigol, dyna a wna'r llenor.[96] Ac yn hyn o beth eto y mae'n cyflawni swydd offeiriadol. Nid cabledd—eithr gosod gwaith y llenor yn y fframwaith o wirionedd tragwyddol—yw cyffelybu'i weithgaredd unigoli a diriaethu a chorffori ef ag Ymgnawdoliad yr Arglwydd Iesu Grist.

Os gellir diffinio myth fel adeiladwaith o gymeriad a digwyddiad ar ffurf storïol, a'r rheini o arwyddocâd goruwchnaturiol neu dragwyddol, yna fe ellir hawlio mai myth a ddaeth yn ffaith yw hanes Crist. Symbol a ddaeth yn llythrennol. Y cysgod a ddaeth yn realiti. Yr hanfod a ddaeth yn ddirfod, y goddrych yn wrthrych.

Mewn mythau paganaidd y mae'r ymwybod neu'r gydwybod ddynol yn aml wedi llunio gwirioneddau ar ffurf storïau sy'n medru bod, wrth gwrs, yn bur agos at y gwirionedd eithaf hwn. Un wedd ar y gwirionedd hwnnw a geir ynddynt yw bod a wnelo

---

95. *Mytholeg Geltaidd yn Llenyddiaeth Gymraeg yr Ugeinfed Ganrif, hyd 1969,* traethawd M.A., Prifysgol Cymru, 1970.
96. Diddorol yw damcaniaeth Propp, wrth ddadansoddi'r elfennau neu'r motiffau gwahanol sy'n gwneud *chwedl,* 'Les formes définies pour telle ou telle raison comme fondamentales sont visiblement liées aux anciennes représentations religieuses.' (*Théorie de la littérature,* gol. T. Todorov, Seuil, 1965, 238.

Duw â phersonau a digwyddiadau sagrafennol—heblaw ag egwyddorion neu rinweddau athrawiaethol.

Yn hanes Iesu Grist, yr hyn sy'n bwysig yw'r ddwy lefel—y digwyddiad (a'r cymeriad) amseryddol yn ogystal â'r arwyddocâd tragwyddol. Y myth a'r ffaith hanesyddol. Fel y buom yn sôn fod mewn llenyddiaeth (megis mewn iaith) yn rhaid gwarchod y cyffredinol ynghyd â'r arbennig, felly hefyd y mae hanes Iesu Grist yn mynnu ein bod yn ymateb i'r 'myth' neu'r ystyr yn ogystal ag i'r ymgrisialiad neu'r ymgnawdoliad dirfodol, i'r wybodaeth ac i'r profiad.

Mewn mythau paganaidd fe geir breuddwydion diddorol, ac yn fynych freuddwydion da. Breuddwydion anghyflawn ac annelwig ydynt. Ochr yn ochr â hwy fel arfer fe geir datguddiad moesegol sydd hefyd yn fynych yn frasamcan o'r foeseg Gristnogol. A'r cwbl wedi tarddu o ras cyffredinol Duw nad yw'n gadael neb yn ddiesgus.

Un o gyfraniadau y pwyslais diweddar ar fytholeg y Testament Newydd (er gwaetha'r methiant i ddygymod â'r ymgnawdoliad ffeithiol)[97] yw ei fod yn tanlinellu o'r newydd i seciwlarwyr nad mewn moeseg yn unig y mae arwyddocâd yr Arglwydd Iesu, ond y ceir ei weithredu sagrafennol mewn digwyddiadau diriaethol, synhwyrus, organaidd a phersonol sy'n dragwyddol ystyrlon.

Mewn crefyddau paganaidd, anghyflawnder y cyswllt angenrheidiol hwn rhwng mytholeg a moeseg yw'r hyn a'n tery'n bennaf.

---

97. Nid yr agwedd fytholegol, wrth gwrs, yw'r hyn a esgeuluswyd gan ddyneiddwyr wrth drafod y Testament Newydd. Yr hyn y methwyd â dygymod ag ef oedd y *ffaith*—'A'r myth a wnaethpwyd yn hanes, ac a drigodd yn ein plith ni. Ac ni a welsom . . .', a'r cyswllt rhwng y myth a'r ffaith hanesyddol.

IV

YMRYSON AC YMDDIDDAN CORFF
AC ENAID

O'r bumed ganrif hyd y bedwaredd ganrif ar ddeg, meddwl Awstin a roddai'r arweiniad a'r lliw diwinyddol trechaf i'r Eglwys Gristnogol yng ngorllewin Ewrob. Wedyn am gyfnod byr iawn (yn y wlad hon) fe ddaeth syniadau Aristotelaidd i fri o gyfeiriad Tomos Acwin, er nad oes gennyf ddim tystiolaeth uniongyrchol argyhoeddiadol o'u pwysigrwydd hwy yng Nghymru; eithr gellid disgwyl peth o'u hôl yn y bymthegfed ganrif. Yna cyn bo hir, yn yr unfed ganrif ar bymtheg, cafwyd y ffrwydrad crefyddol Ewropeaidd, ac yng Nghymru fewnlif newydd o Galfiniaeth neu Neo-Awstiniaeth drwy'r Diwygwyr Protestannaidd a'r meddwl Neo-Awstinaidd hwnnw a barhaodd yn flaenaf yn llenyddiaeth Gymraeg o'r unfed ganrif ar bymtheg hyd ganol y ganrif ddiwethaf pryd y dechreuodd profiad ac athrawiaeth yr Eglwys ymddatod a chwalu. Felly, gellid dweud mai diwinyddiaeth Awstinaidd (o leiaf ar wahân i'w syniadaeth am yr Eglwys ei hun) a oedd yn briffordd i feddwl Cymru, yn ôl pob tebyg, o gyfnod geni llenyddiaeth Gymraeg ar draws mil a thrichant o flynyddoedd hyd ganol y bedwaredd ganrif ar bymtheg.

Gwyddys am y frwydr enwog rhwng Awstiniaeth a Phelagiaeth yn oes y seintiau yng Nghymru. Yr oedd Dewi ei hun ynghanol hyn; ac yn ôl Rhigyfarch, prif gymhelliad galw synod Brefi oedd er mwyn gwrthwynebu Pelagiaeth. Dyma hefyd gymhelliad ymweliadau Garmon yntau. Pan ffurfiwyd y genedl a sefydlu'r eglwys, eglwys efengylaidd Awstinaidd ydoedd honno, yn ymosodol felly.

Adlewyrchir diwinyddiaeth Cymru yn yr Oesoedd Canol yn o lew gan Lyfr Ancr Llanddewibrefi,[1] lle y trewir y nodyn Awstin-

---

1. Ceir dadansoddiad yn 'The book of the anchorite of Llanddewi Brefi (Llyvyr Agkyr Llanddewivrevi,' *Trans. Card. Antiq. Soc.,* xii, 63-82 ac yn *The Book of the Anchorite,* Idris Foster, British Academy, 1950. Medd Saunders Lewis *(Braslun* 47-48): 'Y tri thraethawd sy'n arbennig yng nghasgliad yr ancr yw *Historia Lucidar, Pwyll y Pader o Ddull Hu Sant,* a *Cysegrlan Fuchedd* . . . Diwinyddiaeth ac athroniaeth Awstinaidd y ddeuddegfed ganrif a geir ynddynt, gyda thuedd gyfriniol bendant.'

aidd yn bur ddiamwys: e.e. 'Seint Awstin a dyweit val hynn beth yw caryat.'[2] Yn wir, un o'r ddau destun a gollwyd o'r llawysgrif hon, ond a gadwyd ym Mheniarth 16, yw 'Pwyll y pater o dull seint austin.'[3]

Y Sistersiaid oedd arweinwyr meddwl Cymru yn hyn o gyfeiriad. Yn ôl Saunders Lewis,[4] 'Cysylltwyd hi (sef Platoniaeth Gristnogol Sant Awstin) yn arbennig â dysgeidiaeth y Sistersiaid Cymreig, y mwyaf cenedlaethol o bob urdd oedd yng Nghymru.' Awgryma'r Athro Glanmor Williams[5] y gellid cymharu'r Sistersiaid â'r seintiau Celtaidd; a diau fod yr olyniaeth yn ddiogel, fel yr oedd ymlaen hyd at y Piwritaniaid. Ac y mae Aneirin Talfan Davies[6] yn cysylltu llymder y Piwritaniaid ag arferion y Sistersiaid o'u blaen.

Dichon y gellid crynhoi'r patrwm hanesyddol yn symlaidd fel hyn:

Seintiau	Sistersiaid			Diwygwyr Protestannaidd/Methodistiaid
tua 600	1070	1282	1450	1550	1850

eglwys genedlaethol/cysylltu â Chaergaint			
AWSTINIAETH		CALFINIAETH	
A mwyfwy Rhufeinig B	C	CH	D
Dechrau'r genedl Gymreig	Ymddatod gwleidyddol	Ymddatod ieithyddol	

A: Sefydlu Awstiniaeth yn rym diwinyddol canolog yn yr Eglwys, a gwrthod Pelagiaeth.

B-C: Cyfnod byr o ddylanwad Sant Tomos Acwin gyda'i bwyslais Arminaidd[7]: yr Eglwys yn suddo.

C: Ail-sefydlu Awstiniaeth gan ddilynwyr Calfin yn rym canolog, a gwrthod Arminiaeth, sy'n ffurf ddiweddar ar Belagiaeth.

CH-D: Cyfnod byr o Ryddfrydiaeth gynyddol, "Moderniaeth", Seciwlariaeth: yr Eglwys yn suddo.

2. gw. Idris Foster op. cit. 207. Sonia'r Athro Foster (t. 217) am y llawysgrif o'r 13edd ganrif, Bodley 36, 'This manuscript belonged at one time to the Franciscan friary at Carmarthen, and its contents include Grosseteste's De templo Dei, the *Summa* of Raymond of Pennafort works by St. Augustine . . .'
3. Cedwir, wrth gwrs, *Llyfr yr Ancr* 147-151 'Pwyll y Pader o Ddull Hu Sant'; a dywed Mr. Saunders Lewis, *Meistri'r Canrifoedd,* Gwasg Prifysgol Cymru, 1973, 35, 'Disgybl i Awstin, a diwinydd Platonaidd, oedd Hugo, yn gyfrinydd ac yn athronydd.'
4. *Catholiciaeth a Chymru,* Llyfrau Sulien, dim d., 16.
5. *The Welsh Church from Conquest to Reformation,* Glanmor Williams, University of Wales Press, 1962, 20.
6. *Astudio Byd,* Aneirin Talfan Davies, Llyfrau'r Dryw, Llandybie, 1967, 53-4.
7. cf. Saunders Lewis, *Catholiciaeth a Chymru,* Llyfrau Sulien, dim d., 16.

Nid syn fod delw y meddwl Awstinaidd i'w chanfod ar y beirdd. Dywed Mr. Saunders Lewis am Einion Offeiriad yn ei Fraslun[8]: 'Magwyd ef, fel y dywedwyd eisoes, yn nhraddodiad Platoniaeth Gristnogol, yr unig ysgol athronyddol ag iddi hanes hir a mawredd yng Nghymru. Gwelsom ei bath hi ar *Lyfr Ancr Llanddewibrefi* . . . Diau . . . ei pharhau yn ei phurdeb eithafol yn ysgolion y Sistersiaid Cymreig drwy gydol y bedwaredd ganrif ar ddeg. Yr oedd iddi ddwy ffynhonnell arbennig, sef dysgeidiaeth Awstin Sant a gweithiau Denis neu Ddionysius.'

Mr. Saunders Lewis biau'r clod am gysylltu'r delfrydau mawl a geid gan feirdd cynnar yr uchelwyr â'r meddylfryd Awstinaidd (a Phlatonaidd) ynghylch Ideau dwyfol a thragwyddol; a chyfieitha ef Awstin o'r *De Diversis Quaestionibus,* 'Platon yn gyntaf a roes yr enw Idea ar y wedd hon ar fodolaeth. Yn Lladin gallwn gyfieithu Ideau yn Ffurfiau (formae) neu'n *species.* Yr Ideau hyn yw prif ffurfiau neu hanfodion sefydlog a dinewid pethau, ac nis ffurfir hwynt, ond y maent yn dragywydd yn parhau yn yr un cyflwr, ac yn y meddwl dwyfol y cynhelir hwynt.'

Rhaid gwarchod, bid siŵr, rhag i'n rhagdybiau personol weld Awstiniaeth ymhobman a pheidio â gweld y llithriadau mynych. Ond fel y gellid disgwyl, yn y cyfnod diweddar, yr ymgais arall i weld Pelagiaeth neu heresïau dyneiddiol oedd y duedd gyffredin. Diau fod i Belagiaeth amlygrwydd pwysfawr ym meddwl Cymru yn y cyfnod 421-447, ond tuedda'r Prifathro Pennar Davies yn ei gyfrol ddiddorol *Rhwng Chwedl a Chredo* i beidio â gweld Awstiniaeth lle y mae'n amlwg yn yr holl gyfnod wedyn, a chais yn ddiwyd weld Pelagiaeth lle nas ceir. Er enghraifft, mae'r diffyg-gallu mewn dyn a genir gan Ruffudd Llwyd yn un o'r enghreifftiau o Awstiniaeth yr hwylia ef heibio iddynt braidd yn ddiarwybod:

> 'Gwn na chaf yn amrafael
> Dim heb hwn, Duw a Mab hael,
> Na cherdd iawn uniawn ynof,
> Na chorff, nac enaid, na chof,
> Na thro tyb, na throed heibiaw,

---

8. *Braslun o Hanes Llenyddiaeth Gymraeg,* Saunders Lewis, Gwasg Prifysgol Cymru, 1932, 57.

Na throad llygad na llaw,
Na gorsedd nef, na gwersyllt,
Na daear, na gwâr, na gwyllt,
Nac ennyd hoedl, nac einioes,
Na dim i'n heiddo nid oes . . .'

(t. 115)

Yna ar dudalen 75, wrth gyfeirio at y canu crefyddol cynnar, dywed: 'Y mae'r waredigaeth yn ganlyniad i ffyddlondeb gras y crewr—pwyslais Pelagiaidd'; ond fe ellid yn yr un modd ychwanegu—'pwyslais Awstinaidd', pwyslais a gorfforwyd yn nes ymlaen yn y Pum Pwynt Calfinaidd. Ochr yn ochr â'r llinell Awstinaidd a ddyfynna Dr. Davies, sef 'Canys Ef a'n gorug ac a'n gweryd', fe ellid ychwanegu (HGC, 81) heblaw darnau eraill:

'A Duw a'm trosswy o'm tra salwder attaw.'

Rhwyddach, er nad cywirach, fyddai clywed peth sawr Pelagiaeth ar linell ym Marwysgafn Cynddelw: 'Nid ew rotir new i'r neb nvy keis.' (H.G.C. 42. 75) Ar yr un tudalen, wrth gyfeirio at yr Hen Gerddi Crefyddol, dywed Dr. Davies: 'Nid oes dim byd Awstinaidd yn yr athrawiaeth am bechod. Ni thraethir am lygredd y natur a etifeddwyd gennym. Rhestr o bechodau yw pechod yn hytrach na chyflwr yr enaid, ac y mae mwy nag un rhestr gan yr hen feirdd. Lleidr, twyllwr, cybydd, syberw, glwth, god (godineb), bradwr—dyna restr mewn cân am Boenau Uffern.' Tybed ai cywir yw'r dehongliad hwn o agwedd Awstin at bechod, ac o agwedd yr hen feirdd? Fel y gwyddom oll, fe all yr Hen Destament a'r Newydd ddal ynghyd, yn eu datguddiad absoliwt, bechod sydd yn gyflwr yn ogystal â phechodau sy'n ymamlygu ar achlysuron neilltuol ac mewn gwisgoedd gwahanol: felly Awstin hefyd, megis yn ei ddau ddraethawd ar *Gelwydda*, lle mae'n trafod wyth math o gelwyddau. Yn ogystal â'r rhestr o bechodau, fe all yr "hen feirdd", hwythau, y cyfeiria Dr. Davies atynt, sôn am bechod fel petai'n "gyflwr":

'Gwledig arbenig pan ith aned
Dyfu waredd ynn, dyfu wared
Dyfu Addaf blant o blaid angred,
O anghyfraith fraith, o gaithiwed.'

(H.G.C. t. 41)

179

Na: wrth godi baner Pelagius yn ein hoes ddyn-ganolog ni, prin a thenau yw'r gefnogaeth a geir i'r ymgyrch gan brif draddodiad Cymru.

Fe barhaodd yr ymwybod â phwysigrwydd gwaith ac enw Awstin,[9] athronydd mwyaf yr Eglwys er y Testament Newydd, ymlaen hyd y Diwygwyr a'r Piwritaniaid. Meddai William Llŷn am Richard Davies, 'Awstin mewn Lladin,' a dywed Mr. Saunders Lewis[10] wrth sôn am Charles Edwards, am 'ei hir gymundeb â'r Tadau Lladin, yn arbennig Awstin . . . Yr hyn sy'n rhyfedd ac yn haeddu astudiaeth lawer manylach yw effaith Awstin a'r Tadau ar ei athrawiaeth.'[11]

Nid pwyslais Awstin ar yr Ideau Platonaidd yw'r hyn sy'n dwyn ein bryd yn arbennig yn y bennod hon, serch hynny, eithr yn hytrach fymryn arall o ôl ei Neo-Blatoniaeth, sef ei duedd i ddyrchafu'r 'ysbrydol' uwchlaw'r materol, yr enaid uwchlaw'r corff.[12] Yn hytrach na gweld sefydliad yr eglwys ddaearol yn gyfrwng ac iddo'i swyddogaeth briodol ei hun ochr yn ochr â'r wladwriaeth o fewn teyrnas Dduw, yr Eglwys holl-gynhwysol, anweledig a gweledig, fe ddyrchafai Awstin y naill uwchlaw'r llall megis y tybiai fod ffydd yn trechu yn ei chystadleuaeth yn erbyn rheswm. Ystyriai ef fod athroniaeth yn llawforwyn i ddiwinyddiaeth yn hytrach nag yn wyddor annibynnol ac eto'n gyd-ddibynnol, gyda phob astudiaeth arall, ar awdurdod a Gair Duw. Yn ôl Lee,[13] 'Augustine's misapprehension was destined to encourage the later development of (1) the Romish nature-grace religious basic motive which radically subjected the material to the "spiritual", and (2) as a reaction thereagainst, the humanistic science-freedom motive which radically subjected the "spiritual" to the material—instead of encouraging the radical

---

9. Medd *Bywyd ac Amserau'r Esgob Richard Davies,* Glanmor Williams, Gwasg Prifysgol Cymru, 1953, 87: 'Ymhlith llawysgrifau Parker yng Ngholeg Corpus Christi, Caergrawnt, y mae copi o *De Trinitate* Awstin Sant, a gopïwyd gan Ieuan fab Sulien ar gais ei dad.' Awgryma Saunders Lewis, *Braslun* 47-8 fod cysylltiad rhwng Awstiniaeth Llyfr yr Ancr a William Salesbury (a Morgan Llwyd).
10. *Ysgrifau Dydd Mercher,* Saunders Lewis, Y Clwb Llyfrau Cymreig, 1945, 63.
11. cf. cyfieithiad Dafydd Johns yn 1585 o 'weddi yr athro anrhydeddus Sant Awgwstin, escob Hyppon,' *Rhyddiaith Gymraeg,* gol. Thomas Jones, Gwasg Prifysgol Cymru, 1956, 75-78.
12. *A Christian Introduction to the History of Philosophy,* F. N. Lee, Craig Press, New Jersey, 1969, 117.
13. ibid.

subjection of both the material and the spiritual to God and to His Word.'

Y mae perygl gorsymleiddio yn y fan yma, ac ni ddylid anghofio'r modd chwyldroadol yr oedd Awstin yn ymwrthod â Neo-Blatoniaeth[14]: nid haniaeth, ond Duw personol oedd Duw'r datguddiad iddo ef, ac nid rheswm dyn eithr ei holl bersonoliaeth a achubir: ym mryd Awstin yr oedd crefydd yn benderfyniadol ar gyfer holl fodolaeth dyn. Ac ni phetrusai wrthosod y meddwl Cristnogol yn blwmp yn erbyn y meddwl clasurol paganaidd.

Tomos Acwin, yn hytrach nag Awstin, sy'n cael y bai mwyaf gan feddylwyr Calfinaidd[15] am sefydlu'n solet y ddeuoliaeth GRAS/NATUR, gan osod y goruwchnaturiol a'r cysegredig ar y naill ochr, a rheswm a'r gymdeithas ddynol gyffredin ar y llall. Y rhaniad hwn a ddrylliodd berthynas y Beibl a gwyddoniaeth, y nefol a'r ymarferol ac a arweiniodd ar y naill law at gyfriniaeth arallfydol ac ar y llall at seciwlariaeth orfydol. Yr oedd Tomos yn gywir wrth ystyried fod dyn wedi'i wneud o gorff ac enaid, ond yn anghywir wrth dueddu i gyfyngu pechod i'r cylch corfforol neu seciwlar yn unig: nid dwyfol yw'r enaid eithr creadurol, ac atgyfodir y corff dynol yntau yn ogystal â'r enaid dynol; ac anghywir ydoedd drachefn (wrth wahaniaethu yn ddigon cywir rhwng y priod sfferau yn y gymdeithas) pan geisiai ddarostwng yr unigolyn i'r teulu, a'r teulu i'r wladwriaeth, a'r wladwriaeth i sefydliad yr eglwys. Anghywir oedd ef hefyd wrth wadu, i bob pwrpas, lygredd rheswm. O'i olwg anghyfan ef ar y cwymp y tarddodd ei ddirmyg hollol anghywir at y corff, dirmyg a gywirwyd i raddau helaeth adeg y Dadeni gyda'r olwg newydd ar harddwch natur; ac o'r un lle y tarddodd hefyd ei ddyrchafu hunanlywodraethol ef ar y deall dynol, pwyslais nas cywirwyd yn y Dadeni ond gan y Diwygwyr.

---

14. gw. 'Augustine, the Philosopher of Spiritual Antithesis,' yn *The Calvinistic Concept of Culture,* Henry R. Van Til, The Presbyterian and Reformed Publishing Co., 1959, 67-88; cf. a ddywed ei gefnder enwocach Cornelius Van Til yn *A Christian Theory of Knowledge,* The Presbyterian and Reformed Publishing Co., 1969, 118-142.
15. Lee op. cit. 134-137; *Escape from Reason,* F. A. Schaeffer, IVF, 1968, 9 yml.; *Philosophy and the Christian Faith,* Colin Brown, Tyndale Press, 1969, 24-36.

Yr hollt yma,[16] un o'r holltau meddyliol mwyaf anffodus a mwyaf pellgyrhaeddol yn hanes meddwl Ewrob yw testun y bennod hon; ac fe'i hystyrir mewn ffenomen eithaf cyffredin yn llenyddiaeth yr Oesoedd Canol, sef yn yr Ymryson a ddarlunnid rhwng yr Enaid a'r Corff.

*   *   *

Wrth ymgodymu â'r meddwl Cristnogol am lenyddiaeth, un o'r anawsterau a gododd yn gynnar mewn llenyddiaeth Gymraeg oedd y syniad anghywir ynghylch deuoliaeth gywir corff ac enaid. Drwy hollti'r dyn cyfan a gwrthosod ei rannau, aethpwyd i fychanu'r corff a mawrygu'r enaid; ac wrth ystyried fod a wnelai llenyddiaeth â'r corff yn bennaf, neilltuwyd llenyddiaeth 'seciwlar' i fyd nad oedd gan y dyn ysbrydol ddim diddordeb ynddo. Dechreuwyd synied am bynciau'r 'enaid' fel *pynciau canolog,* a phynciau'r 'corff'—gan gynnwys celfyddyd—fel *pynciau'r ymylon.*

Cadarnhawyd y math yma o ymagwedd gan y defnydd Beiblaidd o eiriau megis 'ysbrydol' a 'chnawdol'. A pheidiwyd â chadw golwg ar genadwri ganolog y Gair.

Fe ellid crynhoi honno, serch hynny, fel hyn:

1. Er cydnabod bod i gorff ac enaid eu ffynonellau a'u priodoleddau gwahaniaethol, Duw a greodd y naill a'r llall mor berffaith â'i gilydd.

2. Cawsant gyfanrwydd cyflawn mewn dyn, ac yr oedd i Dduw lywodraeth dros y dyn llawn.

3. Pan bechodd dyn, daeth pechod i mewn i'r dyn cyflawn, i'w gorff megis i'w enaid, i bob cornel.

4. Pan ddarparwyd iachawdwriaeth ar gyfer dyn, fe'i darparwyd ar gyfer y bywyd Cristnogol i gyd; ac y mae'r Cristion ysbrydol yn ewyllysio i'w holl fywyd fod o dan arglwyddiaeth Crist.

---

16. Agwedd ar yr hollt yw Gnosticiaeth y bu Paul ac Ioan yn ymgyrchu'n ei herbyn. Etifedd ydoedd i neo-Blatoniaeth a chrefyddau cyfrin paganaidd a soniai am y ddeuoliaeth Ysbryd/Natur, ac a gyfrifai fod y byd materol yn gwbl ddrwg, ac iachawdwriaeth yn golygu ffoi rhagddo drwy asgetiaeth a marweiddio'r corff. Y nod oedd ymgyrraedd at yr ysbrydol, byd gras. Drwy'r Oesoedd Canol ceir cyfrinwyr (megis Thomas à Kempis, *Patrwm y Gwir Gristion*) yn canlyn y safbwynt hwn.

5. Pan ddaw'r Crist hwnnw yn ei ôl, yn y dydd diwethaf, fe atgyfyd y corff, a chyflawni prynedigaeth y dyn cyfan.

Ymgais yw'r bennod hon i chwilio'r berthynas rhwng llenyddiaeth a'r syniad diwinyddol ynghylch Natur; a chymerir un enghraifft lenyddol adnabyddus yn Gymraeg er mwyn sylwi'n ddiriaethol ar y berthynas hon ar waith. Fe all ymagwedd llenor at Natur effeithio nid yn unig ar themâu'i waith ond hefyd, yn bwysicach, ar yr holl dasg o lenydda fel y cyfryw, neu ar ei syniad am bwrpas neu swyddogaeth llenyddiaeth. Ystyr Natur yn y cyddestun hwn yw popeth creëdig, y ddaear a phethau daearol mesuradwy yn ogystal â dyn a'i gorff—o'u cyferbynnu â Gras y Creawdwr, y nefoedd a'r anfesuradwy, yn ogystal ag enaid dyn.

Yn y cyfnod cyntaf mewn llenyddiaeth Gymraeg, hyd y drydedd ganrif ar ddeg, ceid tuedd led gyffredin i fychanu Natur; ac o ganlyniad yr oedd y darluniau o ddynion yn ddelfrydol, ni cheid dim diddanwch mewn coed a blodau a moroedd er eu mwyn eu hunain, ac yr oedd y pwyslais crefyddol ar y nefol bell ac ar y sanctaidd. Mewn llawer o'r canu crefyddol dirmygid y corff; yn y rhyddiaith hefyd peth go eithriadol oedd sylwadaeth 'realistig'. Gorweddai'r nodweddion hyn ar sylfaen ymagweddol tuag at Natur yn gyffredinol, ac yr oedd yn ymgysylltu'n anochel â'r syniadaeth ddiwinyddol. Meddai T. Gwynn Jones[17]: 'Y mae yn beth nodedig na ddatblygodd barddoniaeth natur ond ychydig iawn yn y cyfnod yr ydym yn sôn amdano.'

Un o'r heresïau cynharaf a effeithiodd ar Gymru, drwy gyfrwng y mudiad mynachaidd, a chan ddod â syniadau Eifftaidd a Groegaidd i ddylanwadu ar ein hagwedd at ddyn, oedd y syniad fod y corff yn gynhenid ddrwg ac yn waeth na'r enaid. Daethpwyd i gredu, gyda Phlato ac Aristoteles, mai carchardy yw'r corff a hwnnw wedi cael ei roi am yr ysbryd—yn hytrach nag fel arall yn hollol, y corff wedi'i greu'n gyntaf a Duw wedi anadlu i mewn iddo. Syniwyd am y corff fel pe bai'n rhwystr a heb ganiatáu i ddyn gyrraedd y profiadau uchaf, fel pe bai'n ffynhonnell i bechod yn hytrach nag yn sianel yr oedd pechod yn rhedeg ar hyd-ddi.

O ganlyniad i'r gred hon, tyfodd tuedd gyfredol i beidio â sylweddoli, bob amser, gwymp cyfan dyn, ac i hollti cyfanrwydd y

---

17. *Llenyddiaeth y Cymry*, (Gee, Dinbych, 1915) 27, 30.

person. Er mai dealladwy yw gwahaniaethu'n eglur rhwng ystyr corff ac enaid oherwydd eu ffynonellau gwahanol ac oherwydd eu triniaeth wahanol gan farwolaeth, nid yw hyn yn caniatáu tybied fod Barn yn mynd i ddigwydd hyd nes yr unir y bersonoliaeth yn integraidd, na bod y naill yn gallu bod ar goll nac yn gadwedig heb y llall, neu o leiaf heb fod y llall wedi derbyn addewid y gadwedigaeth.

Bid a fo am hynny, enghraifft dda o ddylanwad y syniadau hereticaidd hyn ynghylch Corff (Natur) ac Enaid (Gras) yw'r Ymryson a'r Ymddiddan rhwng yr Enaid a'r Corff, lle y mae'r corff druan bron o hyd yn colli'r ddadl, weithiau yn alaethus.

Dywedir mai yn eglwysi'r dwyrain, yr Aifft o bosib, y tarddodd y thema,[18] mewn pregethau ynghylch marwolaeth, a geisiai ddychrynu'r difater drwy arddangos enaid y pechadur wrth farw yn dwrdio ac yn edliw'r corff. Wrth sylwi ar le'r Aifft yn y datblygiad hwn a chofio mai oddi yno o bosib y dechreuodd y mudiad mynachaidd, yr hyn sy'n mynd drwy fy meddwl yw'r cysylltiad diwinyddol posibl rhwng yr egwyddor fynachaidd a hollt yr enaid a'r corff: sef, yr ysgaru rhwng y daearol neu'r corfforol ar y naill law a'r nefol a'r eneidiol ar y llall.

Ymddengys fod dau deip o bregeth:

1. Dim ond yr enaid yn siarad.

Mewn Anglo-Sacson[19] ceir dryll o gerdd ddidactig *Cyfarchiad yr Enaid i'r Corff,* un fersiwn ohoni yn *The Vercelli Book* a fersiwn arall yn *The Exeter Book.* Ceir hefyd homili mewn rhyddiaith ar yr un testun. Y mae'r gerdd yn ein hatgoffa'n gryf am ymag-

18. Trafodir y syniad cyffredinol a'r ffynonellau gan B. P. Kurtz. 'Giver the Worm: an essay toward the history of an idea', *University of California Publications in English,* II (Berkeley, 1929), 235: T. Batiouchkof, 'Le débat de l'âme et du corps', *Romania XX,* 1894, 1-55; J. Zupitza, 'Zu Seele und Leib', *Archiv* XCI, 369-381; J. D. Bruce, 'A contribution to the study of "The Body and the Soul": Poems in English', *Mod. Lang. Notes,* V, 385-401; R. Buchholz, 'Die Fragmente der Rede der Seele an den Leichnam', *Erlanger Beiträge zur englischen Philologie,* VI; Louise Dudley, *The Egyptian Elements in the Legend of the Body and Soul* (Baltimore, Bryn Mawr College Monographs, rhif 8, 1911); Hans Walther, *Das Streitgedicht in der lateinischen Literatur des Mittelalters* (Quellen und Untersuchungen zur lateinischen Philologie de Mittelalters, V, 2, 1920); A. B. Van Os, *Religious Visions: The Development of Eschatological Elements in Mediaeval English Literature* (Amsterdam; H. J. Paris, 1932), 178 yml. Cyfeirir at y cysylltiadau Eifftaidd gan *I Ganol y Frwydr,* J. Gwyn Griffiths, Christopher Davies, 1970, 54-55.
19. Rudolph Willard, 'The Address of the Soul to the Body', PMLA, L, 957-983.

weddiad Siôn Cent gyda phwyslais arswydlon ar bydredd y corff; ac ni chaniateir i'r corff ateb yr enaid; ond yn fersiwn *Vercelli* sonnir am uniad y naill gyda'r llall yn y Farn Fawr.[20] Dyna'r dosbarth y perthyn ymddiddan Pen. 5 iddo yn Gymraeg.

2. Yr enaid yn edliw a'r corff yn ateb.

Honnir mai cerdd hir mewn Lladin o'r ddeuddegfed ganrif yw'r driniaeth gynharaf o'r thema ar ffurf dadl.[21] Dyma ffynhonnell triniaethau dilynol mewn Lladin, Ffrangeg, Sbaeneg, ac yn y blaen. Ond mwy bywiog a phoblogaidd o lawer yw'r gerdd Ladin o'r drydedd ganrif ar ddeg, *Conflictus Corporis et Animae* a all fod gan yr Esgob Grosseteste.[22] A dyma ffynhonnell y fersiwn mewn Saesneg Canol, a hefyd ffynhonnell uniongyrchol y cyfieithiadau rhyddiaith, mewn dwy ran, yn Gymraeg yn Llan. 34 ac NLW 5263 B: y mae'r cyntaf yn dwyn yr enw 'Ymryson', a'r ail 'Ymddiddan'.

Un o gyfansoddiadau mwyaf nodedig Saesneg Canol oedd y gerdd o ddiwedd y drydedd ganrif ar ddeg *Desputisoun bitwen the Bodi and the Soule.*[23] Dywed R. W. Ackerman[24] amdani: 'In ranking it as second only to *The Owl and the Nightingale* among the earlier poems in Middle English, scholars have character-ised it variously as an impressive example of the ubiquitous mediaeval debate genre, as a highly poetic rendering of its Latin original, and as the liveliest embodiment of its immensely popular theme in any literature'.

---

20. George K. Anderson, *The Literature of the Anglo-Saxons* (Princeton University Press, 1949), 169-170.
21. Eleanor K. Heningham, *An Early Latin Debate of the Body and Soul* (Menasha, Wisconsin: George Banta, 1939).
22. Fe'i priodolwyd yn aml i Wallter Map, a cheir argraffiad adnabyddus —'Dialogus inter corpus et animam', gol. Thomas Wright, *The Latin Poems commonly attributed to Walter Mapes* (London: Camden Society 1841), 95-106—ynghyd ag atodiad yn cynnwys fersiynau eraill mewn amryfal ieith-oedd, 310-349.
23. Cyhoeddwyd pedair o'r saith llawysgrif gan W. Linow, *The Desputisoun bitwen the Bodi and the Soule,* (Erlanger Beiträge zur englischen Philologie, I, 1889).
24. R. W. Ackerman, 'The Debate of the Body and the Soul and Parochial Christ-ianity', *Speculum* 37 (1962), 541-565; gw. hefyd gol. A. C. Baugh, *A Literary History of England* (Appleton-century-crofts, 1948), 162-164.

185

Bu gyrfa hir iawn i'r thema yma mewn llenyddiaeth Gymraeg. Fe'i ceir yn y llawysgrif-gasgliad hynaf a feddwn o farddoniaeth Gymraeg, sef, *Llyfr Du Caerfyrddin;* a phery i frigo i'r golwg hyd y ganrif hon yng ngwaith Gwenallt, yn arbennig yn ei soned 'Cnawd ac Ysbryd' (*Ysgubau'r Awen,* 85) lle y dygir ni i glyw'r ddysgeidiaeth uniongred ynghylch perthynas Corff ac Enaid, ond hefyd mewn cerddi eraill megis 'Yr Angylion a'r Gwragedd' ac 'Y Gristnogaeth'. Gellid cyffwrdd â rhai o'r enghreifftiau yn y fan yma cyn ceisio pwyso'u harwyddocâd.

Yn ymryson y Llyfr Du[25] y mae'r enaid yn dwrdio i'r corff am fod rhaid i hwnnw gael ei gladdu:

Drud dy tihenit   dy imtuin ar llogylwit.
Trvach dy divet,   dy lauriav o vet,
A segi a thraed   ymlith prit a thydwet.

Y mae'r Enaid yn honni mai'r Corff sy'n gyfrifol am chwantau ariannol, am beidio â pharchu ympryd Gwener, am amharchu cyfraith Duw: y Corff sy'n gyfrifol am lychwino'r Enaid:

Pan douthum-e attad,   oeth bichan vi anuad.
Neu ri'm artuad   o'th laur kiueithad.

Ond y mae'r Corff yn honni mai diniwed ydoedd yn wreiddiol 'pan roddwyd pâr i mi', hynny yw 'pan grewyd ef' o bridd y ddaear. Cyfeiria hefyd at yr ymwared o'r bedd (wedi hir orwedd) a geir yn yr atgyfodiad:

A widy tagde   teernas arvere
Dygettaur y tri llv   rac drech drem lessu.

Yn yr ail ymddiddan,[26] sy'n anorffenedig mae'n ymddangos, ni sonnir fod y corff yn gynhenid ddrwg heb yr enaid, canys cyn dyfod yr enaid yr oedd yn ddiymadferth. Sonnir amdanynt yn cydgerdded—

---

25. *Llyfr Du Caerfyrddin* 9b-14: Ceir testun a nodiadau gwerthfawr arno gan Henry Lewis, *Hen Gerddi Crefyddol* (Gwasg Prifysgol Cymru, 1931), VI; ysgrifennwyd cyn y ddeuddegfed ganrif.
26. Llsgr. Llan. 27, 164a: ceir testun a nodiadau gan Ifor Williams, B II, 127-130; lluniwyd cyn y 12fed ganrif.

Deu gedymdeith deu diwyt . . .
Deu gedymdeith deu vuner eu da . . .
Tra vom gytgerdet ogonet gedymdeith.

Yn y trydydd,[27] sydd hefyd yn anorffen mae'n ymddangos, y mae'r ddadl wedi mynd yn unochrog eto a thynged y corff yn y bedd yn cael ei hedliw'n dost iddo.

Cyfieithiad Iolo Goch (efallai) yw'r ymryson cyflawnaf sy gennym;[28] ond gellir amcanu at unochredd y ddadl wrth sylwi fod yr Enaid yn llefaru am 81 o linellau a'r Corff am 8 o linellau. Geilw'r Enaid y Corff yn 'ogof y camweithredoedd a'r pholineb, phynnon y ddryc fuchedd a cham falchder', a dywed mai'r Corff sy wedi'i lygru a'i atal rhag cyrchu offeren a rhag helpu'r anghenus. Eto, y mae'n sylwi, 'Ef a ddywait yr Yscrythur Lân y deuy di i'th gyd boeni gyd a mi ddydd brawd'. Yn ystod un o'r ddau ateb, awgryma'r Corff mai'r Enaid oedd arglwydd y corff ac yn ei gamarwain: 'Panid yn y galonn y buost di yn trigo? A'r galon a feddylia y pechod kynn no'i wneuthur. Canys cynt fydd meddwl no gweithred, kynt y pecheist ditheu no myfi'. Ond mae gan yr Enaid ateb i hynny, ac ni chaniatâ'r un esgus gan fod gan y Corff synhwyrau i ymochel rhag pob temtasiwn.

Ceir diwedd y ddadl hon mewn dryll arall[29] a elwir yn 'Ymddiddan y Corff a'r Enaid', lle y parheir yn yr un cywair. Yn ei gywydd 'Ymddiddan rhwng yr Enaid a'r Corff[30] ni cheir gan Iolo Goch ddim tebyg i'r dadlau chwerw a geir yn y cyfieithiad hwn, ac nid oes ond dau gydymaith wedi colli ar ei gilydd yn sgwrsio ynghylch taith clera.

Tyfodd yr ymosodiad ar y Corff ymhlith y cywyddwyr,[31] ac y

27. Llsgr. Pen. 50, 60: ceir testun a nodiadau gan Henry Lewis, B III, 119-122; lluniwyd cyn y 12fed ganrif.
28. Llsgr. Llan. 34, 70: ceir testun a nodiadau gan Ifor Williams, TC. 1913-14, 185-191. Cyfieithiad yw hwn mewn rhyddiaith o'r hanner cyntaf o gân Ladin (gw. nod. 22), a honnir mai Iolo Goch a'i gwnaeth. Rhydd J. E. Caerwyn Williams restr o destunau Cymraeg o'r Ymryson hwn yn Cylch. Llyfr. Gen. Cymru, IV, 184-6; cf. B X, 123.
29. Llsgr. NLW 5263 B, 279-86: ceir testun a thrafodaeth gan J. E. Caerwyn Williams, Cylch. Llyfr. Gen. Cymru, IV, 184-8. Dyma gyfieithu ail hanner y gân Ladin a grybwyllwyd yn nod. 22 ac 28.
30. IGE² xxvi. (Ceir fersiwn llawnach, E. Bachellery, 'Deux Poèmes Gallois du XIVe Siècle d'après le Manuscrit Gwysaney 25,' Etudes Celtiques, V, 123-4).
31. Cymerwn fod y mudiad mynachaidd, gyda'r pwyslais ar gosbi'r corff, wedi dod o'r Aifft: diddorol, felly, yw sylwi fod y delyneg seciwlar, cynnyrch trwbadwriaid Ffrainc, hithau wedi mabwysiadu yn ei thro dechneg a dysgeidiaeth gwareiddiad yr Arabiaid.

mae llawer o sylwadau ysgol Siôn Cent yn gorffen gyda'r bedd: hynny yw, peidiant â gweld yr atgyfodiad a'r uniad terfynol i gorff-enaid, nac ymglymiad y bersonoliaeth ddynol yn yr uniad hwn.

Gobaith Siôn Cent yw:

> A chael dodi'n corff, o chaid,
> Yn deg mewn tir bendigaid;
> A nawdd, a gras urddasol.
> A nef i'r enaid yn ôl.

(IGE² xcix)

Ond ei ofn yw:

> Y corff a fu'n y porffor,
> Mae mewn cist ym min y côr;
> A'r enaid ni ŵyr yma,
> Pŵl yw o ddysg, p'le ydd â.

(IGE² xcvi)

Sonia Siôn Cent (LXXXV) eto am y sicrwydd sydd i'r corff fynd at y pryfed; ond am yr enaid, fe all fynd i boenydiaeth (Purdan neu Uffern) neu i ddedwyddyd (Nef). Yn ôl yr awgrym yng 'Nghywydd Ymddiddan â'r Ysbryd' gan Ieuan ap Rhydderch (IGE² LXXIX) nid eir ymhellach na sylwi ar bydredd y corff yn y bedd a dychweliad yr enaid at Dduw.

Yn Llsgr. Most. 130, 21-24 ceir 'Cowydd ymddiddan rhwng y Corff ar Enaid' gan fardd anhysbys: yr enaid sy'n dechrau am 56 o linellau, y corff yn ateb am 26 o linellau, a'r enaid yntau'n ateb am 52 o linellau. Egyr fel hyn:

> Y Corff digall craff i degwedd
> O byrth barth ymborth y bedd
> Digampus nwyfys i naid
> Gwael rinwedd gweli'r enaid.

O ran sylwedd, yn ogystal ag o ran nifer y llinellau a roddir iddo ddadlau, go denau yw'r Corff, ac y mae'n bur barod i gydnabod ei fai.

Yn y cywydd moliant i Iarll Herbert o Raglan gan Ddafydd Llwyd[32] ceir datblygiad tra diddorol, oherwydd y mae'r bardd wedi cymryd fframwaith traddodiadol yr ymosodiad gan yr enaid ar y corff ac wedi'i gymhwyso'n eironig yn y trydydd person at y canu mawl:

> 'Ei chwant ef, uchenaid tost,
> I win Herbart, ein heurbost.
> Meddwi, gwn, mae ddeugeinwaith,—
> A phechod yw meddwdod maith.
> Dadlau mae yntau mewn modd
> A'r enaid ef a rannodd . . .
> Troi a feidr ef tra fo draw
> Cwrt Rhaglan, lle ceir treiglaw.'

Caiff hwyl ar ddisgrifio'r gyfeddach lon yn Rhaglan, dan gochl ei chondemnio yn null yr enaid, a sonia am yr enaid yn troi i benydio oddi yno gan adael y corff ynghanol y gwin.

Ceir syniad tebyg a hyd yn oed adleisiau o'r hen ymddidd-anion mewn amryw gywyddau eraill, megis 'I'r Byd' gan Ruffudd Gryg(?) (DGG. LXXVI), 'I'r Benglog' gan Lywelyn Goch, ar ffurf ymddiddan rhwng 'Y Bardd a'r Benglog' (DGG. LXXXVII) ac 'I Owain Glyndŵr' gan Ruffudd Llwyd (IGE[2] XLII, 1-8).

Enghraifft ddiddorol a phwysig o'r ymddiddan rhwng yr enaid a'r corff oedd yr un fwy dramatig o'r unfed ganrif ar bymtheg a olygwyd gan Gwenan Jones.[33] Dyma un o'r ychydig enghreifftiau o'r ddrama foes yn y Gymraeg. Yn wahanol i'r dramâu moes Saesneg y mae i hon ddiwedd hapus, ac y mae'r ymryson rhwng y corff a'r enaid yn arwain at olygfa annisgwyl lle y ceir Mihangel, y Cythraul, Mair, yr Iesu, Angel a'r Gŵr Cadarn, a lle y cynhelir prawf pryd yr achubir yr enaid gan y Wyry sy'n dadlau dros drugaredd.

Ambell waith yn ystod y ddrama, a sgrifennwyd gan mwyaf mewn rhyw fath o englynion milwr digynghanedd, fe'n hatgoffeir am y canu gwirebol:

---

32. *Gwaith Dafydd Llwyd o Fathafarn,* W. Leslie Richards, Gwasg Prifysgol Cymru, 1964, 109-111: yr wyf yn ddyledus i Mr. D. J. Bowen am dynnu fy sylw at y cywydd hwn.
33. *A Study of Three Welsh Religious Plays,* Y Bala, 1939.

'Llyma ddangos yn amlwg
i bawb ysy mewn golwg
trach gweithred dda na gweithred ddrwg.'

Y mae'r enaid yn ceintach fod y corff yn braf ei fyd, ac yntau'n gorfod crwydro'n aflonydd:

'yr wytin essmwyth yn gorwedd
mewn bedd byr o ssayth droydfedd
er y wnaythost o gamwedd.'

Ond dengys y corff mai'r enaid a fu'n ei gymell ac yn feistres arno yn ystod ei fywyd, gan ei arwain i bob afles; a dywed yn ddigon plwmp—

'efo wyr pawb medda fi
na wnaer korff ddim drygioni
onibai fod yr enayd yni beri.'

Nid yw'r canu rhydd[34] yn ychwanegu rhyw lawer at y ddadl. Y mae'r Enaid yn hawlio na chafodd lonydd gan y corff:

o gnawd brwnt melldigedig
arnad ni chawn vnawr ddiddig
na ffasc na gwyl arbenig.

Ac y mae'r Corff yn honni mai'r enaid a oedd yn ewyllysio hyn oll:

tydi oedd arnafin feistres
fal llawforwyn arglwyddes
im harwain i nevthvr afles.

---

34. Rhoddir dau ddarn gan T. H. Parry-Williams, *Canu Rhydd Cynnar* (Gwasg Prifysgol Cymru, Caerdydd, 1932), sef Llsgr. Car. 6, 85-7 (t. 291-4: 'Ymddiddan rhwng yr Ysbryd a'i Gydymaith'), a Llsgr. Car. 6, 101-6 (t. 295-301: Dyma'r un a geir yn Llsgr. NLW 8361 mewn copi teip: anterliwt gyda'r cymeriadau a grybwyllwyd uchod—'y korff, yr enaid, y kythrel, Mihangel, Jesv, Mair, Y gwr kadarn, Ange.' Y corff sy'n agor y tro hwn, a rhybuddio a wna: 'heddyw nid wyf i hyfryd').

Sylwer mai 'Ymddiddan rhwng yr Enaid a'r Corph' yw'r teitl a roddir i'w faled gan Elis y Cowper.[35] Ond er mai'r un math o bethau a ddwedir ynddo ag a geid gan ei ragflaenwyr, nid yw'n addasiad o'r un o'i ragflaenwyr, cyn belled ag y gwelaf i.

Gan Robert ap Gwilym Ddu yn y bedwaredd ganrif ar bymtheg y ceir y mynegiant gloywaf yn y ganrif honno mewn prydydd-iaeth Gymraeg o undod creëdig ac undod terfynol corff ac enaid wrth i'r naill gyfarch y llall yn yr atgyfodiad:

ENAID

O! henffych gorff anfarwol glân,
    Bydd im yn drigfan hyfryd;
Un sylwedd oeddym, gynt; ein dau,
    Cyn torri edau'r bywyd . . .

Fy annwyl gorff, mae'n ddigon gwir,
    Ond er dy hir gaethiwed,
Nid oes dim brychau yn dy wedd,
    Nac ôl y bedd i'w gweled.

CORFF

I anfarwoldeb galwyd fi,
    Dros byth i ti'n breswylfod,—
Cawn foli Nêr yn gyflawn iach,
    Fy enaid bach—heb bechod . . .

Ein hundeb gynt, oedd fyr a brau,
    Daeth angau i'n gwahanu;
Ond ni raid gwylio min ei gledd,
    Nac ofni'r bedd ond hynny.

---

35. Dyma'r baledi ar y testun y cyfeirir atynt yn *A Bibliography of Welsh Ballads,* J. H. Davies:
    i.   rhif 30 gan Ellis Rowlands, arg. 1715-28.
    ii.   rhif 101. 'Dechre Cerydd ar hud y frwnen ynghulch cadw yr Saboth mewn dull ymddiddan rhwng yr Enaid ar Corph' gan Ellis Roberts y Cowper (cf. rhif 215 'Ar, Belisle March'; rhif 370, arg. 1787; rhif 471; rhif 623).
    iii. rhif 196 'ar y Don a Elwir heavy Heart', gan Morris ap Robert, arg. 1752.
    iv. rhif 409, Dau bennill ymddiddan gan Anhysbys, arg. 1785-1816.

Yn awr, dyna'r prif enghreifftiau y digwyddodd i mi sylwi arnynt o hynt y thema yng Nghymru hyd drothwy'r cyfnod diweddar.

A yw'r ddadl hon yn dangos rhywbeth o bwys i ni ynghylch agwedd llenorion at eu testunau ac at y gweithgaredd o lenydda? A yw'n adlewyrchu—ar hyd un llinyn tenau yn unig bid siŵr—rywbeth sydd o arwyddocâd mwy cyffredinol?

Yn ffaith yr ymryson ei hunan fe geir deuoliaeth: y mae undod corff ac enaid yn cael ei anwybyddu a'r ddwy ffenomen yn cael eu cadw ar wahân. Hynny yw, deuir â deuoliaeth tarddiad hanes-yddol y ddwy a deuoliaeth eu tynged (yn y cyfnod hanesyddol hwnnw rhwng angau a barn), i mewn i'n hymwybyddiaeth yng-hylch bywyd presennol yn ogystal ag i ŵydd barn derfynol (ac wedyn) lle nad oes ond undod mewn gwirionedd. Er bod y naill a'r llall wedi cwympo fel ei gilydd, y mae'r naill a'r llall—ar ddadl—yn ceisio honni gwahaniaeth. Dyma effaith gyntaf yr ym-ryson, iddo orbwysleisio hollt rhwng corff ac enaid, fel arfer ar draul y cyntaf; a chredaf i fod hyn nid yn unig yn gyfredol, ond yn rhan organaidd hanfodol o'r gwahanu diwinyddol rhwng Natur a Gras, gwahanu sy'n arwyddocaol yn nhyfiant thematig y canu serch a chanu 'natur' yn ogystal ag yn agwedd gyffredinol llen-orion at gelfyddyd.

Os yw'n bosibl sefydlu'r rhannu hwn, hyd yn oed gyda Gras yn ben, y mae modd i lenorion maes o law newid pwyslais y rhaniad wedyn i gefnogi'r un hwnnw o'r ddau ymrysonwr nad oedd wedi bod drechaf hyd yn hyn, a rhoi Natur hithau'n ben. Os yw'r naill a'r llall yn hunan-lywodraethol fel petai, a chanddo'i lais ei hun, fe ellid dechrau ymddiddori yn yr un a ystyrid yn lleiaf. Hynny yw, yn lle bod Gras mor gryf nes ymddangos fel petai Natur yn ddirmygedig, fe allwn yn awr droi'r byrddau a gwneud Natur yn fuddugoliaethus ac yn wrthrych pob sylw.

Carwn grynhoi'r credoau diwinyddol sydd, mi gredaf, wedi effeithio ar ein llenyddiaeth ar ei hyd yn y cyfeiriad hwn. Wrth geisio deall yr elfennau diwinyddol, y mae'n hanfodol bwysig sylwi ar y ddwy ffordd y cyfeirir at y corff a'r cnawd yn y Ysgrythur. Gellir cymharu hyn â'r ddwy ffordd y trinnir y gair

192

yd'[36] y ceisiaf ymdrin â hwy ymhellach ymlaen yn 'Byd 'antycelyn'. Ar y naill ochr gellir ystyried y corff (neu'r byd) fel creadigaeth Duw; ac yn gynhenid nid oes ynddo ddim drwg: ffes. vi, 12: 'Nid yw ein hymdrech ni yn erbyn gwaed a chnawd, nd yn erbyn tywysogaethau . . . yn erbyn drygau ysbrydol yn y refolion leoedd'. Ar y llaw arall, y mae'r cnawdol (neu'r bydol) yn gallu cynrychioli gormes pechod pethau allanol a ffiaidd, ac yn yn o beth y mae'n brwydro'n erbyn yr Ysbryd Glân: Gal. v. 17: 'Y mae y cnawd yn chwenychu yn erbyn yr Ysbryd, a'r Ysbryd yn erbyn y cnawd; a'r rhai hyn a wrthwynebant ei gilydd, fel na lloch wneuthur beth bynnag a ewyllysioch' (cf. I Cor. ix, 27). Bid i fo am hynny, gawn ni ddilyn y camre fel hyn:

1. Undod[37] Corff ac Enaid (yn ystod ein bywyd cynddrychiol; er cydnabod eu tarddiad gwahanol, a'r gwahanu dros dro a ddigwydd rhwng bedd a barn: dyma uniongrededd). Yr unig sail ddilys a allai ddarparu peth ysgogiad i'r cyfeiliornad yw'r gwahaniaeth yn ystod ailenedigaeth rhwng yr Ysbryd sy'n cael ei fywhau'n berffaith a'r Corff sy'n derbyn addewid y perffeithrwydd ond heb ei gyflawni ar y pryd.

2. Gorbwysleisio deuoliaeth a gwahaniad[38] Corff ac Enaid:

   (i) Enaid yn drech na Chorff (y Brawd Llwyd: yn cyfateb i'r dirmyg at Natur yn gyffredinol yng nghyfnod cyntaf llenyddiaeth Gymraeg: cf. hefyd pietistiaid diwedd y 19eg ganrif).

---

36. Mae'r ystyr gelyniaethus i'r gair 'byd' (bydol) yn hysbys ddigon i'r Cristion: Iago 4: 4, 'Oni wyddoch chwi fod cyfeillach y byd yn elyniaeth i Dduw? pwy bynnag gan hynny a ewyllysio fod yn gyfaill i'r byd, y mae yn elyn i Dduw'. cf. 1 Ioan 5: 19.
   Yr un mor hysbys iddo yw'r bwriad uchel a fwriadwyd ac a fwriedir i'r byd hwn, a bod yna stamp Un arno sy'n fwy na Satan. Hyn sy'n gwneud y byd yn eiddo iddo Ef ac yn eiddo i'r Cristion drwyddo: Ioan 3: 16, 17; 2 Cor. 5: 19; 1 Ioan 2: 2; Ioan 1: 29; Col. 1: 20. Hynny yw, y mae Duw yn ei waith achubol yn achub y byd gan gynnwys diwylliant dynol: gw. H. R. Van Til *The Calvinistic Concept of Culture* (Presbyterian and Reformed Publishing Co., Philadelphia, 15-24), 191-216. Dyna pam na ddylem gilio allan o'r byd, na chefnu ar yr un agwedd gyfreithlon o'i weithgareddau.
37. cf. Unoliaeth Duw, sef undod y person.
38. cf. Deuoliaeth Nefoedd/Uffern; da/drwg; gwryw/benyw; deddf/gras; geni/aileni (sylwer:dim trydydd geni); Duw/Satan; Crëwr/crëedig; Goruwchnaturiol/naturiol; gras arbennig achubol/"gras" naturiol cyffredin.

    (ii) Enaid yn gyfartal â Chorff, ond mewn brwydr ag e
        (Dafydd ap Gwilym ar dro).
    (iii) Corff yn drech nag Enaid (Dafydd ap Gwilym ar dro
3. Undod newydd i Gorff ac Enaid (Siôn Dafydd Rhys
    'Canys megis ag ni ddifäawdd rhad ddim ar natur a
    anian, na ffydd ddim chwaith ar reswm a deall, felly
    mae cyfraith Dduw yn rhag-gymryd ag yn rhagarddoc
    ag yn rhag-gynnwys i anghenraid dyn, ag er lles iddaw
    y celfyddydau bydawl o bob rhyw ansawdd cyfreithus.'

Tipyn yn optimistig yw'r olaf, efallai, oherwydd nid oes amheu
aeth nad yw'r gwahaniad a'r frwydr yn dal i'n blino'n barhaus
Ond fe'i nodais, nid yn unig er mwyn dangos y posibilrwydd, eith
er mwyn cael esgus i ddyfynnu paragraff olaf Siôn Dafydd Rhy:
at y Beirdd:

    Ac wrth hynny, cenwch, mewn chwec-gerdd ym mhob rhyw
    fesuron a phob math ar gynghaneddion,
    (i) pethau duwiol allan o air Duw yn gytsynniawl, herwydd
        mesur a roddo Ef i chwi, i feddwl yr Ysbryd Glân, y
        theologaidd;
    (ii) ac allan o gelfyddydau bydolion, herwydd gwedd anian, y
        gelfyddaidd ag yn gywraint, er gogoniant i Dduw a chlod
        rinweddau da ag anglod i ddrygioni, a moliant i'n gwlad . . .

Dyma gydbwysedd beirniadaeth lenyddol Gymraeg ar ei mar
uchaf; ac fe gofiwn y rhaglen fawrhydig ac ehangfryd, ac eto
bwrpasfawr, a gynigiodd Siôn i'r Beirdd, rhaglen y gallwn ddych
mygu Saunders Lewis yn ei disgrifio â'r ansoddair 'Goethaidd'

    Cenwch chwithau dduwioldeb drwy gynnorthwy theologyddion
    cenwch . . . drwy gynnorthwy moesolion philosophyddion . .
    historyddion . . . arwyddfeirdd ag achyddion . . . milwyr . . . march
    ogion . . . mathematicyddion, astronomyddion, astrologyddion
    metaphysicyddion. . . . Ymgeisiwch am lyfrau Cymreig.

Mae'r thema yma wedi dal yn ffactor bywiol hyd ein canrif ni.
Er mai gwir nad oes neb ohonom yn gallu cofio beirniad o fri (er i'r
fath rai godi'n lluosog yn y gorffennol) a gondemniai bob llenydd-
iaeth seciwlar fel petai'n 'amhur' neu'n annerbyniol, mae'r rhan
fwyaf ohonom wedi taro wrth ambell bietist creiriol efallai a
etifeddodd ragfarnau sylfaenol yr agwedd honno. Ac yn sicr o'r

---

39. *Rhyddiaith Gymraeg,* II (Gwasg Prifysgol Cymru, Caerdydd, 1956), 155-160.

ochr arall, mae'r rhan fwyaf ohonom ni'r canol oed yn cofio rhai a gondemniai bob llenyddiaeth grefyddol fel petai'n 'amhur', ac yn mynnu mai anfantais—propaganda neu ragfarn—ydoedd i bob llên fynegi ac yn arbennig bledio achos Cristnogaeth. Yr unig fodd i oleuo'r cwestiwn hwn yn ddeallus, ac y mae yn un o gwestiynau sylfaenol beirniadaeth lenyddol Gymraeg, yw drwy archwilio materion fel 'gras cyffredinol', 'sffêr-sofraniaeth', y gorchymyn diwylliannol', 'bod yn y byd', a'r agwedd ddiwin-yddol at Natur: felly y datrysir dyfnion egwyddorion ein beirn-iadaeth. Wrth wneud hynny, fe ddown o hyd i fwy nag ymagwedd gywir neu uniongred at greu llenyddol:fe welwn batrwm y berth-ynas rhwng yr uniongred a'r heretig, rhwng y Cristion a'r pagan, ac ansawdd cyfraniad doniau'r naill a'r llall i gyfoeth byd a bywyd.

Tyb rhai yw mai diflas yw cymysgu diwinyddiaeth a beirniad-aeth lenyddol, a chredant fel y crybwyllwyd o'r blaen y dylai beirniadaeth fod yn niwtral. Dyma eto un o ganlyniadau'r hollt rhwng Corff ac Enaid: canys i'r Cristion, crefydd yw bywyd oll a chyfanwaith yw'r person. Nid oes dim gwir annibyniaeth ym myd celfyddyd.[40] Honnir yn wantan yn aml y gellid meddwl yn athronyddol neu'n ddiwylliannol mewn modd di-duedd, yn anni-bynnol ar ragdybiaethau crefyddol: hynny yw, fod y fath gynneddf yn bod â rheswm niwtral neu chwaeth niwtral sy'n hunan-lywodraethol.[41] Cred y Cristion yw nad oes yna ddim sy'n hunan-ddigonol: yr ydym 'yn cynnal pob peth trwy air ei nerth' (Heb. 1: 3); 'oblegid ynddo ef yr ydym ni yn byw, yn symud, ac yn bod' (Act. 17: 28). Hynny yw, ni ellir dod o hyd i'r gwirionedd mewn dim byd hyd nes y'i gwelir yn ei gyd-destun llawn, a braint y beirniad o Gristion yw ceisio hyrwyddo cyflawnder a chyfan-rwydd mewn beirniadaeth lenyddol.

Dychwelwn, felly at y term a ddefnyddiwyd ynghynt yn y

---

40. H.y., er bod iddi ei chylch a'i harbenigrwydd priodol ei hun o fewn y cyfan-waith.
41. Trafodir y mater hwn yn drwyadl gan Herman Dooyeweerd, *A New Critique of Theoretical Thought* (4 cyfrol), cyfieithiad (Presbyterian and Reformed Publishing Co., Philadelphia 1957); H. Dooyeweerd, *In the Twilight of Western Thought* (yr un wasg, 1960); J. M. Spier, *An Introduction to Christian Philosophy* (yr un wasg, cyfieithiad, 1954); Colin Brown, *Philosophy and the Christian Faith* (Tyndale Press, 1969); H. Dooyeweerd, 'The secularization of science', *International Reformed Bulletin,* 26, 2-17.

bennod hon i grynhoi pwnc athrawiaethol yr olwg hon ar gelfyddyd.

Natur.

Y mae Natur yn greadigaeth ddwyfol, yn waith Gras, yn wir yn rhan o ddatguddiad Duw. Nid cyfystyr Natur â Phechod. Y mae gan y Cristion olwg gyfun ar fodolaeth oll sy'n canfod cydberthynas holl agweddau'r amgylchfyd—yn fydysawd ffisegol ac allanol, yn hunaniaeth fewnol, ac yn Dduw hollbresennol, tragwyddol. Y mae ef yn rhag-gredu'r cyfanrwydd hwn oherwydd fod Duw ei hun yn hollalluog ac yn hunandystiol. Ef hefyd yw'r Cynllunydd a'r Cynhaliwr sydd ar wahân i'w greadigaeth ac eto'n ymbresenoli ynddi.

Dichon fod yr heresi sy'n gwadu anrhydedd y corff creëdig ac yn ceisio ymwadu â'i fodolaeth yn wedd ar yr ymgais fythol bresennol i ysbrydoli dyn ac i ystyried dyn yn Dduw, i gyfystyru'r dyn crefyddol ag Un sydd yn Ysbryd pur heb hanfod ffisegol (er i'r ail berson ymddangos i ni mewn corff pendant, diriaethol). Bid a fo am hynny, credaf y gall agwedd anghywir at y Corff fod yn ddifaol i gelfyddyd, drwy'i chrebachu a'i blerhau, ac yn y pen draw ei dinistrio.

Perthynai'r ysgariad rhwng yr arfaeth ddwyfol ar y naill law a llenyddiaeth 'seciwlar' ar y llall i'r ysgariad diwinyddol rhwng enaid a chorff. Mynnid gwrthgyferbynnu dau fyd—y byd ysbrydol a'r ddaear greëdig—fel pe bai'r naill yn gadarnhaol a'r llall yn negyddol. Ac fel y dewisai rhai hereticiaid diwinyddol briodoli llygredd i'r corff yn unig a phurdeb posibl i'r enaid gwahân, felly hefyd (ac efallai o ganlyniad) y carai rhai beirniaid pietistig weld celfyddyd ddaearol yn ddrwg ac y mynnent nad oedd lle ond i gelfyddyd eglwysig. Fel na sylweddolwyd fod y cwymp yn gwbldreiddiol drwy'r holl berson, yn gorff ac yn enaid, a'r adferiad yn golygu gweddnewidiad perffeithiol i'r cwbl oll (heb gymysgu enaid â chorff), felly ni welwyd holl-gynhwysedd gras dwyfol drwy amryfal weithgareddau gwahaniaethol y ddaear.[42]

Serch hynny, yr unig ddysgeidiaeth ymarferol i gelfyddyd yn y pen draw, hynny yw, yr unig un sy'n caniatáu iddi fyw'n gyflawn (hyd yn oed pan nad ydys yn ymwybodol o'r ddysgeidiaeth

---

42. Olrheinir tyfiant y pegynu rhwng Natur a Gras ym meddwl yr Oesoedd Canol mewn darlithiau gan John Van Dyk o Goleg Dordt, *A Christian Approach to the Study of Medieval History,* Part II, Sioux, 1971.

honno) yw anrhydeddu'r corff a'i gydnabod yn waith creëdig, yn agwedd ar y person llawn a fwriadwyd ar gyfer ffrwythloni, yn greadur a syrthiodd, ac a fydd yn dwyn cyflog pechod drwy bydru mewn marwolaeth, ond sy'n wynebu atgyfodiad; corff lle y caiff yr Arglwydd Iesu Grist deyrnasu a meddiannu bywyd dyn, ac a all fod felly'n newydd bur wedi'i garthu drwyddo draw mewn modd goruwchnaturiol.

V

PWNC MAWR BEIRNIADAETH
LENYDDOL GYMRAEG

Mae beirniadaeth lenyddol Saesneg y dyddiau hyn yn gyndyn o gibddall ynghylch gwerth emynyddiaeth a llenyddiaeth grefyddol. Yn yr iaith honno rhaid bod yn seciwlar cyn bod yn llenyddol. Er cystal yw emynau Cowper a Charles Wesley a'r emynwyr mawr eraill, ni chânt odid fyth le mewn blodeugerddi na chydnabyddiaeth mewn Hanes Llenyddiaeth. Dyma'r rhagdybiaeth gadarn. Dyma'r modd y cymhwyswyd yr ymddaliad beirniadol Saesneg ac yr adeiladwyd y patrwm meddyliol caeth. Ni ddylid ystyried yr emyn fwy na'r bregeth, ond odid, yn gyfrwng gwir lenyddol: cyfrwng ymylog ydyw. Yn yr un modd, ni rydd y crefyddwyr, hwythau, fawr o sylw i werth llenyddiaeth seciwlar o safbwynt Cristnogol: nid oes gan eu Cristnogaeth hwy genadwri ddiwylliannol, ac eithrio ar dir moesoldeb neu ar dir eglwysyddol neu ddefosiynol.

Nid dyna agwedd beirniadaeth lenyddol Gymraeg. Gorfodwyd beirniaid Cymru erioed i wynebu'r berthynas rhwng Cristnogaeth a Llenyddiaeth, a hawliau'r naill ar y llall, a'r modd y mae'r naill yn ffitio yn y llall. Yn wir, oddi ar y dechrau cyntaf, bu lle'r canu crefyddol a rhyddiaith grefyddol yn fater trafodaeth gyson a myfyrdod sylfaenol i feirniaid Cymraeg, megis lle llenyddiaeth seciwlar yn y patrwm Cristnogol.

Yn Lloegr, oherwydd pwysigrwydd y traddodiad Paganaidd-Arminaidd ym meddwl y gymdeithas, sy'n dyrchafu annibyniaeth y dyn naturiol, mae'r ddeuoliaeth Natur/Gras yn fwy anochel. Yn ein gwlad ninnau hyd ddechrau'r ganrif hon (lle'r oedd y traddodiad meddyliol yn cael ei gyfeirio'n fwy gan Awstiniaeth, ac yna gan Galfiniaeth), roedd Penarglwyddiaeth Duw yn peri bod meddwl am farddoniaeth o safbwynt Cristnogol erioed yr un mor anochel. Nid oedd yna'r un maes deallol lle nad oedd yr Ysbryd Glân yn donio dynion.

Yn Lloegr, o ganlyniad, erbyn hyn ni ellir ystyried ysgrifennu crefyddol fel petai'n rhywbeth ar ganol y traddodiad: rhaid ymddiheuro o'i blegid. Wrth feirniadu Cowper, felly, gellid trafod yn ofalus ei ganu natur a hyd yn oed y brydyddiaeth achlysurol gymdeithasol—onid yw'n un o arloeswyr Rhamantiaeth?—ond esgeuluser ei emynau mawr ar bob cyfri. Pesycher yn ymddibeurol, ac yna'n ôl at y stwff seciwlar go iawn: cynnyrch Natur.

Mae gen i syniad fod Lloegr mewn meysydd eraill heblaw llenyddiaeth yn tueddu i gadw crefydd yn fater preifat i'r eglwys neu i'r cartref: er enghraifft, mewn gwleidyddiaeth. Ledled Ewrob, y mae Cristnogaeth yn cyfrif mewn gwleidyddiaeth. Wrth fwrw trem dros arolwg a wnaethpwyd ym mhum-degau'r ganrif hon, rwy'n sylwi mai *Democrazia Christiana* yw'r blaid fwyaf yn yr Eidal; P.S.C. yw'r blaid fwyaf yng ngwlad Belg; yn Awstria mae'r blaid sy'n barhaus mewn awdurdod yn un ddemocrataidd Gristnogol; ac yn yr Almaen, yr Undeb Democrataidd Cristnogol yw'r blaid lywodraethol oddi ar ddiwedd y rhyfel. Pleidiau Cristnogol sy'n fwyafrif yn Senedd yr Iseldiroedd; ac yn y Swistir mae'r blaid Gatholig yn rym sylweddol ar y Cyngor Ffederal. Ond yn Lloegr, mae'r fath agwedd at wleidyddiaeth yn anhysbys bellach: 'niwtraliaeth' seciwlar yw'r patrwm. Ac o ganlyniad i'r dylanwad Seisnig hwn yn ogystal ag agwedd y wlad hon at yr Eglwys Babyddol, cododd petruster ac amheuon yng Nghymru ynghylch cymryd Cristnogaeth o ddifri mewn gwleidyddiaeth; a derbyn delfryd Lloegr a wnaethpwyd yn yr achos yma.

Seciwlariaeth 'niwtral' yw'r delfryd hiwmanistig mewn gwleidyddiaeth. Cewch grefydda'n breifat, ond peidiwch â dwyn Crist i'n bywyd cyhoeddus ni, i fyd cyflogau ac addysg, perthynas gweithiwr a goruchwyliwr, i fyd elw. Yn yr un modd, daeth 'niwtraliaeth' i fyd llenyddiaeth, neu fel y dywedasai Jeremeia, yn fwy treiddgar,—'eilunaddoliad'. Ond nid 'rhyddid oddi wrth Dduw' yw hyn, eithr newid duw:dyrchafu chwaeth y synhwyrau naturiol, neu ryw allu ffaeledig felly, yn faen prawf. Does dim syndod bod W. J. Gruffydd a rhamantwyr o'i fath wedi dechrau sôn am gelfyddyd ac am serch mewn termau crefyddol: crefydd oeddent hwy, bid sŵr.

Cwestiwn amherthnasol yw a yw dyn yn credu yn Nuw neu beidio. Ys dywed E. La B. Charbonnier: 'Y cwestiwn priodol, fel y cofiodd ysgrifenwyr yr Ysgrythur bob amser, yw Beth (neu pwy) yw ei dduw?'

Yn y rhifynnau cyntaf o'r *Einion* fe gafwyd dadl rhwng Aneirin Talfan a Gwenallt ynghylch perthynas crefydd a beirniadaeth

lenyddol. Craidd y broblem yn ôl Aneirin Talfan yn ei ysgrif e
yw'r cwestiynau hyn:

> Beth yw agwedd y Cristion i fod tuag at lenyddiaeth? A ydyw'n
> ddyletswydd arno ddwyn rhywbeth yn ychwaneg at y safonau llen-
> yddol wrth drafod llenyddiaeth? A yw llenyddiaeth yn ddiben ynddi
> ei hun? . . . Beth a ddylai fod ymateb y llenor o Gristion i lenyddiaeth
> baganaidd dweder?

Ei gasgliad oedd na ellid cael beirniadaeth ddi-duedd, ac 'nad
oes y fath beth â beirniadaeth bur'.

Yn awr, y cwestiynau hyn a restrodd Aneirin Talfan yw pwnc
mwyaf beirniadaeth lenyddol Gymraeg ar hyd ei hanes. Buwyd,
wrth gwrs, yn ymdrin â llawer o faterion eraill; ond mae'r
beirniad o hyd ac o hyd yn troi'n ôl at y cwestiynau hyn. Dyma
bwnc y myfyrdod mawr o'r dechrau cyntaf.

Cyn geni'r Gymraeg, yn hanner cyntaf y chweched ganrif yn
llys Maelgwn Gwynedd, fe wyddom fod y ddadl eisoes ar
gerdded ymhlith y beirniaid llenyddol Brythonig. Pan ddaeth
Cristnogaeth yn rym yn y deyrnas, fe gododd problemau dieithr o
flaen y beirdd a'u noddwyr a oedd wedi etifeddu sefydliadau ac
arferion parchus paganaidd. Beth yw testun priodol yr awen
bellach? A wna'r hen ddulliau paganaidd, safonau Natur, y tro o
fewn y ddisgyblaeth newydd? A oes safonau gwrthrychol a chlir
sy'n peri nawr fod ffurf a chynnwys y gân yn gorfod newid?

Ceryddai Gildas ei frenin Maelgwn Gwynedd am ei fod yn
noddi llu o feirdd paganaidd. Yn lle gwrando moliant Duw gan
leisiau Cristnogion yn canu tonau eglwysig, yr oedd yn hoffi
clywed ei glod diddim ei hun, a hynny'n llawn o gelwyddau. Yn y
modd yma, mae'r llestr a baratowyd ar gyfer gwasanaeth Duw yn
cael ei newid i fod yn offeryn Satan.

Dyma osod y gwrthdrawiad ar ei fwyaf elfennol, ac fe drawodd
yn ben-ben fel hyn oherwydd fod barddoniaeth yn annatod glym-
edig wrth hen draddodiad, a hwnnw'n baganaidd ei safonau, a'i
ddelweddau, a'i syniadaeth am y byd.[1]

---

1. *De Excidio Britanniæ*, Gildas, gol. Hugh Williams, Honourable Society of
   Cymmrodorion, 1899, I, t. 80. Am ddyddiad Maelgwn gweler: *The
   Emergence of England and Wales*, A. W. Wade-Evans, W. Heffer & Sons,
   Cambridge, 1959, 2-3, 74, 132. Mae'n ddiddorol sylwi (yn ôl y *Myvyrian
   Archaiology* 29, o leiaf) fod yr ymosodiad ar feirdd Maelgwn oherwydd eu
   paganiaeth wedi'i briodoli i Daliesin yn *Chwedl Taliesin,* fel y'i datblygwyd
   tua 1350-1400: gweler *Chwedl Taliesin,* Ifor Williams, Gwasg Prifysgol
   Cymru, 1957, tt. 16-17.
   Y ganrif o flaen Maelgwn, yn ôl adroddiad Nennius, cafwyd ymryson
   rhwng Emrys (Ambrosius) a *magi* Gwrtheyrn (Vortigern).

Diau bod y ddadl ynghylch swydd yr awenydd, a hwnnw'n Gristion, wedi dechrau yng Nghymru cyn gynted ag y daeth Cristnogaeth i'r wlad. Diau hefyd fod gwaith y bardd swyddogol cyn hynny wedi'i neilltuo i amcanion neilltuol; a phur chwyldro-adol oedd defnyddio ei gyfryngau sefydledig i ganu mawl i Grist ac i'r seintiau. Ond buan yr aeth y newydd yn geidwadol ac y daethpwyd i deimlo chwithdod a hyd yn oed euogrwydd fod yr awen yn cael ei chyflwyno i gynnal hen batrwm paganaidd o farddoniaeth.

Bid siŵr, hen ddadl yw hyn: roedd gwrthdrawiad digon tebyg wedi digwydd rhwng Plato ac Aristoteles. Ond Tertwlian, tad llenyddiaeth Gristnogol Ladin, oedd y cyntaf i weld y broblem yn y cyd-destun diweddar ac i ofyn: 'Beth sydd a wnelo Athen â Chaersalem, yr Academi â'r Eglwys?' A dywedodd Pierre de Labriolle amdano: 'Prin y bydd byth yn colli cyfle i balu'n ddyfnach y ffos sy'n rhannu'r byd a'r Eglwys. Hawlia fod yr holl *doctrina saecularis litteraturae* yn ffolineb i lygaid Duw, a bod rhaid i'r Cristion ymwrthod ag ef'. Dyma safbwynt Tatian yntau; ond fel y dywed Jaeger: 'Doedd arddull addurnedig Tatian ddim yn cyd-fynd â'i elyniaeth tuag at ddiwylliant Groeg; a hefyd mae ei iaith yn dangos dylanwad cryf rhethreg Roeg ym mhob llinell, a phrawf nad yw ei arfer mor ddigymrodedd â'i theori'. Yn wir, cyfaddawdu oedd hanes llawer o'r Tadau Eglwysig megis Basil ac Awstin, hyd nes i ni gael y 'synthesis' rhesymedig mawr gan Sant Tomas Acwin. A hyn a ddaeth yn yr Eglwys Babyddol yn air terfynol ar y mater, gyda'i pharch eithriadol at reswm ffaeledig, a'r cymysgu ar yr Eglwys anweledig a gweledig â'r eglwys leol ffaeledig. Arweiniodd hyn faes o law at benarglwyddiaethau absoliwt megis rhai Louis XIV, Ffredric Fawr ym Mhrwsia, a Siarl V yn Sbaen. Ond fe gadwyd Prydain rhag y dynged honno gan y chwyldro Piwritanaidd.

*   *   *

Gyda'r Gogynfeirdd daw cyfuniad beirniadol i'r golwg, sy'n chwarae rhan bwysig yn ein beirniadaeth lenyddol o hynny ym-laen, sef y *cyplysiad* o'r condemniad o ganu celwydd â'r con-demniad o dorri rheolau'r traddodiad llenyddol. Dyma wrthwynebiad Phylip Brydydd[2] i'r gofeirdd, neu'r beirdd isradd, perthnasau reit agos i 'sothachieith beird keith Caeaw' y canai Casnodyn amdanynt (PG 171). Meddai Phylip: 'Ni'ch traethaf i gelwydd'. Ac yna, gyda'r disgrifiad cyntaf o lys brenin yng Nghymru a'r beirdd yn canu moliant i'r brenin hwnnw, meddai (gan gyfeirio at yr ymryson yn amser Maelgwn a grybwyllwyd gynnau):

> kadeir vaelgwn hir a hu berit y veird ac nyt yr goveird yt gyverchit. ac am y gadeir honno heddiw bei heiddyt bod seynt (sef mynaich) herwyd gwir a breynt yd ymbrouyt.

Ychwanega: 'Pencerdd o ddigerdd ni ddigonid'. Hynny yw, rhaid iddo wrth gelfyddyd. Ac yn ei ail awdl ar yr un testun, meddai:

> ac onyt trech kelwyd no gwiryoned, neu daruot dawn duw yny diwed.

Sylfaenwyd traddodiad Taliesin yn ôl safonau gwirionedd, safonau'r seintiau. Celwydd yw hanfod y canu isradd, a deuai â defodau anwar i'r wlad. Diddorol sylwi i Phylip honni mai dawn Duw yw'r awen, gan i hyn ddod yn bwynt o bwys yn y dadansoddiad diweddarach o'r pwnc sy gennym dan sylw. Cawn olrhain y thema hon yn awr ym meirniadaeth lenyddol Gymraeg o dan y penawdau hyn:

A. *Beirdd yr Uchelwyr:*
1. Gramadegau'r Penceirddiaid.
2. Cywyddau.
B. *Dadeni Dysg:*
1. Llyfrau Rhetoreg.
2. Llyfrau Gramadeg.
3. Rhagymadroddion.
C. *Y Ddeunawfed Ganrif.*
CH. *Y Bedwaredd Ganrif ar Bymtheg.*
D. *Trothwy'r Ganrif Hon.*

---

2. *Llawysgrif Hendregadredd,* gol. Morris-Jones a Parry-Williams, 1933, tt. 226-229. Trafodir y rhain yn dda gan T. Gwynn Jones, 'Bardism and Romance', *T.C.* 1913-14, tt. 240-1, 290-294, ac yn *Llenyddiaeth y Cymry* 34. Gweler hefyd draethawd M.A. Beti Rhys, *Ymrysonau'r Beirdd,* 1932, tt. 21-24. Diau mai'r un pryder sy gan Iorwerth Beli wrth sôn am swn tabyrddau'r glêr yn llys esgob Bangor, *Poetry of the Gogynfeirdd,* 204-205.

Mae ôl y ddeuoliaeth hon rhwng gwir ac anwir yng ngalwedig-aeth awenyddion i'w theimlo yng Ngramadegau'r Penceirdd-iaid. Yr oedd yn rhaid i Einion Offeiriad 'ofalu bod gwahanfur rhwng y canu celfydd a "sothachiaith".'[3] Oherwydd yr anhrefn wedi'r Goresgyniad y mae'n ymddangos fod 'clerwriaeth' ar gynnydd ymhlith y beirdd, a'u bod yn colli urddas 'drwy ymroi'n ormodol i ganu dychan a serthedd';[4] ac ymgais Einion oedd gwrthweithio'r duedd hon. Bernir i'w ddylanwad ddwyn peth ffrwyth erbyn y ganrif ddilynol.

Trwy gydol cyfnod y cywydd, arhosodd y perygl i apêl y cerdd-wyr annosbarthus fod yn drech na'r beirdd proffesyddol. Dyma un o brif achosion yr Eisteddfodau, yng Nghaerfyrddin (tua 1450) ac yng Nghaerwys (yn 1523 ac yn 1567/8). A'r diwedd oedd, wrth gwrs, fod yr haen isaf wedi ennill y maes a Cherdd Dafod wedi darfod.[5]

Ond diddorol sylwi fel y mae'r feirniadaeth yn erbyn yr haen isaf (wrth wgu ar amryfal elfennau eraill, megis dychan, diffyg crefft, canu serch, ac yn y blaen), yn crisialu o gwmpas y thema o lenyddiaeth anwir. O genhedlaeth i genhedlaeth, y mae'r cytser o bwyntiau beirniadol yn newid, ond y mae'r cnewyllyn hwn—sef pwnc sylfaenol ein beirniadaeth—yn sefydlog.

Ond mae'r llawnder beirniadol hwn yn bwysig, fod y rhaniad a nodir yn ansawdd y grefft, rhwng y Penceirddiaid ceidwadol cywrain a'r Teuluwyr (yn ogystal â'u cymheiriaid isradd y Clerwyr)[6] radicalaidd, ysgafn a di-urddas, yn cydredeg hefyd â rhaniad yng nghynnwys y canu, rhwng y moliannau traddod-iadol i Dduw ac i dywysogion neu uchelwyr ar y naill law[7] a'r dychanau a'r canu ffôl (a storïol) ac anghyfrifol i ferched ac ati ar

---

3. D. J. Bowen, *Llên Cymru*, VIII, 9.
4. E. I. Rowlands, *Llên Cymru* VIII, 223. Tyfu a wnaeth dychan yng ngwaith y Gogynfeirdd, ac nis ceid yng ngwaith y rhai cynnar (gw. J. Lloyd-Jones, *The Court Poets of the Welsh Princes*, British Academy, 1948, 193).
5. D. J. Bowen yn *Llên Cymru* II, 149.
6. Ar y gwahaniaeth rhwng teuluwriaeth a chlerwriaeth gweler E. I. Row-lands, *Traethodydd* 1967, 25-26. Gwelir fy mod i, fel y Brawd Llwyd, yn tueddu i weld y naill a'r llall yn toddi i'w gilydd, ac yn cael eu diffinio gan eu perthynas i benceirddiaeth. Hynny yw, dau eithaf clir ac arwyddocaol oedd, sef Pencerdd a Chlerwr, a'r Teuluwr yn nodi un safle yn y raddfa a arweiniai o'r naill i'r llall.
7. Yr oedd y cyfreithiau yn gosod safonau llenyddol, neu o leiaf yn eu derbyn hwy, wrth nodi fod y pencerdd yn gorfod canu ei gerdd gyntaf i Dduw, a'r ail i'r brenin: *Llyfr Blegywryd* 25, 18-21.

y llall. Ymdeimlid fod y feirniadaeth ar gelwydd ynghlwm wrth elfennau heblaw cynnwys syniadol, ac na ddylid ei hynysu yn bwnc o bietistiaeth bropor. Yr oedd urddas ac ansawdd y testun ynghlwm wrth y gelfyddyd yn gyffredinol. Mae cymhelliad pob agwedd yn bwysig.

Fe fydd rhai yn hoffi ystyried y cyfnod o gythrwbl gwleidyddol rhwng 1290 a 1330 yn fan cychwyn i'r frwydr hon rhwng haen uchaf y beirdd a'r haen isaf. Er na ellir gwadu nad oedd lliw neilltuol ac arwyddocâd newydd wedi'u rhoi ar y gwrthdaro yn y cyfnod hwnnw, cymhwysiad oedd y frwydr ar hen ymrafael a gafwyd o leiaf oddi ar ddyfodiad Cristnogaeth i'n plith. Ymrafael a chyd-ddylanwad. A gellid ymdeimlo â'r gwahaniaethau hyn yn y teitlau gwahanol a ddodid ar brydyddion; a hyd yn oed lle'r oeddent yn ddigon parchus i gael eu cydnabod gan y cyfreithiau, nodid gwaith neilltuol i'r *pencerdd* a'i gyferbynnu o ran natur â'r *bardd teulu*,[8] er bod lle i feddwl fod y beirdd yn cymysgu neu o leiaf yn ymgymryd â'r naill ac â'r llall o'r dyletswyddau hyn er dyddiau Aneirin.[9]

Yn y Gramadegau ceir cyfarwyddyd neu safonau moesol (neu grefyddol) y dylai'r prydyddion eu dilyn:

(GP 133) Ni ddyly prydydd vod yn oganwr a gwnevthvr sswydd klerwr, kans sswydd prydydd yw moli. Ni ddyly oganv neb nes no'i brofi dair gwaith, ond tewi a'i voli a ddichon. (h.y., mae goganu yn waith cyfreithiol, cyfrifol i ŵr moesol, ac ni ddylid ymgymryd ag ef yn ysgafn.)

Felly y Pum Llyfr Cerddwriaeth. Mae'n mynd ymlaen fel hyn:

kans rrann o ddoethineb annyanawl yw prydyddiaeth, ac ethrylith, kans o vn o'r ssaith gelvyddyd yr henyw, ac awen a henyw o'r Ysbryd Glan.

Honiad yn llinach Phylip Brydydd; a chan mai ymwneud â chymhelliad llenyddiaeth y mae hyn (sef craidd beirniadaeth lenyddol), y mae'r ffynhonnell o gryn ddiddordeb i'r Gramadegwr. Mae'n mynd ymlaen:

---

8. *Llyfr Blegywryd*, 25, 18-21/21-23.
9. Yn ôl J. Lloyd Jones, op. cit., 175, awgrymir fod yr *awdl* yn ffurf i'r *pencerdd*, a'r englyn i'r *bardd teulu*. Gwelir yr un math o wrthdaro rhwng y dosbarthiadau barddol yn hynt y *cywydd* ymhellach ymlaen.

Llyma y kampav ysbrydolion a berthyn ar brydydd: vvvdd-dawd, haelioni, diweirdeb, kariad perffaith, kymhedrolder bwyd a llynn, amynedd dda, a dilesgrwydd, y Rai yssydd wrthwyneb i'r ssaith bechod marwol, nid amgen, balchder trahavs, anghywirdeb, godineb, kynghorvynt, glythineb, llid, a llesgedd, y Rai a lygrant yr awen ac a laddant yr enaid.

Yn fersiwn Peniarth 20 o'r Gramadeg ceir paragraff pwysig (GP 56-57) sy'n diffinio ac yn dyrchafu galwedigaeth y prydydd:

Ny pherthyn ar brydyd ymyrru ar glerwryaeth, yr aruer ohonei, kanys gwrthwyneb yw eu kreffteu. Kanys krefft prydyd yw kanmawl, a chlotuori, a digrifhau, a gwneuthur molyant a gogonyant a didanwch, a dosparthus yw y gerd, a barnu a ellir arnei: a chrefft y klerwr kroessan yw anghanmawl, ac anglotuori, a goganu, a gwneuthur kywilyd a mefyl ac anglot, a chroessangerd anossparthus yw heb allel barnu arnei, kanys ymboergerd vvdyr yw. Ac wrth hynny, yn lle y prytto y prydyd ny dylyhir kredu anglot y klerwr, kanys trech y dyly vot molyangerd y prydyd no gogangerd y klerwr kroessan, megys y mae trech y da no'r drwc.

Ac yn y blaen—y cwbl o'r paragraff nodedig hwn.

Hynny yw, fe fyddwn yn defnyddio'r termau 'da' a 'drwg' am gelfyddyd; ond y mae ystyr foesol i'r termau hyn. Perthyn y da i'r adeiladol ac nid i'r distrywiol, sef i foliant ac i fyd glendid, ac nid i fyd negyddol goganu. Felly y gellir yn y bôn farnu prydyddiaeth yn ôl safonau moes.[10] Gan ei bod yn hanfod o'r Ysbryd Glân, dylai wisgo nodau rhinweddol y bywyd Cristnogol. Rhan o'r ymgyrch o blaid yr elfennau *cadarnhaol* hyn mewn bywyd yw tanlinellu rheolau athronyddol gwaith y prydydd.

Beth bynnag am ddylanwad gramadeg Einion a Dafydd Ddu, mae'n ddiddorol sylwi fod yr eglwys drwy'r cyfrwng hwn yn mynegi barn am y themâu sy'n briodol i brydydd, a'r modd y dylai yntau eu trafod hwy. Ac felly y gwnaeth yr eglwys drwy'r canrifoedd, fel arfer yn anneallus, ond heb fod yn ddigon anneallus i

---

10. Dyma rai o'r trioedd yn fersiwn gyfatebol y Llyfr Coch o'r gramadeg: (GP17)
   Tri pheth a gywreinyant ymadrawd: kyvansodyat gwedus ar y geireu, a chyfyawnder ar dechymic, a lliw . . .
   Tri pheth a dyly prydyd eu gochel: llynna, a gwrageda, a chlerwryaeth . . .
   Tri pheth a dyly kerdawr eu kywreinyaw wrth eu datkanu y ereill pan y gouynner: dysc, a gwiryoned, a barn ar gerdwryaeth.
   Casgliad anochel Llyfr yr Ancr yw: 'Pa obeith yssyd yr gler, nyt oes yr vn. kannys oe holl ynni ymaent yngwassanaethu ydiawl . . . Aduw awatwar amdanunt. kanys a watwaro. ef awettwerir'. (*Elucidarium,* 40) Cf. IGE² 119.

205

beidio â'i wneud, hynny yw i beidio â gweld ei rhwymedigaeth
ymarferol ei hun yn y rhan hon o greadigaeth Dduw.[11]

* * *

Yr ail gorff sylweddol o feirniadaeth lenyddol Gymraeg, yn
hanesyddol, yw'r Cywyddau, yn arbennig y Cywyddau Ymryson.
Y mae'r rhain yn dechrau gydag ymryson enwog Dafydd ap
Gwilym a Gruffydd Gryg ac yn gorffen gydag ymryson yr un mor
enwog rhwng Edmwnd Prys a Wiliam Cynwal. Heblaw'r ymrys-
onau y mae'r mawl a geir mewn rhai cywyddau marwnad yn bur
arwyddocaol, a cheir cywyddau achlysurol eraill sy'n cynnwys
sylwadau o bwys, megis cywydd Siôn Tudur yn dangos beiau'r
Prydyddion.

Yr un yw cnewyllyn y pwnc a drafodir yn y cywyddau ymryson
ag a drafodwyd yn y gramadegau. Meddai Saunders Lewis:[12]
'Erbyn amser ymryson Dafydd ap Gwilym a Gruffudd Grug y mae
cynnwys y Prydlyfr yn ddigon hysbys i'r ddau fedru dyfynnu
ohono i lorio'i gilydd'. Prif gyhuddiad Gruffudd yw bod Dafydd (a
dyfynnu Saunders Lewis eto) yn 'bradychu ei benceirddiaeth
drwy ganu celwydd', ac nid celwydd o weniaith ysydd yn yr achos
yma, ond celwydd emosiynol afiach yng ngwreiddyn ei
gymhelliad barddonol:

> GDG 389:
> Merfder cadarn oedd arnaw,
> Ym marn gwŷr, drwy wewyr draw.

Yn ei ateb y mae Dafydd yn osgoi'r feirniadaeth hon, gan
wawdio Gruffudd am ei fod wedi benthyca ffurf Dafydd ei hun ar
gyfer ei ddychanu ef. Dychwel Gruffudd at ei bwynt yn ei ail
gywydd am i Ddafydd awgrymu ei fod ef wedi 'gwyro gwawd'.

---

11. Tuag amser Einion Offeiriad yr oedd yr Ancr yn Llanddewi Brefi yn copïo:
'Amanac yr prydydyon yrodeis i ydunt gyfurann oyspryt vynigrifuwch i ymae
yawnnach vdunt ymchwelut yryspryt hwnnw ym diwyll i noc yganmol
ynvytserch gorwagyonn bethev tranghedigyon yn amsserawl'. (*Elucidarium*
98) cf. Idris Foster, 'The Book of the Anchorite', British Academy, 1949, 201
n. 2.
12. *Gramadegau'r Penceirddiaid,* 1967, 12; cf. *Llên Cymru* II, 1953, 207-8.

Dywad i wŷr y Deau
Dafydd ar ei gywydd gau
Nad oedd ym ddym o'm gwawdlef
Eithr ei ddysg; athro oedd ef.
Dywad gelwydd, myn Dewi!
A phrofer pan fynner fi.
Tyngodd na wnaf o'm tafawd,
Gorau gŵr, ond gwyro gwawd.
Arwydd na mynnwn, eiriawl,
Wyro ermoed air o'r mawl.

Unwaith eto, try ateb Dafydd o gwmpas ei gyhuddiad fod Gruffudd yn llenladrata; ac o hyn ymlaen, fe â'r ffrae yn fwyfwy personol.

Sylwodd Mrs. Bromwich nad oherwydd gormodieithu ynghylch Morfudd y mae Gruffudd yn condemnio Dafydd, ond oherwydd gormodieithu ynghylch yr effaith arno ef ei hun. Hynny yw, purion oedd delfrydu Morfudd drwy ormodiaith; ond roedd ymyrryd â 'gwirionedd' yr effaith arno'i hun yn beth cwbl arall. Dywed Mrs. Bromwich: 'the continental attitude of extreme abasement in love which Dafydd chooses to affect at times is essentially alien to the *rhieingerdd'*. Bid siŵr, yr oedd yn dod â gwerthoedd newydd i'r golwg, gan ddyrchafu serch i wastad crefyddol, yn grefydd y gwŷd a'r gog, sef rhagflaenydd y serch 'rhamantaidd'. Mae'r dull y mae Dafydd yn dwyn ei serch i'r eglwys (Merched Llanbadarn) ac yn dwyn yr eglwys i'r coed (Offeren y Llwyn) yn adlewyrchu'r cyfosodiad newydd y mae ef yn ei geisio, ac a esbonia ef yn helaethach yn nhraethodl y Bardd a'r Brawd Llwyd.

Dyma, felly, nerth ei her. Rhan o wreiddioldeb Dafydd oedd ei fod ef yn honni fod y canu serch newydd hwn gyfwerth â'r canu moliant traddodiadol:

Nid llai urddas, heb ras rydd
No gwawd, geuwawd o gywydd.

Efô a ddyrchafodd y geuwawd, lle'r oedd yr ymadrodd 'geuwawd o gywydd' i eraill yn destun edifeirwch a chywilydd, megis i Lywelyn Goch Amheurig Hen.

Gwrthryfelwr yw Dafydd yn erbyn yr offeiriadaeth a chulni'r syniad traddodiadol am 'eglwys'. Bid siŵr, canolog hefyd yw'r agwedd gadarnhaol ar ei genadwri ynghylch natur, serch, a'r bywyd ysgafn; ond ni ellid llai na diffinio a disgrifio'i farddoniaeth drwy ddangos ei gwrthwynebiad neu o leiaf ei gwrthgyferbyniad i'r delfryd offeiriadol. Mynegiant o hawl un math o farddoniaeth yn erbyn yr ystrydeb offeiriadol yw bron y cwbl o'i gywyddau, ar ryw ystyr. Gwrth-grefydd newydd ydyw. A phan fo agwedd negyddol fel hon, rhaid wrth y safbwynt gwrthwynebus, sylfaenol i'w hegluro.

Dihangfa, meddai Saunders Lewis, 'oddi wrth fyd athroniaeth i fyd eironi . . . oddi wrth haniaethau'r ysgolion at ddiriaethau'r clerwyr a'r terfyn'. Creodd gyfanfyd Gras Cyffredin synhwyrus i wrthosod cyfanfyd Gras Arbennig. Tynnodd Saunders Lewis sylw at y tebygrwydd rhwng ymryson gwirioneddol Gruffudd Gryg a Dafydd ap Gwilym:

> Mawr o gelwydd, brydydd brad
> A draethodd Dafydd druthiad.   (389)

a'r ymryson 'dychmygol' a ddyfeisiodd Dafydd rhyngddo'i hun a'r Brawd Llwyd:

> Nid oes o'ch cerdd chwi, y glêr,
> Ond truth a lleisiau ofer.   (363)

Wrth gwrs, yr oedd y Brawd Llwyd yn bod.

Yn y trydydd fersiwn ar *Chwedl Taliesin,* yr un a ddyfeisiwyd tua 1350-1400, ceir adlais o'r un hen ddadl yn y caneuon sy'n britho'r rhyddiaith. Dywed 'Dyhuddiant Elffin': 'Gwell yw Duw na drwc ddyrogan'. Y mae *Bustl y Beirdd,* y cyfeiriwyd ato eisoes wrth sôn am Lys Maelgwn Gwynedd, yn fanylach o lawer:

> Cler o gam arfer a ymarferant,
> Cathlau anneddfol yw eu moliant.
> Gorchmynnau deddfau Duw a dorrant.
> Gwragedd priodol a halogant.
> Eu hoes a'u hamser yn ofer a dreuliant.
> Y nos y meddwant a'r dydd y cysgant.
> Yn segur heb lafur yr ymborthant.
> Yr eglwys a gasant a'r dafarn a gyrchant.
> Llaswyr a phader nis arferant . . .
> Ni chablaf i eich cerddwriaeth.
> Cans Duw a'i rhoes rhag argyllaeth.

Tarddodd Ymryson Rhys Goch a Llywelyn ap y Moel yn ogystal ag Ymryson Rhys Goch a Siôn Cent o farwnad i Ruffudd Llwyd. Gŵr oedd Gruffudd Llwyd a chanddo gryn ddiddordeb yn nharddiad yr awen ac yn natur grefyddol ei waith. Mewn cywydd i Hywel ap Meurig a Meurig Llwyd ei frawd y mae'n ymholi:

> O Dduw, ai pechod i ddyn
> Er mawl gymryd aur melyn?   (IGE[2] 119)

I fardd go iawn y mae yna nerth oddi uchod:

> Ysbryd Glân a'm cyfyd cof,
> Difai enw, a dyf ynof.
> Hwn a lestair, f'eurgrair fydd,
> Brad yn erbyn ei brydydd.
> Mawr yw rhadau llyfrau llên,
> Rho Duw, nid llai rhad awen.
> Awen a rydd o iawn ras
> Duw â'i law i'w deuluwas,
> Obrudd i fardd, ebrwydd fawl,
> I brydu cerdd briodawl;
> Minnau heb gêl lle delwyf,
> I rai da bardd erioed wyf.[13]

Dechreuodd y ddadl rhwng Rhys Goch a Llywelyn ap y Moel drwy fod Rhys yn dweud yn ei farwnad i Ruffudd Llwyd nad oedd neb ym Mhowys yn gwerthfawrogi awen Gruffudd. Ceisiodd Llywelyn ei ateb yn ei farwnad yntau i'r un person. Wrth i'r ddadl ddatblygu, honna Rhys Goch:

> Oblegid llwyr lendid llên,
> Diwarth adnabod awen.   (IGE[2], 164)

A gofyn i Lywelyn a yw'n gwybod y mesurau ac o ble y dechreuodd yr awen, dau gwestiwn sy'n crynhoi prif faterion beirniadaeth lenyddol Gymraeg hyd ddiwedd y bedwaredd ganrif ar bymtheg.

> Dywed pa fesur dwywaith
> Y sydd ar awen o saith,
> Fflaw cerdd, a pha le y'i cad,
> Diochr yw, ei dechreuad.

---

13. Tebyg yw'r cyfaddefiad ar ddiwedd ei Gywydd i'r Drindod, IGE[2], 153, 3-18.

Yn ateb Llywelyn i'r ail gwestiwn mae'n dadlau mai un o ddoniau'r Ysbryd Glân yw'r awen, ac fe ddaeth ar y Sulgwyn cyntaf.

Yr awen befr oreuwaith, / A roed i mi, radau maith,
O'r Ysbryd, iawngyd angerdd, / Glân y'i cad, goleuni cerdd,
Ac a'i rhoes, deilyngfoes dôn, / Yng ngolau siampl angylion,
Lwybr araith, berffaith burffawd, / Ar y Sul Gwyn, eursal gwawd;
Ac yn armes Taliesin, / Drud yn llys Faelgwn fu'r drin,
Pan ollyngawdd, medrawdd mwy, / Elffin o eurin aerwy.

(Sylwer ar y cysylltiad â Chwedl Taliesin a Llys Maelgwn.)

Yn sylfaenol, y mae Rhys Goch yn gytûn ynghylch tarddiad yr awen (hynny yw cerdd foliant), ond hawlia ei bod ar gael ymhlith yr angylion cyn ffurfio'r byd. Ganddynt hwy y dysgodd Adda; a dyna sy'n gwneud achau'r awen yn ddwyfol. Y mae cysylltiad rhwng Efa ac Afe, cyfarchiad Gabriel i Fair.[14] Ac onid oes cysylltiad rhwng Awe (Afe) ac Awen?[15]

Ar hyn y mae Siôn Cent yn ymyrryd yn yr ymryson. Dechreuasai Llywelyn ap y Moel ei sialens i Rys â'r llinell:

Pam ymcen heb awenydd?

A dywed Siôn Cent:

Pam ymcen gŵr hen (sef Rhys Goch) gair hardd?
Profi hyn a wna prifardd.

(gan gyfeirio hefyd at eiriau Rhys *Od wyt ti brifardd . . . gŵr hen*: *IGE*[2] lxiv).

Yna, dechreua ei ddadansoddiad. Nid un awen sydd, a honno o'r nef: dwy awen a geir, un a gafwyd gan Grist, a'r llall yw'r un a gafodd prydyddion Cymru. (IGE[2] 18l.) Archwilia'r awen Gymreig, ac fe'i ceir ar dair gwedd:

---

14. Gweler WCCR, Glanmor Williams 112; *Astudio Byd,* A. T. Davies, 153.
15. Yn yr ymryson hwn y digwydd y cwpled: 'Mesur glân, a chynghanedd, A synnwyr wiw, sain aur wedd' (161) a ddefnyddiwyd gan SL a DJB i awgrymu'r symleiddio a'r ysgafnhau ar y canu telynegol a oedd ar gerdded yn y cyfnod hwn.

(i) *Mawl i Arglwydd*

Cywydd o gelwydd a gân.
Haeru bod gwin teuluaidd,
A medd, lle nid oedd ond maïdd.
Hefyd taeru geir (ger) hoywfainc
Yn ffrom torri cestyll Ffrainc.

(ii) *Mawl i Ferch*

Ni bu Fair o dair daeron
Na haul cyn laned â hon.

(iii) *Dychan*

Ni bu ddelw mewn byw ddolef
Neu gi a fai waeth nag ef.

Casgliad Siôn yw bod yr awen hon o 'natur uffernawl', gan nad yw'r awen wir yn dweud na gweniaith na thwyll.

Collwyd peth o'r ymryson hwn; ond mewn un ateb a roddodd Rhys Goch, y mae'n anghytuno â'r ddeuoliaeth a hawlir gan Siôn Cent. Taeru, yn hytrach na phrofi'i achos, a wna, er ei fod yn honni mai'r nef yw ffynhonnell pob dawn; ac ailfynega'i argyhoeddiad mai'r Ysbryd Glân yw tad yr awen. (IGE^2, 186.) Ond dichon fod gan Rys un pwynt treiddgar o feirniadaeth ar ddull Siôn Cent o brydyddu: fe'i geilw ef yn 'fresych adlam' (preswylfod bresych). Yn ôl Ifor Williams (IGE^1, cxliii), 'Pwynt Rhys yw bod awen Siôn *fel* gardd fresych gan ei fod yn canu byth a hefyd bethau "buddiol ac adeiladol" heb flodau, heb ddifyrrwch a bod ei ymosodiad ar ei gydfeirdd mor anfoesgar nes ei ddarostwng i lefel "gwas ystabl".'

Yr hyn a wna Siôn Cent yw condemnio dychan drwy ddychan; neu'n hytrach, gweddnewid dychanu personol, anegwyddorol a wna i fod yn ddychanu cyffredinol, moesol.

Iddo ef, condemniad o bechod oedd dychan cywir. Gweithred o garthu cymdeithasol ydoedd. Dyna ydoedd i'r cywyddwyr mwyaf meddylgar oll, fel yr oedd i Ellis Wynne yn ddiweddarach.

Hyd yn oed pan drawsffurfiwyd y themâu rywfaint yn y nofel, ni ellid lai na meddwl am y gweithredoedd trasig yn nofelau Kate Roberts (megis gyda Daniel Owen) eu bod, fel yr oedd dychan, yn

211

tarddu oherwydd dryllio cyfraith foesol. Pan fydd y ddau awdur hyn ar eu haeddfetaf yn trafod trasiedi, ymwneud y maent hwy â diffyg neu nam mewn cymeriad sy'n ei arwain at ei gwymp.

Parhad yw'r ymryson rhwng Guto'r Glyn a Hywel Dafi o'r un rhwng Siôn Cent a Rhys Goch. Yn wir, dywed Guto'r Glyn wrth Hywel Dafi (GGG 176):

> Traethai gerdd, truth yw a gwanc,/Tawed Siôn y Cent ieuanc.
> Cywydd heb gelwydd a gân,/Gwaethwaeth na gweniaith weithian.

Hywel Dafi sy'n agor yr ymryson drwy honni mai 'diweniaith wyf', a bod Guto yn gwenieithio 'o chwant cael ariant clera'. Os yw dyn yn caru barddoniaeth gywir, ni ddewisa weniaith. Yna, mae'n canu clod Morgan ap Rosier o Wenllwg, a hynny mewn modd cymedrol a phriodol. Clod manwl yw ei nod heb 'ormodd sôn'.

Mae ateb Guto'r Glyn yn wahanol i'r ateb a roddasai Rhys Goch i gyhuddiad Siôn Cent, ac yn wir, dyma gyfraniad newydd i theori estheteg Gymraeg. Dywed nad yw gweniaith namyn dewis moesol, sef dewis yr iaith orau: amhosibl yw dweud y gwir i gyd, ac os oes rhaid dewis, dewised yr hardd. Darfod a wna'r hagr a brith ogan.

> Ni cheisiaf, o chanaf chwaith/Wedi gwin, wadu gweniaith.
> Minnau'n dyst, ni mynnwn dwyll/Mewn gweniaith, myn y gannwyll!
> Pe bai gyfion pob gofeg,/Beth yw gweniaith ond iaith deg?
> O thraethir y gwir a'r gau,/Y gair tecaf yw'r gorau.
> Ni thraethir y gwir i gyd/Yn llyfr, nac unlle hefyd.

Felly y pery'r ddadl. Pwrpas hyn o lith yw arddangos ffaith a oedd eisoes yn ddigon hysbys o'r blaen, mae'n debyg, sef *parhad* un thema sylfaenol drwy gydol traddodiad beirniadol ein llên, o lys Maelgwn Gwynedd hyd Aneirin Talfan. Yn ymryson Wiliam Llŷn ac Owain Gwynedd (1562-1564), tebyg yw'r cyfeiriad at y ddwy awen i'r hyn a geid o'r blaen. Ond erbyn hyn, ymddengys nad yw'r cyfeiriad namyn ergyd mewn dadl: ceir dwy awen, un o'r nef a'r llall o uffern; ac yn ôl Wiliam, ef biau'r un nefol ac Owain yr un uffernol.[16]

---

16. Ceir y testun gorau yn nhraethawd M. A. Roy Saer 328-347, a thrafodaeth xlvi-xlviii. Gweler hefyd *Cynfeirdd Lleyn* 137-144 a thraethawd M.A. Ifan Wyn Williams 232-238.

Dilyn y ddamcaniaeth ynghylch disgyniad yr awen oddi wrth Dduw ar y Sulgwyn a wna Wiliam Llŷn; ond yng Ngramadeg Simwnt Fychan[17] (GP 116), wrth olrhain hanes mesuraų'r gerdd, cyfunir y ddwy ddamcaniaeth ynghylch tarddiad yr awen, gan ddod â chymeriad Enos ap Seth i mewn i'r stori.

Nid wyf yn siŵr a oes mwy o arwyddocâd i'r ddadl hon ynghylch Sulgwyn ac amser y Greadigaeth fel dau achlysur posibl geni'r awen na dyddiad yn unig. A yw'n ymwneud â natur yr awen? A yw'r awen yn perthyn i wastad Creadigaeth, i natur neu ras cyffredinol, ac felly'n eiddo i ddynion yn ddiwahân? Neu a yw'n perthyn i oruchwyliaeth ddiweddarach yr Ysbryd Glân, ac felly y mae Gras Arbennig neu achubol yn ei breintio mewn modd sy'n peri fod gan Gristion fantais gelfyddydol wrth ei fynegi ei hun mewn llenyddiaeth?

Bid a fo am hynny, mae'n ymddangos bellach fod angen cadw dwy ddadl yn glir ac ar wahân:

yn erbyn

| I (i) | Barddoniaeth Grist-nogol (h.y. y rhai sy'n perthyn i'r eglwys weledig ac anweledig, yn ymwneud ag un-rhyw bwnc, a hynny o fewn llywodraeth meddwl y Gair holl-gynhwysol.) | (ii) | Barddoniaeth Baganaidd (h.y. gwaith yr hen dra-ddodiad o synied am bopeth mewn termau naturiol, seciwlar.) |

Ochr yn ochr â'r rhaniad hwn mewn llenyddiaeth, ceir yn yr un modd ddau fath o wyddoniaeth, dau fath o wleidyddiaeth, ac yn y blaen, sef eiddo credinwyr ac eiddo anghredinwyr. Dyma safbwynt heddiw yr Eglwys Ddiwygiedig Uniongred (ac fe'i hesbonnir yn dda gan Kuyper a Dooyeweerd):

---

17. Cf. ei gerdd am adfyd y beirdd: Mostyn 161, 418-20.

II (i) Hawl swyddogion yr eglwys leol fel sefydliad daearol a chanddi swydd efengylaidd a sagrafennol i ymyrryd â chylchoedd eraill o weithgawrch.

(ii) Hawl llenyddiaeth fel sefydliad a chanddi swydd ddiwylliannol neilltuol, i fod yn uniongyrchol atebol i Grist yn ôl natur ei gwaith ei hun.

Yr ail ddadl yw'r un a oedd yn blino Wiliam Cynwal, mi dybiaf, yn ei ymryson ag Edmwnd Prys. Condemniodd Wiliam yr offeiriad am ymadael â'i swydd ac ymyrryd â llenyddiaeth. Mae i bob cylch, o fywyd ei reolau a'i ddeddfau ei hun. Ni pherthyn i eglwys leol bennu rheolau cae pêl-droed, nac i athrawon ysgol gynradd oruchwylio ffatri tintacs yr ardal. Gwir fod yna undod cymdeithasol, ac uwch undeb yng Nghrist (sef yr ystyr arall i'r gair Eglwys—weledig ac anweledig). Ond y tu fewn i hynny, y mae yna sfferau, ac i bob sffêr ei sofraniaeth hanfodol ei hun. Barn Dafydd ap Gwilym oedd bod amser i bob peth, yn reit ysgrythurol. Ac y mae'r ddadl yn fwy priodol byth pan gofiwn mai urdd arbennig oedd y beirdd i Wiliam, ac na pherthynai dod â rheolau neu wybodaeth y gwasanaeth crefyddol i gylch gwaith a oedd yn cyflawni mawl mewn dull arall. Dyma athrawiaeth sffêr-sofraniaeth a ddatblygwyd mor gyfoethog gan Abraham Kuyper yn y ganrif ddiwethaf, a chan Dooyeweerd wedyn.

Bid siŵr, y mae i bob cylch o weithgarwch dynol ei ddeddfau a'i hawliau ei hun. Ond er y gellid ystyried y rhain yn ddeddfau natur, nid codi allan o natur a wnânt, a chael ei gwreiddiau ynddi hi: gorchmynion a roddwyd i natur gan Dduw ei hun ydynt. Nid yw'r un sffêr yn isradd i awdurdod un arall. Felly, y mae'r gŵr mewn teulu yn cael ei awdurdod, nid oddi wrth y wladwriaeth, ond yn uniongyrchol oddi wrth Grist ei hun (Eff. 5: 23 yml.; I Cor. 11:3). Yn yr un modd, gwaith y beirdd yn ôl y beirniaid Cymraeg. Mae pob swydd yn rhan o gyfanswm y gwasanaeth a roddir i Dduw sy'n Bennaeth ac yn Wreiddyn i ddynoliaeth. Cyfyngir ar bob sffêr gan ei berthynas gymdeithasol ei hun. Cydraddoldeb yw eu perthynas i'w gilydd ar ryw ystyr. Dim ond o fewn y sffêr ei hun y mae'i awdurdod unigol yn cyfrif, canys perthyn i bob un ei egwyddor fewnol a'i dasg ddiwylliannol briodol wedi'u rhoddi iddo gan y Duw Hollalluog.

Yn y pumed cywydd ar hugain,[18] gan ddychwelyd at ddadl yr Awen, cyfeiria Prys (sylwer eto ar y parhad ymwybodol) at yr ymryson rhwng Rhys Goch Eryri a Llywelyn ab y Moel.

> Deuryw ysbryd a yrrawdd/Duw o Nef, da yw ei nawdd . . .
> ac o'r ddau, medd llyfrau llên/Adrywiodd deuryw awen.
> Yn gyntaf, Duw Naf dy nerth,/Briodfawl awen brydferth.

Yna, mae'n trafod syniadau Rhys am oedran yr awen, syniadau hollol gyfeiliornus am nad oeddent wedi eu seilio ar ddysg y Beibl, erfyn y Diwygiad Protestannaidd:

> Ni wyddai Rhys, naddwr hedd,/Enaid awen na'i diwedd,
> Nac un o feirdd, gan ei fod,/Yn y Beibl hyn heb wybod.

Er mwyn dweud y gwir, rhaid i'r awen gael ei seilio yn yr ysgrythur:

> Llyfr ffydd Duw llywydd i'm llaw,/Llawn faethrad, llyna f'athraw.
> Awenydd burffydd berffaith,/Hon sy rydd, hanes yr iaith,
> Hon a fu, groyw, hoyw, loyw, lwys,/Awen rugl yn yr eglwys
> Ac nid yw hon, o gnwd hardd,/Pêr afael, gan un prifardd,
> Hon ni chawn, oni chenir,/Drwy law Dduw, feidroledd wir.[19]

Dyma ni yn y man cyfarfod rhwng y Diwygiad Protestannaidd a'r Dadeni Dysg, ac wyneb yn wyneb â holl gwestiwn awdurdod mewn beirniadaeth lenyddol, cwestiwn go ddieithr yn ein dyddiau rhamantaidd ni.

---

18. Cyfeiriodd at wreiddiau'r ddadl, yn Siôn Cent, yn y pymthegfed cywydd: 'Mynni'r awen uwch ben byd,/Gyd-dwf ac o waed hefyd./O'r nen o bydd awen bur,/Dawn ytyw, nid o natur,/Un sud os o naws ydyw,/Dawn o fyd, nid o nef yw./Blitha' cait wrth blethu cân,/Awen iangwr na yngan;/O ddeall y ddwy awen./Mewn iaith bêr, mae un i'th ben./Edrych y fwynwych fynwent,/Hanes enw cerdd hen Siôn Cent./Pwy sy'n well, o pwyswn ŵr,/Yn ei gongl nag ieuangwr?/A fo ieuang ei fywyd,/Nid yw gaeth, na wad, i gyd:/Os ieuangwr, gall sengi,/O ran eich iaith arnoch chwi.'
   Gweler ymdriniaeth W. J. Gruffydd â hyn yn ei lyfr t. 99; hefyd Traethawd M.A. J. W. Roberts, 54, 90, 92, 93.
19. Un o'r rhannau mwyaf diddorol yn yr ymryson yw'r llythyr rhyddiaith a sgrifennodd Edmwnd Prys at Wiliam Cynwal hanner ffordd drwy'r ffrae, gan fanylu'n oeraidd ac yn ddadansoddol ar luaws diffygion Wiliam, ein hadolygiad cyntaf.

Yr oedd Cynwal a Phrys yn gytûn ar lawer o bethau. Yr oeddent yn gytûn ar darddiad yr awen ac ynglŷn â'r awdurdod terfynol ar fywyd yn gyffredinol. Y pwynt a roddai anhawster oedd hawl swydd, a pherthynas hyn ag awdurdod yn gyffredinol. Ond yr oeddent yn gytûn ar urddas prydyddiaeth, a gallai'r naill a'r llall ohonynt borthi Owain Gwynedd pan ganodd hwnnw'n union-gred ac yn loyw:

> Beth yw bardd bwythai berwddysg,
> Brydydd don, briodwedd dysg?
> Bardd yw dyn ebrwydd doniol,
> Brau awen ddull Ebron ddôl;
> Eos gerdd o ais Gwirdduw,[20]
> Nesa' dyn at hanes Duw.
> Duw a roddes, da wreiddiad,
> I bawb ran o'i bybyr rad;
> Ni roddes Duw, pan raddiodd,
> O nef i'r un fwy o rodd.

* * *

Roedd yr olaf o'r beirdd a grybwyllwyd uchod yn canu yn oes y Dadeni Dysg. Ac fel y parhâi Edmwnd Prys, ac y datblygai, y safbwynt beirniadol a gafodd gan Siôn Cent, felly yr oedd beirniaid llenyddol y Dadeni yn eu rhyddiaith yn ymwybodol o'r un etifeddiaeth, megis Gruffudd Robert yn ei *Ramadeg Cymraeg* 1567 (Arg. 1939, 206).

Huawdl iawn yw beirniadaeth Siôn Dafydd Rhys o'r beirdd ond nid yw namyn datblygiad anochel o'r thema fel y tyfasai hyd yma:[21]

Ac eisoes y mae yn rhaid gwneuthur mawr wahan rhwng Prydydd a Phrydydd, a rhwng Awdur ac Awdur: Canys ny's haeddei y sawl a ddyweto celwydd ynn ei Gerdd neu ynn ei Lyfr, neu a chwareuo y gwenieithwr, neu a ymarfêro o sathrêdic ddechymyc, ac o ammherphaith Gerddwriaeth; y parch a'r mawrhâad a weddei ac a berthynei i Brydydd da cywrain a ddyweto wîr ynn ei Gerdd; îeu a gweithieu y caswir mywn môdd gweddus dianfoesgar a diwartháus: a hynny oll mywn perphaith Gerddwriaeth. Gwann ac

---

20. Chwarae ar Efa/Ave/Awen? gw. nodyn 14.
21. Ceir awgrym o'r un safbwynt gan William Salesbury yn ei ragymadrodd i *Oll Synnwyr Pen, Rhagymadroddion*, 15.

ofer ac anhymêrus yw meddylieu yr sawl ny bônt or ansawdd hynn
. . . megys lladd milioedd o wyr mywn rhyfel, neu fwrw cestyll i'r
llawr o filwriaeth; neu ryw fawr wrhydri arall honnêdic arnynt; a'r
gwyr hwynteu yna ynn eu gwelyeu ynn cysgu yn ddiofal, heb ddim
ryw fâth feddwl nac amcan ganthynt; onyd bôd yn ddigon diddrwg,
megis y gweddei i wyr heddychon. Gwell a fyddei i'r fâth ryw
Brydydd a hwnnw (o's medrei) geisio gwneuthur, mal y ceisiwn
inheu neu arall (pei gallem) wneuthur; sêf yw hynny, ceisiaw vrddo
laith y Cymry, a'e Cenedl.[22]

Mae'r cwbl o'r rhagymadrodd hwn yn feirniadaeth lenyddol
werthfawr ac yn ddigon diarbed ei hagwedd at y beirdd. Fel y lleill
a nodwyd hyd yma, ymwybod o gyfrifoldeb dychymyg ac urddas
safle'r bardd mewn cymdeithas, dyna sy'n cymell y beirniad hwn
drachefn.

Dair blynedd wedyn dyma Maurice Kyffin yn ymosod ar y
beirdd oherwydd eu canu maswedd a chelwydd;[23] a dyma Siôn
Dafydd Rhys yn ateb mewn 'Cyngor i Feirdd a Dysgedigion
Cymru',[24] diau oherwydd yr hyn a ddywedodd o'r blaen sef fod
'yn rhaid gwneuthur mawr wahan rhwng Prydydd a Phrydydd'.
Yn y trydydd paragraff o ddiwedd y llythyr hwn y mae'n am-
linellu ei weledigaeth ei hun o waith bardd, gydag ehangder test-
unau'n agored iddo, a dyfnder adnoddau meddyliol y tu ôl iddo:
'Ac wrth hynny gan eich bod. . . .'

Erbyn hyn, fe welwn y ddadl draddodiadol,—ymryson llys
Maelgwn Gwynedd,—yn mynd i un cyfeiriad neilltuol; a rhaid i ni
fod yn glir ar y materion dan sylw.

Yn gyntaf, annibyniaeth urdd y beirdd, neu mewn termau mwy
rhamantaidd, annibyniaeth hawliau'r awen a'i hunanlywod-
raeth arglwyddiaethol ei hun. Yn y cyfnod cynnar hwn, ym-
ddengys fod y rhan fwyaf o'r beirdd yn barod i gydnabod awdur-
dod uwch na barddoniaeth, awdurdod wrthrychol y tu allan
iddynt hwy eu hunain, ac a gysylltid â Duw. Hynny yw, yr oedd
pawb a oedd yn ymhél â barddoniaeth yn rhagdybied fod ei waith
yn cael ei benderfynu gan ragdybiaeth arall am fywyd yn
gyffredinol; ac yr oedd yr awen yn ddarostyngedig i'r gwerth-
oedd hynny.

---

22. *Rhagymadroddion*, 75-76.
23. *Rhagymadroddion*, 91-92.
24. *Rhyddiaith Gymraeg* II, 1956, 155-160; ymdriniaeth G. J. Williams,
   Efrydiau Catholig IV, 5-11.

Yn ail, cododd dadl *sut* yr oedd y gwerthoedd hyn yn ymyrryd â barddoniaeth. Ac erbyn y Dadeni Dysg, ymddengys fod y thema'n crisialu o gwmpas y gair brwnt 'celwydd', ac ystyron hynny; yn ogystal ag ystyron ei wrthwyneb, sef 'astudio byd', neu fawl, neu wybodaeth, neu ddysg, neu ddatguddiad, neu ysgrythur. Diffinio gwirionedd neu ddiffinio gwir destun llenyddiaeth yw'r maen tramgwydd, bellach.

Derbyniodd pawb fod y bardd yn gaethwas i'r gwirionedd: anghytunid ynglŷn â beth *oedd* y gwirionedd. Ac er bod cryn gytundeb ar hynny'n sylfaenol o fewn uniongrededd, fe adewid digon o le o hyd i ymryson ystwyth. Dyna, felly, yr ochr arall i'r clawdd, brif bwnc Syr Philip Sidney yn ei *Apology for Poetry* a llawer o ddadleuon y Pléiade yn Ffrainc.

Gwelir y rhan fwyaf yng Nghymru yn cwympo i'r patrwm gwrthgyferbyniol hwn:

(i) Dysg (neu arbrawf) yn erbyn (ii) Diffyg dysg (neu draddodiad). Ychydig, heblaw'r bardd toreithiog hwnnw Anhysbys, a ddilynodd ddehongliad emosiynol ac esthetig Dafydd ap Gwilym o'r hyn oedd arbrawf. Ychydig a ddilynodd ddehongliad 'gwyddonol' Siôn Cent ychwaith. Awdurdod ail-law oedd dysg i lawer, gwybodaeth llyfrau; ond hi a ymddangosodd fwyaf argyhoeddiadol yn erbyn y traddodiad: hi oedd y gwirionedd newydd. Allan ohoni hi y tyfodd y ddeuoliaeth ddiweddar:

(i) Dysg seciwlar yn erbyn (ii) Dysg ysgrythurol. Ac yr oedd hyn yn ein harwain yn ôl, er gwaethaf pob taeru a chogio, at y sylweddoliad ei bod yn gwbl amhosibl bod yn 'ddi-grefydd', na ellid cael annibyniaeth i ddysg seciwlar, a oedd yn sicr o ymgysylltu wrth ragdybiaeth o ryw fath ynghylch 'gwerthoedd crefyddol'.

Dyfnhawyd, a diffiniwyd yn eglurach, y myfyrdod uwchben perthynas llenyddiaeth a chrefydd gan wŷr y Dadeni Dysg. Yn wir, codwyd llawer o gwestiynau yn yr unfed ganrif ar bymtheg nad oedd neb yn y ganrif ganlynol yn medru cydio ynddynt. Yn wir, yr oedd yn rhaid aros i Bantycelyn cyn cael llenor o Gymro yn ddigon deallus i'w hwynebu o gwbl.

Gadewch i ni nodi'n foel y problemau hyn sy'n waddol i'r Dadeni Dysg:

Y gwrthdaro rhwng dysg a Christnogaeth (y geudyb y gall dysg fod o ryw werth i gyfrannu at iachawdwriaeth, a'r ffaith ddi-wad fod yn

218

rhaid cael gwybodaeth o ryw fath am rywbeth cyn y gellir ennill iachawdwriaeth a chymuno â Duw).

Y lle sydd i ddysg a holl ddoniau dyn mewn addoliad, a'r cyd-weithrediad sy'n bosibl felly rhwng dysg a Christnogaeth, heb aberthu awdurdod goruwchnaturiol a gwrthrychol y Gair.

Gwir werth galluoedd meddyliol dyn mewn rhagluniaeth, a gwenwyn y dull seciwlar o feddwl (hunanoldeb dyn a'i berson fel man cychwyn a ffon fesur).

Ymdeimlad o israddoldeb, sef yr angen i Gristnogion gystadlu ym myd dysg, a'r anhawster i falchder y dysgedig ymostwng o gwbl.

Dyma rai o'r gwir broblemau a adawyd gan y Dadeni Dysg ar gyfer y Ddeunawfed Ganrif, wrth geisio wynebu pwnc canolog beirniadaeth lenyddol eu rhagflaenwyr. Ac ni ellir dweud fod y rhai a ystyrir yn feirniaid llenyddol yn ddeunawfed ganrif, sef Goronwy Owen a'r Morysiaid, wedi gwir ymaflyd ynddynt o gwbl, fwy nag y llwyddasant i ddatrys trychineb aruthrol dadfeil-iad (neu ddiflaniad) Cerdd Dafod. Rhaid troi at Bantycelyn i gael awgrym fod yna ateb i'r naill broblem neu i'r llall yn bosibl. Ond hyd yn oed gyda Phantycelyn, mae'r ateb yn brin achlysurol ac yn gyfyngedig, ac ni chafodd ef ddim olynwyr.

Ei olynwyr naturiol wrth ystyried swydd y galluoedd dynol (yn neilltuol y ddawn greadigol lenyddol) yn y cyd-destun Cristnogol oedd y diwinyddion Cymreig, megis Thomas Charles, Thomas Jones, Lewis Edwards, a Chynddylan; ond, gwaetha'r modd, ni roesant hwy fawr o sylw i'r mater. Yr olynwyr amlycaf a mwyaf arwynebol ar y llaw arall oedd y rhai yr oedd Daniel Owen yn gorfod amddiffyn ei 'ffug-chwedlau' rhagddynt, a rhai fel Elfed yn ei feirniadaeth ar *Drystan ac Esyllt,* J. Morris-Jones ar y *Sant,* a W. J. Gruffydd ar y *Creadur.*

Ailadrodd syniadau'r gorffennol neu syniadau Lloegr oedd y rhan fwyaf o sylwadau prif feirniaid Cymru yn y ddeunawfed ganrif ar y mater hwn. Ond y maent yn ddiddorol oherwydd yr hyn a ddewiswyd ganddynt i'w gynnwys yn eu hathrawiaeth len-yddol. Eu detholiad a'u pwyslais sy'n arwyddocaol, ac fe'u penderfynwyd i raddau gan y traddodiad beirniadol a chan rag-farnau cymdeithasol, cyfoes.

Symudodd y Dadeni gam pendant ymlaen; eithr nid yw hynny'n wir am y Ddeunawfed Ganrif. Serch hynny, ni fynnwn fychanu diddordeb na threfnusrwydd mynegiant Goronwy Owen a'i gymheiriaid, yn eu cerddi a'u llythyrau. Aileirio credoau eu blaenorwyr a wnaethant mewn termau modern, termau Dennis, Waller a Parnell; ac ar lawer ystyr, y maent yn rhagori yn eglurdeb eu meddwl a phendantrwydd eu mynegiant ar eu blaenorwyr. Ond gadawsant lonydd i'r problemau a grybwyll- wyd uchod.

Cywydd Goronwy, 'Bonedd a Chyneddfau'r Awen',[25] yw'r ddogfen fwyaf caboledig ar gân sy'n datblygu'r traddodiad o drafod yr awen mewn cyd-destun Cristnogol, er bod ganddo ddau gywydd arall[26] yn ymwneud â gwerth barddoniaeth. Gwêl Goronwy fel Rhys Goch Eryri, darddiad yr awen hyd yn oed cyn creu'r byd:

> Sêr bore a ddwyrëynt
> Yn llu, i gydganu gynt.

Yna mae'n dilyn ei hachau drwy Adda, Abel, Moesen, Dafydd, a Selyf; a'i gasgliad yw:

> Dyletswydd a swydd hoyw sant
> Yw gwiw ganu gogoniant.

Yn ei gywydd yn ateb Huw'r Bardd Coch o Fôn, y mae'n honni: 'Gwae ddiles gywyddoliaeth', ac yn ateb Pope yr un pryd yng- hylch 'the proper study of mankind':

> Cofier, ar ôl pob cyfarch,
> Nad i ddyn y perthyn parch.

Eto, er iddo daeru ei fod am 'wau emynau mawl', ni chawn ganddo gymorth i sylweddoli sut y mae ei ganeuon seciwlar yn cael lle yn yr athrawiaeth hon. Y gwahaniaeth rhwng ei 'ddwy alwad' yw'r broblem nas datrysodd. Meddai Saunders Lewis: 'Yr oedd o'n hoff o sôn am ei "ddwy alwad", yn fardd ac offeiriad, ac yn athrawiaeth Dennis fe welai ei fod yn gallu cyfuno'r ddwy swydd, gan mai'r un amcan oedd iddynt'. Gwir mai un amcan oedd, ar un lefel, ond ar lefel arall yr oedd amcanion cwbl arbennig; a hyn oedd problem etifeddol y Dadeni.

---

25. *Blodeugerdd o'r Ddeunawfed Ganrif,* D. Gwenallt Jones, 1947, 44-49.
26. Cywydd i'r Awen, ar ddull Horas IV 3; Cywydd i Lewys Morys . . . yn dangos nad oes dim a geidw goffadwriaeth am Ddyn, wedi angau, yn well na gwaith Bardd, ar ddull Horas IV, 8.

Am nad oedd y broblem hon wedi'i datrys, fe gwympodd barddoniaeth Gymraeg ar wahân: ar y naill law, fe aeth y prif draddodiad yn y bedwaredd ganrif ar bymtheg yn bietistig ac yn gul ei destunau, ac ar y llaw arall daliwyd ati yn answyddogol fel petai ac yn danddaearol i ganu'n seciwlar, ond heb fod neb yn cyfiawnhau hynny'n feirniadol. Mewn dadl a gafodd Lewis Morris ac Edward Richard ynghylch Dafydd ap Gwilym, cyfaddefai Lewis fod Dafydd yn fardd anfoesol, ac eto yr oedd ei waith yn rhagorol: ni cheisiodd ef na neb arall esbonio sut yr oedd hyn yn bod.

Ceisiwyd yn yr arolwg hon gyfundrefnu ychydig ar yr hyn a oedd eisoes yn hysbys am feirniadaeth lenyddol Gymraeg, gan amlinellu patrwm ei datblygiad, a chan geisio'r un pryd gyffwrdd ag un thema sy'n bresennol drwy gydol yr amser, ac sy'n ymddangos yn bwnc sylfaenol i'n llenyddiaeth. Yn y bedwaredd ganrif ar bymtheg bellach, y mae'r agwedd bietistig at lenyddiaeth, a gafwyd yn dreftadaeth ddi-osgoi, yn cael ei chyfuno â'r uchelgais i lunio epig, sef un o obeithion mawr y cyfnod hwnnw. A hyn sy'n lliwio'r testunau 'swyddogol' yn gyfan gwbl am flynyddoedd maith.

Dywedodd Saunders Lewis yn y *Faner*: 'Y mae Milton a phroblem yr epig Gymraeg y tu cefn i holl "Gyfrinach Beirdd Ynys Prydain", i lawer iawn o weithgarwch pwysicaf William Owen Pughe, i holl ddatblygiad yr Eisteddfod ac i efrydiau ac ymdrechion y beirdd pwysig o Oronwy Owen a Dafydd Ionawr hyd at Islwyn; hynny hefyd a greodd feirniadaeth lenyddol Gymraeg. Y mae'n rhan fawr o hanes meddwl yng Nghymru'.

Ond yr oedd pietistiaeth wedi budro'r dŵr, a hyn hefyd oedd un o'r beichiau plwm a helpodd i'n barddoniaeth suddo. Roedd yr epig dan farn.

Yn y ganrif ddiwethaf, serch hynny, fe ymddangosodd un garfan o feirdd a oedd yn mynd yn y pen draw i ddod ag ateb newydd i'r cwestiwn a osgowyd gan lawer yn y ddeunawfed ganrif. Gwelwn yn raddol fwy o wrthdrawiad beirniadol nag a gafwyd ers amser Edmwnd Prys, ac allan o'r gwrthdrawiad hwn y daeth yna ateb i'r broblem nad oedd neb wedi'i ddisgwyl, ateb a oedd yn gam pendant ymlaen—yn ogystal â cham yn ôl.

Fel hyn y bu. Yn nechrau'r ganrif dyma ni'n gweld Ysgol

Draddodiadol yn cynnal yn ffyddlon yr agwedd bietistig, a hynny mewn mesurau caeth a chynghanedd a than ddylanwad Goronwy Owen, gyda Dafydd Ddu Eryri yn gyntaf a Chaledfryn yn olaf o'i hathrawon mawr. Yn yr ysgol geidwadol neu newydd glasurol hon y pynciai Dafydd Ionawr, Robert ap Gwilym Ddu, a Nicander. Daeth y bygythiad dieithr o du'r Ysgol Ryddfrydig, a hynny mewn mesurau rhydd, gyda Chreuddynfab yn brif feirniad. Canai'r ysgol hon dan ddylanwad Iolo Morganwg a beirdd Saesneg, megis Byron, Felicia Hemans a'r Esgob Heber, ac ynddi hi fe geid y beirdd Ieuan Glan Geirionydd, Gwenffrwd, Alun, Ieuan Gwynedd, Golyddan ac Iorwerth Glan Aled. Dyma'r ysgol a oedd yn mynd i gynnig maes o law ateb newydd i'r cwestiwn a arhosai heb ei ateb hyd yn hyn,—beth oedd hawl Cristnogaeth ar swydd y bardd a'i bynciau seciwlar?

Datblygodd hon i fod yn ysgol ramantaidd, gan ymrannu, erbyn diwedd y ganrif, yn ddwy ffrwd, sef y ffrwd athronyddol a haniaethol (Islwyn a'r Bardd Newydd) a'r ffrwd delynegol a diriaethol (Ceiriog a beirdd y wlad). Parhaodd yr ysgol athronyddol i lynu wrth ganu pietistig, a chan adael y cwestiwn o bynciau seciwlar heb ei ddatrys. Ond fe gododd y telynegwyr hwythau maes o law hawliau annibynnol newydd i'r awen, hunan lywodraeth i farddoniaeth, a hyd yn oed y genhedlaeth gyntaf yn hanes ein hiaith o feirdd paganaidd, synhwyrus. Oherwydd methiant y pietistiaid i ateb y cwestiwn teg ynghylch perthynas y byd, yn ei gyflawnder a'i naturioldeb â'r awen Gristnogol, dyma daflu'r awen Gristnogol honno i'r gwynt yn grwn. Ateb diwedd y ganrif ddiwethaf, felly, oedd Crefydd yr Awen Baganaidd; a dyma a esgorodd ar Omar Khayyâm, a cherddi cynnar T. Gwynn Jones, W. J. Gruffydd, T. H. Parry-Williams ac R. Williams Parry. Rhagdybiaeth y bardd creadigol, hunan-ganoledig.

Yn erbyn Byd goruwchnaturiol codwyd Byd Naturiol. Aethpwyd yn ôl y tu hwnt i lys Maelgwn Gwynedd, fel pe na bai'r cwestiwn mawr wedi ei godi o gwbl, a'i ddatrys yn llygad y ffynnon.

Cofiaf i mi wenu'n nawddogol, a dweud dan fy anadl rywbeth tebyg i 'Gwyn ei fyd i pwyllgorddyn Eisteddfodol', pan ddarllenais sylw buddugoliaethus W. J. Gruffydd ynglŷn â 'therfyn' y ddadl ynghylch yr Awen Wir a'r Awen Gelwyddog, yn ei dyb ef ei hun:

Y mae'r ddadl wedi ei therfynu unwaith am byth, a hynny'n derfynol o fewn ein cof ni, pan roes pwyllgor Eisteddfod Bangor yn 1902, *Ymadawiad Arthur* yn destun i'r gadair, a *Thrystan ac Esyllt* i'r goron. Rhaid cyfaddef bod cynnydd rhyfeddol y goleuni ar feirniadaeth Feiblaidd wedi bod yn help amhrisiadwy . . .

Ond yr oedd yn iawn, i raddau. Yr oedd y rhamantwyr newydd hyn (gyda help beirniadaeth Feiblaidd) wedi dechrau llunio ateb o ryw fath nad oedd neb ers dyddiau Maelgwn Gwynedd wedi ceisio'i gynnig. Diniweidrwydd Gruffydd oedd iddo dybied mai hyn oedd yr unig ateb, a bod yn rhaid i bob dyn rhesymol gredu bod rheswm neu synhwyrau yn anffaeledig, bod yn rhaid i bob beirniad drafod yr Ysgrythur fel pe bai'n llyfr o fath llyfrau eraill, a bod y goruwchnaturiol yn gorfod bod yn destun chwedl a rhamant liwgar ac na allai fod yn ffaith awdurdodol ac 'ysgol-heigaidd'.

Eto, nid oedd y rhamantwyr yn ddiffrwyth eu beirniadaeth o bell ffordd, hyd yn oed o safbwynt y thema yr ydym yn ei thrafod yn yr erthygl hon. Oherwydd, dangosasant y gallai 'celwydd' fod yn wirionedd: gan ddychwelyd at ateb Dafydd ap Gwilym i'r broblem, codasant drachefn hawl y bardd i ddweud 'gwirionedd-gelwydd', neu wirionedd o fath anllythrennol neu anffeithiol, gwirionedd o fath nas cynhwyswyd gan Siôn Cent yn ei raglen ef. I ramantwyr dechrau'r ganrif hon y 'gwirionedd' hwn oedd eu crefydd bellach.

Felly, pan drowyd yn ôl at Gristnogaeth fwy uniongred gan y genhedlaeth ar eu hôl, gyda'r beirniaid Saunders Lewis, Aneirin Talfan Davies a D. Gwenallt Jones, yr oedd modd gweld perthynas y bardd Cristnogol a'r byd mewn goleuni llawnach. Ac er nad oes gofod i fanylu ar hynny yn y bennod hon, dyna'r lle yr ydym yn sefyll ar hyn o bryd.

VI

DAFYDD AP GWILYM

(i) COEGLWYBR RHWNG BRYN AC EGLWYS

I lawer ohonom, un o'r nodweddion atyniadol yng ngwaith Dafydd ap Gwilym yw ei wrth-glerigiaeth, y gwrthryfela'n erbyn y sefydliad, y tipyn gelyniaeth tuag at ddefodau a safonau derbyniedig y grefydd gonfensiynol gyfoes. A gwir yw bod y tyndra hwn yn erbyn cyfyngiadau'i eglwys yn un o'r themâu cyson a phwysig sy'n treiddio'n wythïen ogleisiol drwy'i waith.

Nid tyndra syml mohono chwaith, oherwydd y mae cydnabod presenoldeb cadarnhaol Duw mewn natur (a hyd yn oed mewn serch) yn cael lle helaethach yn fynych na'r gwrthwynebiad eglwysig hwn. Yr un mor wir yw bod yr eglwys honno, a'r hyn y mae'n ei gynrychioli, yn islais hynod o ddelweddaeth ac o syniadaeth drwy gydol ei ganu serch a'i ganu natur, yn neilltuol lle y mae'n trosi'r byd eglwysig i'r byd naturiol.

Y tueddiadau hyn, gredaf i, yw'r prif beth sy'n rhoi cymhlethdod iddo, gan ddyfnhau arwyddocâd ei eironi a chan beri i'w gerddi ymgodi o'r lefel fwyaf greddfol arwynebol i fod yn fynegiant o ymagwedd ddychmygus o bwys ysbrydol. Dyma sy'n rhoi arbenigrwydd egnïol i lawer o'i waith ac yn dyrchafu'r bardd yn uwch na bod yn ddyfalwr medrus neu'n acrobat geiriol: hyn sy'n rhoi i lawer o'i ffraethineb a'i goegni a'i syniadaeth drwch adeileddol byrlymus.

Trafodwyd thema'r rhwystrau yng ngwaith Dafydd ap Gwilym yn ddeheuig iawn gan Dr. Thomas Parry; a thebyg gennyf, o safbwynt dyfeisiau celfyddyd, mai yn y cyd-destun hwnnw y dylid ystyried crefydd Dafydd. Duw yw'r mwyaf oll o'r rhwystrau. Efô hefyd a ddododd y rhwystrau eraill ar lwybr y bardd:

> 'Pynciau afrwydd drwy'r flwyddyn
> A roes Duw i rusio dyn.' (70)

Cymhlethwyd y rhwystr arbennig hwn yn fwy na'r un arall oherwydd argyhoeddiad sicr Dafydd fod ei serch ef yn dda, a bod Duw'n gyfrifol am bob daioni. Fe'i cymhlethwyd ymhellach gan y ddadl ynghylch priod waith yr awen ei hun, sy'n peri y gallai hyd yn oed ei ganu fod yn rhwystr. Tarana'r Brawd Llwyd (136)[1] yn erbyn canu natur yn ogystal ag yn erbyn canu serch:

'Dod ar awen dy enau
Nawdd Duw, ac na ddywed au.
Nid oes o goed, trioed trwch,
Na dail ond anwadalwch.
Paid â bod gan rianedd,
Cais er Mair casäu'r medd.
Ni thalai ffaen gwyrdd flaen gwŷdd,
Na thafarn, eithr iaith Ddofydd.'

Mae thema'r rhwystrau'n creu hwyl a sbort yng ngwaith Dafydd, ac yn ei wneud ef yn gymeriad hunan-feirniadol ysmala. Ond y mae'n briodol cofio, yn ôl theori ffurfiolwyr Rwsia, yn enwedig y mwyaf ohonynt sef Viktor Shklovsky, fod rhwystradu yn ddyfais hollol ganolog i gelfyddyd, yn ddyfais sy'n bywiocáu canfyddiad. Bid siŵr, fe'i ceid ar ei amlycaf yn y stori werin; ond byddai Shklovsky yn canfod yr un ddyfais ar waith mewn cyfochraeth, mewn ailadrodd, a hyd yn oed mewn odl, lle yr oedd yr un adeiledd grisiol yn cael ei ddiriaethu. Mae'n gweld rhwystradu yn agos at galon y proses o gelfyddydu profiad. Medd Sherwood:[2] 'For Shklovsky the part of the literary material which makes the work literary or poetic is *not* the basic 'story', but the elaborations, complications and repetitions of the story, so constructed that the work is truly "perceived", *The process of perception being heightened by "retardation", which serves to extend and intensify the perceptive process.* Similar cases of retardation are to be found in tales with a string of problems to be overcome (fairy-tales and adventure novels), in the "framing device" of a story encircling a string of others, and in the more

---

1. Dichon, yn wir, fod y Brawd Llwyd, symbol o bietistiaeth eglwysig, yn gefndir i ambell ddisgrifiad o'r rhwystrau eraill, megis (71) y 'don ffalinglwyd', fel y mae cysgod (141) Dafydd ei hun, sy'n ei ddychryn ar gyrch caru, yn cael ei gymharu â'r Brawd Du: 'Brawd du o ŵr mewn brat hen.'
2. *Russian Formalism,* Gol. S. Bann a J. E. Bowlt, Scottish Academic Press, Edinburgh, 1973, 36-37, myfi biau'r italeiddio; cf. *Russian Formalism,* Victor Erlich, Mouton, The Hague, 1969, 245.

advanced parallelism of the 19th century novel, all of which are built around a staircase structure.'

Nid oes amheuaeth nad i'r un dechneg grefftol y perthyn rhwystradu yng ngherddi Dafydd; a dichon yn wir ei fod yn ymwybodol o gefndir o storïau ac arferion gwerin tebyg i'r un a nodwyd gan Jakobson. Dywed Shklovsky (a chyfieithaf)[3]:

'Gwelir y ddyfais o rwystradu yn groywach byth mewn arfer hynod gywrain, a nododd Roman Jakobson ym mhentref Kostynshino ... Os bydd rhieni merch yn ymadael er mwyn bwrw noson yn y dref, yna fe fydd hi'n gwahodd amryw, fel arfer dwy neu dair o gyfeillesau, i ymweld â hi; yna mae hi'n rhoi gwybod i rai o'r hogiau am y peth (hogiau y mae hi eisoes wedi'u llygadu), neu ynte ni wna ond gadael i si ymledu ymhlith yr hogiau (er enghraifft drwy wraig i filwr) fod 'hon a hon yn cynnal *domovnik* (Gwylnos)'. Ar ôl i bawb yn y pentref noswylio, mae'r hogiau (yn gyntaf, y gwahoddedigion, ac yn ail—y rheini'n syml sy'n tueddbennu felly), yn agosáu at y bwthyn lle y triga'r ferch. Â pob un i ochr wahanol, ond cura un ar y ffenest. Ar y cychwyn nid etyb neb. Mae'r ferch yn ymateb i gnoc a ailadroddir. 'Pwy sy yna?' 'Fi' (a rhydd ei enw). 'Beth wyt ti'n ei ymofyn?' 'Gad imi ddod mewn!' 'Beth wyt ti'n feddwl? Mae yna lawer ohonoch chi, ac rydw i ar fy mhen fy hun.' 'Rydw innau ar fy mhen fy hun' (etyb y llanc). Datgela hi ei gelwyddau i gyd; mae yntau'n ei gyfiawnhau'i hun bob tro. 'Ie, ond dydych chi chwaith ddim ar eich pen eich hun, mae Njusa gyda chi, a Manjusa ac yn y blaen.' Ar hynny mae hi'n agor, ac yna'n dweud, 'Wel, os gadawn i chi ddod i mewn, yna chewch chi mo'ch gadael i fynd allan.' 'Ymhen awr fe ddaw fy nhad.' Etyb yr hogiau nad ydynt wedi dod ond am hanner awr. O'r diwedd, gedy hi i'r bechgyn ddod drwy'r ffenest. Maent yn eistedd o gwmpas, yna'n gofyn: 'cyneuwch y golau.' 'Mae'r cerosén wedi darfod.' 'Mae'r pabwyr wedi'i sbwylio.' 'Mae mam wedi cuddio'r simnai.' Mae'r bechgyn yn gwrthod y rhesymau hyn i gyd fesul un. Cyneuir y lamp. 'Cynheswch y samofâr.' 'Does dim golosg.' 'Does dim dŵr—mae'r samofâr yn gollwng—mae mam wedi cuddio'r te.' Wfft i'r esguson hyn. Cynhesir y samofâr; yfant de. Mae'r bechgyn yn awgrymu: 'Wel, awn i noswylio.' Mae'r merched yn hel pob math o esgusodion drachefn. Gwrth-

---

3. S. Bann a J. E. Bowlt, op. cit. 67.

dir eu hymhoniadau gan y bechgyn; ac o'r diwedd y maent yn
ario. Y mae pob ymgais i dynnu dillad, pob cyffyrddiad annoeth
n ysgogi ymateb rhwystrus, ond ni rydd y bechgyn y gorau iddi.
Sut bynnag, nid â'r helynt fel arfer mor bell â chyfathrach
ywiol. Erbyn y bore fe ânt eu ffordd eu hun. Pan ddychwel y
hieni, cogiant nad ydynt yn sylwi fod dim o'i le.'

Diau y sylwir ar unwaith fel y mae'r arfer gwerin hwn yn mynd
ni ar ein pennau i gywair ac i gynefin Dafydd. Perthyn ei
wystradu ef i fframwaith o batrymu gweithredoedd ac ym-
ddygiad a oedd yn rhan o seremonïaeth gelfyddydol llên gwerin.

Y mae'r dechneg o rwystradu yn dod ag elfen storïol a datblyg-
adol i mewn i gywyddau Dafydd (61, 64, 65, 66, 68, 70, 71, 89,
91, 124-127, 130). Y mae'n creu awyrgylch o anturiaeth ac o
her. A phan symudir hynny o'r lefel allanol a chorfforol i'r lefel
ysbrydol, y mae'r ddeuoliaeth yr esgorir arni yn ysgogi euog-
wydd, coegni, edifeirwch, hunan-gyfiawnhad ac athrawiaeth
ynghylch daioni serch.

Fel arfer, y mae Dafydd yn diriaethu'r gwrthwynebiad ysbrydol
hwn i'w serch yn wrthrychol; ac nid syn mai ar ffurf brawd llwyd
neu frawd du yr ymrithia'i feirniaid egluraf (136, 137, 138, 139) .
Eithr y mae ef ei hun o dro i dro yn ymdeimlo â'i berthynas â'r
brodyr. Clywir yn y cywydd 'Gwadu iddo fod yn fynach' (35) beth
o'r tyndra hwn, lle na fyn y fun 'oer chwarae, ŵr a chorun.' Ei
bryfocio'i hun y mae Dafydd am fod y gwallt wedi syrthio oddi ar
ei iad. Yna, mae'n mynd ati i wadu nad offeiriad yw: 'Ni bûm nof is
un mis Mai;/Ni wisgais, dileais lid,/Na gwiwben gwfl nac
abid;/Ni ddysgais, gwbl drais o drin,/Ar wiw ledr air o Ladin.'

Y mae'n cloi wedyn fel hyn: 'Os edifar fy ngharu/Gennyd, y
rhyw fyd a fu,/Cei ran tra fo cyfrinach,/Câr Dduw yn ôl, cerdda'n
iach,/Ac na ddywaid, f'enaid fun,/Air chwerw am ŵr â chorun.'

Felly hefyd yn 'Digalondid' (36) lle y mae amwyster yn y clo:
dechreua drwy awgrymu mai Crist a roddai ei fun iddo, hynny yw
drwy arfaeth:

> 'Bei cawn un, eiddun addef,
> Gras dawn oedd, gan Grist o nef . . .'

Yna, awgryma fod amser wedi bod pan na châi Crist ei dwyn hi
oddi arno; ond bellach, y mae ef yn ddigalon—

'Ef fu amser, neur dderyw,
Och fi, ban oeddwn iach fyw,
Na châi Grist, uchel Geli,
Ladrata haf arnaf fi.'

Ym 'Merched Llanbadarn' (48), efallai, y teimlir y tyndra hwn gryfaf:

Â'm wyneb at y ferch goeth
A'm gwegil at Dduw gwiwgoeth.'[4]
Nid rhyfedd iddo gyffesu yn 'Y Fiaren' (65):

'Cerddais . . .
Goeglwybr rhwng bryn ac eglwys.'
Cyfeddyf iddo ganu mwy i ddyn nag i Dduw (101):

'Pei prytwn gwn gan henglyn,
Er Duw a brydais er dyn,
Hawdd y gwnâi erof, o hawl,
Fyw o farw, fwyaf eiriawl.'

Fe gyferbynnir (ac fe ddodir yn gyfochr) yr eglwys a'r dafarn yn 'Merch Gyndyn' (41):

'Down i Lanbadarn Ddyw Sul,
Neu i'r dafarn, ŵr diful;
Ac yno yn yr irgoed
Neu'n y nef ni a wnawn oed.'

Dyna'r ddau eithaf, felly; y fframwaith i bob eironi. Medd eto yn 'Chwarae Cnau i'm Llaw' (50), 'Os cywydd, crefydd ni'n cred.'
Ymhlith y cywyddau amryfal sy'n ei ddarlunio'n marw o serch, ceir 'Edifeirwch' (106), lle y gellir synhwyro (er na ellir byth fod yn siŵr o hyn) fod yna edifeirwch o ddifrif ynghylch ei serch afrad:

---

4. Medd Mrs. R. Bromwich, TC 1961, i, 23, 'in the earliest French translation of this work, Ovid is brought up to date for twelfth-century France by making the church take the place of the Roman theatre, and clerical mystery plays that of the race-course, as suitable meeting-places at which to encounter girls.'

228

'Prydydd i Forfudd wyf fi,/Prid o swydd, prydais iddi./ . . .
Y Drindod rhag cydfod cwyn,/A mawr ferw, a Mair Forwyn/,
A faddeuo 'ngham dramwy,/Amen, ac ni chanaf mwy.'

Gofynnir maddeuant drachefn yn 'Trafferth mewn Tafarn'
(124), a hyderir y bydd i'r Iesu ei gynorthwyo i ddychwelyd i'w
wâl ar ôl cyrch caru go drafferthus:

'Ac o nerth gweddi gerth gu,
Ac o ras y gwir Iesu,
Cael i minnau, cwlm anhun,
Heb sâl, fy henwal fy hun.
Dihengais i, da wng saint,
I Dduw'r archaf faddeuaint.'

Duw, felly, yw'r arch-elyn a'r safon absoliwt i'w odinebu
chwareus. Cynrychiola'r eglwys yr ymosodiad ar serch go iawn
yn 'Rhybudd Brawd Du' (138):

'Dy serch ar y ferch feinloyw
Oreurwallt, â'r hirwallt hoyw,
Hynny a'th bair i'r pair poethgroen,
A byth ni'th gair o'r pair poen.'[5]

A dyna o'r herwydd sy'n cryfhau'n gellweirus iawn y cyfer-
byniad a fynegir ym 'Morfudd yn Hen' (139):

'Ni pheidiwn, pe byddwn Bab,
Â Morfudd tra fûm oerfab.'

Gellid tybied, ar gyfer ein dyddiau heulog ni pryd y mae bywyd
teuluol yn syrthio'n yfflon a diweirdeb priodasol yn ddylyfu-gên o
anffasiynol, y byddai ymagweddu Dafydd yn o dderbyniol. Y mae
cyfathrach rywiol fel pe bai'n dod yn werth eithaf ynddi'i hun a
hunanoldeb chwant yn nod addas ynysedig i fywyd. Hawdd y
gellid tybied mai trawsblannu'n gwerthoedd ni i'r cyd-destun Ap
Gwilymaidd yw'r ffordd gywir i amgyffred ei safbwynt emosi-
ynol ef.
    Er bod hynny i raddau bach yn wir, rhaid cofio ambell bwynt yn
y cyd-destun hanesyddol.

---

5. Trafodir y tyndra rhwng yr Eglwys a chanu serch Dafydd gan Mr. D. J.
Bowen, *Llên Cymru*, VIII, 12.

Yr oedd i'r briodas ganoloesol nodweddion a oedd yn ei gwneud hi'n ffenomen ŵyrdroedig a gwrthun. Yn gyntaf, yr oedd yn tueddu i fod yn fasnachol ei chymhelliad. Ac yn ail, ym mryd yr eglwys, ei phriod nod oedd nid sefydlu cymdeithas gariadus rhwng gŵr a gwraig; eithr yn syml, planta. Yn wir, tueddai'r eglwys i awgrymu fod serch angerddol o bob math, hyd yn oed at wraig ac o fewn priodas yn ddrwg diamheuol. Nid cyfrwng cariad oedd priodas. Meddai C. S. Lewis,[6] 'So far from being a natural channel for the new kind of love, marriage was rather the drab background against which that love stood out in all the contrast of its new tenderness and delicacy . . . An idealization of sexual love, in a society where marriage is purely utilitarian, must begin by being an idealisation of adultery.'

Yr oedd Dafydd, felly, yn ei gerddi yn ceisio cyferbynnu lle nad oes cyferbyniad i ni, drwy godi un gwerth—daioni'r serch rhamantaidd, daioni tynerwch triw—yn erbyn agwedd bendant arall gan yr eglwys fod cyfathrach rywiol, y tu allan i briodas, yn ddrwg.

I Gristion heddiw, y mae cyfathrach rywiol yn fath o 'absoliwt', yn ddigwyddiad mor llwyr ac o ddifrif nes ei bod yn hawlio ymrwymiad eithaf a therfynol a pharhaol. Y mae hefyd yn ymgysylltu yn ddigymrodedd â'r holl weddau eraill ar y bersonoliaeth nes ei bod yn hawlio ymrwymiad cyflawn a didor fywydol nas ceir ond mewn priodas: 'un cnawd', un organwaith. Hawdd y gallai'r Cristion heddiw, serch hynny, gydymdeimlo â'r ymosodiad ar y gorbwyslais ar ddrygioni rhywiol, pwyslais afiach na chydnebydd y drygau ysbrydol gwaethaf, lle y mae'r hunan dieflig yn waeth o dipyn na'r hunan anifeilaidd, gyda rhagrith, balchder ysbrydol, hunan-gyfiawnder, casineb a chwant am bŵer. Hawdd hefyd y gellid cydnabod y gras cyffredinol sydd ar waith mewn serch.

Tuedda Dafydd i gredu, gan fod y caru hwn mor dda, mae'n rhaid mai Duw sy'n ei arwain. Cymhariaeth sylfaenol cywydd 'Yr Adarwr' (30) yw bod serch yn debyg i aderyn wedi'i ddal yng nglud yr adarwr sydd ar noson o aeaf yn ei osod o gwmpas ffynhonnau i ddal adar. Ond nid adarwr, eithr Duw biau'r serch yna; Efô a'i lluniodd—

---

6. *The Allegory of Love,* C. S. Lewis, OUP, 1938, 13.

'Felly y gwnaeth, dwyfoliaeth dad,
Da y'm cur, Duw â'm cariad . . .
Ffynhonnau difas glasddeigr,
Yw gloywon olygon Eigr,
Aeron glân, dirperan' glod,
Eurychaeth Mab Mair uchod . . .
Caeau Duw, nad caead ynt!'

Y mae Madog yn diolch i Dduw i'w rieinferch anfon cae bedw
ato (31):

'I Dduw Madog a ddiylch
Gan ei chwaer hael cael y cylch.'

Duw a rydd fendith ar ei serch eto yn 'Serch fel ysgyfarnog', sef
'rhadau Duw' (46). 'Salm yw 'nghof o lyfr Ofydd,' medd ef yn
'Chwarae Cnau i'm Llaw' (50) ac y mae'r Mab dwyfol fel petai'n
gyfrifol am y dewis:

'Minnau fy hun o'm lluniaeth
O gnau, y Mab Rhad a'u gwnaeth.'

Duw a roddodd y tegwch pryd i'r ferch (51):

'Pryd cain, pan fu'r damwain da,
A roes Duw Nef ar Efa.'

Medd eto (Gwallt Morfudd, 73):

'Dodes Duw, da o dyst wyf,
Dwybleth i hudo deublwyf.'

Ac yn 'Athrodi ei Was' (128): 'Rhodd o nef, y rhyw ddyn oedd.' Os
Duw sy'n harddu'r ferch, pan â Morfudd yn hen (139): 'Y Creawdr
a'i hacräawdd.'
    Duw, mae'n ymddangos, sy'n rhoi pleserau'r gwely hefyd (66):

Cael ydd oeddwn, coel ddiddos,
Hun o'r nef am hanner nos,
Ym mhlygau hir freichiau hon,
Ym mhleth Deifr ymhlith dwyfron.'

Onid Ef, drwy ddarparu'r sêr, a'i harweiniodd at y gwely
hwnnw(67): 'Canhwyllau'r Gŵr biau'r byd/I'm hebrwng at em

231

hoywbryd. / Bendith ar enw'r Creawdrner / A wnaeth saeron-
iaeth y sêr, / . . . Cannaid o'r uchel geli . . . / Afrlladen o nen y
nef / . . . Disgwylwraig, dysgl saig y saint / . . . Gwaelod cawg y
Drindod draw / . . . maen mererid Mair.'

Ar arfaeth oddi uchod y mae'n dibynnu am gael y ferch (neu
beidio) 101: 'Mair a Duw a Mordëyrn,/A rhai a wŷl fy chwŷl
chwyrn,/A wnêl, hyn yw'r rhyfelnwyf,/Imi y naill, am fy
nwyf,/Ai buan farw heb ohir,/Ai cael bun hael a byw'n hir.'

Yn wir, wrth fynd yn ein blaen, fe sylwn fod cefnogaeth Duw a'i
bresenoldeb ef drwy ei ras cyffredin yn fwy byw o lawer na'r
negyddiaeth bietistig at serch. Duw yw'r meichiau dros Ddafydd
yn ei garwriaeth (51):

> Nad byw'r Cristion credadun
> A gâi le bai ar liw bun;
> Onid ei bod yn glodgamp,
> Duw'n fach, yn loywach no'r lamp.'

Gan Dduw y câi'r wobr pe cymodai'r ferch ag ef (77):

> Na chaffwyd dda gan Dduw fry,
> O chei 'modd, o chymyddy.'

Yn ei gywydd 'Galw ar Ddwynwen' (94), y mae'n naturiol ei fod
yn cael man cyfarfod rhwng serch a chrefydd, a bod serch yn
cael ei ddarlunio fel bendith sanctaidd. Mewn cywydd arall y
mae'n cymharu ei ffyddlondeb ei hun â ffyddlondeb Crist (52):

> 'Ni chad o'm pen absennair;
> Felly y gwnaeth Mab maeth Mair
> Am y dall, diamau dôn,
> Ar ddaear, o'r Iddewon,'

ac yn gofyn am drugaredd gan y ferch megis trugaredd

> 'Merch Anna, mawr ei chynnydd,
> Geinem, pan i goganwyd
> Siesus, blaid o Sioseb lwyd.'

Trafoda ddicter y ferch hefyd mewn termau crefyddol:

> 'Nid oes bechawd, methlgnawd maith,
> Marwol mwy ei oferwaith

232

No thrigo, mawr uthr ogan
Mewn llid . . .
Na fydd, teg yw'r crefydd tau,
Grynwraidd tros gryn eiriau.'

A gofyn yn hy:

'Cynnal faswedd i'th weddi.'

Mewn un cywydd (Taeru, 55) honna mai llw crefyddol a wnaeth
i'r ferch: 'Er geiriau glud i'r grog las,' a chyferbynna'i llw hi:

'Doddyw o'i phen lw diddim,
Do, do, ni wŷr Duw ado dim.'

Ac mewn cywydd arall (43) y mae'n dychwelyd at natur gref-
yddol eu llw:

Ei chred, Luned oleuni,
A roes da ei moes i mi . . .
Eurychwaith Mab Mair uchaf
A'i law noeth trwy olau Naf,
Salm o Dduw, a'i inseiliawdd
Yn grair o'i neddair a'i nawdd.'

Nid serch anllad ac anifeilaidd yw hyn, eithr 'iawnserch Iôr':

'Doniog fu'r gredaduniaeth,
Da y gwn i, a Duw a'i gwnaeth . . .'

Nid syn, felly, mai Duw sy'n rhoi i Ddafydd gaer rhag cenfigen
(140, ll. 19-20, 45-6).

Ni ellir, debygaf i, iawn amgyffred y ddelwedd o serch a lunnir
gan Ddafydd heb roi sylw priodol i'r ffactor canolog hwn. Yr ydym
mor gyfarwydd â gweld enw 'Duw' yng ngwaith Dafydd ap
Gwilym nes ein bod yn tueddu i'w gymryd yn 'rhy ganiataol,'[7] ac
yn sicr i beidio â'i gymryd o ddifri. Gellid tybied y byddai'r sawl a
geisiai chwilio arwyddocâd y 'Duw' hwn yn crafu gwaelod sach

---

7. Bid siŵr, fe geir llawer o ebychiadau a mân lwon wedi'u gwasgaru hwnt ac
yma yn ei waith; ni raid sylwi arnynt, er mai priodol cofio fod Dafydd yn fyw i
bob gair a ddefnyddiai, a byddai'n arfer y rhain yng nghyd-destun ystyrlon ei
feddylwaith cyflawn: e.e. 'Dyred i'th weled, wiwlun,/Er Duw hael dangos dy
hun.' (89); neu 'Dyddgu liw dydd goleuaf,/Dy nawdd, er Unmab Duw Naf.'
(95); cf. 125, ll. 27-8 a 41-2.

neu'n chwipio'r ceffyl cloff. Ond ar boen cael y cyhuddiad o orbwysleisio mater sydd heb haeddu ystyriaeth, mentraf awgrymu mai dyma'r elfen ganolog, er nad yw'n cael ei chyflwyno'n unplyg anghymhleth.

Man cynrychioliadol arall, mwy arwyddocaol na'i gilydd i'r tyndra rhwng crefydd a serch—neu ar y llaw arall i'w cyfuniad hwy ill dau (ac o leiaf i'w man cyfarfod)—ydyw'r ambell gyrch i garu lleian. Cofiwn am y cywydd ysblennydd yn apocryffa Dafydd (DGG III: BU 30) 'Caru dyn lygeitu lwyd,' lle y ceir y llinellau enwog:

> 'Paid, er Mair, â'r pader main,
> A chrefydd menych Rhufain.
> Na fydd leian y gwanwyn;
> Gwaeth yw lleianaeth no llwyn.
> Dy grefydd, deg oreuferch,
> Y sydd wrthwyneb i serch . . .
> Dyred i'r fedw gadeiriog
> I grefydd y gwŷdd a'r gog.'

Felly hefyd, yn ei gywydd dilys 'Pererindod Merch' (99), y mae Dafydd yn darlunio lleian iawn, neu ynte ei gariadferch ar ffurf lleian drosiadol, yn cyflawni pererindod am iddi ei ladd ef o hiraeth. Y mae, felly, yn gorfod edifarhau am y serch nas rhoddodd iddo, ac wrth gwrs, a hithau'n lleian, y byddai'n anghyfreithlon iddi ei roi. Edifeirwch eironig neu gymhleth yw hyn, felly. Gofyn Dafydd am faddeuant iddi:

> 'Maddeuid Mair, neddair nawdd,
> I'm lleddf wylan a'm lladdawdd.
> Diau, a mi a'i diaur,
> Minnau a'i maddau i'm aur.'

Sefyllfa hanfodol ddigrif bob amser yw anfon llatai i leiandy i fynegi serch at leian; ond yr oedd Llanllugan, y mae'n rhaid, yn llawn o ddoniau blasus atyniadol (113); ac meddai Dafydd wrth ei latai:

> Pâr ym weled merched Mair.
> Dewis lun, dos i Lan falch
> Llugan, lle mae rhai lliwgalch . . .
> Dywed, glaim diwyd y glêr,
> Hon yw'r salm, hyn i'r sieler.

A chwŷn maint yw'r achwyn mau.
A chais ym fynachesau.
Saint o bob lle a'm gweheirdd
Santesau hundeiau heirdd . . .
Gwenoliaid, cwfeiniaid côr,
Chwiorydd bedydd bob un
I Forfudd, araf eurfun.'

Prin y gellir amau, wedi hel y dystiolaeth hon at ei gilydd fel hyn, nad crefydd oedd y mwyaf o'r rhwystrau yn nhechneg rwystrol Dafydd, ac eto nad rhwystr allanol syml fel y lleill ydoedd; ac ni ellir amau chwaith nad yn y gwrthgyferbyniad tyndraus hwn rhwng natur a serch rhydd ar y naill law a'r eglwys gaeth ar y llall y cyrhaeddodd y ddyfais o rwystradu ei huchafbwynt a'i dyfnder mwyaf cymhleth:

'Dwg o'r côr ddyn deg i'r coed . . .
A'r lleian du i'r llwyn dail.'

Gwelsom, serch hynny, na roddodd yr eglwys ymwybod o rwystr ac o gyferbyniad ysbrydol yn unig. Yn wir, mewn crefydd y cafodd Dafydd esboniad sut yr oedd y serch hwn yn medru bod yn beth mor oludog, mor iachusol, ac mor ysbrydol.

Try ei ganu mawl i ambell ferch i fod yn fath o addoliad, mewn gwirionedd. Yn natblygiad y gerdd fawl, fe ellid damcaniaethu fod gwreiddiau hanesyddol i'r fath osgo, oherwydd mowld oedd y gerdd gynnar i Dduw neu i dduw ar gyfer datblygiad y gerdd fawl i'r brenin dynol, fel y daeth y gerdd i frenin yn fowld ar gyfer y gerdd serch i gariadferch.

Yn ei gywydd 'Talu Dyled', medd Dafydd (34):

'Rhoais iddi, rhyw swyddau,
Rhugl foliant o'r meddiant mau . . .
Pater noster annistaw
Pawb o'r a gant llorfdant llaw
Ymhob cyfedd, ryfedd ri,
Yw ei cherdd yn wych erddi.
Tafod a'i tyfodd canmawl,
Teg ei gwên yw, Amên mawl.'

A dywed amdani ym 'Merch Gyndyn' (41): 'fy nef oedd.' Mae hi'n adlewyrchu Mair ym 'Morfudd fel yr haul' (42), 'Mygrglaer ddrych mireinwych Mair'; felly yn 'Athrodi ei Was' (128), 'Ac unsut fy nyn geinsyw/Yn y ffair â delw Fair fyw'; ac eto, yn 'Lladrata Merch' (135), 'Mai degwch, mi a'i dugum,/Ym delw Fair fyw, dilwfr fûm'.

Nid unwaith yn unig y mae'n ei weld ei hun yn angel gyda hi—

> 'Angel bach yng ngwely bun.' (66)[8]
> 'Minnau a'i gwŷl, engyl wyf.' (78)

Cofiwn yn *Luc* fel yr olrheinir ach Iesu Grist yn ôl i Enos, fab Seth, fab Adda, fab Duw: felly, yn 'Achau Hiraeth' (92) y mae Dafydd yn olrhain ach hiraeth yn ôl i Annerch, fab Seth, fab Adda, fab Serch. Ac yn y fan yna, uniaethir serch â Duw. Diau fod Dafydd yn ymwybod â hynny wrth iddo ddefnyddio'r gair amwys 'efengyl' i olygu 'cusan'.[9]

Teimlwn, felly, ei fod fel pe bai'n dwyfoli serch ac yn rhoi iddo awdurdod oruchel (cf. OBWV, t. 59, 60, 61, 63, 64). Dichon fod hyn, a'i ymwybod o ddwyfoldeb byd natur, yn tarddu o gred fod pob dim creëdig ynghlwm wrth y Duw nefol, ac amrywiaeth y pethau gweledig yn dod o hyd i'w hundod yn y pethau anweledig.

Y duedd, ym meddwl y Gorllewin, ar ôl Tomos Acwin oedd i natur ymddatod ar wahân i ras; hynny yw, datblygwyd egwyddor o hunanlywodraeth a ganiatâi i ryw ran o fywyd fod y tu allan i'r arfaeth ddwyfol. Yn achos Acwin, y deall neu'r rheswm a arhosai'n rhydd ddi-gwymp ac ar wahân i ddatguddiad: yr oedd un rhan o'r byd naturiol yn awdurdod hunan-gynhaliol.

Nid felly serch i Ddafydd ap Gwilym. Gras yw serch. Y mae'n dlws, yn hwyliog bleserus. Drwg ydyw'r agwedd lwyd a thrymaidd sy'n ei droi'n esgymun. Y mae mynegi harddwch serch yn agor y llygaid i bob harddwch. Y mae serch yn rhydd, yn yr ystyr nad yw'n fasnachol. Tardda o ymateb personoliaethau sydd heb ymddiddori mewn cymhellion defnyddioldebol.

Eto, oherwydd cwymp dyn, y mae'r bardd yn ymwybod â chymhlethdod nad yw'n hollol barod i'w gydnabod. Y mae'n gallu ymdeimlo â phresenoldeb cwymp ym myrder yr haf:

> 'Gwae ni, hil eiddil Addaf,
> Fordwy rhad, fyrred yr haf.
> Rho Duw, gwir mai dihiraf,
> Rhag ei ddarfod, dyfod haf.' (24)

---

8. cf. 62 'Megis angel y'm gwely/Ddyddbrawd uwch taflawd y tŷ.'
9. *Gwaith Dafydd ap Gwilym,* gol. T. Parry, Gwasg Prifysgol Cymru, 1952, 497; gw. B.II, 102-103; G. 445; GPC 1170.

Ac eto, y mae'n amharod i ganfod pechod yn ei serch. O'r tu allan iddo—o ryw bellter (saff)—y mae'r drwg sy'n peryglu serch. Yn ôl yr uniongrededd Cristnogol, y mae'r reddf rywiol, fel y greddfau a'r cyneddfau eraill, wedi mynd ar gyfeiliorn: gall droi'n wanc, fel y gwancau eraill, onis rheolir. Ond ni chydnebydd Dafydd, wrth gwrs, gyfrifoldeb serch a'r angen i'w lywodraethu'n olau.

Tua 1100 yn Provence fe ddechreuodd athrawiaeth hereticaidd a chyfriniol Avicenna o Arabia wreiddio ac ennill tir. Yn ôl *Traethawd ar Serch* Avicenna, yr oedd serch rhywiol, os nad oedd yn gyfan gwbl synhwyrus, yn gymorth i ymgyrraedd at Dduw.[10] Un o brif foddion cynyddu rhinwedd yn yr enaid oedd yr ysfa am undeb gyda'r anwylyd.

Wedyn yn y drydedd ganrif ar ddeg fe gyplyswyd yr athrawiaeth honno â heresi arall, eiddo Averroës (1126-1198), sef theori *Duplex veritas,* y gwirionedd dwbl.[11] Un dehongliad ar y theori yma yw bod gosodiad yn medru bod yn wir ac yn anwir yr un pryd: yn wir yn ddiwinyddol fel datganiad o ffydd, ond yn anwir yn athronyddol fel datganiad o reswm. Yr oeddid am barchu rheswm fel offeryn hunan-lywodraethol a oedd yn medru ymdopi heb ymhél â'r un ddysgeidiaeth ddatguddiedig. Ar y naill law gellid glynu wrth y ffydd Gristnogol, ac ar y llall, gellid derbyn athroniaeth Aristotelaidd ym myd gwyddoniaeth.

Y mae'r dull hwn o feddwl wedi para hyd ein dyddiau ni yn y dull paradocsaidd o ddygymod â chymhlethdod perthynas y tragwyddol a'r amseryddol. Yn yr Oesoedd Canol, o fewn yr Eglwys, sut bynnag, yr oedd yr hollt rhwng natur a gras a geid gan Domos Acwin (wedi'i etifeddu gan y rhaniad Groegaidd seciwlar-cysegredig), sef yr arfer o wahaniaethu rhwng yr agweddau naturiol a goruwchnaturiol ar Dduw ac ar y greadigaeth, yn ffitio'n gymwys ar gyfer y safonau dwbl hyn. Ymhlith y beirdd yr oedd trwbadŵr yn gallu bod yn ŵr priod bodlon a chyfreithlon (yn ôl ei ffydd Gatholig) a'r un pryd yn ordderch i wraig briod uchelwr (yn ôl athroniaeth *amour courtois*). Yn ein dyddiau ni, fe glywn ddeuoliaeth arwyddocaol y Byd a'r Betws, Serch rhamantus a Chariad cyfrifol y wraig briod yn nrama Saunders Lewis *Siwan.*

---

10. *The Heresy of Courtly Love,* A. J. Denomy, New York, 1947.
11. 'Eisegesis-Exegesis, paradox and nature-grace: methods of synthesis in Mediaeval Philosophy', B. J. Van der Walt yn *The Idea of a Christian Philosophy,* gol. H. Dooyeweerd, Wedge, Toronto, 1973, 202-204.

Yn yr un modd ag y mae'n dwyfoli serch y mae Dafydd yn tueddu i ddwyfoli natur hefyd. Yn 'Y Serch Lledrad' (74), medd ef: 'Credais, addolais i ddail.' Ac medd y cywydd 'Mis Mai a Mis Ionawr' (69),

> 'Gleision fydd, mau grefydd grill,
> Llwybrau Mai yn lle Ebrill.'

Dathlu'r greadigaeth y mae ef, ac yn priodoli'r ystyr oll i Dduw. Cyfiawnhau y mae ef yn y dathliad hwnnw unrhyw wyriad bach oddi ar lwybrau gwedduster. Yng nghywydd 'Mis Mai', dywed Dafydd:

> 'Duw gwyddiad mai da gweddai
> Dechreuad mwyn dyfiad Mai,'

a ddehonglir gan Eurys I. Rowlands[12] yn bennaf fel hyn, 'bod Duw'n gwybod fod dechreuad tyfiad tyner Mai yn beth gweddus iawn,' ond hynny gyda llu o is-ddehongliadau amwys. Ymhellach, dywed Dafydd:

> 'Duw mawr a roes doe y Mai.'

A dyna yw prif thema'r cywydd:

> 'Mab bedydd Dofydd difai,
> Mygrlas, mawr yw urddas Mai.
> O'r nef y doeth a'm coethai
> I'r byd, fy mywyd yw Mai.'

Medd Mr. Rowlands: 'Y mae'r syniad yn fwy penodol bellach, er nad yw'n dweud yn blaen mai Mai yw ei nefoedd, ond yn hytrach mai dyfod i'r byd o'r nef a wnaeth Mai. Yn ymhlyg yma y mae'r syniad mai nefoedd yw Mai; ond y mae rhywbeth arall yn ymhlyg yma hefyd, sef cyfiawnhad Dafydd dros ei safbwynt gwrthgrefyddol yn y paragraff blaenorol: rhodd Duw yw hyfrydwch y byd, ac fe ddylai dyn ei dderbyn.'

Priodol felly yw arwain at gwpled olaf y cywydd:

---

12. *Llên Cymru,* V, 6. Ni ellir amau nad ystyr amlycaf 'Duw gwyddiad' oedd y llw: 'yn wir, yn wir; dioer'. Gweler *Treigladau a'u Cystrawen,* T. J. Morgan, Caerdydd, 1952, 368-70.

> 'Duw ddoeth gadarn a farnai
> A Mair i gynnal y Mai.'

Cynhaliwr yw Ef yn ogystal a Chrëwr. Efô a esgorodd ar Natur, Efô hefyd yw ei pherchen. Duw a luniodd y coed (121). Gras yw Natur. Yn 'Y Deildy' meddir:

> 'O daw meinwar fy nghariad
> I dŷ dail a wnaeth Duw Dad . . .
> Nid gwaeth deiliadaeth Duw lwyd.'

Medd yng nghywydd 'Yr Eos' (25),

> 'Afraid yt ddala trymfryd
> Am bren na bedwen o'r byd,
> Tra atai Dduw y celyn.'

Medd eto yn 'Y Llwyn Celyn' (29):

> 'Pentis, llaw Dduw a'i peintiawdd.'

Wrth yr Ehedydd (114), dywedir:

> 'Nid brig pren uwchben y byd
> A'th gynnail, mae iaith gennyd,
> Ond rhadau y deau Dad
> A'i firagl aml a'i fwriad.'

Meddir am blu'r paun (32), 'gloynnau Duw,' ac ymhellach:

> 'Rhoes Duw ar hon, rhestri hardd,
> Bob gwaith a mwynwaith manaur.'

Felly hefyd yn 'Tri Phorthor Eiddig' (80),

> 'Rhydd y mae Duw yn rhoddi
> Coed briglaes a maes i mi.'

Y mae Duw, fel y gwelir, yn fwy o lawer nag addurn, yn fwy nag ystrydeb yn y cywyddau hyn. Y mae'n hanfod ym mhlethwaith y meddwl. Ni welir y ffaith hon yn well yn unman nag yn y modd y mae Dafydd yn trosi'r eglwys i fyd natur, ac mewn delwedd yn clymu'r ddwy lefel wrth ei gilydd. Dywed cywydd 'Y Ceiliog Bronfraith' (28):

'Plygain y darllain deirllith,
Plu yw ei gasul i'n plith . . .
Proffwyd rhiw . . .
Pob cainc o'r organ . . .
Pregethwr a llywr llên . . . '
Primas mwyn prif urddas Mai.'

Nid annhebyg ei ail gywydd ar yr un testun (123):

Cantor hydr ar gaer wydr gyll . . .
Ceiliog teg, rheg rhag organ,
Bronfraith drwy gyfraith a gân
Pregethwr maith pob ieithoedd.'

Yr un trosiad sydd yn 'Yr Ehedydd' (114):[13] 'Oriau hydr yr ehedydd
. . ./Bryd y sydd gennyd, swydd gu,/A brig iaith, ar bregethu.
/Braisg dôn o ffynnon y ffydd,/Breiniau dwfn gerbron Dofydd
. . ./Cantor o gapel Celi . . ./Pan ddelych i addoli,/Dawn a'th roes
Duw Un a Thri . . ./Dysgawdr mawl rhwng gwawl a gwyll . .
/A'm brawd awdurdawd.'
Eglwys yw'r goedwig yn 'Y Llwyn Celyn' (29) hefyd:

'Trefn adar gwlad Baradwys,
Teml gron o ddail gleision glwys.'

Yn 'Offeren y Llwyn' (122), y ceiliog bronfraith drachefn
ydyw'r offeiriad[14]: 'A'i gasul, debygesynt,/O esgyll, gwyrdd
fentyll, gwynt./Nid oedd yna, myn Duw mawr,/Ond aur oll yn
do'r allawr./Mi a glywwn mewn gloywiaith/Ddatganu, nid
methu, maith,/Darllain i'r plwyf, nid rhwyf rhus,/Efengyl yn
ddifyngus/Codi ar fryn ynn yna/Afrlladen o ddeilen dda./Ac eos
. . ./Clerwraig nant, i gant a gân/Cloch aberth, clau ei
chwiban,/A dyrchafel yr aberth/Hyd y nen uwchben y berth;/A
chrefydd i'n Dofydd Dad,/A charegl nwyf a chariad.'
Wedyn, y mae priodoleddau llai dymunol, mwy clerigol, yr
eglwys yn cael eu trosi: am y niwl, medd Dafydd, 'Cwfl llwyd yn
cyfliwio llawr' (68). Ar y llaw arall, nid yw'r chwaer mor

13. gw. nodyn D. J. Bowen ar y cywydd hwn, B XXV, 27-8.
14. Medd Mrs. R. Bromwich, TC 1964, i, 29: 'The implicit parallel which was felt
    to exist between bird-song and church-services is expressed widely in
    medieval literature.'

annymunol â'i brawd. Dywedir am 'Yr Wylan' (118), 'Lleian ym mrig llanw môr wyd.'

Fe â'r trosiad ymhellach na hyn, bid siŵr, a pheidio â bod yn drosiad—ac efallai mai hyn sy'n crynhoi orau hanfod argyhoeddiad Dafydd—pan ddaw'r ddaear oll yn lle i foli Duw, a phob creadur yn dod o hyd i'w briod waith:

> 'Moled pob mad greadur
> Ei Greawdr, pefr lywiawdr pur.
> Moli Duw mal y dywaid . . .' (114)

Diddorol fod Dafydd yn cyfiawnhau ei waith o brydyddu drwy'i gymharu'i hun â Dafydd Frenin y Salmydd (137), cymhariaeth a geid gan brydyddion eraill ar ei ôl, ond dichon mai dyma'r tro cyntaf iddi gael ei defnyddio yn Gymraeg: peth prin ym marddoniaeth yr Oesoedd Canol oedd cael enghraifft o rywun yn amddiffyn bodolaeth prydyddiaeth ei hun.

Ni raid chwilio ymhell i ddarganfod pa bethau yng ngwaith Dafydd ap Gwilym a allai apelio at Thomas Jones, Dinbych—gŵr a oedd yn byw mewn cyfnod pryd yr oedd ei bobl yn dal yn 'ddirmygedig griw' ac yn rhyw fath o eglwys danddaearol, ac yntau'n ei mentro hi wrth weinyddu cymun ac yn ofni tramgwyddo wrth fedyddio. Fe welai yntau yr hyn a welwn ni yng nghywyddau Dafydd—ffrwythlondeb y dychymyg, y doreth o gymariaethau ac o goegni ysmala, y ffurfiau ystwyth bywiog mewn dyfalu, mewn sangiad, cynghanedd a mydr cyfoethog. Fe welai ef hefyd, yn ddiau, y tyndra moesol[15] yn y darlun o serch, yn y gwrthgyferbyniad rhwng safonau Dafydd a safonau'r offeiriadaeth. Eithr fe welai ef yn eglurach fyth, ar gefndir o uniongrededd,[16] y mynegiant o natur greadigol mewn termau eglwysig, a'r ymwybod fod yr ysbrydoliaeth i'r awen yn ogystal â'r godidowgrwydd a oedd yn y Cread yn dod o hyd i'w gwraidd y tu allan i fyd o amser ac i ffenomenau darfodedig.

---

15. Wrth weld Dafydd yn arloeswr i'n serch direolaeth ni, diau mai yn y tyndra hwn y ceir un o'r gwahaniaethau hanfodol.
16. Medd D. Myrddin Lloyd, *Llên Cymru* I, 234 n. 19: 'Dylid cofio bod llawer o uniongrededd yn amlwg yn ei ganu, megis ei gyfeirio at 'Dduw Un a Thri.' Yn ei ymryson â'r Brawd Llwyd dadl y dyneiddwyr Cristnogol Platonaidd sydd ganddo'n amddiffyniad: 'Nid ar un bwyd ac enllyn y mae Duw yn porthi dyn.'

241

(ii) DAFYDD AP GWILYM AC
R. WILLIAMS PARRY

(a) *Y Brawd Llwyd*

Mae yna duedd gref a digon dealladwy i fychanu canu union-gyrchol grefyddol Dafydd ap Gwilym, ei fychanu drwy ei anwy-byddu neu drwy sylwi braidd yn ddirmygus ar ei ansawdd. Er hyn i gyd, nid yw'r canu hwnnw wedi rhedeg i ffwrdd; ac yn wir, o'i archwilio, ni ellir gweld fod llai o gamp arno nag sydd ar ei ganu i Ifor Hael nac ar ganu crefyddol ei gyfoeswyr.

Ceir ganddo ddwy awdl ogynfarddol, y naill i Iesu Grist a'r llall i'r Grog o Gaer (gw. *D. ap G.* ail arg. xix, t. 556; sef *Hendre-gadredd* 312-3), naw o Englynion yr Offeren, a dau gywydd y naill i'r Drindod a'r llall i Luniau Crist a'i Apostolion. Heblaw hynny, mae'n rhaid cofio'r lle sylweddol sydd i'w ymwybod cref-yddol mewn marwnadau a hefyd yn eironig yn ei ganu natur a'i gywyddau serch.

Yn gyffredinol, mae angen gwahaniaethu rhwng agwedd yr hyn a oedd ganddo i'w ddweud am Grist a'r hyn a ddywedai am glerigwyr. Fel rhai Pabyddion ym mron pob canrif yr oedd yn wrth-glerigol. I raddau, mynawyd ym mhothell parchusrwydd oedd canu Dafydd ap Gwilym i'r Brawd Llwyd. Ni wnaethpwyd fawr o argraff arno gan barchusrwydd swydd y lleian chwaith, gan y gwelai gyfarthfa ardderchog i'w nwydau mewn lleiandy (cywydd 113). Mae hyn yn wir hefyd am ddefodaeth y gwasan-aeth mewn eglwys; a hyn yw ergyd ei wrthryfel nid yn unig yn "Merched Llanbadarn" (48) lle y mae'n methu â chadw ei feddwl ar y gwaith swyddogol, ond hefyd yn "Offeren y Llwyn" (122) lle y mae'n cynnig gwelliant ar y drefniadaeth arferol.

Cydnebydd, bid siŵr, ei odineb ei hun; ond iddo ef, nid yw hyn fawr wahanol i fechgyn bach yn dwyn afalau. Ac ymddengys mai gwaeth yw bod yn ddeddfol:

> Ac am hynny'r deddfol Frawd,
> Nid cerdd sydd fwyaf pechawd. (137)

Ple'r Brawd Llwyd, yntau, i Ddafydd oedd gofyn iddo gyfyngu ei farddoniaeth i waith uniongyrchol dduwiol (136) neu hyd yn oed gefnu'n gyfan gwbl ar waith seciwlar yr awen (137), yn union fel pe bai Cristnogaeth yn mynnu gan ddyn gefnu ar fyw beunyddiol, ac ar ei dasg o ddarostwng y ddaear, wrth ddod yn Gristion; neu, a'i roi mewn termau diwinyddol, fel pe bai dyn yn gorfod cefnu ar ras cyffredinol Duw (sydd ar gyfer y cyfiawn yn ogystal â'r anghyfiawn) wrth dderbyn Ei ras arbennig:

> Nid er cywydd nac englyn
> Y prynodd Duw enaid dyn,

meddai'r Brawd Llwyd. Ond y mae ateb Dafydd yn codi mater sffêr sofraniaeth:

> Cyn rheitied i mi brydu
> Ag i tithau bregethu,
> A chyn iawned ym glera
> Ag i tithau gardota . . .
> Amser a rodded i fwyd
> Ac amser i olochwyd,
> Ac amser i bregethu . . .

Y blas sydd ar ras cyffredinol, dyna neges Dafydd, y diddanwch sydd yn y greadigaeth, yr hyfrydwch cadarnhaol a dderbyniwyd oddi wrth Dduw ar y ddaear:

> O'r nef y cad digrifwch
> Ac o uffern bob tristwch.

Y mae cymeriad y Brawd Llwyd yn ymddangos yng ngwaith Dafydd ap Gwilym ac yn R. Williams Parry; ac i'r naill a'r llall ohonynt y mae iddo arwyddocâd cyffelyb:
1. Delwedd wrthfarddonol ydyw'r Brawd.
2. Ceisir gwahaniaethu rhwng ei grefydd ef a rhyw grefydd iachach.
3. Y mae'r awdur ei hun yn codi dadl ag ef.

Ond carwn oedi i ystyried y cymeriad hwn yn fwy hamddenol, oherwydd yn achos y naill fardd a'r llall, y mae'n cynrychioli, gyda'r atebion iddo, symudiad diwinyddol o bwys yn ein gwlad. Yn y ddadl ag ef fe grynhoir yn gymharol syml y ddeuoliaeth syniadol sy'n rhedeg yn llinyn patrymol drwy holl waith Dafydd ac y mae Dafydd fel arfer yn ei gwrthod.

Gellid labelu'r ddeuoliaeth hon, deuoliaeth anuniongred, fel hyn:

243

A. GRAS — B. NATUR

Yn y fan yma[17] yr wyf yn meddwl am nodweddion y ddau begwn fel hyn, fel yr awgrymais ynghynt:

A. GRAS: yr enaid; yr anfesuradwy; y nefol.
B. NATUR: y corff; y mesuradwy; y daearol.

Yn awr, teg nodi fod Cristnogaeth uniongred yn cydnabod yr undod rhwng A a B, ac eto'n gweld eu gwahaniaeth a llywodraeth A ar B. Yn ein bywyd beunyddiol ni, y mae iddynt darddiad uniongyrchol ychydig yn wahanol i'w gilydd a hanes gwahanol; ond y mae eu hundod sylfaenol cyntaf yr un pryd yn Nuw ac y mae eu tynged derfynol yn unol.

Eto, fel y gwelir yn y ddadl rhwng Dafydd a'r Brawd Llwyd, a symleiddio am foment:

(i) Mae'r Brawd Llwyd yn mawrygu A ac yn dirmygu B.

(ii) Mae Dafydd yn tueddu i esgeuluso A ac yn mawrygu B. Er tegwch â Dafydd, fel y gwelsom yn ei waith at ei gilydd, gogwyddiad mewn dadl yw hyn ac fel arfer cedwir cryn gydbwysedd rhwng y ddeuben.[18] Ond teg gweld y gwrthdrawiad yn ymffurfio yn ôl deuoliaeth weddol glir fel hyn.

Rhoddai'r Brawd Llwyd, fel llawer o lenorion Cymraeg eraill yr Oesoedd Canol, bwyslais gorthrechol ar arallfydedd y pethau nefol, ar bellter y sanctaidd. Priodol, ym mryd Dafydd, oedd rhoi i Natur ei lle. Ni ddylid dirmygu'r corff sy'n greadigaeth gan Dduw, yn syml am mai corff ydyw o'i gyferbynnu ag enaid. Da yw llawenhau yn harddwch y ddaear: nid drwg ydyw rhyw ynddo'i hun.

Yr oedd rhai wedi canu fel petai'r syniadau hyn ganddynt cyn Dafydd ap Gwilym: cofiwn am Orhoffedd Hywel ab Owain Gwynedd: 'Caraf ei morfa a'i mynyddedd,/A'i chaer ger ei

---

17. Mewn mannau eraill yn y gyfrol hon tueddaf i ddefnyddio'r term gras arbennig (neu achubol) ar gyfer A, a gras cyffredinol ar gyfer B. Er bod dadl yn dal o blaid cadw'r termau hynny, bydd yn fwy cyfleus am y tro ddefnyddio'r ddeuoliaeth bresennol: cred rhai fod y term *gras* yn cael ei gyfyngu'n dechnegol yn y Beibl i ras arbennig, er bod 'natur', wrth gwrs, a phopeth sy'n perthyn iddi, sy'n ei chynnal ac sy'n ei diogelu, yn rhodd sy'n cael ei chaniatáu drwy ras o fath cyffredinol.

18. Dyma beth o'r cydbwysedd anodd a geid gan Thomas Jones Dinbych, yn ôl Saunders Lewis yn ei nofel *Merch Gwern Hywel.*

choed, a'i chain diredd . . . (a'r cwbl hyd.at) Caraf yr eaws ar wyraws wydd/Yng nghymer deuddwfr Dyffryn Iolydd.' Ond, fel y sylwodd T. Gwynn Jones[19]: 'Y mae . . . yn beth nodedig na ddat-blygodd barddoniaeth natur ond ychydig iawn yn y cyfnod yr ydym yn sôn amdano. Ceir ei dechreuad yng ''Ngorhoffedd'' Gwalchmai a ''Gorhoffedd'' Hywel ab Owain Gwynedd, eithr yn ofer y chwilir am ei thwf yng ngweithiau beirdd eraill, hyd nes down at ddiwedd y cyfnod. Y mae'r un peth yn wir hyd gryn fesur am gerddi serch Beirdd y Tywysogion ag am eu barddoniaeth natur—prin ac achlysurol ydyw yn bennaf.'[20] Beth bynnag am ei ragflaenwyr prin, Dafydd oedd y cyntaf i wynebu'r ddadl, ac i am-ddiffyn ei safbwynt yn gategorig; hynny yw, i ddiffinio diwinydd-iaeth y cyferbyniad. Dyna pam y mae'n ddiwinydd chwyldro-adol.

Yn yr ysgariad anffodus yn agwedd y cyfnod canol at berthynas Enaid (Gras) a Chorff (Natur), y mae'r ymryson rhwng yr Enaid a'r Corff yn gynrychiolad go arwyddocaol, a rhaid gweld dadl Dafydd a'r Brawd Llwyd yn yr un cefndir ag ef. Bron yn ddi-eithriad, fel y nodwyd eisoes, y mae'r corff yn colli'r ddadl yn alaethus.[21] Yn yr ymryson ar y pwnc a gyfieithodd Iolo Goch, y corff sy'n cael ei drechu'n enbyd, a phrin ei fod yn cael rhoi'i big i mewn i'r ddadl o gwbl, er bod ei ychydig frawddegau'n ddigon cyrhaeddbell a chywir.[22] Yr unrhyw ddirmyg sy'n gefndir ac yn ysgogiad i ymagwedd Siôn Cent a'i gymheiriaid.[23]

Diau mai camddeall nodweddion y Cwymp yw'r rheswm dros y safbwynt grymus hwn, sef gorbwysleisio cwymp y corff ar draul cwymp yr enaid, ac o ganlyniad gysylltu llygredd â phethau corff-orol mewn modd anghytbwys, heb sylweddoli'n ddigonol lygredd balchder a gwrthryfel ysbrydol. Rhan o'r unrhyw ysgariad oedd camddealltwriaeth arall o bwys ynglŷn â'r Cwymp yn yr Oesoedd Canol, sef yr heresi a gysylltir ag enw Tomos Acwin (1225-1274), sef cwymp yr ewyllys ond nid cwymp

19. *Llenyddiaeth y Cymry*, Gee, Dinbych, 1915, 27 a 30.
20. Unwaith eto, Hywel ab Owain Gwynedd sy'n arwain; cf. tystiolaeth Ifor Williams, *TC* 1913-14, 112.
21. gw. Pen. 50, 60; cyfeiria Ifor Williams at yr engh. yn Llyfr Du Caerfyrddin, B II, 127-9, *TC.* 1913-14, 132, 185.
22. ibid. 185-187; gw. B.III, 119; B.IV, 36; *Llenyddiaeth Cymru o 1450 hyd 1600*, W. J. Gruffydd, Lerpwl, 1922, 69-70.
23. cf. Cywyddau Gruffudd Gryg i'r Byd (DGG.LXXVI) a Gruffudd Llwyd i Lyndŵr IGE[2], 125, 1-8).

rheswm neu ddeallusrwydd. Arhosai'r olaf yn ddilychwin ac yn hunanlywodraethol annibynnol. Cafodd y ddysgeidiaeth hanerog hon ynghylch y Cwymp ddylanwad pellgyrhaeddol nid yn unig ar ddiwinyddiaeth, ond ar bopeth arall byth wedyn. Rhan ydoedd o'r duedd anochel i fawrygu Natur neu i gyfiawnhau a dwyfoli Natur. Dyma un o'r pwyntiau allweddol sy'n peri gwahaniaeth rhwng Awstin ar y cyfan (a Chalfin) ar y naill law, a Thomos Acwin (a'r Pabyddion cyfoes) ar y llall.

Os oes modd ysgaru Gras a Natur, er mwyn rhoi bri ar Ras neu er mwyn niwtraleiddio Natur, yna, wedi i'r ysgariad ddigwydd, nid mor anodd mwyach yw i ddiwinydd newydd ddod a fydd yn dyrchafu Natur ac yn niwtraleiddio neu'n difrïo Gras. Gallai Dafydd dueddu i niwtraleiddio Gras yn burion:

> Nid ydyw Duw mor greulon
> Ag y dywaid hen ddynion.
> Ni chyll Duw enaid gŵr mwyn
> Er caru gwraig na morwyn.'[24]

Canlyniad yw hyn i'w osgo negyddol tuag at Ras:

> A'm wyneb at y fun goeth
> A'm gwegil at Dduw gwiwgoeth.[25]

Dibwys, bellach, yw safonau neu awdurdod Gras:

> Down i Lanbadarn Ddyw Sul,
> Neu i'r dafarn, ŵr diful;
> Ac yno yn yr irgoed
> Neu'n y nef ni a wnawn oed.'[26]

Rhagflaenai Llywelyn Goch, i bob ymddangosiad, y math hwn o enciliad, rhag Gras, o flaen Dafydd; ond mewn gwirionedd, yn ei achos ef, cyffes nid amddiffyniad a geir:

---

24. GDG. 137, 37-40.
25. ibid. 48, 21-22.
26. ibid. 41, 21-24. Medd D. Myrddin Lloyd (*Llên Cymru* I, 234 n. 19), 'Yn rhai o'i linellau mwyaf afieithus fe geir awgrymiadau o ddwyfoli'r nwydau fel sydd gan y beirdd y mae de Bruyne yn sôn amdanynt, e.e. "yn y llwyn ennill enaid." '

Gwneuthum ddadl cynnelw gyda'r celwydd . . .
Gwneuthum ddifrod nef a gwŷr crefydd.'[27]

Wyneb yn wyneb â'r ysgariad, oherwydd fod yna wrth-drawiad, sylweddola Dafydd ei fod ef ar y pryd yn siarad o blaid yr ochr newydd: yr oedd yr hen bleidgarwch mwyaf dylanwadol yn mynd gyda Gras yn erbyn Natur; ond, os oedd eisiau *adfer* cyd-bwysedd hyd yn oed, yna dyletswydd Dafydd oedd codi'i lais yn groyw o blaid Natur: mae'n rhoi blaenoriaeth i B, oherwydd fod yna ysgariad; eto, pe gwelsai ef fod A a B yn cael cydnabydd-iaeth gyfartal, yna fe fyddai ef yn hawlio y dylai A fod yn llywodraethol yn y cyfuniad:

Pan fo cystal gan bob dyn
Glywed pader gan delyn
 chan forynion Gwynedd
Glywed cywydd o faswedd,
Mi a ganaf, myn fy llaw,
Y pader fyth heb beidiaw.
Hyd hynny mefl i Ddafydd
O chân bader, ond cywydd.[28]

Yn ei ymgyrch i orseddu Natur, yr oedd Dafydd ap Gwilym yn rhan o duedd gyfandirol eang. Diddorol sylwi ar artistiaid cyfoes ag ef a oedd hefyd yn 'dioddef' oherwydd yr ysgariad rhwng Gras a Natur.[29] Yn lle pellhau oddi wrth natur, a'i symboleiddio'n 'raslon' yn y dull Bysantaidd, dechreuodd peintwyr fel Cimabue (1240-1302) a Giotto (1267-1337) glosio at natur, a'i pheintio'n 'naturiol'. Yr un pryd yr oedd llenorion am ymddiddori ym myd natur: Dante (1265-1321) a Phetrarc (1304-1374) a Boccaccio (1313-1375). Sylwodd Schaeffer[30] mai Petrarc yw'r dyn cyntaf y clywn amdano'n dringo mynydd yn unswydd "er mwyn dringo mynydd."

Buan iawn, felly, y gwelwn Natur yn disodli Gras. Cymerer dwy enghraifft o fyd peintio. Van Eyck (1380-1441) yn gyntaf, gyda'i beintiad 'Bedydd yr Iesu' lle y mae'r olygfa o fyd natur yn cael

---

27. RP 1301: diddorol sylwi, oherwydd parhad yr ysgariad rhwng Gras a Natur hyd ein dyddiau ni, ar gân bop Gymraeg yn niwedd chwedegau'r ganrif hon—'Pwy sy isio mynd i'r Nefoedd/A Chymru'n well na hi?'

28. GDG, 137. 81-8.
29. Yr wyf wedi codi'r enghreifftiau canlynol o gyfrol fach wyllt ond disglair Francis A. Schaeffer, *Escape from Reason*, IVF, London, 1968.
30. ibid. 13.

sylw mawr a manwl tra bo'r lle a roir i'r Iesu'n gymharol ddibwys, mor wahanol i beintwyr eraill hyd yn hyn; ac mewn peintiad arall, 'Madonna'r Canghellor Rolin,' lle y ceir dau ffigwr yn y darlun, sef y Canghellor Rolin yn wynebu Mair, a'r naill o'r un maintioli'n union â'r llall, eto mor wahanol i beintwyr cynt. Yn ail, Filippo Lippi (1406-1469), gyda'i Fadonna yntau o 1465: y mae ef wedi peintio merch bert 'naturiol-realistig', a'r fodel a ddefnyddiodd ef ar gyfer Mair oedd ei feistres ef ei hun.

Gwelwn yn hyn oll,—gyda'r enghreifftiau cyfandirol, yn ogystal ag yn Ymryson yr Enaid a'r Corff, gyda Siôn Cent a'r Brawd Llwyd, a chyda Dafydd ap Gwilym ei hun, wrth ysgaru gras a natur y naill oddi wrth y llall, a cholli'r undod, pa un bynnag ohonynt a ddyrchefir o ganlyniad,—yr hyn sy'n anochel yw bod y naill yn distrywio'r llall.

Dyma sy'n gwneud Dafydd ap Gwilym mor bwysig nid yn unig yn hanes llenyddiaeth Gymraeg, eithr hefyd yn hanes syniadau yng Nghymru. Nid oes syndod fod cymeriad y Brawd Llwyd wedi apelio at ddychymyg R. Williams Parry yn ystod blynyddoedd cyntaf y ganrif hon pan oedd ef yn mynd ati i lunio *Awdl yr Haf*. Ac yn yr awdl honno y ddau brif gymeriad yw'r macwy ei hun a'r Brawd Llwyd, sef dau gymeriad Dafydd o'i flaen.

Nid yw'n gwbl hawdd olrhain y ddadl rhwng y ddau, fel y sylwodd Dr. Gwyn Thomas yn *Ysgrifau Beirniadol* III (147, 154, 155). Er mor drefnus yw'r awdl yn allanol, nerth ei rhethreg a champ y penillion a'r llinellau unigol yn hytrach na rhediad synhwyrol ac ystyrlawn ei dadl neu ei thema fewnol yw'r hyn sy'n ennill bryd y darllenydd; ond fe ellir felly, efallai, golli cryn dipyn o'i harwyddocâd.

Yn fethodistaidd iawn y mae i'r awdl dri phen, a'r rheini, fel y byddai pennau pregethau yn aml yn y cyfnod hwnnw, yn cyflythrennu sef:

1. Gofid (Yr haf Coll—yng nghyfansoddiadau'r Eisteddfod)
2. Gorfoledd (Yr Haf Serch)
3. Gobaith (Yr Haf Dihenydd).

Gellid cymharu pennau Parry-Williams yn *Eryri* (1915):

1. Llwyd, 2. Rhudd, 3. Gwyn;

neu Lloyd-Jones yn *Y Gaeaf* (1922):

1. Gaeaf yr oed, 2. Gaeaf yr ôd, 3. Gaeaf yr oes.

Er nad oeddynt wedi cymryd triawd o bennau, yr un mor daclus oedd rhaniad J. J. Williams yn *Y Lloer* (1906) a T. Gwynn Jones yn *Gwlad y Bryniau* (1909). Dywedir yng Nghofiant Elfed, Emlyn Jenkins (t. 173) am ei awdl *Hunan Aberth.* 'Y mae cynllun yr awdl yn ôl patrwm arferol y cyfnod, ac yn dilyn yn bur glòs ffordd Elfed o lunio pregeth, sef gosod y sylfeini athronyddol i lawr i ddechrau, yna goruwchadeiladu drwy ddwyn enghreifftiau yn gerrig-nadd i'r muriau . . . Yna wedi casglu yma a thraw, y mae'n cyrraedd Calfaria, canys hynny oedd yn ei feddwl o'r dechrau.'

Mae gan R. Williams Parry wedyn is-bennau, yn null John Elias; a gellid dweud yn fras fod yr is-adran gyntaf ym mhob un o'r adrannau mawr yn gosod y llwyfan fel petai neu'n disgrifio'r cefndir naturiol sy'n weddus ar gyfer y ddwy is-adran sy'n dilyn lle y cawn gyfarfod â'r prif actorion neu'r lle y datblygir y neges:

1. *Gofid:* (i) Llannerch yr Oed, (ii) Rhiain yr Haf, (iii) Macwy'r Haf.
2. *Gorfoledd:* (i) Ar Gyniwair, (ii) Y Brawd Llwyd, (iii) Y Brawd Gwyn.
3. *Gobaith:* (i) Atgof Mai, (ii) Y Brawd Eto, (iii) Y Llatai.

Wedi'r fath gynllunio pregethwrol, ni'n siomir: pregeth a geir gan y bardd, a phregeth *yn erbyn* dau beth—yn erbyn "negyddiaeth i'r synhwyrau" ac yn erbyn "dihangfa ysbrydol neu ddelfrydol",—ac *o blaid* un peth, sef gwerth llawen a galarus y byd presennol a'r pridd a feddiannwn yn awr.

I raddau, yr un yw agwedd Williams Parry â Dafydd ap Gwilym at y Brawd Llwyd ac at grefyddwyr yn gyffredinol. Mae gan yr "eglwys" ateb sy'n rhy rwydd a negyddol tuag at y greadigaeth, a myn y beirdd fawrygu llawenydd y ddaear hon, blas y cread byw. Ond mae Williams Parry'n mynd ar osgo o'r cyfeiriad hwn, a gwna hynny yng ngolau:

1. Canu pietistig, haniaethol, a gwrth-synhwyrus y ganrif ddiwethaf (Y Brawd Llwyd).
2. Canu dianc T. Gwynn Jones (Y Brawd *Gwyn*)

I R. Williams Parry realiti ei brofiad presennol, bydded hwnnw'n ofid neu'n orfoledd, yw testun ei gân. Yn adran gyntaf ei awdl, cân ei hiraeth presennol am yr hyn sy wedi diflannu, ond nid ar y gorffennol y mae ei fryd ond ar ei ddagrau yn awr. Yn ail adran ei awdl, cân ei hapusrwydd yn y serch a brawf ar hyn o bryd. Yn nhrydedd adran ei awdl y mae'n honni fod i'r naill a'r llall, y galar a'r llawenydd a brofir ar y pryd, ryw ansawdd neu nodwedd sy'n dragywydd yn ei hanfod, fod natur tragwyddoldeb yn treiddio i mewn i'r profiadau presennol. Felly, nid gobaith am fyd a ddaw, yn hollol, yw 'Gobaith' y drydedd adran, ond gobaith fod y cyflwr cynddrychiol yn ddigonol.

Ni fyn Williams Parry deithio draw dros y don, ac nid yw am droi yn ôl i'r Oesoedd Canol. (Dywed Gwenallt, *Y Genhinen* VI, 71: 'Nid oedd gan R. Williams Parry fawr o feddwl o farddoniaeth beirdd yr Oesoedd Canol yng Nghymru, a dyna'r gwahaniaeth pwysicaf rhyngddo a T. Gwynn Jones'). Nid yw am freuddwydio ynghylch Cymru ddelfrydol, ddyfodol ychwaith. Pethau fel y maent yw ei ddiddordeb; a gwêl ef ddau wrthwynebydd:

1. *Y Brawd Llwyd*: Fel hyn y cân hwnnw yn Awdl yr Haf:

> Mae llwybr i'r llan o'r llannerch . . .
> Wedi'r chwarae daw'r gaeaf,
> Gwynfyd yr ynfyd yw'r haf . . .
> Lledrith yw yr oll, a diwerth ddrylliau . . .
> Marw yw byw . . .

Ddwy flynedd wedyn mewn ysgrif ddiddorol meddai'r bardd: 'Pan ganai'n beirdd i harddwch coed a maes, i dlysni merch, neu i hoen ieuengoed, ag ymgolli ohonynt yn eu gorhoffedd, deuai'r gydwybod grefyddol i daflu'r dŵr oer ar y tân ennynwyd.' 'Bu beirdd y ganrif ddiweddaf yn rhy barod i wrando ar y Brawd Llwyd . . . dyna'r rheswm fod cyfran o'r canu mor brudd a digalon.' Yr hawl i fod yn hapus, dyma ateb Williams Parry i'r Brawd Llwyd, sef ateb cadarnhaol ac adeiladol yr egni naturiol. 'O wrando ar y Llwyd aiff ein barddoniaeth yn faterol ac yn ddirywiol (*decadent*).' Condemniad distrywiol oedd gan y Llwyd. 'Bu ein tuedd i ddibrisio'r fuchedd hon am mai brau a darfodedig ydyw, yn lle rhoddi mwy o werth arni o'r herwydd.'

Dyfyniadau yw'r rhain o erthygl fach hynod bwysig gan R. Williams Parry, sef 'Pridd y Ddaear' yng *Nghylchgrawn Myfyrwyr y Bala* (Tymor yr Haf, 1912, 104-112). Mae ei sylwadau ar y Brawd Gwyn yn y fan honno hefyd yn arwyddocaol, yn fwy felly, mae'n bosib, na'i gyfeiriadau at y Brawd Llwyd.

2. *Y Brawd Gwyn*: Dyma'r cymeriad sy'n hyrwyddo'r hyn a elwir yno'n 'ormes y loewach nen'. A myn roi yn lle hynny 'ddiddordeb angerddol ym mhethau'r byd hwn.' 'A oes o'n beirdd a gâr

neu a ofna rywbeth yn fwy na chadwedigaeth neu golledigaeth ei enaid? Yna caned ei serch a'i arswyd.' 'Y Brawd Gwyn, medd ef, 'sy'n gyfrifol am lawer o'r ffug oleuni a basiodd cyhyd am ''y gwawl na bu erioed ar dir na môr.'' ' Cân y Brawd Gwyn yn ddigon tebyg i'r brawd Gwynn:

> Am olud gwell y bell bau
> Y cyrch y doeth. Cyrch dithau
> Ei nen ddihalog, ddilwybr,
> Mor glir a miragl o ŵybr.

> Can's yno bydd Haf, ac ni bydd hafau,
> Ac yno bydd Dydd, ac ni bydd dyddiau.
>   Diwerth yw byd wrth y bau ddwyfol-dlos,
> Pa les hir-aros uwch pleser oriau?

>   Difarw yw hun y frodir,
>   Telyn a thant leinw ei thir
>   O buredig fiwsig fel
>   Pe bai eos pob awel.
> A'i fflur a'i hawel a phali'r huan
> Erys yn newydd, a'i rhos ni wywan';
>   Yn ei hedd ni heneiddia neb tra bydd
> Byw a dihenydd bywyd ei hunan.

Ond ateb R. Williams Parry ei hun yw mai gwell aderyn mewn llaw:

> A minnau,—''Diau, deuwell
> Rhiain fo byw na'r nef bell . . .
> Mae'n deg yr haf, a mwyn yw digrifwch
> Ba raid a fai wrth amgen brydferthwch?
> Digon i'r dydd ei degwch . . .
> Gâd im hefyd fy myd mau . . .
> Dygwch i minnau degwch y munud . . .
> Heddyw mae nef.''

Hynny yw, yr oedd y Brawd Gwyn fel y Llwyd wedi methu â gwerthfawrogi'r egni presennol fel ysbrydoliaeth hanfodol ac fel profiad sylfaenol i bob barddoni. Ateb Williams Parry i'r ddau frawd hyn fel ei gilydd yw 'gwrthryfel y pridd' (neu 'hen brudd-glwy'r pridd', fel y'i galwai ymhellach ymlaen ym *Marwoldeb*). 'Nid llai o hymnau'r cysegr sydd yn eisiau arnom, ond mwy o folawdau'r pridd,' medd ef yn ei ysgrif. Ac yn wir, y mae'n awgrymu fod y peth hwnnw sydd ym molawdau'r pridd, sef difrifwch (yn hytrach na difrifoldeb), yn rhan annatod o'r gydwybod lenyddol ei hun; ac wrth fychanu'r gydwybod lenyddol naturiol y mae beirdd pietistig Cymru wedi colli hefyd eu gwir ddifrifwch neu ddidwylledd: hynny yw, 'yr oedd y gydwybod lenyddol a'r gydwybod grefyddol yn tynnu'n groes'. Neu, a'i chrynhoi'n ddiriaethol: 'Clywodd Dafydd ap Gwilym a Williams ac Ann Griffiths hwythau y ddeufrawd hyn; ond ar eu calon eu hun y gwrandawsant; hyhi hefyd a ganasant.'

Dyma hefyd thema 'Adref' (1917) a 'Diddanwch' (1917); ac yn 'Gadael Tir' (1917) y mae'n cyfeirio ato'i hun fel hyn: 'un na wybu gariad ond at bridd'. Yr oedd T. Gwynn Jones yntau wedi canu fel hyn:

> Draw y mae gwerddon dirion nad ery
> Cwyn yn ei thir, ac yno ni thery
> Na haint na henaint fyth mo'r rhai hynny
> Ddelo i'w phuraidd awel . . .
> Ni heneiddiwn tra'n noddo . . .   (*Ymadawiad Arthur*)
>
> Carwn y dywell, bell bau.   (*Gwlad y Bryniau*)

Ond y flwyddyn ar ôl i'r brawd Gwynn lunio *Gwlad y Bryniau* (1910) ar 'fesur Llundain', fel y'i gelwir, y canodd Williams Parry ei ateb ef iddo ar yr un mesur. Ac er bod ychydig o gymysgedd yn natblygiad y thema, gellid dweud ei fod ef eisoes wedi agor pwnc a ddeuai maes o law yr un mor gyfoethog yn ei ganu ef ag a fyddai thema'r *Hyfryd Wlad* yng nghanu T. Gwynn Jones. Yng ngeiriau erthygl y Bala: 'Rhodder inni bellach wrando cerdd yr eos,—dirfawr boen a dirfawr hoen. Ond nid yw'r eos yn dod i Gymru, meddant hwy. Pan ddêl, daw hefyd y bardd nad oes a'i diddana ond ei gân ei hun.' Byddai'r Brawd Llwyd a Gwyn yn ymrithio'n ddiweddarach yng ngwisg y Propagandydd, a hwnnw o hyd yn ymofyn condemnio'r presennol a breuddwydio am ddyfodol delfrydol, ond byddai'r eos yn dal i byncio yn yr un ffordd a chyda'r un ateb:

> Mae'r byd i gyd yn duo,
> Eto ni wna'r prydydd gwael
> ''Ond canu a gadael iddo.''

Dyma'r athrawiaeth a welai hefyd yn y bardd Saesneg y teimlodd agosaf ato, sef A. E. Housman:

Nid ofna'r doeth y byd a ddaw
Ar ochor draw marwolaeth.
Ei ddychryn ef yw bod yn fyw:
Angheuol yw bodolaeth.

Ganwyd Williams Parry mewn cymdeithas lle yr oedd grym profiadau Cristnogol wedi gwanhau a'u cynnwys wedi troi'n ffurfiol. Mae'r disgrifiad a roddodd Mr. Tecwyn Lloyd o ansawdd crefydd yn y dyddiau hynny yn ddigon cywir, er ei fod yn anghyflawn, wrth reswm, ac efallai'n rhy gras; ac fe ellid cael rhagor o garn i'w gasgliadau heblaw gan y Bardd Newydd, ped astudiem hanes y bregeth Gymraeg, neu mewn diwinyddiaeth, neu yn nofelau'r cyfnod: 'Yr ydys yn aml yn bwrw golwg edmygus a hiraethus ar lewyrch ymddangosiadol crefydd yng Nghymru o ddiwedd y ganrif ddiwethaf hyd tua 1920; dyddiau y pregethu histrionig. Ni raid inni ddim. Cyfnod o geidwadaeth wag ac urddas sefydliadol marw ydoedd mewn gwirionedd.[31]

Roedd gan y Bardd Newydd yntau ei Ddiwinyddiaeth Newydd; ac yn ei gyfrolau mawrion ceisiai Gwili gyflwyno'r Rhagdybiaeth ddiwinyddol Newydd i'w gyd-Gymry (a oedd, wrth gwrs, mor 'newydd' â rhethreg fombastig y Farddoniaeth Newydd)— rhagdybiaeth y ddysg naturiol, rhesymeg amser-a-lle, goddrychedd 'Cyfriniol' y drefn 'ddwyfol' a dyn yn arglwydd ar ei dynged. Wyneb yn wyneb â 'cheidwadaeth wag ac urddas sefydliadol,' roedd yr ymgais ddiwinyddol hon i wisgo Cristnogaeth mewn dillad cymwysedig modern yn ymddangos yn atebol ar gyfer llawer a oedd yn dal i fynychu capeli yn aml o arferiad, ac a oedd am gadw i arddel y teitl 'Cristnogion' weithiau am resymau sentimental. Roedd yn rhagredeg bron popeth o bwys yng ngwaith seciwlarwyr diwinyddol trigeiniau'r ganrif hon; ond wrth gwrs, ni ellid twyllo'r holl bobl yr holl amser. Ac un o'r rhai a aeth yn anesmwyth yn fuan oedd Robert Williams Parry.

Gan fod ysgerbydau o gapeli'r cyfnod hwnnw o hyd ar gael lled-led ein gwlad, gallwn ninnau o hyd synhwyro peth o'r agwedd reddfol hon ar ddiflastod a brofodd ef. Fe'i crynhodd yn daclus yn nelweddau'r Brodyr Llwyd a Gwyn, sef mi gredaf i—y Brawd

---

31. *Ysgrifau Beirniadol* III, 85.

pietistig, diddychymyg, di-ddysg a marw, a'r Brawd moesegol, rhyddfrydol 'dyngarol' a goleuedig.' Gwrthod y ddau a wnaeth ef yn yr Haf: fe'u poerodd hwy o'i geg yn reddfol. Ac er y gallwn ninnau wneud yn gyffelyb am resymau gwahanol heddiw, hawdd y gallwn gydymdeimlo â'i wrthodiad negyddol cyntaf. Erbyn y tridegau a'r Gaeaf, serch hynny, onid oedd y Brawd moesegol wedi tyfu'n ffigur cenedlaethol ac yn sefydliad cref-yddol ymhlith deallusion Cymru? Ef oedd yr 'uniongrededd' newydd: yr heddychwr, y Bob Lewis radicalaidd, carwr ffoadur-iaid, a'r cenedlatholwr eciwmenaidd, y seciwlarwr a oedd wedi cefnu i raddau helaeth ar brofiad byw a phersonol o Grist, ar argyhoeddiad ysigol o bechod, ac ar Gristnogaeth hanesyddol a goruwchnaturiol; ac yr oedd R. W. Parry bellach yn tueddu i'w dderbyn a'i glodfori. Wrth gwrs, erbyn ein dyddiau diweddar ni, ymgaledodd yr 'uniongrededd' ryddfrydol hon hyd nes y cawn enghreifftiau ohoni'n troi'n erlidiwr ac yn defnyddio twyll ysgol-heigaidd bwriadol er mwyn ei gynnal ei hun. Eithr stori arall yw honno; ac wrth lwc, ni wyddai R. W. Parry yntau y pryd hynny ddim am hyn.

(b) *Adar Cerdd*

Un o'r nodweddion sy'n cysylltu Dafydd ap Gwilym ac R. Williams Parry â'i gilydd ar draws y canrifoedd yw hoffter y naill a'r llall o ganu am adar. Adar yw un o'r pynciau sy'n ymddangos amlaf yn eu gwaith—fel y ceisir dangos: dichon mai dyma'u del-wedd lywodraethol ill dau. Ac y mae tair agwedd ar ddefnydd y ddau fardd hyn o'r ddelwedd hon sy'n ymdebygu ac felly sy'n eu clymu wrth ei gilydd yn benodol:

1. Symbol o'r bardd ydyw'r aderyn yn aml;
2. Mae i'r aderyn arwyddocâd crefyddol cadarnhaol fel arfer;
3. Mae'r ddau awdur yn fynych yn eu huniaethu'u hun â'r gwahanol adar hyn; ac felly yn y modd hwn y mae eu dehongliad o'u swyddogaeth farddol bersonol yn cael ei daflunio i mewn i ddelwedd.

Yn y duedd gyson hon i ddewis adar ac yn y dull cyffelyb cyson o ymagweddu at yr adar hynny y gwelwn y ddau fardd, er mor bell oddi wrth ei gilydd yn amseryddol ac er mor wahanol i'w gilydd yn eu cefndir cymdeithasol a'u dullweddau meddyliol, fel petaent yn estyn breichiau tuag at ei gilydd, ac yn ôl pob tebyg, Dafydd ap Gwilym yn amlygu'n benodol un wedd ar y llawer o foddau y bu iddo ddylanwadu ar R. Williams Parry.

Ni raid mynd yn bell cyn sylweddoli mai un o hoff destunau R. Williams Parry yw adar. Diau mai delweddau neu symbolau yw rhai o'r adar hyn ar ryw olwg, ond camgymeriad a wnawn ni os collwn olwg ar y diddanwch a gaiff ynddynt hwy nid yn eu sym-bolaeth ond am mai adar ydynt. Yr oedd ganddo wir hoffter ohonynt a chydymdeimlad mawr â hwy.

Bid siŵr, y mae'n teimlo fod rhyw berthynas ddirgel rhyngddo ef a'r adar hyn: dywed—

> Rwyt frawd i'r eos druan,
> Dy fodryb yw'r dylluan.   (CG. 43)

A'r rheswm yw bod y prydydd 'yn nyfnder nos o boen a thrais' yn rhoi ei 'lais felysaf'. Fel yr adar hyn, y mae yntau'n canu hen, hen wae.

Gwelsom eisoes yn erthygl y Bala mai un ydoedd y bardd 'na wybu gariad ond at bridd'; ac yn hynny o beth eto y mae'n debyg i'r adar:

> Gyda'r cudyll a'r cornicyll
> Hoffais dywyll affwys daear.   (CG. 19)

Ei waith ef yw canu eu cân hwy, am eu bod hwy wedi dod o hyd i'r gyfrinach o ganu er mwyn canu. Mae'n edmygu'r gwcw (CG. 13) sy'n pyncio o rwbel hen chwarel heb angen cael cymorth ysbrydoliaeth allanol. Dyna'r math o hanfod y mae ef am gael gafael arno:

> A gân ef y rhywbeth a welodd
> Yn llygad aderyn y coed?   (CG. 44)

Cofiwn, wrth gwrs, fod deuawd y Gwyddau (CG. 10) a'r leir (CG. 11) yn cynrychioli dynion, ar ryw olwg. A chan mor ddigrif anurddasol ydyw'r rhain, y mae'n werth sylwi ar y newid pwys-lais, hyd yn oed ymhlith yr adar, wrth droi o'r Haf i'r Gaeaf. Yn *Yr Haf a Cherddi Eraill* yr oedd i'r ehedydd le amlwg, a chododd ei lais ar o leiaf saith o dudalennau: erbyn *Cerddi'r Gaeaf* y mae wedi tewi. Clywsom yr eos o leiaf bump o weithiau yn yr Haf:

ddwywaith yn unig yn y Gaeaf. Mae'r durtur hithau'n fud mwy-ach. Ac yn lle'r adar rhamantus hynny, dyma'r rhai sy'n dod i'r amlwg bellach—y drudwy a'r gwyddau, y robin goch a'r dylluan. Ni chlywsom gloch y ceiliog namyn dwywaith yn yr Haf, heb yr un iâr yn unman: erbyn y Gaeaf, y mae'r ieir wedi mynd â cherdd gyfan, ac y maent hwy—neu eu gwŷr—yn cael sylw wyth o weithiau. Felly, fe welwn R. Williams Parry yn closio at adar, nid yn unig oherwydd eu bod yn dlws eu llais, ond oherwydd eu bod yn fach neu'n ddiymadferth neu'n hurt neu'n amwys.

Dilynwn ychydig ymhellach ar y newid rhwng adar yr Haf ac adar y Gaeaf. Yn yr Haf fe glywsom, yn ôl y disgwyl, 'adar haf o afiaith'; ond erbyn y Gaeaf wele'r adar ffôl' a digrifwas adar byd'. 'Chwi'r adar' yw hi yn yr Haf; ac er bod yna edmygedd a chydym-deimlad dwys â'u tynged, prin y gellid honni fod dyn ac aderyn yn cael eu huniaethu. Ond erbyn y Gaeaf, 'mae dyn ac aderyn yn galw am fwyd' (CG. 31): 'aderyn heb gâr' yw J.S.L., ac yn Nyffryn Nantlle y mae Gwydion hyd yn oed yn 'creu dyn o aderyn yma rhwng dau lyn.' Mewn cerdd ar ôl cerdd y mae aderyn yn cael ei drawsffurfio'n ddyn a dyn yn aderyn, nes bod amwysedd llawer cerdd yn ein gyrru i'r ddau gyfeiriad yr un pryd.

Sylwn yn fanwl ar aderyn mwyaf nodedig R. Williams Parry, sef *Drudwy Branwen.* Yma y mae gennym ddwy lefel ddigon amlwg. Ar y naill law, mae gennym gân storïol o'r Mabinogi, a'r aderyn, fel llawer o rai Dafydd ap Gwilym, yn cael ei anfon yn llatai ('y deryn pur' CG. 28—'ar adain las/Bydd imi'n was di-bryder'). Ond ar y llaw arall, y mae gennym brofion pendant fod y bardd wedi bwriadu i'r aderyn ddwyn arwyddocâd arall.

Sylwer ar adrannau adeiladwaith y gerdd:

I *Paratoi'r Drudwy*: Codir gweddi i'r elfennau—yr haul, y gwynt a'r môr. Rhaid i'r drudwy ddal ati heb lonydd drwy'r rhain. Clown ydyw (digrifwas), yn ddigon tebyg i 'L'albatros' Baudelaire (lle y cymherir yr aderyn rhyfedd hwnnw â'r bardd): diurddas, cyffredin, a hyd yn oed 'annuwiol'. Ond er nad oes dim o'r duw-ioldeb disgwyliedig ganddo, y mae'n cario 'sanctaidd epistol', sef poen. Mae'r gair 'sanctaidd' yn codi ein chwilfrydedd am wir natur a chenadwri'r aderyn. Sylwn ei fod wedi dysgu 'parablu', er nad yw'n perthyn i fyd dynion mabwysiadodd eu 'hestron iaith.' A phan glywn ei fod 'yn rhoddi ei gorff ynglŷn wrth ei alarus lwyth', fe amheuwn am eiliad fod yma rywle gyfeiriad is ymwybodol at Grist. Ymwaredwn rhag y fath grwydro hyd nes y clymir y posibilrwydd yn y pennill nesaf:

> Gwae'r dwylo gynt fu gain!
>   Gan loes eu trymwaith trist
> Dolurus ydyw'r rhain,
>   Creithiog fel dwylo Crist.

Cyfrwng i anfon neges yw'r drudwy gan Franwen (sy'n debyg i Grist), a dywed y pennill canlynol wrthym fod yr aderyn yn debyg i 'isel ochenaid'.

II *Cychwyn y Drudwy*: Rhaid i'r aderyn wynebu amheuon y môr; ond 'di-ail-gynnig' yw'r nef—dyma'r unig bosibilrwydd, yr unig anedig a'r wal ddiadlam, ac ni cheir bywyd arall yn y byd hwn. Ond tybed, amheuwn, a ydym yn ein lle wrth chwilio am arwyddocâd Cristnogol yn hyn oll, ac onid gwell glynu'n ddiogel at yr wyneb yn unig? Yna'n ddisymwyth ar draws yr amheuon hyn, clywn fod yr aderyn yn hedfan 'cyn dyfod colofn fwg' (Can. Sol. 3. 6: Pwy yw hon sydd yn dyfod i fyny o'r anialwch megis colofnau mwg . . .?) ar draws y môr sydd 'megis môr o wydr' (Dat. 4, 6: 'O flaen yr orsedd-fainc yr ydoedd môr o wydr, yn debyg i grystal'). Enw un o lyfrau Pantycelyn yw hwn; ac yn awr, am y tro cyntaf (er bod yna awgrym eisoes yn yr 'estron iaith'), fe welwn fod yna bosibilrwydd fod y drudwy hwn (= Ysbryd Glân) hefyd yn ymglymu wrth waith y bardd ei hun:

> Cyn tyfu o'i gwta fydr
>   Yn faith, anfarwol gerdd.

Anfonwyd y neges yn gynnar, yn y bore bach, nage yn y plygain. Tua Chymru yr hed y drudwy, er bod y Gymru hon yn grwn yn y Dwyrain Canol o hyd—'fel pyramidiau pell', a'i mynyddoedd 'yn y nef'.

III *Y Drudwy'n Teithio ac yn Cyrraedd*: Chwelir pob amheuaeth ynghylch perthynas y Drudwy a'r Ysbryd Glân yn yr adran hon. Fe'i disgrifir fel 'anfonedig nef', gan ddyfynnu emyn Gwili:

> Ddiddanydd anfonedig nef,
> Fendigaid Ysbryd Glân.

Mae ei daith yn 'annaearol', sy'n wir wrth gwrs mewn dwy
ffordd, gan ei bod yn yr awyr yn ogystal â bod yn arallfydol. Fel y
oedd yn rhan o waith yr Ysbryd Glân, yn ôl y Gyffes Ffydd, i ffurfic
'dynoliaeth Crist yn sanctaidd ym mru y wyryf, a'i llanw â phol
gras a dawn yn ddifesur', felly y mae'r drudwy'n chwilio am un,—

> Yr enaid ar wahân,
> Y duw ar ddelw dyn.

Yn rhyfedd iawn, er mai yng Nghaer Saint yn Arfon y daeth y
drudwy o hyd i Fendigeidfran yn y Mabinogi, yn y cyd-destur
newydd ceir arwyddocâd newydd i'r gair 'Saint' yn ogystal ag
wr o ddifesur faint.'

Camp oedd gwaith y drudwy, a rhaid mynd â'r newydd am-
dani hyd bellterau'r ddaear nes bod pawb yn gwybod
amdani—ac am y 'modd y dysgodd iaith', am y nef wedi daearoli
ac yn cael mynegiant (mewn cerdd?) yn nhermau'r ddaear.

IV *Tynged y Drudwy*: Ond nid canu cerdd o sicrwydd Crist-
nogol yw pwrpas R. Williams Parry. Yn yr adran hon y clywn
ymateb ymwybodol y bardd i hyn oll, a'i gred efallai fod y cwbl yr
ofer a'r drudwy'n colli ei arbenigrwydd arallfydol gan ddod r
'watwar cerddi'r tir' megis pob aderyn arall—y fronfraith a'r
fwyalch. Unwaith eto, y mae'r cyswllt â barddoniaeth yn
awgrymog.

Yn y diwedd, nid yw'r aderyn ond testun crechwen i'r llong-
wyr—

> Fel petai'r byd heb wae
> Na dwyfol drasiedi.

Nid ei gerdd ei hun yw cerdd y drudwy bellach. Wrth gyfadd-
awdu â'r byd, y mae fel petai wedi colli ei ddwyfoldeb, ac ar lais y
byd y mae'n gwrando. Dynwared yr adar oll a wna'r aderyn pur a
cholli ei wir natur.

Nid yw'r bardd yn pwyntio'r wers yn fanwl yn unman er ei fod
yn hau awgrymiadau mor hynod hael; eithr cedwir ni i synied fod
gan y drudwy hwn arwyddocâd sydd o bwys dynol. Man cyfarfod
yw adar rhwng daear a nef, a chanddynt hawl a phresenoldeb yn
y naill le a'r llall; ac yn hyn o beth, yn ogystal ag yn eu cân, y
maent yn feirdd.

Ond os yw R. Williams Parry yn ymddigrifo mewn adar, y mae Dafydd ap Gwilym yn ymddifyrru ynddynt fwy, o ryw ychydig. Efallai y byddai'n ddigon buddiol cymharu'r naill fardd â'r llall yn hyn o beth. Dyma'r *nifer o gyfeiriadau at enwau adar* a geir gan y ddau fardd hyn: mae'r sêr yn dynodi cerddi cyfan sy'n ymwneud ag adar, neu o leiaf lle y mae teitl cerdd yn cyfeirio at aderyn (rhaid cofio yn achos Dafydd ap Gwilym mai rhywun arall sydd wedi bathu'r teitlau hyn)

		D. ap. G.	R.W.P.
1.	Alarch	3	
2.	Barcud	2	
3.	Brân	7	
4.	Bronfraith	* * 8	5
5.	Cigfran		2
6.	Cobler y coed		* * 2
7.	Cog	9	(*)15
8.	Colomen (gw. Sguthan)	1	4
9.	Cornicyll		1
10.	Creyr	1	
11.	Cudyll		1
12.	Cyffylog	* * 2	
13.	Drudwy		* 2
14.	Dryw	1	1
15.	Ehedydd	* 2	7
16.	Eos	* 20	7
17.	Eryr	3	1
18.	Ffesant		* 0
19.	Garan	3	1
20.	Grugiar	1	
21.	Gwalch	8	
22.	Gwennol	1	1
23.	Gŵydd	* 8	* 3
24.	Gwylan	* 11	2
25.	Gylfinir		* 0
26.	Hebog	2	
27.	Hwyaden	1	* 5
28.	Iâr (a cheiliog)	3	* 11
29.	Llinos	1	
30.	Llwyd y to		1
31.	Mwyalchen	9	7
32.	Paun	* 4	
33.	Pioden (Piogen)	* 6	
34.	Robin Goch		* 3
35.	Rhegen		3
36.	Sguthan (gw. Colomen)		* 2
37.	Turtur		4
38.	Tylluan (Ŵyll)	* 5	* 4
	Nifer o adar gwahanol	26	27
	Cyfanswm y cyfeiriadau	122	94

Geiriau cyffredinol perthnasol:

(i)	Aderyn	* * 21	29
(ii)	Cyw	5	4
(iii)	Edn	28	2

Cyfanswm y cyfeiriadau	176	129
Cerddi a'u teitlau am adar:	12	10
Cyfanswm y cerddi yn ei waith casgledig:	150	139

(o ran nifer y llinellau y mae gwaith R.W.P. tua $\frac{1}{3}$ o waith D. ap G.)

Wrth gymharu'r naill fardd â'r llall, fe allwn gasglu fod peth o'r gwahaniaeth yn tarddu o newidiadau cymdeithasegol, megis gyda'r gwalch a'r paun, rhai eraill o bosib oherwydd newidiadau mewn dosbarthiad adar (megis *eos*), a'r gair *edn* oherwydd datblygiad ieithyddol.

Ond y tebygrwydd rhyngddynt yn hytrach na'r gwahaniaeth sy'n bwysig. Y mae Dafydd ap Gwilym, mae'n ymddangos, yn weddol anghyffredin yn ei gyfnod oherwydd y diddordeb mewn adar; ac yn wir, fel R. Williams Parry, wrth drafod yr adar hyn, y mae'n datgelu'n anuniongyrchol beth o'i athrawiaeth esthetig neu o leiaf ei syniad am bwrpas a natur prydyddiaeth.

Mae Dafydd yn uniaethu'r beirdd a'r adar mewn cyfansoddair: 14 'Neud Mai, neud erfai adarfeirdd traeth.' Ond gallant glosio at ei gilydd am resymau eraill heblaw bod y naill a'r llall yn canu:

> Y Wawr 129—
> Deuaf, mi yw dy eos,
> Diau, 'y nyn, o daw nos.

Yn ei gerdd "Merch ac Aderyn" (120) y mae fel petai'n ei uniaethu ei hun â'r aderyn: 'meddylgar gerdd glaear glau' sy gan yr aderyn hwn. Ond yn ei gerdd "Y Ceiliog Bronfraith" (28) y mae'r aderyn yn ymgolli bron yn llwyr yn y bardd: y mae'n 'serchog ei sôn' ac yn canu mewn 'deg loywiaith', mae ganddo 'ddawn fad lon', a'i chwibaniad yn 'blethiad'. Cyfeirir ato fel 'praff awdur hoed, pencerdd gloyw angerdd glyngoed, prydydd cerdd Ofydd ddifai, awdur cerdd adar y coed.' A'i gynnyrch yw 'odlau a mesurau serch'. Edmygir ei 'gu nwyfiant' a'r 'mydr

260

angerdd'. Defnyddir yr ansoddeiriau hyn am ei brydyddiaeth: addwyn, pêr, ewybr (cyflym), pur ei awen, llon, gloywdon. Tebyg yw'r ceiliog bronfraith hwn i'r un 'celfydd' sydd yn "Offeren y Llwyn" (122) 'yn canu englyn alathr'. Yn wir, yn yr ail gywydd y rhoddir y teitl "Y Ceiliog Bronfraith" (123) iddo, dywedir am yr aderyn:

> Cydymaith mewn coed ymy;
> Ceiniad yw goreuryw gân,
> A gynnull pwyll ac anian.

Y mae gan hwn eto 'ymadrodd mydr', a chyferchir ef yn 'Brydydd serch o Baradwys'.

Gan fod yr adar a'r beirdd yn hanu megis o'r un tylwyth, ni synnwn ddim wrth ddarllen ym "marwnad Gruffudd Gryg" (20) mai'r rhain yn anad neb sy'n galaru:

> Nid byw edn glân a ganai,
> Nid balch ceiliog mwyalch Mai.
> Ni chynnydd mewn serch annog,
> Ni chân nac eos na chog;
> Na bronfraith ddwbliaith ddyblyg
> Ni bydd gwedy Gruffudd Gryg.

Tebyg yw cyfeiriad "Marwnad Gruffudd ab Adda" (18). 'Rhagawr mawr,' medd ef:

> Bod yn galw is afalwydd
> Eos yn nos ac yn nydd;
> Cathlolaes edn coeth loywlef,
> Cau nyth, megis cyw o nef.

'Eos gwawd' yw'r teitl a rydd i Ruffudd, 'Gruffudd gerddber aderyn', 'Ac aur eos garuaidd' (cf. "Marwnad Madog Benfras" 19; 'Digerdd eos befrdlos bach'; "Marwnad Gruffudd Gryg" 20; 'eos gwŷr Môn'). Diau mai marwnadau cellweirus yw'r ddwy hyn, ac yn yr ail y mae Dafydd yn ei gymharu ei hun (yn chwareus) â gŵydd wedi'i hollti'n ddwy; ond y mae eu cynnwys adarog yn fwy arwyddocaol na hynny.

Aderyn arall y mae'n ei gymharu ei hun ag ef yw'r gog. Mae'r naill fel y llall ohonynt yn ailadrodd yr un hen gân: fel y mae

Dafydd yn canu i'w fun o hyd, ni thau yr ungair 'cwcw' (34. 31-38). Nid y gog yw'r unig aderyn sy'n dal ati:

'Merch Fileinaidd' 101:
Ni thawaf, od af heb dâl,
Mwy nag eos mewn gwial.

Er nad yw mor amlwg yng ngwaith Dafydd ag ydyw'r fron-fraith neu'r cyffylog, eto diau mai'r ehedydd yw'r pwysicaf o saf-bwynt anuniongyrchol sylwadaeth y cywydd hwnnw ar ei swydd brydyddol. Fel y ceiliog bronfraith y mae i'r ehedydd yntau ei swydd offeiriadol, ond ochr yn ochr â hynny y mae hefyd yn fardd. Awgrymwyd fwy nag unwaith fod Dafydd mewn rhyw fath o urddau eglwysig; ond y modd arferol o synied am hyn—nid heb reswm—yw cymryd fod yna ryw fath o wrthdaro yn ei feddwl ei hun rhwng y ddwy alwad—yn hollol wahanol dyweder i Oronwy Owen: hynny yw, roedd Dafydd yn synied am ei gysylltiadau eglwysig fel rhai gwrthun ac mor elyniaethus iddo â'r Brawd Llwyd yntau. Yn awr, heb fynd ati i drafod yr holl gyfeiriadau *anuniongyrchol* at yr eglwys a'i gweithrediadau a geir yn ei ganu natur, gellid dweud yn gwbl hyderus eu bod ar y cyfan yn ffafriol. Gwell yn awr yw ymgyfyngu i'r modd y mae'n cysylltu'r swydd farddol a'r swydd offeiriadol â'i gilydd yn ei ganu am adar. Digon diddorol yw'r ymdriniaeth yn "Y Ceiliog Bronfraith" (28)—'Proffwyd rhiw, praff awdur hoed'. Ond yn "Yr Ehedydd" (114) y mae'n manylu ar ganu offeiriadol yr aderyn ac yn dangos mai cyflawni mawl i'w Greawdwr y mae, fel y bardd ei hun. Yn gyntaf y mae'n cydio'r ehedydd wrth y bardd fel hyn: 'berw aur bill', 'llywiwr odlau', 'Llunio cerdd uwchben llwyn cyll.' Ond yn sydyn, y mae'n troi:

Bryd y sydd gennyd, swydd gu,
A brig iaith, ar bregethu.

(cf. "Y Ceiliog Bronfraith" 123: Pregethwr maith pob ieithoedd). Hynny yw, nid 'canu cerdd' er ei mwyn ei hun a wna'r aderyn, nac er mwyn hunan-fynegiant; ac yn sicr, nid canu'n baganaidd synhwyrus gan ddal Natur yn erbyn ei Chreawdwr. Fel arall yn hollol: dyma'r ddysgeidiaeth sydd y tu ôl nid yn unig i ganu'r Ehedydd ond i bob creadur:

Moled pob mad greadur
Ei Greawdr, pefr lywiawdr pur.
Moli Duw mal y dywaid,
Mil a'i clyw, hoff yw, na phaid.
Modd awdur serch, mae'dd ydwyd?
Mwyngroyw y llais mewn grae llwyd.
Cathl lân a diddan yw'r dau,
Cethlydd awenydd winau.
Cantor o gapel Celi, (ac efallai—'celi')
Coel fydd teg, celfydd wyd di . . .
Cyfeiria'r wybr cyfarwydd,
Cywyddol, dir gwyndir gŵydd.

Yn awr, yr hyn sy'n ddiddorol yw mai llatai serch yw'r aderyn hwn. Ac yn y fan yma, felly, y cyplysir serch naturiol a Chreawdwr natur:

Dysgawdr mawl rhwng gwawl a gwyll,
Disgyn, nawdd Duw ar d'esgyll.
Fy llwyteg edn, yn llatai,
A'm brawd awdurdawd, od ai,
Annerch gennyd wiwbryd wedd,
Loyw ei dawn, leuad Wynedd.

Mewn modd tebyg, y mae'r *Eos* (25) hefyd yn cyplysu gwaith 'emynyddol' a chanu serch:

Ystofwraig mydr gaer hydr hy.
Serchog y cân dan y dail
Salm wiw is helm o wiail . . .
Cloch aberth y serchogion . . .
Bydd serchocaf lle y bo,
Da gutorn, Duw a'i gato.

Wrth chwilio'i ganu am adar, fe ddeuwn yn anuniongyrchol o hyd i syniadaeth Dafydd ap Gwilym am ei grefft o brydyddu, ei. natur a'i phwrpas; a gwelwn fod Dafydd yn ei weld ei hun yn canu clod i Dduw, a hynny yn ei ganu serch yn ogystal ag yn ei ganu natur. Hynny yw, nid Duw *in vacuo* yw gwrthrych ei fawl y mae iddo briodoleddau haniaethol neu ysbrydol yn unig, ond Person a welir yn ddiriaethol yn Ei greadigaeth, ac y gellid Ei addoli ar gân wrth lawenhau yng ngwaith Ei ddwylo. Nid wyf yn amau nad yw Dafydd yn medru amgyffred yn burion yr ysgariad a brawf pob creadur, a'i fod yn sylweddoli fod yna wrthdaro hefyd rhwng Duw a'r greadigaeth fel y mae:

Â'm wyneb at y ferch goeth
A'm gwegil at Dduw gwiwgoeth.

Ond gwirionedd yr un mor eglur yw'r un cyplysol fod gras cyffredinol Duw ar waith mewn modd y gellid ei brofi'n bendant ogoneddus ym mhethau Ei ddaear, a bod hyn yn destun clod Cristnogol llawn.

ATODIAD

Dyma'r cyfeiriadau at adar y digwyddodd imi eu nodi:

DAFYDD AP GWILYM (Cyfeirir at rif y cywydd).
Aderyn: 14. 1; 20. 62; 23. 34; 26. 32; 27. 15; 28. 24; 28. 27; 29. 29(Cywydd Cyfan—'Yr Adarwr' 30); 30. 1; 31. 14; 63. 32; 63. 74; 69. 5; 69. 20; 69. 27; 78. 3; 115. 12; 115. 42; 119. 21 (Cywydd Cyfan—Merch ac Aderyn 120); 120. 23; 121. 17; 145.55.
Alarch: 17. 27; 41. 7; 84. 72.
Barcud: 79. 40; 139. 10.
Brân: 22. 31; 22. 33; 63. 56; 79. 44; 129. 26; 139. 2; 143. 27.
Bronfraith: 20. 33; 24. 27-8; (Cywydd Cyfan—'Y Ceiliog Bronfraith' 28); 28. 1-2; 36. 5; 63. 8; 119. 16; 122. 4; (Cywydd Cyfan—'Y Ceiliog Bronfraith' 123); 123, 5-6.
Cog: 20. 32; 24. 21; 27. 45; 34. 32; 34. 38; 41. 38; 61. 14; 69. 21; 121. 25.
Colomen: 62. 16.
Creyr (Gryr): 141. 32.
Cyffylog: (Cywydd Cyfan 61); 61. 30; (Cywydd Cyfan 115); 115. 2.
Cyw:15.32; 18. 6; 121. 20; 121. 22; 152. 17.
Dryw: 15. 32.
Edn: 14. 3; 18. 5; 20. 29; 20. 61; 24. 23; 26. 33; 26. 40; 28. 27; 30. 9; 30. 33; 45. 51; 61. 31; 61. 55; 63. 12; 63. 50; 76. 27; 101. 32; 114. 43; 115. 3; 115. 11; 115. 49; 118. 6; 119. 32; 120. 3; 120, 15; 120. 30; 120. 34; 142. 19.
Ehedydd: 63. 11; (Cywydd Cyfan 114); 114. 1.
Eos: 18. 4; 18. 22; 18. 33; 19. 39; 20. 12; 20. 32; 23. 33; 24. 25; (Cywydd Cyfan 25); 25. 28; 26. 36; 31. 61; 63. 5; 101. 10; 119. 14; 119. 15; 121. 26; 122. 27; 129. 47; 135. 43; 142. 24.
Eryr: 6. 34; 13. 2; 152. 18.
Garan: 65. 61; 126. 32; 141. 33.
Grugiar: 152. 2.
Gwalch: 8. 36; 9. 44; 15. 31; 18. 22; 23. 32; 45. 42; 50. 19; 119. 34. (Ymddengys mai ystyr arall sydd yn 8. 26; 13. 42; 14. 26; 16. 49; 18. 41; 20. 46; 75. 7).
Gwennol: 113. 20.
Gŵydd: 18. 47; 83. 32; (Cywydd Cyfan—'Y Cwt Gwyddau' 126); 126. 22; 126. 25; 126. 29; 130. 37; 148. 4; 154. 52.
Gwylan: 5. 1-2; 21. 26; 56. 22; 84. 68; 99. 46; 101. 30; (Cywydd Cyfan 118); 118. 1; 118. 13; 118. 27; 128. 61; 133. 49.
Hebog: 8. 23; 11. 32.
Hwyaden: 77. 26.
Iâr: 22. 35; 141. 47; 152. 18.
Llinos: 86. 4.
Mwyalch: 20. 30; 23. 32; 30. 39; 45. 29; 45. 44; 45. 49; 63. 6; 76. 23; 119. 33.
Paun: 15. 38; 19. 24; 23. 37. (Cywydd Cyfan—'Gerlant o blu paun' 32); 32. 22.
Piogen (Pioden): 22. 33; (Cywydd Cyfan—'Cyngor y Biogen' 63); 63. 28; 63. 33; 63. 49; 63. 61; 63. 72.
Tylluan: (Cywydd Cyfan 26); 26. 1; 26. 14; 26. 43; 66. 34; 141. 34.

R. WILLIAMS PARRY (Cyfeirir at rif y tudalen).

Aderyn: H. 17. 20; 36. 13; 43. 10; 53. 13; 60. 22; 62. 3; 70. 15; 73. 2; 74. 1; 80. 15; 84. 21; 86. 20; 89. 14; 90. 7; 96. 3; 109. 7; CG 10. 12; 25. 5; 28. 2; 28. 17; 31. 15; 33.8; 38. 1; 42. 10; 44. 8; 60. 6; 76. 6; 83. 12; 96. 13.

Bronfraith: H 59. 5; CG 8. 1; 8. 5; 8. 9; 28. 19.

Cigfran: H 93. 12; CG 96. 14.

Cobler y Coed: CG (Cerdd gyfan 42); 42. 2; 42. 16.

Cog: H 48. 5; 53. 12; 63. 10; 63. 20-21; 72. 15; 75. 12; CG 4. 1; 4. 12; 4. 23; 5. 8; 13. 1; 13. 10; 46. 10; 62. 3.

Colomen: H 16. 1; 16. 11; CG 76. 3-4.

Cornicyll: CG 19. 7.

Cudyll: CG 19. 7.

Cyw: H 43. 10; CG 5. 17; 76. 2.

Drudwy: CG 5. 16; (Cerdd gyfan—'Drudwy Branwen' 25); 27. 25.

Dryw: H 61. 1.

Edn: H 63. 15; CG 60. 2.

Ehedydd: H 59. 6; 61. 2; 64. 14; 68. 12; 72. 8; 80. 5; 91. 6.
Eos: H 24. 6; 36. 12; 54. 12; 69. 20; 78. 11; CG 8. 10; 43. 21.

Eryr: H 86. 16.

Ffesant: H (Cerdd gyfan—'Y Ceiliog Ffesant' 21).

Garan: CG 62. 8.

Gwennol: H 73. 16.

Gŵydd: CG 9. 10; (Cerdd gyfan—'Y Gwyddau' 10); 10. 6; 10. 20.

Gwylan: H 35. 11; 106. 13.

Gylfinir: H. (Cerdd gyfan 15).

Hwyaden: H. (Awdl gyfan 83); 83. 8; 89. 15; CG 6. 7; 14. 1; 46. 18.

Iâr: H 37. 10; 91. 10; CG (Cerdd gyfan—'Yr Ieir' 11); 11. 6; 11. 11; 14. 12; 14. 16; 14. 31; 31. 16; 60. 2; 60. 17.

Llwyd y To: CG 67. 13.

Mwyalchen: H 35. 10; 54. 5; CG 17. 4; 23. 1; 23. 9; 23. 13; 28. 20.
Robin Goch: CG (Cerdd gyfan—'Y gêm Robin Goch' 84); 84. 3; 84. 5; 84.9.

Rhegen: H 74. 18; CG 5. 9; 16. 12.

Sguthan: H (Cerdd gyfan 16); CG 5. 3; 62. 4.

Turtur: H 40. 3; 41. 12; 93. 11.

Tylluan: H 52. 4; CG 3. 12; (Cerdd gyfan 6); 6. 5; 43. 22.

VII

BEIRDD YR UCHELWYR A'R BYD

(i) AWDL DAFYDD NANMOR

(i Syr Dafydd ap Tomas, Offeiriad y Faenor, OBWV 148)

Fel y trodd Dafydd ap Gwilym y goedwig yn eglwys, gan
*r*iodoli swydd offeiriadol i'r adar, felly y gwnaeth Dafydd
Nanmor yn ei gynefin ef—yn y tai. Y mae'r awdl hyfryd hon i
*r*eswylydd Gwastad Gwrda yn gonglfaen i fyfyrdod cadarn a
hyson yn ei waith ynghylch yr arwyddocâd crefyddol sydd i
*h*aelioni'r uchelwyr.

Cyferfydd haelioni'r uchelwr â rhoddion y nef yn y gair 'gras'
*y*n y llinell gyntaf, ac y mae'r ffaith fod yr uchelwr hwn hefyd yn
*o*ffeiriad yn gymorth i glymu'r trosiad hwnnw. Darlunnir yr
*o*ffeiriad fel pe bai'n gynrychiolydd, yn ei waith o roddi, i'r
*R*hoddwr Dwyfol, yn gysgod neu'n adlewyrchiad o haelioni Duw.
*N*id damwain chwaith yw mai Dewi (Davidus) yw sant y plwy:

Mab Non o'r gaer gron yw'r gras—i'r dwyfol
Syr Dafydd ap Tomas.

Sylwer fel yr oedd y defnydd beiddgar o'r gair 'dwyfol' yn bosibl
*y*n y cyfnod hwn oherwydd ei fod hefyd yn medru golygu 'duwiol';
*o*nd yr oedd ein hystyr ni 'yn perthyn i Dduw neu'n deillio oddi
*w*rtho' hefyd yn ddigon pendant. Ymamlygiad neu fynegiant o
*r*as cyffredinol y nef oedd haelfrydedd Dafydd ap Tomas.

Cadarnheir y cyfochredd a wêl Dafydd Nanmor gan y ddwy
*l*inell:

A Duw yn rhoddi y da'n aur rhuddion,
Yntau'n ei roddi yn y tai'n rhoddion.

Ar ryw olwg, nid oes yma fwy nag awdl gonfensiynol gydag
*y*mbell ddarn mwy telynegol na'i gilydd, megis y penillion enwog
*s*y'n dechrau 'Llety a gefais gerllaw teg afon.' Ond heb ein bod yn

gweld ergyd sylfaenol y gerdd, fe fyddwn yn methu â sylweddoli i'r eithaf holl effaith y llinellau telynegol hynny hyd yn oed.

Crynhoir y bwriad hwnnw mewn pennill estynedig yng nghorff yr awdl, lle y mae'r bardd yn canfod ynghanol yr holl gysuron a moethau a gynigir iddo fod yna rym arall hefyd ar waith:

> Ei ben doeth a gâr bendith y gwirion,
> A theg yw iddo fendith y gweddwon;
> A rhodded yno ar dda a dynion
> Rodd Iesu o gwbl ar ei ddisgyblion,
> A bendith Gurig, a bendith Garon,
> A'r Tad o nef fry i'r tai dan y fron.

Y mae fel pe bai'r uchelwr yn llwyddo i fod mor haelionus am ei fod yn gadael iddo'i hun fod yn sianel i alluoedd y nef, neu fel y cloir yr awdl gan Ddafydd Nanmor:

> Llyma benáig yng ngallu mab Non.

Os derbyniwn fod y dehongliad hwn yn gywir—ac anodd, gredaf i, yw ei wadu,—yna, dylid darllen y rhannau eraill o'r awdl, lle na chyfeirir yn uniongyrchol at yr ystyr ddiwinyddol, yng ngoleuni'r cyd-destun cyffredinol. Cymerer y pertrwydd huawdl hwnnw sy'n agor y gorchanau degsill yn union ar ôl yr osteg o englynion:

> Llety a gefais gerllaw teg afon,
> Llawn o ddaioni a llawen ddynion;
> Llyma un adail lle mae newidion,
> Llys rydd, a'm lle sydd yn y wenllys hon.

Oherwydd i'r bardd ein gosod mewn cywair meddyliol ar-bennig, y mae'r 'wenllys hon' yn fwy na llys teg; y mae'n llys sanctaidd. Y mae'r ymadroddion 'llawn o ddaioni', 'teg afon', a hyd yn oed 'llys rydd' yn dechrau awgrymu mai darlun o baradwys a gyflwynir gan y bardd. Yma y caiff y bardd dreulio'i dragwyddoldeb:

> Gorau yw tario gyda'r gŵr tirion
> Cynhaeaf, gaeaf, gwanwyn, haf yn hon.

Yr ydym yn gyfarwydd â gormodiaith Dafydd Nanmor; ond credaf ei fod yn defnyddio yma ormodiaith a oedd yn ystyrlon iddo fel crediniwr; hynny yw, fod meddwl yr ormodiaith hefyd yn gynhwysfawr. Disgrifia ef y gwely a gafodd a'r addurniadau yn cau uwch ei ben: nid damwain iddo ei ddarlunio fel hyn:

> A llun wybr o waith yn llennau brithion
> Ar ucha' ngwely fel eirchangylion.

Nid syndod yw gweld y lluoedd, a pha fath luoedd, sy'n tyrru yma yn y nefoedd:

> Agored yw tŷ i gardoteion,
> Ysbyty i wlad, a roes bwyd tlodion;
> Y mae is ei do mwy o westeion
> Na dau rif y bobl yn hendref Bablon.

Yr hyn sy'n gwneud hon yn awdl Gristnogol yw'r awgrym cyson sydd drwyddi mai oddi wrth Dduw y mae gweithredoedd Dafydd ei hun yn tarddu. Nid rhyw fewnoldeb hunan-ddigonol sy'n fath o ffynhonnell o ras ynddo'i hun a geir gan yr uchelwr; ond y mae gras Duw yn benarglwyddiaethol, yn allanol wrthrychol, ac eto'n dyfod yn fewnol effeithiol ynddo ef.

Er cyplysu gweithgareddau Dafydd ag ysbryd Duw, y mae'r bardd yn dra gofalus rhag i'r uniaethu fynd mor bell ag y carai rhai o'n diwinyddion dyneiddiol cyfoes iddo fynd, a rhag iddo ymniwlio'n gwbl haniaethol. Gweddïa ar gyfer y Farn:

> Iesu, deuddegoes, lle rhoes Duw ddigon,
> A ro i un gŵr, er ei ddrain goron.

Creadur i Dduw yw dyn, nid ymheliwr ym modolaeth Duw: cânt eu huno ond heb eu huniaethu. Nid dyn yw'r cyfeirbwynt eithaf. Ac yn hyn o beth, gellir cyferbynnu athrawiaeth ddyn-ganolog Plotinus ag athrawiaeth Gristganolog Awstin. Perthyn Dafydd Nanmor i ganol y traddodiad Awstinaidd Cymraeg.

Priodol yw nodi fod y thema hon yn un o brif themâu gwaith Dafydd Nanmor, ac yn treiddio'n gyrhaeddbell i bob cwr. Fel yr oedd Dafydd ap Gwilym yn hoffi gweld perthynas rhwng ei weithgareddau ef a'r dyletswyddau eglwysig,

Pand englynion ac odlau
Yw'r hymnau a'r segwensiau?

felly yr oedd Dafydd Nanmor yn ystyried ei waith ei hun o fewn
patrwm y byd crefyddol cyfan:

Gwnaf saith salm, fal tad Salmon,
Er Rhys ar y ddaear hon. (GDN IV, 31-2)

A chyda llaw, y mae'r cyfeiriad at y Dafydd arall yn y fan yna yn
ein hatgoffa o'r tebygrwydd rhwng mawl Dafydd Nanmor i
wleddoedd Offeiriad y Faenor a'r hyn a ddywedai'i ragflaenydd
am borfeydd gwelltog lle y byddid yn arlwyo bord. Gan mor holl
bresennol y gyfeiriadaeth ddiwinyddol o'r math hwn, ni chryb
wyllaf yma namyn pedair cerdd arall lle y mae Dafydd Nanmor
wedi datblygu'r syniadaeth hon.

Yn ei gywydd mwyaf adnabyddus ond odid, i wledd Rhys ap
Maredudd (OBWV, 145, GDN I), sonia am

Ei fwrdd tâl a ddyfalwyd
I allor fawr lle rhôi fwyd.
Myn Garmon, digon o dâl
A bair Duw heb roi dial . . .
Pan fo'r trillu'n duunaw
Ar drum fawr Olifer draw
Y telir, er nas talwyd,
I Rys faint a roes o fwyd.

Offeiriadol yw ei swydd farddonol ef ei hun o fawl. Syl-
weddola fod moliant yn gyfystyr â bendith, sef mai diolch ydyw.

Mal y daw y glaw a'r gwlith
Mae i undyn fy mendith.

Bendith rif y gwlith ymhob glyn—a rois
I Rys yn y Tywyn. (BU 28: GDN II)

Mae ef yn gallu mynd ymhellach â'i drosi ystyrlon hwn wrth
fyfyrio uwchben y 'gwin' a gynigir iddo yn y tŷ. Gwir, fel y nododd
Mr. Saunders Lewis, fod i'r tai swydd wareiddiol o warchod dyn
rhag unigrwydd a gwylltineb; ond i Ddafydd Nanmor yr arwydd-
ocâd dyfnaf yw eu bod yn gysgod o 'gadw' arall:

270

Adnabydded gyffredin,
Bei dôi Basg, a'r byd heb win,
O bibau Rhys i bob rhai
Y caem win a'n cymunai.
Ceidw'i dai fal nas ceidw dau,
Ceidwad yw'n cadw y Deau.
Ceidwad yw Duw yn cadw dyn,
Cedwid Duw ceidwad Tywyn.   (GDN. V)

Nid syn, felly fod Dafydd Nanmor, gyda'r ymwybyddiaeth hon,
yn tueddu i weld priodoleddau sy'n nodweddu cymeriadau Beibl-
aidd yn ei noddwyr hwythau; doethineb, er enghraifft—

Cael, ŵr hael o ddeheuwlad,
Gras Duw o ragor ystâd.
Llawer cŵys yn y ddwysir
A roes Duw i Rys o dir . . .
Dan ei ddaint erioed ni ddaeth
Ar ei enau air annoeth.
Mwy no phe bai, Gwalchmai gwŷdd,
Dafod Selau ap Dafydd. (GDN XII)

Arddangosodd Mr. Lewis yn feistraidd iawn, ac fel y gwy-
ddom bellach yn chwyldroadol hefyd yn hanes beirniadaeth len-
yddol Gymraeg (ac yn hanesyddiaeth Gymreig, pan geir y fath
beth), fel yr oedd Dafydd Nanmor yn fardd athronyddol. A'r hyn
yr wyf wedi ceisio'i wneud yn yr ysgrif hon yw tanlinellu fel y
mae'n defnyddio un llinyn ar ei athrawiaeth: nid ei ddatgan a
wna, eithr ei weddnewid. Try ei ddysgeidiaeth yn ddelwedd.
Crisiala'i gred yn drosiadol.

Dyma'r gwahaniaeth rhwng bardd ac athronydd. Fe all y naill
a'r llall ymwneud â'r un ddysg neu â'r un egwyddor, fel petai; ond
y mae'r bardd yn ei chyfleu'n brofiadol ddiriaethol drwy ei
chlymu wrth achlysur neu wrthrych neilltuol, a thrwy ei thraws-
newid yn ei ddychymyg.

Y mae Dafydd ap Gwilym, wrth iddo ymdroi gyda'r bywyd
rhydd a gwyllt, fel pe bai'n cyferbynnu'n eithafol â golygfeydd-
dan-do Dafydd Nanmor; ond yr hyn sydd yn cyplysu'r ddau fardd
hyn â'i gilydd yw'r modd y maent yn treiddio i hanfod eu testun
mewn trosiad, yn ogystal â'r weledigaeth Gristnogol sy'n
egluro'u hamgylchfyd iddynt. Dichon mai'r Paun fyddai aderyn

271

nodweddiadol Dafydd Nanmor, lle y mae Dafydd ap Gwilym yn cael ei gynrychioli orau gan Ehedydd—

> Bryd y sydd gennyd, swydd gu,
> A brig iaith, ar bregethu . . .
> Cantor o gapel Celi.   (GDG 114)

neu gan y Ceiliog Bronfraith

> Plygain y darllain deirllith,
> Plu yw ei gasul i'n plith.   (GDG 28)

neu

> Bronfraith drwy gyfraith a gân.
> Pregethwr maith pob ieithoedd.   (GDG 123)

Diau fod y cyferbyniad gwahaniaethol hwn rhwng y ddau fardd yn drawiadol; ond y mae'r cwlwm sydd rhyngddynt, goeliaf i, yr un mor bwysig. Sylwer ar y Paun gan Ddafydd Nanmor (GDN XXVI):

> Golau gwfl, gwylia gyflwr,
> A gwna gas rhwng Gwen a'i gŵr . . .
> Mae yn dy gylch, mân do gwiw,
> Mil o afrllad mêl eurlliw . . .
> Delw angel deilyngaur,
> Dwyn yddwyd adenydd aur . . .
> Brawd gwedi brodio'i gadach . . .
> Bryd esgob euraid asgell . . .
> Draig las o wydr eglwysi.

Gweld ei fyd y mae Dafydd Nanmor, fel y gwnaeth Dafydd ap Gwilym o'i flaen, mewn goleuni cosmig eglurhaol. Analóg yw dyn, ac yntau'n greadur diwylliannol, o Bendefig dwyfol y bydysawd. Y mae'r gymdeithas Gymreig ddelfrydol a bortreadir gan y bardd yn cyflawni'n bwrpaslawn,—ym myd natur,—ewyllys greadigol y Duwdod. Hynny yw, y mae llafur a threfniadaeth yr uchelwr ynghlwm wrth achosion sy'n trosgynnu bodolaeth ddynol. Y mae ef yn darostwng y ddaear ac yn ei llywodraethu o fewn perthynas grefyddol. Y mae tynged dragwyddol dyn, er ei bod (am ei bod) yn ymestyn y tu hwnt i ddiwylliant daearol, hefyd yn ymbresenoli o fewn gweithgareddau ymarferol.

Gwaith Dafydd Nanmor yw canfod pwrpas adferedig y byd

naturiol—ei gysegriad yn hytrach na'i wadiad—lle y mae bywyd i gyd, pob anifail, pob tŷ, pob planhigyn, pob dyn, yn cyrraedd eu cyflawniad mewn darostyngiad i Dduw. Sylwer: nid y diwylliant sy'n achub dyn, fel y myn ein dyneiddwyr cyfarwydd: nid dyn sy'n ei achub ei hun ychwaith yn Belagaidd hunanlywodraethol. I Ddafydd Nanmor, am fod dyn yn fod crefyddol, nid yw ei fywyd bob dydd yn bodoli'n niwtral bur ar wahân i'w ddarostyngiad i'r Absoliwt, i wreiddyn diwahân pob ymwybod.

Rhagdybiaeth angenrheidiol Dafydd Nanmor yw bod y delfryd "Platonaidd" yn cael ei gyrraedd pan fo pob egni'n cael ei ddwyseiddio gan Dduw. Ni charwn anghydsynied â'r dehongliad "Platonaidd" a amlinellwyd mor dreiddgar gan Mr. Saunders Lewis, ond cyn belled ag y mae hynny'n tueddu i ddyneiddio neu i haniaethu'n ormodol ymwybod Cristnogol y beirdd o batrwm eu cymdeithas. Nid er cyflawni 'ffurfiau' haniaethol y bwriadwyd gwrthrychau'r llawr—ac nid dyna a geid yn y traddodiad Cymraeg—eithr er anrhydeddu'r Duw byw, y Personol pendefigaidd, a chyflawni'i ewyllys Ef.[1] Soli Deo Gloria!

Y mae Dafydd Nanmor, yn ei swydd farddonol, yn ceisio adlewyrchu gogoniant Duw; ac mewn celfyddyd, mewn ffurfiau synhwyrus terfynedig, y mae'r bardd hwn, a grewyd ar ddelw Duw, yn ceisio olrhain y perffeithrwydd dwyfol. Cynigia i'w gyd-Gymry realiti uwch na'r un a ganfyddant ar yr wyneb ffaeledig. Y tu ôl i amrywiaeth cyfoethog eu daear fe wêl ef yr undod.

Nid Dafydd Nanmor oedd yr unig un o'r beirdd a geisiai fynegi'r athrawiaeth hon. Meddai Lewys Glyn Cothi:

Oen Duw oedd Einion i'w dai.

(*Llên Cymru*, T.G.J. 11, 56)

1. Rhaid bod yn ofalus o'r term 'Platoniaeth Gristnogol.' Cyn belled ag y mae'n pwysleisio ffaith y ffurfiau anweledig, y mae'n ddefnyddiol. Ond wrth awgrymu fod y beirdd yn fonistig neu'n credu mai'r ffurfiau anweledig yn unig oedd yn wir, ac na chyfrifid yr unigol neu'r arbennig yn bwysig, yna y mae'n amlwg anghywir. Tyst arwyddocaol o annigonolrwydd y term Platoniaeth yw pwyslais afradlon y beirdd ar achau. Yr oedd Platoniaeth, megis llawer o grefyddau'r dwyrain, yn arallfydol, ac yn dal mai rhith yw'r byd amrywiol gweledig. Y mae Cristnogaeth ar y llaw arall yn ddaearol ac yn annaearol gyda'i gilydd, yn ffenomenaidd ac yn nwmenaidd yr un pryd, yn hanesyddol ac yn dragwyddol. Heb sylweddoli'r dehongliad cyflawn hwn o realiti, ni byddai'r cywyddau gofyn, er enghraifft, yn ystyrlon iawn, a phrin y câi'r beirdd gymaint o flas ar y gwin a'r gwledda ag a gaent, y mae'n amlwg, yn ôl eu disgrifiadau diriaethol iawn.

A dyma oedd y farn gyffredin, y norm. Ond, fel gyda rhai materion eraill, Dafydd Nanmor o bosib a rydd i ni y mynegiant aeddfetaf o'r athrawiaeth. Efô a ddarluniodd ddelfryd y gymdeithas gyflawn yng Nghymru fel pe bai'n ddaear newydd wedi'i hail-greu a'i gwaredu gan werthoedd Cristnogol.

(ii) WILIAM LLŶN AC AWDURDOD DDINESIG

Mae'r athrawiaeth Gristnogol am awdurdod ddinesig ac am wleidyddiaeth wedi'i seilio ar Benarglwyddiaeth Duw, a'i awdurdod Ef dros yr holl gosmos, gweledig ac anweledig. Tardda hawliau'r rheolwr oddi wrth Dduw, ac y mae'r gwaith a wna ef—sef cadw trefn—yn waith o ddwyfol ordeiniad. Fel hyn y dywedodd Wiliam Llŷn yn ei gywydd moliant i Rys Fychan:

> Nid gallu r kyngyd kaeth
> A yrr gŵr i ragoriaeth
> Nid da heddiw nid tyddyn
> Gallu Duw sy n gwellau dyn
> Dithau Rys o daith rryswr
> Diau a wnaeth Duw ynn ŵr.
>
> (*B.W. LL.* VI. 69-74)

A chyfarcha ef yr un dyn ymhellach ymlaen yn yr un cywydd: 'Treiddiwr grym trwy Dduw ar grog.'

Mae'r syniad hwn mai Duw a roddodd i reolwr awdurdod ac a'i gwnaeth 'yn ŵr' yn un a geir sawl tro yng ngwaith Wiliam Llŷn,

> Duw a raddiodd dy wreiddyn
> A llaw Duw a wella dyn. (I, 79-80)

> Duw ath wreiddiodd doeth raddiwr
> Duw wynn a wna dyn yn ŵr. (II, 55-56)

> Duw ath roes y doeth ryswr
> Ath di a wnaeth Duw yn ŵr. (III, 79-80; cf. LXXXII, 93-4)

> Duw ath ro n bost wythran byd. (V, 86)

> Os mawr ystâd bennllad llu
> I Siosseff a roes Iessu
> Y Drindod ath geidw yr undyn
> Drwy fwy ystâd drafo oes dyn. (VII, 83-86)

A wreiddio Duw o wraidd da
Arr gynnydd i bric wnna. (VIII, 73-4; cf. LX, 29-30)

Gwell ymatal yn y fan yna, ond gellid dilyn yr un thema o gywydd i gywydd ymlaen drwy'r gyfrol.

Cynrychiolydd Duw yw'r sawl sydd mewn awdurdod, ac y mae'n dwyn urddas Duw ('Ac urddas gan y gwirDduw', VII, 51)[2]: nid anarchiaeth ddi-ffrwyn yw ewyllys y Duwdod. Gwaith llywodraeth dyn yw hyrwyddo daioni lle y bo'n bosibl, eithr yn yr un modd caiff y llywodraeth honno yr hawl i gosbi ac i ddial ar y sawl sy'n gwneuthur drygioni. Mae yma agwedd negyddol ar awdurdod. Fel y gwyddys, ni sefydlwyd trefn gwladwriaeth ac ynadon ond oherwydd pechod: heb y cwymp ni chawsem na heddlu na byddin. Ond hebddynt, bellach, uffern fyddai bywyd ar y ddaear. Y mae Duw wedi ordeinio'r wladwriaeth er mwyn diogelu a hyrwyddo diwylliant.

Nid oes a fynnom yn awr â thrafod y cwestiwn beth a ddylem ei wneud pan fo'r wladwriaeth ei hun yn gweithredu'n ddiafolaidd, gan wyrdroi'r hawliau a roddwyd iddi, a chan ladd y diwylliant y gosodwyd hi mewn awdurdod o'i herwydd ac nad oes iddi ystyr hebddo. Sôn yr wyf am drefn pryd y caniateir—a chofio hefyd mai ffaeledig a phechadurus yw pob awdurdod seciwlar—i'r deiliaid fyw'n gymharol ffyniannus odani. Nid gan ddynion eraill y cafwyd yr hawl yna: nid 'Contrat Social' a wnaeth rhywun o'n hynafiaid gyda'i gyd-ddynion: nid oes gan yr un dyn ynddo'i hun yr hawl i reoli dyn arall. Fel hyn y mae'r Apostol yn ei ddweud, 'Nid oes awdurdod ond oddi wrth Dduw; a'r awdurdodau ysydd, gan Dduw y maent wedi eu hordeinio.' *(Rhuf.* XIII, 1). Dyna pam y mae ef yn ein hannog i weddïo dros yr awdurdodau gwladol. (I. *Tim.* II, 1, 2).

Ystyrier yn awr, yng ngolau'r ddau bwynt hyn a godwyd—sef yn gyntaf, fod pob awdurdod ddinesig yn tarddu ym Mhenarglwyddiaeth Duw, ac yn ail, mai pechod yn unig a wnaeth y sefydliad o lywodraeth yn angenrheidiol—y cywydd mawl i'r Doctor Elis Prys gan Wiliam Llŷn (XX).

Egyr y bardd y cywydd hwn drwy ddangos, yn ôl fel y bydd ef ei

---

2. cf.   Anrrydedd Duw yn rrediad
           Amlha i tti mal Huw y tad.   (LVIII. 5-6)
           Mawr helaeth yw r mor heli
           Mwy ywch gras ach urddas chwi.   (LXII, 21-2; Cf. LXV, 77-8)

hun yn derbyn dawn awen gan Dduw, felly y mae Elis Prys wedi cael ei safle yntau gan yr un ffynhonnell: priodol felly fod clod y bardd yn cael ei gyfeirio at y gŵr o awdurdod.

> Awen beirdd yn iawn burddoeth
> A roes Duw or Iessu doeth
> Ac iawn yw ganu awenn
> I'r dyn byth a ro Duw n benn.

Drwy fod rheolwr yn defnyddio'i awdurdod, yr hyn y mae'n ei wneud yw rhyddhau dynion: mewn trefn gywir y mae gwreiddyn rhyddid: 'A rrodd Duw sy n rryddhau dyn.'

Cyfeiria Wiliam Llŷn at y ffaith i'r Doctor fod yn siryf yn Sir Ddinbych:

> Dengwaith i buost waithionn
> Yn y swydd *ddaionus* honn
> Twr wyd a gwal trioed gwyr
> Trwy siroedd rrac trais herwyr
> Nid a lleidr wedi llidio
> Drossod fyth er dryssed fo
> A chowiriaid ach ery
> A ffeils oth olwc a ffy.   (cf. LX, 41-44)

Nid rhyw fath o reolwr busnes yw'r llywodraethwr hwn, yn ôl y dull modern, ond un sy'n gweinyddu cyfiawnder dwyfol ymhlith ei gyd-ddynion. Nid cyfleustra ac ymarferoldeb yw ei feini prawf:

> A mowredd a chymeriad
> A gras Duw mysg gwyr o stad.

Nid syn, felly, fod Wiliam Llŷn yn ailgydio yn y gosodiadau a wnaeth pan agorodd ei gywydd, wrth iddo'i gloi, gan ail-ddatgan:

> Nid dyn byw nid da na barn
> Ath gododd wr doeth gadarn
> Duw Dad ath gododd di dwng

Dyna dyst nall dyn dostwng
Duw ath roes yn ail Moessenn[3]
Duw n barch ath adawo n benn.

Un o'r trosiadau mwyaf cyffredin sy gan Wiliam Lŷn, ac un sy'n swnio'n bur chwithig i ni heddiw, yw 'oen Duw'. I ni, y mae'r dull o enwi plentyn fel y gwneir yn gyffredin yn Sbaen yn 'Iesu' braidd yn gableddus. Ond diau fod llawer ar waith ym meddwl Wiliam Llŷn wrth iddo ddefnyddio'r fath enw ar uchelwr: heblaw bod dyn ar ddelw Duw (delw nas collwyd yn llwyr), y mae'r uchelwr yn cael breintiau'i safle ganddo Ef, ac yn cyflwyno rhoddion (yn wir, cig) i'w bobl: y mae addfwynder yr oen hefyd yn cynrychioli un o'r ddwy agwedd, y feddal a'r galed, a gaiff sylw o hyd ac o hyd gan y cywyddwyr:

Oen Duw gwynn wedi gannu
A hyder llew od ai r llu.   (VII, 47-8)

Ceir yr un cyferbyniad yn LIII, 95-6; LIV, 98-9; LXI, 63-4, rhwng y llew a'r oen.

Dyma'r cyfeiriadau eraill a nodais at y trosiad 'oen Duw': 1, 26; II, 40; III, 44; IV, 38; VII, 31, 47; XXII, 65; XXIV, 46, 66; XXXI, 12;

---

3. Un o'r cynddelwau o ddynion duwiol yn ymhél â materion y 'byd' oedd Moesen, wrth gwrs, un o'r deddfroddwyr mwyaf a gafodd y ddaear hon erioed: nid syn felly ei fod ef yn gymhariaeth ddelfrydol briodol â'r Doctor Coch: cf. V 19-20,
   Mynnu Duw byth mae n dy benn
   Messur a synnwyr Moessenn.
   cf. VII, 49; XVI, 11; XXII, 12; XXIII, 70; XXVIII, 73; XXXVIII 59; XLI, 89; LXVI, 15; L, 59; LXI, 7; LXII, 63, 93; LXIII, 1; LXIX, 21; LXXIV, 5, etc.
   Gwleidydd duwiol arall a oedd yn batrwm i'r uchelwr Cymreig oedd Abram, VII, 39; XIII, 36, 61; XIX, 4; XXVI, 57; XLII, 63; XLIII, 40; XLIV, 35; LXI, 61; LXXIV, 24, etc.; eraill oedd Eisac XIII, 34; XLII, 62; LXVI, 56; Salmon XVI, 54; LXI, 6; LXII, 45; LXVIII, 6; Selyf XXXVIII, 16; LX, 54; LXVI, 61; Samson XVI, 55; Daniel LXI, 2; a hyd yn oed Siob XXIII, 24; LXI, 10; LXIX, 66. Yn y cyd-destun hwn, y mae'n weddus crybwyll 'oen Duw', a drafodir yn union ar ôl hyn, sef y patrwm Beiblaidd uchaf o ŵr yn ymgeleddu cyd-ddynion ac yn cyfeillachu â'r anghenus, 'yr hwn yw pen pob tywysogaeth ac awdurdod' (Col. II, 10).
   Dyma gymryd yr hen ddyfais o uniaethu'r uchelwr â chyndad megis Urien Rheged, a'i chymhwyso at gyndad ysbrydol.

277

XXXV, 51; XLII, 8, 102; LV, 7; LXI, 50; LXII, 28; LXXXIV, 20.[4]

Un o'i gywyddau mwyaf meddylgar yw un Wiliam Llŷn i Ddafydd Llwyd ap Wiliam o Beniarth (LXV). Y mae'n agor drwy ddatgan lle Duw yn y greadigaeth:

> Gwnaeth Duw ogoniaeth dayar
> Gwellt dwr gwydd y gwyllt ar gwar.

Rhan o'r naturiaeth greëdig hon oedd plannu greddf ymhob un creadur i gyfeirio i un ffordd arbennig, yr eog yn cyrchu llif goruwch llyn, yr hydd i'r mynydd-dir, yr adar i'r gwŷdd; ac yn yr un modd, y mae yna dynfa ddiwrthdro ym Mheniarth i'r beirdd.

Oherwydd bod dyn yn greadur cymdeithasol, a'i waed yn ei gysylltu â'i gyd-ddyn, y mae angen galluoedd unol arno i'w gynganeddu'n raslon â'i gilydd.

Math o ras yw awdurdod,[5] felly, dawn a roddir yn nwylo rhai dynion dewisedig:

> Gorau stad gwyr astudiwr
> Gorau stent gras Duw i wr
> Dyn brau a roes Duw n y bric
> Dewis gadarn dysgedic . . .
> I dwr mae neuadd dirion
> A dawn a hap Duw yn honn.
>
> (XIII, 23-6, 43-4)

Y mae'r thema amhoblogaidd o ethol yn un y gellid ei ddilyn: e.e.,

> A Duw wyn ai rhod yn rôdd
> Dwysog ef ai dewisodd
> Ni ddewis Duw ddewiswr
> Yn fath yn iarll fyth yn wr. (LXXXII, 91-94)

---

4. Fe'i ceir gan feirdd eraill, wrth gwrs: e.e. *Gwaith Tudur Penllyn,* gol. T. Roberts, Caerdydd, 1958, 10.
5. Ceir hefyd y pwyslais arall ar ras (rhoddion haelionus) a welsom gyda Dafydd Nanmor, wrth gwrs:
    Doe o radau Duw r ydoedd
    Yni thai gwin a thec oedd. (XVII, 81-2)

    Y gwalch hynod gloch henaur
    Yn dwyn gras Duw dann grest aur
    Hed uwch pob balch val gwalch gwydd
    Dyn a dawn Duw n i denydd. (LX, 1-4)

    cf. LX, 33-4; 75-6; LXV, 85-6.

Ceir hyd yn oed y gair 'etholion' (II, 27).
   Duw sy'n gosod dyn yn ei swydd:

   Uchel ith roes Duw uchod. (XIV, 63)[6]

A'i fraint yw rhannu Ei riniau:

   A rhinwedd Dduw a rann ddyn. (XXII, 58)

Efô hefyd sy'n dwyn cynnydd:

   Llaw Dduw sydd ich llwyddo Sion. (XXXVI, 26)

   Rhan o baradocs Cristnogaeth yw bod y Duw sy'n farnwr, hefyd yn garwr; a cheir yr un gwrthdrawiad ymddangosiadol yn swyddogaeth yr uchelwr, fel y gwelsom wrth ystyried cywydd Wiliam Llŷn i'r Doctor Coch: y mae'r 'ddeddf yn peri digofaint' (Rhuf. IV, 15) a hefyd yr un ffydd sy'n 'gweithio trwy gariad' (Gal. V, 6); ac yn wir, y mae'r ddwy agwedd hyn mewn byd pechadurus yn gyd-ddibynnol angenrheidiol.[7]

   Yn awr, fe fydd rhai Cristnogion pietistig yn synied am berthynas dyn a gwleidyddiaeth mewn modd goddefol: cawn dalu'n

---

6. cf.
      Ustus oedd ysta swyddwr
      Os da neb a roes Duw n wr. (XXIV, 19-20)

      Dann iau a wnel Duw yn wr. (LVIII, 60)

      Dyn a gerddodd dawn gwirdduw
      Antur o ddawn ond trwy Dduw
      Duw oll a wna n deallwr
      Deuro n iarll derwen o wr
      Oed hir val ir gaterwenn
      Dawn y byd ith ro Duw n benn. (LVIII, 83-8)

   cf. *The History of the Gwydir Family*, J. Ballinger (gol.), Caerdydd, 1927, 36-7: 'by the goodness of god wee are and contynewe in the reputacion of gentlemen from tyme to tyme sithence unto this daye', lle y clywir peth o'r balchder a all wenwyno'r credoau cywiraf.
7. Dylid yn ddiau grybwyll yma mai ffynonellau gwahanol sydd i'r Wladwriaeth ac i'r Eglwys sy'n peri bod eu swyddogaeth ŷn annibynnol wahanol (heb fod yn ddigysylltiad): y mae'r Wladwriaeth yn dod o hyd i'w tharddiad ym Mhenarglwyddiaeth gyffredinol Duw; y mae'r Eglwys yn cael ei tharddiad yng Nghrist y Cyfryngwr. Y mae'r llywodraeth o dan ordeiniad Duw ar gyfer pob cenedl, bydded Gristnogol neu beidio; y mae awdurdod yr Eglwys yn gyfyngedig i'r rhai sy'n cyffesu ail enedigaeth drwy ras arbennig.

trethi ac ufuddhau i'r cyfreithiau, ond o ran ymwneud yn weith-redol â gwleidyddiaeth, gwell gadael hynny i'r dynion bydol ac i ryddfrydwyr diwinyddol. Ond mewn democratiaeth, y mae'n amlwg fod cyfrifoldeb ar bob dinesydd, yn arbennig ar y rhai sydd am wneud daioni i'w cyd-ddynion, i ofalu bod cyfreithiau'n gyflawn a pholisïau'n ddoeth. Yr hyn sy'n ddiddorol wrth arch-wilio gwaith Wiliam Llŷn yw bod yma fardd o Gristion, mewn cymdeithas heb fod yn ddemocrataidd o gwbl, a welai fod iddo ran weithredol a chreadigol yn y gwaith o gynnal a chanmol yr hyn a oedd yn werthfawr ac yn ddwyfol yn y gymdeithas honno.

Ei waith yw ceisio, a dyrchafu, egwyddorion Cristnogol yn y drefn gymdeithasol. Ac wrth wneud hynny, diau ei fod yn ceisio ail-lunio'r gymdeithas yn unol â'r egwyddorion hynny. Yn ei waith y mae'n creu'r awyrgylch sy'n ei gwneud yn bosibl i reol-wyr ei gymdeithas, wrth weinyddu cyfraith ac wrth wirfoddol wasgaru'u rhoddion da, adeiladu byd priodol, yn ôl y dymuniad a fynegir fel hyn—'Gwneler Dy ewyllys, megis yn y nef, felly ar y ddaear hefyd.'

Dyma, felly, yr athrawiaeth Gristnogol o bendefigaeth: fe'i seiliwyd gan Wiliam Llŷn ar y gred mai crefydd yw bywyd i gyd, ac nad oes modd iawnddeall y greadigaeth ar wahân i Ben-arglwyddiaeth Duw, nac yn ei gwraidd, nac yn ei bodolaeth, nac yn ei thynged. Nid dweud yr ydys mai pendefigaeth ydyw'r drefn Gristnogol briodol, eithr, wyneb yn wyneb â'r sefyllfa ddiriaethol hon, dyma'r meddwl Cristnogol a ddatblygwyd ymhlith y beirdd i'w dehongli.

(iii)   GUTO'R GLYN A'R CANU GWR

Â'r Dadeni Dysg (c. 1300-1600), a oedd yn cydredeg yn fras gyda'r Diwygiad Protestannaidd, yr ydym yn cysylltu twf Dyneiddiaeth neu Hiwmanistiaeth. Ond cafodd Dyneiddiaeth wreiddiau cadarn i'w thueddiadau ym meddwl yr Oesoedd Canol, ac nid oedd ei phwyslais yn wahanol i rai elfennau a geid erioed (er y Cwymp) yn syniad dyn amdano'i hun. Yr ydym eisoes wedi sylwi ar y rhwyg a gafwyd wrth fod Tomos Acwin yn dyrchafu Gras uwchlaw Natur ac ar wahân iddi; a manteisiodd y Dyneiddwyr ar yr ysgariad yma i arddangos meistrolaeth 'greadigol' dyn ar Natur, yn annibynnol ar Ras Duw. I'r Cristion

280

Calfinaidd, yr oedd Natur yn bodoli er gogoniant i Dduw ac er budd dyn; ond i'r Dyneiddiwr, yr oedd Natur yn eiddo i ddyn, i'w defnyddio er ei ogoniant a'i foddhad ef ei hun.

Un o ffigurau enwocaf a mwyaf cynrychioliadol y Dyneiddwyr oedd Desiderius Erasmus (1466-1536). Y mae Lee[8] yn crynhoi un agwedd ar ei gyfraniad fel hyn: 'Er iddo gyfieithu'r Beibl a beirniadu cyflwr alaethus yr Eglwys, gwrthododd ymuno â Luther yn ei safiad ymwahanol yn erbyn Rhufain, a tharanodd yn erbyn ei ddysgeidiaeth o ragordeiniad. I Erasmus yr oedd bywyd Crist yn bwysicach na'i farwolaeth; y Bregeth ar y Mynydd yn bwysicach na'r digwyddiad cyfreithiol ar Galfaria; rheswm a moeseg yn bwysicach na ffydd ac athrawiaeth; a hapusrwydd dyn yn bwysicach nag anrhydedd Duw.'

Cafodd y Diwygiad Protestannaidd gyfle purion i ddiwygio'r meddwl dynol ac addysg Prifysgol o'u brig i'w bôn; ond, ar wahân i Galfin, braidd yn siomedig oedd yr ymgais.[9] Yr oedd rhaglen Melanchthon i ddiwygio addysg wedi'i hysbrydoli gan Ddyneidd-iaeth. Yn y prifysgolion Calfinaidd adferodd Theodore Beza a'i ddilynwyr Aristoteliaeth yn brif athrawiaeth, wedi'i haddasu beth yn ôl diwinyddiaeth ddiwygiedig. Cadwyd felly y ddeuol-iaeth ganoloesol ar gyfer gwyddoniaeth ddiwygiedig—gyda Christnogaeth yn perthyn i'r lefel grefyddol, a Gwyddoniaeth yn perthyn i'r lefel seciwlar. Ym mryd y Calfinydd cyson, bid siŵr, ni buasai gwyddoniaeth heb ragdybiaeth grefyddol: hynny yw, fe'i seilid ar gydnabyddiaeth o berthynas pob agwedd i'w gilydd. Eithr mewn olyniaeth driphlyg ddiogel—sef y rhagdybiaeth Roegaidd/Scolastig/a Dyneiddiol—mynnodd gwyddonwyr y cyfnod newydd, er proffesu Cristnogaeth weithiau mewn cylch neilltuedig arall, ddiogelu dogma 'hunanlywodraeth' y meddwl. O ganlyniad gallodd y dyn modern ddal i greu Duw yn ôl ei ddelw ef ei hun—Leibniz yn creu Duw gwyddonol; Rousseau'n creu Duw personol, rhydd; Kant yn creu Duw rhesymol, ymarferol, gyda'r bersonoliaeth ddynol yn ddiben eithaf iddo.

Yn y traddodiad barddol Cymraeg, yr oedd un llinyn neu un thema a oedd fel pe bai'n croesawu'n ddilyffethair y tueddiadau dyneiddiol hyn. Asgwrn cefn y traddodiad mawl erbyn y

---

8. *A Christian Introduction to the History of Philosophy,* F. N. Lee, The Craig Press, New Jersey, 1969, 146.
9. 'The Secularization of Science', Herman Dooyeweerd, yn *International Reformed Bulletin,* 26 (1966), 2-17.

bymthegfed ganrif oedd yr awdlau a'r cywyddau gŵr. Ceisiais awgrymu ynghynt mai gwreiddyn y traddodiad uchelwrol hwn oedd y canu cynnar i dywysog delfrydol, cymhwysiad yn ôl pob tebyg o glod i Dduw, ymgais fel pe bai i adeiladu myth am ddyn, myth am frenin, myth hefyd a roddai ystyr dragwyddol i arweinydd y gymdeithas Gymreig. Er bod y canu hwn fel arfer yn iach ac yn gywir ei hanfodion, ni raid bod yn graff iawn i ganfod y gwyriad a'r dadfeiliad ysbrydol a oedd yn llechu yn ei gorneli.

O holl feirdd y bedwaredd ganrif ar ddeg a'r bymthegfed ganrif nid oes yr un sy'n gadael darlun eglurach a manylach ohono'i hun na Guto'r Glyn.

> Mae i mi wyneb padrïarch,
> A chorun mwy na charn march.
> (*Gwaith Guto'r Glyn,* xxiv, 59-60).

Gŵr mawr, cryf a llawen, a'i ben yn foel, yn gallu chwerthin yn galonnog am ei ben ei hun yn ogystal ag am ben pobl eraill. Gwerinwr hefyd wedi dod ymlaen yn y byd, yn wahanol i amryw o'r beirdd eraill a oedd o dras uchelwrol. Pencampwr ar fwrw'r maen:

> I minnau, gwarau gwiwraen,
> Y bu air mawr er bwrw maen.'
> (id. lxxv, 39-40)

(Cyfeiria Gutyn Owain yn ei farwnad iddo at yr un peth:

> Ac ar faen gorau a fu
> Ac awenydd i ganu.')

Yn llenyddiaeth Saesneg fe gawn wr go debyg yn Falstaff, a gŵr tebycach byth efallai (yn ei gryfder a'i gyffyrddiadau crefyddol) yn Friar Tuck, oherwydd yn ogystal â bod yn wr tra rhadlon roedd Guto'r Glyn yn darllen yn eang ac yn ddwfn, a'i gyfeiriadau at y Beibl yn amlach na'r rhan fwyaf onid pawb o'r beirdd seciwlar eraill. Gwelwch, felly, ei fod yn wr iach ei wala o ran corff ac ysbryd, hyd yn oed os oedd e'n dioddef yn dost gan gryd cymalau ac er ei fod yn sobor o hoff o'i ddiod.

Mae'n wr sy'n dod yn agos iawn atom ni yn ei farddoniaeth ac yn ennill ein serch a'n cydymdeimlad ato fel person. Yn ddall ac

yn drwm ei glyw yn ei henaint, fe welwn y cawr llawen yn hen-
eiddio mewn modd annwyl iawn, heb golli dim o'i ffraethineb ac
yn gallu gwenu am ei ben ei hun o hyd:

> Mae'r henwyr? Ai meirw'r rheini?
> Hynaf oll heno wyf i.
> I minnau rhoed mwy no rhan
> Anynadrwydd neu oedran.
> Siaradus o ŵr ydwyf,
> Sôn am hen ddynion ydd wyf.
>
> (cxiv. 1-6)

Gŵr oedd ef â'i draed ar y ddaear. Yn y casgliad o'i waith a
wnaeth Ifor Williams a J. Llywelyn Williams fe geir dros gant ac
ugain o gywyddau: dim ond un o'r rheina sy'n uniongyrchol gref-
yddol, ac fe sgrifennwyd hwnnw dan orchymyn (*BU*, Rhif 8). Ac
ni cheir yno ddim un cywydd serch. Bwyta ac yfed a chysur
cwmni dynion o gwmpas y tân, dyna hoffter mwyaf Guto'r Glyn.

Ar lawer ystyr, ac yn arbennig yn ei ddynoliaeth radlon, ef yw'r
tebycaf o feirdd Cymru i Chaucer. Mae'r darlun ohono'i hun yn
porthmona defaid i Loegr dros berson Corwen.

> O bwll i bant i bell byd

yn enghraifft deg o'i ffraethineb. Ar y ffordd mae pob math o
ddamweiniau ac anffodion yn digwydd:

> Ni bu gŵn heb ugeinoen,
> Ni bu ddŵr na boddai oen.
> Ni chawn ffair gan lifeiriaint,
> Nis gadai'r nos gyda'r naint.
> Pob cae a luddiai'r traean,   (cae—gwrych)
> Pob clawdd y glynawdd eu gwlân.
> Profais, anfantais ym fu,
> Drigeintre hyd ar *Gwyntry.*   (Coventry)

(Roedd y trefi'n fwy anodd mynd trwyddyn nhw. Ac efallai fod
eisiau galw mewn ambell dafarn.)

> Rhai a gynigiai geiniogau,
> Rhai dair a dimai er dau.
> Nis mynnwn am ysmonaeth,
> Marw ugain oen, margen waeth.
>
> (xxxi, 27-38)

Un o'i gywyddau mwyaf digri yw ei gywydd moliant i Domas ap Watcyn Fychan. Mae'r cywydd—yn null llawer o gywyddau Guto—yn troi o gwmpas un gymhariaeth sengl. Yn lle moli Tomas ap Watcyn fel milwr dewr yn ymosod ar y Ffrancwyr, neu fel noddwr hael yn darparu gwleddoedd gwin ar gyfer y beirdd, mae'n sôn amdanynt i gyd yn eistedd i lawr wrth y bwrdd i ymosod ar win y wledd yn union fel petaent mewn brwydr:

> 'Cynhaliwn drin â gwin Gwent' (iv, 24)
>   meddai fe, ac eto:
> 'Ymladdwn ag aml wleddau . . .
> Ni châi frenin, ar win iach,
> Neu ddug, ryfel ddigrifach.'

Mae'n cymryd arno'i hun mai'r Ffrancwyr yw'r gelyn—y Dolffin a'r pencampwr Ffrengig hwnnw De La Her:

> 'Y deiliaid oll a'i ddilyn,
> Y Dolffin ydyw'r gwin gwyn.
> Meddyglyn, meddwai wiwgler,
> Dy lu a'i hys, yw De La Her.'

Mae'n sôn am floedd rhyfel y beirdd wrth ymosod ar y gwin:

> 'Galw a wnawn, gyfiawn gwfent,
> "Sain Siôr!" ar draws ynys Went,'

a'r gwin yn ateb â bloedd Ffrainc—

> 'Dy win a eilw "Sain Denis".'

Ond chwarae teg i Uto, mae'n ddigon o ddyn i gyfaddef iddo golli pan wnaeth ef golli. Y gwin a enillodd yn y frwydr ddifrifol hon:

> 'Y Dolffin—medd y min mau—
> Ef a'i wŷr a fu orau.
> Ni welais (pan soniais i)
> Ond y gwin yn digoni.
> Ef a fwriawdd oferwyr
> Dolffin, ein gwerin a'n gwŷr.'

Mae'r gwin—sef y Ffrancwyr—yn eu bwrw nhw i gyd ar eu cefnau. Jòb Guto'r Glyn fel bardd cyflog oedd moli gwaith Tomas ap Watcyn, ei noddwr yn darparu digon o win i ymwelwyr. Ond dyna ffordd wreiddiol sy ganddo o gyflawni ei dasg osodedig. Parodi yw hyn, wrth gwrs, parodi ar y cywyddau i filwyr. Mae ganddo barodi arall sy'n reit ddigri: 'I ofyn ebol' (xxii) lle y mae'n rhoi achau neu bedigrî'r ebol fel parodi ar achau teuluol. (Onid wyf yn gwneud cam, efallai, â difrifoldeb y cyfnod, a rhai pobl hyd heddiw, sy'n meithrin meirch yn broffesyddol ofalus.)

Ond nid mewn cywyddau penodol a neilltuedig yn unig y gwelir ffraethineb Guto'r Glyn; hyd yn oed yn ei gywyddau dyfalu arferol, mae'r ysmaldod a'r ysgafnder gogleisiol hwn yn mynnu dod i'r golwg. Cymerwch ei gywydd 'I ofyn Saeled': yn awr, i bob pwrpas, yr hyn a ddisgwyliech yma yw cywydd defodol taclus i ofyn yn barchus am helmed neu arfwisg i'r pen, gan wneud rhes o gyffelybiaethau tlws am y peth yn null arferol y beirdd. Ond sylwch ar y cyffelybiaethau sy gan Uto:

> 'Nyth dur a wnaeth aderyn
> A'r grifft yw ef ar gorff dyn.   ('griffon')
> Neuadd i wallt nai Owain,
> A pharlwr yw'r fiswr fain.   (vizor)
> Y dyn â'i glust wrth dân glo
> A roes porth a'r siep wrtho.[10]
> Eglwys yw fal glas iaën,   (darn o rew)
> Drws y porth ar draws y pen.
> Tŵr dwyfoch, toriad afal,
> Torth ddur a'r tŷ ar ei thâl.
> Cuddigl ar y gwalc addwyn,   (gwallt)
> Cap gyda'r trap i gadw'r trwyn.'

(xxix, 49-60)

Bid siŵr, nid Guto'r Glyn oedd y cyntaf i lunio cyffelybiaethau fel hyn mewn barddoniaeth Gymraeg: nid ef ychwaith oedd y cyntaf i geisio gwneud sbort am ei ben ei hun mewn cywydd, fel y gwyddom wrth ddarllen cywyddau Dafydd ap Gwilym, megis yr un am ei drafferth mewn tafarn. Ond arbenigrwydd Guto yw ein bod yn gallu dod mor agos at ei bersonoliaeth braf a heulog; ac mae'r sbort a gaiff ef am ei ben ei hun yn cyfoethogi'r darlun hwnnw ohono: mewn un cywydd mae'n ei ddisgrifio'i hun fel mochyn a besgir.

---

10. 'Y fiswr yw'r porth, a'r helm yw'r farchnad y tu ôl iddo.' (I.W.).

'Ac yno mae'r Guto gau
O fewn pyrth yn fanw parthau.'

(cxii, 31-32)

(h.y. fel mochyn a besgir—Dyna ef i'r dim).

Y mae'n gwneud dynoliaeth yn beth atyniadol o hoffus, ac y mae i
hyn ei le yn bendant mewn athrawiaeth Gristnogol.

Na adawer i mi roi'r argraff, serch hynny, mai bardd ysgafn
hapus oedd Guto, a dyna i gyd. Y tu ôl i'r wên siriol agored, roedd
yna ymennydd llym: y tu ôl i'r gloddesta digywilydd, roedd yna
sensitifrwydd prydferth: y tu ôl i'r cwbl oll, roedd yna fardd
gwirioneddol fawr, bardd sy'n cael mwy o le gan Mr. D. J. Bowen
yn ei ddetholiad *Barddoniaeth yr Uchelwyr* na'r un bardd arall; yn
ôl Mr. Eurys Rowlands roedd e'n well bardd na Thudur Aled a
Lewys Môn (sef y ddau feistr mwyaf ar y gynghanedd yn hanes
ein llên). Yr wyf yn crybwyll barn y ddau ysgolhaig hyn am mai
hwy yw'r awdurdodau gorau ar feirdd yr uchelwyr, nid yn unig
heddiw ond erioed, mae'n debyg.

Mae'n dethol ei eiriau fel *connoisseur* yn dethol ei win. Cryfder
yw eu nodwedd arferol, megis yn y ferf sy'n disgrifio milwr:

'Llew du'n ysdaenu dynion.'   (i. 38)

neu pan grea ferf newydd sbon:

'Chwerddais am ben Sais o'r sir,
Chwarddaid yw ni ddichwerddir.' (cxxiii 1-2)

Ei *gadernid* ef oedd yr hyn a enillodd fryd Gutyn Owain yn ei
farwnad iddo. Ef, efallai, oedd y mwyaf gwrywaidd o'r beirdd. Os
cyferbynnwch ef â Dafydd ab Edmwnd, fe sylwch yn arbennig ar
nerth Guto a synwyrusrwydd a breuder Dafydd. Sonia Gutyn
Owain yn ei farwnad i Ddafydd am ei 'awen deg frau':

'Dyblu awdl fal dwbledau;
Dangos fal edau ungor
'Oedd o fawl rhwng y ddau fôr,
Y cân o'i fin cyn ei fedd
Gwiw fu'r edau gyfrodedd . . .'

Doedd dim byd edafeddog yng nghanu Guto'r Glyn; ac y mae
Gutyn Owain yn cymharu ei foliant ef ag ergyd o wn. 'Awen wrol'
sy gan Uto:

'Ar y gerdd orau i gyd   (sef y gerdd foliant)
Y caid arno'r cadernyd.'

Cerdd 'fraisg gadarn', meddai Gutyn Owain am ei waith ac mae hynny'n wir; ond yr un pryd, nid oedd yn ddiffygiol mewn synwyrusrwydd. Sylwch ar y ffordd y mae'n disgrifio gweithred offeiriaid diwylliedig yn nhref Croesoswallt yn trafod bara a gwin yr offeren (neu'r 'cymun') â'u bysedd:

'A gŵyr mydr a gramadeg
Yn *teimlo* Duw mewn teml deg.'

(lxix, 25-26)

Neu synwyrusrwydd ysgafn o fath gwahanol megis i Wladus Hael:

'Ei moliant yw siwgr candi,
A mêl haid yw e'i mawl hi.'

(lxxviii, 9-10)

Neu synwyrusrwydd galar a thristwch:

'Wylofus wyf fel afon,
Wylais waed ar wely Siôn.'

Yn wahanol i synwyrusrwydd y Rhamantwyr, y mae yna ymatal cynnil a disgybledig sy'n rhoi grym arbennig i deimladrwydd Guto, a hynny wedi ei fynegi gyda holl symlder uniongyrchol y bymthegfed ganrif. O ganlyniad mae'n gallu defnyddio enw haniaethol mewn ffordd mor fyw a sicr ag Islwyn yn y ganrif ddiwethaf (a'i ''ffyrnig hedd''):

'Y bedd lle mae'i hannedd hi
A lanwyd o haelioni.'

(lxviii, 51-2)

Neu ddefnyddio gwrthgyferbyniad mewn modd mor drawiadol a grymus â Robert ap Gwilym Ddu ('A barnu Duw ger bron dyn'): meddai Guto'r Glyn:

'Llyna Grist yn llyn o grau,
Llun Duw yn llawn adwyau.'

(cxix, 39-40)

Yr hyn sy'n rhyfeddol yng ngwaith Guto'r Glyn yw ehangder ei raens ef neu'r nifer o dannau sy ar ei delyn, ei aml wahaniaethau o awyrgylch ac amrywiol lefelau o deimlad. Cyferbynnwch ddau gwpled reit syml â'i gilydd:

(1) I fynegi ei hoffter o dref:

> 'Ni wyddiad f'awenyddiaeth
> Ado'r dref, mwy no dŵr draeth.'   (lxix, 45-46)

(2) Am baderau:

> 'Mae'r Gredo drwyddo yn drwm,
> Mae Pater ym mhob botwm.'
>
> (xcv, 63-64)

Yn y cwpled cyntaf mae e'n gwbl o ddifri, heb gyffyrddiad o ysmaldod. Mae symudiad y llinellau'n araf (drwy ddolennu'r gyntaf yn yr ail), er eu byrred, megis trai a llanw dŵr ar draeth. Mynegi ei ymlyniad wrth dref y mae ef, ei ymdeimlad â'i wreiddiau neu â'i berthynas a'r lle; a defnyddia gymhariaeth dyner ond gwreiddiol a diddorol i gloi'r weledigaeth a fynega ynghylch y teimlad hwn.

Yn yr ail gwpled, nid ydym mor siŵr a yw ef o ddifri neu beidio. Fe geir ganddo'r cymysgedd hwnnw o agweddau gwahanol sy mor gyffredin yn ein bywyd beunyddiol, pryd y mae difrifoldeb a digrifwch yn croesi ei gilydd. Dwy linell annibynnol gytbwys, sionc ac ysgafn am wrthrych hollol ddiriaethol; ac eto mae'n defnyddio dau air lled-haniaethol mewn modd beiddgar iawn.

Hiraethus yw'r cywair yn y cwpled cyntaf: digrifwch sanctaidd yw'r cywair yn yr ail. Dau gwpled ar antur megis o blith ei gywyddau i gyd; a phe baem ni'n hela ar ôl rhagor, fe welem ni eto'r un amrywiaeth ac ystwythder awenyddol.

Fe sylwodd ambell un, megis Mr. Eurys Rowlands, mai un o brif nodweddion Guto'r Glyn yw ei arfer o gynnal cywydd cyfan ar ei hyd ar un syniad llywodraethol, peth go brin yn ei gyfnod ef. Er bod Dafydd ap Gwilym wedi gwneud hynny weithiau, arfer beirdd fel Tudur Aled a Gutyn Owain oedd ymdroi o gwmpas amrywiol agweddau testun, bron o gwpled i gwpled, ac yn sicr o baragraff i baragraff. Ond hoff gan Uto'r Glyn gymryd un thema gyffredinol a datblygu honno gan ei thrafod yn araf ac yn drwyadl.

Cymerwch er enghraifft ei gywydd moliant i dŷ newydd Hywel
p Ieuan o Foelyrch (xli). Yn awr, roedd Guto'n hoff dros ben o
Iywel ap Ieuan; ac fe sgrifennodd dri chywydd ar ddeg iddo, ond
id erys ond tri ohonynt ar ôl mwyach. Mewn un cywydd (xliii)
aae'n disgrifio ymlyniad y bardd wrth ei noddwr fel priodas
wng mab a merch nad oes dim ysgar rhyngddynt: ac mae'n
ynnal rhyw ddeg ar hugain o linellau (ll. 37-68) ar y gym-
ariaeth honno. Ond yn y cywydd sy dan sylw ar hyn o bryd, Cwrt
Moelyrch, tŷ newydd Hywel sy'n cael ei ganmol. (cf. yn gyffred-
ol y cywydd xxi).

Fe allwn ddilyn y thema drwy dair rhan. Yn y rhan gyntaf (ll. 1-
0), mae'n cymharu gwaith Ieuan a'i fab yn codi Cwrt Moelyrch
yn arwyddocaol, o gofio'r hyn a welsom eisoes yng ngwaith
)afydd Nanmor) â gweithred Dafydd broffwyd yn adeiladu Caer
alem:

> 'Dafydd o braffwydd broffwyd
> A wnaeth deiliadaeth Duw lwyd;
> Cyfodi teml, cof ydiw,
> Caer Selem glaer, salmog liw.
> Fal yntau, eiriau arab,
> Fu Ifan Fychan a'i fab.
> Ieuan hael a rôi win hawdd
> Odd uwch rhiw a ddechreuawdd
> Cwrt Moelyrch, llennyrch y llyn,
> Caer Selem fal côr Silyn.

'Nawr, ar ben bryn yr adeiladodd Dafydd Gaer Salem, ac fe
nododd Guto eisoes (ll. 8) mai ar ben rhiw yr adeiladodd Hywel ei
wrt yntau.

Yn y rhan nesaf (ll. 11-42) mae Guto'n cydio yn y ffaith hon o
afle uchel y llys ac yn ei ddatblygu: un o gampau Hywel oedd rhoi
'llyn'' ar ben bryn—ac yn y fan yma mae Guto'n chwarae'n
yfrwys ar y gair ''llyn'' (cf. bwyd a llyn). Rhaid mai angel sy'n
yw mewn tŷ mor uchel â hyn; neu'r haul—a Hywel yw ''haul y
ron'', gan chwarae ar y gair ''haul'' eto—''hael y fron''. Ni eliir lai
a gweld *tâl* neu dalcen y tŷ hwn gan mor uchel ydyw: ni ellir lai
a gweld *tâl* (yn ein hystyr ni) Hywel chwaith:

> 'Hywel, ystoria Selyf,
> A wnaeth hwn yn blas crwn cryf,
> Myn y nef, nid mewn un nant,
> Mal cybydd, neu 'mol ceubant,

Ond ar fryn rhôi lyn i lu,
A lle uchel rhag llechu . . .
Cannyn o Loegr a'i cennyw,
Cannwyll a thors Cynllaith yw.'

Heblaw'r uchder mae yna reswm arall dros weld y llys hwn yn
rhwydd o bob cwr, sef ei wynder (sancteiddrwydd). Fe grybwyll-
wyd hynny, wrth basio megis, yn yr ail ran—'haul y fron', 'A'i
grys fal y maen grisial.'

'Nef ym yw, wanafau main,
Neuadd fal seren Owain,'

ac yn y geiriau "cannwyll a thors". Bellach mae Guto'n mynd ati
o ddifri i ymdrin â gwynder y llys.
A dyna yw byrdwn y rhan olaf:

'Calcheidlys, coeliwch owdlef,
Crys wen yw, cares y nef.
Cymru a'i gwŷl fry, gwal fraith,
Caer genllysg carw o Gynllaith.
Lluniwyd o'r gwŷdd llawndai'r gwin,
Llys olau ger llaw Silin.
Lleuad y Rhiw, lle da'i rhoed
Lloergan ystefyll irgoed . . .
Hawdd y gwŷl, hoywdduw Geli,
Holl Bowŷs ei hystlys hi,
Da fu'r gŵr, difyr gariad,
A'i dai a oleuai wlad.'

Diau fod Guto'n ystyried y dihysbyddu hwn, fel petai, ar un
thema gyffredinol ('amlygrwydd y llys', yma) neu gynnal un
syniad llywodraethol, yn rhan o'i grefft fel bardd ac yn gamp i
anelu ati. Tybiaf weithiau (megis yn ei gywydd i *law* arian Siôn
Dafi, xxix lle na chrwydra oddi ar destun y llaw drwy gydol y
cywydd) mai math o 'gymerlad' syniadol yw hyn: h.y., megis y
ceisir cynnal cywydd ambell dro ar ei hyd gan ddechrau pob
llinell â'r un gytsain, felly y ceisir cynnal cywydd cyfan a phob
llinell yn cyfeirio at yr un syniad neu nodwedd.
O blith y cywyddau hynny o waith Guto sy'n datblygu un syniad
llywodraethol, y rhai mwyaf arbennig yw'r rhai sy'n datblygu *un
gymhariaeth hir* (cymhariaeth Homeraidd bron). Rwyf eisoes
wedi cyfeirio at un neu ddau ohonynt: dyma rai o'r arbenicaf—

(iv)   Y gymhariaeth gymhleth a manwl rhwng ymosod ar filwyr Ffrainc ac ymosod ar winoedd Tomas ap Watcyn.

(xi)   ll. 63-74. Y gymhariaeth arferol rhwng dilyw a galar wedi ei helaethu a'i chywreinio.

(xii) ll. 31-40. Mae canu da megis cynaeafu ŷd o gael yr haul (yr hael) i'w aeddfedu.

(xv)   ll. 23-24. Ieuan yn cael ei ddiogelu mewn crefydd fel Moesen a'i lu yn cael eu diogelu yn y Môr Coch.

(xviii) Cymharu noddwr â thŵr castell.

(xix) ll. 7-8, 15-26. Mae gwneud nyth mewn lle diogel yn debyg i roi cân i ŵr cadarn:
       'A'r nyth yw'r awen a wnaf,
       A'r gŵr gwych yw'r graig uchaf.'

(xxvii) ll. 1-30. Cywydd yn helaethu ac yn cywreinio'r gymhariaeth arferol rhwng gofid a baich. (Barddoniaeth yr Uchelwyr, rhif 17; gw. sylwadau pwysig Eurys Rowlands yn Llên Cymru, IV, 172).

(xlvi) Mae croeso noddwraig yn falm i glaf megis ennaint oddi wrth feddyges:
       'A'i gwledd hi a giliodd haint,
       A'i gwin oedd well nag ennaint.
       A'i llyn a'm gwnâi'n llawenach,
       A thân hon a'm gwnaeth yn iach.'

(xc)   Bwa'r gerdd. Cymharu anfon cywydd i saethu at nod:
       'A'r llinyn yw'r holl anadl.'

Dychwelwn yn awr i drafod ei berthynas â mudiad y darfu imi ei grybwyll ar ddechrau'r adran hon, sef y cysylltiad a oedd rhwng Guto'r Glyn a mudiad a gododd yn rym yn fuan ar ôl ei ddyddiau ef, ac a fu'n hynod o bwysig ym mywyd llenyddol Cymru, sef Dyneiddiaeth neu'r Dadeni Dysg. Fe arferir disgrifio'r ganrif ar ôl Guto, sef yr 16eg ganrif, fel canrif y Dadeni yng Nghymru; ond rydw i am geisio gweld faint o nodweddion Dyneiddiaeth a'r Dadeni a oedd eisoes i'w canfod yng ngwaith y bardd hwn o ganol y 15fed ganrif. Yn awr, fe welsom eisoes, os nad Guto oedd y mwyaf dyneiddiol o benceirddiaid ei gyfnod, o leiaf ef oedd y mwyaf dynol ohonynt oll. Mewn dynion yr oedd ei ddiddordeb yn bennaf; ac roedd e'n nodedig am hynny. Mae Gutyn Owain yn cyfeirio at y ffaith honno yn ei farwnad iddo, ac mae hyd yn oed Llywelyn ap Gutyn yn ei ddychan iddo yn gorfod cydnabod yr arbenigrwydd hwn. Meddai Guto amdano'i hun:

'Ac erioed prydydd gŵr wyf.'

Mae yna stori am Abad Dinas Basi yn gofyn i Dudur Aled pwy oedd orau am awdl: 'yntau a atebodd mai Dafydd ab Edmwnd; a phwy oedd orau ar gywydd mab; yntau a ddwedodd mai Guto'r Glyn; a phwy oedd orau ar gywydd merch; yntau a atebodd mai Dafydd ap Gwilym.'

Dynion oedd diddordeb Guto'r Glyn—cywyddau mab—a'i arwyr pennaf oedd uchelwyr a gyfunai aristocratiaeth a dysg. Mae ganddo amryw byd o bortreadau o ddynion a oedd yn debyg dros ben yn eu hymarweddiad a'u delfrydau i'r dyneiddwyr a ddaeth i'r amlwg yn ystod y Dadeni Dysg yn fuan wedyn, bonedd-igion megis Edward ap Dafydd o'r Waun (xvii, 7-10, 19-24), Robert Trefor (xviii, 45-46, 49-54) Abad Amwythig (xxiv, 23-24, 29-42), Dafydd Cyffin (xl, 27-32, 37-42), Morgan ap Rosier (lxvi, 43-50), Siôn Eutun (lxxxi, 5-6, 15-16, 19-20), a Rhys ap Siancyn o Lyn Nedd (xcii, 21-22, 39-56).

Gwrandewch ar ei ddisgrifiad o Ddafydd Cyffin:

'Llyna eurwr llên eiriau,
Llawer o ddysg yn lle'r ddau:
Dysgu'r gyfraith a'r ieithoedd
A dysgu art ei dasg oedd,
A chwynnu sifl a chanon,
Chwilio'r hawl, a chloi ar hon . . .
Pwy'r blaenaf parabl ynad,
Pwys cyfraith eglwys a'i thad?
Pwy biau'r llyfrau a'r llan?
Pawl feudwyaidd plwyf Doewan.
Pwy yn Llanelwy neu Iâl?
A phwy sydd fwya offisial?'

Dyna linell sy'n dweud llawer yw'r olaf: teyrnged deg, mae'n debyg i Ddyneiddiwr.

Mae Morgan ap Rosier yn enghraifft o'r dyneiddiwr aml-ochrog, yr uchelwr sy'n ddiwylliedig mewn llawer maes:

Mae pwys hwn ymhob synnwyr,
Dilechdyd i gyd y gŵyr,
Cyfraith a phedeiriaith deg,
Awdur mydr a gramadeg.
Cordio gyda'r cyweirdant,
Doeth yng Ngherdd Dafod a Thant;
A mwya ystronomïwr,
Ym mhob rhyw gamp mae praw gŵr.'

Mewn pennod ym *Meistri'r Canrifoedd* mae Mr. Saunders Lewis wedi ymdrin â'r elfennau dyneiddiol a oedd eisoes yn brigo i'r golwg megis, yng ngwaith Tudur Aled. Bardd a ganai ychydig o flaen hwnnw oedd Guto'r Glyn, ond gŵr o'r un fro; a dyna'r fro—

292

sef Dyffryn Clwyd a'r Cyffiniau, y fro a ddaeth yn gartref i'r Dadeni Dysg yng Nghymru. Fe gydnabyddir yn gyffredin fod y Dyneiddwyr a hanoedd o'r parthau hyn—gwŷr megis Gruffudd Hiraethog, Wiliam Midleton, Morris Kyffin, Wiliam Salesbury ac yn y blaen—yn ddyledus i'w rhagflaenwyr o'r un fro, sef penceirddiaid y bymthegfed ganrif. Meddai'r Athro G. J. Williams: 'Yr ysgolheictod barddol sydd, i raddau helaeth, yn egluro'r ffaith mai Dyffryn Clwyd a'r cyffiniau—a rhoi ystyr go eang i'r term "cyffiniau"—ydoedd cartref y Dadeni yng Nghymru'. Teg, felly, yw canfod yng ngwaith y penceirddiaid hynny had y syniadaeth a ffrwythlonodd yn helaeth yn y genhedlaeth ar eu hôl, ac yn yr un ardal.

Roedd y math o gymdeithas a ddaeth yn gyfarwydd adeg y Dadeni eisoes yn ymffurfio, a Guto'r Glyn yn ymhoffi ynddi. Cyfnod fyddai hwn i'r dosbarth canol ac i feibion y werin, os oedd ganddynt allu, i godi i safleoedd newydd o fri. Ac yn wahanol i lawer o'i gydfeirdd, un felly oedd Guto ei hun. Ymhoffai yn swyddogolrwydd y dosbarth newydd: mae ganddo lawer iawn o dermau cyfreithiol yn ei waith—pleder, ustus, prifei sêl, comyn plas, dadlwriaeth, patent, offisial, rhentolion, anach, sifil, endeitio, comisiwn, rhysyfwr, secutorion, ffin (dirwy), ac yn y blaen—llawer mwy o dermau felly nag odid yr un bardd arall yn ei gyfnod, ac eithrio efallai Lewys Glyn Cothi.

Yn ei ymdriniaeth â Thudur Aled mae Mr. Saunders Lewis yn cyfeirio at "iaith Dyneiddiaeth" a thermau nodweddiadol o'r Dadeni. Rhydd yn enghraifft y gair *Prins* a fenthycwyd o'r Saesneg ac a oedd yn air pwysig yn awyrgylch Machiavelaidd y Tuduriaid, a dengys fod dwy esiampl o'r gair gan Dudur Aled. Ond mae gan Uto'r Glyn yntau o leiaf un enghraifft:

> 'Mae Prins Gwynedd yn d'insail,
> Arglwydd Rhys eurgledd yw'r ail.'
>
> (xxviii, 39-40)

Wrth gwrs, mae llawer o nodweddion ynghlwm wrth ddefnydd Machiavelli (geni 1469) o'r gair na cheir mohonynt gan y beirdd Cymraeg (canu Guto: 1440-1493, ac efallai 1432-1493). *Prins* o fath eithriadol oedd *Prins* Machiavelli—creulon, yn achub ei gyfle, a heb dosturi. Ond mae yna rywbeth arall yn ei lyfr hefyd, sef ei bwyslais ar yr unigolyn nerthol, ar y bersonoliaeth unigol rymus, o'i gyferbynnu â gwead cymdeithasol cydweithredol yr Oesoedd Canol. Ac am y *Prins* fel unigolyn y mae Guto a Thudur Aled yn siarad, y *Prins* fel personoliaeth ar ei ben ei hun.

Mae peryg, bid siŵr, i ni straenio'n ormodol wrth chwilio am nodweddion o'r Dadeni yng ngwaith Guto a'r beirdd eraill.

Faint o ôl y mudiad Dyneiddiol a oedd mewn gwirionedd ar Uto'r Glyn? Ai darllen gormod rhwng y llinellau yr ŷm ni? A allai fod yn Ddyneiddiwr mewn gwirionedd? Wrth gwrs, anodd profi dim byd mewn mater fel hyn.

Ond cymerwch am funud Ddafydd ap Gwilym. Mae e'n canu cywyddau godineb, cywyddau sy'n ymfalchïo yn ei gampau gyda menywod priod, mewn ffordd debyg i'r hyn a geid gan feirdd ledled Ewrob yn ei gyfnod ef. O ganlyniad, medd rhai, roedd Dafydd yn cyfranogi mewn *ffasiwn* Ewropeaidd. Ond, medd ambell hanesydd o'r ochr arall, fe allwn ni brofi fwy neu lai fod Dafydd *wedi* godinebu, a'i fod e'n canu o brofiad ac nid o ffasiwn: 'twt, twt, chi a'ch Ewrob,' meddan nhw. Eto, y gwir yw fod beirdd wedi godinebu lawer tro ar ôl Dafydd (gwae ni hyd yn oed yn y ganrif hon): ond ni chofiaf ar y funud i neb o feirdd-odinebwyr ein canrif ni byncio am ei brofiad. Pam? Dydi hi ddim yn ffasiwn, neu'n arfer. Hynny yw, yng nghyfnod Dafydd, roedd yna fynd ar hyn: roedd yna naws yn yr awyrgylch yn rhwyddhau'r posibilrwydd iddo ef ac eraill ganu cywyddau godineb.

Ac fe ddwedwn i fod yr un peth yn wir, i raddau, am Uto'r Glyn. Mae'n anodd gen i gredu nad oedd yr awel a chwythai beth dros y cyfandir yn ei gyfnod ef wedi cadarnhau rhywfaint ar ei ddynoliaeth gynhenid a thraddodiadol yntau. Er ein bod yn cysylltu'r Dadeni yng Nghymru â'r unfed ganrif ar bymtheg, mae'n ddiau fod ei had yma lawer ynghynt. Mewn ysgrif yn y *Llenor* (1934), ar y Dadeni Dysg yn Ewrob, fe ddangosodd yr Athro David Williams fod personoliaethau i'w cael yn yr Oesoedd Canol, megis Abelard, a oedd yn debyg o ran llawer nodwedd i bersonoliaethau'r Dadeni. 'Amlhawyd yr eithriadau hyn nes gorfod estyn terfynau'r Dadeni ymhellach fyth yn ôl. Clywir yn awr am Ddadeni'r ddeuddegfed ganrif, am Ddadeni'r ddegfed ganrif, am Ddadeni'r wythfed ganrif, hyd yn oed, a chyfyngwyd yr Oesau Canol i'r cyfnod tywyll ar ôl cwymp Rhufain.' Dyma'r farn a dderbynnir yn weddol gyffredin erbyn hyn: er tueddu i gadw'r term 'Dadeni yn enw ar ddiwedd y bymthegfed a dechrau'r unfed

anrif ar bymtheg, fe sylweddolir fwyfwy nad gwahanfur na dat-
lygiad disymwth a nodweddai'r cyfnod hwnnw o gwbl.

Un o brif nodweddion y Dadeni ar y cyfandir yn y cyfnod ar ôl
Guto oedd darganfod o'r newydd ogoniant paganaidd llên Groeg
Rhufain, a chododd diddordeb newydd mewn casglu hen
awysgrifau a'u copïo a'u hastudio. Fe effeithiodd y symudiad
iwn beth yn wahanol ar y Dyneiddwyr Cymraeg: dywed yr Athro
G. J. Williams, am y Cymry: 'Fel y mae ysgolheigion y Dadeni yn
istudio'r ieithoedd clasurol, felly y maent hwythau yn ymroi i
istudio eu hen iaith glasurol hwy, y Gymraeg.' Ni allai Lloegr a
Ffrainc edrych yn ôl at eu hen ogoniant brodorol mewn llên, eithr
in unig tuag at Roeg a Lladin. Fel y byddai ysgolheigion Ffrainc
a'r Eidal yn chwilio am hen lyfrau Groeg a Lladin, felly byddai
pobl fel Siôn Dafydd Rhys a Syr Thomas Williams a Robert
Vaughan o'r Hengwrt ac eraill yn chwilio am hen lawysgrifau
Cymraeg.

Cafwyd tuedd debyg hefyd ym myd hanes. Dangosodd yr Athro
Harman ac eraill fel yr oedd Cymry'r Dadeni yn credu fod cenedl y
Cymry'n genedl yr un mor hynafol â Groeg a Rhufain. Aeth
haneswyr Cymreig, megis Syr John Prys a Humphrey Llwyd, ati i
glodfori hynafiaeth Cymru. Yn ôl Syr John Prys (*Historiae
Britannicae Defensio*) roedd y Gymraeg eisoes yn iaith ddysg yng
nghyfnod Lladin a Groeg; a bu erioed yn iaith llys. Bardd llys oedd
Taliesin, a beirdd felly a geid hyd ei ddyddiau ef. A gellid dilyn
hanes y beirdd Cymreig yn ôl ynghynt o lawer, cyn y cyfnod
Cristnogol at y derwyddon. Lle y byddai dyneiddwyr Lloegr a
Ffrainc yn ymwadu â dulliau a mesurau beirdd yr Oesoedd Canol,
ac yn dewis yn hytrach batrymau Groeg a Lladin ac Eidaleg,
mae'r Dyneiddwyr Cymreig yn mawrygu Cerdd Dafod draddod-
iadol am ei bod mor glasurol â gweithiau Groeg a Lladin.

Canlyniad hyn oedd nad oedd dim o'r un ymdeimlad o wrth-
ryfel ymysg Dyneiddwyr yr unfed ganrif ar bymtheg yng
Nghymru ag ar y cyfandir. Roeddynt yn barotach i barchu beirdd
brodorol fel Guto'r Glyn. Mae'r Dyneiddwyr Cymraeg yn parhau'r
traddodiad Cymraeg yn ddi-dor, a'u cyfraniad hwy yn Nyffryn
Clwyd a'r Cyffiniau yn barhad naturiol o'r hen fywyd llenyddol
yno. Yn wir, yn yr un fro, yn y nawfed ganrif—rai canrifoedd o
flaen yr Eidal—dechreuwyd edrych yn ôl at yr ysbrydiaeth a geid
yn yr Hen Oesoedd. Fe ddaeth barddoniaeth Taliesin yn ddelfryd

megis y daeth barddoniaeth glasurol yn ddelfryd i feirdd y Dadeni yn yr Eidal ymhellach ymlaen. Meddai Guto'r Glyn:

> Tlos fu anrheg Taliesin,
> Talawdd fawl teuluaidd fin . . .
> Af innau, taliadau teg,
> Ar unrhyw eiriau anrheg.

Yn Ewrob yn gyffredinol fe ddaeth astudio gramadeg a meistroli hynafiaeth iaith, a chopïo llawysgrifau a dysg yn fater o ddidd-ordeb, nid yn unig i feirdd proffesyddol ond hefyd i dywysogion. Dywed yr Athro Raleigh yn ei ragymadrodd i'r cyfieithiad Saesneg o lyfr enwog Castiglione, *Il Cortegiano* (*Yr Uchelwr*): 'The gentleman of the Renaissance differs from a medieval knight in that he is to be not only a warrior and a councillor, but also a lover and follower of learning and an adept in the fine arts.' Ond yng Nghymru, ers sawl canrif, roedd tywysogion, megis Owain Cyfeiliog a Hywel ab Owain Gwynedd, yn llenwi'r diffiniad hwnnw i'r ymylon. Roedd y rhamantau a'r sifalri a chwaraeodd ran mor arweiniol yn y dadeni ar y cyfandir, eisoes wedi hen dreiddio drwy Gymru. Ac roedd y newid graddol mewn chwaeth o'r Gothig i'r Clasurol, a welir led y cyfandir yn y bymthegfed ganrif, eisoes wedi digwydd yn y wlad hon.

Yn wir, pe bai gennyf le, fe hoffwn ddangos nad ydyw'r darlun delfrydol o *Brins* a ddarlunnir gan Machiavelli ddim yn gyfan gwbl wahanol i'r delfryd a adeiladasai'r beirdd Cymreig o gyf-nod Taliesin ymlaen.

Nid ceisio honni yr wyf fod y Dadeni eisoes wedi digwydd yng Nghymru. Ond nodi bod elfennau croesawgar yno, fel petai, ac nad yw gweld Guto'r Glyn yn rhagflaenu'r Dyneiddwyr mewn rhai pethau ddim yn beth syn. Roedd rhai o'i flaen ef hefyd wedi eu rhagflaenu mewn materion eraill.

Dywed Mr. Saunders Lewis: 'Mudiad pendefigaidd oedd dyneiddiaeth. Ei nod oedd dwyn Dysg o'r prifysgolion i lys y Tywysog i fod yn addurn ar ymddiddan gwyrda a rhianedd, gosod ysgolheictod yn foes ac yn fireinder ar ymgomion boneddigion, i decáu a chyweirio segurdod newydd eu bywyd. Gan hynny, rhaid oedd i iaith gwlad brifio'n iaith pendefigaeth newydd y Dadeni, rhaid oedd iddi ymddieithrio megis Lladin neu Roeg oddi wrth iaith sathredig y bobl gyffredin, a magu urddas geirfa a throeon

296

'madrodd a dulliau mynegiant ar wahân.' Fe wyddom ni fel oedd yr iaith lenyddol Gymraeg eisoes wedi ymddieithrio i addau helaeth. Roedd astudio geirfa ac adnoddau eraill iaith nynafol yn rhan o addysg y beirdd. Gan fod llawer o'r geiriau llen-ddol wedi diflannu ar lafar, roedd yn rhaid i ddisgyblion ddysgu hesi o eiriau ar eu cof, a cheir copïau o'r cyfryw eiriau yn y llaw-sgrifau. Dyma, mewn gwirionedd, duedd i ragflaenu diddordeb eiriadurol y Dyneiddwyr. Dysg y beirdd oedd sylfaen gwaith Dr. Iohn Davies a Wiliam Salesbury.

Wrth drafod llenyddiaeth y Dadeni ar y cyfandir, fe sonia beirn-aid am y datblygiad tuag at *ffurfioldeb* a geid yn yr Eidal, yn yr seldiroedd, Ffrainc a'r Almaen ac fe gymhara ambell un hynny â'r hyn a ddigwyddai yng Nghymru gyda Dafydd ab Edmwnd, Tudur Aled ac eraill (e.e. *The New Cambridge Mod. Hist.,* I, 170, I 92). Ond nid peth diweddar oedd ffurfioldeb mewn barddon-aeth Gymraeg: dyma'r union nodwedd a dyfodd ar garlam yng Nghyfnod y Gogynfeirdd. Meddai Huizinga (yn ei lyfr ar *Fachlud 'r Oesoedd Canol*): 'Mewn cywreinrwydd meddwl a ffurf y gwelwn y Dadeni'n ymsefydlu yn y gwledydd y tu allan i'r Eidal;' a dyma'r union ddisgrifiad sy'n ffitio'r Gogynfeirdd Cymraeg. Hynny yw, mae yna lawer o elfennau yn y traddodiad llenyddol Cymraeg sy'n gydnaws ag ysbryd y Dadeni Dysg, ac yn ôl pob tebyg fe ffitiodd yr unfed ganrif ar bymtheg wrth y bymthegfed yng Nghymru yn llyfnach ac yn fwy naturiol nag mewn amryw wledydd eraill. Ond i ddod yn ôl at Uto'r Glyn. Ystyr y gair Dyneiddiaeth (neu Hiwmanistiaeth) oedd bod yna barch newydd tuag at ddyn. Yr oedd Guto am arddel Duw: yr oedd hefyd am arddel dyn, mewn modd newydd. I ddeallusion yr Oesoedd Canol (ac i raddau gyda'r werin) roedd diwinyddiaeth a'r traddodiad goruwchnaturiol yn pwysleisio'r ddibyniaeth ar arweiniad dwyfol, ac roedd perthynas Duw a dyn yn fater sylfaenol i bob ystyriaeth arall: felly gyda'r Ffransisciaid a'r Dominiciaid, Thomas à Kempis ac yn y blaen. Ond gyda'r ysgolheictod newydd a'r parch at ddysg seciwlar Groeg, fe aildyfodd parch at allu'r deall dynol i ddiwygio'n foesol. Pwysleisiwyd natur yn hytrach na gras, moeseg yn hytrach na diwinyddiaeth, a gweithredoedd yn hytrach na myfyrdod. Os oes yna unrhyw beth lle y mae tuedd-fryd Guto'r Glyn mewn llwyr gytgord â thuedd y Dyneiddwyr, yn hyn y mae ef. Er bod yna bechod gwreiddiol mewn dyn, mae yna

ddaioni gwreiddiol hefyd, a hyn sy o ddiddordeb iddo ef: hyn sy'r
rhoi'r hawl iddo ymlawenhau yng nghampau dynion.

Roedd Guto'r Glyn ar lawer ystyr yn Ddyneiddiwr heb yr
wybod iddo ei hun. Er ei fod yn naturiol draddodiadol (yn wir, am
ei fod yn naturiol draddodiadol), mewn rhai cyfeiriadau yr oedd
yn rhoi rhagflas o amryw dueddiadau a oedd ar dyfu ymhlith
Dyneiddwyr y cyfandir. Rwyf wedi crybwyll hyn er mwyn ei osod
fel petai, yng nghefndir hanesyddol a syniadol ei fyd ef, er mwyn
ei ddangos fel rhan o hen fyd Cymreig ac yn rhan o fyd newydd
Ewropeaidd. Ond, wedi gwerthfawrogi ei hynafiaeth a'i newydd-
deb, yr hyn sy bwysicaf i ni sylwi arno yw mawredd ei awen, dis-
gleirdeb ei ddychymyg, perffeithrwydd ei grefft, hynawsedd e
dymer, llymder ei ddeall: dyma'r hyn sy'n ei godi ef i fod, mae'n
debyg, ymysg yr hanner dwsin o feirdd mwyaf Cymru erioed.

ATODIAD

GUTO'R GLYN A HARRI DDU

Hoffwn ychwanegu nodyn bach yn y fan yma er mwyn dat-
blygu un pwynt. Fe soniais am ymlyniad Guto'r Glyn wrth Hywel
ap Ieuan. Er mai clerwr go fywiog oedd Guto yn ei ieuenctid a'i
ganol-oed, gan grwydro i bob parth o Gymru, eto, yn wahanol i
rai o'r beirdd eraill a aeth braidd yn amhersonol ac oeraidd wrth
wibio oddi wrth y naill noddwr at y llall fel hyn, hoff gan Uto oedd
ymdroi o gwmpas yr un mannau a datblygu gwir gyfeillgarwch.
Fe wnaeth ef hyn mewn mwy nag un man; ac y mae'n gwbl
gyson â'i ddynoliaeth aeddfed a rhadlon. O ganlyniad, nid
moliant haniaethol ac ystrydebol a geir ganddo, fel arfer, eithr
llawer o ddisgrifiadau personol a byw.

Enghraifft reit nodweddiadol o hyn yw'r berthynas a dyfodd
rhyngddo a Harri Ddu, ac fe fanylaf arni fel enghraifft yn unig.
Sylwer ar ei bum cywydd:

lxxv: Mae yna ddwy ran i'r cywydd hwn. Yn y rhan gyntaf (ll. 1-32) mae'n
ymdroi o gwmpas un thema sylfaenol—düwch Harri. Roedd du'n un o hoff
liwiau'r Dadeni. Ac ar sail y pwynt arbennig hwn adeilada Guto'r gan-
moliaeth a ddisgwyliwn. Wedyn, yn yr ail ran (ll. 33-52), cawn ddarlun o'r
ddau gyfaill, Harri a Gruffudd, yn campio gyda'i gilydd—yn bwrw maen, ac
yn ymarfer â bŵa a saeth ac â gwaywffon.
lxxvi: Dryll o gywydd yw hwn gyda thema debyg i lxxv.
lxxvii: Dyma ferch yn dod i'r llwyfan, Gwladus hael, haul Lyn Nedd (a chwarae ar
y gair)—un o *belles* y Deheudir:

'Myn Crist, y mae'n caru hon
Ddeugant o foneddigion.'

Ac ymysg y rhain oll y mae ffrind Guto, Harri Ddu:

'Harri a wnaeth ei heuraw
A'r glod yn amlach no'r glaw.'

Ond gwaetha'r modd, mae yna un cystadleuydd
peryglus, sef Ieuan Gethin:

'Gweithio mae Ieuan Gethin
Ac aur fydd pob gair o'i fin.'

Gwna Guto ei orau i gynnal achos Harri:

'Cywiraf mab yn caru
O Gaer hyd Went yw'r gŵr du . . .
O Dduw hael, pam na ddaw hon
At Harri dan goed hirion?'
(hael yn ansoddeiriol ar un ystyr, yn enidol ar ystyr arall).

Mawr yw'r sarhad a gaiff Ieuan Gethin yn y sgarmes.
Dyma Uto'r Glyn, felly, yn ceisio defnyddio'i awen i bwr-
pas ymarferol; ac roedd beirdd yr oes yna'n dra ym-
wybodol fod iddynt le ymarferol o werth mawr wrth gynnal
y gymdeithas. Felly Guto, pan friwodd Hywel o Foelyrch ei
lin: dyma lunio cywydd i'w helpu:

'Llawer dyn, llaw euraid wyd,
Â chywydd a iachawyd.
Myn y tân, minnau i ti
O foliant a wnaf eli.'
(xliv. 39-42)

Diddorol yw sylweddoli beth oedd pwysigrwydd barddoniaeth
ym meddwl y beirdd eu hun. Pan oedd Edward ap Hywel yn codi
tŷ newydd: 'Prydaf i helpu'r adail', meddai Guto'r Glyn (xxi, 36).
Diddorol yw'r sylwadau hyn hefyd o safbwynt athroniaeth ei
gelfyddyd. Gwasgaredig yw tystiolaeth Guto ar y pen yna. Mae
ganddo gywydd arall (lxvi) sy'n ymdrin yn ysgafn â'i bwrpas fel
bardd. Ateb ydyw i Hywel Dafi, ac ateb sy'n bur wahanol i'r ateb a
roddodd Rhys Goch i gyhuddiad Siôn Cent o ganu celwydd

moliant, ac yn wahanol hefyd i egwyddorion y gramadeg; ac felly, cyfraniad ydyw yn y cyfnod hwnnw i theori barddoniaeth ac estheteg. Nid yw'n gwadu gweniaith, ond deil mai amhosib yw dweud y gwir i gyd byth: felly 'y gair tecaf yw'r gorau.'

lxxxii: Lled-ddychanu Harri Ddu y mae Guto yma: hynny yw, dychanu cyfaill. Mae'n wir ei fod wedi cael gwin yn wobr gan Harri, ond dim arian.

> 'Ys da ŵr wyd, nid oes drai
> Am win, ond na cheir mwnai.'

Ac mae'n dannod iddo'r cywyddau a ganasai gynt a'r hen ffyddlondeb:

> 'Mwy nid hawdd, er amnaid teg,
> Moli gŵr mal y garreg.'

Hoffus yw'r gonestrwydd ariangar wynebagored hwn. Ac felly y mae Guto bob amser, yn cyfaddef manteisioldeb (Machiavelaidd?) y busnes:

cf.
> 'Moli merched mal Meirchiawn,
> Moli gwŷr mwy elw a gawn.'

(lx, 49-50)

> 'Cerdd i Forgan a ganaf,
> Er y gerdd ei aur a gaf.'

(lxvi, 55-56)

lxxxiii: Marwnad Harri, a cherdd o edifarhad. Mae Guto wedi colli cyfaill, a mynega ei wir alar:

> 'Nid wyf syth na da fy sâl
> Wedi ef, na diofal.
> Fy nghariad, fy nghynghorwr,
> Fy llyfr gynt, fy llaw fu'r gŵr.'

Ac mae'n ymddiheuro fel petai am ei gellwair ynghylch haelioni Harri. Mae'n wir, meddai ef, na roddai i'r glêr ddiwerth; ond i bawb a haeddai rodd, roedd bob amser yn hael. Sonia eto am eu campau gyda'i gilydd, bwrw maen a throsol, a saethu; a chyfeiria eto at ei liw du:

> 'Ni roes Iesu rasusoed
> Un lliw ar ŵr well erioed.'

A chly gan weddïo'n dawel nad yw ei rinweddau ddim wedi diflannu o'r tir.

Er ei glera, nid da gan Uto ei gyfrif ei hun yn un o'r glêr. Fel y beirdd bonheddig, roedd yntau'n gallu meithrin cyfeillgarwch dynol iach gyda'i noddwyr, ac oherwydd y clymiadau teimladol a meddyliol hyn, fe ddyfnhawyd grym ei foliant. I Uto'r Glyn nid cyfres o dapiau gwin nac o fanciau pres oedd Cymru, ond cwlwm o gartrefi siriol a diwylliedig.

VIII

Y PIWRITANIAID

Oni bai am symudiad gwleidyddol Harri VIII, anodd gweld y byddai Cymru wedi troi'n Brotestannaidd. Yr hyn y gallesid ei ddisgwyl fuasai diwygiad Catholig penderfynol o'r tu mewn, diwygiad yr oedd eisoes arwyddion o'i bresenoldeb yn y bedwaredd ganrif ar ddeg a'r bymthegfed ganrif.

Ond fe newidiwyd pennaeth yr Eglwys yng Nghymru: er cadw pabyddiaeth, fe newidiwyd y Pab.

Yr oedd y 'tipyn' newidiad ymddangosiadol hwn yn adeiledd yr Eglwys yn ddigon i beri canlyniadau na freuddwydiasai na Harri na'i gymrodyr amdanynt; a tharddodd y cyfnewidiadau hynny o'r ffaith fod Awdurdod a'r holl gwestiwn o arglwyddiaeth wedi'u sialensio. Diau fod y *brotest* sydd ynglŷn â Phrotestaniaeth yn ymwneud â materion eraill lawer, a hoff gan rai sylwedyddion diweddar gael tipyn o hwyl am ben creiriau a phethau felly. Yn ei lyfr *Protestaniaeth,* 1940, dyry S. O. Tudor y rhestr hon o'r creiriau a gedwid yn Halle yn unig: 'darn o'r ddaear o'r cae yn Namascus lle y gwnaeth Duw y dyn cyntaf; darn o un o esgyrn Isaac; tamaid o fanna o'r anialwch; bys Ioan Fedyddiwr; y garreg a laddodd Steffan; a darn o ben yr Apostol Paul;' ac efallai'r trysor mwyaf (yn sicr y mwyaf gwlithog, fel y dywedir) 'chwe diferyn o laeth y Forwyn Fair.' Diau fod a fynnai creadigaethau hwyliog felly (a methiannau'r eglwyswyr eu hun) â'r llwyddiant a ddaeth i ran y rhai a brotestiai yn eu herbyn. Ond yn y bôn, y symudiad mawr a ddigwyddodd oedd, nid cefnu ar ofergoelion yr Oesoedd Canol, eithr y trosglwyddiad mewn Awdurdod: dyma'r hyn a effeithiodd yn y pen draw ar ddatblygiad syniadol ac wrth gwrs ysbrydol y canrifoedd wedyn.

Dyma hefyd y broblem a drafodir mor uniongyrchol ac mor ddeheuig gan Oliver Thomas yn *Carwr y Cymry,* 1631. Dengys ef beth yw'r man cyfarfod rhwng dyn a Duw.

Ar y naill ochr, y mae penarglwyddiaeth Duw, y Gair yn gweithredu ac yn llefaru, ac ar yr ochr arall y mae ffydd y credadun unigol a ryddhawyd: rhwng y naill a'r llall y mae mentr y cyswllt yn yr Ysbryd Glân. *Duw â gyssyllteodd a ddau hyn ynghyd, . . . ac â gyssyllto Duw na wahaned dŷn.'* (49)

Yr oedd hyn yn golygu diriaethol archwilio geiriau gwrthrychol Duw o'r newydd, y digwyddiad dirfodol hwnnw a gafwyd mewn ysgrythurau datguddiedig. Yn y cyfarfyddiad hwn a geid rhwng y gwrandawr a'r Llais, yr oedd yn rhaid clirio pob rhwystr a oedd ar ffordd clywed y Llais hwnnw yn ei lawnder ac yn ei groywder. Dyna pam y rhoddwyd y fath le i'r ysgrythurau yn y Diwygiad Protestannaidd: dyna pam y mae'n rhaid cyfrif fod y cyfnod diweddar yn dechrau mewn llenyddiaeth Gymraeg gyda chyfieithu'r ysgrythurau. Y tu ôl i'r Beibl Cymraeg, ei ffurf a'i ddylanwad, y mae yna ddysgeidiaeth am ei arwyddocâd awdurdodol; ac nid oes neb a'i dehongla'n well nag Oliver Thomas. Efô sy'n esbonio'n athrawiaethol beth oedd diben y digwyddiad mawr hwn yn hanes llenyddiaeth Gymraeg sef cyfieithu'r ysgrythurau. Efô yw eglurwr gorau Prydain yn ei gyfnod sy'n cymryd y clasur llenyddol mawr hwn yn sylfaen i fywyd meddyliol ac i wareiddiad y dyfodol. Y mae'n rhagdybio natur meidroldeb dyn, a threiddia i ystyr ysbrydol yr ymddatodiad amlwg sydd yn hwnnw: *Pawb oll o ran eu cyflwr anianol ydynt yn feirw mewn pechodau; ac yn gorwedd mewn tywyllwch, ac chyscod angeu, yn myned ar gyfeiliorn allan o ffordd y bywyd. Eithr Duw . . .'* Ac yn yr 'eithr Duw' hwnnw y ceir holl dro gogoneddus yr efengyl, megis yn Effes. 2, 4. *'Eithr Duw drwy ei Air scrifennedig yn yr Scrythyrau sydd.*

Yn gyntaf, yn adgyfodi, ac yn bywhau ei etholedigion oddi-wrth y meirw . . .

Yn ail, wedi eu bywhau, a'u cyfodi o feirw i fyw, y mae Duw drwy ei Air yn llewyrchu iddynt, gan eu dwyn **o dywyllwch i'r goleuni***; ac yno gweled y maent wrth oleuni y Gair, eu bod wedi myned ar gyfeiliorn . . .*

Yn drydydd, y mae Duw drwy'r Scrythyrau yn eu bywhau hwynt megis y bywhaodd efe **Ddafydd. Byth nid anghofiaf dy orchymynnion, canys a hwynt i'm bywheuaist** *. . .*

Yn bedwerydd, y mae iddynt drwy'r Gair â osodwyd yn yr Scrythyrau, gael nid yn vnig goleuni i'w harwain ar hyd y ffordd, ond ymborth ysprydol hefyd i'w diwallu, rhag i neb o honynt lewygu ar y ffordd; nid amgen y bwyd â beri i fywyd tragywyddol.

303

*Yn bummed, yn yr scrythyrau y ceir arfau ysprydol i ymdrech,
ac i orchfygu eich holl elynion ysprydol, a bydol â geisiont eich
rwwystro i gerdded yn ffordd y bywyd ysprydol, a'ch troi ar ddidro
rhag myned i'r bywyd tragwyddol. Cewch weled ngair Duw yr
arfogaeth (sef y doniau) angenrheidiol i ymladd, a'r gelynion
sydd raid eu gorchfygu, a'r gwrth-ryfel y maent yn ei gynnal yn
erbyn eich eneidiau oddi-mewn ac oddi-allan.*

*I ddiweddu, Gair Duw yw'r Trysordŷ diandlawd, cyflawn o bob
daioni ysprydol a'r sydd angenrheidiol i ddedwyddyd didrang-
cedig: Ac megis am bethau y byd yma, rhaid yw chwilio a llafurïo
am danynt os mynnir eu cael a'u mwynhau i ddiwallu angen-
rheidiau y corph, felly am angenrheidiau yr enaid rhaid yw
chwilio yr Scrythyrau.'* **(46-48)**

Dyna osod i lawr yn solet y rhesymeg bersonol a phrofiadol
dros sicrhau fod Duw'n cael llefaru yn y modd a drefnodd ef yn
uniongyrchol wrth greaduriaid anghenus. Dyna ymgais, felly i
esbonio arwyddocâd y gwaith chwyldroadol hwn yn hanes
llenyddiaeth Gymraeg. Ond cam ag Oliver Thomas (a gwnaeth-
pwyd digon o gam ag ef eisoes yng Nghymru drwy ei an-
wybyddu) fyddai ei adael ef ar lefel ei ymresymiad moel yn unig,
heb ddangos fod ei ymatebiad ef i Air Duw yn gyffrous o annwyl
ac wedi'i fendithio gan felyster cyffyrddiad yr Ysbryd Glân. Gwiw
cofio hyn hefyd wrth ystyried sut y meddiannodd y Beibl y fath le
yng nghalon llenyddiaeth Gymraeg: diamau fod darn fel y can-
lynol yn egluro ffeithiau hanesyddol yn well na dim dadleuon
deallol syml:

*Canys yr Scrythur lan sydd megis gardd Eden, neu Baradwys
daiarol, ac wrth ddarllein neu fyfyrio ar y Gair y bydd dŷn y
nghanol yr ardd megis yn ymddiddan a Duw fel yr oedd Adda
gynt, ac yn bwyta o bren gwybodaeth da, a drwg yn ddiorafun, ie
ac yn* **cael bwyta o bren y bywyd yr hwn sydd yng nghanol
Paradwys Duw.** *Ar pren hwnnw yw Crist, a'i ffrwyth ef sydd
felus y ngenau y ffyddloniaid, a da ganddynt eistedd tan ei gyscod
ef.*

*Yn yr Ardd honno y mae cael pôb pren dymunol i'r golwg, a
daionus yn fwyd, sef ffrwyth ysprydol i borthi yr enaid. Yn yr Ardd
hon (sef yn yr Scrythur lân) y mae afon hyfrydwch, a ffynnon y
bywyd, a ffynnonnau iechydwriaeth: o chwilio yr rhain y cewch
ddwfr i'ch diodi o afon hyfrydwch Duw:* **pwy bynnac â yfo o'r**

304

dwfr hwn, ni sycheda yn dragywydd. (26)

Wedi adeiladu'r achos cadarnhaol fel yna, â Oliver Thomas rhagddo i gyfarfod â'r gwrth-ddadleuon anochel a chyfarwydd; ac y mae'r rheini, o raid, yn ymwneud ag Awdurdod, ac yn y bôn wrth gwrs â balchder neu wrthryfel cnawdol dyn. Y mae'r Cymro'n holi, mewn dull yr ydym o hyd yn hen gynefin ag ef, beth sydd i'w wneud pan fo ysgolheigion daearol yn anghytuno â'i gilydd ynghylch eu "dehongliad". (52-53) Ac y mae'r Carwr yn ei ateb ef yn huawdl ac yn dreiddgar gan ddangos fel y mae'r holl Ysgrythur yn gyson â'i gilydd ac yn esbonio'i gilydd, a bod y sawl sydd wedi'i ail-eni yn cael ei dywys gan yr Ysbryd Glân i bob gwirionedd. Y mae'r ateb hwn mor gryno ac eto mor helaeth (53-95) fel na ellir ei ddyfynnu yn y fan yma: ateb ydyw a ddengys fod Piwritaniaeth yn fudiad dysgedig, wedi'i wreiddio (fel y gwelir yn nofel hyfryd Dafydd Ifans, *Eira Gwyn yn Salmon*) yn y Prif-ysgolion, ond a'i arddull wedi'i llunio gan ffactorau moesol. Ym-wrthyd Oliver Thomas bob amser â rhodres dysg: ymwada â chyfeiriadau clasurol Groeg a Lladin ac â rhwysg y paragraffu cymhleth Ciceronaidd (a hyd yn oed â'r bachogrwydd epi-gramatig Senecaidd); ond y mae dysg y gyfeiriadaeth ysgryth-urol yn cydredeg â chydbwysedd brawddegol hollol glasurol ac â gofal meddwl disgybledig, fel y gwelir mai pwrpas ymarferol Oliver Thomas yw ymestyn oddi wrth ei gefndir dysgedig dos-barth-canol er mwyn cyrraedd cynulleidfa newydd fwy gwerinol ymhlith ei gyd-Gymry. Dylanwadwyd ar ei arddull gan y gred yn Offeiriadaeth pob unigolyn o Gristion.

Nid dadleuwr deallol yn unig mohono: ceir gwefr y person cyflawn yn ei frawddegau. Ac wrth efrydu'r lle a oedd i'r Ysgryth-urau a natur y llenyddiaeth Gristnogol a'i dilynodd yng Nghymru drwy dair canrif, fe fydd cyfanrwydd syniadol a theimladol ym-agwedd Oliver Thomas yn brigo o'r newydd i'r golwg o hyd ym-hob cyfnod. Peth i gyrraedd drwyddo oedd y Beibl, nid pen draw. Nid Beibl-addoliad diffrwyth a geid ar unrhyw adeg. Pwysleisia Oliver Thomas berygl yr arwyneb mewn modd eithaf tebyg, yn wir mewn arddull ryfedd debyg i'r hyn a geid gan Forgan Llwyd ychydig bach ar ei ôl ef:

Yn y gwreiddin y mae'r sugn, ac yn y cynewillin y mae'r ffrwyth ac nid yn y gangen neu'r cibin neu'r bliscin. Nid yn y croen y mae'r mêr ond yn yr ascwrn; felly nid yn y llythyren, ond yn nirgel ddeall yr yspryd y mae'r grym a'r melysdra a'r bûdd i'w gael. Nid ar wyneb y ddaiar y ceir y mwyn arian, ac aur ar tryssorau gwerth fawr eithr yn eigion, ac ym mherfedd y ddaiar ac am hynny, rhaid yw cloddio yn ddyfn, a descyn i'r diffwys cyn eu cael allan: yn yr vn ffunyd rhaid yw chwilio'r Scrythyrau, a'u chwilio yn fanwl, ac yn astud er mwyn cyrhaeddyd tryssorau gwybodaeth a deall ysbrydol i ddiddanwch ein eneidiau. (60)

Cyfraniad mwyaf y Dadeni Dysg i'r Diwygiad Protestannaidd yng Nghymru oedd cyfieithu'r ysgrythurau awdurdodol hyn. Y rhain oedd y deunydd ffrwydrol a agorodd y byd newydd i Gymru. Y Testament Newydd yn gyntaf—neu fel y dywedodd un Pabydd pwysig,—'a certain heretical and damnable book called the New Testament.' Yr hyn y cwynai'r Pabyddion yn ei erbyn, wrth gwrs, oedd y cyswllt uniongyrchol di-gyfrwng (oni chyfryngai'r Ysbryd Glân) rhwng y creadur o bechadur a Gair Duw. Mater o awdurdod oedd hyn eto. Felly y bu am ganrifoedd lawer: nid y Beibl oedd y perygl yn gymaint â'i ddefnydd digyfarwyddyd. 'Mynegodd Pius VII yn 1816,' medd S. O, Tudor am gyfnod diweddarach, 'ei "arswyd" o'r *perygl i seiliau crefydd* drwy waith y Cymdeithasau Beiblaidd. Yn 1824 fe gyhoeddodd Leo XII gylchlythyr yn mynegi ei boen ynghylch gweithgarwch byd-eang y Feibl Gymdeithas Frytannaidd a Thramor' . . . sef Cymdeithas Thomas Charles a Mari Jones. 'Galwai'r cylchlythyr sylw at yr "haint farwol yma." Cryfhawyd yr erledigaeth gan Pius VIII, Gregori XVI a chan Pius IX yn 1846. Llosgwyd y Beibl yn fynych yn gyhoeddus dan orchymyn awdurdod Pabaidd.'

Ni wn a fwriadwyd y paragraff uchod gan Mr. Tudor fel rhyw fath o bropaganda gwrth-Babyddol. Ond yr hyn y carwn i ei bwysleisio yw'r cyferbyniad rhwng dau fyd neu ddwy ffordd o fyw. Mae gennyf gyfeilles o Lydawes a chanddi gof plentyn, yn fuan ar ôl cyhoeddi gan Gymry gyfieithiad o'r Testament Newydd i'r Llydaweg, iddi hi a'r plant eraill gael gorchymyn offeiriad i gasglu pob copi a oedd ar gael, eu pentyrru ar y sgwâr, a'u llosgi: a chawsant eu hannog i ddawnsio o amgylch y tân. Yr hyn a'i poenai hi oedd nid yr arwyddocâd crefyddol, ond y gwahaniaeth a wnaethai i iaith a llên pe cawsai'r Llydaweg ei Beibl ynghynt, a phe cawsai'r Llydawiaid eu trwytho ynddo.

I lenyddiaeth Gymraeg bu'r Beibl yn anfesuradwy ei ddylanwad. Gellir disgrifio llu o lenorion Cymru a ddaeth ar ei ôl fel y disgrifiwyd Bunyan gan Spurgeon: 'Pigwch ef unrhywle; ac fe gewch fod ei waed yn Feiblaidd, y mae gwir hanfod y Beibl yn llifo ohono. All ef ddim siarad heb ddyfynnu adnod, oherwydd y mae ei enaid yn llawn o Air Duw.'

O fewn y Diwygiad Protestannaidd, y blaid Biwritanaidd, y blaid fwyaf ei pharch i'r Beibl, oedd yr un a fu'n fwyaf ffrwythlon o safbwynt llenyddiaeth Gymraeg wreiddiol. Bid siŵr, nid bychan oedd dylanwad Piwritaniaeth ar y gwaith uniongyrchol o gyfieithu'r Beibl heblaw'r rhan bwysig a chwaraeodd Piwritaniaid megis Stephen Hughes yn y gwaith o'i ddosbarthu wedyn. Tueddwn i weld dwy ffrwd yn hanes y Diwygiad Protestannaidd yng Nghymru, y Protestaniaid oer a'r Piwritaniaid cynnes; eithr nid yw hi mor syml gategorig â hynyna. Cafodd y Piwritaniaid gryn ddylanwad ar bawb arall yn y cyfnod; ac yn wir, hyd yn oed ar ysgolheigion megis William Salesbury yr oedd y math o argyhoeddiadau a goleddai'r Piwritaniaid yn effeithio gryn dipyn.

Ymhlith y cyfieithiadau Saesneg o'r Beibl yn y cyfnod hwnnw, dichon mai cyfieithiad Genefa oedd y mwyaf Piwritanaidd; ac ymhlith yr arfogaeth o ysgolheictod cyfoes, gyda'r cyfieithiadau mewn sawl iaith (yn ogystal, wrth gwrs, â'r gwreiddiol Hebraeg a Groeg) a oedd ar gael gan Davies a Salesbury, diau mai un o'r pwysicaf ganddynt oedd y cyfieithiad hwn o Genefa. Ceir amryw brofion o'i ddylanwad mawr, nid yn unig ar ieithwedd[1] a dyfais argraffu,[2] eithr hefyd ar yr egwyddor o fod yn ffyddlon, hyd yn oed yn slafaidd o ffyddlon i'r gwreiddiol.[3]

Iawn, serch hynny,—wedi cydnabod y cyswllt hwn—yw sylwi fod yna wahanu bras rhwng dwy ffrwd neu ddwy blaid yn y Diwygiad Protestannaidd. A thueddaf i'w clywed hwy'n ymrolio ar draws traethau hanes yn dair ton. Dwy ffrwd—tair ton.

Nid yw'r ddwy agwedd wahanredol hyn wedi diflannu hyd yn oed heddiw, yn arbennig yn Lloegr—er mai prin iawn yn yr Eglwys Wladol yng Nghymru yw olion y ffrwd Biwritanaidd bellach. Yn y naill blaid fe geir yr uchel-eglwyswyr esgobaethol a sagrafennaidd; ac yn y llall fe geir yr hyn a elwir bellach yn efengylwyr (a rhyngddynt, wrth gwrs, y tawelwyr difater a'r 'modernwyr'). Y

---

1. *William Salesbury a'i Destament*,Isaac Thomas, Gwasg Prifysgol Cymru, 1967, 70, 84.
2. ibid 74, 100.
3. ibid 58, 74.

mae'r naill yn tueddu i fod yn geidwadol ynghylch materion cyfundrefnol a'r llall yn radicalaidd, y naill yn gydffurfiol a'r llall yn anghydffurfiol, y naill yn pwysleisio'r meddwl a'r llall y galon (yn yr ystyr dechnegol—sef craidd y bersonoliaeth gyfan). Cam ydyw gorsymleiddio fel hyn; ond mentr ddigon hwylus yw canfod rhyw ogwyddiadau o'r math.

Ein tuedd ni heddiw yw meddwl yn hanesyddol am *Lyfr Gweddi* 1567, *Testament Newydd* 1567, a *Beibl* 1588 fel petaent yn don gyntaf, yn don oer ysgolheigaidd gyntaf, yn ffrwd y Protestaniaid cynnar, lle yr oedd gwaith mwy gwreiddiol John Penry (1563-93) a'r Ficer Prichard (1579-1644) yn perthyn i waith cynhesach y Piwritaniaid cyntaf o anadlu bywyd yn athrawiaethau a gwirioneddau'r Brotestaniaeth gyfieithedig.

Wedyn, gyda'r ail don o Brotestaniaid oer, fe gawn *Ddeffynniad Ffydd Eglwys Loegr* 1595 (Morris Kyffin), *Perl mewn Adfyd* 1595 (Huw Lewys), *Llyfr yr Homiliau* 1606 (Edward James) cyfieithiadau cymen yn amddiffyn y grefydd newydd ac yn ymosod ar yr hen. Dilynwyd y rhain o fewn yr un don gan ddau gyfieithiad clasur, a dueddai i danlinellu moesoldeb yn hytrach na thröedigaeth—*Yr Ymarfer o Dduwioldeb* 1630 (Rowland Vaughan)[4], a *Llyfr y Resolusion* 1632 (John Davies). Yr oedd y pwyslais gwrthrychol a geid gan y rhain yn cael ei oddrychu tua'r un cyfnod gan yr ail don o Biwritaniaid gyda'u pwyslais ar brofiad—sef Walter Cradoc (1610?-1659) a Vavasor Powel (1617-1670), ac yn bwysicach o safbwynt llenyddiaeth Gymraeg, Oliver Thomas (1598-1653?) a Morgan Llwyd (1619-1659) a'r rheini'n cael eu dilyn yn fuan gan Stephen Hughes (1622-1688), Rhys Prydderch (1620?-1699) a Charles Edwards (1628-wedi 1691).

Diddorol sylwi, wrth nodi mai Llanrhaeadr-ym-Mochnant oedd plwyf William Morgan rhwng 1578 a 1595?, mai yma hefyd y bu Oliver Thomas 1650-1653, ac yn union ar ei ôl ef Charles Edwards 1653-1659—man cyfarfod priodol iawn rhwng traddodiad ysgolheigaidd ac uchelwrol Dyffryn Clwyd a dylanwadau newydd a gwerinaidd Wrecsam (tref fwyaf Cymru ar y pryd) a'r gororau.

---

4. Gwiw yw cofio'r rhan a gafodd hyn yn nhröedigaeth Bunyan. A heblaw cyfeiriad Ellis Wynne ato, sylwer ar barch Howell Harris: 'Addunedais ac ymgymeraf â byw yn ôl cyfarwyddyd llyfr yr "Ymarfer o Dduwioldeb" a "Holl Ddyletswydd Dyn" gan drefnu f'amser yn ôl dysgeidiaeth yr Ysgrythurau . . .'

Wedyn, fe symudwn tua'r gorllewin, ac fe ddown at y drydedd don o Brotestaniaid gydag Ellis Wynne 1671-1734 a Theophilus Evans 1693-1767; ac y mae'r gwahaniaeth rhyngddynt hwy a'r don olaf o Biwritaniaid sef rhagflaenwyr y Diwygiad Protestannaidd, yn ddigon pendant—Thomas Gouge a'r "Welsh Trust" (1674-81) a Gruffydd Jones (1683-1761); pryd y daw'n wrthgyferbyniad eglurach byth, a hyd yn oed yn wrthwynebiad chwyrn yn erbyn y Methodistiaid.

Nid amhriodol yw ystyried Gruffydd Jones yn olaf o'r Piwritaniaid ac yn gyntaf o'r Methodistiaid, yn bont rhyngddynt. Yr oedd y ddwy nodwedd gyfredol a hanfodol yn eglur ganddo, y ddau briodoledd a unai'r Piwritaniaid â'r Methodistiaid ar led ac ar hyd, sef ar led yr enwadau—yr Eglwys Wladol, yr Annibynwyr a'r Bedyddwyr (ac yn ddiweddarach y Methodistiaid Calfinaidd), ac ar hyd y blynyddoedd—o ganol yr unfed ganrif ar bymtheg hyd ganol y bedwaredd ganrif ar bymtheg: Calfiniaeth y Piwritaniaid oedd Calfiniaeth y Methodistiaid Calfinaidd, yn ddigyfnewid i bob pwrpas—dyma'r gyfundrefn ddiwinyddol gadarn a unai feddwl pob un; ac yna, adnabyddiaeth bersonol o sancteiddrwydd Duw ac o'i waith achubol ef drwy Grist yn enaid yr unigolyn, ynghyd ag ymrwymiad gwresog drwy'r Ysbryd Glân i'w addoli Ef mewn gweithredoedd—dyma'r profiad dirfodol a roddai i'w diwinyddiaeth hwy berthnasedd hollol ddunamig ym mywyd y Cristion. Rhys Prichard a John Elias, Charles Edwards a John Jones Tal-y-sarn: dyma oedd eu hundod deublyg hwy mewn meddwl a phrofiad.

Y ddau beth hyn, hefyd, ar ôl i'r chwalfa meddwl a phrofiad gydio yn ein gwlad, yw'r hyn a fu'n dramgwydd ac yn rhwystr i Gymry'r ugeinfed ganrif glosio at amryw o'r llenorion hyn. Eto, heb geisio cyd-deimlo â'u natur feddyliol a phrofiadol hwy, y mae'r beirniad a'r darllenydd Cymraeg cyfoes yn ei amddifadu ei hun o'r gorau mewn tair canrif o'n llenyddiaeth. Medd Saunders Lewis[5]: 'Tuedd beirniadaeth academig heddiw yw gofidio fod llyfrau crefyddol yr ail ganrif ar bymtheg mor anniddorol er cystal eu Cymraeg; mynd heibio i ryddiaith grefyddol y ddeunawfed ganrif heb sylwi fawr arni; a dirmygu neu ddiystyru dadleuon diwinyddol y bedwaredd ganrif ar bymtheg a'u llyfrau oll. Yr

5. *Barn*, Awst, 1964, 273.

argraff a roddir ar y meddwl yw ei bod hi'n biti fod rhyddiaith Gymraeg ers tair canrif a hanner mor sych-dduwiol a chul.'

Dengys Mr. Lewis yr ehangder gorwelion a gollir oherwydd yr agwedd hon ac fel y mae cyd-deimlo â'r gweithiau llenyddol hyn yn cydio'r darllenydd Cymraeg wrth lenyddiaeth glasurol Ewrob, wrth Racine a Pascal a Milton a Dante. Yn wir, y mae'r gymhariaeth ffrwythlon rhwng sylfeini meddyliol y Racine diweddar a Pascal ar y naill law a'r traddodiad Calfinaidd Cymraeg ar y llall yn un y byddai ei hefrydu yn gryn gymorth i ddeall rhai o ddyfnion bethau'n hetifeddiaeth.

Meddai Dr. R. Tudur Jones, 'At ei gilydd, Calfiniaid oedd Piwritaniaid Cymru.'[6] Yr unig eithriad o bwys o blith ein llenorion oedd Morgan Llwyd; ac y mae ei achos ef mor gyfoethog ac mor amlochrog, ac y mae'r pleidwyr selog o blaid neu'n erbyn ei uniongrededd mor frysiog i'w labelu ef un ffordd neu'r llall, fel y tâl inni arafu i ystyried rhai o oblygiadau'i feddwl.

Dangoswyd ynghynt mewn penodau eraill fod llawer o wyrdroadau diwinyddol y traddodiad Cristnogol wedi tarddu yn y ddeuoliaeth a arddelwyd gan Domos Acwin (1225-1274), ac a ddeil fod dyn wedi cwympo ond ei ddeall wedi aros yn ddilychwin, fod yna, o ganlyniad, ddatguddiad gras (Ysgrythur) ochr yn ochr â datguddiad naturiol (Rheswm). Wrth gwrs, gobeithiai ef yn ddigon cywir fod yna undod a chydberthyniad o fewn y ddeuoliaeth hon; ond cydnabyddai'n sylfaenol hunan-lywodraeth y deall, ac o'r rhaniad hwnnw y tarddodd y ceisiadau annibynnol gwahanol o du 'gras' di-reswm neu o du 'rheswm' di-ras i ddisgrifio bywyd. Ar y naill law, datblygodd y pwyslais scolastig ar natur tuag at empeiriaeth, lle y tueddodd y pwyslais ar ras ar y llaw arall i ddadresymoli mewn cyfriniaeth, a'r gyfriniaeth honno'n darparu sianel arall i ddyn ddod o hyd i'w hunan-lywodraeth.

Y tueddiadau cyfriniol olaf hyn a esgorodd ar Boehme, Fox, a Swedenborg; ac yng Nghymru, dyma'r cefndir arferol y gwelir Morgan Llwyd yn ei erbyn. Morgan Llwyd—yr heretig a'r gwrthryfelwr, neu o leiaf felly y ceisir ei gyflwyno.

Yn ôl W. J. Gruffydd[7]: 'Am ei gredo grefyddol, digon fydd

---

6. *Hanes Annibynwyr Cymru,* Abertawe, 1966, 63.
7. *Coffa Morgan Llwyd,* gol. J. W. Jones, Gwasg Gomer, 1952, 18.

dweud ei bod yn hollol groes,—yn wir yn y pegwn eithaf arall—oddi wrth Galfiniaeth y Piwritaniaid . . . yn gwrthod cyfundrefnaeth y diwinyddion o'r brig i'r gwraidd ac yn dysgu cyfundrefn fewnweledigol yn ei lle.'

Anuniongrededd Llwyd yw'r hyn a bwysleisir gan anghredinwyr ac uniongredwyr fel ei gilydd. Sylwer ar a ddywed yr ysgolhaig efengylaidd J. I. Packer,[8] 'Having enjoyed what seemed to him so luminously God-given an experience, he fell into the trap of making the experience itself the subject and source of his subsequent teaching. Wishing to explain and preach his experience, and to see all things in the light of his experience—wishing, that is, to treat his own experience as the sum of divine revelation—he found the Bible insufficient (for the Bible relates everything to God Himself, and gives no help or encouragement to those who would idolise experiences and put them in God's place); there he turned elsewhere, and became captivated by Boehme, whom he rightly recognised as a kindred spirit, having the same aim as himself . . . As so often and so easily happens, the gift had seduced him from the Giver.'

Dyma ddadansoddiad sobr ac, i raddau, hollol gywir. Ond rhaid bod yn ofalus iawn rhag coleddu eithafion y farn hon.

Nid oes amheuaeth, er enghraifft, nad oedd Morgan Llwyd yn cymryd anffaeledigrwydd y Beibl gwrthrychol yn ganiataol. Dyma'r sail ddigwestiwn i bopeth arall, a chyfeiriai ato bob amser fel awdurdod ddwyfol. Yn awr, ysgrythurau allanol a diriaethol oedd y rhain, a ddeuai'n oleuni i'r dyn cyflawn. Mae gan Forgan Llwyd lyfr cyfan (78 tud.) sy'n ymwneud â'r Gair, sef *Gair o'r Gair* 1656, ac yn hwn ceir cannoedd o gyfeiriadau ysgrythurol a gynhwysir am eu bod yn profi'r pwnc, hynny yw, yn dystiolaeth ddi-ffael o'r Gwirionedd; a sylwer ar wrthrychedd y Gair (y mae'n rhaid iddo hefyd fod yn oddrychedd)—'mae ganddo efe Air yr hwn a all Dŷn ei wrando, a'i deimlo a'i weled a'i arogli a'i flasu hefyd, o's bydd Synhwyrau'r Enaid yn ysbrŷdol, fel y dywaid yr Yscrythur.'[9]

Gan fod y parch at yr ysgrythurau gwrthrychol yn uwch o lawer nag yn y can mlynedd diwethaf, nid eu hawdurdod oedd yr

---

8. Foreword, *A Goodly Heritage,* Banner of Truth Trust, 1959, 7.
9. *Gweithiau Morgan Llwyd o Wynedd,* II, gol. J. H. Davies, Bangor, Jarvis & Foster, 1908, 145.

anhawster a godai ym meddwl ei ddarllenwyr cyfoes. Pwyslais Morgan Llwyd, a phwyslais hollol uniongred, oedd bod yn rhaid i ddyn glywed yn bersonol lais Duw yn y Gair hwn, Ei adnabod, ac ymateb iddo mewn ufudd-dod a chariad: 'Yr wyti yn gyfarwŷdd yn yr Yscrythur, ac mae Pennodau'r Bibl ar Bennau dy Fysaidd. Ond a glywaist di erioed Ddirgelwch y Daran a'r Gerdd nefol ynghŷd ynnot dy hunan?'[10] Mae'r Beibl yn farw oni chlywodd dyn y Gair drosto'i hun, nes ei ddryllio, os nad adnabu lais awdurdodol Duw yn taranu yn ei galon. 'Cabledd yn erbyn Duw yw meddwl un-waith mae'r Llŷfr sŷdd yn dy Bocced di, neu tan dy Gesail yw'r Gair Duw hwnnw a wnaeth yr holl Fŷd, neu a ddichon wneuthur Bŷd newŷdd yn dy Galon di.'[11] Camgymeriad y beirniaid oedd tybied ar sail pwyslais personol fel hyn fod y Llwyd yn bychanu'r geiriau er mwyn y Gair, yr hen esgus rhyddfrydol—dan gochl o fod yn aruthrol o ysbrydol—i beidio â derbyn hanes pendant a chyfarwyddyd diwyro. Peth cwbl estron iddo ef fyddai dibrisio'r Gair gwrthrychol yn y dull rhyddfrydol. Gellir derbyn fod mwy-afrif cyfoedion y Llwyd yn plygu i awdurdod y Gair, yn wrth-rychol; ac yn erbyn cefndir o uniongrededd syml y mae'n rhaid darllen pwyslais y Llwyd. Nid gallu naturiol sydd arnom ei eisiau er mwyn darllen y Beibl, eithr yr Ysbryd Glân ei hun. Amlwg fod y Llwyd yn parchu awdurdod y gair ysgrifenedig ac yn ei ddefn-yddio felly, ond ei fod yn gweld hefyd fel Paul berygl y llythyren: 'Oni bŷdd yr Yscrythur a Chyfraith Duw wedi eu hysgrifennu o'r tu fewn, nid wyti nes erddi oddiallan.'[12] Dyma'r cydbwysedd uniongred; ond nid yw'r Llwyd yn defnyddio'r ''tu fewn'' i ddianc rhag yr ''oddi allan.'' Y mae'r ysgrythur o'r tu allan yn ymagor y tu fewn, ac yn dod o hyd i angen dyfnaf dyn: 'Mae'r Gair oddifewn ar Yscrythurau oddiallan yn cydseinio ac yn cyttûno ac yn cyd-dystioliaethu. Y Naill sydd ysgrifenedig a phin oddiallan yn y Bibl pûrlawn, y llall yn y Bibl arall, sêf Llyfr y Gydwŷbod.' (ibid. 183) Yr hyn nad yw'n ei arddel yw'r syniad fod dyn yn dod o hyd i'w gredoau yn annibynnol ar y Gair, yn ei gydwybod hunan-lywod-raethol ac yn ei ffansi ffri.

'Speak not reproachfully of the outward Bible,' medd ef. '. . .

---

10. ibid. 168.
11. ibid. 173.
12. ibid. 175; cf. *Gweithiau Morgan Llwyd o Wynedd*, I, gol. T. E. Ellis, Bangor, Jarvis & Foster, 1899, 251; a'r angen am yr Ysbryd Glân i fywiocáu'r Gair, ibid. 207-8.

that book speaks beyond them all, and is a greater and more pub-
lique general witness externally for God.' (I, 306) Mae ef yn
ddigon ymwybodol o beryglon y gydwybod "rydd", y meddwl
dynol hunan-lywodraethol: 'The Papists say this Bible is the
cause of all evils in Christendom; but the Lord Jesus saith, that
which cometh out of man's heart doth all the mischiefs.'

Pennod Dr. E. Lewis Evans, *'Morgan Llwyd a Chredo Swydd-
ogol ei Oes'*[13] yw'r ymgais fwyaf trefnus a gafwyd i brofi
anuniongrededd Morgan Llwyd, a da fyddai archwilio'r profion a
ddwg ef. Tuedda Dr. Evans i gyfeirio o bryd i'w gilydd at ambell un
o'r Pum Pwynt Calfinaidd, fel y gelwir hwy; ac er mor anfodd-
haol yw'r rheini fel disgrifiad cytbwys o'r Ffydd Ddiffuant, dichon
y dylid dilyn beirniadaeth Dr. Evans yn hyn o drafodaeth. Nid oes
cyfeiriad ganddo at unrhyw ŵyrdroad gan Forgan Llwyd oddi
wrth y gred ynghylch Llwyr Lygredigaeth Dyn: a gwiw i ninnau
ddyfynnu,

> 'O honofi nid oes dim da
> Ond drwg ffieidd-dra ormod;
> Ond ynofi oddiwrth fy Nuw
> Mae Ysbryd byw dibechod.'[14]

Awgryma Dr. Evans[15] fod Morgan Llwyd yn gwrthod
Etholedigaeth, ond ni ddyfynna ef un enghraifft yn garn i'r fath
ddaliad.

Nid yw'n bwrw fawr ddim amheuaeth chwaith ar gred Morgan
Llwyd mewn Iachawdwriaeth Gyfyngedig: yn wir, lluosog yw'r
datganiadau gan Forgan Llwyd megis, 'Llawer sydd yn ym-
wthio, ychydig yn mynd i'r bywyd, llawer yn breuddwydio, ag
ychydig yn deffro, llawer yn saethu ag ychydig yn cyrhaeddyd y
nôd.'[16]

Y pwynt nesaf a gwyd Dr. Evans yw 'Gras Anwrthwynebol.' A
charwn ddyfynnu'r cwbl o'r darn a ddefnyddia ef i brofi gwrth-
wynebiad y Llwyd i'r athrawiaeth hon gan mai dyma'r dyfyniad
helaethaf a geir yn y bennod. 'Gwaedd Ynghymru' yw'r gyfrol
berthnasol. Cyn y dyfyniad pwrpasol hwn yr oedd y Llwyd eisoes

---

13. *Morgan Llwyd,* E. Lewis Evans, Lerpwl, 1930, 26-42; cf. 'Morgan Llwyd a
Llyfr y Tri Aderyn', W. J. Gruffydd, *Y Cofiadur* III (1925), 4-21.
14. *Gweithiau Morgan Llwyd,* I, 105.
15. op. cit. 36.
16. *Gweithiau Morgan Llwyd,* I, 115; cf. 243.

wedi dweud yn dra arwyddocaol·o safbwynt y sôn am ei or-oddrychedd[17]: 'Na chais feddwl am Dduw drwy dy feddwl dy hunan; canys rhaid i nerth croes Crist ladd dy feddyliau di dy hunan, ac yno di gei feddwl Christ i aros ynot.' Yna â yn ei flaen: 'Mae dau beth yn cyssuro llawer, ond y trydydd yw sylfaen y cwbl. Y cyntaf yw fod Crist mab Duw wedi marw drosom, a thalu'r holl ddlêd i Dduw; Ond nid yw sôn am hynny ddim, oni bydd yr ail yn canlyn, a hynny yw fod Crist yn byw ynom ni, ag yn rheoli drosom, a thrwyddom, yn oleuni, yn gyssur, ag yn nerth, yn monwes yr enaid. Ond nid yw hyn chwaith ddigon, nid hyn yw gwreiddyn y matter, ond yr undeb sydd rhwng y *Tad ar enaid, yn ysbryd y Mab, yn y cariad anrhaethol.'*

Yn awr, casgliad Dr. Evans o hyn yw bod y Llwyd yn credu: 'Nid oes neb wedi eu gwrthod, ac y mae'r gallu gan bawb fel ei gilydd i fod yn gadwedig.' Ar wahân i'r ffaith nad oes dim perthynas oll rhwng y dyfyniad uchod a'r casgliad hwn, dengys trafodaeth ddilynol Dr. Evans ynghylch Gras Anwrthwynebol ei fod ef wedi llunio casgliadau ynghylch y ddysgeidiaeth honno nad oes perth-ynas rhyngddynt a'r ddysgeidiaeth fel y'i ceid yng nghyfnod y Llwyd (ac fel y'i ceir o hyd).[18]

Disgrifia ef gredo Morgan Llwyd yn ffansi ffri fel pe bai'n rhydd-frydwr dirywiedig o'r ugeinfed ganrif: 'A'r ewyllys ddynol yn gyfuniad o ansoddau gwrthgyferbyniol, hunangar ac anhunangar, y mae dyn yn rhydd i ddewis drwy 'ryddid cariad y gwreiddyn'.''

Nid dyna Forgan Llwyd o gwbl. Yn wir, yn y paragraff dilynol, dywed y Llwyd yn nodweddiadol ddigon: 'Cofia mai'r anifail yw dealltwriaeth y dyn naturiolaf, na all fyth (er doethed yw) weled Duw.'

Go gymysglyd, felly, yw ymgais Dr. Evans[19] i grynhoi tystiol-aeth anuniongred ar y pennau yna. Ac wrth gwrs, pe bai wedi cyfeirio at y pumed pwynt Calfinaidd, Parhad mewn Gras, fe gâi ef fod y Llwyd yn ei arddel yn groyw:

---

17. ibid. 143.
18. *The Confession of Faith,* A Handbook of Christian Doctrine Expounding the Westminster Confession, A. A. Hodge, The Banner of Truth, 1964; *The Five Points of Calvinism,* D. N. Steele a L. C. Thomas, Presbyterian and Reformed Publishing Co., Philadelphia, 1967.
19. op. cit. 39-42.

'O'r pydew du fe a'th gipiodd di
Ond nid i'th golli eilwaith.'

Daw Dr. Evans yn eglurach wrth geisio dangos fod y Llwyd yn dal credo Babyddol mewn 'Purdan'; ac y mae, gredaf i, beth yn gadarnach yn y fan yma, er ei fod yn dod i gasgliad di-sail a llawer rhy wyllt yn ei sgîl. Yn gyntaf, y mae safbwynt Calfinaidd a Diwygiedig y Llwyd yn blwmp ddigon ac yn blaen:[20]

'Agorwch eich llygaid a gwelwch, fod ysbryd pôb vn (wrth dorri o'r corph) yn aros yn y naturiaeth yn yr hon y bu fo byw. Os llygredig oedd y meddyliau llygredigaeth tragwyddol iw ei lettŷ.'

Sylwer: 'pob un', sef y duwiol yn ogystal â'r annuwiol.

Ond â'r Llwyd yn ei flaen i ddangos, yn gwbl uniongred, fod yr ysbrydion hyn—gyda dydd Barn ac atgyfodiad y cyrff—yn dod i gyflwr cyflawnach a therfynol: 'I say that the godly souls immediately are in paradise without their bodies, but not in the most perfect eternall state, till God be all in all.'[21]

Hyd yn hyn, ni ellir achwyn ynghylch uniongrededd y Llwyd: nid Purdan yw Paradwys, nid oes dim sôn gan Forgan Llwyd am yr eneidiau eu hun yn dioddef dros dro yn y cyflwr hwnnw. Y lle y mae ef yn gŵyro—pe baem yn cymryd *Cyffes* Westminster dyweder yn fesur uniongrededd,—yw y lle bo'n sôn am fwy na dau 'le' i'r eneidiau, nefoedd ac uffern:[22] ychwanega ef 'baradwys' fel modd i ddisgrifio'r 'lle' i'r enaid Cristnogol hyd atgyfodiad y corff a'r cyflawnder terfynol, ond nid yw hyn mewn un modd yn dibrisio llwyr effeithlonrwydd iawn Crist, fel y gwna'r ddysgeidiaeth Babyddol. Nid yw chwaith yn tarddu o oddrychedd ffansïol gan ei fod ef yn chwilio am garn i'r ddadl yn yr ysgrythur.

A dyna'r cwbl, felly. Ni ddadlennir dim prawf amgenach na hynyna, o'i anuniongrededd ef.

Heblaw chwenychu ei wneud ef yn "wrthryfelwr" a oedd yn ymwrthod yn negyddol â chredoau mawr a phendant Protestaniaeth, yr apêl fwyaf a oedd ganddo at ryddfrydwyr diwinyddol dechrau'r ganrif hon oedd Cyfriniaeth. Byddai olrhain twf Cyfrin-

---

20. *Gweithiau Morgan Llwyd,* I, 255.
21. ibid, 278: 'perfect' yn yr ystyr 'cyflawn.'
22. Neu fel y dywed Prydydd y Moch (HGC XIX), 'Deu edryt yssyt a synhwyryawr,/Deu erbyn agheu aghychwiawr;/Doethwlad nef adef, Adaf wychawr seil,/Uffern yw yr eil, dur eil dyrawr.

iaeth ramantaidd a Chyfriniaeth seciwlar-ddiwinyddol yn y cyfnod diweddar yn gymorth i ddeall sut y daeth ymbincio fel Cyfrinydd yn un o hoffterau mawr ac uchelgeisiau confensiynol rhai o fodernwyr y ffydd ddirywiedig. Digon yma yw nodi mai'r brif apêl oedd y pwyslais ar ddwyfoldeb dyn: 'na all neb ganfod Duw heb fod yn rhan ohono,' medd W. J. Gruffydd wrth geisio esbonio'r ffydd gyfriniol[23] . . . 'Dirgelwch personoliaeth a hunan yw dirgelwch cyfriniaeth.' Dyrchafu'r hunan a'i ystyried fel pe bai'n un â Duw. 'Un o gampau'r cyfrinydd yw gallu canfod, neu'n hytrach wybod, yr Unoliaeth hon.'[24]

Hynny yw, un o wendidau'r math hwn o "Gyfriniaeth" yw cymysgu Duw â dyn gan symud y gwahanfur rhyngddynt; metha â diogelu'r ffin. Go brin y gellid tadogi'r fath ddyneiddiaeth ymhongar ar Forgan Llwyd. Y mae'r Gyfriniaeth ddyneiddiol ddiweddar yn cyd-fynd â'r ymgais aniannol i ostwng safle Duw, bid siŵr, i ddileu'r goruwchnaturiol, i anwybyddu dwyfoldeb Crist: perthyn i'r dacteg o amwysedd ac o amhendantrwydd sy'n disodli awdurdod hanes a digwyddiad yn y datguddiad Cristnogol. I wastad hollol wahanol y perthyn 'Cyfriniaeth' Morgan Llwyd. Nid oes dim sôn ganddo am ddyn yn ei iacháu'i hun: nid yw'n ymwared ag iot o aruthredd arswydus pechod. Nid yw'n ceisio gwadu atgyfodiad y corff nac yn ystyried y Beibl yn llyfr 'naturiol'. Nid yw ychwaith yn sôn am brofiad a ddaw i ran rhai unigolion prin a ddoniwyd mewn modd braidd yn od: disgrifio a wna ef yn hytrach y profiad a ddaw i ran pob Cristion cyflawn.

Rhaid dal ar y gwahaniaeth allweddol rhwng Undod ac Uniaethu. Ar y naill law, ceir y bod o Dduw: 'Mae Duw yn llenwi pob peth heb ymgymyscu a dim.'[25] Y mae ganddo briodoleddau na all dyn ar y llaw arall, hyd yn oed y dyn yng Nghrist, y dyn atgyfodedig yn ei berffeithrwydd, byth eu honni—Creawdwr hollalluog a hollbresennol yw Ef. Ac eto, y mae yna undod hollbwysig ac aruthrol i'r Cristion hwnnw sy'n cyrraedd aeddfedrwydd sancteiddhad: 'Yr vn yw'r pen a'r corph, yr vn yw'r gwreiddyn a'r canghennau, yr vn yw'r gŵr a'r wraig, a'r ysbryd a'r enaid, a'r tân yn y tanwydd, yr vn yw yr hwn a sancteiddir a'r hwn a sancteiddia; ac yr vn yw Christ ai eglwys, yr hon sydd

23. *Llên Cymru*. 1540-1660, Hughes a'i Fab, Wrecsam, 1926, 181.
24. *Islwyn,* Gwasg Prifysgol Cymru, 1942, 13.
25. *Gweithiau Morgan Llwyd, I,* 143.

gnawd o'i gnawd, ag ysbryd o'i ysbryd.'[26] Nid oes gwrth-ddywedyd yma. Ceir undod heb uniaethad. Ni chollir person Crist na pherson dyn: ac eto y mae undod gwirioneddol yn bosibl rhyngddynt.

Swm a sylwedd y sylwadau hyn yw bod Morgan Llwyd yn llai agos at freuddwyd y rhyddfrydwyr diwinyddol ynghylch goddrychedd hunan-ganolog, gwrth-Galfinaidd nag a ddadleuir yn gyffredin. Yr oedd gwahaniaeth dybryd rhyngddo a Boehme yn ei agwedd o barchedigaeth at yr ysgrythur ac yn ei agwedd ymarferol at foesau a gweithredoedd cyhoeddus bob-dydd. Drachefn, yn wahanol i Boehme, coleddai'n gynnes y gobaith Piwritanaidd (a Christnogol) am yr Ail Ddyfodiad; ac y mae'r diffyg ymwybyddiaeth selog hyd yn oed ymhlith Cristnogion profiadol ac uniongred heddiw ynglŷn â'r Ail Ddyfodiad yn ein tueddbennu i ystyried Morgan Llwyd braidd yn abnormal. Ond nyni sydd ar ôl yn hyn o beth—beth bynnag am ŵyriadau gorfanwl y Llwyd yn null y Bumed Frenhiniaeth: nyni sydd ar ôl yn egnïon ein gobeithion a'n hyder sanctaidd, ac ymhlith y prif Biwritaniaid a'r diwinyddion ynghanol y briffordd uniongred—Calfin, Goodwin, Brooks, Jonathan Edwards, ac yn y blaen—yr oedd cytundeb cyffredinol a disgwyliad optimistaidd am ddiwygiad mawr a thröedigaeth Israel cyn y dydd hapus hwnnw.

Bid siŵr, yr oedd adwaith cwbl ddilys Morgan Llwyd yn erbyn diwinyddiaeth pen, ffurfioli credoau, cyfundrefnu deallol a thrafodaethau oer wedi esgor yn ddiau ar bwyslais gormodol ar brofiad, yn hytrach nag ar addoliad gostyngedig o'r Gwrthrych mawr. Tebyg ei fod yn pellhau'n rhy aml oddi wrth ddiriaeth y ffeithiau hanesyddol sydd ar ganol y ffydd Gristnogol; ac eto, ni allai neb gyhuddo'r Llwyd o fod yn amddifad o ymwybod â dirfodaeth hanesyddol ac athrawiaeth hanesyddol y ffydd. Patrwm hanesyddol dyn o'r Cwymp drwy'r Groes i'r Ail-ddyfodiad oedd y fframwaith diriaethol y pynciodd ef ei genadwri angerddol a huawdl o'i fewn.

Yr oedd y patrwm hanesyddol yn arfaeth Duw a'r argyhoeddiad o gynllun mawr yn y greadigaeth ymhlith y prif resymau pam y ffynnodd hanesyddiaeth fel gwyddor mewn modd digyffelyb yng nghyfnod y Piwritaniaid. Meddai Saunders

---

26. ibid. 206.

Lewis am Charles Edwards, 'Ef yw hanesydd cyntaf Cymru. Ef yw'r cyntaf i weld patrwm, cynllun, unoliaeth, yn hanes y genedl Gymreig.[27]

Myfyrio am brydferthwch cynllun Duw a nerth Ei farn ar waith ym mhlethwaith hanes a wnaeth Charles Edwards, oherwydd yn wreiddiol y mae'n wiw cofio, argyfwng personol enbyd. Dyma oedd ei ffordd ef o ymateb i ddial teuluol ac i erledigaeth grefyddol. Yr oedd y gwrthwynebiad ymhlith cyfoethogion ei fro wedi cynyddu drwy gydol cyfnod o ddeng mlynedd cyn 1660: nid da ganddynt yr offeiriad brwd hwn a fyddai'n ymprydio, yn pregethu, yn cateceisio, ac yn ymweld. Taflwyd ef o'i swydd. Ac yna, cyflymodd yr helbulon, daeth cyfres o ddeddfau, yn 1662, 1664 a 1665, a wasgai'n galed ar bob anghydffurfiaeth. Ymosodwyd arno a gyrrwyd ef o'i dŷ, carcharwyd ef, dinistriwyd ei eiddo, ceisiwyd ei wenwyno, ac o'r diwedd yn 1666 trowyd ei wraig a'i blant yn ei erbyn.

Gadawodd ei fro, a throi i Loegr. Yn ei unigrwydd a'i friwiau, chwiliodd yn anochel am ystyr *ysbrydol* i hyn oll—peth go ddieithr i bobl heddiw (a thebyg y byddai ei adroddiad hunan-gofiannol ef am hyn, *An Afflicted Man's testimony concerning his Troubles,* a sgrifennodd ef yn dair a thrigain oed, yn ymddangos braidd yn arallfydol i lawer yn ein hoes 'anysbrydol' ni). Cynnyrch yr argyfwng personol hwn oedd myfyrdod ganddo ef ar hanes erledigaeth, llyfr bach 62 tudalen (wedi'i seilio'n bennaf ar waith John Foxe).

Rhaid ei fod wedi cael ei ysgogi gan y dasg hon; a pharhaodd ei fyfyrdod yn y maes, gan ddyfnhau hyd nes iddo gyhoeddi argraffiad 1671, ac yn goron ar ei waith llenyddol argraffiad 1677. Wrth droi at hanes Cymru fe gafodd Charles Edwards weledigaeth lawnach ynghylch perthynas ffaith a ffaith, pwrpas trefn pethau, ac ynghylch gwaith angenrheidiol yr hanesydd o ddethol; a threiddiwyd y cwbl gan sylweddoliad o'r dimensiwn ystyrlon sydd o dan yr wyneb.

Y rhan fwyaf meddylgar o'r llyfr yw'r adran anhanesyddol, serch hynny, sy'n dechrau ar dudalen 259, 'Rhinwedd y Ffydd'. Meddai Mr. Saunders Lewis amdano[28]: 'Nid oes esiampl o fan-

27. *Meistri'r Canrifoedd,* gol. R. Geraint Gruffydd, Gwasg Prifysgol Cymru, 1973, 167.
28. *Ysgrifau Dydd Mercher,* Y Clwb Llyfrau Cymreig, 1945, 63.

ylach meddwl yn ei faes ei hun.' A dywed Dr. Tudur Jones:[29] 'Erys pennod 22 yn *Y Ffydd Ddi-ffuant* y disgrifiad mwyaf cofiadwy o drychineb dyn yn ein holl ryddiaith, yn union fel y mae pennod gyntaf *Theomemphus* yn ddisgrifiad clasurol ohono yn ein barddoniaeth.' Un symudiad mawr yw hwn hyd dudalen 383; ac er bod Charles Edwards yn ei rannu'n wyth pennod, dwy adran sydd yma mewn gwirionedd, y gyntaf yn ystyried pechod ac yn arbennig yr anhawster bythwyrdd i ddyn gael ei argyhoeddi o ystyr ac arwyddocâd dyfnaf pechod, a'r ail yn ystyried gras Duw yn meddiannu holl gyneddfau enaid gan esgor ar dduwioldeb.

Dengys ef drwyadledd y cwymp. Hyd yn oed y deall, y peth yr oedd Tomos Acwin wedi ceisio'i esgusodi rhag y dynged gyffredinol honno, y mae hwnnw hefyd dan felltith. Undod y cwymp ac undod yr achubiaeth, dyma genadwri arbennig a phwysig Charles Edwards yn hanes syniadaeth Gymreig: 'Mae'r pechaduriaeth hefyd gwedi gorchfygu pob rhan o bôb dyn, holl gyneddfau'r enaid ac aelodau'r corph: *Halogrwydd cnawd ac yspryd yw.* Yn yr enaid y deall yw tywysog y cyneddfau, fel y mae'r haul yn y ffurfafen yn benaeth y goleuadau, etto y mae ef dan ecclip du. Mae'r holl genhedloedd *wedi tywyllu eu deall, wedi ymddieithro oddiwrth fuchedd Dduw drwy'r anwybodaeth sydd ynddynt.'[30]

Â ati i fanylu ar rai agweddau arbennig ar hyn gan ddangos olion o'r cwymp mewn gwyddoniaeth, economeg a masnach. Allan o'r athrawiaeth hon y tyfodd cyfanrwydd y ddysgeidiaeth Galfinaidd a ddangosodd Dr. Tudur Jones[31] yn ei ffyniant ar ddechrau'r bedwaredd ganrif ar bymtheg, 'a phob gwedd ar fywyd y genedl, yn llenyddol, yn addysgol, yn wleidyddol ac yn grefyddol yn ffynnu dan sofraniaeth Duw . . . gwareiddiad cyflawn Cymraeg a hwnnw'n un Cristionogol.'

Yn hyn o orchwyl fe welai Charles Edwards le'r deall yn hierarci'r drefn, a bod y deall, heblaw cael ei lygru, wedi colli'i briod safle llywodraethol hefyd: 'Dylai'r deall reoli'r ewyllis; ond yn awr collodd ei awdurdod, a gwnaiff y deisyfiadau llygredig a fynnont er gwaetha iddo ef. Yn yr anhrefn hwn mae'r gweision

---

29. 'Cewri ar eu gliniau', ysgrif heb ei chyhoeddi eto.
30. *Y Ffydd Ddi-ffuant,* Charles Edwards, Caerdydd, 1936, 263.
31. *Y Traddodiad Rhyddiaith,* gol. Geraint Bowen, Gwasg Gomer, 1970, 320, 330.

gwrthryfelgar hyn ar feirch, a'r tywysog ar draed, ie ar lawr. Wrth ei gwymp aeth dyn â'i ben tano, a'i fol yn uchaf, (ys drwg yr ystum); trêch yw ei chwant na'i reswm.'[32]

Dengys ef, wrth gwrs, amharodrwydd y dyn anianol i ddeffro i'w sefyllfa; ei hunan-fodlonrwydd hunan-ddigonol. Aruthrol o anodd yw i gydwybod dyn fel y mae wynebu cyfiawnder a glendid Duw. A manyla ef ar baradocs syfrdan tröedigaeth—fod yn rhaid ymostwng cyn dyrchafu, fod yn rhaid ergydio (yn aml yn galed iawn) cyn i falchder dyn gracio a chyn i ras Duw lifo i mewn. Fe all trychineb ym mywyd dyn ambell dro fod yn gymorth iddo yn hyn o beth, nid oherwydd y methiant sydd ynglŷn ag ef, ond oherwydd iddo ddangos i ddyn ei wir ddiymadferthedd a'i ddistadledd gwirioneddol, ac felly ganiatáu iddo ddyrchafu ei lygaid ysbrydol at y Duw trugarog a graslawn.

Yna, rhydd ef bump o'i benodau i ddarlunio a chlodfori'r gras hwnnw. Fel yr oedd y cwymp wedi bod yn drwyadl i gorff, i feddwl, i enaid, felly y mae'r bendithion sy'n disgyn ar y person a anwyd o'r newydd yn treiddio i bob rhan o'r bersonoliaeth. Dyma bwyslais neilltuol a hollol fwriadus yng nghenadwri Charles Edwards: 'Pan droer ffrwd paradwys at yr olwyn fawr, sef yr enaid, hi a droiff holl olwynion bychain y corph a'r sydd ynglŷn wrthi i weithio am fara'r bywyd . . . Arferir y llygaid i hyfforddi duwioldeb. wrth edrych â nhw ar fawrion bethau Duw yn y nefoedd a'r ddaiar, rhyfedda'r galon ei alluogrwydd a'i ddoethineb ef . . . Daw adeiladaeth i enaid y Christion drwy'r clustiau: caiff *ffydd trwy glywed. deffry'r Arglwydd iddo glust i glywed fel y dyscedig,* ac i ddeall yr hyn a adrodder wrtho, gan ufuddhau iddo . . . *Geneu'r dŷn daionus a fynega foliant Duw . . .* '[33] ac felly ymlaen i gylchu'r person i gyd.

Yr oedd y gwahaniaeth Tomistig rhwng *opus servile* (llafur corff) ac *opus spirituale* (gwaith ysbrydol) yn gwbl groes i ddealltwriaeth Galfinaidd y Piwritaniaid o ddysgeidiaeth yr ysgrythurau.[34] 'Y mae *pob* crefftwr o bob math sy'n gwasanaethu anghenion dynion, yn *weinidog* i Dduw.'[35] Y mae hyd yn

---

32. ibid. 265.
33. *Y Ffydd Ddi-ffuant,* 331-334.
34. *A Christian Introduction to the History of Philosophy,* F. N. Lee, Craig Press, New Jersey, 1969, 192.
35. Calvin: *Opera Omnia,* XXXVI, 83; cyfeiriad Lee.

oed 'amaethyddiaeth yn cael ei *orchymyn* gan Dduw.'[36]

Pierre Ramus o Picardy, wrth ymadael ag Eglwys Rufain ac ymuno â'r Calfiniaid yn 1561, oedd y cyntaf i dorri'n erbyn sgolasticiaeth ac Aristoteliaeth drwy ail-ddatblygu'r syniad hwn o gysylltedd a chydlyniad yr holl wyddorau o dan benarglwydd-iaeth Duw.[37] Erbyn cyfnod Charles Edwards, yr oedd y ddysgeid-iaeth hon yn anymwybodol herio deuoliaeth Tomos Acwin Gras/Natur (a'r awgrym anochel a ddaeth yn ei sgîl ynghylch natur ddi-ras); ac yn yr adran 'Rhinwedd y Ffydd' y mae Charles Edwards yn eglur yn gosod ger ein bron y ddeuoliaeth dynged-fennol sylfaenol a chywir Gras/Pechod. Ac o ganlyniad, yr oedd yna bosibilrwydd bellach i sefydlu athrawiaeth Gristnogol iach (athrawiaeth wrth-Blatonaidd) ynghylch y ddaear hon a'r corff hwn a'r bywyd hwn.

Nid felly y bu, serch hynny, er gwaetha'r cyffyrddiadau a geir gan Williams Pantycelyn yn ddiweddarach a'r ymdrechion yn y ganrif ddiwethaf a ddisgrifiwyd gan Dr. Tudur Jones. Parhaodd y 'Blatoniaeth' wrth-gorfforol ymlaen ar ffurf pietistiaeth a 'pharchusrwydd'; ac yr oedd y ffaith mai ar wahân i brif ffrwd 'seciwlar' bywyd, sef yn yr eglwysi yn unig, y caniateid i'r Cymry gael awdurdod wleidyddol ar eu bywyd a datblygu'u meddwl ymarferol 'rhydd' yn golygu fod yr hollt yna'n parhau rhwng un rhan o deyrnas Dduw, sef y rhan ddefosiynol a diwinyddol a'r rhan arall a oedd yn fwy materol neu'n ymwneud ag addysg a gwleidyddiaeth. Ymgynghreiriodd pietistiaeth ac imperialaeth â'i gilydd i atal meddwl Charles Edwards a'i gymheiriaid rhag ymgrisialu mewn cymdeithas gyflawn a chytbwys, a methodd y weledigaeth Galfinaidd ag ymddiriaethu a sefydlu patrwm aml-ochrog effeithiol yng ngwead holl gylchoedd y gymdeithas Gymreig.[38]

---

36. Calvin: *Opera Omnia,* XXIII, 83; cyfeiriad Lee. Cf. 'Cywydd y Llafurwr,' IGE XXVII, 'Ni cheffir eithr o'i weithred/Aberth Crist i borthi cred/ . . . Bod yn orau, nid gau gair,/Ungrefft gan y Tad iawngrair,/Arwydd mai hyn a oryw,/Aredig, dysgedig yw.'

37. Lee op. cit. 193.

38. Defnyddiais y gair Piwritaniaeth yn y bennod hon i gyfeirio at y blaid o fewn yr Eglwys Wladol a oedd yn awyddus i weld y diwygiad a gawsid ym mheth o athrawiaeth yr eglwys, yn ymledu ym mywyd beunyddiol, yn nhymer, a phrofiad ac fel arfer yn ffurflywodraeth yr aelodau. Tueddir weithiau i'w ffurfioli'n grŵp penodol; ond yr wyf wedi defnyddio'r diffiniad lletaf sy'n cyfeirio at gynrychiolwyr tynfa arbennig.

IX

CANIAD MORGAN LLWYD

Yn y Neo-Gyfriniaeth a gafwyd yng ngwaith Boehme, Fox a Swedenborg, fe wêl Lee ymgais afreswm dyn i ddiogelu'i hunanlywodraeth. Fel y gwyddom, yn ein dyddiau ni, fe all dyn ddefnyddio yr hyn a eilw ef yn Gyfriniaeth,—sy'n cynnwys bellach gyffuriau, yr afreswm, a chyltau myfyriol dwyr-einiol,—er mwyn ymryddhau oddi wrth gyfrifoldeb rheswm a pheidio ag wynebu cynnwys sylweddol Cristnogaeth hanes-yddol. Yr oedd Neo-Gyfriniaeth yr unfed ganrif ar bymtheg yn un o'r ffyrdd felly a ddilynodd dyn y pryd hynny i ddatrys yr hollt rhwng Gras a Natur. Medd Lee,[1] 'Lle y datblygodd thema natur y scolasticiaid i fod yn empeiriaeth, cafodd thema gras nid yn unig ei seciwlareiddio i fod yn rhesymoliaeth ac yn ddyneiddiaeth radicalaidd, eithr hefyd fe'i hafresymolwyd yn gyfriniaeth a dod yn llwybr arall y gallai dyn geisio'i ryddid hyd-ddo.' Dyma adnewyddu felly dueddiadau cyfriniol a gafwyd yn yr Oesoedd Canol gan Bernard o Clairvaux, Johann Eckhart, ac eraill.

Dyma'r fframwaith hanesyddol y gosodir Morgan Llwyd ynddo fel arfer. Iawn y gwneir hynny. Iawn hefyd, wrth gwrs, yw cyd-nabod y cyfraniad a wnaeth y symudiad clodwiw hwn wrth bwysleisio profiad bywydol o'n hadnabyddiaeth o Grist a'n cyfathrach bersonol â Duw. Iawn hefyd, yn ddiau, yw cydnabod peryglon goddrychol a chwiwiol yr ehediadau mewnol hyn, a'r cyfeiliorni a all ddeillio o gamymddygiad anghyfleus y chwarennau, y nerfau, a chylchrediad y gwaed.

Rhaid cofio hyn oll wrth fyfyrio yng ngwaith Morgan Llwyd, ac ymddengys yn sicr ei fod ef ei hun yn ddigon ymwybodol o'r gwyriadau a all ddilyn o oddrychedd hunan-ganolog ac o adael i'r goleuni mewnol bondigrybwyll ddallu llygaid y gwirionedd gwrthrychol. 'Na chais feddwl am Dduw, drwy dy feddwl dy

---

1. *A Christian Introduction to the History of Philosophy*, F. N. Lee, Craig Press, New Jersey, 1969, 156.

nunan,' medd ef;[2] 'canys rhaid i nerth croes Crist ladd dy fedd-
liau di dy hunan, ag yno di gei feddwl Christ i aros ynot.' Ac wrth
gwrs, y dull gwrthrychol mwyaf dibynnol y gall dyn ddiogelu a
phrofi dilysrwydd ei brofiadau mewnol yw drwy'r Gair a rodd-
wyd yn awdurdodol hanesyddol gan Dduw ei hun: 'Mae ganddo
efe Air yr hwn a all Dŷn ei wrando, a'i deimlo a'i weled a'i arogli
a'i flasu hefyd.'[3] Dyma'r dull a ddefnyddir gan Forgan Llwyd ei
hun, pan fydd ef yn chwilio am sylfaen: e.e. 'Ac mae'r holl
yscrythurau ynghŷd yn dangos (a minnau a feiddiaf ddywedyd)
fôd y Drindod dragwyddol ynom ni . . .'[4] 'Ynddo ef medd yr
Yscrythur yr oedd Bywŷd.'[5] 'Y mae yn scrifenedig mai gwŷch a
gwerthfawr gyda Duw yw Ysbrŷd distaw dioddefgar tawel diddig
difalch.'[6]

Gyda'r holl Biwritaniaid, yr oedd Morgan Llwyd wedi dysgu'r
gorchwyl allweddol o ymwacáu, y gamp ddirfawr o blygu, yr
orchest sylfaenol Gristnogol o dderbyn megis tlawd yn yr ysbryd,
ac o dderbyn y gwrthrychol; a hyn a achubodd ei gyfriniaeth rhag
bod yn ffansïol ac yn hunan-ganolog. Mor huawdl a hyfryd y
mae'n pwysleisio'r agwedd hon ar ddyfodiad y Cristion at Dduw,
'Rhaid yw dy ddiddymmu di, cyn dy ddiddyfnu; a rhaid iw dy
ddiddyfnu di, cyn dy ddiddanu di. Fe ddiffoddir yn gyntaf dy holl
wreichion, ath ganhwyllau di, cyn dy oleuo ath gyssuro, ni bydd
nath haul, nath leuad nath sêr di, yw gweled. Di gei fod cyn
farwed ag ascwrn pwdr yn y bedd, cyn i Grist ymgodi ynot, a
rhaid iw tynnu yr hen adeilad i lawr, cyn gosod i fynu yr adeilad
newydd. Rhaid i i ti fynd allan o gof, a golwg y byd, a chymmeryd
dy gyfrif yn ffwl, yn ynfyd, yn blentyn, yn ddim, yn llai na dim, cyn
i ti gael gwybod dim fel y dylit.'[7]

Gwir gyfraniad Morgan Llwyd oedd iddo ef ddangos, fel y
gwnaeth y Methodistiaid Calfinaidd ymhellach ymlaen, fod y
profiad agos a real hwn o Grist, a roddir i'r sawl a ddarostyng-
wyd yn llwyr, yn brofiad personol golau a dirweddol. Nid credoau
noeth a dysgeidiaeth pen yw Cristnogaeth (er ei bod, bid siŵr, yn

---

2. *Gweithiau Morgan Llwyd*, I, 143.
3. ibid 2, 145.
4. ibid 1, 187.
5. ibid 2, 156.
6. ibid 2, 162. Yr un pryd, wrth gwrs, y mae'n sicrhau dull y Gair o weithredu
   (ibid 1, 251), 'Nid yw llyfrau a llythrennau ond fel gwellt, Mae'r bywyd yn yr
   ysbryd nid yn y llythuren.'
7. ibid 1, 142-143.

cynnwys athrawiaethau penodol a gweithredoedd hanesyddo
sylweddol), eithr yn gyntaf ail-enedigaeth weddnewidiol a brofir
yn ysgytiol gan yr holl berson, nes bod ei synhwyrau a'i ddeall a'
gymeriad oll yn cael eu bywiocáu a'u glanhau. Profiad wedi'
seilio ar hanes. Yn y cyd-destun hwn o brofiad synhwyrus byw ar
sail gwybodaeth roddedig wrthrychol y carwn ystyried un o'
gerddi mwyaf prydferth, sef y cyfansoddiad a elwir 'Caniadau ar
ol tôn Psalm 113 gymraeg.'

Dyma hi:
1. *fy Nuw, Cusana fi ath fin,*
   melysach iw dy serch nar gwin, Di iw anwylyd fenaid i.
2. *Aroglau d'ennaint hyfryd yw,*
   dy enw a wna y marw yn fyw, fe hoffa'r gwir forwynion di.
3. *O dywaid i mi, Ple ith gawn*
   yn porthi'r nefol braidd brydnhawn; ni byddaf lonydd nes dy
   gael.
4. *O pam y troi di heibio fi?*
   chwant f'enaid iw dy fonwes di. Rwi'n ffyddlon er fy mod i'n
   wael.
5. *fel hyn attebodd Duw ynghrist:*
   f'anwylyd. Cyfod, na fydd drist; fe ddarfu'r gauaf dû ar glaw
6. *Mae'r blodau'n tyfu ymhob rhych;*
   O Gwrando lais y durtur wych. Tyrd, Awn i rodio law yn llaw.
7. *fy Eglwys bûr, fy mhriodferch,*
   fy nghlomen fwyn, am chwaer, am serch, yn aros yn
   ystlysau'r graig,
8. *Dy lais ath wyneb dangos di,*
   Mae i ti groesaw gidam' fi; Myfi iw'r Oen, dydi iw'r wraig.[8]

Bardd anwastad a chymysglyd o ran safon oedd Morgan
Llwyd; ac eto fe wyddom, o ddarllen ei ryddiaith yn anad dim, fod
ganddo adnoddau barddonol anghyffredin iawn. Cafodd y doniau
hynny fynegiant effeithiol yn y gerdd hon, sy'n un o delynegion
tlysaf yr iaith Gymraeg.

Digon amlwg yw'r cysylltiad sy rhyngddi a'r ddwy bennod
gyntaf o Ganiad Solomon. Eto, nid ffurf fydryddol foel mohoni ar

---

8. Diweddarwyd yr atalnodau, ond cadwyd yr orgraff a'r llythrennau mawrion.
   Mae gan Forgan Llwyd nodyn i'r argraffwyr yn Nulyn ar flaen ei gopi o'r
   Waedd ynghymru, yn Llsgr. NLW 11, 430 B sy'n awgrymu ei fod yn rhoi pwys
   ar ba eiriau sy'n dwyn llythrennau breision.

yr Ysgrythur. Detholir, helaethir, ac ailddehonglir; a chywirach dweud i'r gân hon ddod o hyd i'w hysbrydiaeth yn y llyfr hwnnw, yn hytrach na bod Morgan Llwyd wedi ceisio'i fydryddu fel y gwnaeth Edmwnd Prys gyda'r salmau oll ac fel y gwnaeth yntau'i hun gyda rhai.[9]

Drwy garedigrwydd Dr. Prys Morgan (ar ôl iddo ddarllen fersiwn cynt o'r bennod hon) cefais fy nghyfeirio at bennill gan y

---

9. Yn y gân yma y mae Morgan Llwyd wedi mabwysiadu'r mesur tra diddorol a ddefnyddiodd Edmwnd Prys ar gyfer Salmau 113 a 114. Mae dylanwad Edmwnd Prys, a fuasai farw pan oedd Morgan Llwyd yn ifanc iawn ac a oedd wrth gwrs o'r un gymdogaeth, yn bur drwm arno. Dyma sut y mae Salm 113 gan Edmwnd Prys yn dechrau:

'Chwi weision Duw molwch yr Ion,
Molwch ei enw â llafar don,
bendigaid fytho ei enw ef.
O godiad haul hyd fachlud dydd,
Mae enw yr Ion moliannus fydd,
yn y byd hwn, ac yn y nef. . . .'

Mae rhwyddineb cymharol Morgan Llwyd wrth drafod y mesur yn eglur ddigon: mae ef yn llyfnach ac yn fwy soniarus. Ac ategir y farn hon wrth gymharu ei fersiynau gwahanol o'r Salmau. Ceir yn Llsgr. NLW 11, 433 B geisiadau nodedig gan Forgan Llwyd (nas cyhoeddwyd) i drosi salmau ar fydr, e.e. Salmau 19, 44, 45, 46, 121, 122, 126. Ym mhatrwm y gweithgarwch hwn y mae'n rhaid gosod y mydryddiad hwn o Ganiad Solomon. O ran cymhariaeth, cymerer dwy adnod o Salm 126, sy'n darllen fel hyn ym Meibl 1620:

Pan ddychwelodd yr Arglwydd gaethiwed Sion, yr oeddwn fel rhai yn breuddwydio.
2. Yna y llanwyd ein genau â chwerthin, a'n tafod â chanu: yna y dywedasant ym mysc y cenhedloedd, yr Arglwydd a wnaeth bethau mawrion i'r rhai hyn.

Dyma fydryddiad Edmwnd Prys:

Pan ddychwelodd ein gwir Dduw Ion
gaethiwed Seion sanctaidd;
Mor hyfryd gennym hyn bob un,
a rhai mewn hun nefolaidd.
Nyni â'n genau yn dda'n gwedd,
gorfoledd ar ein tafod:
Ymhlith cenhedloedd dwedynt hyn,
fe wnaeth Duw drostyn ystod.

Dyma fydryddiad helaethach ond llawer mwy naturiol a grymus Morgan Llwyd:

Pan ddygodd Duw yn ol i'w gwlad
drachefn gaethgludiad Sion
rhyfeddu wnaem yn llawen iawn
—fel rhai fai'n llawn breuddwydion
ni ganem gan a chalon rwydd
ir Arglwydd am ei wrthiau
Ein genau oedd yn llawn oi glod
—an tafod oi ganiadau
yna fe ddwede gwyr y wlad
wrth siarad gida'i gilydd
fe wnaeth duw'r dynion hyn waith mawr
—i dwyn nhwy'n awr oi cystydd.

325

bardd a'r salmydd George Wither; a gosodwyd problem i mi:

> *'Come, kiss me with those lips of thine,*
> *For better are thy loves than wine;*
> *And as the pourèd ointments be,*
> *Such is the savour of thy name,*
> *And for the sweetness of the same,*
> *The virgins are in love with thee.'*[10]

Heblaw'r tebygrwydd trawiadol sydd rhwng y llinellau hyn a rhai'r Llwyd, ystyriai Dr. Morgan (heb deimlo'n ddogmatig) fod rhin 'cyfieithiad' yng ngwaith Morgan Llwyd yn bennaf oherwydd y mesur, a oedd, gredai ef, yn taro fel *musicality* Seisnig iawn, a'r acenion ar sillaf ola'r llinellau.

Y mae awgrym Dr. Morgan yn werthfawr dros ben a'i ddadleuon yn gryf. Da cofio hefyd am bwysigrwydd George Wither (1588-1667) yn ystod cyfnod tyfiant Morgan Llwyd (1619-1659). Yn 1623 cafwyd caniatâd i gyd-rwymo *Hymns and Songs of the Church* Wither ynghyd â phob copi o'r Salmau Mydryddol;[11] ac o'r emynau hynny y codwyd y pennill uchod. Ni allaf amau nad oedd y Llwyd wedi gweld peth o waith Wither,[12] a byddwn yn barod iawn (ar sail awgrym Dr. Morgan) i dderbyn y gallai'r pennill uchod fod yn anymwybodol yn ei feddwl wrth iddo gyfansoddi'i gerdd.

Ar y llaw arall, y mae'r teitl a roddir i'r gerdd yn cadarnhau'r dybiaeth mai Edmwnd Prys (1544-1627) oedd ffynhonnell y mydr i Forgan Llwyd, Salmydd o Gymro a oedd wedi dylanwadu arno'n ddiau, ac yntau'n hanu o'r un ardal, beth bynnag, wrth gwrs, oedd y ffynhonnell a oedd gan Brys ei hun i'r mesur—un Seisnig, yn ddigon tebyg. Peth arall: gwelir, er bod rhaid canfod tebygrwydd anochel rhwng dau sy'n defnyddio'r un mesur ac yn cyfaddasu'r un gwreiddiol, fod yna hefyd hyd yn oed yn yr un pennill hwn beth gwahaniaeth yng nghyffes a threfniant Morgan Llwyd, heblaw, wrth gwrs, yn ei synwyrusrwydd geiriol.

Tueddaf i ystyried y gerdd yn ymgais gan Forgan Llwyd i lunio'n 'wreiddiol' yn y Gymraeg, ar sail patrwm a oedd yn uniongyrchol gyfarwydd iddo yn y Gymraeg, gyfaddasiad mydryddol a oedd yn

10. *A Treasury of Seventeenth Century Verse,* gol. H. J. Massingham, Llundain, 1919, 255.
11. *The Methodist Hymn-Book Illustrated,* John Telford, Robert Culley, London, 1909, 30.
12. Am werthfawrogiad cryno o'i waith gw. *The Hymn Lover,* W. Garrett Horder, J. Curwen & Sons London, d.d. 24, 67, 73.

cydredeg â mudiad Saesneg, ac i raddau helaeth iawn yn tarddu allan o'r mudiad hwnnw ac yn mabwysiadu'i gywair.

Cadarnheir y fath dybiaeth gan weddill y gerdd: fe welir nid yn unig fod gwahaniaeth llwyr rhwng geiriad y Llwyd a'r hyn y gellir ei ddisgwyl pe bai'n gyfieithiad o'r Saesneg,[13] eithr bod llawer iawn o rym y gerdd wedi'i seilio ar yr atrefniant cyferbyniol o adnodau'r gwreiddiol,[14] ac yn tarddu o'r detholiad arbennig a wnaeth Morgan Llwyd o blith adnodau Caniad Solomon. Dyma ran fawr o gamp y gerdd—ei hadeiladwaith datblygol a'i chynllunwaith dramatig—hynny yw, ei chyfansoddiad creadigol newydd.

Cân serch yw hon rhwng yr Eglwys a'i Duw; a chyplysir ynddi yr ymserchu synhwyrus hwnnw sy rhwng gŵr a gwraig â'r ymhoffi dwfn ac arallfydol rhwng y ddaear a'i Chrëwr. Mae cywair y gerdd yn dyner ac yn dawel gyson drwyddi, gyda gohiriad y brif odl ym mhob pennill yn arafu ac yn urddasoli'r symudiad. Er bod y bardd yn defnyddio geirfa erotig, mae yna ymatal cynnil:

'fe hoffa'r gwir forwynion di.'

Digon gwir bod ail hanner y gerdd yn llai petrus na'r hanner cyntaf, mai awdurdodi a wna'r ffurfiau gorchmynnol yn y diwedd ar ôl iddynt erfyn yn y dechrau. Ond awdurdodi tirion a mwynaidd sy yma, a'r symbolau heb eu taro'n uniongyrchol, gan gadw eu dirgelwch: awgrymu ffrwythlon sy'n weddus i'r gyfathrach hon. Er enghraifft, dyma'r uchafbwynt:

'Myfi iw'r Oen, dydi iw'r wraig,'

ac nid 'Myfi yw'r gŵr, dydi yw'r wraig.'

Priodol hefyd i'r thema o gyfarfyddiad cariadus yw'r cynllun

---

13. Dyma'r hyn, er enghraifft, sy'n cyfateb gan George Wither, *The Hymnes and Songs of the Church,* Spenser Society, 1881, t. 35-36 i benillion 3 a 4 gan Forgan Llwyd sef 'Song 9,' penillion 5 a 6: 'Thou, whom my soule doth best affect,/Vnto thy pastures me direct,/Where thou at Noone, art stretcht along/For, why should I be stragling spide,/Like her that loves to turne aside,/Thy fellow-shepheards flocke among.//Oh, fairest of all *Womankinde!/* (If him thou know not where to finde)/Goe, where the paths of Cattell are:/Their Tract of foot-steps stray not from,/Till to the *Shepherds* Tents thou come;/And feede thy tender kidlings there.'

14. Dyma drefniant penillion Morgan Llwyd gyda threfn cyfaddasiad penillion Wither rhwng cromfachau: 1, 2 (Song 9; 1); 3, 4 (Song 9; 5, 6); 5 (Song 11; 1); 6 (Song 11; 2); 7 (Song 11; 3). Pwysig sylwi ar y newid mydr yn 'Song 11', penillion 8 llinell yn odli ABABCChCCh.

327

deublyg sydd i'r gerdd a'r patrwm o gydbwysedd gofalus a geir rhwng y ddau hanner, rhwng y dymer wahanol yn y naill ben a'r llall, a'r tyndra rhyngddynt. Ysbryd dihyder sydd i'r hanner cyntaf, a'r ddwy O yn yr ail bennill yn erfyniad taer: ysbryd hyderus a bodlon sydd wedyn a'r O yn y trydydd pennill yn codi o hapusrwydd sionc. Mae'r thema o ymuno, o feddiannu yn eglur iawn, bid siŵr (fy Nuw, f'enaid, f'anwylyd, f'eglwys, fy mhriodferch, fy nghlomen, a'm chwaer, a'm serch); ond pwysig sylwi mai cymharol gyfartal yw'r nifer o weithiau y digwydd y ddau berson, y person cyntaf (17 o weithiau, heb ystyried ffurfiau berfol) a'r ail berson (16). Mae'r 'ti' a'r 'fi' yn diflannu yn ecstasi'r uniaethu: yn yr undod hwnnw yr enillir tawelwch terfynol; ac o ran ffurf allanol, cyfleir hyn yn amlder yr odlau acennog hyn, i/di; fi/di; di/m'fi. Cyflawnir y briodas mewn odl, ac fe'i harweinir at gydbwysedd geiriol a rhythmig yn llinell gyntaf ac olaf y pennill sy'n diweddu'r gân:

> 'fy Eglwys bûr, fy mhriodferch . . .
> Myfi iw'r Oen, dydi iw'r wraig.'

Rhennir y gerdd, felly, yn ddwy ran wrthgyferbynnol, yn her ac ateb, yn osodiad a gwrthosodiad, yn weindio a dadweindio. I'r fath gyfosod y mae ffurf yr ymddiddan neu'r sgwrs yn gweddu'n berffaith. Gwir fod hyn i'w gael hefyd yng Nghaniad Solomon ei hun; ond dengys Morgan Llwyd mewn mannau eraill (megis yn *Llyfr y Tri Aderyn*) ei hoffter o ddull yr ymddiddan.[15]

Mae priodas yn ffigur naturiol i Forgan Llwyd i gyfleu'r undod hwnnw sy'n gyflawniad terfynol o berthynas gywir dyn a Duw. Mae'n ei ddatblygu yn *Gair o'r Gair* fel hyn:[16]

'Yno mae GAIR dirgel Duw yn cyfarfod a Llais dy Galon di, fel Priod-Fâb a Phriod-Ferch, a'r ddau ynghŷd yn sancteiddio'r Creadur yn ôl yr Yscrythur.

GAIR DUW dirgel yw, ac Uchenaid y Galon druan sŷdd ddirgel hefŷd; a'r Ddau ynghŷd sŷdd fel Gwr a Gwraig. Y Gwr yw'r GAIR i'th reoli, i'th garu, i'th gesio, ac i'th ddwyn ar ei Braich tragwŷddol yn dy Wendid; a'th Galon dithau yw'r Wraig i wrando ar y

15. Mae'r Dr. E. Lewis Evans yn ei lyfr *Morgan Llwyd* (Lerpwl, 1930), t. 10 yn cysylltu cynllun yr ymddiddan a geir yn *Llyfr y Tri Aderyn* â'r ymddiddanion a geir yn *Llyfr Du Caerfyrddin* ac â'r cywyddau 'serenâd'.
16. *Gweithiau Morgan Llwyd* 2 (Bangor, 1908), tt. 147-8.

GAIR ymma i'w ofni, i'w berchi, i'w ufyddháu, i'w roesawi, ac i'w gadw.'

Yn y gerdd hon crisielir y gyfathrach briodasol hon yn yr ymadrodd nwydus *'yn aros yn ystlysau'r graig,* [17] sy'n rhan o agwedd meddwl gyffredinol Morgan Llwyd, a fynegir (fel y dangosodd Mr. Hugh Bevan mor dda) yn arbennig gan ei arddodiaid.[18] Mae Efa, hefyd, yn *ystlys* Adda yn gysgod o'r chwant sy gan y ddaear am yr haul;[19] ac nid amhriodol yw i ni gyfosod Adda a Duw fel hyn, gan fod Morgan Llwyd yn ymwybodol iawn o'r Ail Adda, a'r berthynas sydd rhwng y 'geni' cyntaf oll yn Eden gynt a'r aileni sy'n angenrheidiol bellach: 'y pren cyntaf a blannodd Duw ymmharadwys . . . yr hwn a blannodd Duw yn ein cnawd ni.'[20]

Er mwyn chwilio am wybodaeth ynghylch y briodas hon rhwng yr Eglwys a Duw fe drodd Morgan Llwyd yn reddfol at Ganiad Solomon. I ni heddiw, y safbwynt uniongred at Ganiad Solomon yw ein bod ni'n cael ynddo ddarlun o briodas baradwysaidd gŵr a gwraig: dyma i ni lawenydd ymserchu priodasol, y delfryd i'n bywyd daearol. Mewn ysgrythurau awdurdodol sy'n dysgu i ffyddloniaid y cwbl y mae angen ei wybod am berthynas dyn a

---

17. Fe ddangosodd Mr. Hugh Bevan hoffter Morgan Llwyd o chwarae ar eiriau mwys, *Morgan Llwyd y Llenor* (Caerdydd, 1954), tt. 106, 116. Dichon ein bod yn mentro'n rhy bell wrth weld chwarae ar y gair 'mwyn' yn:
    'fy nghlomen fwyn . . . yn aros yn ystlysau'r graig.'
Ond fe ellid cymharu: *Llyfr y Tri Aderyn,* 'Ond mae'r Drindod yn aros ynom yr un fath ag y mae'r mwn aur yn y ddayar' *Gweithiau Morgan Llwyd i (Bangor, 1899), 188; Gair o'r Gair,* 'mae fe nid yn unig trwy Berfedd y Ddaiaren yn chwilio Arennau Plant *Adda* ac *Efa.' Gweithiau Morgan Llwyd 2,* t. 160. Perthnasol ynglŷn â'r cywasgu hwn yw geiriau Mr. Waldo Williams am Ddafydd Wiliam, 'Tri Emynydd', *Gwŷr Llên y Ddeunawfed Ganrif,* gol. Dyfnallt Morgan, (Llandybïe, 1966), t. 114: 'Gwelid un ddelwedd trwy un arall. Tu ôl i ddelwedd y llechu yn y clwyfau yr oedd delwedd y golomen yn llechu yn nhyllau'r graig—ceir hi gan Ddafydd Jones a Dafydd Wiliam, wedi ei chodi o Ganiad Solomon. Yr enaid yw'r golomen—ac y mae beirdd o genhedloedd eraill yn rhoi'r enaid yn fenyw—a'r graig yw Craig yr Oesoedd. Eto bu Dafydd yn rhy gywasgedig yn dweud:
    Fi yw'r 'deryn a ddihangodd
    I mewn i glwyfau'r annwyl Oen.
er iddo fynd mor bell mewn emyn arall ag egluro'r ddameg hon.'
    Pe bai'r cywasgu hwn yn ddilys yn achos Morgan Llwyd, adlewyrchu a wnâi nid yn unig y cymundeb sydd yn thema'r gerdd hon, ond ei ymgais gyson i gyfleu hanfod neu ganol pethau—'Ffynnon y bywyd . . . Gwreiddyn yr hollfyd, Canol y goleuadau.' *Gweithiau Morgan Llwyd 1* (Bangor, 1899), t. 117.
18. *op. cit.* 63, 75, 100, etc.
19. *Gweithiau Morgan Llwyd 1,* 201.
20. *Gweithiau Morgan Llwyd 2,* 91.

Duw a hefyd yn cyffwrdd â phob agwedd ar ein bywyd, fe ellir disgwyl y byddid rywle yn cyfarwyddo neu'n darlunio priodas deuddyn fel y'i bwriadwyd yn wreiddiol. Fe'i ceir yma. Ond bid a fo am fwriad cynhwynol y caniad hwnnw, mewn oesoedd diweddarach—ac yn wir, yn oes Morgan Llwyd ei hun—fe ddaeth yn arfer ei ddamhegu a'i drin yn fynegiant o gariad Crist a'i Eglwys. Er nad ymddengys fod sail dros hynny'n wreiddiol, mae'r gymhariaeth ei hun yn un ysgrythurol ac yn cyfoethogi nid yn unig ein hymwybod o berthynas daear a nef, ond hefyd o olud y bywyd priodasol ei hun. Mae Paul yntau yn sôn yn feiddgar am berthynas Crist a'i Eglwys fel perthynas gorfforol gŵr a gwraig; a dyna'r dinc a glywir yn llyfr y Datguddiad xxi, 9: 'Tyred, a mi a ddangosaf i ti y briodasferch, gwraig yr Oen.' Soniai'r Hen Destament hefyd am genedl Israel fel petai'n briodferch i'r Arglwydd (Eseia liv, 5-6; Jer. iii, 1; Hosea ii, 19-20).

Er mwyn amlygu'r union gysylltiad rhwng y gerdd hon gan Forgan Llwyd a Chaniad Solomon, priodol fyddai dyfynnu'r adnodau perthnasol o Feibl 1620, sef:

I 2. *Cusaned fi â chusanau ei fin: canys gwell* [yw] *dy gariad nâ gwîn.*

3. *O herwydd arogl dy ennaint daionus, ennaint tywallt-edic* [yw] *dy enw: am hynny y llangcesau a'th garant . . .*

(anwybyddir 3 adnod)

7. *Mynega i mi, 'r hwn a hoffodd fy enaid, pa lê yr wyt yn bugeilio, pa le y gwnei iddynt orwedd ganol dydd:*[21] *canys pa ham y byddaf megis un yn troi heibio, wrth ddiadellau dy gyfeillion?*

8. *Oni wyddost ti, y deccaf o'r gwragedd: dôs allan rhagot ar hyd ôl y praidd, a phortha dy fynnod ger llaw pebyll y bugeil-iaid . . .*

(anwybyddir 18 adnod)

II 10. *Fy anwylyd a lefarodd, ac a ddywedodd wrthi, cyfot fy anwylyd, a thyret ti, fy mhrydferth.*

11. *Canys wele, y gaiaf a aeth heibio, y glaw a bassiodd,* [ac] *aeth ymmaith;*

12. *Gwelwyd y blodau ar y ddaiar, daeth amser i'r* [adar] *i*

---

21. Am yr ymadrodd 'porthi'r nefol braidd brydnhawn', cymharer 'a pha le y mae fe yn porthi ei ddefaid brydnhawn.' *Gweithiau Morgan Llwyd*, 1, t. 122.

ganu, clywyd llais y durtur[22] *yn ein gwlâd . . .*

(anwybyddir adnod)

14. *Fy ngholomen, yr hon wyt yn holltau y graig, yn lloches y grisiau, gâd i mi weled dy wyneb, gâd i mi glywed dy lais:*[23] *canys dy lais* [sydd] *beraidd; a'th olwg yn hardd.*[24]

Fe ddychwelodd Morgan Llwyd at dair o'r adnodau hyn yn yr ail bennod o Ganiad Solomon mewn mydryddiad Saesneg o'r bennod honno sydd ar gael mewn llawysgrif,[25] ond nas cyhoeddwyd yn union fel y mae hyd yma, er ei bod yn gân benigamp.

---

22. Tebyg fod *Geiriadur Ysgrythurol* Gurney (arg. 1833, Aberystwyth) yn rhoi'r esboniad Piwritanaidd am yr adnodau hyn: 'Deallir wrth y *durtur,* weithiau, yr eglwys ei hun, Salm lxxiv, 19. Ond wrth lais y durtur yma, gellir meddwl llais hyfryd yr efengyl . . .''
23. Dalier ar a ddywed Mr. Hugh Bevan *op. cit.* tt. 101, 106 am y 'llais' yn *Llyfr y Tri Aderyn* ac yn *Cyfarwyddid ir Cymru.*
24. Dyma'r amrywiadau arwyddocaol ym Meibl 1588: 'i. 3. olew tywalltedic; 7. pa lê y porthi [dy ddefaid?]; 7. pa ham y byddaf megis yn ymdroi ym mysc diadellau dy gyfeillion? ii. 10. Fy annwylyd a attebodd; 10. cyfot ti fynghyfeilles; 14. o holltau y graig. Pa Feibl a ddefnyddiodd Morgan Llwyd ar gyfer y gân hon? Mae dau o'r amrywiadau o blaid Beibl 1588, a phedwar o blaid Beibl 1620. Tybia Dr. E. Lewis Evans *op cit.* tt. 22-23 ei fod yn dibynnu ar ei gof; ond ni chredaf fod y broblem hon wedi'i hateb yn foddhaol hyd yn hyn.
25. Ceir dau gopi o'r gerdd yn Llsgr. NLW. 11433 B. Ceir penillion 11 a 12 o'r gerdd hon ymysg y penillion (sef y 4ydd a'r 5ed) a gyhoeddwyd yn *Gweithiau Morgan Llwyd* 1, t. 10; a gweddus yw cymharu â'r Gymraeg ddau bennill cyntaf y 'Canticls' a geir yno:
    'Let Christ my lord with kisses sweet
    my doubting soule embrace
    for better is thy love than wine
    most pleasant is thy grace.

    Thy name as ointment powred foorth
    makes upright men love thee . . . ?
    Argraffwyd rhagor o'r penillion hyn gan Dr. E. Lewis Evans *op. cit.* tt. 176-8 (o Cardiff Welsh Poems, Vol. 2, MS. 24) mewn trefn wahanol a chyda rhai gwahaniaethau testunol i'r hyn a roddwyd gennym ni o'r NLW. Mae'n werth nodi mewn cymhariaeth â'r Gymraeg eto ei bedweydd a'i bumed pennill ef:
    My Christ unto my soul thus spake Rise up
    and follow me
    The winter rain & storms are gone   the summer
    visits thee.
    The flowers appear, the birds they sing the fig tree
    doth rejoyce
    The vines putt forth their tender grapes Rise
    love obey my voice.
    Ymddengys fod y copi yng Nghaerdydd yn dipyn o gawdel o'i gymharu â'r ddwy fersiwn a geir yn Aberystwyth.
    Ceir peth tebygrwydd i'r gân Gymraeg hefyd—o ran naws beth bynnag—yn yr enwog 'In Wrexham Christ a vineyard had/a vineyard of red wine.' *Gweithiau Morgan Llwyd,* I, t. 88.

Gwelir fod y mydryddiad hwn yn llawer mwy defodol na'r un
Cymraeg, a'i fod yn nes at drefn a geiriad y gwreiddiol. Dyma,
mewn gwirionedd, y gyfatebiaeth rhwng penillion Saesneg
Morgan Llwyd ac adnodau Caniad Solomon ii: MLI 1 (CS 1), 2
(2), 3 (3), 4 (3), 5 (4), 6 (5), 7 (6, 8, 9), 8 (11), 9 (12, 13), 10 (15), 11
(16), 12 (16, 17), 13 (17). O ran cymhariaeth â'r gerdd Gymraeg,
cyhoeddir yma y mydryddiad prydferth Saesneg hwn yn gyflawn:

Some verses of Cant. 2

1. *As is the pleasant Sharon rose*
   and lillyes of the fields
   So is our lord among his saincts
   and great refreshings yields
2. *As is the lilly faire and tall*
   compared with the thorne
   On earth so is the church of Christ
   that from above is borne
3. *As is the fruitful Apple tree*
   among the barren trees
   so Christ excells all other men
   by thousands of degrees
4. *Under his shaddow wee sitt downe*
   in safety with delight
   his fruits are sweet unto our tast
   his words are good and right
5. *Into his banquetthouse through grace*
   he brought mee lovingly
   and over mee his banner spread
   of loving kindness high
6. *Stay mee with flaggons of thy love*
   with apples comfort mee
   for I am fainty still and weake
   and sick of love for thee (amr. to thee)
7. *Under my head is his left hand*
   his right hand mee imbrace
   hee cometh skipping over hills
   to show my soule his face
8. *My lord unto my soule thus spake*
   rise up and follow mee
   the winter raine and stormes are gone
   the summer visitts thee
9. *The flowers appeare the birds they sing*
   the figtree doth reioyce
   the vines putt forth their tender grapes
   rise love obey my voice

10. *The foxes take, the foxes small*
    that spoyle the fruitfull vine
    for now the vine hath tender grapes
    that yield most pleasant wine
11. *My Christ (much longed for) is mine*
    and doubtlesse I am his
    hees lovely all there is in him
    not any thing amisse
12. *My love among the lillyes feed*
    untill the breake of day
    When light instead of darkness comes
    and shaddowes flee away
13. *O lord beloved of my soule*
    turne now about to mee
    and like a roe come that my soule
    may ever bee with thee

Dywed Mr. Hugh Bevan: 'Y rheswm yr oedd mydryddu adnodau o Gân y Caniadau yn arferiad mor boblogaidd yn y cyfnod oedd parodrwydd awduron i gyplysu eu teimladau dyfnaf â mynegiant traddodiadol.' Ond tybed, onid dyma'n hytrach barch Morgan Llwyd at yr Ysgrythurau, parch a welir hefyd yn *Where is Christ?*[26] ac mewn ymddiddan Saesneg nas cyhoeddwyd rhwng dyn a phlentyn ynghylch y Beibl?[27] Parch yw hwn y bydd y rhai sy'n edmygu ei hereticiaeth yn ogystal â'r rhai sy'n ei wrthfarnu yn tueddu i'w esgeuluso, fel y gwelsom, sef ei 'uniongrededd' gwaelodol. Gwelir y parch hwn mewn llawer o fannau eraill, bid siŵr, megis yn ei ddefnydd o dystiolaeth allanol proffwydoliaethau Eseia, llyfr Daniel a llyfr y Datguddiad yn y *Llythur ir Cymru Cariadus,* fel y dangosodd Mr. Hugh Bevan. Ni fynnwn ddibrisio hereticiaeth Morgan Llwyd: diau iddo ar dro dueddu i wneud ei brofiad goddrychol yn destun digonol ac anffaeledig. Ond mi gredaf hefyd fod rhai o ryddfrydwyr diwinyddol dechrau'r ganrif hon yng Nghymru, wrth chwilio am arwyr anuniongred yn nhir anaddawol ein traddodiad, wedi tueddu i orbwysleisio rhyw agweddau ar waith Morgan Llwyd a pheidio â gwrthfawrogi eraill. Er enghraifft, wrth geisio tanlinellu ei gyfriniaeth oddrychol, ni ddangosid fel yr oedd ei waith tros Blaid y Bumed

---

26. Llyfryn sylfaenol i ddiogelu pawb a fo'n ymdrin ag agweddau heretig ei waith; yn arbennig *Gweithiau Morgan Llwyd,* I, tt. 306-307.
27. A draft of dialogue between an old man and a child concerning the Bible. Llsgr. NLW 11, 431 B.

Frenhiniaeth a'r ymgais ymarferol i wneud rhywbeth ar y
ddaear—yn allanol—yn gwrthddweud y mewnddrychedd eith-
afol. Yn wir, propaganda ymarferol oedd ei holl lyfrau, nid ym-
gais ramantaidd i gofnodi profiadau er eu mwyn eu hun, ac fe
ellid eu gosod ar ryw ystyr ar yr un tir â'i waith dygn ar un adeg
yng Nghymru i godi gwrthryfel yn erbyn Cromwell.

Diddorol yw sylwi ar ysgrif Lewis Edwards yn *Traethodau
Llenyddol,* lle y cawn bortread ohono'n gymharol uniongred.
Dyna oedd barn G. P. Fisher yn *The History of the Christian
Church* a Thomas Rees yntau yn ei *History of Protestant Non-
conformity in Wales.*

Yn wir, teg nodi am y gerdd hon sydd dan sylw gennym ni mai
Duw-ganolog ydyw, yn hytrach na mewnddrychol. Ofni a wna'r
credadun ei fod yn cael ei droi heibio, a heb gredu fod derbyniad
yn dibynnu'n awtomatig ar ei ddewis ef ei hun: harddwch ac
ewyllys, cariad a barn y Duwdod sydd ar ganol y darlun. Nid
Arminaidd yw goslef y llais, fel y disgwyliem gan ddarpar-
Grynwr, ac mae cais yr Eglwys wedi ei eirio mewn gostyngeidd-
rwydd gweddus:

> *'Rwi'n ffyddlon er fy mod i'n wael.'*

Gwir ein bod oll yn aml yn cael hyd i'r hyn y byddwn yn chwilio
amdano; ond weithiau, fe ddichon ein bod yn cael hefyd fod y cyf-
lwyniad ffasiynol yn gwyro o orfrwdfrydedd, fel y sylwodd Mr.
Hugh Bevan yntau mewn un man:[28] 'Y mae'r cipolwg sydyn
hwnnw'n ddigon i gadw'r uwchfodol mewn cof wrth ymgolli'n
frwdfrydig yn y mewnfodol. O'r braidd na ellid dweud bod manyl-
rwydd ei ramadeg yn cadw Morgan Llwyd yn ddiwinyddol
ddiogel. Y mae o leiaf arddodiad rhyngddo a bod yn Bantheist.'

Nid oes gennym ddim gwybodaeth am ddyddiad 'Caniadau ar
ol tôn Psalm 113 gymraeg', ond y mae yna beth tystiolaeth
fewnol sy'n caniatáu i ni ei gweld yn ffitio yng ngweddill gwaith
Morgan Llwyd mewn modd arbennig.

Gallwn olrhain tyfiant llenyddol Morgan Llwyd yn y dull hwn.

A.   *Cyfnod rhagarweiniol:* 1643-1652

Rhai caneuon gwasgaredig yn Gymraeg ac yn Saesneg, y rhan

---

28. *op. cit.* 63.

fwyaf yn perthyn i'r blynyddoedd ar ôl 1647 yn ystod ei gyfnod sefydlog o weinidogaeth yn Wrecsam.

B. *Ei gyfnod llewyrchus*: (34-37 oed) *dwy ran*
I *Rhan Gyntaf*: 1653—*Y Flwyddyn Fawr*
    (i) *Llythur ir Cymru Cariadus*: Mai
    (ii) *Gwaedd Ynghymru*: Mehefin
    (iii) *Llyfr y Tri Aderyn*: Mai-Hydref
II *Ail Ran*: 1655-6
    (i) *Gair o'r Gair*
    (ii) *Cyfarwyddid ir Cymru*
Heblaw'r rhain, yn yr un cyfnod, ceir ganddo gyfieithiadau o waith Boehme, yn ogystal â'i lyfrau Saesneg: -1654 *Yr Ymroddiad* (cyfieithiad o Boehme); 1655 *Y Disgybl ai Athraw* (cyfieithiad o Boehme), *Lazarus and his Sisters, An honest discourse, Where is Christ?* a drylliau o lyfrynnau yn Gymraeg ac yn Saesneg nas cyhoeddwyd.[29]

C. *Cyfnod ei fachlud*: 1657
Ei ganu olaf—*Gwyddor Uchod* a chaneuon eraill. Rhyddiaith nas cyhoeddwyd megis *A statement on the fifth monarchy men*.[30]
Gwelir fod yna ddwy ran gwbl ar wahân yn ystod ei gyfnod llewyrchus o sgrifennu rhyddiaith; ac y mae yna wahaniaeth nodedig rhwng naws a natur y naill a'r llall ohonynt. Mae deall 'pam' yn gwbl angenrheidiol i bob efrydydd o waith Morgan Llwyd.

Yn ystod y flwyddyn ryfedd 1653 fe gafwyd y seren wib wleidyddol honno, y Senedd Fer. Nid yw'r Senedd Fer o fawr bwys yn hanes Lloegr: damwain, erthyl, crair, gwyriad, jôc, camgymeriad, rhywbeth felly ydyw. Ond yn hanes llenyddiaeth Cymru y mae iddi gryn bwysigrwydd oherwydd fod gobeithion un o'n prif lenorion ynghlwm wrthi: dyma'r bwysicaf o seneddau Lloegr o safbwynt ein llenyddiaeth.

Wrth inni grynhoi'n sylw ar Ran Gyntaf cyfnod llewyrchus Morgan Llwyd, felly,—ei flwyddyn fawr—fe ymdeimlwn â'i lawenydd: mae ef yn gweld cyflawni bron ei holl obeithion wedi

---

29. Llsgr. NLW 11, 431 B; 11432 D.
30. Llsgr. NLW 11, 437 B.

helbulon lawer. Nid yn unig gwelir y disgwyl, y paratoi ar gyfer dychweliad buan Crist, y mae yna fuddugoliaeth hefyd: dilewyd y Senedd Hir a sefydlwyd y Senedd Fer a oedd i ragflaenu'r ail-ddyfodiad hwnnw. Mewn erthygl drawiadol sy'n trafod dydd-iadau'r tri llyfr a ysgrifennwyd yn ystod y flwyddyn dynged-fennol honno, 1653, y mae Mr. Saunders Lewis yn tynnu sylw at 'fymryn pwysig o wahaniaeth rhwng geiriau'r *Llythur* a geiriad y *Waedd*. Yn y cyntaf y mae'r "wawr yn torri, ar haul ar godi." Yn y *Waedd* y mae'r "wawr *wedi* torri ar haul *yn* codi arnoch." '. Ar sail hyn, gydag amryw bwyntiau eraill, y mae Mr. Lewis yn gosod y *Llythur* ym Mai a'r *Waedd* ym Mehefin.[31]

Buan yr aeth optimistiaeth Mai a Mehefin heibio. Trasiedi oedd bywyd Morgan Llwyd—ymdrech aruthrol, llwyddiant byr dros dro, yna methiant a siom (eto heb chwerwi). Bid siŵr, byddai tynnu sylw at y tebygrwydd rhwng agwedd y *Waedd* ac awyr-gylch ac ymadroddion y gerdd hon megis 'fe ddarfu'r gauaf dû... Mae'r blodau'n tyfu...' ac yn y blaen, er mwyn bwrw amcan ar ryw amseriad iddi (Mehefin 1653, dyweder), yn enghraifft o fynd dros ben llestri, mae'n ddigon tebyg. Eto, roedd yr hyn a ddig-wyddodd yn ystod y cyfnod hwnnw'n ddigon i newid nid yn unig naws rhyddiaith Morgan Llwyd, gan ei gwneud yn fwy rhesym-egol a sobr a dadansoddol, ond naws ei farddoniaeth hefyd: mae *Gwyddor Uchod* wedi cefnu ar lawer o synwyrusrwydd ac ysbrydlonrwydd y cyfnod cynnar: dyma fardd 'lled-wyddonol' bellach. Ac ym mhatrwm gwaith cyflawn Morgan Llwyd, digon teg yw gwyro tuag at y cyfnod cyn Gorffennaf 1653 er mwyn lleoli'r ymddiddan hwn rhwng Duw a'r Eglwys, a thueddwn innau i'w weld yn union cyn hynny.

Bid a fo am gywirdeb y dyfaliad hwn ynghylch dyddiad, peth digon buddiol yw inni gymharu arddull y gerdd hon â rhai nod-weddion cyfredol yn rhyddiaith yr awdur. Wrth gymharu rhydd-iaith Morgan Llwyd â'r rhan fwyaf o ryddieithwyr Cymraeg yr unfed ganrif ar bymtheg a'r ail ar bymtheg, yr argraff lywod-

---

31. *Efrydiau Catholig* 7 (1955), tt. 21-28. Dywedodd W. J. Gruffydd yntau *Llenyddiaeth Gymraeg, Rhyddiaith o* 1540 *hyd* 1660 (Wrecsam, 1926), t. 191, fod y *Waedd* yn dechrau ar yr un nodyn ag y diwedda'r *Llythur,* sef yr ymwybod o ddeffro. Er bod Mr. Hugh Bevan yn derbyn y dyddiad arferol ar gyfer y *Waedd* (sef 1655) fe nododd amryw bethau tebyg (*op. cit.* 76, 78, 86) yn y *Waedd* i'r hyn a geir yn y Llythur a *Llyfr y Tri Aderyn,* megis cymell y genedl i ymbaratoi ar gyfer dyfod y Pumed Brenin, myfyrdod ar Fewnfod-aeth, ac yn y blaen. Mae'r pwyntiau hyn oll yn cadarnhau damcaniaeth Mr. Lewis i'r carn.

raethol a adewir yw bod yr awdur hwn yn gymharol unigolyddol yn ei ymwadu â'r frawddeg Giceronaidd. Yn lle'r helaethrwydd addurnol arferol, fe geid mwy o grynoder diarhebu, 'mwy o gywasgu miniog, fel pe bai'n troi oddi wrth batrwm Cicero at esiampl Seneca neu Tacitus. Bid siŵr, er bod y pryd hynny adwaith rhyngwladol gan rai yn erbyn rhethreg Cicero, yr oedd y brawddegau byrion bachog hyn a geid gan Forgan Llwyd yn ei ryddiaith yn olyniaeth y diarhebion Cymraeg[32] hefyd, pethau a ddylanwadodd yn bur drwm arno ac y gwnaeth ef gasgliad ohonynt. Roeddynt yn gydnaws â sioncrwydd ei feddwl. A'r un math o gymalu cwta a geir ym mrawddegau'r gerdd hon hithau.

Diddorol yw sylwi ar y modd y mae'n trefnu'r cymalau yn y gerdd ar ffurf 'y rhediad a'r clo', gyda phob trydedd linell yn fath o dro, cyferbyniol i'r ddwy flaenorol. Clywir yr un math o gywair yn gyffredin ym mharagraffau'i ryddiaith, fel y tystia adeiladwaith y ddau baragraff hyn o'i *Lythur ir Cymru Cariadus*:[33]

'Oferedd iw printio llawer o lyfrau, Blinder iw cynnwys llawer o feddyliau, Peryglus iw dwedyd llawer o eiriau, Anghyssurus iw croesafu llawer o ysbrydoedd, a ffoliineb iw ceisio atteb holl resymmau dynion. Ond (o Ddyn) cais di adnabod dy galon dy hun, a mynd i mewn ir porth cyfyng.

Llawer sydd yn ymwthio, ychydig yn mynd ir bywyd, llawer yn breuddwydio, ag ychydig yn deffro, llawer yn saethu ag ychydig yn cyrhaeddyd y nôd, Pawb yn sôn am Dduw ag yn edrych ar waith ei ddwylaw, Ond heb weled nesed yw fo ei hunan attynt yn rhoi anadl i bawb a bywyd ysbrydol i ni.'

Mae gan Mr. Hugh Bevan ymdriniaeth ddiddorol â 'pharagraff[34] Morgan Llwyd sy'n dra awgrymiadol wrth ddarllen ei 'bennill' yn y gerdd hon, gyda'i frawddegau 'yn batrymau dwyochrog neu dro neu uchafbwynt neu gadwynog'.

Yn ôl yr un drefn â'r rhediad a'r clo, mae'r patrwm hwn o esgynebu yn esgor hefyd ar nodwedd arall sy'n gyffredin i'w ryddiaith a'i farddoniaeth, sef y pentwr o deitlau, y rhediad o ragoriaethau: rhethreg cyfarch, a welir yn neilltuol yn y pennill olaf ac sy'n debyg i lawer o esgynebau yn ei ryddiaith. Er enghraifft, yn *Llythur ir Cymru Cariadus*: 'yr hwn yw Mab y Tad, Oen Duw, y Cyntaf a'r Olaf, Ffynnon y Bywyd, etc. . . .'[35]

---

32. Gw. E. Lewis Evans *op. cit., 14-16; Hugh Bevan, op. cit.,* tt. 44, 47, 56, 136.
33. *Gweithiau Morgan Llwyd, 1,* t. 115.
34. *op. cit.* t. 47.
35. Hugh Bevan, tt. 39-40, 62.

337

Mae'r rhestru neu'r lluosogi hwn, ac yn wir holl gynllunio'i frawddegau, yn llawer mwy elfennol nag eiddo llawer o'n llenorion. A diddorol canfod fel y mae'r symlder eithafol mewn geirfa a chystrawen yn cyd-fynd ag ysgafnder elfennol yn ei rythmau hefyd: yn y gerdd hon mae hyd llinell a hyd brawddeg neu gymal yn cyd-daro â'i gilydd, ac felly cadarnheir y bachogrwydd gan y toriad mydryddol ei hun.

Wrth gymharu'r gân hon ag un o'r rhai tebycaf iddi o ran naws yn Gymraeg, sef yr un hyfryd honno gan Ddafydd Jones o Gaeo sy'n dechrau â'r llinell 'O Deffro Enaid, truan tlawd',[36] lle y cyfunir delwedd serch o Ganiad Solomon v â delwedd o Ddatguddiad iii, 20 yn null Ann Griffiths, yr hyn sy'n taro dyn yw'r gwahaniaeth rhwng cyfundrefnwaith meddwl Morgan Llwyd ac eiddo Dafydd Jones. O gymryd y paragraff neu'r pennill yn lluosowgrwydd o gymalau neu o frawddegau, fe welir mai lluosog allanol sy gan Forgan Llwyd a lluosog mewnol (tebyg i'r ddeuol) gan Ddafydd Jones; hynny yw, y mae Morgan Llwyd yn ychwanegu un at un at un er mwyn adeiladu amryw, ond y mae Dafydd Jones yn gweld ym mherfedd unoliaeth gyfannol y pennill yr ymrannu lluosog, y cyferbynnu rhwng cypledau, yr amrywiaeth adeiladol neu ysgerbydol sy'n llunio uned.

Patrymwaith meddwl Morgan Llwyd yw un o'r elfennau mwyaf atyniadol yn y gerdd hon bid siŵr. Yr oedd yn llenor ymwybodol o'i grefft, fel y sylwodd Mr. Hugh Bevan mor rhagorol; ond yr oedd hefyd yn berchen ar ddoniau anymwybodol anghyffredin, a'i brofiad wedi adeiladu iddo ymagwedd ddofn ac amlochrog at fywyd yr enaid. Ac y mae'n anodd gwybod pa mor fwriadus yw rhai o ragoriaethau ei grefft yn 'Caniadau ar tôn Psalm 113 gymraeg.' Er enghraifft, mae'r cyfochredd cymalog y buom yn sôn amdano gynnau yn cydredeg yma ac acw yn y gerdd hon â chyseinedd; ond i ba raddau y mae hyn yn reddfol anymwybodol, ac i ba raddau'n ganlyniad i'r wybodaeth grefftus a

---

36. Ceir y testun ac ymdriniaeth gan Mr. Waldo Williams, *op. cit.*, tt. 119-120. Mae gan Ddafydd Jones mewn man arall, *Hymnau a Chaniadau Ysprydol* (1794, 3ydd arg.) fydryddiad o'r un adnodau yn union o Ganiad Solomon ag sy gan Forgan Llwyd yma, ond y maent yn llai awenyddol o dipyn. Gw. yr Atodiad i'r bennod hon. Gwelir y gwahaniaeth a wna mesur clonciog, gorgryno a diddychymyg ar gyfer testun mor fwynaidd wrth gyfosod ei gynnig diweddarach ef. Nid yw, brysiaf i ychwanegu, hanner mor llwyddiannus â'r gerdd 'O Deffro Enaid, truan tlawd' a drafodir gan Waldo Williams. Cyfeiria Mr. Garfield H. Hughes at gynigion eraill i fydryddu Caniad Solomon, ac ymdrinia â'r cefndir emynyddol priodol yn *Llên Cymru* 2, tt. 135-146.

etifeddodd gan Huw Llwyd ac Edmwnd Prys a diwylliant dir-
iaethol Ardudwy, y mae'n anodd ei ddweud. Mae'r gân yn sisial
agor gan ein harwain yn dawel i ryw ust sanctaidd: cusana . . .
melysach . . . serch. Yna, daw'n fwy synhwyrus, a'r trwynol yn
peri i ninnau drwyno'n gynnes: anwylyd . . . f'enaid . . . d'ennaint:
yn wir, mae'r 'aroglau' yn tynnu'r trwyn ymhellach i mewn. Yn
awr ac eilwaith clywn drawiadau megis *braidd/brynhawn*; fe
ddarf*u*'r/*g*auaf d*û*/a'r *g*law. Clywir, yn y drefniadaeth ar sain a
chymal, ymdrech—anymwybodol ac ymwybodol—i ddisgyblu,
neu i gadw o fewn terfynau, angerddau anfeidrol pwnc y canu. O
ganlyniad, y mae'r gwrthdaro sydd yn y thema rhwng cymundeb
ysbrydol ac angerdd synhwyrus, rhwng corff ac enaid, wedi'i
feistroli nes esgor ar un o gampweithiau bach melysaf yr ail
ganrif ar bymtheg.

XLIX 1. Cofleidied ef fy Enaid gwan,
        Od oes i mi'n ei Gariad ran?
        Mae'th Lais a Chusan per dy Fin
        O Iesu'n llawer gwell na'r Gwin.

      2. Ysbryd enneiniad arnat ddaeth,
        A thannu Aroglau d'Enw wnaeth;
        Olew'r Llawenydd, Gras a'r Hedd,
        Wna'r pur Forwynion hoffi'th Wedd . . .

L   1. Tydi'r hwn mae fy Enaid drud
        Yn hoffi 'chlaw Cariadau'r Byd;
        Mynega i mi, fy Mugail mwyn,
        Pa le'r wyt ti'n bugeilio'th Wyn?

      2. Pa le mae'r Graig, pan fyddo gwres,
        Sy'n cadw'r Defaid rhag y Tes?
        Ynghyd â'th Braidd mae f'Enaid prudd
        Yn chwennych gorphwys ganol Dydd.

      3. Pa ham, fy Arglwydd, y caf fi
        Droi heibio oddi wrth dy Ddiadell di?
        'Dyw f'Enaid bach yn chwennych bod
        Yn eiddo neb ond Crist a'i Nod . . .

LII 3. . . . "Cyfod (medd f'Arglwydd) brysia o hyd,
        "Gad yna bant Deganau'r Byd.

      4. "Y Gaua' Iuddewig heibio'r aeth,
        "Y Niwl a ffodd, a'r Gwanwyn ddaeth;
        "Mae'r Durtur nefol ar bob Twyn,
        "Newyddion da'r Efengyl fwyn . . .

LIII 2. . . . "Fy Nghlommen sydd yn Holltau'r Graig
        "Ar dorri' Chalon, druan Gwraig,
        "Cyfod dy Ben, nac ofna ddim,
        "Moes glywed Llais dy Enaid im . . .

X

ATHRAWIAETH HANES CHARLES EDWARDS

Ar ddechrau ei glasur *Y Ffydd Ddiffuant* y mae Charles Edwards yn esbonio mai'i gymhelliad dros astudio hanes oedd ufuddhau i orchymyn Duw, 'Ymofyn yn awr am y dyddiau gynt,' a'i fod yn astudio dirgelion y ddaear 'yn ôl y gorchymyn i chwilio pôb Cwrr o'r byd'.[1]

Yn ystod yr ugain mlynedd diwethaf cynyddodd yr ymholi ynghylch cyfeiriad a diben hanes: beth yw natur a phwrpas y testun a sut y mae ei ddehongli? Enghreifftiwyd y diddordeb hwnnw mewn cyngres yn Cerisy-la-Salle yn 1958 ar 'L'histoire et ses interprétations' pryd y crynhowyd llawer o'r beirniadaethau sylfaenol ynghylch safbwynt Toynbee. Ond ymlaen yr aeth y ddadl Doynbeeaidd: nodir 366 o ymdriniaethau yn ei chylch rhwng 1946-1960 (yn *History and Theory* IV);[2] ac yn wir, sylwn, heblaw hynny, fod 794 o eitemau ynghylch y cwestiwn cyffredinol o theori hanes rhwng 1951 a 1957 (Rule, J. C. *Bibliography of Works on the Philosophy of History*).[3]

Sonia Dr. R. Tudur Jones, wrth drafod dull Thomas Jones Dinbych o synied am Hanes yn y *Merthyr-draith*:[4] 'Y mae'n parhau'r traddodiad hwnnw mewn hanesyddiaeth Gymreig a gysylltir ag awduron fel yr Esgob Richard Davies, Charles Edwards a Theo-

---

1. Cyfeiriwyd at y Gorchymyn Diwylliannol o'r blaen yn y Rhagymadrodd; gw. hefyd Rookmaaker, H. R., *Modern Art and the Death of a Culture*, Inter-Varsity Press, 1970, 225-250; Rookmaaker, H. R., *Art and the Public Today*, L'Abri Fellowship, 1969, 48-51.
2. Gellid ychwanegu 'Dylanwad Arnold Toynbee', *Traethodydd*, 1949, Glanmor Williams, 104-110.
3. Yn y Gymraeg, bu amryw o dro i dro yn trafod y testun, megis yn *Efrydiau Athronyddol* VI. 1943, 'A ellir gwyddor Hanes?' R. T. Jenkins, 38-44; XIX, 1956, 'A ellir astudio hanes yn ddiduedd?' Emyr Jenkins, 31-35; 'A ellir athroniaeth hanes?' R. I. Aaron, 36-46; XXVIII, 1965, 'Beth yw Hanes?' R. Meirion Roberts, 43-53; *Taliesin* 11, 1965, 'Marc Bloch', Rees Davies, 68-75; ac wrth gwrs, *Yr Apêl at Hanes*, R. T. Jenkins, Wrecsam: Hughes a'i Fab, 1930.
4. 'Rhyddiaith Grefyddol y Bedwaredd Ganrif ar Bymtheg', yn *Y Traddodiad Rhyddiaith*, gol. Geraint Bowen, Llandysul: Gwasg Gomer, 1970, 323.

---

philus Evans. Heb anghofio Simon Thomas, *Hanes y Byd a'r Amseroedd* ac *Oes Lyfr* Thomas Williams, Mynydd-bach, a *Prydnawngwaith y Cymry* o waith William Williams, Llandygái.'

Tybiaf mai gwiw, felly, fyddai i ambell Gymro o hyd danlinellu'r *apologia* Cristnogol (Calfinaidd ar y cyfan) o hanes, gan ei fod mor bwysig yn y cefndir Cymreig: dyna, yn fy mryd i, yw'r fframwaith meddwl i'n haneswyr ni o leiaf rhwng yr unfed ganrif ar bymtheg a chanol y ganrif ddiwethaf; ac yr ydym mewn perygl o golli dealltwriaeth o'n pobl ein hun wrth ein bod yng Nghymru heddiw'n dibynnu'n unplyg ddogmatig ar y dehongliad seciwlar o Hanes, a heb wybod chwaith yn aml beth a ddywed yr ysgol Galfinaidd yn ein dyddiau ni. Dichon nad yw'r Calfiniaid mor aruthr naïf ag y bydd ambell un yn hoffi synied; a buddiol, gyferbyn â'r dehongliad seciwlar sydd ohoni mewn grym, ac fel arfer yn ddiarwybod mewn grym, fyddai nodi beth y mae Calfiniaid yn dal i'w ddweud yn ein cyd-destun cyfoes.

Nid rhwydd, weithiau, yw i feddyliwr cyfoes gyflawni'r llam angenrheidiol mewn cydymdeimlad â safbwynt rhywun fel Charles Edwards oherwydd fod yr awyrgylch cyfoes yn peri i bopeth sydd ar gael, ymddangos yn hollol anochel; a rhaid ymgodi uwchlaw unrhyw adwaith arwynebol yn erbyn 'cyntefigrwydd' a threiddio i amgyffrediad dyfnach o'r sylfeini athronyddol. Nid bach o gymorth fod yna rywrai yn ein dyddiau ni, a'r rheini'n haneswyr, a heb fod yn gyfan gwbl ddwl, sy'n dal yr un rhagdybiaethau.[5]

Wrth gwrs, roedd y bobl yn nyddiau Charles Edwards, fe dybir, heb arogli croeswyntoedd positifiaeth a goddrychiaeth; a thybir na ellid goddef, ond fel crair, ragdybiaethau sy'n gwbl gynddilywaidd yn Oes y Lloer. Y rhagdybiaethau hyn, serch hynny, yw'r union beth y mae angen inni eu harchwilio o hyd, nid ar frys ac yn arwynebol, ond gan gofio ein bod wrth ymdrin â Charles Edwards yn ymwneud â gŵr llawer mwy deallus na'r rhan fwyaf o'i feirniaid rhyddfrydol modern.

Y mae'r *Ffydd Ddiffuant* yn tystiolaethu am arglwyddiaeth lawn Duw ar Hanes. Y mae popeth yn digwydd yn ôl Ei ewyllys sofran Ef. Er bod yna elyniaeth—y gellir ei hesbonio—nid oes

---

5. Medd Dr. R. Tudur Jones, 'Y cyfamod gras yn unig a ddatguddia'r unoliaeth sydd wrth wraidd hanes dynion. Y mae Crist yn ganolbwynt Hanes o'r dechrau hyd yr awr hon, a thrwy ei waith Ef y gellir deall beth yw arwyddocâd pob hanes.' (*Traethodydd,* 1950, 121).

dim sy'n gallu ymyrryd â'r cynllun dwyfol. Dyfynnwn rai tameidiau nodweddiadol:

(152) 'Wedi dyfod peth caethder bydol ar ein gwlad ni o Rufain, anfonodd Duw iddi foddion rhydd-did ysprydol o Gaersalem, gan ganhiadu yr efengyl yn gynar iddi.'

(159) 'Am fod Prydain *yn gwybod ewyllis ei Harglwydd ac heb ei wneuthur, darperir iddi lawer o ffonnodiau*: ac am ei bod yn dir cyndyn, *yn dwyn drain a mieri yn lle llyssiau cymwys i'r llafurwr nefol, aeth yn anghymeradwy, ac yn agos i felldith a llosciad.*'

(185) Wrth a draethwyd y gwelwn gael o'r Britaniaid yr unrhyw rybuddion, ac y gafas yr Israeliaid gynt o flaen eu caethiwed, ac ynghylch yr un môdd y gwrthodasant hwynt, ac ynghylch yr un fâth gystudd a ganlynodd; ac nid heb ei haeddu. Yr achos amlwg o'u destryw ydoedd hollhawl bechaduriaeth pob grâdd ar ddynion.'

(189) 'Cydnabyddwn ddoethineb, a daioni, a chyfiawnder Duw, yn ei farnedigaethau ar ein henafiaid ni.'[6]

Gwelir nad rhyddid, ym mryd Charles Edwards, yw gwrthryfel dyn yn erbyn Duw, eithr adlewyrchiad o'i gaethiwed i bechod; ac y mae dyn yn dod o hyd i'w ryddid llawn yn ôl fel y mae'n llwyddo i gydgordio â daioni Duw. Un o gyfraniadau mawr Awstin oedd iddo ddangos fod y pwynt eithaf ymhob cyd-berthynas hanesyddol i'w gael mewn Duw penarglwyddiaethol y mae Ei gyngor yn cynnwys pob peth.[7] Hynny yw, caiff Hanes ei undod a'i ystyr yn uwchfodol.[8] A dangoswyd hyn yn helaeth yn y cyfnod diweddar mewn olyniaeth ddiogel gan Abraham Kuyper, Herman Bavinck, D. H. Th. Vollenhoven, Herman Dooyeweerd a C. Van Til.

I seciwlarwyr (sef y rhai y mae eu rhagdybiaethau—rheswm, amser a lle, ac ati—yn ymgyfyngu o fewn y dimensiwn naturiol, daearol ac amlwg), ymddengys y fath ymagwedd yn hollol hurt, ar yr olwg gyntaf. Yn wir, prin eu bod yn gweld fawr o dir cyffredin

---

6. Ceir pennod ar Farn mewn Hanes gan Athro Hanes Modern ym Mhrifysgol Caer-grawnt, sef Butterfield, H., *Christianity and History*, Fontana, 1964, 67-91.

7. Awstin, *Dinas Duw*, X a XII; cf. Shinn, Roger, *Christianity and the Problem of History*, New York: Charles Scribner's Sons, 1953, t. 37.

8. Knudson, Robert D., *The Idea of Transcendence in the Philosophy of Karl Jaspers*, Kampen: J. H. Kok, 1958.

rhyngddynt a'r safbwynt hygoelus hwn. Ond y mae yna dri phwynt sy'n ymddangos i mi yn fwyfwy arwyddocaol am eu bod yn darparu rhyw fath o dir cyffredin ymddangosiadol.

Cymerwn y ddau gyntaf ar eu pen eu hun i ddechrau.

Y pwynt cyntaf lle y mae gennym dir cyffredin yw bod *pob* hanes yn hanes crefyddol, hynny yw, yn hanes a sgrifennir o safbwynt crefyddol ac o fewn fframwaith crefyddol.[9] Gall fod yn Gristnogol; gall fod yn 'seciwlar'. Ond gan fod rhaid cydnabod seciwlariaeth yn grefydd, felly, ni chaiff yr hanesydd seciwlar—er iddo geisio'i dwyllo'i hun—fyth osgoi'i dynged o sgrifennu hanes yn grefyddol.

Yr ail bwynt lle y gallwn efallai gytuno yw hyn. Y mae'r hanesydd Cristnogol a'r un seciwlar yn dal eu bod ill dau'n ceisio'r gwir. Y mae'r Cristion wrth reswm yn casglu—fel y gwna'r un seciwlar yntau—na all y llall fyth, oherwydd ei ragfarnau, ddod o hyd i'r gwirionedd yn iawn. Ond eu nod yw'r gwir, heb ei lychwino a'i wyrdroi a'i gamddehongli.

Y mae'n hanfodol nodi nad er mwyn proselytio y sonnir am arwyddocâd Cristnogol Hanes: nid ymgais ydyw (ond fel ffactor ail-bwys yng ngwaith un fel Charles Edwards)[10]—i wneud Hanes yn berthnasol, i ddefnyddio Hanes mewn modd dirfodol ynghanol byd lle y mae pawb mewn argyfwng a lle na thâl bod yn academaidd neilltuedig. Yn hytrach, i Charles Edwards yn y dehongliad Cristnogol ei hun y gorwedd *gwirionedd* Hanes: hynny yw, ni ellir bod yn hanesydd academaidd da heb y weledigaeth gywir waelodol.

Y mae tri anhawster i dderbyn y ddau bwynt hyn a enwais:

1. *Y myth o niwtraliaeth*:[11] Dywed Dr. Prys Morgan, 'mae dyn

---

9. Montgomery, John W., *The Shape of the Past,* Ann Arbor: Edwards Bros., 1962; idem, *Where is History Going?* Grand Rapids: Zondervan, 1969; Niebuhr, Reinhold, *Beyond Tragedy; Essays on the Christian Interpretation of History,* New York: Scribners, 1937; idem, *Faith and History,* New York: Scribners, 1949; idem, *The Self and the Dramas of History,* New York: Scribners, 1955.

10. Yr wyf yn derbyn mai'i gymhelliad cysefin yw'r hyn a ddywed ef ac a nodais ar ddechrau'r ysgrif hon; eithr ar y tudalen cyntaf dyfynnu hefyd o Salm 78: 'Traethaf ddammegion o'r cynfyd gan fynegi i'r oes a ddêl foliant yr Arglwydd, felly gosodent eu gobaith ar Dduw heb anghofio ei weithredoedd ef.'

11. *In the twilight of Western thought, Studies in the Pretended Autonomy of Philosophical Thought,* H. Dooyeweerd, Pennsylvania: Presbyterian and Reformed, 1960.

wedi ei gyflyru i ddisgwyl arddull braidd yn amhersonol neu wrthrychol mewn unrhyw lyfr hanes "diogel"!'[12] Diau mai math arbennig o seciwlariaeth yw'r un sy'n difrïo neu'n anwybyddu'r personol neu'r pwrpasol, er ei bod yn anodd credu ei fod yn debyg o gynhyrchu hanes a llawer o drwch ynddo. Fel arfer, y mae hyn yn methu mewn dwy ffordd: y mae bod yn amhleidiol neu'n ddiduedd yn nod amhosibl i hanesydd, ac y mae anelu ato heb ddygymod â fframwaith yr amhosibilrwydd yn gwadu adeiledd cynhenid y gwaith yr ymgymerir ag ef; ac yn ail, y mae sôn am yr amhersonol ac am yr amhleidiol ac yn y blaen yn adlewyrchu fel arfer grefydd bositifaidd neu bragmataidd haneswyr a fyddai ar eu hennill pe baent wedi meddwl drwy ymhlygion tra phleidiol y rhagdybiaethau hyn o'r eiddynt. Ni all y gŵr seciwlar yntau byth fod yn wrthrychol, er y gall—fel y Cristion cywir yntau—beidio ag ymyrryd â'r elfennau o wrthrychedd sydd yng nghynnwys y gwirionedd.

Eto, deil rhai haneswyr seciwlar i apelio'n obeithiol at ryw egwyddor niwtral sy'n 'rhydd' oddi wrth bob dewis goddrychol: myth cyffredin iawn a thra diddorol yn yr oes hon, ac adlewyrcha un egwyddor hynod ddiniwed mewn seciwlariaeth, myth, serch hynny, y mae'n beryglus ei gymryd o ddifrif yn ymarferol. Gwrthrychol yw'r gwirionedd cydnabyddwn, ond y mae'r hanesydd ei hun, pa ffurf bynnag a wêl ac a rydd ar y gwirionedd hwnnw, yn oddrychol.[13]

Y mae'n werth oedi gyda'r gair hwn, 'gwrthrychol'. I'r Calfinydd y mae i bopeth, i bob digwyddiad hanesyddol, pob cyflwr, pob person, arwyddocâd goruwchnaturiol (a hefyd felly y tu allan iddo'i hun): dyma un lle pendant lle y mae'n sylfaenol wahanol yn ei ragdybiaeth i hanesydd seciwlar ddogmatig. Ymhellach, yr arwyddocâd goruwchnaturiol hwn yw hanfod y cwbl iddo, a nod ei fyfyrdod. Cred hefyd nad trwy brofiad goddrychol neu fympwy mewnol yn unig y geill ef ddod o hyd i'r gwirionedd hwnnw, eithr trwy i'r goddrychol neu'r mewnol, sef yr hunan,

---

12. *Taliesin,* 19, 38. Ef biau'r ebychnod ac, wrth gwrs, y gair 'cyflyru'.

13. Nid pawb a gytunai, efallai, fod hyd yn oed y gwirionedd ei hun yn wrthrychol; a dylwn nodi fod hyn yn un o'm rhagdybiaethau Calfinaidd: cf. Berdyaev, Nicholas, *The Meaning of History,* New York: Longmans Green and Co., 1936; Gardiner, Patrick, *Theories of History,* Glencoe: The Free Press, 1959; Jaspers, Karl, *The Origin and Goal of History,* London: Routledge and Kegan Paul, 1953.

ymwacáu a phlygu i'r gwrthrychol: trwy dderbyn, trwy ym-
guddio fel petai, neu drwy i'r gwrthrychol ddisodli neu lenwi'r
goddrychol. Y mae'r gwirionedd am bopeth eisoes ar gael, yn
wrthrychol, ar wahân iddo ef. Rhoddwyd hefyd arweiniad iddo,
arweiniad goruwchnaturiol gwrthrychol, sef ysgrythurau an-
ffaeledig. Dyna pam y rhydd Charles Edwards y fath bwys arnynt
yn Y Ffydd Ddiffuant.[14] Y mae ynddynt awdurdod absoliwt sydd y
tu hwnt i hanes, ac eto ynglŷn â hanes. Rhwystrir yr hanesydd,
yn wir y mae ynddo ef ysfa,—fel gyda'r sant—rhag ymaflyd yn
llawn yn y gwirionedd hwnnw, o fewn rhod y ddaear hon, gan
bechod. Ond o leiaf, y mae'r hanesydd, a'r sant, sy'n ceisio'n
ostyngedig dderbyn y goleuni hwn, a roddwyd iddynt, yn
gweithio o fewn canllawiau diogel a gwrthrychol; ac yn sicr, ni
ellir deall unrhyw haneswyr heb ddeall eu canllawiau.

2. *Y dybiaeth y gall Duw fod yn bresennol yn y pethau mawr,
ond bod mân bethau'n annibynnol neu'n hunan-lywodraethol*:
Neu a dyfynnu Dr. Prys Morgan,[15] 'A bwrw bod yr hanesydd
modern yn Gristion, pa fodd sy i weld llaw Duw, dyweder, mewn
astudiaeth o brifweinidogaeth Lord Aberdeen, neu ym mholisi
ariannol Robert Peel, neu yn lle'r werin-bobl yn y Chwyldro
Ffrengig, heb sôn am ei gweld mewn astudiaeth o ''rai agweddau
ar ddatblygiad crochenwaith yn Indonesia rhwng 1400 a
1430''?' Yn awr, dydw i ddim yn meddwl y câi unrhyw feddyliwr
Cristnogol gwerth ei halen (yn sicr ddim un Calfinaidd) fawr o an-
hawster o gwbl i ateb yr amheuaeth sy yn yr awgrym hwn. Ond
sut y cododd y fath anhawster o gwbl? Efallai fod cysylltiad
rhyngddo a'r anhawster cyntaf a godwyd uchod, a gwell tan-
linellu drachefn yn y cyd-destun hwn nad casgliad anarchaidd a
di-ffurf o ffeithiau yw hanes: ceir dethol a threfnu bob amser a
hynny'n dibynnu ar ragdybiaeth, a chyn gynted ag y digwydd
hynny daw crefydd yn eglur iawn. (Fe awn innau ymhellach, bid
siŵr, a chydnabod fod crefydd yn bresennol yn y ffurf neu'r siâp
sydd ar y 'ffaith' unigol ynysedig ei hun. Ond gwell peidio â mynd
ar ôl hynny hefyd am y tro.) Mae'n wir, wrth reswm, fod pawb fel

---

14. Braidd yn unochrog a hyd yn oed hygoelus yw sylw J. Gwilym Jones am
    athronwyr diwinyddol hanesyddol. 'Gwerth Drych y Prif Oesoedd fel Hanes',
    Ysgrifau Beirniadol IV, 91: 'Maent yn ddieithriad yn cydnabod na cheir
    (ynddynt) byth brofion pendant.'
15. Prys Morgan, op. cit., 39.

arfer, pa un a yw'n Gristion neu beidio, braidd yn anymwybodol o'r rhagdybiaethau hyn o'r eiddo ynghanol ei fywyd ymarferol, bron drwy'r amser; neu fel y dywed Dr. Morgan,[16] 'I'r mwyafrif o haneswyr, beth bynnag, dydy'r cwestiwn o ddibenion crefyddol . . ddim yn codi o gwbwl.' Diau nad yw'n codi, ond ni phrawf hynny nad yw'n llywodraethu ar eu gwaith benbwygilydd. Yn wir, casgliad cywir Dr. Morgan,[17]—ac un sydd i raddau'n ateb ei anhawster ei hun,—yw: 'Mae'r cywaith mawr—hanes ysgol-heigaidd ac academaidd y byd—yn rhoi ffrâm i'r mân ffeithiau, ffrâm hollol seciwlar.'

3. *Awyrgylch yr oes*: Rhaid sgrifennu hanes, fe dybir, yn ôl y ffasiwn, hyd yn oed os yw'n hanes anghywir. Mae hyn yn ffactor arswydus, ond ar yr wyneb y mae'n ffactor sylfaenol yn ffurfiad yr hanesydd ifanc: rhaid iddo ddilyn delfryd a osodir ger ei fron a phlygu i bwysau ei amgylchfyd. Neu a dyfynnu Dr. Morgan,[18] gyda brawddeg braidd yn Natsïaidd, os caf ddweud, ac a yrrodd ias i lawr fy nghefn i, er bod y gwirionedd mor hysbys: 'Os ydy'r oes wedi mynd yn seciwlaraidd, mae'n rhaid i'r haneswyr hefyd.' Ystyr hynny i mi yw, os yw'r oes yn gelwyddog, rhaid i'r hanesydd yntau balu celwyddau. Ac yn fy marn i, dyna a wna.

Dichon i Dr. Morgan sgrifennu'r frawddeg yn ddifeddwl; ond fe all fod yn hwylus o'r herwydd i oedi uwch ei phen gan ei bod yn dadlennu, mewn gwirionedd, lawer sy'n gorwedd y tu ôl i ymarfer yr haneswyr proffesiynol sydd heb dreiddio'n llawn drwy ymhlygion y dull cyfoes o hanesydda ac a'i derbynia fel yr awyr a anadlant.

Yr ydym oll yn dechrau ar sail ffydd. Yn y pen draw, fe fydd cywirdeb yr Hanes a sgrifennir yn dibynnu ar gywirdeb ein ffydd. Ar hyn o bryd, yr ydym yn byw mewn oes sy'n aruthrol amddifad o'r ffydd Gristnogol, ac sydd wedi'i chyflyru (fel y dywed Dr. Morgan) i fod yn seciwlar. Ac y mae pentyrrau enbydus o Hanes yn cael eu sgrifennu o fewn y rhagdybiaethau hyn. Tyb rhai yw mai'r 'hyn sydd, sy'n iawn'. Pan geir 99 y cant o haneswyr yn datgan ar uchaf eu llais fel a'r fel yr un pryd, rhaid eu bod oll yn iawn. A rhaid bod eu rhagdybiaeth a'u dull yn dragwyddol.

---

16. ibid.
17. ibid
18. ibid., 40.

Y mae un daliad crefyddol (seciwlar) diddorol sy'n rhan bur rymus o'r cwlt cyfoes hwn, sef y dogma mai un o blith llawer o bosibiliadau yw Cristnogaeth, a bod yn *rhaid* cael lleng, mai perthynol yw popeth: er nad dyna a ddywedwyd, dyna a feddyliwyd wrth ddweud, 'cydnabod fod hanesyddiaeth yn wyddor amlochrog, a bod llawer math o hanes sy'n wahanol i'r eiddo Theophilus Evans sy hefyd yn "hanes go iawn".'[19] Mae'r rhagdybiaeth chwâl hon yn ymddangos yn burion ac yn hael braf ar yr wyneb hyd nes y sylweddolir ei bod hithau hefyd yn ddogma unbenaethol, ac mae'r rhyddfrydigrwydd tybiedig ynddi yn peidio â bod mor ddiniwed pan ganfyddwn ei bod yn mynnu na byddir yn credu dim oll yn y canol, nac yn derbyn dim uniongred o ddifri awdurdodol—hynny yw, bod *un* yn waharddedig—a bod perthynoldeb yn orfodol.[20]

Y mae'r rhagdybiaeth grefyddol seciwlar hon wedi suddo mor ddwfn ac mor drwchus i ymwybyddiaeth, ac yn fwy byth i anymwybod, haneswyr heddiw nes iddi fynd yn adeileddol; ac y mae hyn yn wir rwystr pan geisir gwerthfawrogi haneswyr Cymreig megis Charles Edwards a Theophilus Evans a Thomas Jones Dinbych sydd bron yr un mor anymwybodol o ragdybiaeth ac o adeiledd crefyddol gwahanol.

O ganlyniad, pan dynnir sylw haneswyr seciwlar at y ffaith eu bod yn rhagfarnllyd, a chan awgrymu nad oes ond Hanes Cristnogol a all fod yn gywir, ni allant ddeall y peth.[21] Y maent wedi byw mewn nwy cyhyd nes bod awyr iach yn drewi. Yn araf y dônt i weld, wedi dihatru'r addurniadau cymhleth allanol sy'n gorch-

19. Prys Morgan, op. cit. 41.
20. W. Stanford Reid, 'Absolute Truth and the Relativism of History', *Christian Perspectives* 1961, Ontario: Guardian, 89-129.
21. Mewn troednodyn cysgodol hoffwn godi rhai o'r cwestiynau cwbl annheilwng a godir weithiau i wrthwynebu posibilrwydd hanes Cristnogol (brysiaf i ychwanegu nad yw Dr. Morgan ddim yn euog o godi'r rhain), am eu bod yn enghreifftiau o'r ffordd rwydd y gall pobl gymryd eu hamgylchfyd mor ganiataol nes iddynt golli'r echel pan amheuir y sylfeini syml.

Dyma un cwestiwn: *'Onid yw dehongliad Cristnogol yn fwy o rwystr nag o gynhorthwy wrth sgrifennu hanes gwledydd tu allan i ddiwylliant y gorllewin?'* Wrth gwrs, y mae'r rhagdybiaeth Gristnogol, megis yr un seciwlar, yn gallu gweithredu ymhobman—ar y lleuad, os dymunir. Y mae'r naill a'r llall yn pennu gwerthoedd popeth, yn ogystal â phwrpas neu ddiffyg pwrpas. Nid ydynt yn ddaearyddol gyfyngedig.

Cwestiwn arall: *'Oni ellir sgrifennu hanes heb sôn am Dduw?'* Gellir. Nid diwinyddiaeth yw hanes, bid siŵr. Ond nid oes i hanes ystyr heb Dduw; ac y mae'r Duw Cristnogol yn ogystal â'r duw seciwlar (y gellir ei alw'n annuw) yn pennu fframwaith pob hanes.

uddio'u rhagdybiaethau, mai enbyd o syml a nerthol yw'r rhag-dybiaethau hynny; ac ni all yr ymguddio rhag y ffaith eu bod ar gael ond esgor ar adwaith simpil, yn y bôn, yng nghraidd eu gwaith.

Mae'r Cristion yn dechrau gyda'r rhagdybiaeth fod yna wirionedd absoliwt ar gael a bod modd iddo ef ei wybod. Relatif-iaeth gyfnewidiol, ar y llaw arall, yw safbwynt arferol neu ddogma yr hanesydd seciwlar. Mae'n ymdrin â bydysawd abswrd a damweiniol hyd yn oed pan na chydnebydd hynny. Dyn yw unig ffynhonnell dealltwriaeth hanesyddol iddi hi, ac y mae dyn yn chwit-chwat ac yn ddibwrpas yn y bôn hyd yn oed pan fo'n Farcsaidd. Nid yw optimistiaeth ddyneiddiol (sef y lliw ar y grefydd seciwlaraidd y mae E. H. Carr a J. H. Plumb, fe ym-ddengys, yn ei phleidio) yn darparu fframwaith digon cyflawn i esbonio ffrwythau pechod dyn.

Tuedda rhai haneswyr Saesneg[22] o hyd i gyfrif 'cynnydd' yn fframwaith penderfyniadol a digonol i hanes, ac wrth gyfer-bynnu cyfrifiadur ag olwyn nyddu tybiant eu bod wedi taro wrth ddadl i gloi pob dadl. Eithr nid digon yw dal i honni mai 'cynnydd' materol yw'r grym penderfyniadol sy'n patrymu'r cyfan o hanes, heb ymholi ymhellach. Byddai Charles Edwards wedi gallu gweld peth cysylltiad digon uniongyrchol rhwng yr athrawiaeth hon a'r ffaith fod rhagluniaeth Duw yn ei gweithio'i hun allan ym mywyd dyn.[23] Ond y mae dweud 'cynnydd' (fel egwyddor batrymol), heb drafod sut y mae siamberi nwy Hitler yn gynnydd ar syniadaeth Socrates, neu sut y mae Picasso'n gwella ar Rem-brandt, neu sut y mae Beckett yn gam mawr ymlaen ar ôl

---

Cwestiwn olaf: *'Beth am grefyddau eraill heblaw Cristnogaeth?'* I Gristion (gw. *Pantheologia,* Williams a sylwadau J. N. D. Anderson yn ein dyddiau ni) y mae'r ateb i hyn yn llethol o syml ac yn rhwym o ymddangos yn haerllug i'r 'anrwymedig', sef bod seciwlariaeth a Moslemiaeth a phob crefydd Anghristnogol fel ei gilydd i'w hystyried, wrth gwrs, yn wyrdroadau ar y gwirionedd. Rhaid eu rhoi oll yn dwt yn yr un fasged, heb fod nac yn nawdd-ogol nac yn gyfaddawdol.

22. Carr, E. *What is History?* Harmondsworth: Pelican Books, 1964; Plumb, J. H. *Crisis in the Humanities,* Harmondsworth: Pelican Books, 1964. Er bod y rhain mor boblogaidd yng Nghymru, ceir rhai yn Saesneg, sy'n trafod y mater o safbwynt yr un mor rhyddfrydol seciwlar, bid siŵr, eithr yn fwy treiddgar o lawer: megis von Mises, Ludwig, *Theory* & *History,* Yale University Press, 1957.
23. Ymgais rhyddfrydol diddorol, ac aflwyddiannus dybiaf i, i gymathu'r theori o gynnydd, Bergsoniaeth, ac empiriaeth â rhyw fath o 'Gristnogaeth' lac yw Miller, Hugh, *History and Science,* University California Press, 1939.

Sophocles, yn gwbl annigonol: y mae dweud 'cynnydd' (hyd yn oed materol) heb fynd ymhellach, at y rhagdybiaeth ansoddol a chynhwysfawr, yn naïf enbydus. O fewn y cylchred hwnnw lle y gellid canfod yr hyn a elwir yn gynnydd materol, y mae'r ystyriaethau crefyddol yn dod i mewn ar unwaith ynghylch pa fath werthoedd neu ffydd a berchir neu sydd ymhlyg yn y cynnydd hwnnw,—heb sôn am y cwestiwn arswydus pam.

Eto, nid yw dehongliad crefyddol Carr—sef dyneiddiaeth optimistig—yn beth mor Fictoriaidd ag yr ymddengys: dyna oedd llais Rousseau yntau; dyna (heb droi at y Groegwyr, ond gan ymgyfyngu i'r traddodiad Cristnogol) brotest Arminius; a bu Pelagius yntau, fel yr hen Adda o'i flaen, yn fawr ei ffydd yn y natur ddynol. Geiria Carr eu hefengyl fel hyn: 'Nor do I know how, without some such conception of progress, society can survive. Every civilized society imposes sacrifices on the living generation for the sake of generations yet unborn.' Y mae ymgais i gynnwys pechodau fel Aber-fan a Hiroshima, o fewn fframwaith o gynnydd, dan gysgod y term aberth, yn adlewyrchu'n loyw dlodi'r holl ddamcaniaeth. J. E. Daniel,[24] gredaf i, yw un o'r dadansoddwyr trylwyraf mewn rhyddiaith Gymraeg o ffug yr athrawiaeth hon, a Gwenallt yn ein barddoniaeth.

Yn aml, fe fydd pwyslais deongliadol yr optimist dyneiddiol o hanesydd yn hollol groes i bwyslais y gwir Gristion. Disgrifia Saunders Lewis[25] y gwahaniaeth fel hyn: 'Tuedd y byd heddiw, hyd yn oed y byd sy'n parhau i'w alw ei hun yn Gristnogol, yw meddwl yn dda am ddyn,[26] a thybio, ond cael addysg uwchradd i bawb a lluniau'r cinema seithwaith yr wythnos, y daw'r demos gan bwyll i berffeithrwydd. Yn awr tuedd pobl yr ail ganrif ar bymtheg oedd meddwl yn wael am ddyn. Rhaid i chwi faddau iddyn nhw, chawson nhw mo'n manteision ni. Doedd ganddyn nhw ddim News of the World i'w goleuo hwynt am ddyn ar y Sul.

'Yr oedd Charles Edwards yn Galfinydd o'r un ysgol â Baxter. Ond ar y mater hwn yr oedd holl feddylwyr ei ganrif ef, Calfiniaid, Catholigion, Janseniaid a'r di-ffydd, yn dal barn go debyg. Cymerent oll olwg ddu ar natur dyn.'

---

24. e.e., 'Y Syniad Seciwlar am Ddyn', Cynllun a Sail, Urdd y Deyrnas, 1946, 12-20.
25. 'Y Ffydd Ddi-ffuant', Llafar, Llandysul: Gwasg Aberystwyth, 1951, 12-13.
26. Mor gyflym y mae'r awyrgylch wedi newid. Prin yw'n ffin bellach rhwng y sinigiaeth sy'n rhemp yn yr eglwysi sefydledig a'r nihilistiaeth y tu allan.

Patrymwaith digonol a dall cynnydd i Carr yw'r symudiad o lefel lladd dyn â bwyall i chwythu dyn yn yfflon â bom: gwneir yr ail yng nghysur ac yng nglendid iachus gorfforol yr awyren. Technoleg yw'r dduwies ddiweddar iddo, ac y mae llif hanes yn ymlwybro'n ddireswm tuag allor honno.

Eto, yn yr ymagweddau dyneiddiol sy'n llunio'r rhagdybiaethau hyn ar gyfer Hanes yn ein dyddiau ni, fe geir tyndra rhwng y syniad am ddyn fel gwrthrych naturiol y gellir ei ystadegu a'i drefnu yn ôl dulliau gwyddoniaeth dechnegol a'r syniad am ddyn fel unigolyn unigryw sy'n meddu ar ryddid personol uwch na pheirianwaith.[27] Heb ddatrys yr anghytgord hwn erys Hanes yn ansicr o'i gynnwys ei hun, ac er ymdrechu i ymhonni fel petai'n ddi-gynnwys neu'n ddi-ffurf (neu'n wrthrychol fel y dywedir), fe lithra'n bendant yr un pryd i batrymu o gwmpas ystyron didrefn ond iachus. Mae yna frwydr barhaus rhwng arglwyddiaeth y meddwl cyfyngedig-wyddonol a'r ymwybod annatod ynghylch trefn ddyfnach ac ehangach.

Gwendid sylfaenol a chyffredinol arall gan y seciwlarwyr yw eu hanallu i sylweddoli holl ymhlygion y rhagdybiaethau y mae'n rhaid iddynt eu gwneud, a hyd yn oed i ddilyn y rhagdybiaethau hyn yn ddeallus i'r pen. Y maent yn ddigon parod i gyfaddef eu bod yn dethol, ond y mae dethol ynddo'i hun yn weithred gymhleth. Cymerer, er enghraifft, gnewyllyn-ddigwyddiad megis cyfieithu'r ysgrythurau i'r Gymraeg fel y mae yn *Y Ffydd Ddiffuant,* 198 yml. Gwrthrych dethol yw hyd a lled y digwyddiad hwn, yn ogystal â dethol unigoliaeth y digwyddiad ei hun, gan fod iddo agweddau[28] biolegol a chemegol ac esthetig a meteorolegol ochr yn ochr â'r rhai cyfreithiol, ieithyddol, economaidd a moesol. Sut oedd y tywydd pan weithiai William Salesbury? Faint o grafiadau oedd ar fwrdd William Morgan? Ymhola'r hanesydd, faint y dylai ei gynnwys o fewn ei gylch, ac o ba gyfeiriad y dylai sylwi arno? Sut y bydd yn gwahaniaethu rhwng y digwyddiad a'i

---

27. Hoeven, Johan Vander, *The Rise and Development of the Phenomenological Movement,* A.A.C.S., Canada, 1965, tt. 12-13.

28. Gwelais mewn adolygiad diweddar ar *Aros Mae...,* Gwynfor Evans, achwyn i'r awdur sylwi'n ormodol ar hanes gwleidyddol, gan adolygydd a ofynnai hefyd am wneud 'complete objectivity' yn nod. Diddorol yw sylwi ar gynifer o agweddau ar hanes a anwybyddir gan yr adolygydd hwnnw yn ei waith ei hun, a diddorol fyddai gwybod pa griteria gwrthrychol a awgrymai ef ar gyfer y dethol.

amgylchfyd, ac ym mha le y mae'r digwyddiad yn mynd i gael *ffin?*[29]

Nid digwyddiadau crai sydd mewn hanes, eithr gwybodaeth neu feddwl amdanynt, ac ni ellir meddwl am ddigwyddiadau crai heb roi iddynt neu gael ynddynt adeiledd mewnol. Y maent hefyd yn ddigwyddiadau arwyddocaol, hynny yw y maent yn Hanes, am iddynt effeithio ar fodau dynol mewn ffordd a gyfrifir yn nodedig. Y mae ystyriaethau eraill ar waith heblaw hel ffeithiau, sy'n rhoi fframwaith iddynt ac yn ei gwneud yn bosibl iddynt gael eu gweld. Dywedir fod hyd yn oed y cwestiwn o achos yn wahanol mewn Hanes i'r hyn ydyw mewn gwyddor naturiol,[30] a honnir y gall achos 'anarwyddocaol' gynhyrchu effaith aruthr. Fe all yr achos fod yn anfwriadus, ac eto ynghlwm wrth ddibenion amryfal eu cymeriad.[31]

Hynny yw, saif yr amodau penderfyniadol y tu allan i Hanes. Nid digon yw ceisio esbonio'r ewyllys ffurfiol sydd gan yr hanesydd mewn termau hanesyddol, gan fod ei waith fel petai'n dibynnu ar ffordd o ymddwyn sy'n ceisio ymhél â ffurf yr hanes, ac eto'n annibynnol arno.[32] Y mae ystyr absoliwt o hyd yn ymyrryd â'r foment hanesyddol. Ceisiodd Paul Tillich,[33] yntau, o fewn amodau'i hanesyddiaeth afresymol,[34] wynebu'r broblem hon. Ac mewn gwirionedd, yn y fan honno lle y mae yna gydwead o'r cwestiynau ynghylch yr hunan â ffynhonnell eithaf ystyr mewn Hanes y gwelir gliriaf y cyferbyniad rhwng y deongliadau crediniol ac anghrediniol o'r method hanesyddol. Dyma sy'n rhoi arwyddocâd adeileddol i bob ymdrech i batrymu parhad o fewn newid, i ddiffinio beth sy'n gynyddol a pheth sy'n ad-

29. Dooyeweerd, Herman, *De analogische grondbegrippen der vakwetenschappen en hun betrekking tot de structuur van den menselijken ervaringshorizon. Mededelingen der Koninklijke Nederlandse Akademie van Wetenschappen, afd. Letterkunde,* Nieuwe reeks, deel 17, no. 6. Amsterdam; Noord-Hollandsche Uitgevers Maatschappij, 1954; defnyddiais gyfieithiad Robert D. Knudsen, 'The Analogical Concepts'. (lluosogwyd)
30. Troeltsch, Ernst, *Der Historismus und seine Problem,* Tübingen: J. C. B. Mohr, 1922. Codaf yr ystyriaeth heb gytuno.
31. Tillich, Paul, *Systematic Theology,* Chicago: University of Cicago Press, II, 1957, 302: ei ymadrodd yw 'heterogeneity of purpose'.
32. Rookmaaker, H. R. 'De constituerende factoren ener historische daad'. *Philosophia Reformata,* XIX, 1954, 98.
33. 'Kairos', *The Protestant Era,* Chicago: University of Chicago Press 1948; cf. idem *The Interpretation of History,* New York: Scribners, 1936; ac idem *The Kingdom of God and History,* New York: Willett, Clark and Co., 1938.
34. Knudsen, Robert D. 'The Ambiguity of Human Autonomy and Freedom in the Thought of Paul Tillich', III *Philosophia Reformata XXXIV, 1969, 41 yml.*

weithiol, i amlinellu'r undod sydd ynghlwm wrth yr amryw-iaeth, ac i olrhain canolbwynt hanes.

Ni fedr haneswyr seciwlar osgoi barnu'r hyn sy'n werthfawr ac yn arwyddocaol; ac eto, y mae'u barn hwy arno mor aml yn ddiffygiol mewn hunan-feirniadaeth, ac ni cheisiant ychwaith ei chyfiawnhau'n drwyadl i'r pen draw. Yn yr un modd y mae eu syniad am y natur ddynol yn methu â dal prawf beirniadol dibynolrwydd. Tuedda i fod yn ditbitlyd gan newid wrth symud o'r naill bwnc i'r llall heb fod criteria cwbl safadwy dros y newid hwnnw. Bid siŵr, ni wyddant ble y mae eu hanes yn mynd oher-wydd byddai angen gwybodaeth o'r tu allan i'r dogma o berth-nasoldeb y maent fel arfer yn gyfyngedig o'i fewn i ddatrys y broblem honno. Er mwyn barnu'r perthnasoldeb yn iawn rhaid sefyll uwch ei ben.

Nid ymosodiad yw hyn, serch hynny, ar haneswyr seciwlar-aidd, er y gall ymddangos felly; eithr ymgais i'w diffinio hwy. Soniais ar y dechrau fod yna dri phwynt lle y mae tir cyffredin ym-ddangosiadol rhwng hanesydd Cristnogol a hanesydd seciwlar; eithr ni chrybwyllais y pryd hynny namyn dau. Carwn yn awr sôn yn gryno iawn am y trydydd—nid fel gwobr gysur (oherwydd ffug yw'r cysur hwnnw) eithr er mwyn cydbwysedd. Cred y Cristion fod yna'r fath beth â gras cyffredinol[35] a rennir i bawb, yn ogystal â'r gras arbennig a wahaniaetha'r Cristnogion. Mae hyn yn gysylltiedig â'r dosbarthiad a ddisgrifiwyd gan Newman, sef 'y rhai a anwyd unwaith a'r rhai a anwyd ddwywaith.' Rhennir gras cyffredinol yn ddiwahân; ac felly y gall gwyddonydd neu bêl-droediwr (neu hanesydd) gyfrannu'n sylweddol yn ei faes ei hun er nad Cristion mohono,[36] ac felly y gall Cristion da yntau fod yn hanesydd sobr o sâl. Mae'n glawio ar y cyfiawn a'r anghyfiawn. Mae Duw yn donio paganiaid ysgeler o haneswyr megis y donia lenorion gwrth-Gristnogol. Does dim anhawster i weld hynny, rwy'n siŵr.

Nid mater o hel ffeithiau defnyddiol ar gyfer yr Hanesydd Crist-nogol, wrth gwrs, nid dyna unig wasanaeth yr Hanesydd seciwlar. Fe all ei ddychymyg a'i dreiddgarwch gweledigaeth oll

---

35. Ceisiwyd ei ddiffinio yn y Rhagymadrodd.
36. Dyna pam y gall Calfinydd o Gymro gael anferth o flas ar waith Anghal-finydd o hanesydd, athronydd a gwleidydd a ddylanwadodd dipyn ar ffurfiad diwylliannol De America, megis Jose Ortega y Gasset, neu ar athrawiaeth hanes pabyddion fel Maritain a D'Arcy.

gyfrannu. Yr hyn sydd ar goll iddo yw'r undod a'r sylfaen, y cyfeiriad a'r ystyr hanfodol.

Y lle y mae'r odrwydd yn ymrithio gerbron yw yn y ffaith fod gŵr felly sy'n sylfaenol anghywir yn gallu cyfrannu'n helaeth gyfoethog i wyddor sy'n ymchwil am gywirdeb. Dyma gasgliad ymddangosiadol baradocsaidd. Eithr yn y bôn nid yw'n fwy paradocsaidd na bod Cristion ar sail ei eni cyntaf yn bwyta bwyd llygredig y ddaear hon o hyd, er ei fod ar sail ei ail eni yn bwyta bara difrycheulyd.

Y mae cwlwm o ffactorau'n llunio Hanes. Fe all rhai manylion ffeithiol yng ngwaith Charles Edwards fod yn anghywir, ond ei safbwynt a'i weledigaeth fod yn gadarn ddiogel, lle y gallai J. E. Lloyd, dyweder, daenu mwy o ffeithiau sicr o'n blaen, eithr ei ddarlun cyfan fod yn gwbl anfoddhaol . . . Er nad cwbl ar wahân a didoledig, bid siŵr, yw ffaith a safbwynt.

Ffordd dda o egluro un gwahaniaeth rhwng dulliau Charles Edwards a J. E. Lloyd fyddai dal gyferbyn â hwy gymhariaeth rhwng dau ddarlun.[37] Yn narlun Goya *Dienyddiad y Sbaenwyr gan y Ffrancwyr, Mai 3ydd, 1808* yr hyn a welwn yw nid arwyr a ymladdodd dros eu gwlad a rhoi eu bywyd, ac nid chwyldroadwyr a gondemniwyd yn gyfiawn gan drefn cyfraith, ond dynion—creaduriaid—yn cael eu saethu'n syml, y ffaith o'u saethu a dyna i gyd. Yn narlun Rubens *Merthyrdod Sain Livinus* ar y llaw arall yr hyn a gawn yw dynion eto, yn sicr; ond y mae'r nefoedd yn agored hefyd, y mae yna ystyr i'r gwirionedd, y mae yna gyfansoddi yn ôl egwyddorion diffiniedig o ran credo, y mae yna ddimensiwn uwch-natur.

Dengys Rookmaaker yn ei drafodaeth fod yr un gwahaniaeth hwn rhwng Rubens a Goya yn gysylltiedig â llawer o agweddau eraill yn natblygiad Celfyddyd, megis â'r datblygiad tuag at golli'r 'person' o fyd darluniau, tuag at afreswm a haniaetholdeb llethol, tuag at chwalfa safonau drwy nihilistiaeth oddrychol, ac yn y blaen.

Ym myd Hanes y mae cyfaddefiad trist a diymadferth Dr. Morgan yn niwedd ei erthygl[38] ei fod ef yn teimlo diffyg yng nghyfanrwydd ac undod ei drem hanesyddol yn adlewyrchiad

---

37. Ceir dadansoddiad Calfinaidd a chraff ohonynt gan Athro Hanes Celfyddyd, Prifysgol Rydd Amsterdam, sef H. R. Rookmaaker, *Modern Art and the Death of a Culture*, Inter-Varsity Press, 1970.
38. *Taliesin*, 19, 44-5.

bach o'r terfysg digyfeiriad a diddiben cyffelyb sydd wedi dat-
blygu mewn Hanes erbyn y dyddiau hyn, ac sy'n gyfredol â'r dat-
blygiad mewn Celfyddyd. Yn awr, dichon fod cynnydd mewn
paentio rhwng cyfnod Rubens a chyfnod Goya o safbwynt y math
o baent, y ffordd hwylus o'i gynhyrchu, a'r dulliau o atgynhyrchu
paentiadau a'u dosbarthu a'u hysbysu'n rhyngwladol. Eto, o ran
dehongliad a gweledigaeth gelfyddydol, o ran ansawdd y bywyd
a gyfleir yn y naill ddarlun a'r llall, o ran popeth o bwys hanfodol
(wedi ymadael ag arwyneb pethau) go brin y gellid bod yn ddog-
matig iawn ynghylch rhagoriaeth Goya ar Rubens.

Dyma'r pwynt wrth gymharu'r ddau hanesydd—heblaw'r
cynnydd arwynebol mewn 'gwybodaeth', hynod bitw yn y pers-
bectif tragwyddol ac nad oes a wnelom ag ef ar hyn o bryd: o ran
gweledigaeth, y mae J. E. Lloyd yn (gymharol) gaeëdig naturiol,
gan gyfyngu'r ffeithiau a'u dehongliad i ddimensiwn rhesym-
egol anghyfan. Dichon fod y cynnydd mewn 'gwybodaeth' yn
peri inni dybied fod dull J. E. Lloyd yn siŵr o fod yn amgenach na
dull Charles Edwards (oherwydd fod dogma hefyd ynghylch
rhagoriaeth gynhwysfawr y diweddar ar *bob* achlysur); a dyma
gamgymeriad y mae'n rhaid gwarchod rhagddo. Yr hyn sydd o
bwys inni ddal sylw arno, heb gymysgu ffactorau, yw'r gwahan-
iaeth yn eu gweledigaeth. Yr ydym yn or-gyfarwydd â'r norm
hanesyddol cyfoes.[39] Eithr fel y mae darganfyddwr ffisegol yn ein
harwain i ddealltwriaeth lawnach trwy gamu (i'r dyfodol) y tu
allan i'r safonau derbyniedig cyfyng, felly y mae hanesydd yntau
yn gallu dryllio celwydd drwy gamu (i'r gorffennol) y tu hwnt i'r
norm ymagweddol sefydlog heddiw at fyd o safonau hollol
wahanol. Nid yw hyn yn golygu ein bod am ddynwared heddiw
haneswyr fel Titus Livius neu Theophilus Evans,[40] a thrist fyddai
casglu na ellir gweld, o fewn amgyffred yr ugeinfed ganrif, nad
oes arwyddocâd dyfnach i ddehongliad Çristnogol o hanes na
'dynwared'. Eithr byddai ail-ddarganfod dyfnderoedd rhagdyb-
iaethol Charles Edwards, a'u gweld o'r newydd yn ein cyfnod
ni—os mynnir, ynghyd â'n soffistigedigrwydd cyfoes (er nad wyf
yn siŵr am hyn)ac wrth gwrs, gan gynnwys swm o wybodaeth

---

39. Astudiaeth a gefais yn hynod ddefnyddiol i amgyffred yr adeiladwaith
meddyliol sydd y tu ôl i beth ohono, yn arbennig fel y'i trafodir yng ngwaith
Dilthey, Rickert, Simmel a Max Weber, yw Aron, Raymond, *La philosophie
critique de l'histoire,* Librairie philosophique J. Vrin, 1969.

40. *Taliesin* 19, 40.

newydd sydd wrth law, byddai hyn yn ein harwain i sylweddoli
fod yna haneswyr[41] ac athronwyr hanesyddol[42] heddiw, oes, hyd
yn oed yn ein dyddiau ni sy'n cymryd yr un safbwynt yn union â'r
rhai Cymreig gynt, ac yn myfyrio'n ddwys uwch ei ben, nes ei fod
yn gymorth inni—ni sydd wedi'n hamddifadu o'n traddodiad ein
hun gan norm yr addysg seciwlar a thaeogaidd Seisnig—i ddeall
ein pobl ni ein hunain.

Carwn grynhoi yn y fan yma y prif egwyddorion yn *Y Ffydd Ddi-
ffuant* sy'n adlewyrchu natur Gristnogol hanesyddiaeth Charles
Edwards:

1. Hanes yw hanfod y ffydd, nid athroniaeth[43]: sef gweithred-
   oedd a gyflawnodd Duw neu a gyflawnwyd dan lywodraeth
   Duw. 'Dyledus ini chwilio helynt y Ffydd ymhob oes ac ym-
   hob gwlâd . . . Er mwyn hyn y Scrifennwyd y Scrythurau, ie
   ac yr oedd yr hên Baganiaid yn Scrifennu ystoriau cywyr o'r
   pethau y ddigwyddent yn eu plith.' (Y Ff Dd. 1)

2. Y mae i Grist le canolog: Efô yw'r echel yn yr hanes hwn.[44] Y
   Ff Dd. 22-29)

3. Cyn seilio'r byd yr oedd Cristnogaeth ar gael.[45] 'Cyn seilio'r
   byd yr oedd yr Arglwydd Bendigedig yn rhagordeinio
   gwneuthur ei etholedigion yn fendigedig drwy Grist.' (Y Ff
   Dd. 11)

4. Ac yr oedd y cyfan yn arwain yn eschatologaidd at y Farn
   Fawr.[46] 'Ceisiwch un astyllen edifeirwch ar ol llongddrylliad,

---

41. megis, e.e., Athro Hanes Modern yng Nghaer-grawnt. H. Butterfield, awdur
    *Christianity and History; Christianity in European History; a History and
    Human Relations;* hefyd yr Athro Stanford Reid. Adran Hanes, Prifysgol
    McGill, Montreal, gw. 'Absolute Truth and the Relativism of History' yn
    Christian Perspectives 1961, Ontario, a'i erthyglau yn yr *International
    Reformed Bulletin,* Rhifau 23 a 31 (1965 a 1967), yn ogystal wrth gwrs â'r
    Prifathro R. Tudur Jones.
42. e.e., Bavinck, Herman, *The Philosophy of Revelation,* New York: Longmans
    Green and Co., 1959; Dooyeweerd, Herman, *A New Critique of Theoretical
    Thought,* Philadelphia: Presbyterian and Reformed Publishing Co., II, 1955,
    tt. 192-298; Rushdoony, R. J. *The Biblical Philosophy of History,* New
    Jersey; Presbyterian and Reformed, 1969, Clark, Gordon H. *A Christian
    View of Men and Things,* Grand Rapids: Eerdmans, 1952.
43. *The Grand Design of God,* C. A. Patrides, Routledge & Kegan Paul, 1972/ 13.
    'Of the numerous ideas advanced by the Gnostics as later by the Arians, the
    most pernicious was their tendency to shift Christianity's centre of gravity
    from history to philosophy.'
44. ibid 13-14.
45. ibid 14.
46. ibid 17. I haneswyr y Diwygiad yr oedd diwedd y byd yn agos (ibid 49, 59): Y
    Ffydd Ddi-ffuant, gol. G. J. Williams, Caerdydd, 1936, lxv, n.

356

fel y diangoch i dîr y rhai byw.' (Y Ff Dd. 185)

5. Duw sy'n llywodraethu hanes.[47] 'Cydweithia'r creaduriaid oll er eu bod yn llawer, ac o amryw ddull, nefol a daiarol, at yr un diben . . . Bod llawer o weision yn gwneuthur amryw swyddau, ac yn y diwedd yn tueddu at yr un peth, sydd arwydd mae un meistr sydd iddynt . . . Ac erbyn y dêl y darnau ynghŷd, os byddant gymwys iw gilydd, ac yn gwneuthur adail dêg, cydnabyddwn i un pen-saer Cyfarwydd fwrw a marcio'r gwaith.' (Y Ff Dd. 240)

6. Prif nodwedd yr hanes yna yw trefn.[48] 'Ceidw'r bŷd ei drefn osodedig gan Dduw, er gwaetha dyn' (Y Ff Dd. 239) 'Amlwg hefyd yw rhaglunieth a gofal Duw yn y drefn osodedig.' (244) 'Rhaid ydoedd i ddŷn er y dydd cyntaf y gwnawd ef wasanaethu Duw.' (215) 'Perffaith helaeth yw gweithredoedd Duw; nid oes yn y nefoedd a'r ddaiar ddim yn niffig, eithr yn gwbl ddigonol y maent i gynal dŷn gyda chariad Duw.' (216) 'Nerthol y dilyn pethau naturiol y tueddiad a roes Duw ynddynt.' (335)

7. Dysgu i ddyn am Dduw yw swydd hanes. 'Y dialeddau trymion a oddiweddasant wrthwynebwyr y gair ym mhob oes a ddylent berswadio dynion iw berchi ef.' (Y Ff Dd. 224)

8. Gallwn wybod am brif dueddiadau hanes ymlaen llaw o ddarllen y Beibl. 'Y mae pethau yn digwydd yn y bŷd fel y rhagfynega'r scrythur am danynt.' (Y Ff Dd. 223)

9. Gwelir fod yna ddatblygiad mewn hanes, ond un sy'n wahanol i'r cynnydd a ddychmygir gan sylwedyddion seciwlar (Y Ff Dd. At y darlleydd).

10. Dilyna'r Ffydd Ddi-ffuant ar ei hyd ddehongliad Awstin o ystyr hanes fel ymrafael rhwng dinas Duw a dinas y byd hwn.

Dyma bwnc dihysbydd. Y mae holl berthynas ystyr a hanes yn un a gaiff ei wyntyllu fel hyn hyd ddiwedd amser.[49] Eithr fe ddwedwyd digon yn y fan yma i ailagor y cwestiwn o ragdyb-

---

47. Dywedir am Paulus Orosius (Patrides, op. cit. 19): 'He was assigned the important task of elaborating the argument of De civitate Dei that the sackings of Rome, far from being the greatest calamity in world history, was only one of numerous similar catastrophes instigated by the Supreme Judge.'

48. ibid 121.

49. Crynhoir blodeugerdd ddefnyddiol yn The Philosophy of History in our Time, gol. Hans Meyerhoff, Doubleday, New York, 1959.

iaeth, ac i ddangos, mi obeithiaf, nad yw rhagdybiaeth Charles Edwards ddim wedi "dyddio" (er y gall llawer o fanylion 'ffeithiol' ei ymchwil "ddyddio"), ac nad oes dim sail ysgolheigaidd, academaidd na gwyddonol o gwbl dros dybied yn hunan-fodlon, fel y gwneir mor aml, fod y rhagdybiaeth seciwlar yn medru sefyll yn well ac yn fwy ystyrlon gerbron tân y llygad beirniadol. Erys y dasg o hyd o ateb y cwestiynau sylfaenol—pa ddefnyddiau a ddetholwn mewn hanes, a pham? Beth yw amser? Beth yw Ystyr—a'i ffynhonnell? Beth yw cysylltiad gweithgareddau dynol â'i gilydd—ac ymhlith pethau eraill, beth yw perthynas hanes a gwyddorau eraill? Sut y mae *gwybod* y gorffennol? Ai cywir yw chwilio am undod (neu undodau—neu unedau) mewn hanes, a sut mae gwneud hynny? Beth yw perthynas barn oddrychol a ffeithiau 'gwrthrychol'? Beth, felly, yw hanes ei hun?[50]

Dyma gwestiynau cynhwysfawr y mae'n weddus i hanesydd difrif a threiddgar eu hwynebu oll . . . Yr oedd Charles Edwards wedi'i wneud.

---

50. Ceir arolwg ardderchog o'r problemau hyn mewn rhaglen waith a luosogwyd, *Introduction to History,* Maarten Vrieze, Trinity Christian College, d.d.; *History,* Robert D. Knadsen, Westminster Theological Seminary, lluosogwyd, 1969; *The Criteria of Progressive and Reactionary Tendencies in History,* H. Dooyeweerd, lluosogwyd, d.d.

XI

ANGAU ELLIS WYNNE

Cwestiwn helpfawr, wrth gydio mewn llyfr fel *Gweledig-aetheu* Ellis Wynne, yw beth yn hollol yw'r gwahaniaeth, neu'r gwahaniaethau yn hytrach, rhwng y math o ryddiaith a sgrifennai Ellis Wynne a'r math o ryddiaith a ddarllenwn ni'n gyffredin heddiw, y math o ryddiaith yr ydym ni'n hen gyfarwydd ag ef. Mae'r testun ei hun yn rhyfedd, efallai. Yn sicr mae'r math o storïau cymharol realistig (am fywyd yn ystod eu plentyndod) a sgrifennai pobl fel Daniel Owen, T. Rowland Hughes a hyd yn oed Kate Roberts (ar y cyfan) yn wahanol iawn i'r darlun arall-fydol braidd a gynigir gan Ellis Wynne. Mae darluniau Ellis Wynne yn anghyffredin i ni. Ond mae darllenwyr profiadol heddiw yn gwybod fod llawer iawn o fathau o storïau i'w cael yn y cyfnod modern heblaw rhai realistig; ac nid yw disgrifiadau hun-llefus Beckett a Kafka, er enghraifft, ymhell iawn o'r agwedd apocalyptig at fywyd sy gan Ellis Wynne. Yn Gymraeg hefyd mae stori megis 'Teulu Mari' yn *Hyn o Fyd* Kate Roberts neu rai o storïau E. Tegla Davies yn ddigon afrealistig i ni beidio â bod-loni'n gysglyd ar gael ein holl ddefnyddiau darllen mewn ffrâm ffotograffig bob amser.

Hen ddull o gyfleu gwirionedd yw'r dull apocalyptig (dull y dat-guddiad neu'r breuddwyd). Mae traddodiad iddo sy'n mynd yn ôl o leiaf i gyfnod Llyfr Daniel a Llyfr y Datguddiad. Yr hyn sy'n arbennig mewn llenyddiaeth bob amser yw'r modd y gall hen ddull fel hwn ymrithio'n *wir* mewn profiad cyfoes, a chael ei briodi ag iaith a syniadau newydd. Rwy'n meddwl y bydd syllu ar ddatblygiadau rhyfedd y ganrif hon, megis yng ngwaith Kafka a Beckett, yn help i ni ystwytho'n chwaeth i dderbyn Ellis Wynne.

Cywair o ddychan caled sy ganddo, heb fawr o dynerwch. Er bod yna ysgafnder, mae'n ysgafnder oer ac eironig. Rydym ni'r darllenwyr yn canfod truenusrwydd y bobl sy yma, heb fawr o gydymdeimlad â hwy. Yn hyn o beth, nid yw'n wahanol *iawn* i'r modd didrugaredd a gwrthrychol y mae Beckett wedi trin ei gymeriadau yn y blynyddoedd diwethaf hyn. Mae Ellis Wynne, fel Kafka a Beckett, yn ymwybod yn anad dim â'r farn sy'n hofran uwchben ei gymeriadau. Ond gyda'r ddau awdur diweddar, barn ar enaid yr awdur ei hun, dyna'r testun arferol, a'r awdur yn aml drwy gyfrwng ei waith yn archwilio'i natur ei hun. Gydag Ellis Wynne ar y llaw arall, pobl eraill sy'n ei chael hi. Barn ar y rhai y tu allan iddo'i hun, dyna wrthrych ei fyfyrdod. Mae'n bosib ei fod yn ymwybod â barn fewnol, oddrychol; ond yn ei lyfr mae'n troi'r cwbl yn allanol.[1]

Peth dierth braidd ar ddechrau'r ganrif hon, yn wahanol i'r ddeunawfed ganrif, oedd synied am Farn allanol, oruwchnaturiol. Ond yn y blynyddoedd diweddar hyn,—ac rwy'n tynnu sylw eto at Beckett—fe allwn ddod yn gyfarwydd drachefn â'r gwirionedd o ddiymadferthedd dyn a'r ddibyniaeth ar rymuster y tu hwnt i amser a lle a rheolaeth ein rheswm bychan ni. Rydym ni unwaith eto wedi dechrau gweld y posibilrwydd y gall trafodaeth o fath Ellis Wynne yn ei weledigaethau fod yn wir, yn hollol wir, amdanom ni ac am ein byd heddiw. Felly, er bod testun Ellis Wynne yn wahanol i eiddo rhai o'n hawduron *ysgafn* diweddar, nid yw'n wahanol *iawn* i rai a gyfrifir yn glasuron modern, neu'n arweinwyr yn yr egni creadigol sy'n datblygu llenyddiaeth ddiweddar.

Ond nid testun na themâu Ellis Wynne yw'r unig agwedd ar ei waith sy'n ei wneud yn wahanol i'n hawduron mwyaf poblogaidd heddiw. Mae'n wahanol iawn yn ei arddull hefyd.

Fe hoffwn i ddechrau'n trafodaeth ar arddull drwy gymharu Ellis Wynne â phaentiwr enwog o Sais o'r ddeunawfed ganrif, sef William Hogarth (1697-1764). Edrychwch dyweder ar dri darlun a luniodd hwnnw mewn cyfres yn dwyn y teitl "A Rake's Progress".[2] Y cyntaf yw 'Scene in a Tavern'; yr ail, 'Scene in a Gaming House'; a'r trydydd, 'Scene in the Fleet Prison'. Mi welwch ar unwaith fod y testun cyffredinol yn un cyffelyb i eiddo Ellis Wynne ac yn feirniadaeth ar foesau'r cyfnod. Fe sylwch

---

1. Mae yna awgrym yma ac acw nad yw mor gwbl ddiniwed ag y gallai hyn ei olygu: e.e. t. 61, ei ddarlun o Daliesin benbeirdd: "brutio'r oeddwn i am fy nwy alwedigaeth, Gwr o Gyfraith a Phrydydd" (sef dwy alwedigaeth E.W. ar y pryd). Gall fod mwy o'i gydwybod ef ei hun yn y gweledigaethau nag sy'n ymddangos ar yr wyneb.

2. Cymharer hefyd y cyfresi "The Harlot's Progress", "The Four Stages of Cruelty", "Marriage à-la-mode".

hefyd fel y mae Hogarth yn llenwi ei lwyfan â phob math o gymeriadau a hyd yn oed yn trefnu mân ddigwyddiadau yma ac acw ar y llun, gan gadw un pwynt neu un cymeriad yn ganolog, a threfnu'r darlun o'i gwmpas ef. Mae Ellis Wynne yntau'n hoffi llenwi'r llwyfan. Nid ein cyflwyno ni i ddyrnaid o gymeriadau y mae e'n ceisio'i wneud a datblygu'n hadnabyddiaeth ohonynt: yn wir, mae'n gadael yr un argraff ag a gawn ni wrth edrych ar ddarluniau Hogarth, ein bod ni wedi gweld pentwr o gyrff. Pwrpas diwygiadol y moesolydd oedd gan William Hogarth, ac fel dychanwyr eraill, ei ddull o weithio oedd dadlennu'r drwg heb geisio dangos y modd i'w gywiro. Fel Ellis Wynne, roedd ganddo lygad craff i nodi manylion arwyddocâol mewn bywyd bob dydd; ac fe fyddai beirniad celfyddyd heddiw, mae'n debyg, yn cyfrif Hogarth yn arlunydd llenyddol.

Yn eu hadwaith i'w testun roedd Hogarth ac Ellis Wynne ill dau, mewn celfyddydau gwahanol, yn adlewyrchu chwaeth a diddordeb eu cyfnod. Ganrif yn ddiweddarach, ni fuasai'r driniaeth mor haerllug o blaen nac mor onest, mae'n siŵr gen i, na'r dychan mor hallt. Ond i mi, un o'r nodweddion mwyaf diddorol a geir yng ngwaith y ddau hyn fel ei gilydd yw eu *cas serch* tuag at glasuriaeth; a'r gwrthdrawiad hwn eto yw un o ffynonellau eu hegni. Y maent ill dau'n porthi fel brain ar y traddodiad clasurol, ac eto'n llym eu hadwaith yn ei erbyn. Er bod Ellis Wynne, y prydydd o ryddieithwr, yn ymhyfrydu mewn cyfansoddeiriau newydd a hen, yn hoff o gyseinedd ac argyfenwad o dan ddylanwad y traddodiad barddol, a'i ymddaliad yn urddasol gaboledig yn fynych iawn, mae ei sylwadau ar y beirdd eu hun a'i holl agwedd at y dasg o foli, yn ogystal â'i ddefnydd o'r iaith lafar yn wrthryfel pur yn erbyn eu gwaith hwy i gyd.

Fe ellid ymdeimlo â'i gas at urddas y traddodiad barddol yn ei agwedd at yr iaith geidwadol. Yr olion amlycaf o iaith lafar yw colli sillafau a chytseiniaid: e.e. *'stafell, 'r oeddwn, rhyngo'i, i roi 'mhen, arnai, i 'mweled, rhag i ti wrthnebu, sy, a 'nillodd, a 'madawodd, 'n ôl, clâ, scrifennedig, nesa, 'Scolheigion, 'rioed, mi wnâ'i chwi, ngoreu, ymrawd, debycca, gollwng e'r gwaed, etc.,'* Ceir hefyd newidiadau llafarog, megis *'ynte' (yntau), gorphws (gorffwys), medde,'* etc., A geirfa neu briod-ddulliau ymddiddan, megis *chwapp ar hynny, rhyw furgyn o Angeu bâch oedd yno, dyma fe'n taflu,* etc . . .

Ond un o elfennau pwysicaf yr iaith lafar sy'n dod i'r amlwg yng ngwaith Ellis Wynne yw rhythmau. Clywch y frawddeg yma: *"Ac ymhen ennyd wrth ymbell oleuni glâs fel canwyll ar ddiffodd, mi welwn aneirif oh! aneirif o gyscodion Dynion, rhai ar draed, a rhai ar feirch yn gwau trwy eu gilydd fel y gwynt, yn ddistaw ac yn ddifrifol aruthr."* (t. 59)

Hynny yw, mae Ellis Wynne yn gallu ymadael â chlasuroldeb tawel ei frawddegau amlgymalog er mwyn cyfleu cyffro'r iaith lafar fyw. Clywch eto:

"A chwippyn er maint oedd y distawrwydd o'r blaen, dyma si o'r naill i'r llall fod yno Ddyn bydol; Dyn bydol, ebr un, Dyn bydol, eb y llall! tan ymdyrru attai fel y lindys o bob cwrr." (tt. 59-60).

Ar y llaw arall, y mae'r frawddeg gyntaf oll sy yn y Weledigaeth yn enghraifft gampus o'r clasurwr cytbwys, gyda chymal ar ôl cymal yn cydymrolio ymlaen, ynghanol cyfansoddeiriau newydd a hen sy'n gwareiddio'r cwbl yn fwy byth.

Priodol, serch hynny, fod yna gynifer o gyffyrddiadau o'r iaith lafar gan fod Ellis Wynne yn cyflwyno'r gweledigaethau i ni mewn modd mor ddramatig.

Yn natblygiad ffurf y stori, y peth mwyaf diddorol efallai yw'r amrywio rhwng disgrifiad a sgwrsio, a'r cyfartaledd uchel iawn o ddrama sydd ynddi. Wrth ddadansoddi cynllun *Gweledigaeth Angeu* (gw. Atodiad I a II) gellid nodi fod ganddo 25 o ddarnau o ddisgrifiad ochr yn ochr â dau ddryll o lythyr. Ond mae'r nifer o *linellau* o sgwrsio a geir yn y patrwm hwn yn uwch na'r nifer o *linellau* o ddisgrifiad. Gan anwybyddu ambell "gyfarwyddyd llwyfan," gellid dweud fod ganddo 411 o linellau o sgwrsio, 302 o linellau o ddisgrifiad, a 49 o linellau o lythyr. Dyna ddangos fod dull dramatig Ellis Wynne yn hynod o bwysig yn ei gyflwyniad.

Mae'r dull dramatig hwn yn cael ei briodi â thaerineb sydyn y sialens ddirfodol. Rhyw deimlo yr ydym fod pobl yn torri ar ein traws ni drwy'r amser, y gall rhyw air neu ryw berson ymyrryd unrhywbryd â'n cyflwr o lonyddwch.

Does dim llyfnder graddol yn natblygiad y stori. O'r dechrau hyd y diwedd mae pob symudiad yn y thema yn *staccato*. Mae rhyw ffyrnigrwydd afresymol yn y modd y mae pob digwyddiad a phob ymddiddan yn ymyrryd.

Agorir y weledigaeth wrth fod ymwelwyr yn ymosod ar yr awdur; a hwy yw Cwsg (y Mab) a Hunlle (y Ferch), sy'n dwyn y

Bardd Cwsg i ymweld â'u Brawd, Angau.

Diweddir y weledigaeth, wedi bwrw nifer o garcharorion tros Ddibyn Diobaith, a chael golwg arswydlon ar Dir Ango, y Geulan ddiwaelod, a Chyfiawnder ar ei Gorseddfainc yn cadw drws Uffern, drwy ddihuno'n ddisymwth i sobrwydd.

Rhwng y ddau begwn sydyn yna, fe geir pedair golygfa ddramatig ym Mro Angau. Ond cyfres o ddarluniau pytiog digyswllt braidd, yw'r rhain. Gorymdaith o olygfeydd sydd yma, nid annhebyg i ffurf stribedog yr Anterliwt, heb fod yna lawer o gydwau ac ymgysylltu rhwng y naill ran a'r llall. Mae'r golygfeydd gwahanol hyn fel unedau gwahân a chrwn, oherwydd sylwch mor elfennol yw'r ddolen rhyngddynt. Mae'r ddolen gydiol yn bwysig. Dyma sut y mae'r awdur yn clymu'r darlun cyntaf, 'Ystafelloedd Angau', â'r ail ddarlun, sef ei Gyfarfyddiad â'r beirdd—"Ond cyn i mi edrych ychwaneg o'r aneirif ddryseu hynny, clywn lais yn peri i minneu wrth fy henw ymddattod . . ." Felly mae'n troi oddi wrth y drysau, heb rybudd fel petai, ac yn dechrau esbonio beth yw'r llais yma.

Rhwng yr ail olygfa hon a'r drydedd wedyn, sef ei Gyfarfyddiad â Rhywun, dyma'r frawddeg a roir i glymu'r naill wrth y lall:
"Yn hyn dyma ryw swbach henllwyd bâch a glywsei fod yno Ddyn Bydol yn syrthio wrth fy nhraed, ac yn wylo'n hidl."

Mae'r geiriau *yn hyn . . . syrthio* yn awgrymu'n glir sydynrwydd y cydiad rhwng un rhan o'r weledigaeth a'r llall. Tebyg drachefn yw'r frawddeg sy'n cysylltu'r drydedd olygfa a'r olygfa olaf yn yr arolwg hon o Fro Angau, sef golygfa 'Llys Angeu'. Dyma'r frawddeg sy'n dolennu: *"Ar hyn, dyma Angeu bâch, un o scrifenyddion y Brenin, yn gofyn i mi fy henw ac yn peri i Meistr Cwsc fy nwyn i'n ebrwydd ger bron y brenin."*

Unwaith, eto, mae'r geiriau *ar hyn . . . yn ebrwydd* yn awgrymu'r trais a'r teimlad o symud gwyllt direswm sy'n ein cario ymlaen drwy gydol y Weledigaeth.

Nid heddwch llyfn y bywyd a ddymunwn ni sydd yma. Does dim yma sy'n ein gadael ni'n llonydd mewn esmwythder diofal. Mae holl gynllun gweledigaeth Ellis Wynne yn syrthio arnom fel bom, heb adael i ni gysuron pluog byd sy'n troi gan bwyll bach gan bwyll bach. Wedi'r cwbl, hunllef yw'r Weledigaeth hon. Does dim paratoad i'r digwyddiad nesaf nac i'r cymeriad nesaf: disgyn a wnânt yn ddirybudd. Olyniaeth ddiddychwelyd sy yma, nid organwaith cyfansawdd.

Gadewch i ni sylwi ar gymeriadaeth y cyfansoddiad hwn. Unwaith eto mae sydynrwydd yn hanfodol. Does dim dyfnder i'r un o'r cymeriadau, ac felly does dim angen cyfeirio at ddim a ddigwyddodd cyn dechrau'r stori. Diangen yw adeiladu cefndir iddynt: pobl ydynt, a stori yw hon, nad oes dim ond y presennol yn cyfrif iddynt. Yma, nawr, o flaen ein llygaid, mae'r cwbl sydd o bwys yng Ngweledigaeth Angau. Dychryn presennol, heb ddim cysylltiad â dim y tu allan, heb hanes, heb ddihangfa i'r un amser na lle arall, dyna yw Angau.

Tenau iawn yw'r cymeriadau i gyd, gwawdluniau elfennol fel rhai Hogarth. Does dim yma o gysur cymhlethdod. Allwn ni ddim tybied, fel y byddwn ni'n hoffi, fod pawb yn gymysgedd o dda a drwg, a bod yna gysgodion diddorol o unigoliaeth sy'n gwneud pawb yn werthfawr ac yn amrywiol. Yma y mae pob un yn ei noethni diwahân a diaddurn—fel y mae, yn gwbl syml, yn syml ac yn hyll. Hyn sy'n cyfrif na allwn ni feddwl am y llyfr fel pe bai yn nhraddodiad y nofel neu'r stori fer, er bod stori a chymeriadau ac aml sgwrsio yn yr holl weledigaethau. Yn wir, mae hyd yn oed y cymeriad canolog, y Bardd Cwsg, yn berson nad ydym yn cael darlun amrywiol ohono. Ychydig iawn sy'n digwydd iddo byth, dim sy'n peri i'w bersonoliaeth ddatblygu. A chan mai ef yw'r unig ddolen gydiol rhwng y gwahanol rannau o'r weledigaeth â'i gilydd, ni allwn ddisgwyl i'r un arall o'r cymeriadau ddatblygu chwaith. Does dim parhad i'r cymeriadau hyn. Yr unig barhad sydd, yw'r awyrgylch. Patrymu darluniau y mae Ellis Wynne, a'r patrwm wedi'i ganoli ar agwedd gyson yr awdur ei hun tuag at y testun.

Efallai mai rhan o bwrpas yr awdur wrth beidio â dadlennu llawer o'r prif gymeriad ei hun, sef y Bardd Cwsg, oedd er mwyn i ni allu ein huniaethu'n hun ag ef. Pe bai'n berson anarferol, nid 'fi' fyddai fe. Person Cyntaf yw hwn, serch hynny, 'fi'. Mae hyn yn ychwanegu at yr ymwybod dirfodol, y teimlad o realiti, fod yr awdur yn llygad-dyst a bod y pethau anhygoel ac arallfydol a adroddir mewn gwirionedd, yn digwydd. Fe roddir teimlad o agosrwydd i'r darllenydd, ac ymdeimlad ei fod yntau'n wynebu'r un math o olygfeydd yn nyfnder ei enaid.

Mae o werth i ni oedi ychydig i sylwi ar y modd y mae Ellis

Wynne yn cyfleu ei gymeriadau gan gadw mewn cof yr hyn a welsom o waith Hogarth. Gan mai ffigurau alegorïaidd ydynt bron yn ddieithriad, megis rhai Bunyan, mae'r enwau a dadogir arnynt o bwys. Weithiau, nid yw'r cymeriad yn ddim ond enw megis er enghraifft "y chwaer Hunlle" (t. 55), heb ddim llawnder, er bod y teitlau'n amlhau ar dro: *"Meistr Rhodreswr mel-dafod, alias Llyfn y llwnc, alias Gwên y gwenwyn."* (t. 74). Mae'r enw'n hanfodol gan ei fod yn crynhoi'r bersonoliaeth ac yn cael ei uniaethu rywsut â'r cymeriad ei hun. Ni all ddianc rhagddo: mae'n wisg allanol iddo, yn sain, a'r person ei hun yw'r ystyr neu'r cynnwys. Y sŵn yw'r enw, y meddwl yw'r cymeriad ei hun.

Fel arfer, heblaw cyflwyno'r cymeriad a'r enw, fe fydd Ellis Wynne yn awgrymu rhywbeth am ei waith neu ei effaith, weithiau heb ddisgrifio dim o'i olwg allanol: *"Newyn, ac etto ar lawr yn ei ymyl byrseu a chodeu llownion, a thrynciau wedi eu hoelio"* (t. 57). Ond weithiau mae ei enw a'i olwg yn mynd gyda'i gilydd: *"Mi adwaenwn y Mâb wrth ei arogleu trwm a'i gudynneu gwlithog a'i lygaid môl-glafaidd mai fy Meistr Cwsc ydoedd."* (t. 55). Felly hefyd y *'scerbwd tenau a elwid Angeu'* (t. 57, ac Ofn y *'gellid gweled trwy hwn nas medde'r un Galon'* (57), a Chenfigen *'a'i afu wedi diflannu'*. Prin bod unrhyw deimladau gan yr un o'r cymeriadau hyn mwy nag sydd gan *'y Brenin Dychrynadwy yn traflyncu cîg a gwaed Dynion'* (65). Fel ffigurau alegorïaidd yn gyffredinol, cynrychioli syniadau neu egwyddorion y maent hwy, fel arfer: haniaethau heb gig a gwaed ydynt ac eto wedi eu peintio mewn modd hynod o solet yn aml; a dyna i raddau pam nad oes ynddynt ddim cymhlethdod.

Bid siŵr, nid ffigur alegorïaidd yw pob un o gymeriadau Ellis Wynne. Mewn un lle mae e'n disgrifio cyfarfyddiad rhyngddo ef (y Bardd Cwsg) a gŵr arall, cymeriad hanesyddol, a oedd yn dwyn yr enw "Bardd Cwsg" ganrifoedd ynghynt: *'Ar y gair, gwelwn gnap o henddyn gwargam a'i ddeupen fel miaren gen lawr, yn ymsythu ac yn edrych arnai'n waeth na'r Dieflyn côch . . .* 'Dyma'r ffordd y mae'n cael ei gyflwyno, drwy ddisgrifiad: yna mae'r cymeriad yn mynd ati i siarad. Ond un peth ac un peth yn unig, sy'n dod yn amlwg yn y disgrifiad hwn yn ogystal ag yn y sgwrsio, fod y cymeriad hwn yn *ddig*—dyna'r cwbl: mae ef yn chwerw o lidiog. A dyna'r cyfan, dim byd arall. Hynny yw, dyma gymeriad hanesyddol neu ddychmygol, beth liciwch chi, ond un nad yw'n alegorïaidd yn ei hanfod; ac eto, y mae Ellis Wynne yn ei drin ef yn yr un ffordd yn union ag y mae'n trin yr holl gymeriadau alegorïaidd eu hun. Cartŵn yw ef.

Ar gyfer llunio cartŵn, y ddawn sy'n angenrheidiol yw'r medr i gyfleu drwy ychydig o linellau syml brif nodweddion cymeriad neu sefyllfa. A dyna ragoriaeth Ellis Wynne, ei fod ef mewn brawddeg fachog yn gallu crynhoi'n rymus holl nwyd darlun bychan, fel hyn:

'Attolwg Syr, ebr fi, beth yw marchoges? Marchoges, ebr ef, y gelwir yma, y Ferch a fynn farchogaeth ei gwr, a'i chymdogaeth, a'i gwlâd os geill, ac o hir farchogaeth, hi a ferchyg ddiawl o'r diwedd o'r drŵs yna hyd yn Annw'n.' (58).

Dyma gameo arall:

'Ar ben pôb twr, gwelit Angeu bach â chanddo galon dwym ar flaen ei saeth.' (65)

Mor bwysig yw'r gair bach 'twym' yna. Un gair treiddgar, gogleisiol yn bwrw'r sefyllfa ar ei phen—dyna dechneg y cartwnydd. Dyna a wnâi Hogarth yntau. Mae'r cartwnydd yn crynhoi ei sylw ar y cyfanwaith bras, ar y nodweddion mwyaf trawiadol. A phan welwn rywun yn hapus neu rywun yn drist, dyna a "welwn" mewn gwirionedd—nid y mân nodweddion amherthnasol i'r sefyllfa, y manylion di-ben-draw—ond y prif argraffiadau allweddol. Wrth symleiddio, y mae'r cartwnydd yn sianelu sylw ac yn hepgor y gormodedd manion a allai ddad-wneud neu wrth-ddweud rhyw ychydig ar ei brif fwriad. Drwy chwyddo neu orbwysleisio diffygion ei gymeriadau mewn modd anghytbwys, mae'r cartwnydd yn eu beirniadu. Yn yr un modd, y mae Ellis Wynne drwy amlinellu prif ystumiau a phriodoleddau ei gymeriadau yn rhoi rhyw egni rhyfeddol yn ei bortreadau.

Peth cymharol brin mewn storïau cyn cyfnod y nofel yw cael awduron sy'n dadlennu eu cymeriadau bron yn gyfan gwbl drwy eu sgwrs, heb ddisgrifio'u nodweddion allanol na mewnol o gwbl. Dyfais gyfrwys yw sgwrs i gyfleu cymeriad, ac mae'n llawer mwy anodd na dibynnu ar ddisgrifiad uniongyrchol.

Rhyw fath o bont rhwng disgrifiad uniongyrchol a sgwrs anuniongyrchol fel modd i ddarlunio cymeriad ydyw'r gyffes neu'r hunan-ddisgrifiad a geir weithiau gan gymeriadau Ellis Wynne. Er enghraifft. *"Ni wnaethom ni, ebr un Cerddor, ddrwg i nêb erioed, ond eu gwneud yn llawen a chymeryd yn distaw a gaem am ein poen . . ."* (67 cf. y Meddwyn a'r Butain t. 69).

Hynny yw, yn lle bod yr awdur yn y trydydd person yn peintio prif nodweddion ei gymeriad, y mae'r cymeriad ei hun yn garedig iawn yn dweud wrthym yn blwmp ac yn blaen beth yw ei brif ddiffygion ei hun. Mae'n cwympo ar ei fai neu'n ymfalchïo yn ei gampwriaeth. Mae'n cyffesu.

Ar dro, sut bynnag, mae Ellis Wynne yn fwy cyfrwys na hyn, er enghraifft gyda'r Brenin Pabyddol ar dud. 68. Yn y fan yma, mae'r brenin yn awgrymu ei *falchder* ei hun drwy sgwrs, heb gyfeirio ato'n uniongyrchol o gwbl. A chydag enghraifft fel hyn y mae Ellis Wynne yn dod agosaf at y math o gymeriadaeth a ddaeth yn fwyfwy cyffredin ar ôl ei ddyddiau ef.

Eto, mae'n rhaid i ni beidio â thybied fod yna unrhyw ragoriaeth yn y dechneg o gyfleu cymeriad drwy sgwrs yn hytrach na thrwy ddisgrifiad. Mae'r dull yn wahanol a'i effaith yn wahanol. Ond perthyn techneg Ellis Wynne i fath o fynegiant sy'n llawer mwy uniongyrchol ac ar ryw ystyr yn llawer mwy syml-rymus na rhai awduron mwy soffistigedig a ddaeth ar ei ôl.

Ond er bod gan Ellis Wynne amryfal ffyrdd o gyfleu ei gymeriadau, y man cychwyn i ni ddeall ei safbwynt neu ei ddull yw'r *enw priod alegorïaidd.* Mae'r enw'n hoelio rhywun. Mae'n labelu'n onest. Dyma'r allwedd i'w agwedd ef at bobl. Iddo ef, yn y bôn, dau fath o bobl sydd, sef y rhai cadwedig a'r rhai damnedig, y rhai byw a'r rhai marw. Tuedd y dyneiddiwr ar hyd y canrifoedd yw ceisio carfannu pawb yn y canol, neb yn hollol farw; neb yn hollol ddamnedig na neb yn hollol gadwedig chwaith, pawb yn dwyn graddau gwahanol o lwyd, graddau o farwolaeth amrywiol. Dogma anoddefgar y dyneiddiwr yw nad oes neb yn hollol ysbrydol-sicr, a thipyn yn haerllug ydyw i neb fod yn gwbl glir ynglŷn ag eneidiau pobl. Ni cheir dim o'r agwedd ddyneiddiol yna gan Ellis Wynne.

Meddai fe: *"Yn nesa at hwn daeth Mâb a Merch: Ef a fasei'n gydymaith da, a hithe'n Ferch fwyn, ne'n rhwydd o'i chorph: Eithr galwyd hwy yno wrth eu henwau noethion, Meddwyn a Phuttain"* (t. 69).

Mae'r enw'n condemnio'n syml, yn crynhoi Barn. Mewn pregeth yn ei *Homilïau,* y mae Emrys ap Iwan yn gofyn iddo ef ei hun beth yw'r arwyddocâd sydd yn y Beibl mor aml y tu ôl i osod enw priod neilltuol ar rywun: *"Beth,"* meddwch *"sy mewn enw?*

Llawer ym mhob rhyw fodd; canys y mae enw dŷn yn dylanwadu ar ei gymeriad. Er enghraifft, y mae enw Cymreig yn tueddu i wneyd dŷn yn Gymroaidd ei ysbryd, ac y mae enw cyffredin, fel rheol, yn cyffredino meddwl dŷn. Bu llawer Sais â'i enw Tomkins; ond ni allodd cymmaint ag un Tomkins ymenwogi; ac er cynnifer myrdd y Joneses a fu yng Nghymru o ddyddiau Harri'r VIIIfed hyd yn awr, rhyw ddau neu dri yn unig o honynt a lwyddodd i wrthweithio dylanwad crebachol ei enw.

Yn yr hên amser gynt, byddai Duw yn cynnorthwyo dynion i ymnewid o ran eu cymmeriad a'u cyflwr trwy newid eu henw.—"Mwyach ni elwir dy enw di Iago ond Israel" etc.

Ac mae'n cyfeirio at amryw enghreifftiau eraill.

Mae dull Ellis Wynne, ar y cyfan, o ymdrin â'i gymeriadau drwy eu crynhoi mewn enw priod fel hyn ynghlwm wrth ei agwedd ef at Farn Feiblaidd. Peth syml yw Barn. Nid yw cymhlethdod bywyd yn ddihangfa rhaggdi. Fel y mae marw yn beth syml iawn i ni i gyd, yn noeth ac yn elfennol, i'r brenin ac i'r ysgolhaig megis i'r plentyn tlawd ac anwybodus, felly yn y pen draw y mae Barn hefyd yn noeth ac yn elfennol. Heb gwafers, heb esgus, heb ragrith, heb ddadl, heb drafodaeth. Cymeriadau dan farn yw rhai Ellis Wynne. Fe ellid tybied wrth dreiddio i ddyfnder cymeriadau y byddai barn yn dadlennu rhyw gymysgedd anodd ei bwyso. Nid felly o gwbl. Wrth ddwyn dirgelion y galon i mewn i lewyrch goleuni, y mae Barn yn ein dangos fel yr ydym. Yn y ganrif hon fe geir agwedd debyg i eiddo Ellis Wynne ar ei gymeriadau gan Gwenallt:

> Pan dynnwn oddi arnom bob rhyw wisg,
> Mantell parchusrwydd a gwybodaeth ddoeth,
> Lliain diwylliant a sidanau dysg
> Mor llwm yw'r enaid, yr aflendid noeth.

Dyna lais Ellis Wynne yn para i lefaru yn yr ugeinfed ganrif. Ac mi gredaf fod pawb sy'n gweld mai celwydd sentimental yw hanfod y nofel ramantaidd ddiweddar yn medru troi'n ôl at Ellis Wynne i flasu cryfder hallt y gwirionedd wedi'i gyflwyno'n egnïol. Hynny yw, po fwyaf y deuwn i weld y tlodi teimladol ac ysbrydol sydd ynghlwm wrth lyfnder melys storïau bach poblogaidd, mwyaf y gwerthfawrogwn y nerth sy gan Ellis Wynne i'w gynnig heddiw, nerth llenor sy'n gweld hyd berfedd pethau. Ac mi gredaf y down ni i weld fwyfwy fod Ellis Wynne yn fwy modern na rhai o'r awduron meddal, moethus, diweddar a fu'n ceisio goglais tafod chwaeth ddarfodedig. Mae "elfennau para" ynddo.

ATODIAD I

Cynllun Gweledigaeth Angeu

A. *Dechrau*:
Ymwelwyr, sef Mab (Cwsg) a Merch (Hunlle), yn disgyn ar y "Person cyntaf" gan ei ddwyn i ymweld â'u Brawd Angau:

B. *Canol*:
Bro Angau: mewn pedair golygfa:

I. *Ystafelloedd Angau.*
(i) Cyrraedd a chlywed eu sŵn (t. 55).
(ii) Drysau a'r angheuod bach wrth bob drws (t. 56).
(iii) Pob drws yn ei dro, mân bortreadau: (t. 57). 1. Newyn; 2. Anwyd; 3. Ofn; 4. Crog; 5. Cariad; 6. Cenfigen; 7. Uchelgais.

II. *Cyfarfod â'r Beirdd.*
(i) Ei gario i Ddyffryn pygddu (t. 59).
(ii) Protest yr hen Fardd Cwsc (t. 60).
(iii) Un arall yn ymyrryd, sef Taliesin (t. 61)—dychanu'r beirdd.

III. *Cyfarfod â Rhywun.*
Rhywun yn disgrifio'r camddefnyddio ar ei enw (t. 63).

IV. *Llys Angeu.*
(i) Y daith a'r olwg allanol (t. 64).
(ii) Y Brenin Dychrynadwy (Angeu), a Thynged ar ei law ddehau (t. 65).
(iii) Wrth y bar—
(1) Ffidleriaid (t. 67).
(2) Y Brenin Pabyddol (t. 68).
(3) Meddwyn a Phutain (t. 68).
(4) Saith Recordor (t. 70).
(5) Saith Carcharor arall.
(a) llythyr Lucifer yn eu cylch; (b) myfyrio; (c) llythyr ateb Angeu; (ch) disgrifio'r saith, pawb yn ei dro; (d) eu tynged. (t. 71-76).

C. *Diwedd,*
Wedi bwrw nifer o garcharorion tros Ddibyn Diobaith, ceir golwg arswydlon ar Dir Ango, y Geulan ddiwaelod, a Chyfiawnder ar ei Gorseddfainc yn cadw drws Uffern; yna dihuno i sobrwydd.

ATODIAD II

Perthynas a dosbarthiad Disgrifio a Sgwrsio.

Ar sail yr amlinelliad o gynllun yn Atodiad I, gellid dangos patrwm trefnol a chyfartaledd y nifer o *linellau* o ryddiaith Ellis Wynne a roddir i ddisgrifio neu i sgwrsio, fel hyn: (D—Disgrifio; S—Sgwrsio. Anwybyddir ambell "gyfarwyddyd llwyfan.")

A. *Dechrau*:
   D 22 S 23—Cyfanswm: D: 22 S 23.

B. *Canol*:
   I
       (i)   D 12 S 3 D 11
       (ii) S 6 D 14
       (iii) D 4 S 7 D 6 S 11 D 21 S 11 D 6—Cyfanswm D 74 S 38.

   II
       (i)   D 30 S 9 D 7
       (ii) D 7 S 30
       (iii) S 56—Cyfanswm: D 44 S 95.

   III
       D 4 S 53—Cyfanswm: D 4 S 53.

   IV
       (i)   D 34
       (ii) S 11 D 31
       (iii) (1) D 3 S 20 (2) D 3 S 44 (3) D 2 S 20 (4) D 6 S 28 (5) D 14
           Llythyr 27 D 5 S 23 D 3 Llythyr 22 D 11 S 23 D 3 S
           23—Cyfanswm: D 115 S 192 Llythyr 49

C. *Diwedd*:
       D 3 S 10 D 7 a 34—Cyfanswm D 44 S 10.

Nifer y *darnau* o D 25, S 19; Llinellau, cyfanswm llawn, D 303 S 411.

XII

WILLIAM WILLIAMS
(i) 'BYD' PANTYCELYN

Amhosibl yw myfyrio'n ormodol ar arwyddocâd y munudau arbennig ym mynwent Talgarth er deall cynnwys emynau Williams wedyn. 'Roedd gwahaniaeth amlwg rhwng y munudau hyn a'r holl funudau ac yn wir yr holl flynyddoedd a'u dilynodd. Croesi'r trothwy hwn, yr ysbaid annealladwy rhwng cau yn glep ac agor yn ffres, rhwng tynnu'n gyfyng a gollwng yn llydan, oedd un o'i brif destunau byth wedyn. Un o'r pethau a newidiodd hefyd yn y cyfwng hwnnw oedd ystyr y gair 'byd'. Dichon na sylwedd-olodd ef hynny ar y pryd; ond wrth iddo dyfu fel Cristion, ac wrth i ymhlygion amlochrog y tro cyntaf hwnnw gael eu gweithio allan yn ei fywyd, fe gymerodd y gair 'byd', a'r peth ei hun, arwydd-ocâd newydd yn ei feddwl. Yr oedd y 'byd' wedi'i droi a'i ben i waered. Byd a ysgytiwyd ydoedd.

Daeth i ail-fyw'r munudau hyn dro ar ôl tro, eu dal yn y golau a'u harchwilio, synfyfyrio uwch eu pen. Er bod y cyflwr y bu ynddo am flynyddoedd wedyn yr un mor bwysig ar un olwg, y munudau arbennig hyn o droi sy'n cael y sylw ganddo. Ni allai eu hanghofio byth. 'Dyma'r bore, fyth mi gofiaf,' meddai Williams; ac fel Paul a llawer o saint eraill, mae'n dychwelyd at yr ennyd hon, munudau'r troi, gan ddarlunio o'r newydd sydynrwydd dramatig a bywiol y darganfyddiad a wnaeth ef y pryd hynny:

> Ond pan gwelais olwg ar fy Nhrueni (ac mi gofiaf y Lle, yr awr, y Bregeth a'r Pregethwr, tra fwyf yn anadlu ar Dîr y rhai byw) gwelais ef mor ddwfn na's gallswn gael un pleser îs yr Haul.
>
> *(Llythyr Martha Philopur)*

Rhaid oedi wrth ddefnyddio'r gair 'dramatig' i ddisgrifio'r dröedigaeth hon, canys beth yn hollol a feddylir wrth y fath ansoddair yn y fath gyd-destun? Sut y gellir disgrifio'r emynydd fel bardd dramatig?

Fe ddefnyddir y gair yn aml, bid siŵr, yn drosiad i gyfleu'r argraff o realiti byw. Nid ceisio adrodd rhywbeth o'r tu allan, megis storïwr neu newyddiadurwr ar yr oriel uwchben, a wna'r awdur dramatig, gan ddweud sut y mae'r cymeriad hwn a hwn yn ymddwyn yn yr amgylchfyd a'r amgylchfyd; ond efô yw'r cymeriad ei hun. Mae i lawr ynghanol y chwarae. Iddo ef mae popeth yn digwydd.

Ac am ei fod yn llenor mae'n mynnu i'r digwydd hwn ddigwydd i ni, adleisio ar hyd ein henaid fel llais mewn ogof, amgylchu'n hysgwyddau a'n breichiau a'n clymu yn ei eiriau ef. O bell, wrth gwrs. Yn ail-law. Ond sut y gallwn adael i'r iaith hon gerdded ar hyd ein hymennydd gan dorri ei phatrymau ystyrlon, a ninnau'n amhersonol wrthrychol?

'Allwn ni ddim. Yr unig ffordd i ddarllen Williams, heb gyd actio rhywfaint yn yr un ddrama gydag ef, yw drwy ei gamddeall, ei gamddehongli, a'i wneud yn rhaffwr sillafau cymharol oer.

Disgyn ar uchafbwynt y ddrama a wna Williams yn fynych, a'n tynnu ni gydag ef:

> Rwy'n dy garu, Ti a'i gwyddost,
> Rwy'n dy garu f'Arglwydd mawr,
> Rwy'n dy garu yn anwylach
> Na'r gwrthrychau ar y llawr,
>> Darllen yma
> Ar fy ysbryd waith dy law.

Dyna'r ffordd y mae un emyn yn dechrau, a dyna ni ar ein pen ynghanol munud fawr y ddrama. Drama serch.

Dyma ddechrau emyn arall:

> Cymer, Iesu, fi fel ydwyf,
> Fyth ni alla'i fod yn well.

Cyferchir yr Iesu ei hun yn union fel petai dau gymeriad ar y llwyfan o'n blaen. Ac wrth gwrs, mae hyn yn gyffredin iawn yn ei waith. Dro ar ôl tro mae'n dechrau drwy gyfarch fel hyn:

> Anweledig, rwy'n dy garu . . .
> Iesu, llawnder mawr y nefoedd . . .
> O nefol addfwyn Oen . . .

Drwy agor ei emynau fel hyn, mae'n cyfleu syndod a sioc ei brofiad, rhyfeddod ei sylweddoliad wrth grwydro'n jocôs ar hyd llwybrau daear a throi a'i gael ei hun gerbron cymeriad na sylwodd arno ynghynt.

O! Rosyn Saron hardd!
O'r lili wen ei lliw!

Hynny yw, crisielir dramatigrwydd emynyddol oherwydd fod yna densiwn disyfyd rhwng dau gymeriad yn dod wyneb yn wyneb â'i gilydd. Gogwyddwyd clust Pantycelyn at donfedd annisgwyl lle'r oedd Hwn. Y funud yma o gyfarfyddiad—y foment o gwympo mewn cariad—dyma'r argyfwng sy'n destun parhaus i fyfyrdod Williams.

Yn fynych iawn mae'r ymddiddan rhwng y ddau hyn yn datblygu lawer ymhellach na chyfarchiad syml:

Iesu, difyrrwch fy enaid drud
Yw edrych ar dy wedd;
Ac mae llythrennau d'enw pur
Yn fywyd ac yn hedd.

Mae'r berthynas rhwng y naill a'r llall yn ymestyn, yn ymlenwi; ac mae'r cymeriad sy wedi dechrau parablu yn erfyn ateb:

O llefara, addfwyn Iesu!
Mae dy eiriau fel y gwin,
Oll yn dwyn i mewn dangnefedd
Ag sy o anfeidrol rin.

Protestia hefyd wrth sylwi fod yr Iesu'n troi ei gefn arno ac yn anfodlon arno.

Beth yw'r achos bod fy Arglwydd
Hawddgar, grasol, yn pellhau?

Mae'r math hwn o sgrifennu, nid yn unig yn dangos fod y profiad yn weledig o hyd ac yn fyw i Williams, ond pan fo'n wir brofiad llenyddol i ni, 'rydym ninnau'n cael ein traflyncu yn ei ddiriaeth ofnadwy.

Y mae rhai beirniaid yn hoffi pwysleisio pwysigrwydd gwrthdrawiad mewn drama: dyma, medd rhai, sy'n gwneud drama, gwrthdrawiad rhwng dwy bersonoliaeth, hyn sy'n datblygu'r thema, hyn sy'n bywhau'r plot. Munud y gwrthdrawiad yw'r union funud a gyflwynir i ni gan Williams: nid oes rhagymadroddi, ac nid yw'r berthynas rhwng y ddau gymeriad y soniwyd amdanynt yn un heddychlon, ddigyffro, fwyn. Darlunio cweryl a wna'r emynydd, rhyfel, brwydr:

Tyred, Iesu, i'r anialwch.
At bechadur gwael ei lun;
Ganwaith ddrysodd mewn rhyw rwydau—
Rhwydau weithiodd ef ei hun;
Llosg fieri sydd o'm cwmpas,
Rho fi sefyll ar fy nhra'd . . .

Disgyn Iesu o'th gynteddoedd
Lle mae moroedd mawr o hedd;
Gwêl bechadur sydd yn griddfan
Ar ymyloedd oer y bedd;
    Rho i mi brofi
Pethau nad adnabu'r byd.

Mae dau begwn yn y ddrama a gyflwynir i ni gan Williams, dau begwn sy'n amgylchynu'r newid pendant a ddigwydd rhyngddynt, y newid mwyaf chwyldroadol a allai ddigwydd ym mywyd neb. Rhoddodd y teitl yma ar un o'i lyfrau emynau: *Ffarwel Weledig, Croeso Anweledig Bethau.* Dyma'r newid, o'r Naturiol i'r Goruwchnaturiol, o Amser i Dragwyddoldeb, o Farwolaeth i Fywyd. Dyma hefyd y gwrthdrawiad dramatig.

Yn nramâu Williams, felly, yr ydym yn gweld cyfarfyddiad diriaethol, a'r emynydd ei hun yw un o'r actorion. Nid siarad amdanynt a wna: maent hwy yma. Cyfeiriodd llawer un at y ffaith fod Williams yn sgrifennu iaith lafar sathredig. Yn ôl rhai, y rheswm yw ei fod yn sgrifennu yn ei emynau ar gyfer gwerin annysgedig. Dim o gwbl. Ar gyfer yr un werin yr oedd yn sgrifennu ei lyfrau rhyddiaith; ond gan amlaf mae eu naws yn hollol wahanol. Clywch un frawddeg dan randwm o'i lyfr *Drws y Society Profiad:*

Mae'r diafol yn ysbryd cyfrwys a dichellgar, ac yn rhoi ei holl ddyfais ar waith pa fodd i gwympo credinwyr; ac mae efe yn lliwio ei rwydau, fel pob pysgotwr, fel na welo'r credadyn mohonynt.

Brawddeg dda, ddisgrifiol, wrthrychol, ond hollol wahanol o ran natur i'r llinellau o emynau y buom yn eu dyfynnu. A beth yw'r gwahaniaeth? Yn y rhyddiaith, mae Williams yn disgrifio'n sobr, yn gosod ger ein bron ryw bwynt neu ffaith. Yn ei emynau, ar y llaw arall, mae rhywbeth yn digwydd sy'n ei dynnu i mewn gerfydd ei galon. Ystwytha'r iaith fel mewn dialog. Mae e'n weithredydd yn y ddrama. Mae'r peth yn llawer mwy personol; ac felly, iaith lafar naturiol a ddaw o'i enau.

Ond beth yw'r ddrama?

Cymeriad a gafodd ddyrchafiad oedd hwn, dyrchafiad o fod yn Ffarisead i fod yn bechadur. Dyma ddechrau'r annaturiol (neu'r uwchnaturiol) ym mywyd Williams—y dyrchafiad sy'n anochel i'r cadwedig. Fe olygodd sylweddoliad neu ddatguddiad ynghylch dwy radd neu ddau wastad y meddwl dynol fel y'u gwahanwyd hwy yn Eden. Agorwyd iddo ail wythïen nas amgyffredodd.

Fe fuom ni'n siarad am ei iaith naturiol, am fywiogrwydd diriaethol ei fynegiant. Mae'n bryd i ni bellach bwysleisio'r abnormal, yr hyn a oedd yn ei wneud yn arbennig. Oherwydd yr hyn sydd ynghanol gwaith Williams yw'r ffaith fod yr abnormal wedi ymgartrefu yn nyth y normal.

Williams Pantycelyn oedd ar ryw ystyr y mwyaf normal a naturiol a dynol o'r diwygwyr Cymreig. Ganddo ef 'roedd yr hiwmor mwyaf; a'r rheswm yw, yn ôl pob tebyg, ei fod wedi gwerthfawrogi fod yr agweddau ysgafn ar ein bywyd yn ddawn oddi wrth Dduw. Un o'r camgymeriadau a wnaeth y mudiad pietistig, adeg trai'r diwygiad (ond 'roedd hadau cryf ohono eisoes ar gael ar ganol y diwygiad ei hun), oedd gwgu ar ddigrifwch a dirmygu llawenydd naturiol. Nid dyna ffordd Williams o gwbl.

Crwt braidd yn smala oedd Williams ymhlith ei gyd-ddiwygwyr; a chadwyd storïau llon amdano yn ymwneud â Sali Stringol o Gastell Nedd a'r forwyn orgysglyd honno yn Fforchollwyn ac eraill. Dwedir fod rhai o'i gyfeillion braidd yn anfodlon ar y modd ysgafn hwn yr ymddygai ar adegau. Ond 'roedd y cwbl yn gymwys i weddill ei fywyd, i'w iechyd mewn meddwl a chorff, i'w fywyd hapus gyda'i wraig a'i blant a'i lu o gyfeillion, i'w egni a'i ddiwrnodau llawn.

Ac eto, roedd e'n 'annaturiol'. Er y diwrnod hwnnw ym mynwent Talgarth 'roedd y gwastad syml, tawel, wedi'i annibennu am byth. Ac ni allai fodloni byth mwy ar normaliaeth . . . Ffarwél Ffariseaeth bodlonrwydd.

Efallai mai'r ffordd orau i ddangos adwaith y dröedigaeth honno ar ei normaliaeth ddiniwed, gyffredin, fyddai drwy sylwi ar yr hyn a ddywed wedyn am y byd hwn.

Stamp y gwir Gristion, meddai rhywun un tro, yw ei fod yn hiraethu am ymadael. Tra bydd ar y ddaear, mae'n gwneud ei ddyletswydd, mae'n ufudd wasanaethgar i Dduw; ond yn y bôn mae ei fryd yn gyfan gwbl ar le hollol wahanol. Yn sicr, dyma lefel uchel a hollol neilltuedig o fywyd ysbrydol; a pha faint o'r rhai sy'n arddel yr enw Cristion, a all honni eu bod yn hiraethu beunydd am fwynhau'n llawn ac yn ddi-rwystr y gymdeithas dragwyddol honno gyda Christ? Eto, pe baem yn mynd ati'n ystadegol i gyfri'r pwysigrwydd sydd i'r gwahanol themâu yng ngwaith Pantycelyn—concwest ar elynion, llawenydd ysbrydol, ac yn y blaen—'rwy'n siŵr y byddai'r thema o hiraeth am ymddatod, chwant am ymadael a mynd drwodd, yn uchel dros ben os nad yr uchaf oll yn eu mysg.

Caniatewch i mi ddyfynnu un emyn cyfan sy'n crynhoi'r thema ryfedd hon, un o emynau hardda'r byd i gyd, mae'n rhaid:

> Rwy'n chwennych gweld ei degwch Ef,
> Sy uwch popeth is y rhod,
> Nas gwelodd lluoedd nefoedd wen
> Gyffelyb iddo erio'd.
>
> Efe yw ffynnon fawr pob dawn,
> Gwraidd holl ogoniant dyn;
> A rhyw drysorau fel y môr
> A guddiwyd ynddo ei Hun.
>
> Rwyf finnau'n brefu am gael prawf
> O'r maith bleserau sy,
> Yn cael eu hyfed, heb ddim trai,
> Gan yr angylion fry.
>
> Mae nymuniadau'n hedeg fry
> Uwch creadigol fyd,
> Ac yn diystyru'r ddaear hon
> A'i da o'r bron i gyd.

Fe'm ganwyd i lawenydd uwch
Nag sy' 'm mhleserau'r llawr,
I gariad dwyfol gwleddoedd pur
Angylion nefoedd fawr.

O pam na chaf fi ddechrau'n awr
Fy nefoedd yn y byd?
A threulio 'mywyd mewn mwynhad
O'th gariad gwerthfawr, drud.

Gan gydredeg â'r trachwant yma am fynd drwodd at y Tad mae
yna gasineb wedi tyfu at y 'byd' a'i bethau. Pererin yw'r emynydd
nawr sy'n gorfod diodde'r diffeithwch yma o'i gwmpas ym
mhobman.

Dyn dieithir ydwyf yma, Draw mae ngenedigol wlad . . .

Pererin wyf mewn anial dir.

Yn awr, y gwir amdani. Ai dyma agwedd y Cristion at y byd yn
gywir? Ai dyma'r ffordd y dylem synio am y ddaear? Creadigaeth
Duw y mae ganddo bwrpas arbennig ar ei chyfer, pwrpas na all
neb na dim ymyrryd ag ef.

Cwestiwn anodd iawn yw hwn, ond cwestiwn y dylai pawb
sy'n myfyrio uwchben gwaith Williams ei wynebu, yn hwyr
neu'n hwyrach. Mae'n bur ryfedd os ydyw Duw, sy wedi rhoi
bywyd, sy wedi rhoi anadl yn ein ffroenau, yn disgwyl i ni
ddymuno cael gwared â'r rhodd yma. A ydyw Duw am i ni ddir-
mygu'i roddion? Yn sicr, awgryma Paul y math yma o ddymuniad:
'Yr ydym yn ochneidio, gan ddeisyfu cael ein harwisgo â'n tŷ sydd
o'r nef.'

'O!' medd y dyn naturiol, 'mae hyn yn forbid.' 'O!' medd y byd,
'mae'n rhyw fath o ramantiaeth wyrdröedig, debyg i'r ''awch am
farw'' afiach a oedd yn ffasiynol gyda rhai rhamantwyr gynt.' Ai
dyna'r cwbl sy gennym yn hiraeth Pantycelyn am gael ffoi oddi
wrth bethau'r ddaear?

Mae un anhawster mawr yn codi wrth drafod y testun hwn, yn
ystyr y gair Byd. Fe allwn, o un safbwynt, gyferbynnu'r byd â
thragwyddoldeb. Ac yn yr ystyr yna, byd pechadurus ydyw sy'n
cael ei gaethiwo gan amser a lle. Byd ydyw sy'n cynrychioli'r
pethau hynny a eill lenwi meddwl dyn *yn lle* sylweddoliad o

arglwyddiaeth Duw. Byd sy'n llawn amherffeithrwydd a marwol-
aeth. Dyna syniad am y byd sy'n peri i Gristion ei gasáu â'i holl
galon; ac meddai'r apostol Ioan amdano: 'Na cherwch y byd, na'r
pethau sydd yn y byd. O châr neb y byd, nid yw cariad y Tad ynddo
ef.' Mae'r Cristion mor ddierth yn y byd hwn nes i bobl y byd
ddymuno ei yrru o'u golwg: mae'r apostol Paul yn sôn am groes-
hoelio'r byd iddo ef, ac yntau i'r byd. Dim ond gelyniaeth eithaf
sy'n bosibl rhyngddyn nhw.

Dyna un ystyr amlwg ar y gair *byd,* sef y byd unig di-Dduw, sy'n
rhoi esgus i ddyn anghofio'r ysbrydol a byw ar wahân iddo.
Dyma'r byd a wenwynwyd oherwydd gwrthryfel dyn yn erbyn
Duw, a dyma'r byd y mae Pantycelyn am ymadael ag ef. Y bydol.

> Mae llais yn 'ngalw i maes o'r byd,
> A'i bleser o bob rhyw . . .

> Fe ddarfu blas, fe ddarfu chwant,
> At holl bwysïau'r byd . . .

Ond fe ellir defnyddio'r gair *byd* mewn ffordd lai cyfyng, sy'n
cynnwys y pethau y soniasom amdanynt ond sy'n fwy o lawer na
hynny i'r cadwedig. Dyma greadigaeth Duw; ac nid yn unig
hynny, fe gynhelir y cwbl o hyd drwy ras Duw—mae Paul yn
dweud fod Iesu Grist 'yn cynnal pob peth trwy air ei nerth.'
Dyma'r byd y mae Duw'n ei garu: 'canys felly carodd Duw y byd';
'ni ddanfonodd Duw ei Fab i'r byd i ddamnio y byd.' Dyma'r byd y
mae'n rhaid i Gristion ei garu, llawenhau o'i blegid a diolch i
Dduw amdano.

> Yr wyt Ti'n deg, yn deg i gyd,
> O fewn y byd cwmpasog,
> Ymhlith y rhai a gawd o ddyn,
> Nid oes yr un mor serchog . . .

> Tydi yw tegwch mawr y byd,
> O gylch i gyd yn gyhoedd;
> Yr wyt ti bron, ti fyddi'n awr,
> Yn degwch mawr y nefoedd.

Byd yw hwn sy'n cynnwys holl greadigaethau Duw; ond oher-
wydd gras uwch-fydol mae'r byd ei hun yn cael ei weddnewid:

1. Mae ei faintioli yn dod i'r amlwg. Gwelir ei le yn yr ewyllys ddwyfol wrth sylweddoli ei berthynas â'r tuhwntrwydd. Nid yw'r byd hwn—ei amser a'i le—yn cynnwys popeth a fwriadwyd ar gyfer dyn.

> Y cysur i gyd
> Sy'n llanw fy mryd
> Fod gennyf drysorau
> Uwch gwybod y byd . . .
>
> O nefol, addfwyn Oen
> Sy'n llawer mwy na'r byd

2. Wrth ymagor i ras arbennig Crist mae'r byd ei hun yn newid ei natur. Mae'r trosgynnol yn dod yn fewnfodol ac yn medru melysu'r diflas a llenwi'r gwag:

> O sancteiddia f'enaid, Arglwydd,
> Ym mhob nwyd, ac ym mhob dawn;
> Rho egwyddor bur y nefoedd
> Yn fy ysbryd llesg yn llawn . . .

A'r rheswm am hyn yw ei fod yn medru gosod y byd y tu. mewn i fframwaith Duw: gwêl ewyllys Duw ar gerdded hyd yn oed yma.

> O Iesu byw, Iachawdwr byd . . .
> Iesu, Ti wyt ffynnon bywyd . . .

'Nawr, mae'r agwedd gadarnhaol hon, a led-awgrymir yma ac acw yn ail agwedd Williams at y byd, yn hynod o bwysig i ddeall y normaliaeth a gadwodd ef ac a briododd mor llwyddiannus â'i abnormaliaeth. 'Roedd ei syniadau ef am ddiwylliant y byd braidd yn wahanol i eiddo'i gyd-ddiwygwyr; ac fe lwyddodd ef, mi gredaf, i flasu bywyd creadigol y ddaear mewn modd cywirach ac iachach na hwy, heb golli golwg ar nerth y byd i'w droi'n ysglyfaeth i'r un-dimensiwn.

Hynny yw, fe hwyliodd yn agos at y gwynt oherwydd iddo sylweddoli i'r byw ras cyffredinol yn ogystal â gras arbennig Duw. Fe ufuddhaodd, bid siŵr, i orchymyn cenhadol Crist i fynd allan i bregethu'r efengyl; ond fe ufuddhaodd hefyd i'r gorchymyn diwylliannol. Dyma agwedd ar ddiwinyddiaeth Galfinaidd *(Institutio* Llyfr II, Pennod 3) a ddatblygwyd yn drylwyr iawn er dyddiau Kuyper yn y ganrif ddiwethaf, gan bobl fel Schilder a Van Til a Dooyeweerd; ond credaf fod Williams wedi'i hadnabod eisoes yn y ddeunawfed ganrif.

O holl ddiwygwyr ei genhedlaeth ef,—Howel Harris, Daniel Rowland, Griffith Jones ac yn y blaen—Williams oedd yr ysgolhaig. Daeth o dan lach ei gyd-ddiwygwyr am iddo ymhél gymaint ag ysgolheictod. Ymddiddorai hyd yn oed mewn astudiaeth o grefyddau eraill heblaw Cristnogaeth; ac fe sgrifennodd gyfrol sylweddol ar y testun: *Pantheologia.* Teitl go annisgwyl i bob golwg. Ond sylwer ar enwau rhai o lyfrau Cymraeg eraill Williams,

> *Gloria in Excelsis.*
> *Liber Miscellaneorum.*
> *Aurora Borealis.*
> *Ductor Nuptiarum.*
> *Templum Experientiae apertum.*

Y rhain oedd 'best sellers' y werin yn y ddeunawfed ganrif: go brin na fyddai'r un ohonynt bellach yn dderbyniol pe cynigiai Williams hwy yn un o gystadleuthau Cymdeithas Lyfrau Ceredigion.

Yn *Theomemphus* mae Williams o safbwynt y Cristion yn amddiffyn ysgolheictod fel hyn:

> Yn erbyn dysg nid ydwyf, mi wn fod dysg a dawn,
> Os hwy na chamarferir, yn berlau gwerthfawr iawn . . .
> Mae pob rhyw gelfyddydau yn hyfryd yn eu lle,
> Ac fel pe baent yn sgwrio grasusau pur y ne' . . .
> Rwy'n caru astudio natur, o gwr i'r llall o'r byd,
> Y ddaear, môr, ac awyr, ac ynddynt sydd i gyd;
> A ffeindio Sadwrn bwysig, a'i holl leuadau ma's,
> Ond i'r wybodaeth yma i rag-wasnaethu gras . . .
> Rwy'n chwilio'r holl historwyr, yn gylch, ddêl i fy llaw,
> A hyd y caffwyf amser, eu darllen trwyddynt draw . . .
> Nid dysg wyf i'n ffieiddio, na studio natur faith,
> Nac olrhain un gelfyddyd fo'n gweled Duw a'i waith;
> Ond am fod dyn heb alwad, dyn oddi-fewn fo'n flaidd,
> Yn cymryd cyflog bugail o liw i borthi'r praidd.

Nid ysgolheictod na gwybodaeth am y byd sy'n arwain at ddryswch. Mewn anwybodaeth y ceir dryswch, ac mewn gwybodaeth anianol, ddi-ras. Mae'r efengylwyr mwyaf erioed, megis Paul ac Awstin a Luther, wedi bod yn ysgolheigion. A'r llwybr cywir i'r Cristion yw—oddi wrth wybodaeth ddi-werth, at ffydd oruwchnaturiol, ac ymlaen at fath newydd o wybodaeth.

Dangosodd Mr. Alwyn Prosser yn ei *Astudiaeth Feirniadol o Rai o Weithiau Rhyddiaith William Williams o Bantycelyn* fod y bardd dro ar ôl tro yn gorfod ei amddiffyn ei hun ar y mater yma: 'Myn oleuo dipyn ar anwybodaeth ei gyd-genedl, ond gobeithia y daw goleuni gwybodaeth â goleuni disgleiriach yn ei sgîl.'

Meddai Kuyper yn 1880: 'Nid oes un fodfedd o holl diriogaeth bodolaeth ddynol lle nad yw Crist, penarglwydd popeth, yn gweiddi, "fi biau hyn".' Heblaw ymdrin â chrefyddau mawr y byd, dyma nod *Pantheologia,* yn ôl ei froliant anostyngedig, sef rhoi i ni

lawn hanes am afonydd, brynniau, mynyddau, llynnoedd, moroedd, ac aberoedd pennaf y byd. Fe ddywed i chwi pa sut fwyd, diod, gwisgoedd, teiau, ac addurnau corph sydd gan drigolion Asia, Affrica, Ewrop ac America. Cewch hanes lawn ganddo o Farsiandaeth, Traffic, a Marchnadyddiaeth holl Drigolion y Byd, cystal y naill ran a'r llall. Fe ry i chwi weled yr holl Greaduriaid, Ehediaid, ymlusgiaid a phedwar-carnolion y ddaear, Cannoedd o ba rai na chlywsoch erioed amdanynt . . . Fe ddywed y Pantheologia wrthych yn ddiddig iawn am hen dywysogion pennaf y byd, amryw ryfeloedd creulon rhwng Brenhin a Brenhin yn y dyddiau gynt, nes newid terfynau gwledydd, nes newid arferion a chyfreithiau teyrnasoedd.

Ymgais Williams oedd dwyn y cwbl hyn o fewn ei brofiad ei hun a phrofiad y Cymry o swyddogaeth Crist yn y byd. Câi'r cwbi ystyr drwy ddatguddiad goruwchnaturiol Duw yn ei Air ac yn y Gair a wnaethpwyd yn gnawd. Nid mewn cylch cyfyng-eglwysyddol yr oedd diddordeb a galwedigaeth y Cristion, ond yn holl greadigaeth a rhagluniaeth yr Arglwydd.

Ond y mae Williams yn gwahaniaethu rhwng gwybodaeth y dyn naturiol, gwyddoniaeth y cnawd, neu ddoethineb y byd a gwybodaeth gywir a oleuir drwy sancteiddrwydd gwirionedd. Er nad yw'n anwybyddu doethineb y byd hwn, y mae'n ei weld yn ffolineb yng ngolwg Duw. Mae gwyddoniaeth wedi syrthio fel y syrthiodd celfyddyd dyn; a daeth yn ddiben ynddi ei hun, wedi ei hysgar oddi wrth grefydd, fel y daeth dyn (drwy *hunan* fynegiant) yn frenin iddo'i hun. Chwalwyd gwir ddiwylliant a dysg gan bechod, a chollwyd cynghanedd y bydysawd:

> Fy nghof, fy neall, a'm synhwyrau,
>   Sydd ymron llewygu i gyd;
> Ac yn ffaelu cadw eu trefen
>   Eisiau gweld dy wyneb-pryd.

Yr hyn a wna derbyn y Goruwchnaturiol yw gosod gwir awdurdod a threfn ar y Naturiol; a sylweddolodd Williams, os yw dyn yn mynd i adnabod ei fyd yn briodol, fod yn rhaid iddo'i osod ei hun o dan gyfarwyddyd yr Ysgrythurau Sanctaidd. Yn ei waith daearol, disgwylir i ddyn ymaflyd yn nefynyddiau crai y Greadigaeth a thynnu ohonynt holl bosibiliadau'i natur drwy gyfrwng ei Wyddorau Pur a Chymwysedig; ond nid oes rhwng Cristion ac anghredadun ddim tir niwtral, nid oes gwybodaeth ddiduedd, ac ni cheir ystyr cywir mewn Celfyddyd nac mewn Gwyddoniaeth heb ei oleuo ym Mrenhiniaeth Crist. Dim ond gwaed Crist a all ganiatáu i'r dyn modern weithredu'n wyddonol gymwys.

Nid oes golwg fod Williams wedi myfyrio'n ofalus uwch holl ymhlygion y safbwynt hwn; ac er y gallwn gasglu'r syniadau uchod wrth bori yma ac acw hyd ei waith, nid yw yn unman yn crynhoi'n drefnus ei feddyliau am destun sy'n amlwg o bwys mawr iddo. Pe amgen, nid oes gennyf amheuaeth na fyddai'r casgliadau hynny wedi dwyn effaith bendant ar ansawdd ei grefft fel emynydd. Ond megis yr oedd yn grefftwr ar frys, felly yr oedd yn feddyliwr ar frys. A thueddaf i gredu mai dyma un o drychinebau mawr barddoniaeth ramantaidd ddiweddar yng Nghymru—na ddilynodd Williams ddim i'r pen ei synfyfyrdod am ei berthynas ef a'r byd. Pe bai wedi gwneud hynny, fe fyddai ei chwaeth lenyddol wedi cael ei garddu, ei gydwybod gelfyddydol wedi dihuno, a'i athrawiaeth esthetig wedi ei gosod dan farn. Tueddaf i gredu na byddai wedi derbyn mor ddifeddwl y ffurfiau Saesneg parod; o'r hyn lleiaf, ni byddai wedi ymgyfyngu iddynt yn y fath fodd. Byddai llai o fri heddiw, o ganlyniad, ar yr odl acennog felltigedig a ddifwynodd ein llên ers cynifer o flynyddoedd: byddem yn nes, yn ein gwaith rhydd, at y traddodiad sillafog a'r mydrau acen gynganeddol, yn hytrach nag yn rhigolau'r mydrau tic-toc tic-toc a afaelodd yn rhamantwyr dechrau'r ganrif hon: ni chawsai odlau dwbl fyth fyw: byddai proest wedi tyfu ar ei orsedd, ac ni chawsem gyfnod mor faith o ystrydebu delweddog.

Ond meddyliwr ar frys oedd Williams. Yn wir, rhan o'i genadwri oedd brys: 'roedd y diffyg hwn o'r eiddo yn neges. Ac er colli ohonom aeddfedrwydd y canlyniadau a ddaethai pe bai wedi suddo'n ddyfnach yn ei sylweddoliad o berthynas Crist a diwylliant, fe gawsom ei daerineb, ac aeth ei sythwelediad yn gân ddigymell. Yn lle cyfundrefn o syniadau call, cawsom syndod y datgeledig, a chyffro'r darganfyddwr a fyn rannu'i rodd.

Er ei fod yn ŵr mor ddeallus ac yn sylfaenol glwm wrth ddysgeidiaeth ddiwinyddol, ni ddewisodd ddefnyddio'i alluoedd mawr i ymgodymu o'r newydd â'r ddiwinyddiaeth honno. Fel y cydiodd mewn ffurfiau mydryddol parod, felly y cydiodd mewn syniadau diwinyddol parod heb sylweddoli eu harwyddocâd i'w sefyllfa arbennig ef fel pêr-ganiedydd y genedl. 'Roedd y digymell a'r cyflym a oedd yn ffresni ei brofiad o'r Anweledig yn berthynas agos hefyd i'w barodrwydd cyflym i dderbyn y gyfundrefn ddiwinyddol Galfinaidd fel y digwyddodd iddo ei gweld. Gwasanaeth Williams Pantycelyn oedd iddo afaelyd yn niwinyddiaeth draddodiadol ac uniongred ein ffydd, diwinyddiaeth Paul, Awstin a Chalfin, a'i throi'n fawl sydyn yn y Gymru fodern. Nid dehongliad personol ar ffeithiau Cristnogaeth a geir ganddo: nid oes mymryn o wreiddioldeb yn ei syniadau. Derbyn traddodiad ysgrythurwyr yr oesoedd a wnaeth. Ond fe drowyd y meddyliau a gafodd drwy'r rhain yn fiwsig greddfol yn ei glust. Pynciau mawr Cristnogaeth draddodiadol—Helaethrwydd yr Iawn, Etholedigaeth, y Goruwchnaturiol, y Pechod Gwreiddiol, y Duw-ddyn, a hwnnw'n marw,—pethau y bu llawer o ddadlau ynglŷn â hwy o bryd i'w gilydd, gyda Phantycelyn y maent yn troi'n orfoledd ac yn fuddugoliaeth. Sylweddolodd ped arhosai'r pynciau hyn yn faterion 'trafod' a 'deall' yn unig heb ddringo i fod yn destun llawenydd anymwybodol ac yn feddiant calon, yna ni byddai ystyr iddynt: collid pwynt y cyfan.

Eithr, gwir ddiffygiol oedd Williams yn y modd yr asiodd ei estheteg yn ei ddiwinyddiaeth. Ac yn hyn o beth, teimlaf y gallai arafwch efrydu uwch gwaith Calfin fod wedi ei gynorthwyo; gweler, er enghraifft. astudiaeth Leon Wencelius l'Esthetique de

Calvin. Pe bai Williams wedi egluro yn ei feddwl ei hun yr estheteg Gristnogol a oedd eisoes yn egino yno, pe bai wedi gweld yn llawnach arwyddocâd Gras Cyffredinol a'r Gorchymyn Diwylliannol (Gen. 1: 26-31; 2:8, 15, 19; Salm 8; Heb. 11: 5-18), ac wedi canfod arwyddocâd hyn oll ar gyfer ei waith fel emynydd yng Nghymru'r ddeunawfed ganrif, nid yw'n debyg y byddai rhwyg mor amlwg wedi dal yn ein llenyddiaeth rhwng y traddodiad clasurol o farddoni, a'r traddodiad rhamantaidd diweddar. Byddem yn nes heddiw at y bymthegfed ganrif; a'n hetifeddiaeth o gynghanedd a sangiadau a dyfalu ac acen bwys ac odli diacen-acennog ac yn y blaen yn ffrwythlon ddi-dor. Dichon, er enghraifft, y byddai gwaith Islwyn a Cheiriog a Gruffydd wedi bod yn Gymreiciach o lawer ... Ond byddem wedi colli Williams.

(ii) DENG MLYNEDD

(1762-1772)

Fe ellid sylwi bod yna dri chyfnod bras ym mywyd llenyddol Williams Pantycelyn:

A. Y Paratoad: yn dechrau â'i ailenedigaeth yn ugain oed (1737) ac yn gorffen adeg y gwrthodiad iddo gael ei ordeinio'n offeiriad (1743), cyfnod o ryw chwe blynedd.

B. Prif gyfnod yr emynau: 1744-1772 (sef 27-55 oed). Yn y cyfnod hwn fe ysgrifennwyd ei bum casgliad pwysig o emynau a'r ddau ganiad hir, *Golwg ar Deyrnas Crist* (39 oed) a *Theomemphus* (48 oed).

C. Prif gyfnod ei ryddiaith: 1762-1777 (sef 45-60 oed). A sylwer fod y trydydd cyfnod hwn yn gorgyffwrdd â'r ail am ddeng mlynedd: y deng mlynedd hynny fydd prif wrthrych ein sylw.

A. *Y Paratoad*: Yn fuan ar ôl ei dröedigaeth, ac yn wir o'i ordeiniad yn gurad hyd y pryd y bu iddo gael ei wrthod i'w ordeinio yn offeiriad, fe fu Williams Pantycelyn mewn cysylltiad pur agos ag un o lenorion Cymraeg mwyaf y ddeunawfed ganrif, sef Theophilus Evans. Gŵr galluog, cymeriad cryf, ysgolhaig academaidd, a gelyn anghymodlon i Fethodistiaeth. Mae'n rhaid fod yr adnabyddiaeth hon a gafodd Pantycelyn o'r gŵr diddorol hwn wedi gadael ei ôl yn drwm arno. Yr oedd Theophilus Evans yn cynrychioli ar ei eithaf bopeth a oedd yn wrthun i Bantycelyn yn yr hen Eglwys Anglicanaidd; ac efô yn anad neb a fu'n offeryn hefyd i rwystro Pantycelyn yn y pen draw rhag ei ordeinio'n offeiriad. Nid bob amser y cofiwn mor agos fu cysylltiad Theophilus Evans a Phantycelyn.

Ganwyd Theophilus Evans ym 1693, ac fe'i hordeiniwyd ym 1717, y flwyddyn y ganed Pantycelyn. Ym 1740 daeth Pantycelyn (yn 23 oed) yn gurad at Theophilus Evans (yn 47 oed); ac yn yr un flwyddyn (neu yn 1739) y cyfieithodd Evans *Llythyr Addysc Esgob Llundain* ynghylch "zel danbaid"; yn yr un flwyddyn hefyd yr ymddangosodd cyfieithiad o Wasg Miles Harri[1] *Ateb y Parchedig Mr. Whitefield, i Lythyr Bugeilaidd Diweddaf Esgob Llundain.* Yn yr un flwyddyn drachefn y nodir y cyntaf (i mi sylwi arno yn ei ddyddiaduron) o ymweliadau cyson Howel Harris â Phenywennallt (12 Rhag.), sef hen gartref Theophilus Evans yng ngodre Ceredigion, lle yr oedd ei frawd Capten John Evans bellach yn byw, ac yn gefnogwr selog i'r Methodistiaid. Nodais ymweliadau eraill[2] yn 1741 (Chwef. 24 a 25 ac Ebrill 28), 1742 (Mai 21), 1747 (Gorff. 31), 1748 (Chwef. 7) a 1749 (Mawrth 8). Rhaid felly fod tipyn o dyndra rhwng Theophilus a'i frawd John. Ar Ragfyr 1, 1741 dyma Francis Pugh yn sgrifennu mewn llythyr at Howel Harris am bregeth y bore Sul cynt gan Theophilus Evans 'his Text was—my grace is suficient for thee, I never h[e]ard such a Sermond in my Life, ye Devil made him as bold as a Lion Callg ye ministrs of Jesus Xt fals Prophts; hotheaded fools & such Like Expressions'.

Un o'r Methodistiaid cyntaf yng Nghymru oedd Marmaduke Gwynne o'r Garth, gŵr a oedd yn Fethodist cyn i John a Charles Wesley gael eu hachub,[3] gŵr bonheddig.[4] Diddorol sylwi fod

---

1. Ifano Jones, *Printing and Printers in Wales and Monmouthshire,* Cardiff, 1929, 215-218; CCH, V. 63.
2. Tom Beynon, *Howell Harris's Visits to Pembrokeshire,* Aberystwyth, 1967; 46, 47, 48, 77, 133, 140, 162; CCH, XX (Suppl. 8) 277-9; XXIX, 122, 124; XXX, 54-5, XXXI, 62, 115, 119; LI (Suppl. No. 9) 258; *Sel. Trev. Letters,* Gomer M. Roberts, I, 20. Ceir nodyn pwysig, CCH, XLI, 76; cf. XXXI, 78.

3. A. H. Williams, 'Marmaduke Gwynne and Howel Harris', CCH, LV, 65-80; 'A. H. Williams, 'The Harris-Gwynne Correspondence', CCH, LV, 56-60; Tom Beynon, *Howell Harris's Visits to London,* Aberystwyth, 1960, 30-35.
4. Daeth wedyn yn dad-yng-nghyfraith i Charles Wesley.

Theophilus Evans yn gaplan teulu iddo yr un pryd ag yr oedd Gwynne yn gyfaill ac yn noddwr i Howel Harris.[5] Ond os mai'r un Gwynne yw hwn ag a grybwyllir yn llythyr Francis Pugh (y cyfeir-iwyd ato gynnau), y mae'n amlwg nad oedd yn petruso dangos ei ddirmyg llwyr at bregethu Theophilus Evans ar gyhoedd hyd yn oed ar ganol gwasanaeth: 'Mr. Gwin being there took his Book out to read & sometimes Speaking out Loud—"What spirit is that";—ye people Lafing. I was by Mr. Gwinn, & ye Devil had such Power over me yt I was Like to Break out Lafing by Reason of his Speakg by my side, altho my heart was redy to Break at ye same Time'.[6]

Y mae'n bwysig cofio'r gwrthdaro creulon a phersonol hwn wrth sylwi ar Theophilus Evans yn gwrthod cefnogi ordeiniad Pantycelyn, a hefyd ei weithgarwch ei hun yn cyhoeddi ym 1752 *History of Modern Enthusiasm*[7] sy'n ymosod yn gas ar y Meth-odistiaid Saesneg ond heb grybwyll fod y fath beth â Methodist-iaeth Gymreig i'w chael ar bob llaw.

Beth bynnag, yr wyf yn credu fod yr atgof a'r adnabyddiaeth arwyddocaol hon a gafodd Pantycelyn o Theophilus Evans wedi aros mor fyw ynddo nes iddo ei ddarlunio ef sawl gwaith, dybiaf i, yn ei gerdd hir *Theomemphus* 1764. Dyma, yn fy marn i, heblaw ei dyfiant ysbrydol, y peth mwyaf diddorol a ddigwyddodd iddo yn ystod blynyddoedd ei baratoad, sef cyn iddo ddechrau llunio emynau. Diau i'r profiad hwn finiogi'i ddealltwriaeth o'i elynion a sicrhau'i allu ei hun i roi rheswm dros ei obaith. Yr oedd y Cristion ifanc hwn, newydd yn ei adnabyddiaeth o waith iachaol Duw yn ei galon, wedi gorfod wynebu'n gyson un a oedd yn cynrychioli Rhesymoliaeth ymenyddol a marw ar ei neithaf: da inni heddiw gofio, pan fydd Williams yn cyfeirio ar farweidd-dra'r Eglwys cyn dyddiau'r Diwygiad, mai marweidd-dra ymosodol a negyddol ydoedd y marweidd-dra hwnnw.

B. *Yr Emynau.* Yn awr, fe welir, er bod cyfnod yr emynau'n dechrau ynghynt o lawer na'r rhyddiaith, ac er bod y rhyddiaith yn para am ryw ychydig ar ôl yr emynau, y mae yna ddeng mlynedd o orgyffwrdd, *sef 1762-1772 (45-55 oed);* a'r deng mlynedd hyn yn ddiau yw cyfnod mawr ei awen. Nid damwain yw

5. Gomer M. Roberts, *Y Pêr Ganiedydd I,* Gwasg Aberystwyth, 1949, 45.
6. CCH, III, 45; XLVI, (Supp. No. 7), 178-179: 'yt spirit is yt' sydd yn y copi.
7. R. T. Jenkins, *Yr Apêl at Hanes,* Hughes a'i Fab, Wrecsam, 1931, 35-46; CCH. III, 6, 43; V, 64.

hi bod y cyfnod mawr hwn yn dechrau â diwygiad 1762.[8] Nid damwain ychwaith mae'n debyg yw bod yr aduniad â Howel Harris wedi digwydd yn 1763 a bod marwolaeth Harris yn cyd-ddigwydd yn 1773 â diwedd y cyfnod mawr, gan fod dyled ysbrydol Williams i Harris wedi bod mor sylweddol ar hyd ei oes Heb fychanu dim ar y gorchestion a gyflawnodd Williams y tu allan i'r deng mlynedd hyn, carwn ganolbwyntio ar y rhain ar hyn o bryd.

Fe ellir dosbarthu canu Williams Pantycelyn o dan dri phen
1, Yr emynau,
2. Y caniadau hir,
3. Y marwnadau.
Mae'r tri hyn bob un yn dra phwysig, ac nid oherwydd diffyg parch eithr oherwydd cyfyngiadau amser a lle y byddaf yn anwy-byddu'r trydydd, sef y marwnadau yn y fan yma.

1. *Ei syniad am emynau*

Yn awr, yr oedd Pantycelyn wedi sgrifennu cryn nifer o emynau cyn 1762, yn neilltuol *Aleluia* mewn chwech o rannau (1744-1747: ail arg. 1749) sef 177 o emynau, a *Hosanna i Fab Dafydd* mewn tair rhan (1751-1754) sef 109 o emynau. Ond, fel y sylwodd Mr. Saunders Lewis, dyna oedd cyfnod ei brentis-iaeth. Ni chawsom gyfnod ei aeddfedrwydd llawn tan 1762: dywed Mr. Lewis am y *Môr o Wydr* 1762: 'Dyma flaenffrwyth ei addfedrwydd, ac nid hwyrach y llyfr hoffusaf a gyfansoddodd erioed'; 'Un o lyfrau mawr barddoniaeth Gymraeg, a'r ystwythaf o gyfrolau Pantycelyn'.[9] Yn union wedyn, ym mlwyddyn y diwyg-iad 1762-3 fe sgrifennodd Pantycelyn 84 o emynau, ac yr oedd yn teimlo mor hyderus ac mor sicr o barhad ei ffrwythlondeb nes iddo rybuddio'i ddarllenwyr wrth eu cyhoeddi hwy yn rhan gyntaf *Ffarwel Weledig* 1763: 'Yr wyf yn eich cynghori i beidio a rhwymo'r Llyfr hwn ynghyd ag un Llyfr arall; am fy mod yn meddwl o's caf ond rhai Misoedd yn rhagor o Fyw Cyfansoddi un arall or un faint i'w gydrwymo ag ef'. Rwy'n siŵr y byddai un-rhyw fardd cyfoes wrth ei fodd pe bai ef yn gallu dweud y fath beth gyda'r fath hyder.

---

8. R. Geraint Gruffydd, 'Diwygiad 1762 a William Williams o Bantycelyn', CCH LIV (1969), 68-75, LV (1970) 4-13.

9. Saunders Lewis, *Williams Pantycelyn*, Foyle's, Llundain, 1927, 83; 91.

Yn y ddwy flynedd hyn hefyd, fe gyhoeddodd ef ddau lyfryn o ryddiaith, sef *Llythyr Martha* 1762 ac *Atteb Philo-Evangelius* 1763; ac y mae'r Athro Geraint Gruffydd wedi trafod eu prif ddiben ac arbenigrwydd, sef fel amddiffyniad i'r ffenomen o orfoledd mewn adfywiad crefyddol. Fe garwn innau dynnu sylw at yr hyn sy gan y llyfrynnau hyn i'w ddweud ynglŷn â chanu emynau.

(i) Y mae'n amlwg mai ffenomen gorfforol yw canu: y synhwyrau yw ei darddle. Y corff sy'n rhoi ffurf iddo. Meddai Pantycelyn.[10] 'Mor anodd i mi yn awr dewi ag i wraig dewi wrth ddwyn dyn bach i'r byd, heb grio, ochain, a chwynfan:"canys enynnodd tân, a mi a leferais â'm tafod". Ond O hyfryd awr! Pan ydoedd hi fwyaf cyfyng ar fy enaid, gwawriodd dydd arnaf . . . Ac wedi i mi i gael yr olwg fendigedig hon (bendigedig, meddaf drachefn), mae ynof ysbryd arall, nas meddwn arno erioed o'r blaen. Yr wyf yn eon i ddweud yn dda am Dduw wrth bob dyn; oes, y mae rhwymau arnaf i'w ganmol ef o flaen pawb, a dywedyd yn dda am ei enw ef o flaen y gyn'lleidfa fawr'. Dyma'r cyd-destun i'r canu naturiol ac ar ryw olwg ddigymell a ddaeth yn gyfochrog â'r Diwygiad.

Ar hyd y canrifoedd fe gafwyd heresïau i gondemnio'r corfforol mewn Cristnogaeth, fel arfer oherwydd cymysgu'r term "cnawdol" neu "bydol" â'r *corff*. Ni raid ceisio dangos yn awr y drwg a wnaeth hyn i'r eglwys ac i ddiwylliant Cymru. Ond y mae Pantycelyn yn gwneud dau bwynt i gadarnhau lle'r corfforol wrth ganu mawl:

1. Yn gyntaf, y mae yna bwrpas dyrchafedig i'r corff, a hynny'n ddwyfol ei natur. 'At beth mae ein tafod ond i sôn am, a chanmol Duw, dweud yn dda, am holl ddyfais iechadwriaeth yng ngwaed yr Oen? Mae aelodau ein corff, fel galluoedd ein henaid, i ogoneddu Duw, ac i fynegi i'r byd ei glod ef.'[11]

2. Yn ail, y mae apêl Cristnogaeth i'r holl berson, yn gorff ac yn enaid, fel yr oedd y cwymp yn gwymp cyfan ac nid yn gwymp corfforol yn unig. Felly, y mae'r holl berson yn ymateb i Grist: 'On'd yw pob elfen gref a fo yn gweithio ar eneidiau dynion, hefyd yn ymddangos ar eu cyrff? . . . Yn fyr, onid yw holl nwydau

10. Garfield Hughes, *Gweithiau William Williams Pantycelyn,* II Caerdydd, 1967, 2.
11. Ibid., 18.

yr enaid pan y bônt wedi eu llanw o un chwant, yn peri i'r corff i gydweithio gyda hwynt?'[12]

Yn wir, hyd nes inni ymateb â'r holl berson (a'r term ysgrythurol am hanfod yr holl berson yw'r *galon*) nid oes gennym ond efengyl hanerog. Methiant rhai proffeswyr i dyfu yng Nghrist yw 'mai yn eu dealltwriaethau yn unig y mae crefydd, ac nad esgynnodd mohoni erioed eto i'w calonnau hwynt . . .' Mae'n wir ein bod yn derbyn y credoau uniongred. Mae'n hyfryd pan fyddom wedi dysgu ufuddhau i awdurdod y Gair. Ond nid yw hynny ond oferedd os nad yw'n hewyllys a'n dymuniadau yn llosgi o gariad at Dduw. 'Â'r galon mae credu i iechadwriaeth; bod dynion wedi credu rhyw ffurf o ddifeinyddiaeth, bydded honno mor wir bynnag y bo, os nad yw yr egwyddorion hynny a gredodd ef yn ei ddeall wedi gwreiddio felly yn ei galon, fel y mae ef yn caru Mab Duw, yn gorfoleddu yn ei iechadwriaeth ef, yn ymwadu ag ef ei hun, codi ei groes, dilyn yr Oen trwy ei holl w'radwyddiadau, nid yw ei wybodaeth ond gwneud iddo ymchwyddo'.[13] Balchder ysbrydol yw prif gynnyrch dysg a gwybodaeth heb y galon wedi'i darostwng.

(ii)   Yn ogystal â bywiogi'r synhwyrau, yr oedd y diwygiad yn fodd i finiogi'r deall hefyd. Yn yr emynau yr oedd Pantycelyn yn canu athrawiaethau. 'Mae fy synhwyrau i yn fwy buan; yr wyf yn deall pethau Duw yn fwy golau; mae'm rheswm a'm holl nwydau mor gyngan yn eu trefn'.[14] Nid teimladrwydd di-gynnwys oedd y cynnwrf hwn; yr oedd yna frwdfrydedd ynglŷn â rhyw sylwedd sicr a ffeithiol, a'r sylwedd yna oedd pynciau'r ffydd. 'Nid am bynciau lleiaf y ffydd y mae'r bobl yma yn wresog, ond am brif bynciau iechadwriaeth. . . . Pe buasent yn wresog am bynciau cyfeiliornus, neu am bynciau dadleugar, neu am bynciau lleiaf angenrheidiol o'r ffydd Gristnogol, ni fuasai cymaint coel arnynt. . . . Ond y rhain sydd yn wresog am ddilyn yr Oen, am garu iechawdwr y byd, am ddatseinio allan ei enw, mewn bywyd cystal ag mewn geiriau'.

Oherwydd yr elfen ddeallol hon yn ei grefydd, fe arweinir Pantycelyn i archwilio'r ysgrythurau er mwyn amgyffred yn ddyfnach pam y mae'r fath ganu gorfoleddus wedi tyfu yn y

---

12. Ibid., 19.
13. Ibid., 24-5.
14. Ibid., 3.

dyddiau hynny. Ac y mae'n dehongli rhyw un ar bymtheg o gyfeiriadau ysgrythurol at ddawnsio a chanu i gadarnhau mai peth cywir yw bod y fath effeithiau allanol yn cydgerdded â gwaith yr Ysbryd Glân.

Y dehongli ysgrythurol hwn oedd y sylfaen o ddysg a oedd yn treiddio drwy deimlad yr emynau.

2.*Y caniadau hir*

Ar ganol y deng mlynedd nodedig hyn (1764) o ffrwythlondeb llenyddol, fe ysgrifennodd Pantycelyn hefyd ei ganiad hir (5000-6000 o linellau) *Theomemphus.*

Mae'r gerdd hon yn ymagor drwy ddisgrifio ac archwilio natur troedigaeth. Dadansoddir ysbryd y dyn naturiol cyn ei droedigaeth, y Theomemphus ifanc, ei ddiffyg amgyffred o'i berthynas oruwchnaturiol â Duw, ac o ganlyniad, ei ddiffyg sensitifrwydd ynghylch natur pechod. Y mae'n hunanfodlon ac yn anwybyddu popeth gwael sy'n digwydd yn ei feddwl ond iddo beidio â dod i weithrediad allanol. Y mae'n ysbrydol farwaidd neu'n ysbrydol dwp.

Y cam cyntaf yn ei droedigaeth yw deffroi ei gyneddfau ysbrydol fel y gall amgyffred ei berthynas â Duw. Fe wneir hyn gan Boanerges drwy bregethu'r Ddeddf. Difrifoldeb goruwchnaturiol y ddeddf. Y mae'r Ddeddf yn egluro nid yn unig natur gyfiawn Duw, ond angen dyn yn nhlodi ei enaid: y mae deall pwrpas y Ddeddf yn peri ei fod yn ei fwrw ei hun ar drugaredd Duw.

Yr ail gam yw pregeth Evangelius sy'n dangos bod digofaint Duw yn gyfan gwbl ynghlwm wrth Ei faddeuant a'i drugaredd. Yn wir, ar y Groes y gwelir orau ddigofaint Duw a'i gariad ynghyd.

Ar ôl y ddau gam hyn, mae Dr. Aletheius yn arholi Theomemphus er mwyn sicrhau dilysrwydd a diogelwch y droedigaeth oherwydd y mae yna rai pobl sy'n dynwared troedigaeth a rhai sy'n rhannol neu'n ffug yn eu hargyhoeddiad. Ac y mae'n gofyn:[15]

---

15. Gomer M. Roberts, *Gweithiau William Williams, Pantycelyn,* I, Caerdydd, 1964, 262.

(Pennod VIII)

'Pwy egwyddorion grasol? pwy bynciau o'r 'Fengyl fawr,
Ddatguddiwyd i dy ysbryd o hynny hyd yn awr?'
Ac ateb cyntaf Theomemphus yw:
'Un o'r effeithiau darddodd o fynydd Calfari,
Sef gwel'd fy IESU'n hongian ar groesbren trosof fi'.
Dyma sy'n nodedig yn yr arholiad hwn yw'r modd y mae
Theomemphus yn cyfeirio yn awr at *wrthrych*: y mae'n syllu'n
allanol yn hytrach nag ymdroi'n fewnblyg. Nid seicolegol yw ei
ddiddordeb, ond hanesyddol a diwinyddol. Cyfeirio a wna at
ddigwyddiad allanol ac at ystyr y digwyddiad hwnnw.

Bellach, ar ôl arwain Theomemphus drwy'i droedigaeth yn y
penodau cyntaf y mae Pantycelyn yn treulio'r hyn sy'n weddill o'i
gerdd i ddilyn hanes ei bererindod, y peryglon diwinyddol a
theuluol sy'n codi i'w dramgwyddo. Y mae'n wir, bid siŵr, fod
rhai peryglon eisoes wedi codi'u pennau cyn i Dr. Aletheius ddod
i gateceisio neu i chwilio'i brofiad a disgyblu'i athrawiaeth. Fe fu
pregeth Seducus, er enghraifft, yn gais i'w hudo yn union ar ôl
pregeth gyntaf Boanerges. Ar ôl ail bregeth Boanerges fe gafwyd
pregethau gan Orthocephalus a Schematicus ac Arbitrius Liber.
Ond bu pregeth Evangelius yntau yn y diwedd yn fodd i garthu'r
rheina o'i galon.

Erbyn hyn, serch hynny, y mae Theomemphus yn Gristion
cywir; ac eto i gyd y mae'n gorfod wynebu gelynion o bob rhyw o
hyd. Hanes y rhain yw sylwedd yr ail ran o'r gerdd. Yn awr, cyn
inni sylwi ar y bererindod hon, y mae'n wiw inni nodi gofal mawr
Pantycelyn i ddweud nid yn unig beth yw Cristnogaeth, ond beth
nad yw hi ddim. Neges yw hi sy'n cynnig: neges yw hi sy'n
gwrthod hefyd. Hynny yw, y mae Pantycelyn yn ceisio diffinio'r
efengyl ac osgoi amwysedd. Un llwybr cul ydyw Cristnogaeth a
chanddo ymylon eglur. Camp Pantycelyn oedd iddo wynebu'r
gwyrdroadau cyfoes heb fynd yn berson negyddol; ac efallai mai
rhan o'r rheswm dros hyn oedd iddo ddadlau'i ddiwinyddiaeth
nid mewn rhyddiaith (cadwodd ei ryddiaith i drafod problemau
mwy ymarferol ar y cyfan) ond ar gân. Mae ei gerdd hir
Theomemphus yn amlwg yn bendant ei chenadwri achubol ac yn
gynnes efengylaidd wrth adeiladu'r Cristion; ond yn y gerdd hon
hefyd y ceir ei ymosodiadau mwyaf llym ar yr heresïau arferol
sy'n blino Cristnogion ymhob cenhedlaeth.

Fe garwn ddosbarthu'r problemau hyn yn dair carfan:

1. Y ddau begwn Antinomiaeth ac Arminiaeth.
2. Y ddau begwn Deall a Theimlad.
3. Methiant i gymodi'r nef a'r ddaear mewn bywyd ymarferol.

1. Mae Jezebel (Pennod XVI) yn cynrychioli Antinomiaeth, ac Arbitrius Liber (Pennod IV) yn cynrychioli Arminiaeth.[16] Erbyn heddiw y mae Antinomiaeth mor brin fel y gall ymddangos yn heresi weddol ddiniwed. Wedi'r cwbl, heresi ydyw sy'n gweld gras achubol Duw'n fawr, a gallu dyn yn ddim; ac y mae hynny ei hunan yn beth mor ddieithr erbyn hyn. Ond fe wyddai Pantycelyn fod pob ymgais wedyn i ddianrhydeddu'r Ddeddf neu i fychanu cyfrifoldeb dyn—a gras yw'r Ddeddf ei hun[17]—yn ffiaidd yng ngolwg Duw. Yr oedd yn taranu'n erbyn Antinomiaeth yn 1764 yn *Theomemphus*: ddeng mlynedd wedyn fe gyhoeddodd drosiad o lyfryn sy'n dwyn y teitl *Antinomiaeth, Bwbach y Rhan ffurfiol o'r Eglwys Grist'nogol* (J. Hart); ac ni ellir amau nad oedd Antinomiaeth yn berygl byw iawn i rai a oedd wedi dechrau ymhoffi yn athrawiaethau gras mewn cyfnod pryd yr oedd llewyrch ar gredu.

Ond Arminiaeth[18] yw'r heresi fwyaf nerthol—yr ymgais bytholwyrdd i orbwysleisio lle dyn yn yr arfaeth, y duedd i fawrygu awdurdod dyn—trafferth Adda, trafferth Pelagius, trafferth Wesley yng nghyfnod Pantycelyn ei hun, a lle y bo rhyw rith o gredu mewn eglwysi sefydledig yn ein dyddiau ni, dyma'r gwyrdroad arferol. Yr oedd Pantycelyn wedi cwrdd â'r heresi yma ar drothwy ei weinidogaeth.[19] Dyma'n ddiau hefyd agwedd

---

16. O leiaf dyna a ddywedai Gwenallt, er gwaethaf 'Fe'i ganed cyn Arminius a Morgan flwyddau maith'; ond yn ôl Saunders Lewis, hwn yw'r rhesymolwr, 'a'i bleser ef i gyd/Yw ymresymu'r cwbl a glywo fe yn y byd'. Diau fod y ddau'n gywir.
   Dyma ychydig o linellau i ddangos mai Gwenallt a rydd y iabel gorau 'I wneuthur iachawdwriaeth yn bosib i bob dyn,/Credinwyr, anghredinwyr, heb wahan rhwng yr un'. 'A dim ond gwneyd y goreu yw'r cwbl sydd gan ddyn,/A Duw sydd siŵr o ateb, fe dystia'r gair ei hun'.
17. Ernest F. Kevan, *The Grace of Law*, Carey Kingsgate, London, 1964; G. Huehns, *Antinomianism in English History*, London, 1951; Peter Toon, *Hyper-calvinism*, The Olive Tree, London, 1967.
18. J. I. Packer, 'Arminianisms', *Puritan Conference Report*, 1968, 22-34; a J. R. de Witt, 'The Arminian Conflict and the Synod of Dort', yr un lle, 5-21.
   Tybir fod profiad Williams yn yr eglwys annibynnol gartref yng Nghefn Arthen wedi darparu defnyddiau iddo ar gyfer y ddadl yn erbyn Arminiaeth: gw. CCH. XX (Suppl. 8), 293-296.
19. Gomer Roberts, *Y Pêr Ganiedydd*, I, Gwasg Aberystwyth, 1949, 42 yml.

ei bennaeth cynnar, Theophilus Evans gan mai Arminaidd oedd osgo'r rhesymolwyr a'r sagrafenolwyr (uchel-eglwyswyr) yn Eglwys Loegr.

Ond yr oedd Theomemphus wedi cael y fraint o ymwybod â'i gaethiwed ei hun, wedi cael y weledigaeth sanctaidd o ganfod pechod; ac medd ef:

'Mae yma ryw athrawiaeth sydd yn derchafu dyn,
Cytuno mae â natur, mae cnawd a hithau'n un;
Ond ni all dyn colledig, heb burdeb, dyn heb rym,
Yr hyn sydd lai na haeddu, ei hunan wneuthur dim'.

2. Ar y cyfan, nid oedd Pantycelyn yn blino rhyw lawer am ordeimladrwydd mewn crefydd. Doedd y math o gredu cyfriniol drwy deimlad yn hytrach na thrwy ddeall a geir weithiau yn ein dyddiau ni ddim yn faen tramgwydd i Theomemphus. Roedd teimladau anghywir neu emosiynau cnawdol yn ddigon o boendod iddo; ond ar y cyfan yr oedd ef yn cymryd yn ganiataol fod crefydd yn dechrau gyda gwybodaeth. Y drafferth fwyaf oedd bod cymaint o grefydd yn gorffen gyda gwybodaeth hefyd heb ddyfu'n brofiad i'r bersonoliaeth gyflawn a heb ennill y galon. Yn y bedwaredd bennod o'i gerdd y mae'n cyflwyno dau gymeriad inni sy'n ddigon cywir yn eu gwybodaeth o'r efengyl. Mae pregeth Orthocephalus o ran athrawiaeth yn ymddangos yn ddiogel ofalus cyn belled ag y mae'n mynd; ond y mae'n hollol oer. Mae ef yn cael ei ddilyn gan Schematicus sy'n cael y fath hwyl ar ddadleuon diwinyddol a hollti blew, neu y mae'n rhedeg, fel y dywed Pantycelyn:

Ar ôl rhyw bynciau gweigion, a cholli'r ysbryd trist,
Drylliedig, oedd yn gweiddi am 'nabod Iesu Grist'.[20]

Y mae wedi "anghofio taerni calon a dirgel ruddfan gras".

I'r un lle hefyd yr oedd Academicus yn dod ym mhennod XIX. Gwir fod Pantycelyn yn ddigon gofalus i osgoi'r cyhuddiad o fod

20. Gomer M. Roberts, *Gweithiau William Williams, Pantycelyn*, I, Caerdydd, 1964, 229.
Yn ein dyddiau ni, diddorol sylwi mor annheimladol yw'r "Gyfriniaeth" ffasiynol, mor academaidd yw'r goddrycholdeb. Ni ellir llai na synied mai ffasâd yw'r cwbl er mwyn galluogi dyn i ddilyn ei chwiwiau mewnol ei hun yn hytrach na phlygu i awdurdod Duw.

yn obsciwrantaidd: yr oedd ei barch ei hun at ddysg yn ddigon eglur. Gwyddai hefyd fod penarglwyddiaeth Duw yn rhywbeth nad oedd wedi'i gyfyngu i achubiaeth dyn, a bod pob dysgeidiaeth a phob dawn i fod yn weision i'r Iesu. Ond gwyddai'r un pryd y gallai ysgolheictod ladd a chael ei gamddefnyddio'n falch. A dichon iddo yntau weld enghraifft o hynny yn achos Theophilus Evans ar gychwyn ei yrfa ei hun.

Byddaf yn meddwl hefyd mai Theophilus Evans a oedd ganddo yn ei gof pan ddarlunia'r ddau gymeriad Anthrodicus, presbyter Eglwys Laodicea (pennod XX), a Seducus (pennod II-III). O leiaf, y mae Seducus yn dod ar draws llwybr Theomemphus tua chychwyn ei yrfa grefyddol yntau, ac y mae'r math o foesoldeb neu "efengyl gymdeithasol" sy'n actio yn lle'r efengyl—"Cydwybod dda yw crefydd, gonestrwydd ym mhob man"—yn ein hatgoffa am Ellis Wynne a'r blaid "deyrngar" yn yr Eglwys Anglicanaidd: "bod yn foesol hyfryd", neu'n llawnach[21]—

"Byw'n dawel mewn cymdogaeth, byw'n llawen ym mhob man,
Byw'n ddiddig ac yn onest, yw'r gras a'ch cwyd i'r lan".

Ar y cyfan, y mae'r holl gymeriadau hyn yn un am eu bod heb gael calon newydd: nid ydynt wedi cael eu hysgwyd i'r gwaelodion: nid yw arswyd mawredd Duw a rhyfeddod ysgubol Ei gariad wedi cyffwrdd â nhw yr un gronyn. Maent fel pysgod oer ar blanc.

3. Y trydydd cylch o ddryswch y gellid sôn fod Theomemphus wedi cerdded iddo oedd bywyd ymarferol. Y mae'r berthynas rhwng yr efengyl a bywyd y tu allan i'r gwasanaeth crefyddol ffurfiol yn faes sy'n peri cryn anhawster i weinidogion ordeiniedig, hynny yw i rai sydd heb fawr o gymdeithas â neb y tu allan i'w teulu a'u capel eu hun. I'r rhyddfrydwr diwinyddol, fel arfer, dyma gyfle i'r efengyl gymdeithasol, hynny yw i seciwlariaeth foesol: i'r pietist, yr arfer yw claddu'i ben yn y tywod a pheidio ag amgyffred y modd y mae arglwyddiaeth Duw ar waith ym mhob agwedd ar fywyd.

Yn ei ddadl ag Academicus y mae Theomemphus yn datgelu peth o agwedd iachus Pantycelyn tuag at ddysg a gwyddon-

21. Gomer M. Roberts, *Gweithiau William Williams, Pantycelyn,* I, Caerdydd, 1964, 217.

iaeth, ac ehangder diddordebau Pantycelyn, y mwyaf diwyll-
iedig o'r holl ddiwygwyr. Y mae pob cylch mewn bywyd ac iddo
arwyddocâd ymarferol ysbrydol i'r Cristion.

Un cylch ymarferol sy'n cael cryn sylw ganddo yn y gerdd hon
ydyw serch cnawdol. Ac yn ei gyfarfyddiad â Philomela ar y naill
law a'i briodas â Philomede ar y llall, y mae Theomemphus yn
gorfod egluro'r ffordd y mae'r bywyd ysbrydol yn ymgodymu â'r
cyneddfau corfforol. Fe geir cyfres o ddramâu teuluaidd neu olyg-
feydd aelwydaidd sy'n darlunio helyntion Abasis a Phania, Theo
a Philomela, a Theo a Philomede. Y maent yn llai hapus o lawer
na'r hyn a wyddom am fywyd teuluol iachus Pantycelyn ei hun,
ond y mae'n deg cofio fod amryw o'r diwygwyr eraill na fuont mor
ffodus (neu mor ddoeth) yn eu bywyd priodasol ag y bu Williams
Pantycelyn.

C. *Rhyddiaith*: Nid oes modd yn awr drafod holl weithiau
rhyddiaith Williams Pantycelyn mewn modd cytbwys. Felly,
carwn ymgyfyngu i gyfeirio'n unig at ei lyfr mwyaf o ran trwch,
a'r un a gymerodd dros ddwy flynedd ar bymtheg iddo'i sgrifennu
(fe'i cyhoeddwyd yn saith o rannau rhwng 1762 a 1779), sef
Pantheologia, neu Hanes Holl Grefyddau'r Byd (dros 660 tud.)

Cyn dweud dim pellach am hwn, y mae'n briodol inni'n
hatgoffa'n hun am ddwy o nodweddion Pantycelyn yr ydym
eisoes wedi sylwi arnynt. Yn gyntaf, ei gariad pur at ddysg, neu ei
gatholigrwydd iachus, sef ei ddiddordeb yn holl amrywiaeth y
greadigaeth. Dyma'r prif ysgogiad y tu ôl i'r llyfr hwn. Ond yn ail,
cofiwn am ei sicrwydd wrth wahaniaethu rhwng y gau a'r gwir.
Pan fo'r agwedd negyddol ar yr efengyl yn eglur ac yn ddiogel yn
y meddwl, fe ellir mentro wynebu crefyddau eraill. Heb golli
golwg ar arbenigrwydd cwbl unigryw Crist a Christnogaeth, heb
gymrodeddu, heb anghofio nad oes ond un groes ac un
iachawdwr, yn wir oherwydd gallu Pantycelyn i adnabod Duw a
chydnabod peryglon yr Anghrist yn agored, yr oedd ef yn medru
astudio crefyddau'r byd, a'u gweld yn ddiddorol ac yn bwysig, heb
golli ei ben. Er bod ei astudiaeth yn un gynnar, y mae'r agwedd
sylfaenol—o weld y diddordeb diwylliannol mewn crefyddau
anghristnogol ac eto gydnabod nad oes ganddynt ddim oll i'w
gyfrannu i fywyd ysbrydol y Cristion[22]—yn fwy iachus o'r hanner

22. Heblaw 'sefydlu ei Yspryd yn wêll yn achosion Crefydd'. (*Pantheologia*, 14).

nag agwedd rhai o'r astudiaethau rhyddfrydol yn ein canrif ni, sydd yn tueddu i ymddiheuro neu i gyfaddawdu neu i foes-ymgrymu'n wasaidd wrth sylwi ar ras Duw ar waith mewn dirgel ffyrdd, ac yn cael ei wyrdroi, y tu hwnt i gylch y wybodaeth efengylaidd.

Nid pawb o'i gyd-Gristnogion a groesawai'r gwaith hwn yn oes Pantycelyn. Fel y sylwodd Mr. Alwyn Prosser,[23] cwyn gyson yn erbyn y Methodistiaid oedd bod eu golwg ar greadigaeth Duw yn gul, ac na ddarllenent ddim ond llyfrau a oedd yn union-gyrchol ar yr efengyl. Yn ôl un o drigolion gwrth-Fethodistaidd Sir Gaerfyrddin tua'r cyfnod yr oedd Pantycelyn yn dechrau ar y gwaith hwn, un o ddaliadau'r Methodistiaid oedd:[24]

> Mae gwell yw bod heb ddysgeidiaeth ddynol a gwybodaeth mewn leithoedd, oblegid fod hynny, meddant hwy yn wrthnebol y oleuni'r yspryd, ac yn y rhwystro y ddyfod y mewn.

Nid pawb a ymatebai fel hyn; ac yr oedd yn ddiddorol sylwi ar frawddeg yn nyddiadur Howell Harris:[25]

> 'Mr. Williams's book of All the Religions on Earth will prove very useful'. (Chwef. 15, 1763)

Wrth ddarllen y gyfrol heddiw, ychydig, wrth gwrs, o werth sydd iddi o safbwynt gwybodaeth. Yn llenyddol, y mae'r Rhag-ymadrodd a'r adran olaf yn y llyfr—Am yr Eglwys Brotestann-aidd (Rhan IV, Pennod III)—yn darllen yn fywiog ac yn llithrig. Ond i mi, yr hyn a oedd yn iachus ynddo oedd yr agwedd gyffredinol at y pwnc. Yn gyntaf, nid oedd Pantycelyn yn ei dwyllo'i hun—fel y gwna rhai ysgolheigion cyfoes—ei fôd yn ddiragdybiaeth: tybia'r anghredadun yn aml ei fod heb ei gyflyru gan ei anghrediniaeth; a mantais credadun clir yw ei fod yn syl-weddoli'n llawen natur y gred sy'n ei gyflyru. Yn ail, yr oedd ei ddehongliad ef o Gristnogaeth yn dangos ymyrraeth Duw personol yn hanes y byd, Duw'n gweithredu, Iesu Grist yn dig-wydd, lle y mae llawer o efrydwyr crefydd gymharol heddiw'n tueddu i ymgyfyngu i syniadau neu i athrawiaeth Cristnogaeth. Yn drydydd, nid oedd Pantycelyn yn ceisio bod yn nawddogol

23. *Llên Cymru*, III, 206.
24. ibid. 212.
25. Howell Harris, *Reformer and Soldier*, T. Beynon, Caernarfon, 1958, 156.

tuag at grefyddau eraill a'u cynnwys mewn rhyw fath o syncret-iaeth lobscowsaidd a goddrychol ac esoterig: esgus yw crefydd gymharol yn ein dyddiau ni, yn aml, i ddisodli arbenigrwydd y datguddiad ysgrythurol digyffelyb. Ac yn bedwerydd, ni cheir yn Pantycelyn ddim o'r deallrwydd llipa sy'n cael ei gyfrif yn oddef-garwch ond sydd mewn gwirionedd yn relatifrwydd dogmatig: yr oedd yn traethu ei farn mewn modd gwrywaidd a grymus. Yr oedd yn rhoi i Grist orsedd unigol a goruchel, a'i gyflwyno nid fel datguddiad oddi wrth Dduw ond fel datguddiad o Dduw.

Anodd i'r dyn seciwlar heddiw ganfod fod modd gwneud hyn heb yr hyn a eilw Pantycelyn yn "Rhagfarn, Sêl bartiol, a Bigottry".[26] Y mae Pantycelyn yn adnabod y dyn seciwlar hwn, serch hynny, yn bur dda, *Moderatus*:[27] "mor ganolig am bob rhyw *Sectau* fel y mae gantho Farn dda am bawb, ac yn rhyfeddu pam y mae cymmaint o ymdynnu yn ei chylch hi; ei Air cyffredin ef yw, os gallwn ni gadw'r Gorchymynion gobeithio y gallwn wneud o'r gorau, er mae'r peth lleia y mae ef yn ei astudio yw hynny; nis gwyr efe wahaniaethu rhwng Athrawiaeth ac Athrawiaeth, ond bod y waetha yn well nag y mae neb yn ei wneuthur ar ei hôl hi".

Ar y llaw arall, fe rydd Pantycelyn inni ddarlun (ym *Mirandus*) o'r gŵr gwir iach oddefgar.[28] Gŵr yw ef sydd wedi darllen a theithio llawer gan gael "ei bwnnian gan Brofedigaethau, ei arwain trwy bob Tymherau, teimlo amryw Raglyniaethau, clywed anneirif Athrawiaethau. Cwrddyd ac Eglwysydd a Seintiau o wahanol Oleuni, pwyso amryw Gyfeiliornadau". Trwy hyn i gyd nid yw'n colli'r gallu i wahaniaethu a'r ddawn i wrthod yn gywir. Nid yw ychwaith yn mynd yn berson negyddol, gan ei fod yn mwynhau bob amser rasusau'r Arglwydd. Eithr oherwydd ei brofiad y mae'n gallu treiddio y tu hwnt i fân anghytundebau rhwng Cristnogion ar bynciau'r Ffydd, ond iddo fod yn sicr fod efengyl iachawdwriaeth yn ganolog ac yn treiddio drwy bob rhan o'r ddiwinyddiaeth. Mae'n gallu codi uwchlaw ffwdanu ynghylch materion dibwys mewn trefn eglwysig, am ei

26. *Pantheologia*, iii.
27. ibid. vi.
28. ibid. vi-viii. Ceir golwg ddiweddar ar lyfr Williams gan Cyril G. Williams, 'The Unfeigned Faith and an Eighteenth Century Pantheologia', *Numen: International Review for the Hist. of Religions*, XV, Fasc. 3, Nov. 1968.

fod yn ymofyn cymdeithasu â dynion gwir dduwiol beth bynnag fo trefn allanol eu heglwys.

Pantycelyn, o blith y diwygwyr Cymreig yn y ddeunawfed ganrif, yw'r un a adawodd y defnyddiau mwyaf buddiol a chyfoethog ar gyfer ein dyddiau ni. Nid y defnyddiau mwyaf aml. Er iddo gyhoeddi 93 o lyfrau neu bamffledi, mae'n rhyfedd sylweddoli nad ef hefyd oedd y mwyaf cynhyrchiol o'r diwygwyr ac nad ef sy wedi gadael y defnyddiau helaethaf; mae'n briodo cofio fod Howell Harris yntau wedi gadael mwy na 2000 o lythyrau a 294 o ddyddiaduron. Eto, yr oedd gan Bantycelyn feddwl mwy cytbwys a threiddgar na Howell Harris: yr oedd ei ddychymyg yn fwy afieithus, ei ffraethineb yn fwy gafaelgar, ei ddiwylliant yn ehangach, a'i adnabyddiaeth o'r natur ddynol yn ddyfnach. Yr oedd hefyd yn hydeiml i adnoddau iaith ac yn llenor mawr. Pan ddaw maes o law i Gymru y sylweddoliad sydd eisoes wedi dod i Loegr, ac a amlygir yng ngweithgarwch aruthrol gwasg fel y *Banner of Truth* a gweisg eraill sy'n ailgyhoeddi'r clasuron mawr Piwritanaidd, pan ddaw'r gwerthfawrogiad hyfryd hwn o fawredd ein gorffennol uniongred, ynghyd â'i gyfrifoldeb heddiw, diau y bydd gweithiau Williams Pantycelyn yn cael eu hefrydu eto gyda gofal meddylgar a brwdfrydedd dwfn. Efô a rydd inni y cynhyrchion dynol, mwyaf cyfoethog eu ffydd, yn yr iaith Gymraeg.

XIII

BRONFRAITH THOMAS JONES

Nid un ymhlith amryw o grefyddau'r byd yw Cristnogaeth, medd y Calfinydd. Wrth synied felly amdani yr ydym yn colli golwg ar ei chyffredinolrwydd holl-gynhwysol a'i pherffeithrwydd digystadleuaeth. Bywyd oll yw Cristnogaeth. Yng Nghrist yr ydym ni yn byw, yn symud, ac yn bod: trwyddo ef y gwnaethpwyd pob peth, a hebddo ef ni wnaethpwyd dim ar a wnaethpwyd.

Pan syniwn am gân yr aderyn bronfraith,[1] fel petai'n weithgaredd Cristnogol, yr ydym yn meddwl amdani yn y modd mwyaf cynhwysfawr, yn ôl y cyfan sy'n amgau'r holl rannau. Fe ellir gweld ynddi agwedd fiolegol, neu ynteu agwedd esthetig, neu agwedd ffisegol neu agwedd ddamhegol-foesegol hyd yn oed; ond pan glymir yr holl agweddau y gallwn feddwl amdanynt wrth ei gilydd, a llawer na wyddom amdanynt, yna fe gawn yr olwg Gristnogol ar gân yr aderyn.

Dyma ragdybiaeth Thomas Jones, Dinbych,a theg i ni ein hatgoffa'n hun o'r newydd nad oes yna'r un casgliad rhesymol am ddim ar gael, mewn natur, ym myd gwyddoniaeth nac ym myd celfyddyd, nac mewn unrhyw faes arall, heb ragdybiaeth grefyddol (uwchresymol neu isresymol) o ryw fath—rhagdybiaeth Gristnogol neu wrth-Gristnogol: yn wir, amhosibl ydyw cael y fath sefyllfa, gwyddor na chelfyddyd. Gwir fod ymgais wedi cael ei gwneud i godi dogma o 'ymreolaeth y meddwl'—rhagdybiaeth niwtral; ond buan y gwelir mor naïf, yn wir mor beryglus o naïf, yw'r fath hunan-dwyll. Yng ngolwg Thomas Jones rhaid sefyll rywle; a'i safbwynt yw mai Crist yw canolbwynt bodolaeth, yr un sy'n rhoi ei holl gyfeiriadaeth i fywyd, hyd yn oed i gân y fronfraith. Ef yw pwynt crynhoad pob perthynas; wedi creu, ac

---

1. Defnyddiwyd y testun o *Gywydd i'r Aderyn Bronfraith* a geir yn erthygl enwog Saunders Lewis, *Y Llenor*, Hydref 1933, ac yn *Blodeugerdd o'r Ddeunawfed Ganrif*, D. Gwenallt Jones, Gwasg Prifysgol Cymru, 1947.

yn cynnal, y mae'n treiddio â'i natur drwy bob dim, gan osod pwrpas sylfaenol i bopeth.

> Os mawr yw ein Glyw, a'i glod,
> O *un* dernyn daearnod,
> Beth am wedd y mawredd maith,
> A ddeillia o'i *dda ollwaith*. (201-204)

> Darn lleiaf ei lwysaf law,
> Yn wiw uthr y gwnâi athraw;
> Cyw adeiniog bywiog beth,
> Heb rygylch y rhôi bregeth,
> A dysgai inni dwysgen
> Am y Glyw, sy'n byw yn Ben. (189-194)

Yn hyn o beth, y mae'r Calfinydd yn wahanol i rai o asetigwyr yr Oesoedd Canol a rhai o bietistiaid y cyfnod diweddar sy'n synied am natur fel petai yn anobeithiol ddrwg ac i'w gwrthod, yn amgylchfyd y mae'n rhaid cefnu arno er mwyn agosáu at Dduw a'i ogoneddu. Y mae'n wahanol hefyd i hiwmanydd y Dadeni sy'n ymaflyd yn y byd crëedig (a syrthiedig) i'w feddiannu er ei ogoniant a'i foddhad ef ei hun.

O ganlyniad, y mae Thomas Jones yn synied am y fronfraith yn un elfen mewn bydysawd ystyrlon sy'n cael ei reoli gan gyfraith. Nid damwain mohoni. 'Dawnus yw' (5), 'Dy ddawn' (15), 'O ddawn bêr' (92), 'A'th ddawn bâr' (140). Drwy gydol ei gywydd o ddau gant a deg o linellau, y mae'r fronfraith 'rydd' a 'naturiol' a 'digymell' hon yn canu o fewn y patrwm neu'r drefn ddwyfol, trefn nad yw'n dynn elfennol, nac yn haearnaidd dwp, y mae'n wir, ond sydd er mor anweledig ac er mor odidog ymollyngus, yn ddiogel ac yn gadarnhaol:

> A thonau dy goeth anian;
> E'u rhoes, wrth fesur a rhan. (143-4)

Ceisir bob amser gan rai, yn naturiol, godi amrywiaeth (lleng yw'r gair gorau) o bosibiliadau eraill yn lle'r sylfaen unigol hwn; a gwelsom yn ein dydd ni mai pen draw anochel a rhesymegol y rhain yw ing a chwalfa ddiwylliannol. Tybir weithiau gan eu pleidwyr mai'r rhain yw "priod lais ein hamseroedd"; ond y mae gan bob cyfnod *ddau* briod lais, y ddau lais parhaol, y naill (er mai islais yw) o blaid Crist a'r llall yn ei erbyn. A llais a oedd o blaid Crist a godai'r fronfraith hon.

Bronfraith Galfinaidd yw bronfraith y pregethwr Thomas Jones, yr aderyn mwyaf Calfinaidd o blith holl adar y byd. Yn wir, un o'r hoelion wyth, dybiwn i:

> Yr hwn a'th wnaeth mor heini
> A'th wnaeth yn bregeth i ni. (133-4)

> Cyw adeiniog bywiog beth,
> Heb rygylch y rhôi bregeth. (191-2)

Nid pregethwr cyffredin mohono, ond athro mewn coleg diwinyddol uniongred.

> Dy fawl, gyda gwawl, a gaf
> Yn addysg o'r mwyneiddiaf. (67-8)

> deheua' dysg (93)

> Call yw'r dysg (120)

> Gyw hyddysg (147)

> A beunydd mae aml bennod
> I'n mysg, er ein dysg, yn dod (187-8)

> A dysgai inni dwysgen (193)

> Doed dyn i dderbyn ei ddysg
> Anhaeddawl, gan edn hyddysg' (197-8)

Ond rhag i oes sy'n ddi-ddysg naturiol ei diwinyddiaeth dybied yn ôl hyn fod y fronfraith arbennig hon braidd yn or-bropor a sych-dduwiol a hirwynebog a pharchus-annioddefol a hyd yn oed yn foeswersol, gadewch i ni frysio i weld yr aderyn fel y mae gan Thomas Jones yn ei lawnder, ac fel y mae'n cael ei ddadlennu'n gyfan.

I ddarllenydd talog ei galon, dichon y gellid darllen cant a deg ar hugain o linellau o'r cywydd hwn o'r bron yn hyfryd synhwyrus heb dybied fod yma fwy na bardd natur go egnïol wrthi'n pyncio, dynwaredwr mwy llwyddiannus na'i gilydd o Ddafydd ap Gwilym yn ddiau, ond o'r braidd ei fod yn "fardd-bregethwr". O ddiwedd y ddeunawfed ganrif? Bobol, na. Un o ddiwinyddion mwyaf ei gyfnod, onid y mwyaf oll—onid y mwyaf yng Nghymru erioed? Nage, sbosib.

Ti edn eirioes, bergoes, bach,
Dlysyn; p'le ceir dy lwysach?
Dy fron froc, dew, firain, fraith,
Iawn-luniaidd, y mae'n lanwaith. (1-4)

Dyma'r dechreuad. Y mae'r bardd yn hoelio'n llygaid yn wrth-
rychol, yn synhwyrus ar yr aderyn fel y mae o'i flaen. Rhaeadra'r
ansoddeiriau er mwyn cylchynu'n fanwl gyfanrwydd y lliwiau a'r
ffurfiau gweledig. 'Craffu' arno a wna (medd ei gofiannydd); a
dyma'r dimensiwn cychwynnol y myn y bardd i ni sylwi'n llawn
arno. Dichon y gallai'r bedwaredd linell yna, gyda'r geiriau
'iawn-luniaidd' a 'glanwaith', ein tynnu i weld ôl y creu pwr-
pasol; ond ni sy'n darllen felly yn ôl ein doethineb ôl-wybodus, yn
hytrach na derbyn y bardd fel y mae'n ymamlygu ger ein bron, yn
noeth yn ei synhwyrau.

Y ferf gyntaf o bwys yn y gerdd yw 'bod': *'mae'n* lanwaith,
dawnus *yw,* gwas *sy,* p'le *mae'.* Berf ydyw hon sy'n weddus yng
nghwmni ansoddeiriau corfforol; i lygad, clust, a chyffyrddiad. Yr
ail ferf o bwys yw 'deffroi':

O dderwen, llwyfen, llefi,
O ffraw nwyf, i'n deffroi ni. (11-12)

Dyma grynhoi effaith holl ran gyntaf y cywydd, hynny yw, hyd
at linell 130. Y swydd gyntaf i fronfraith, megis swydd gyntaf y
bardd, ydyw dihuno a miniogi'n sylwadaeth, ein dyfnhau drwy
lanhau'n cyneddfau oll, a'n gwared rhag y cwsg ysbrydol a'r
llesgedd personol sydd mor barod i'n hamgylchu a'n llethu. Ein
deffroi i fodolaeth. A thrwy gydol y rhan hon o'r gerdd, ni raid i ni
ymwybod braidd â'r un dimensiwn arall namyn dimensiwn y
plentyn llon sy'n ymateb i dlysni allanol a phur yr aderyn: da yw'r
allanol, 'ffrwd dy big bertig, bach'.

Mae'r deffroi hwn yn galw ar ddyn, oddi allan i'w delerau trefol
ef ac yn dod 'o frig cyll', 'o dderwen'. Nid yw'r aderyn ynghlwm
wrth y 'faenol fau'; a gall ddewis 'y lwys ddôl'. Gwir fod iddo
groeso i'r ardd fel i ardd pob bonheddwr yn y ddeunawfed ganrif:

Rhag fy ngardd ni'th waharddaf;
Dy hoffi, dy noddi wnaf. (25-6)

Ond nid yw'r bardd yn ceisio garddoli'r aderyn na'i ddofi. Er iddo fanylu ar ei wahoddiad i'r aderyn, fel y gwnâi Goronwy Owen yntau i Barri ei gyfaill puraf, nid yw'n treisio natur yr aderyn: ac mae'n dychwelyd o hyd i gydnabod nodweddion priodol y fronfraith hithau yn ôl ei hanfod ei hun.

Eto, mae yna berthynas rhwng y bardd a'r aderyn, fel y ceir gweld. Heb iddi ymadael â'i lle a'i ffordd a'i thlysni ei hun, y mae'r fronfraith yn dwyn perthynas i ddyn am nad yw'r canu hwn, a all ymddangos yn wag ac yn ddiflannol, ac a all ymddangos hefyd fel petai'n chwalu'n ofer yn yr awyr, am nad yw hyn oll yn ddiamcan. Eithr yn gyntaf oll, cyn sôn am amcan, yr aderyn gwrthrychol a geir:

> Y cor-was llimp mewn crys llwyd. (24)

> Ac yn nentydd, gain anterth
> Neu'r nawn 'by'ch ar nen y berth
> Melyslais o aml oslef
> Syber a wnei, is wybr nef. (77-80)

Dyma'r cywair, fwy neu lai, hyd linell 130. Ond eisoes fe ddechreuwyd gweld perthynas dyn a'r aderyn—'is wybr nef' Heblaw bod y bardd, oherwydd ei ymhyfrydu yn yr aderyn, yn estyn iddo groeso i ddiogelwch ei ardd, y mae'r aderyn yntau'n gollwng y bardd yn rhydd o'i bruddglwyf, ac felly yn gwneud—ie dyma'r gair—lles (58) a budd (92). Y mae'r llonwas hwn (ac fe'i disgrifir â'r gair 'gwas' lawer tro; 7, 24, 52, 59) yn dod â chelfyddyd' (61) i lys y bardd-bregethwr, a hyd yn oed—yn y dyddiau cyn-lwyrymwrthod hynny—yn dod â 'gwin' (75): 'y meddydd mad' (84). Try'r bardd i ganmol galluoedd cerddorol yr aderyn, ac fe'u cysyllta â thermau cyfarwydd y technegau dynol—trebl, contra, organ, tant.

Mae'r berthynas hon rhwng dyn ac aderyn yn gosod yr aderyn yn gynnil y tu fewn i fframwaith y drefn adeiladol: medd y bardd—

> Gwaith dy ddydd . . . Dy ddawn . . .
> O ddiwylliant fydd wellwell. (84-86)

Eithr ymglywn hefyd â pherthynas arall heblaw'r un ddynol, perthynas uwch, nas diffinir gymaint hyd at 130, ond a awgrymir o dro i dro mewn geiriau fel 'pereiddglod' (53) a 'mawl' (67) a 'mawl' (98).

Bellach, yr ydym wedi cyrraedd llinell 130. Bu'r bardd yn ymollwng i fynegi'i ymateb iach a gwrthrychol i'r creadur bach prydferth hwn. Cafwyd bwrlwm o bertrwydd heb fod yn annhebyg i nwyfusrwydd llawen Dafydd ap Gwilym ym myd natur.

Bellach—ond gadewch i'r bardd yntau ei ddweud:

Bellach, mae'n bryd im bwyllo. (131)

Cant, deg ar hugain o linellau gwrthrychol, synhwyrus: bellach, y mae'n rhaid newid cywair. Pwyllo, bellach.

Pam? Ai oherwydd ei fod yn un o arweinwyr parchus y Methodistiaid Calfinaidd, ac y mae'r byd a'r betws yn disgwyl iddo gadw'i gap yn gywir? Ai oherwydd ei fod newydd syl-weddoli ei fod yn ymhél ag ymarferion hogiau'r dafarn, ac y byddai'n well iddo chwilio am ddameg neu droi i farwnadu ynghylch rhai o'r tadau glew diwygiol? Choelia'i fyth.

Nage'n wir. Ei ddymuniad yw dweud y gwir am yr aderyn. Mae'n fodlon cydnabod—oni ddangosodd hynny eisoes?—fod i'r aderyn ddimensiwn naturiol, gwrthrychol, daearol, hyfryd. Ond o amgylch hynny, yn cynnwys hynny, mae yna ddimensiwn arall sy'n rhoi i'r holl bethau hyn, yr aderyn ynddo'i hun, yr aderyn a'i berthynas â dyn, ystyr sy'n llawnach byth. Fe roes Duw holl nod-weddion yr aderyn . . .

'Rhoes dy ffriw, dy liw, dy lun, Dy orthorch . . . Dy gylfin . . . Dy dda wisg, dy ddwy asgell, A'th ddawn . . . Cymhibau, pibau, pob ais, Efo'r iawnllef etc. . . . .' Pam?

'I'th ddodi'n ddrych . . . at gyhoeddi Clod ein Naf'.

Hynny yw, dowch inni weld a mwynhau'r fronfraith *yn llawn*. O! y mae ei golwg a'i chân yn rhyfeddol ac yn ein hysbrydoli: y maent yn corddi'r synhwyrau ac yn cyfareddu'r pen. Ond dowch drwyddynt: peidiwch â bodloni ar yr wyneb.

A dyma, yn awr, uchafbwynt y cywydd, sef o linell 131 hyd 210: diau y rhan salaf yng ngolwg lled-baganiaid dechrau'r ganrif hon, y rhan "foeswersol" fel y tybient, y tro pregethwrol, ansynhwyrus, anrhamantaidd.

Ond o ran celfyddyd a naws, o ran trwch y bywiogrwydd geiriol, nid oes pall ar ynni Thomas Jones. Dyma, wedi'r cwbl, gyd-destun llawnaf yr aderyn. Diffinnir yn gliriach hefyd ei berth-ynas ddynol, a gwae ni y mae honno'n anrhamantaidd hefyd:

E'th wnaeth mewn saernïaeth syw,
Yn eilradd i ddynolryw. (151-2)

Nid yw hyn yn golygu treisio'r aderyn nac yn golygu gwyrdroi ei natur. Yn wir, amlygu ei natur a wna: dweud yn llawnach amdano. Ac felly, hefyd, wrth sylweddoli hanfod 'goruwch-naturiol' yr aderyn—fel y mae hanfod 'goruwchnaturiol' i bob dim—nid camddefnyddio neu gamliwio'r fronfraith a wna'r bardd y tro hwn chwaith: nid ceisio'i 'gymhwyso' neu ei ystumio; ac nid yw'n ceisio rhoi gwers yn ei genau fel y gwnaethai La Fontaine neu Odo, dyweder. Dyma'r ffaith:

Gwelir ynot, mi goeliaf,
Lwyswaith a hynodwaith Naf,
Enwog odidog ydyw
Naws ei rin mewn isa' ryw. (177-180)

Ynddi hi, fel y mae, fe welir ac ymglywir â rhin Naf.

Ystyr 'mae'n bryd im bwyllo', felly, yw bod angen treiddio y tu ôl i'r peth a welir i'r peth nas gwelir, neu'n hytrach treiddio i'w weld ef yn well. Yn yr hyn a grewyd y mae modd gweld ' yr hwn a'th wnaeth mor heini'. Hynny yw, gellid tybied fod dau ystyr fel petai i'r fronfraith: y mae yna estyniad ynddi i'r amlwg. Nid trosiad ydyw'r aderyn na delwedd, yn gymaint â chynrychiolydd.

Ymwneud, felly, â lefelau ystyr y mae Thomas Jones yn y fan yma. Buasai trosiad yn gosod enw peth arall ar beth, gan ei drawsffurfio, o fod yn un math yn fath arall ar sail cydweddiad. Felly y buasai'n estyn iaith drwy ddweud am rywbeth yr hyn na ellir ei fynegi'n llythrennol amdano, a thrwy gwmpasu amdano faes arall. Tynnid sfferau gwahanedig at ei gilydd. Nid dyna'r dehongliad goruwchnaturiol a rydd Thomas Jones i'r fronfraith. Ni ellir sôn am *'agwedd'* oruwchnaturiol ychwaith mewn gwir-ionedd, oherwydd y mae'r presenoldeb hwnnw'n ddiymollwng, ac nid yw'r gair 'lefel' yntau'n hollol foddhaol. Ystyr 'mae'n bryd im bwyllo', felly, yw y mae'n bryd ymgrynhoi yn y canol a chylch-ynu'r cant; y mae'n bryd cyflawni; y mae'n bryd goleuo'n llwyr. A swydd rhan ola'r cywydd yw, nid gwrth-ddweud y rhan gyntaf, ac nid ymddiheuro chwaith; hynny yw, nid bradychu'r synhwyrau a'r allanol a'r gwrthrychol, eithr eu llenwi: agor y fronfraith i'w hystyr llawnaf. Nid gosod tro bach yn ei chynffon, nid ei moeswersu, nid ei haniaethu, eithr ei hastudio'n well er mwyn dysgu ynddi neu ei deall yn amgenach.

Un o'r enwau ar Dduw yw prydferthwch.

Cael ei lenwi gan dlysni'r aderyn, roedd hyn yn brofiad i Thomas Jones a oedd yn ras santeiddiol.

Heb ymlwybro ar hyd rhesymeg dogma i gyrraedd harddwch gwirionedd, yr oedd modd i'r enaid Cristnogol *(hynny yw yr enaid a wyddai eisoes ystyr achubiaeth)* gael mwy na synhwyriad cnawdol, mwy nag argraff oddrychol ac annelwig, yng ngŵydd y fronfraith. Defnyddiai Thomas Jones y berfenw 'dysgu' a'r enw 'pregeth' ar gyfer y gelfyddyd hon; eithr nid gwthio dadleuon imperialaidd y meddwl oer oedd ystyr hynny. Nage. Datgan neu amlygu mawredd na ellid ei esbonio, heb ymhonni a heb ddim o ymryson y llwyfan cyhoeddus, dyna a wnâi'r aderyn. Adrodd profiad; goleuo darganfyddiad; canu'r grym a'r brys a'r dirgelwch araf sydd yng nghalon y Creawdwr. Nid creu er mwyn pregethu a wnâi'r fronfraith gan geisio lapio dysgeidiaeth mewn mwgwd o swyn. Pregeth oedd ei bodolaeth hi.

I bagan, bid siŵr, fe ellid ceisio rhwygo'r profiad synwyriadol oddi wrth ei gyd-destun, a'i ddifreinio o'i ystyr, sef teimlo harddwch heb ei feddwl yn llawn. Fe ellid hyd yn oed honni fod hyn yn rhagorach ac yn 'burach', taro bogail a diawlio haenau arwyddocâd; ond yn y diwedd, saif y rhagdybiaeth megis ar y dechrau (yng ngeiriau Fra Angelico), 'er mwyn peintio pethau Crist, rhaid i'r artist fyw gyda Christ'. Byw cyfan a bod yn gyfan yw ei ragoriaeth.

Yng nghreadigaeth hardd y Duwdod yr oedd bronfraith yn medru pyncio'n naturiol—er gwaethaf presenoldeb llygredd—a mynegi Duw er ei gwaethaf ei hun, fel petai yn ddigymell. Meddai Maritain wrth geisio disgrifio (braidd yn hygoelus anghredadwy) yr Oesoedd Canol gynt: 'Oes ddihefelydd, pryd yr addysgid gwerin ddiniwed mewn harddwch heb hyd yn oed syl-weddoli hynny, megis y dylai'r crefyddwr yntau weddïo heb sylwi'n benodol ar weddi'. Beth bynnag am ei wirionedd hanes-yddol, y mae'r pwyslais hwn ar sythwelediad amgylchiadol natur yn tanlinellu'r ffaith fod yna Dduw hyd yn oed pan nas adweinir; a hwnnw nas adweinir, dyna a bregethai'r fronfraith; fod yna ddiben, a dyna ydyw'r achos; fod yna harddwch, ac y mae harddwch mor ddiderfyn â bodolaeth.

Priodol yw cofio tybiaethau hanner-gwir Baudelaire:

Y reddf anfarwol am y prydferth sy'n peri inni ystyried y byd a'i basiantau fel pe bai'n gipolwg cyfatebol ar y Nefoedd. Y syched didor am bopeth y tu hwnt, a ddadlennir gan fywyd, yw'r prawf bywiocaf o'n hanfarwoldeb. Gan farddoniaeth a thrwy farddoniaeth, gan fiwsig a thrwy fiwsig, y mae'r enaid yn canfod pa sblanderau sy'n disgleirio tu ôl i'r beddrod; a phan dynn cerdd firain y dagrau o'r llygaid, nid tystio i ormodedd o fwynhad a wna'r cyfryw ddagrau ond yn hytrach profi fod pruddglwyf yn cosi, rhyw angen hanfodol yn y nerfau, natur a alltudiwyd i fyd yr amherffaith ond a chwenychai hyd yn oed yn awr ar y ddaear hon ddatguddio paradwys.

Hyn, yn ddiau, yw gras cyffredinol, ac y mae'n dweud hanner gwirionedd pwysig. Ac y mae ergyd o gryn bwys yn eglur mewn geiriau megis 'greddf'. Nid ceisio bod yn artist Cristnogol a wnâi'r fronfraith gan fabwysiadu osgo Cristnogol a thorri cyt Cristnogol, eithr *bod,* heb wahanu rhwng neges a bodolaeth, na rhwng celfyddyd ac enaid. Yn yr undod hwn y mae cyfanrwydd gwirionedd a barddoniaeth. Bod yn Nuw.

Undod o gelfyddyd yw'r greadigaeth. Honnai Eric Gill nad math arbennig o ddyn yw artist, ond math arbennig o artist yw dyn. Honasai Thomas Jones o'i flaen mai math arall ydoedd y fronfraith, hithau.

Eithr yn ei anwybodaeth fe dybia'r pagan y gall fod ganddo yntau ddoniau diwahân i werthfawrogi'r ddaear a'i phethau mewn modd mor helaeth ac mor gynhwysfawr â'r Cristion hwnnw sydd yr un mor ddychmyglon. Fe all y rhyddfrydwr diwinyddol yntau hefyd ddadlau fod hynny'n wir gan ein bod yn ymwneud ag athrawiaeth *Creadigaeth* (a Chynhaliaeth) yn hytrach nag ag *Iachawdwriaeth.* Bid siŵr, y mae egwyddorion a phwyslais yn ddyledus ar athrawiaeth y Crëwr pan ymwnawn ag adar a sêr a thractor a lleoedd: gwiw, gwiw iawn yw cydnabod hollbresenoldeb a phenarglwyddiaeth Crist. Yr un mor wiw, cyfaddefwn, yw cydnabod na ddylem ddod â'r rhain yn ddeallol o fewn cylch ei waith cadwedigol. Gall Thomas Jones gerdded gyda'r pagan rywfaint o'r ffordd i wybod rhywbeth am Dduw trwy'i greadigaeth: cânt ill dau gryn dipyn o ddatguddiad y ffordd yna. Ond y mae Thomas Jones, trwy faddeuant, wedi dod i adnabyddiaeth bersonol o'i Dduw ac wedi cael mwy na datguddiad. Fe'i derbyniwyd i'r datguddiad, heblaw ei ganfod. Ac am na ellir ysgaru gwaith y Creawdwr oddi wrth waith yr Iachawdwr, y mae arwyddocâd y greadigaeth yn rhyfeddol o gyfoethocach ac yn anhraethol o ddyfnach iddo. Dyna pam y mae mwynhad Thomas Jones o fronfraith yn wahanol yn y bôn i fwynhad pagan. Ni all bronfraith faddau. I'r pagan y mae rhwystr rhyngddo a Duw; ac er ei fod yn medru treiddio i flasuso cân a lliw ar un lefel, y maent yn amddifad o gysegredigrwydd a sanct-eiddrwydd iddo—a gallant yn rhwydd (am iddo aros ar yr wyneb) droi'n eilunod. Y mae mwynhad Thomas Jones ynghlwm wrth wybodaeth a pherthynas bersonol â'r Creawdwr, a dyna'r nodau sy'n gosod ei gywydd ef ar wahân i gywydd seciwlar i'r un gwrth-rych. Daethai Thomas Jones oddi wrth ei Dduw at y fronfraith wedi gweld na allai (ond drwy hunan-dwyll) fynd oddi wrth y fronfraith at Dduw. 'Bellach,' medd ef, 'mae'n bryd im bwyllo.'

Fe fu farw Thomas Jones ym 1820. Ychydig wedyn, yn y blynyddoedd 1840-1860, fe ddigwyddodd y newidiadau gorth-rechol yn ymagwedd athronyddol y genedl a greodd y meddwl seciwlar sy'n rhemp ac yn norm poblogaidd yn ein dyddiau ni. Gwir fod pob cenhedlaeth a phob unigolyn erioed yn gorfod ei wynebu ac ymladd yn ei erbyn. Yr oedd Thomas Jones yntau wedi ymgodymu â'r ymganolbwyntio dyneiddiol wrth ddadlau yn erbyn balchder ysbrydol Arminiaeth yn *Y Drych Athrawiaethol* (1806), *Ymddiddanion Crefyddol* (1807), a *Sylwadau ar Lyfr Mr. Owen Davies* (1808); ond prin bod Arminiaeth ar y pryd, er ei bod yn rhesymol yn flaenfin i seciwlariaeth, yn ddigon i siglo ac i symud holl fframwaith ymagweddol y genedl.

Ffordd Thomas Jones o weld y fronfraith oedd y ffordd normal, Gymreig yn nechrau'r ganrif ddiwethaf. Bygythiad Arminiaeth i'r fronfraith fuasai ei gwneud yn greadur arwynebol, hunan-ganolog, ac ynysig—heb berthyn i batrwm, heb fod o dan lywodraeth, yn fronfraith ramantaidd.

Cafodd Thomas Jones ddadl arall wahanol ymhellach ymlaen, yn *Ymddiddanion rhwng Ymofynnydd a Henwr ar Brynedigaeth* 1816, sef yn erbyn Ffug-Galfiniaeth.[2] Effaith Ffug-Galfiniaeth

---

2. Gwell gennyf y term hwn nag 'Uchel-Galfiniaeth' (o'i chyferbynnu ag Isel Galfiniaeth a Chalfiniaeth Gymedrol). Doedd yna ddim byd cymedrol—diolch i Dduw—ynglŷn â Christnogaeth Thomas Jones, Calfiniaeth ydoedd yn blwmp ac yn blaen. Ac nid gradd uwch ar Galfiniaeth yw'r hyn a elwir yn Uchel-Galfiniaeth, eithr trais arni, a gwrthwynebiad iddi, er mai brwydr Gwicsotaidd braidd yw ceisio disodli'r term bellach.

fuasai treisio'r fronfraith drwy beidio â pharchu ei phriod gymeriad. Fel yr oedd Arminiaeth yn camu ymlaen trwy Ariaeth ac Undodiaeth at Agnosticiaeth, felly yr oedd Ffug-Galfiniaeth yn camu ymlaen at Bietistiaeth, sef at alltudio'r fronfraith yn llwyr, ei chau allan o fywyd, ei chyfrif yn esgymun. Peidio â thrafod y fath bwnc bydol â bronfraith o gwbl. Gadael y byd hwnnw yn gyfan gwbl yn nwylo'r gelyn.

Gwelir, felly, fod Thomas Jones hyd yn oed yn nechrau'r ganrif ddiwethaf yn ceisio anrhydeddu'r fronfraith yn gywir a gweld ei mawredd a'i llawnder yn nannedd pob rhyw elyn. Dichon, yn holl hanes Cymru, na fu munud mwy manteisiol. Er gwaethaf y seiniau Arminaidd ar y naill law a Ffug-Galfinaidd ar y llall, yr oedd gwir lais y fronfraith yn medru canu'n uchel ac yn groyw mewn awyrgylch ffafriol.

Mae'n anodd i ninnau heddiw glywed ei nodau gloyw mwy. A hynny am lawer o resymau.

Ym 1844 fe aned proffwyd yn Rochen, yr Almaen. Rhan nod-weddiadol o batrwm canol y ganrif ddiwethaf oedd Nietzsche, er iddo fedru dehongli neu fynegi'r patrwm hwnnw'n fwy gonest ac yn fwy miniog na'r rhelyw o'r hil.

Arch-Arminydd ydoedd; neu ynte Ffug-Galfinydd yn sefyll ar ei ben. Dewisodd ef Ddionysiws yn erbyn Crist. Dewisodd yr uwch anifail dilywodraeth a gwrthryfelgar a'r ddaear hunan-ganolog yn erbyn teyrnas Nefoedd, yn erbyn y Groes ragluniaethol—yr hen ddewis gwreiddiol. Hawdd deall pam y'i galwyd ef yn hiwmanydd radicalaidd gan Van Riessen, oherwydd y mae'n gwared hiwmanistiaeth rhag pob cyfaddawd cyfleus â Christnogaeth, rhag pob mwgwd sy'n ceisio'i thwyllo, ac yn ei gweld hi'n ddigymysg.

Efô yw'n bara beunyddiol ni heddiw. Bellach fe gladdwyd y meddwl Cristnogol a oedd yn awyrgylch normal i fronfraith Thomas Jones. Llanwyd yr awyr yn ein ffroenau a'r dŵr rhwng ein dannedd â seciwlariaeth gyson ac ysgubol. Seciwlariaeth sy'n patrymu'n nerfau. Mewn ambell gornel dywyll y mae yna unigolyn annisgwyl sy'n mawrygu'i brofiad *preifat* o Grist; ac yn gyhoeddus tybir fod y sentimentau meddal a dyneiddiol hyfryd hwythau siŵr o fod 'yn *perthyn* rywsut'. Ond y mae meddwl yn Gristnogol i'r gwaelodion—am gelfyddyd, am wyddoniaeth, am wleidyddiaeth, ie am y fronfraith—yn arferiad nad oes gennym ni yn y gymdeithas heddiw ddim rhagdybiaeth gyffredin a derbyniedig ynglŷn ag ef. Sefydlwyd fframwaith geiriol a fframwaith diwylliannol sy'n gorfodi rhagdybiaethau eraill. Wrth geisio cyfaddawdu (creu dialog, pont, beth fynnwch chi), fe dderbynnir y fframwaith seciwlar a'r iaith Ddionysaidd.

Dowch i'r 'lwys ddôl' y bore yma. Ni chlywch mo fronfraith Thomas Jones. Nid cyfosodiad ydyw chwaith rhwng bronfraith Thomas Jones a bronfraith Nietzsche, y fronfraith niwtral bondigrybwyll. Gwir a ddywedodd y proffwyd olaf hwnnw: 'Ni ellir dal unrhyw safle sy'n ceisio cyfaddawdu rhwng dilyn Crist a dilyn Dionysiws, ac fe'i tynghedir i ddiflannu; gwawriodd yr amser i ddiweddu pob cyfaddawd'. Bronfraith Ddionysaidd sydd acw, 'mrawd.

Mae pob beirniadaeth lenyddol yn seiat brofiad, er na fydd pob beirniad yn trafferthu i gyfaddef hynny. Eithr go brin bod angen rywsut i mi gyfaddef hynny erbyn y tudalen hwn yn f'ymdriniaeth.

XIV

OES AUR Y BREGETH GYMRAEG

Er y byddai pob beirniad llenyddol yn cydnabod fod y bregeth yn cynnwys nodweddion llenyddol greadigol megis dethol, ac adeiladu'n ddatblygol, brawddegau'n amrywiol, a chyferbynnu, llenydda rhythmau llafar, a chyflwyniad celfydd crwn, eto pur amharod fuwyd ar y cyfan i efrydu priodoleddau llenyddol y bregeth o ddifrif. Hoffter mawr ein teidiau llengar oedd ''llenyddiaeth bur''—telynegion am adar neu storïau am serch; ac yr oedd pob beirniad llenyddol ar ddechrau'r ganrif hon yn teimlo'n llai cysurus ac yn llai sicr ohono'i hun gyda newyddiaduriaeth, propaganda gwleidyddol neu dractau crefyddol. Yr oedd hyd yn oed cerdd a ysgogid gan genadwri neilltuol yn colli marciau o'r herwydd.

Ond gyda'r blynyddoedd daethpwyd i sylweddoli mai amhosibl oedd i gerdd, hyd yn oed, fod yn ddiduedd neu i stori fod yn ddineges, a bod camp lenyddol hefyd i'w chael mewn newyddiaduriaeth raenus yn ogystal ag yng nghyfansoddiad yr hyn a gyhoeddid o bwlpud.

Elfen bwysicach a barai i'r bregeth Gymraeg fynd yn angof i lengarwyr diweddar oedd yr adwaith credo newydd yn erbyn y traddodiad diwinyddol mawr yng Nghymru o'r unfed ganrif ar bymtheg (neu hyd yn oed o'r bumed ganrif), hyd drothwy'r ganrif hon—yr adwaith yn erbyn uniongrededd Awstinaidd-Galfinaidd, adwaith a amrywiai o gynddaredd fyddar i galedrwydd mud a thrwchus a negyddol. Bellach, yr ydym yn medru pwyso a mesur yr adwaith hwnnw ei hun yn bur feirniadol, a gwelwn ei fod i raddau yn barhad o'r llacrwydd dirywiol a oedd eisoes wedi ymddangos o'r tu fewn i'r gwersyll uniongred er cyn canol y ganrif ddiwethaf, neu ynte yn adwaith anneallus yn erbyn allanolion go arwynebol yn yr uniongrededd honno.

Nid oes yr un gweinidog ysgolheigaidd wedi efrydu hanes y bregeth Gymraeg o'r cyfnod cynnar hyd heddiw er bod ambell gornelyn o'r maes wedi'i droi.[1] Rhyfedd hyn hefyd ac ystyried cynifer o lenor-bregethwyr a gweinidogion ysgolheigaidd a fu gennym. Y mae i'r ffurf lenyddol hon hanes hir a mawr yn ddiau yng Nghymru, o gyfnod y seintiau hyd ein dyddiau ni, er nad oes angen inni yma sôn am y cyfnodau cynnar ond fel petaent yn gefndir i'r ganrif ddiwethaf.

Er mor bell yw oes y seintiau Cymreig, gan mai'r un oedd eu pwrpas, ni all eu pregethau fod yn wahanol iawn i waith oesau diweddarach, onid mewn manylion ffurfiol. Gellid tybied fod y pregethu a geid yng nghyfnod y seintiau, o 400-700 O.C., yn anelu at amlinellu hanesion Beiblaidd ac yn efengylaidd ddiwinyddol gyda phwyslais Awstinaidd a oedd yn diffinio'n eglur briffordd Cristnogaeth yn erbyn pob gwyrdroad Pelagaidd, a'i fod hefyd yn ymarferol homilïaidd ac yn cyfarwyddo'r cynulleidfa-oedd ynghylch cymhwyso'r credoau hynny yn eu bywyd bob dydd.

Wrth i'r Oesoedd Canol ddirwyn yn eu blaen ceid llawlyfrau'n sôn am adeiladwaith pregeth,[2] a cheid tuedd i hel chwedlau fel rhan o'r dechneg o gyflwyno'r genadwri. Dyna yn ddiamau oedd pwrpas Bucheddau'r Saint[3] a chasgliadau megis *Chwedlau Odo* a *Gesta Romanorum.* [4] Cafodd *Chwedlau Odo* gryn gylchrediad, nid yn unig yng Nghymru ond yn Ffrainc hefyd a Sbaen a'r Eidal a Lloegr: "exempla" oeddynt, sef esiamplau ar ffurf storïau bachog i ddarlunio pechod neu rinwedd neilltuol. Y mae Henry Lewis yn

---

1. Dylid cofio gwaith Owen Thomas yn y ganrif ddiwethaf, ar *ran* o'i hanes. Yr unig draethawd M.A. yw 'Pregethau'r bedwaredd ganrif ar bymtheg o saf-bwynt eu gwerth llenyddol,' Valmai Thomas, Hyd. 1951; cf. ei hysgrif hi hefyd yn *Gwŷr Llên y Bedwaredd Ganrif ar Bymtheg,* t. 140 yml. Ceir cyfrol gan y lleygwr Aneirin T. Davies, *Pregethau a Phregethu'r Eglwys,* Dryw, 1957
2. *Llên Cymru,* I, 231-2. Ceir syniad am y math o bregeth a gawsid yn yr Oesoedd Canol cynnar mewn pregeth Wyddeleg a gyhoeddodd J. Strachan, "An Old-Irish Homily", *Eriu* III, 1 (1907), 1-10. Diddorol yw sylw L. Hardinge, *The Celtic Church in Britain,* SPCK, 1972, 51, 'Unlike the theologians of Roman Christianity who appealed more and more to the teachings of Church and councils, Celtic teachers stressed the Bible."
3. B. XI, 149-157.
4. sef yn ôl G. J. Williams (*T. Llen. M.,* Gwasg Prifysgol Cymru, 1948, 177), 'casgliad o storïau a luniwyd tua dechrau'r bedwaredd ganrif ar ddeg, storïau moesol y gallai pregethwyr eu defnyddio.' Yr Athro J. E. Caerwyn Williams yw'r awdurdod ar lenyddiaeth grefyddol Gymraeg y Cyfnod Canol, a cheir rhestr hwylus o erthyglau a thestunau a olygodd ef yn *Llên Cymru,* VI, 113. Gweler hefyd ei ddwy bennod yn *Y Traddodiad Rhyddiaith yn yr Oesau Canol,* gol. Geraint Bowen, Gwasg Gomer, Llandysul, 1974, 312-408: cf. *Literature and Pulpit in Medieval England,* G. R. Owst, Cambridge, 1933.

dyfynnu o ragymadrodd poblogaidd sy'n disgrifio'r *exempla* hyn:
"Yn gymaint â bod *exempla* yn fwy effeithiol na geiriau, fel y
dywaid Gregori, ac y derbynnir hwy yn rhwyddach i'r meddwl, ac
y glynant yn ddyfnach yn y cof; a hefyd bod llawer yn barotach i
wrando arnynt, buddiol yw i'r neb a ymroes i bregethu feddu ar
gyflawnder o'r cyfryw, megis y gwynfydedig Gregori, a gymysgai
exempla â'i bregethau, ac felly'r gwynfydedig Dominig ... Hefyd,
fe ddywaid Beda yn hanes y Saeson ddarfod anfon rhyw esgob
dysgedig a dyfnddoeth i geisio troi'r Saeson i'r iawn, ac wrth iddo
arfer ei ddysg a'i ddoethineb yn ei bregethau, ni thyciodd o gwbl
oll. Ond llwyddodd un arall, llai ei ddysg, wrth ddefnyddio
exempla a damhegion yn ei bregethau, i droi holl Loegr bron."

Diau nad unffurf oedd dull na chynnwys pregethau'r Oesoedd
Canol ar eu hyd. Yr oedd y pregethwyr, yn ogystal â chyflwyno'r
hanes ac ystyr yr hanes Beiblaidd, yn amrywiol eu pwyslais
diwinyddol, gyda rhai'n fwy asetig na'i gilydd: daeth
'traddodiadau'r eglwys', creiriau, cwlt y forwyn Fair, ac ati yn
fwyfwy pwysig oherwydd absenoldeb ysgrythurau yn iaith y
bobl.

Dichon ein bod yn cael peth syniad o naws y pregethu gorau ar
drothwy'r Diwygiad Protestanaidd[5] yn *Darn o'r Ffestifal,*[6]
homilïau o'r Eglwys Gatholig, cyfoed â William Salesbury (ond
cyfieithiad o'r Saesneg, a'r gwreiddiol yn dyddio tua 1400).

Y mae lle i gredu mai oes aur pregethu'r eglwys Gatholig yng
Nghymru oedd 400-700, ac annheg braidd fyddai ceisio mesur
na disgrifio natur ei phregethu ar sail y brif dystiolaeth sy
gennym, sef tystiolaeth cyfnod ei dirywiad a'i dadfeiliad.

Ond pan ddown at Lyfr yr *Homilïau,* cyf. Edward James,[7] 1606,
sef *Pregethau a osodwyd allan trwy awdurdod i'w darllein
ymhob Eglwys blwyf a phob capel er adailadaeth i'r bobl
annyscedig,* yr ydym mewn byd newydd. Yr ydym yn awr mewn
awyrgylch a allai ffurfio cyd-destun i ystyried datblygiadau'r
ganrif ddiwethaf hyd yn oed. Ac i raddau gellid ei ddisgrifio drwy
wahaniaethu rhyngddo a'r hyn a aethai ynghynt.[8] Y mae hyn yn

5. gw. hefyd G. R. Owst, op. cit.
6. *Transactions of Cymmrodorion,* 1923-4, Atodiad; G. J. Williams op. cit.
7. *Erthyglau Emrys ap Iwan* II, gol. D. Myrddin Lloyd, 22; G. J. Williams, op. cit.
181.
8. *English Devotional Literature, 1600-1640 (Prose),* Helen C. White, Madison,
1931; *English Pulpit Oratory, from Lancelot Andrewes to John Tillotson,* W.
F. Mitchell, SPCK, 1932.

arbennig o wir wrth i'r Piwritaniaid ennill nerth a lleisio'u hargyhoeddiadau; a nhw, yn ddi-os, yw crud y Diwygiad Methodistaidd yn y ddeunawfed ganrif, a esgorodd yn ei dro ar bregethu aeddfed dechrau'r ganrif ddiwethaf.

Daeth y pregethu yn awr i wahaniaethu'n fwy gofalus rhwng y gau a'r gwir: hynny yw, fe ddaeth yn fwy beirniadol ac yn llai naïf wrth sylweddoli'r duedd ddynol naturiol i wyrdroi'r genadwri Gristnogol a'i hamhuro. Daeth yn fwy ysgrythurol hefyd, ac yn fwy synthetig ysgrythurol[9]—hynny yw, fe ystyrid fod yna undod i'w barchu a'i efrydu yn neges gyfan y Beibl. Er nad oedd yn bregethu oer,[10] ni cheisiai wasgu cynulleidfa i gornel seicolegol, i wneud "penderfyniad": cymerid mai gwaith yr Ysbryd Glân oedd argyhoeddi dyn o'i angen yn Ei amser Ei hun, ac mai swydd y bregeth oedd cyflwyno'r efengyl yn ei phurdeb, a hyfforddi'r praidd yn amyneddgar drwy ddysgu araf.[11]

Er i Christmas Evans ac eraill (yn arbennig wedyn yn ail hanner y bedwaredd ganrif ar bymtheg) ddychwelyd i ddull ysgrythurol yr Oesoedd Canol o ddyfeisio alegoriau ffansïol i esbonio pwynt, ar y cyfan plaen a diaddurn oedd arddull pregethu dechrau'r ganrif ddiwethaf, a hynny yn null y Piwritaniaid o'u blaen. Dichon, yn wir, fod pwyslais y Piwritaniaid ar symlder digwafers wedi bod yn ddylanwadol nid yn unig yn natblygiad y bregeth, ond hefyd fel yr awgrymodd T. J. Morgan,[12] yn hanes arddull yn gyffredinol: 'Rhagoriaeth ddiweddar hollol yw natur-ioldeb, ac nid oedd gynt yn rhinwedd o gwbl . . . Byddai peidio â bod yn syml, nid yn unig yn anfantais am fod ei gymhlethdod yn dyfod rhyngddo a'i wrandawr, ond byddai'n arwydd go sicr fod y diwygiwr yn meddwl mwy am ei berfformiad cyhoeddus nag am ei neges. Gellid cyfeirio at amlder o esiamplau yn y canrifoedd diwygiadol a chwyldroadol diweddar o fawrygu naturioldeb a symlrwydd ac uniongyrchedd ar draul cymhlethdod seremonïol. Esiampl sy'n cynrychioli'r duedd hon i'r dim yw beirniadaeth y Piwritaniaid cynnar ar yr ieithwedd a arferai eu gwrthwyneb-wyr esgobol yn eu pregethau.'

9. 'Scriptural Preaching', R. B. Kuiper, *The Infallible Word,* Eerdmans, Michigan, 1946.
10. *Hanes Annib. Cym.,* R. Tudur Jones, Abertawe, 1966, 112.
11. 'The Puritan View of Preaching the Gospel,' J. I. Packer, *How Shall They Hear,* The Puritan Papers, 1960.
12. *Transactions of Cymmrodorion* 1946-7, 309. Dyfynna Valentine Marshall: 'Nakedness . . . is the best garnishing and ornament the truth can have.'

Rhyfeddol brin yw'r defnyddiau i astudio pregethau'r Piwritaniaid Cymraeg—un bregeth gan Rys Prichard ar glawr, dim un gan Forgan Llwyd, holl waith Vavasor Powell a Walter Cradoc yn Saesneg, er bod rhai casgliadau y gellid eu gwneud,[13] 'am ddarluniau cartrefol Cradoc, am huodledd tymhestlog Vavasor, am lafa poeth Erbury . . . beiddgarwch Llwyd . . . dyddiau mawr y pregethu Piwritanaidd pan oedd pregethau gydag ugeiniau o bennau a channoedd o is-bennau'n bethau digon cyffredin.[14]

Griffith Jones, Llanddowror, gellid tybied, fyddai'r cyntaf o bregethwyr y Diwygiad Methodistaidd i ddarparu deunydd ar ein cyfer. Y mae cryn nifer o bregethau i'w cael ar ei ôl ef, tua dau gant,[15] mewn llawysgrifau yn y Llyfrgell Genedlaethol. Ond ar yr olwg gyntaf, fe ymddengys mai perthyn yr oedd ef i gynffon y Piwritaniaid yn hytrach nag i flaenffrwyth y Diwygwyr, os iawn yw gwahaniaethu fel hyn. Yng *Nghylchgrawn Hanes y M.C.,* dywed M. H. Jones: "Nid oes dim yn eithriadol yn y pregethau, ag eithrio'r iaith Ysgrythurol, y ddiwinyddiaeth Biwritanaidd, a'r mynych raniadau a dosraniadau sydd ynddynt. Y mae'r athrawiaeth yn iachus a Chalfinaidd ddigon, ond nid oes ynddynt o glawr i glawr yr un dyfyniad o na barddoniaeth na rhyddiaith y tu allan i'r Beibl; ni cheir na hanesyn, eglureb, na chyfeiriadau at brofiad personol. Rhaid mai yn nifrifwch traddodiad pregethau Griffith Jones yr oedd cuddiad ei gryfder a'i ddylanwad ar werin ei wlad."

A chysidro'r doreth o bapurau a adawodd Howell Harris y mae hi'n syfrdanol nad oes gennym gymaint ag un bregeth ar ei ôl ef. Ond hyd at Henry Rees ychydig o bregethwyr Cymraeg a feddyliai am bregeth fel rhywbeth y gellid ei sgrifennu: ffurf lafar ydoedd, pregethwr yn wynebu cynulleidfa, lygad yn llygad, lais yng nghlust.

---

13. R. Tudur Jones, op. cit. 112; cf. *English Devotional Literature* (Prose), 1600-1640, Helen C. White, Madison, 1931; *English Pulpit Oratory, from Lancelot Andrewes to John Tillotson,* W. F. Mitchell, SPCK., 1932.
14. Golygwyd y pregethau Cymraeg cynharaf yn yr unfed ganrif ar bymtheg gan G. Morgan yn ei draethawd M.A. 1969: 'Pregethau Cymraeg William Griffith (? 1566-1612) ac Evan Morgan (c. 1574-1643)'.
15. Ymddengys fod y Parch Evan Evans, Curad Llanddowror wedi copïo chwe chyfrol a rhoi ynddynt holl bregethau G. J. yn ôl y testunau o lyfrau'r Beibl, gan ddechrau yn Genesis yn Rhan I a gorffen tua llyfr y Datguddiad yn y Vled Ran. Nid oes ar gael ond Rhannau I a V o'r casgliad hwn, sef 175 o bregethau; ond ceir yn y Llyfrgell Genedlaethol ddau gasgliad bychan arall o'i bregethau: CCH. IX, 1924, 50-52; cf. CCH. VI, 19; VII, 10.

Gwael yw'r defnyddiau ar gyfer Daniel Rowland yntau, er gwaetha'r ganmoliaeth hollol eithafol a dderbyniai ar bob llaw. Honnai David Jones Llangan amdano mewn llythyr at y Fonesig Huntingdon, mai 'efô yw'r pregethwr mwyaf yn Ewrob.' Meddai Howell Harris yntau amdano, wedi gwrando Whitefield a'r ddau Wesley ac eraill lawer: 'Er i mi bellach gael y fraint o wrando a darllen gwaith amryw o weinidogion Duw, cyn belled ag y gallaf i farnu, nid wyf yn gwybod am neb sydd wedi ei fendithio â galluoedd a doniau cyfuwch; y fath oleuni treiddiol i ysbryd yr ysgrythurau, er gosod allan ddirgelwch duwioldeb, a gogoniant Crist Iesu.'

Cyhoeddwyd rhai o bregethau Daniel Rowland yn Gymraeg yn ogystal â chyfieithiad o rai i'r Saesneg; ond nid ydynt yn adlewyrchu ei wir nerth. Eto, diddorol iawn (a hefyd syn o safbwynt deall natur ei gynulleidfa) yw'r pwyslais a rydd yr Esgob J. C. Ryle ar ei ddysg:[16] 'Even in the thin little volume of eight sermons which I have, I find frequent quotations from Chrysostom, Augustine, Bernard, and Theophylact. I find frequent reference to things recorded by Greek and Latin classical writers. I mark such names as Homer, Socrates, Plato, Aeschines, Aristotle, Pythagoras, Carneades, Alexander the Great, Julius Caesar, Nero, the Augean stable, Thersites, and Xantippe, make their appearance here and there. That Rowlands was indebted to his friends the Puritans for most of these materials, I make no question at all. But wherever he may have got his learning, there is no doubt that he possessed it, and knew how to make use of it in his sermons. In this respect I think he excelled all his contemporaries. (Hynny yw, y Wesleys, Whitefield, etc.) Not one of them shows so much reading in his sermons as the curate of Llangeitho.' Pan honnir heddiw ein bod wedi cefnu ar y ffydd oherwydd twf gwybodaeth yng nghynulleidfaoedd ein capeli, gwiw sylwi mai fel arall yn hollol y bu.

Er cymaint a sgrifennodd Williams yntau, mae'n rhyfedd nodi na chyhoeddodd ef yr un bregeth, er iddo gynnwys pregethau ar gân yn ei ganiadau, megis yn *Theomemphus,* ac er iddo'n ddiau wau deunydd pregethau i mewn i'w lyfrau rhyddiaith.

---

16. *Five Christian Leaders,* J. C. Ryle, The Banner of Truth Trust, 1960, 101-2.

Pan ystyriwn y dirywiad enbyd a ddechreuodd gydio yn pwlpud Cymraeg tua chanol y ganrif ddiwethaf a chyflymu ym laen nes derbyn y nemesis arswydus yn ein canrif ni, y mae' weddus nodi fod hadau'r dirywiad—fel y gellid e ddisgwyl—eisoes ar gael yn nechrau'r ganrif honno, ac yng hynt.

Mae hyn yn fater hynod gymhleth; ond tybed, gan ei fod wec sefyll rhyngom a gwerthfawrogiad llawn o oes aur y bregeth ellid yma restru prif nodau'r dirywiad, fel yr ymddangosant i m ac yna fanylu ar ambell un ohonynt? Dyma'r prif ffactorau:

1. *Snobyddiaeth a balchder ynghylch gallu dysg ddynol ddatrys materion sydd y tu hwnt i gylch a dimensiwn dysg.* Lewi Edwards[17] oedd y trobwynt allweddol, er ei fod ef ar y pryd wec llwyddo'n lew i gymathu'i ysgolheictod ei hun â'r gostyngeidc rwydd sy'n graidd i'r efengyl. Ei fab ef, Thomas Charles Edwards a gollodd ei ben ynglŷn ag uwchraddoldeb dysg; a diddorol noc hefyd mai Lewis oedd prif hyrwyddwr yr Inglis Côs a'i fab yn un brif elynion yr iaith Gymraeg yn ei ddydd. Cydredai'r mawrygu a ddysg â seciwlariaeth ddyn-ganolog, deallrwydd di-eneiniad pen, ac ystwythder 'eangfrydig' anghlymedig.

2. *Y sylw i dechnegau allanol—actio, golwg, llais, 'hwyl'[18] chwarae ar deimlad, hediadau barddonol, ffansïol a storïol, etc* Pan fo'r gŵr seciwlar yn sylwi ar y pregethwr didwyll wrthi yn e orfoledd yn cyhoeddi mawredd gras Duw, ni all lai na sylwi ar e huodledd a'i allu areithyddol; eithr tuedda weithiau i lygadu amlwg heb dreiddio i'r craidd. Diau fod diwygwyr y ddeunawfe ganrif hwythau yn tynnu darluniau dramatig, ond dichon mai pr gychwynnydd y *traddodiad dramatig* ymwybodol yng Nghymr oedd Robert Roberts, Clynnog (1762-1802). Parhaodd traddodiad hwnnw ymlaen drwy'r oes euraid hyd nes cyrraed Matthews Ewenni (1813-1892) ar y naill law, perfformiw poblogaidd ond braidd yn fwlgar, ac Owen Thomas (1812-1891 ar y llaw arall, y connoisseur deallol, yr archwaethwr pregethau

17. gw. beirniadaeth yr Athro R. Geraint Gruffydd, *Cylchgrawn Efengylaidd* IX 80.
18. Tad yr 'hwyl', yn ôl Tudur Jones op. cit. oedd David Davies (1775-1838) Myddfai.

Strôcs oedd arbenigrwydd Matthews.[19] Cof gennym oll amdano yn darlunio'r wraig a chanddi fab a ofer-dreuliai mewn tafarnau, ac yn adrodd rhegfeydd yr oferddyn nes brawychu o bob cnawd yn y capel. Clywsom oll yr hanes am Syr Henry Irving yn dweud amdano: "Pe buasai'r gŵr yna wedi ymgyflwyno i'r ddrama, byddai yn un o'r actorion mwyaf a welodd y byd"; ac am air Thomas Gee, "Dyna'r dramodydd mwyaf a esgynnodd i bwlpud erioed."

A phriodol, efallai, fyddai un dyfyniad o'i Gofiant: "Testun un o'i bregethau hynotaf oedd, 'Mi a adwaenwn ddyn yng Nghrist, etc.' Disgrifiai ddiogelwch y 'dyn yng Nghrist: Yng Nghrist, yn ei Gyfiawnder Ef, yn ei Gadernid Ef, yn ei Haeddiant Ef, o fewn i blygion yr lawn.' Yr oedd wedi gafaelu yn sgyrtiau'i gôt laes erbyn hyn, a'u codi dros ei ysgwyddau gan raddol ymsuddo o'r golwg ynddynt. Torrodd i floeddio'n uwch, 'Yng Nghrist, wedi'i lapio yn y Prynedigaeth.' Yr oedd y dilledyn trwchus wedi'i dynnu dros ei ben bellach, a'i wyneb yn hollol guddiedig tra gweiddai: 'Wedi guddio gyda Christ yn Nuw, wedi myned i mewn i ddiddosrwydd Duwdod.' Pwy heblaw Matthews a fedrai wneuthur y cyfryw beth â hyn gydag arddeliad ac urddas a grym ysbrydol?"

Yr oedd y pwyslais ar allanolion pregethu yn cyfateb hefyd i bwyslais ar allanolion ymddygiad yn y gymdeithas.

3.   Nid wyf am orbwysleisio dylanwad y cyfieithiad o *Darlithiau ar Adfywiadau Crefyddol*, Charles G. Finney, Abertawe, 1839 a'r cyfieithiad o'i *Pregethau ar amrywiol bynciau*, Abertawe, 1841. Diau mai cynrychioli yr oeddent elfen gyffredinol a ddaeth yn bur amlwg er enghraifft gydag ymgyrch Sankey a Moody ac yn ddiweddarach yn 1904-5, ac a oedd yn fwy cymhleth o lawer na dylanwad un Americanwr.[20] Yn wir, y mae'r ffansïon goddrychol, y weledigaeth bersonol, arweiniad yr ysbryd, breuddwydion, ac yn y blaen yn ffactor a fu'n faen tramgwydd eisoes yn Howell Harris ei hunan; ond erbyn diwedd y ganrif ddiwethaf,

---

19. cf. diddordeb Brutus 1795-1866 yn allanolion y Jacs, *Brutusiana,* 43-4: 'Ymaflant yn y Beibl megis gydag anewyllysgarwch—megis pe byddai *rattlesnake* ganddynt mewn llaw; ac wedi troi at y testun, gweflant ar y gynulleidfa, gan droi gwynion eu llygaid allan fel lloi dan gyllell y cigydd . . . Wedi dechrau tymor yn y gwaith, y mae rhai pregethwyr yn myned o ddifrif at y gwaith o ystumio; agorant eu geneuau mor helaeth nes . . . etc.'

20. 'Finney on Revival,' P. E. G. Cook yn Puritan Conference Reports 1966, 4-16; 'The Welsh Revival of 1904,' Geoffrey Thomas, *The Banner of Truth,* 1969, 74, 16-21; 'Charles Finney and the "Altar Call",' Robert More, 1970, 82-3, 29-34.

tueddodd rhai "efengylwyr" i fynd yn dra thenau eu diwinydd-iaeth, i osod gweddi ac ymwybod â phresenoldeb Duw yn anni-bynnol ar ddisgyblaeth Ei Air gwrthrychol; ac o'r herwydd fe ddaeth pregethu ei hun yn llai hanfodol, ac awdurdod yr ysgrythur allanol yn isradd i symudiad y teimladau mewnol.

Trowyd adfywiad yn dechneg seicolegol ac yn dacteg anysgrythurol. A'r nod yn aml oedd creu profiad mewn cynulleidfa drwy ddulliau dynol. Effeithiodd hyn yn ddirfawr ar natur y pregethu.

4. *Yr oedd y pwyslais goddrychol ar brofiad yn cyfateb i bwys-lais goddrychol ar ddysgeidiaeth neu athrawiaeth.* [21] Gordyfodd y lle a oedd i "brofiad" cyfriniol ar draul gwrthrychedd yr efengyl; ond gordyfodd hefyd y duedd i dderbyn casgliadau dynol mewn ysgolheictod heb eu darostwng i ffeithiau'r efengyl. Diberfeddwyd nerth yr efengyl gan y parodrwydd anfeirniadol i dderbyn pob "Beirniadaeth" Feiblaidd a'r awydd naturiol i ollwng rhai o brif fannau uniongred ac ysgrythurol y datguddiad megis yr Iawn, Uffern, y goruwchnaturiol, person arbennig Crist, y syniad o awdurdod, argyhoeddiad o bechod, ac yn y blaen, ac i ddethol o'r Gair neu ei wyrdroi'n llwyr yn ôl tybiaethau personol. Dyma ganlyniad anaeddfedrwydd y rhai sy'n suddo o flaen y meddwl seciwlar, heb yr ewyllys na'r deallusrwydd na'r arweiniad dwyfol i ddatblygu ysgolheictod Cristnogol sy'n ddarostyngedig i Grist, i'r Gwirionedd, i'r Gair, ac i waith hanes-yddol Duw. Erbyn hyn, gwrthbrofwyd llawer iawn o'r dargan-fyddiadau "sicr" gynt a lwyddodd yn eu dydd i 'wahanu' a 'datgymalu'r' undod anwahanadwy rhwng y geiriau a'r Gair; ond yn eu cyfnod gwnaethpwyd difrod enfawr.

5. Daeth athrawiaethu personol yn fwyfwy cyfystyr â *moes-oldeb elfennol dyneiddiol,* ac felly yn rhyw fath o efengyl gymdeithasol. Iesu Grist yn broffwyd neu'n ŵr da. A'i neges yn rhaglen gymdeithasol elfennol o ddelfrydol. Dirwest, heddych-iaeth, radicaliaeth, ac yn y blaen.

Diau fod yr hollt rhwng diwylliant a'r Beibl, rhwng yr Eglwys a holl gylchoedd "seciwlar" bywyd, rhwng y myfyriol a'r

21. 'The Background to the Down-grade Controversy', Michael Boland, *The Banner of Truth,* 1968, 53, 5-11; *Christianity and Liberalism,* J. Gresham Machen, Victory Press, London, 1923; *The Forgotten Spurgeon,* Iain Murray, The Banner of Truth Trust, 1966; *Evangelicalism in England,* E. J. Poole-Connor, Worthing, 1966.

ymarferol, wedi tyfu oherwydd diffygion ar y ddwy ochr. Roedd yr efengyl gymdeithasol, wrth gwrs, yn enw arall ar "synnwyr bawd" ac ar foesoldeb dyneiddiol; ond roedd yr uniongredwyr Calfinaidd hwythau—yn wahanol i Galfin, bid siŵr,—yn methu â gweld y cysylltiad rhwng y gorchymyn diwylliannol a'n galwad i edifarhau, rhwng gras achubol a gras cyffredinol. Hynny yw, adeiladwyd gwrthdrawiad rhwng seciwlariaid ewyllys da ar y naill law a phietistiaid afreolaidd ar y llall, a rhyngddynt fe suddodd yr eglwysi.

6. Un o'r elfennau tyngedfennol, nad oes lle i'w thrafod yn iawn yma, oedd *amwysedd cynyddol y gair 'Cristion',* y modd yr oedd aelodaeth eglwysig yn llacio—ar y dechrau am resymau sentimental a theuluol ac er mwyn hwylustod, ond wedyn fe ymgaledodd hyn yn hunan-amddiffyniad a hunan-gyfiawnder 'diwinyddol'. Cydredai hyn â'r duedd i ollwng gafael ar yr absoliwt, ac i fath o Hegeliaeth ymorseddu, gan ddechrau gyda 'Chysondeb y Ffydd' Lewis Edwards.

Ysictod credu, neu'r gwenwyn o'r pechod gwreiddiol, yw'r hyn sy'n crynhoi pob un o'r ffactorau hyn at ei gilydd. Nid ffactorau annibynnol ydynt, gan eu bod oll yn codi o awydd dyn i ymchwyddo i fod yn awdurdod iddo'i hun ac i greu ei grefydd ei hun yn emosiynol neu'n syniadol. Gwaith go ddigalon yw dilyn hynt y bregeth i mewn i ail hanner y ganrif ddiwethaf: y mae'r hen ruddin fel petai'n dal am ychydig yn Owen Thomas a Lewis Edwards, a hyd yn oed mor ddiweddar ag Emrys ap Iwan y mae ei hunan-ddisgyblaeth ddiwylliannol a'i foesegu caboledig ef yn dal llawer o swyn o hyd. Ond y mae'r glust fain yn clywed hyd yn oed yng ngwaith J. R. ac Islwyn fod yna gracio, ac erbyn Elfed y mae'r gwendidau yn y genadwri wedi meddalu'r dull nes bod prif gyfraniad y bregeth yn dechrau ymddatod. Y mae grym yr Ysbryd Glân wedi cilio.

Erbyn dechrau'r bedwaredd ganrif ar bymtheg, sut bynnag, er bod y diwygiad Methodistaidd wedi colli'i newydd-deb, nid oedd eto wedi colli dim o'i ffresni na'i ddwyster fel y tystia emynau Ann Griffiths. Mae'r parch at feddwl yn ogystal â theimlo, a gafwyd gan Williams Pantycelyn a chan Daniel Rowland, yn awr i'w weld yng nghyfansoddiad y pregethau. Dyma yn awr alluoedd mwyaf Cymru yn y cyfnod yn ymroi i waith y pwlpud, a'r gelfyddyd fwyaf caboledig yn y cyfnod yn cael ei neilltuo i'r gwaith aruchel hwn. Pan sonia Henry Rees ei fod ef yn aml yn sgrifennu ei bregethau'n llawn bedair neu bump o weithiau, dweud y mae ef fod ganddo barch at y gorchwyl a bod yna safonau gofalus i'w hanrhydeddu.

Fel arfer, y mae'r cartŵn sydd gan bobl yn eu meddwl am bregethau'r cyfnod yn gwbl anghywir ac yn ffrwyth y dirywiad gwrth-Gristnogol. Clywch dystiolaeth A. T. Davies am John Elias[22] ''Yr hyn a'm synnodd i, wrth ddarllen trwy rai degau o'i bregethau ar gyfer y gyfres hon, oedd natur ei bregeth. Nid pregethau darluniadol, fel y gallem ddisgwyl wedi clywed y storïau cyffrous am ei ddawn ddramatig, a gawn ganddo, ond pregethu diwinyddol a dadansoddol—y mae rhai degau o bennau ac is-bennau yn y bregeth a argreffir yma, ac ar lawer ystyr y mae yn ein hatgoffa am bregethau'r Canol Oesoedd, gan mor drefnus a rhesymegol ydyw. Dyma bregethu ysgrythurol; a mwy na hynny, bregethu diwinyddol o'r radd flaenaf. Ac y mae'r pregethu hwn yn deyrnged ynddo'i hunan i wrandawyr ei gyfnod.'

Yr oedd y bregeth yn y cyfnod hwn yn nodedig am mai ffurf lafar ydoedd a'i Chymraeg yn ystwythach ac yn fwy naturiol nag odid yr un ffurf ryddiaith arall. Medd Gwenallt: 'Ym mhregethau'r ganrif ddiwethaf y gwelir y Cymraeg gorau, am nad oeddynt yn ceisio ysgrifennu yn llenyddol, ac am eu bod yn ceisio eu gwneuthur eu hunain yn ddealladwy i gynulleidfaoedd.'[23] Yr oedd yn tarddu o'r teimlad yn ogystal ag o'r deall ac yn apelio at y teimlad ynghyd â'r deall, sef y person cyfan. Yn y pwlpud y ceid dynion mwyaf meddylgar Cymru yn y ganrif ddiwethaf, ac yma hefyd y cyrchai'r rhai mwyaf dawnus yn eu gallu ieithyddol. Yr oedd ganddynt iaith lafar rywiog a chyfoethog ynghyd â gwybodaeth drylwyr o'r Beibl Cymraeg, heb ei difwyno ryw lawer hyd ganol y ganrif gan ddarllen gormodedd o lyfrau Saesneg.

Nid dawn naturiol wedi'i gollwng yn flêr i'r cyhoedd a oedd yn nodweddu'r goreuon. 'Gwyddent am werth llais ac ystum llaw a llygaid i gyfleu eu cenadwri;'[24] a pharchent eu cyfrwng a'u swydd nes dymuno i'w gwaith fod yn gelfydd ac yn urddasol. Byddai astudio'u cyfansoddiadau o safbwynt eu camp len-

22. *Pregethau a Phregethu'r Eglwys,* Dryw, 1957, 105.
23. *Bywyd a Gwaith Islwyn,* D. Gwenallt Jones, Lerpwl, 1948, 33-4.
24. Traethawd M.A., G. R. Hughes, *Bywyd Caledfryn,* 1958, t. 58.

yddol[25] yn waith buddiol a ffrwythlon.

Yr oedd iddynt drefnusrwydd cynllunwyr ystyriol. Credir fod llawer yn ceisio ei morio hi'n theatraidd; ond yr oedd eraill, megis William Williams o'r Wern[26] a Henry Rees yn milwrio'n erbyn pob tuedd felly, ac yn darostwng eu pregethu i gyflwyno'r gwirionedd yn uniongyrchol i feddwl a chalon mor ddwys ac mor eglurgyflawn ag y gallent. Nid cywir yw'r tybiaethau rhamantaidd a dirywiol am bregethu diwygiadol nodweddiadol. Cof am Jonathan Edwards byr ei olwg, a'i bregeth i fyny ar bwys ei drwyn, yn ei darllen hi i gynulleidfa a oedd wedi'i chyffroi i'r dyfnderoedd gan ymweliad grymus o'r Ysbryd. Y gwirionedd nid y dechneg oedd yn 'lladd.'

Oherwydd argyhoeddiad ynghylch y gwirionedd, yr oedd eu rhythmau'n gryf ac yn feddiannol. Meddai Northrop Frye[27]: 'The rhetoric of persuasion to action itself, which is the next stage of prose as we proceed from literature outwards into social life, is considerably stepped up in its rhythm. Here the repetitions are hypnotic and incantatory, aimed at bringing down customary associations of ideas and habitual responses, and at excluding any alternative line of action . . .' Beth bynnag am y cymhellion a bortreadir ('aimed') y mae'r effeithiau'n ddigon cywir.

Ac yr oedd amrywiaeth rhyfeddol i'w pregethau. Gallai John Jones Talsarn fod yn ddadansoddol ddiwinyddol, neu'n ddysgedig esboniadol, neu'n ymarferol anogol, neu'n ddramatig storïol; ac nid creu-effaith yn ffansïol a wnâi'r darluniau a dynnai ar gyfer ei gynulleidfa—gallent fod yn bersonol ddiriaethol. Cymerer er enghraifft y darlunio araf a manwl a geir yn ei bregeth 'Y Symudiad Mawr' ar Job vii. 10: 'Ni ddychwel mwy i'w dŷ, a'i le nid edwyn ef mwy.' Mae bron y cwbl o'r bregeth yn ddisgrifiad o blentyn yn marw: mae'n aros yn ddiriaethol gyda'r profiad nes ei argraffu'n ddwfn ar feddwl y gynulleidfa. Cof gennyf ddarllen mewn un nofel Ffrangeg ddisgrifiad graffig dros naw tudalen o ŵr yn marw: ceir yr un medr trawiadol yn y fan yma. Disgrifir pob agwedd ar y dieithrhau:

'Y mae bellach yn prysur ymddatod oddi wrth bawb a phob peth ar y ddaear; y mae ei hagwedd a'i holl ymddygiad yn dangos difaterwch

25. cf. E. H. Cady, 'The Artistry of Jonathan Edwards,' New England Quarterly, XXII (March 1949), 61-72.
26. R. Tudur Jones, Hanes Annibynwyr Cymru, Abertawe, 1966, t. 177.
27. Anatomy of Criticism, Princeton University Press, 1957, t. 327.

am bawb o'i hamgylch. Ei thad a'i mam, oedd o'r blaen fel cannwyll ei llygaid, a fu yn sefyll yn nesaf ati, cyfrifir hwynt yn awr yn ddieithriaid perffaith: y mae yn teimlo ac yn ymddwyn fel un wedi torri perthynas â hwy am byth; ac nid oes ganddi amser yn awr at bethau amherthnasol.'

Adeiledir cyflawnder y darlun yn graff ac yn hamddenol gan arwain yn anochel at y terfyn; ond pan ddaw hwnnw, fe ddaw'n gelfydd ac yn afaelgar:

'Pan fyddo tywyllwch dudew cysgod angau wedi troi yr holl ddaear, a distawrwydd yn llanw'r ystafell, bydd yr ychydig lygaid-dystion o'i hesgyniad i'r nef yn syllu ar ei gwedd, heb neb yn meiddio dweud gair—bydd gwrando yn ormod o waith. Disgwyl pa beth a fydd—gwrando distawrwydd perffaith sydd yn ormod, yn ormod i'r cwmni. Mor ddisgwylgar ydyw agwedd pob wyneb. Y fath ymegnïon ac ymchwiliad a wna pob meddwl i wahaniaethu byw a marw; i wneud allan ym mha un o'r ddau ddosbarth y gosodir hi yn awr; y mae pob anadl wrth ymadael yn taflu y cwmni i ymbalfalu mewn tywyllwch; ni wyddant ar ba beth y maent yn edrych—ai ar y byw, ynte y marw. Yn ddisymwth, fel tywyniad mellten, daw y Priodfab, a chydag ef gwmni o angylion; rhoddant dro drwy yr ystafell, yn anweledig, heb un argoel o'u presenoldeb yn weledig i'r cwmni, gan ei chymeryd ymaith yn eu mysg, a gadael yr hyn sydd lygredig i ofal ei pherthnasau. Ni wyddom trwy ba ymadrodd yr enillodd y Prynwr ei chydsyniad i anturiaeth mor fawr, mor ddi-eithrol; ond pa fodd bynnag, yr oedd effaith anghymarol iddo. Pa fodd yr enillodd hi mor llwyr, ac mewn amser mor fyr, i ymadael â chyfeillion mor agos ac annwyl. Bellach, nid oes yma ddim wedi ei adael ond yr hyn a etyb ond ychydig o ddiben.'

Yr hyn a drawai ei gyfoeswyr ynglŷn â John Jones oedd ei feddylgarwch.[28] Pe baem wedi dyfynnu'n helaeth o'r ail bregeth yn ei gasgliad, 'Hunan-amddiffyniad Duw,' hawdd y gwelid nerth ei wreiddioldeb a threiddgarwch ymenyddol ei brofiad. Ond y mae yna bregethau lawer eraill yn y casgliad hwnnw y mae'n rhaid eu cyfrif ymhlith campweithiau'n llên yn y ganrif ddiwethaf (V, IX, XIV, XIX, LII, yw'r rhai cyntaf sy'n dyfod i gof, ond y mae yna ychwaneg.)

Diau fod gwerthfawrogi gorchest lenyddol y pregethau hyn yn bur anodd i'r darllenydd seciwlar oherwydd yr ymdrech i 'gyd-ymdeimlo' sy'n angenrheidiol ar drothwy pob darllen, ac sy'n dipyn o her wrth efrydu llenor Cristnogol feddiannol ac ym-osodol. Y duedd orbarod wedyn yw mawrygu rhai o'r pethau amlwg syml a salaf yn aml, megis, er enghraifft, hediadau bach

---

28. *Cymru,* I, Owen Jones, Blackie a'i Fab, Llundain, 1875, 705.

alegorïol Christmas Evans,[29] yn lle sylwi ar ei ddadansoddi cymen, urddas symudiad ei esgynebau, a'i angerdd dychymyg. Ceisir chwilio am batrymau seciwlar ac 'eithriadol'—dramâu a storïau—yn lle barnu'r pregethau yn ôl eu safonau arferol cadarn eu hun.

Y mae pregeth, bid siŵr,—megis drama—yn cael ei chyflawni yn y "perfformiad." Anodd amgyffred, wrth ddarllen pregethau John Elias, bellach, mor ddwfn a chyfoethog oedd eu heffaith ar eu gwrandawyr. Yr oedd yna gytundeb cyffredinol yng Nghymru yn ei ddydd ynghylch ei alluoedd areithyddol aruthrol. Casgliad John Morgan Jones a William Morgan amdano yn eu cyfrolau sylweddol ar *Y Tadau Methodistaidd* oedd—'ar lawer cyfrif y pregethwr mwyaf a gyfododd yng Nghymru, os nad, yn wir, yn yr holl fyd.' Hyd yn oed ym mryd Owen Thomas, gyda'i edmygedd difesur o ddoniau Henry Rees a John Jones Talsarn, a'i rag-farnau diwinyddol yn erbyn John Elias mewn oes pryd yr oedd peth llacio ar safonau Calfinaidd, yr oedd yn rhaid cyfaddef fod John Elias 'yn cael ei gydnabod, braidd yn gyffredinol, fel prif areithiwr a phen pregethwr Cymru.' Wrth ddarllen sylwedd ei bregethau cyhoeddedig a'r crynodebau a dyfyniadau a gyhoedd-wyd yma ac acw, y mae'n amlwg fod yn ei waith ddeall llym, gallu dadansoddol, a medr cynllunio wedi'u cyfuno â dychymyg a synnwyr dramatig. Ond ni allaf lai na thybied mai prif rinwedd John Elias, yr hyn a drydanai'r deunydd hwn i gyd, oedd y sobrwydd angerddol, y difrifoldeb ingol a'i llanwai wrth wynebu cynulleidfa lle y gwyddai fod yna'n bresennol rai eneidiau a oedd o hyd ar goll ac yn ddamnedig heb yr efengyl. Roedd y cyfuniad o uniongrededd efengyl ynghyd â thosturi chwyslyd dros ei bobl yn rhoi i'w gyflwyniad ryw awdurdod ryfeddol, debygaf i.

Enw gwael a gafodd John Elias yn y ganrif ar ei ôl, ac y mae yna un cwestiwn y dylid ei ofyn: pam yn y byd y bu'r fath ymosod ac y magwyd y fath gasineb at y dyn?

Dichon mai un rheswm cyffredin oedd sicrwydd ei gredo. Anathema a diflastod eithafol i oes, sy'n ddogmatig ynghylch ansicrwydd ac sy'n anwylo anwadalwch, yw wynebu gŵr yr oedd argyhoeddiad pendant wedi'i losgi i waelodion ei fodol-aeth ef. Y mae'r ffydd ei hun, yn wir y Groes fel y cawsom ein rhybuddio, do, yn sicr o fod yn faen tramgwydd a pheri'r dincod i

---

29. *Alegoriau Christmas Evans*, gol. Hugh Bevan, Gwasg Prifysgol Cymru, 1950.

ddoethion uwchraddol y byd hwn. Ond po fwyaf y myfyrier am amgylchiadau arbennig John Elias ei hun, o'i gyferbynnu ag amryw eraill yn ein hanes a fu yr un mor gadarn eu huniongrededd gynt, mwyaf y sylweddolir mai'r camgymeriad tactegol ac yn wir y diffyg synhwyrol a chrefyddol a fu ganddo oedd adeiladu gormod o enwad neu o gorff neu o gyfundrefn, a chredu'n ddiniwed mai posibl oedd disgyblu'r fath anghenfil, cadw'r eglwysi lleol eraill i gyd yn bur ac yn deyrngar i'r gwirionedd, a gwylied eu huniongrededd hwy yn barhaus. Dyma'r hyn yn bennaf ac yn y pen draw a gododd wrychyn ei olynwyr. Ei gariad ef at y gwir, bid siŵr, a'i ddymuniad angerddol i fod yn ffyddlon ac i anrhydeddu'r efengyl, dyma'r hyn a'i hysgogai ef, yn ddiau; ond ni sylweddolodd yn ddigonol na ellir cyflawni hynny oll drwy reolau enwadol, drwy bwyllgorau, drwy beirianwaith disgyblaethol eang ac allanol. Hyfryd, yn wir godidog yn fy marn i, oedd y Gyffes Ffydd ei hun yr oedd John Elias yn anad neb yn gyfrifol amdani; ond yr oedd mynd â hi ymhellach nag un eglwys leol am un genhedlaeth, a gwylied ei gweithrediad cyson gan swyddogaeth pob eglwys, yn golygu haearneiddio'r ffydd ysbrydol o safbwynt gweinyddol. Yr oedd ei datgan hi'n syml, a gadael iddi hi fesur pawb drostynt eu hun, yn her i gydwybod ac yn ganllaw i'r deall, bid siŵr; ond yr oedd ei defnyddio hi fel ffrewyll i sianelu a chorlannu teyrngarwch y cenedlaethau yn lle dibynnu'n frau ar ffolineb pregethu—yr oedd hynny yn wir gamgymeriad; a thalodd John Elias, ym meirniadaeth y cenedlaethau a ddaeth ar ei ôl ef, yn ddrud am fyrder ei olwg yn hyn o beth.

Aeth disgyblaeth ynghylch credo yn waith tra amhoblogaidd ac anghyfleus i grefyddwyr. Mewn gwleidyddiaeth ar y llaw arall, mae'r peth yn ddealladwy: pe bai Ceidwadwr yn pregethu Comiwnyddiaeth ac yn lladd ar Doriaeth, byddid yn derbyn yn burion y dylid ei ddiarddel ef o'i blaid: pe bai gweinydd mewn siop esgidiau yn cynghori pob cwsmer i beidio â phrynu yn ei siop ef, eithr i brynu mewn siop ymhellach i lawr y stryd, credid yn sicr y dylai ef golli'i swydd. Eithr ceisir yn ddogmatig honni na ddylid cyfyngu dim ar bwlpudau Cristnogol, a bod "rhyddid" barn a llafar yn caniatáu pob math o fympwy; a defnyddir pob hunangyfiawnhad rhyddfrydig i amddiffyn gwacter credu a llacrwydd ffydd. Gwelir, yn y canlyniadau cyfoes, mor iachus, yn wir, oedd llawer o safonau gwrywaidd ac egnïol John Elias a gollwyd bron ymhobman erbyn ein dyddiau ni.

Dichon ein bod, bellach, wedi cyrraedd cyfnod pryd y gellir llamu dros y rhagfarnau diweddar hyn, ac ailystyried o'r newydd gyfnod mawr yn hanes y bregeth Gymraeg.

Yn Lloegr yn ein dyddiau ni y mae miloedd o fyfyrwyr y Prif-ysgolion wedi dechrau prynu o'r newydd bregethau Spurgeon, John Owen, Flavel, ac Alleine; y mae Jonathan Edwards eto mewn bri; y mae enw J. C. Ryle (pregethwr hynod debyg i Owen Evans Machynlleth) eto'n perarogli. Pwyswyd Moderniaeth a Neo-Foderniaeth, ac fe'u cafwyd hwy yn anfeidrol brin, a daeth yn bryd dychwelyd at y dyfroedd pur a melys. Yr wyf yn syn-hwyro, er gwaethaf gelyniaeth galed y sefydliad crefyddol, fod amser cyffelyb ar fedr ein cyrraedd ni yma, pryd y gall deunydd tebyg i gynnwys y cyfrolau a restrir ar ddiwedd y bennod hon ddod yn fyw drachefn i'n pobl ifainc.

Wrth ddarllen y pregethau hyn o safbwynt llenyddol, y rhin-weddau sy'n ein taro yw cymhendod a chadernid y cynllunio cyfan, rhythm gafaelgar y datblygiad cyflawn yn ogystal ag angerddoldeb y rhythmau esgynebol mewn paragraffu unigol, y defnydd effeithiol o ailadrodd, cywair clasurol yr ieithwedd, y modd cynnil ond craff y defnyddir cymhariaeth ac alegori, y gallu dadansoddol a rhesymegol cryf, ac yn anad dim y briodas ofalus rhwng difrifwch yr egluro uniongyrchol o ysbryd yr ysgrythur a difrifwch y profiad o'i feddiannu. Ni ellir gwadu nad artistiaid o'r radd flaenaf sydd wrthi yma yn llunio darpariaeth helaeth ar gyfer cynulleidfaoedd. Eto, er cymaint o esgeuluso a fu gan feirn-iaid llenyddol ar orchest y mawrion hyn yn eu cyfansoddiadau celfyddydol gynt, mwy trist o lawer yw'r modd yr arweiniwyd ein pobl oddi wrth y meysydd ysbrydol lle bu eu calonnau yn ymdroi.

Y mae'n arferiad meddwl am y Diwygiad Methodistaidd yn dair ton: wedi arloesi Gruffydd Jones, fe ddaw Harris, Rowland a Williams; yna, yr ail don yw Thomas Charles a Thomas Jones, Dinbych a'u cenhedlaeth; cyfyngir yr ysgrif hon yn bennaf i'r drydedd don, a dorrodd ar Gymru tua 1800-40. Os cyfrifwn mai 1840-70 yw oes fawr y Cofiant,[30] yna diau y cytunid mai'r

---

30. 'Y Cofiant Cymraeg', Saunders Lewis, *Transactions of Cymmr.* 1933-5, 166.

deugain mlynedd cynt oedd oes fawr y Bregeth,[31] a theg yw ych-
wanegu na fyddai oes y Cofiant, o ran testun na ffurf, yn bosibl,
oni bai am oes y Bregeth.[32] Fel y daeth oes y Rhamant a'r
Fuchedd ar ôl oes yr Arwyr a'r Seintiau, felly dilyn oes y Bregeth a
wnaeth y Cofiant. Y pregethwyr hyn, a oedd yn ddeunydd i'r
Cofiant, hwy hefyd oedd crewyr y Bregeth.

Un o fanteision mawr y pregethwyr hyn oedd eu bod yn dod o
hyd i seiliau'u neges nid yn unig mewn profiad byw ac adnabydd-
iaeth real ac mewn ysgrythur yr oeddent yn ei derbyn yn gyflawn,
ond hefyd mewn traddodiad diwinyddol wedi'i sylfaenu ar yr
ysgrythur honno, traddodiad cytbwys ac aeddfed yr eglwys o gyf-
nod Athanasiws, Awstin a Thertwlian ymlaen i Galfin a Lwther,
ac yna'n gyson drwy'r Piwritaniaid i Ddiwygwyr y Ddeunawfed
Ganrif. Yr unig bryd y byddai peth anaeddfedrwydd yn dod i
mewn fyddai pan fyddai ambell un ohonynt yn ymadael ychydig
â'r traddodiad hwnnw ac yn gwthio rhyw bwynt yn rhy bell,
megis John Elias gydag Iawn Cytbwys a John Jones gyda'r
"System Newydd". Erbyn heddiw, wrth gwrs, nid yn unig y mae'r
rhan fwyaf o bregethwyr yn tueddu i ymaflyd mewn seiliau
llawer mwy anaeddfed ac arwynebol, eithr oherwydd hynny, y
maent yn barotach o lawer i siarad ar eu cyfer o'u pen a'u pastwn
eu hunain.

Dyna'n sicr oedd rhan o gryfder y rhain. Rhan arall, a rhan
anhepgor fyddai rhan yr Ysbryd Glân yn hyn oll. Hyd yn oed
heddiw, wrth ddarllen eu gwaith, anodd iawn i'r sawl a
ddarostyngwyd gan yr Ysbryd ac y datgelwyd peth o brydferth-
wch Crist iddo, fyddai methu â sylwi ar awdurdod uwch na dyn
sy'n llefaru drwy'r cyfansoddiadau hyn.

---

31. Tudur Jones, op. cit. 176.
32. Cyfrol gyfoes bwysig gan Gymro ar bregethu yw *Preaching and Preachers,*
    D. M. Lloyd-Jones, Hodder & Stoughton, 1971.

I. *David Charles (1762-1834)*
   (a) *Bywgraffyddol*
      (i) *Sermons . . . with a memoir,* H. Hughes, 1846.
     (ii) *Y Gwyddoniadur Cymreig,* II, 324-7.

   (b) *Pregethau*
      (i) *Deg a Thri Ugain o Bregethau, ynghyd ag Ychydig Emynau,* Caerlleon, 1840.
     (ii) *Pregethau,* Wrecsam, 1860.

II. *Christmas Evans (1766-1834)*
   (a) *Bywgraffyddol*
      (i) *Cofiant neu Hanes Bywyd y Diweddar Barch. Christmas Evans,* W. Morgan, 1839.
     (ii) *Christmas Evans,* J. T. Jones, 1938.

   (b) *Pregethau*
      (i) *Gweithiau y Parch. Christmas Evans,* dan olygiaeth Owen Davies, (tair cyfrol) 1898.
     (ii) *Pregethau etc. y Parch. Christmas Evans,* gol. John Hughes, Wrecsam, d.d.

III. *John Elias (1774-1841)*
   (a) *Bywgraffyddol*
      (i) *Cofiant y Parchedig John Elias,* J. Roberts a J. Jones, 1850.
     (ii) *John Elias a'i Oes,* W. Pritchard, 1911.
     (iii) *Cylchgrawn Cymdeithas Hanes y M.C.,* IV (1919), 80-84, 109-114.

   (b) *Pregethau*
     Pregethau y diweddar Barch. John Elias, gol. R. Hughes, I, 1846; II, 1849.

IV. *William Williams o'r Wern (1751-1840)*
   (a) *Bywgraffyddol*
      (i) *Cofiant y diweddar Barch. W. Williams o'r Wern,* W. Rees, 1842.
     (ii) *Cofiant . . . William Williams o'r Wern,* D. S. Jones, 1894.

   (b) *Pregethau*
     Cofnodir rhai yn y ddau gofiant uchod.

V. *William Morris (1783-1861)*
   (a) *Bywgraffyddol*
      (i) *Y Gwyddoniadur Cymreig,* VII, 587-9.
     (ii) *Cylchgrawn Cymdeithas Hanes M.C.* XLVIII (1963), 11-17.

   (b) *Pregethau*
     Pregethau y Parch W. Morris, dan olygiad G. Williams, 1873.

VI. *John Jones (1796-1857)*
   (a) *Bywgraffyddol*
     Cofiant y Parch. John Jones, Talsarn, Owen Thomas, dwy gyfrol, Wrecsam, 1874.

   (b) *Pregethau*
     Pregethau y Parch. John Jones, I, gol. G. Parry, 1869; II, gol. Thomas Lloyd Jones, 1875.

VII. *Henry Rees (1798-1869)*
    (a) *Bywgraffyddol*
        Cofiant y Parch. Henry Rees, Owen Thomas, dwy gyfrol, Wrecsam, 1890.

    (b) *Pregethau*
        Pregethau y Diweddar Barchedig Henry Rees, I, 1872; II, 1875; III, 1881.

XV

GWILYM HIRAETHOG

Yn y flwyddyn 1827, tua diwedd y cynhaeaf, yr oedd Joseph Davies o Lansannan, wedi mynd â moch i'w gwerthu yn Amwythig. Gŵr parchus a diwylliedig oedd Joseph Davies, codwr canu gyda'r Methodistiaid Calfinaidd. Fore Sadwrn fe gafodd neges 'yn Amwythig fod ei wraig yn ddifrifol o sâl, a chychwynnodd yn ôl tuag adref cyn gynted ag y gallai gan gyrraedd Cerrig-y-drudion mewn cerbyd post yn hwyr y prynhawn hwnnw. Erbyn hyn yr oedd hi'n dechrau tywyllu. Doedd dim llwybr ar draws y mynydd ac roedd llawer o'r ffordd yn beryglus o'r herwydd. Arhosodd Joseph Davies yng Ngherrig-y-drudion tan y bore Sul, pryd y cychwynnodd ar lasiad y dydd, gan gyrraedd adref yn lled gynnar. Erbyn hynny, roedd ei wraig dipyn yn well. A chafodd yntau gyfle i fynd i'r Ysgol Sul y prynhawn hwnnw'n orfoleddus lawen.

Yn yr Ysgol Sul dyma Joseph Davies yn adrodd ei hanes ac yn mynegi ei hapusrwydd wrth rai o'i gyd-aelodau. Ond nid yr un oedd adwaith pob un ohonynt hwy. Dan arweiniad y gweinidog, y Parch. Peter Roberts a'r hen flaenor Joseph Llwyd, dyma hwy'n dwyn cerydd yn erbyn Joseph Davies ac yn ei esgymuno ef o'i aelodaeth yn y capel am dorri'r Saboth.

Doedd dim unfrydedd, serch hynny. A chlosiodd rhai o'i gyd-aelodau o gwmpas Joseph Davies yn ei drybini. Yn wir, fe gododd cryn frwydr o amgylch yr achos, a'r diwedd fu i Joseph Davies, ynghyd â chwech o aelodau eraill, ymneilltuo a sefydlu eglwys Annibynnol yn Llansannan.

Rydw i'n dweud yr hanes hwn er mwyn esbonio pam y cafwyd Gwilym Hiraethog ymhlith yr Annibynwyr yn hytrach nag ymhlith y Methodistiaid Calfinaidd. Roedd gan Hiraethog frawd nodedig o bregethwr ymhlith y Methodistiaid Calfinaidd, sef Henry Rees. Ac y mae'n weddus inni ystyried beth a barodd i'r ddau frawd dawnus ac enwog hyn dreulio'u bywydau mewn carfannau enwadol gwahanol.

Y gŵr a arweiniodd yr ymneilltuwyr newydd yn eu hymgyrch yn Llansannan oedd Edward Llwyd, mab Joseph Llwyd, a cheir llawysgrif o'i waith ef[1] yn y Llyfrgell Genedlaethol sy'n esbonio 'Amgylchiadau achlysurol ac Ymddiffyniad Troi oddiwrth y Trefnyddion a Dechreuad Eglwys Annibynol yn Llansannan yn y flwyddyn 1827'. Dyfynnir yn y llawysgrif honno lythyr gan Hiraethog at Mr. Wm. Jones, Rhuddlan, a oedd wedi bod yn pregethu yn yr ardal yn ystod y cythrwfl hwnnw. Meddai Hiraethog: 'dywedasoch "fod rhai mor *ddifalch* a *derbyn* dynion au hesgyrn o'u lle, ac na wyddech chwi pa beth oeddynt yn feddwl wneyd a hwy yn y cyflwr hwnw''. &c. Wel, a fynwch chwi imi ddyweyd wrthych? I'w hymgeleddu a'u meddygyn-iaethu a diolch fod rhyw ddrws agored i drueiniaid gorthrymedig i droi iddo am ymgeledd; haws gan lawer ohonoch chwi (er mwyn dangos eich awdurdod a'ch medrusrwydd) ddyrnu esgyrn dynion allan o'u lle'.

Felly, mewn helynt y sefydlwyd eu capel Annibynnol; a thair blynedd wedyn yr oedd Hiraethog wedi ymroi i weinidogaethu gyda'r Annibynwyr.

Y mae yna ôl nodyn i'r stori hon y dylwn ei ychwanegu, serch hynny. O fewn llai na dwy flynedd i'r helbul yma yr oedd yr hen ddisgyblwr ei hun, y Parch. Peter Roberts, yn ei fedd wedi torri ei iechyd yn derfynol oherwydd y cythrwfl i gyd. Ac fe ddefnydd-iwyd ei angladd yn achlysur i ymosod ar "y rhai fu unwaith yn cael eu galw yn gyfeillion iddo" ac a oedd yn gyfrifol am ei farwolaeth gynamserol.

Achos y tristwch i gyd, fel y cofiwch, oedd Joseph Davies, y codwr canu diwylliedig. A gwell imi ddyfynnu y gweddill o'i hanes yntau o ddiwedd yr adroddiad a wnaeth ei gefnogwr selocaf, sef Edward Llwyd:

'Yn fuan ar ôl hyn cafodd Joseph Davies fyned yn *failiff* i Mr. Biddulph. Daeth yn ŵr mawr yn ngolwg y plwyfolion . . . ond gwaelodd yn ei grefydd. Nid yn hir y bu amser etholiad heb ddyfod aeth yntau allan am bleidwyr iw feistr ac feistr ac felly aeth i blith y cyfreithwyr. Gwelent hwythau eu ddefnyddioldeb. A pharchent ef yngyd a boneddigion aiddgar dros Mr. Biddulph. Cymerent ef iw plith a gwn(a)ent iddo yfed gwirod &c fel hwythau. Meddwodd. Dywedodd wrthym fel y fu ai fod ef yn meddwl mai gwell iddo ef

1. Llyfr Gen. C. 11486B, tud. 1-149; gw hefyd CCH xxxix (1954), 69-72, XLVII (1962), 38-40.

Beidio dyfod atom dros dro. Ac aeth allan cyn i neb gael dywed gair wrtho. Ni welwyd ef mwy. Ymollyngodd iw ffyrdd drygionus ac i ddilyn ei chwantau ir eithafoedd ffieiddiaf ac nid oes obaith am ei adferiad yn oes oesoedd. Dywedir y gwada Dduw uchod.

Sylw

Rhai a gymerent hyn fel prawf o ddrygioni ein hegwyddorion a'n Hymneullduaeth. A bu ei wrthgiliad yn ymffrost ac yn llawenydd mawr gan ffyliaid y Trefnyddion. Ond nid J. Davies oedd ein maen prawf ni ond *gair Duw* . . . Nid ar ei law nai droed ef yr oedd profi ein ffydd a'n crefydd ni'.

Dyna'r digwyddiad a ddaeth â Hiraethog i gorlan yr Annibynwyr. Y flwyddyn oedd 1827. Ychydig cyn y digwyddiad hwn yr oedd (ym mis Medi) wedi mynd i Ddinbych i wrando ar Williams o'r Wern, pregethwr mwyaf yr enwad hwnnw, yn pregethu yng Nghymanfa'r Annibynwyr: fe wnaeth hynny argraff aruthrol arno, a Hiraethog maes o law oedd i fod yn olynydd i Williams yn y Tabernacl, Lerpwl: ef hefyd a sgrifennodd gofiant Williams.

Yn yr un flwyddyn, 1827, yn Ninbych yr oedd gŵr enwog arall, flwyddyn yn hŷn na Hiraethog, wedi gwrthgilio ac yntau wedi dewis yr Annibynwyr yn hytrach na'r Methodistiaid. Gŵr oedd hwn a oedd yn debyg iawn i Hiraethog ar lawer cyfrif. Heblaw pregethu gyda'r Annibynwyr fe olygodd amryw gylchgronau radicalaidd: bu'n gefnogwr selog, ar lwyfan ac mewn pamffledi, i'r Rhyddfrydwyr. Gweithiodd yn ddygn o blaid Heddwch a Datgysylltiad yr Eglwys Wladol. Ac yn nechrau'r achos bach Annibynnol yn Llansannan, bu'n ymweld â nhw i bregethu, a daeth yn gryn gyfaill i Hiraethog. Caledfryn[2] oedd hwnnw.

Tebygrwydd arall rhyngddynt oedd hoffter y naill a'r llall o brydyddu. Ac y mae'n werth cofnodi yn y cyd-destun hwn mai yn y flwyddyn honno, 1827, y cyhoeddodd Hiraethog ei gyfrol gyntaf. Digwyddiad arwyddocaol yn hanes pob llenor. Sef: Cywydd ar Fuddugoliaeth Trafalgar . . ynghyd a ber awdl i goffa 'Dafydd Ionawr', a chywydd o ddiolchgarwch i W. Owen Pugh am ei anrheg o 'Goll Gwynfa', at ba rai y chwanegwyd ychydig o emynau.

Fe welir, felly, fod egnïon ffurfiol ei fywyd[3] yn dechrau crynhoi

2. gw. traethawd D. E. Jenkins, llsgr. 12791C, 78-91, yn Llyfr. Gen. C.
3. Heblaw *Cofiant y Parch W. Rees*, T. Roberts a D. Roberts, Hughes, Dolgellau, 1893, yr astudiaethau safonol ar Hiraethog yw *Cyfraniad Dr. William Rees (Gwilym Hiraethog) i fywyd a llên ei gyfnod*, Tom Eirug Davies, Traethawd M.A. Prifysgol Cymru, Ionawr 1931; a llsgr. 12791C Llyfrgell Gen. Cymru, *Cyfraniad y Parch William Rees (Gwilym Hiraethog) i Fywyd a Llên ei Gyfnod*, D. E. Jenkins, 1931, vii, 1-444, sy'n cynnwys rhestr o gyhoeddiadau a llyfryddiaeth.

o'i gwmpas yn weddol bendant yn y flwyddyn arbennig hon. Wrth fynd at yr Annibynwyr yn y cyfnod hwn fe gafodd ei dynnu i mewn i un o ddatblygiadau gwareiddiol mawr y ganrif yng Nghymru, fel y cawn weld: wrth ymroi i lenydda tua'r un pryd fe gafodd ddod i fod yn un o brif ladmeryddion y datblygiad gwareiddiol hwnnw.

Y mae perygl inni orddefnyddio'r radd eithaf wrth drafod Gwilym Hiraethog. Gallwn nodi un radd eithaf sy'n bur ddiogel, sut bynnag. Diau mai ef oedd llenor mwyaf amryddawn ei ganrif: yr oedd yn nofelydd, yn newyddiadurwr, yn ddramodydd, yn gofiannwr, yn ddiwinydd (yn esboniwr ac yn bregethwr), ac wrth gwrs, yn fardd. Yn ei farddoniaeth hefyd yr oedd yn ddigon amryddawn: heblaw ysgrifennu arwrgerdd hirfaith a Miltonaidd, fe gawn ganddo ganu rhydd a gwerinol iawn ochr yn ochr â chanu caeth ar ffurf awdl a chywydd traddodiadol: y mae ambell un o'i emynau—er enghraifft 'Dyma Gariad fel y moroedd'—yn ogystal â'i fydryddiad o'r holl salmau yn tystio i dant arall ar ei delyn.

Ef oedd prif arloeswr y nofel yn Gymraeg, ac ef oedd prif arloeswr y ddarlith boblogaidd (er nad ef oedd cychwynnydd y naill na'r llall, a bod yn fanwl). Yr oedd yn arloeswr hyd yn oed ym myd y ddrama. Yr oedd yn newyddiadurwr arloesol hefyd: meddai'r Parch. T. Eirug Davies yn y *Bywgraffiadur* am ei bapur *Yr Amserau:* 'Hwn oedd y newyddiadur Cymraeg cyntaf i lwyddo'.[4] Ef oedd y mwyaf cydwladol o Gymry ei ddydd; yr oedd yn gyfaill i Mazzini, a daeth dirprwyaeth o Hwngari ato i ddiolch iddo am ei gefnogaeth lew i'w hachos nhw. Fe'i disgrifiwyd ef "fel tad Rhyddfrydiaeth Gymreig wirioneddol".

Cywir ddigon yw cyfeirio gan ddefnyddio'r radd eithaf drachefn at ei arwrgerdd hollol annarllenadwy *Emmanuel.* Fe

---

4. Dywed *Llenyddiaeth fy Ngwlad,* T. M. Jones, P. M. Evans a'i Fab, Treffynnon, 1893, 15: 'Rhaid addef mai cychwyniad *Yr Amserau* oedd y cais llwyddiannus cyntaf i wir *sefydlu,* fel y cyfryw, newyddiadur Cymreig'. Wrth arolygu gyrfa newyddiadurol Hiraethog, sylwer iddo fod yn olygydd neu'n gyd-olygydd ar *Tarian Rhyddid* gyda Hugh Pugh, D. Price, 1839 (Ionawr-Awst, misolyn 8 rhifyn); *Yr Amserau* prif olygydd 1843-52 (rhoi'r gorau ddiwedd Tachwedd 1852 yn ôl traethawd D. E. Jenkins, 325); *Y Dysgedydd* gyda Chaledfryn, Gwalchmai, Hugh Pugh, Emrys a Scorpion (Hiraethog yn olygydd Diwinyddiaeth) 1853; *Baner Cymru,* adran gwleidyddiaeth 1857-59; *Y Tyst Cymreig* gyda Noah Stephens, John Thomas, William Roberts a H. E. Thomas, 1869 (Dywed T. M. Jones op. cit. 29 'deallwn mai ar Dr. John Thomas y disgynai rhan drymaf y gwaith, ac am ychydig amser y parhaodd cysylltiad y rhai cyntaf a enwyd âg ef'. 1867-70 yw'r dyddiadau yn ôl traethawd T. E. Davies); *Y Tyst a'r Dydd,* cyd-olygydd 1871-2.

wyddys mai syniad y ganrif ddiwethaf am y ffurf uchaf ar lenydd-
iaeth oedd yr arwrgerdd Gristnogol; ac uchelgais Gwilym
Hiraethog wrth lunio'r gerdd ddiderfyn hon oedd cyfansoddi'r
gerdd Gristnogol aruchelaf a hwyaf yn yr iaith Gymraeg. O ran
hyd, o leiaf, fe lwyddodd hyn yn oed i faeddu Dafydd Ionawr; a
chyhoeddwyd ei gynnyrch mewn dwy gyfrol feichus, y gyntaf yn
cynnwys 305 tudalen a'r llall yn cynnwys 500 tudalen. Os myn
neb soporiffig hollol ddibynadwy troer at y tudalennau anhru-
garog hyn.

Yr oedd, yn ddi-os, yn ffigur cenedlaethol aruthrol o syl-
weddol. Erbyn hyn, sut bynnag, y mae ei farddoniaeth wedi colli'i
sglein. Does neb bellach yn darllen ei ddrama ychwaith. Anfodd-
haol yw ei nofelau; a hanesyddol yn unig yw gwerth ei newydd-
iaduriaeth. Meddai Nicander amdano mewn llythyr at Eben
Fardd: 'Prin y mae efe'n fardd o'r *first class;* ac nid enwogrwydd
llenyddol yw ei brif enwogrwydd, ond enwogrwydd fel
pregethwr Sentars ac fel golygydd yr *Amserau* a *pholitician*
gwrth-Eglwysig'.

Heblaw ei ddiddordeb mewn amrywiol ffurfiau llenyddol, yr
oedd yna amlochredd cyfoethog yn ei ddiddordeb testunol. Yr
oedd Hiraethog yn ei *Emmanuel* yn mynegi tipyn o'i wybodaeth
am ddaearreg a seryddiaeth. Hen dueddfryd oedd hyn. Meddai am
ei ddyddiau mebyd: "Yr hyn a ddenai fy sylw a'm serch boreuol,
yn bennaf, ydoedd hanesyddiaeth a seryddiaeth". Fe welir y
materion hyn yn cael eu datblygu wedyn yn ei ddarlithiau enwog,
yn ogystal â'r ymroddiad angerddol i wleidyddiaeth a digwydd-
iadau'r dydd.

Does dim modd deall arwyddocâd ehangder ei ddiwylliant heb
weld patrwm y weledigaeth Galfinaidd[5] a oedd yn llenwi bryd
cynifer o arweinwyr meddwl y ganrif. Mae'n bwysig ymaflyd yn
gadarn yn y weledigaeth sylfaenol hon a oedd yn rym yn y cyf-

5. Cofleidiodd Hiraethog Galfiniaeth "gymedrol", neu Ffwleriaeth, wedi
   darllen ysgrif Ieuan Glan Geirionydd yn y *Dysgedydd,* Ionawr 1827 (yn ôl
   Hiraethog: 'Y mae yn amheus a ysgrifennodd Ieuan ddim erioed, na chynt na
   chwedyn, mor arabaidd, cyrhaeddgar, ac effeithiol â honno'; gw. traethawd
   D. E. Jenkins, 94). Diddorol sylwi mai I.G.G. a oedd yn gyfrifol am ddwyn
   John Jones Talsarn i'r un safle diwinyddol, *Hanes Annibynwyr Cymru,* R.
   Tudur Jones, Undeb yr Annibynwyr Cymraeg, 1966, 173. Diweddar yw'r
   gwerthfawrogiad o bwysigrwydd meddwl diwinyddol Ieuan Glan
   Geirionydd: 'Rhyddiaith Grefyddol y Bedwaredd Ganrif ar Bymtheg', R.
   Tudur Jones yn *Y Traddodiad Rhyddiaith, gol. G. Bowen, Gomer, Llandysul,*
   1970, 327-8.

435

nod hwn; ac nid oes neb wedi'i hamlinellu gyda mwy o wybod-
aeth fanwl na chyda mwy o undod syniadol a phrofiadol nag y
gwnaeth Dr. Tudur Jones, yn enwedig yn ei ymdriniaeth ar
'Ryddiaith Grefyddol y Bedwaredd Ganrif ar Bymtheg'. Yn yr
ysgrif ysblennydd honno y mae'n dangos undod meddwl y cyfnod
fel y mae'n cael ei enghreifftio yn llydanrwydd hyderus y didd-
ordeb a welir yn *Y Gwyddoniadur Cymreig* mewn daearydd-
iaeth, llenyddiaeth, gwyddoniaeth, diwinyddiaeth, hanes ac yn y
blaen, a'r cwbl yn unol ddarostyngedig i ras Duw. Dyma'n union y
math o olwg ar wareiddiad a oedd gan Hiraethog yntau ac nid oes
modd deall ei syniadau gwleidyddol, addysgol, diwinyddol na
llenyddol heb sylweddoli mawredd yr athrawiaeth Galfinaidd am
ddiwylliant.[6]

Yr oedd Hiraethog yn ddiwinydd; ond i mi rhan fawr o'r swyn
ym mhersonoliaeth Hiraethog yw'r modd y mae ef yn cysylltu ei
Gristnogaeth ag amrywiol feysydd diwylliannol y tu allan i
ddiwinyddiaeth. Yn hyn o beth yr oedd yn adlewyrchu un o'r
tueddiadau mwyaf nodedig yn niwylliant ei ganrif.

Yn hanesyddol, prif arbenigrwydd Hiraethog yw ei fod yn un o
arweinwyr y grŵp cyntaf o bwys ymhlith gweinidogion Cymru i
ymddiddori mewn gwleidyddiaeth ddiweddar. Y mae'n wir fod
ambell unigolyn megis Gomer (1773-1825) wedi taro cis radical-
aidd o'u blaen hwy. Ond tua 1830 fe ddaeth cenhedlaeth gyfan
i'r golwg, anghydffurfwyr gwrthryfelgar newydd na welwyd
erioed mo'u tebyg yng Nghymru, gwŷr disglair yn dinoethi caeth-
wasiaeth, yn dadlau o blaid masnach rydd, yn cefnogi'r Anti Corn
Law League, ac yn heddychwyr digymrodedd. A'r syndod yw
iddynt frigo i'r wyneb tua'r un pryd, Samuel Roberts (1800-85),
Caledfryn (1801-69), David Rees, Llanelli (1801-69), Gwilym
Hiraethog (1802-83), ac olynydd Hiraethog ym Mostyn, sef Hugh
Pugh (1803-68); ac yr oedd tri o'r pump enwog hyn yn ymgryn-
hoi o gwmpas Dinbych, y dref a oedd i weld radicaliaeth Thomas
Gee yn y *Faner* yn fuan wedyn. A sylwer mai Annibynwyr oedd y
pump, a'r pump yn newyddiadurwyr.

Yn awr, nid pobl yr efengyl gymdeithasol oedd y rhain. Yr
oeddent yn Galfiniaid uniongred ac efengyl iachawdwriaeth
drwy groes Crist a chroes Crist yn unig yn atseinio o'u pwl-

---

6. cf. *'Diwylliant Thomas Charles o'r Bala'*, R. Tudur Jones yn *Ysgrifau
Beirniadol* IV, gol. J. E. C. Williams, Gee, Dinbych, 1969, 98-115.

pudau. Meddai'r Gwyddoniadur X, 804 am Hiraethog: 'Cafodd yr anrhydedd o fod yn un o'r *political Dissenters* cyntaf, ac yn athraw i'r gydwybod Anghydffurfiol; etto, ni fynnai er dim ddwyn gwaith y llwyfan a'r newyddiadur i'r pulpud'. Diwinyddiaeth Calfin, Andrew Fuller ac Edward Williams oedd diwinyddiaeth Hiraethog. Yr oedd ym mhriffordd y meddwl mawr uniongred yng Nghymru. Ei newydd-deb ef oedd nid iddo gefnu ar seiliau'r efengyl a chodi rhyw fath o ddyneiddiaeth foesgar yn ei lle gan ystyried Crist yn esiampl ac yn ŵr da, fel y gwelsom wedyn yn y ganrif hon. Heb gefnu ar yr Iawn a'r goruwchnaturiol o gwbl fe lwyddodd Hiraethog a'i gymrodyr i gynnwys bywyd y gymdeithas gyfan o fewn teyrnas Crist, gan ystyried (ochr yn ochr ag iachawdwriaeth bersonol) y dulliau ymarferol y gallai'r gymdeithas ei threfnu ei hun.

Nid gwaith hawdd oedd hyn. Traddodiad pietistig o arwahan-rwydd ceidwadol a oedd gan Gristnogion yng Nghymru, gan mwyaf. Ac nid rhwydd o beth yw hi i Gristion (yn arbennig i weinidog) sicrhau fod ei Gristnogaeth yn berthnasol i'w fywyd bob dydd heb gael ei gyhuddo o ostwng urddas Ei Waredwr neu o gamddefnyddio'i genadwri.

Carwn archwilio pa fodd y bu i Hiraethog ymaflyd yn y sialens hon gan ddiogelu swydd arbennig iawn i'r pulpud ac eto gan wleidydda o ddifri hefyd. Ac wrth iddo neilltuo swydd y Cristion yn yr eglwys fel sefydliad lleol i addoli, ac eto gydnabod swydd y Cristion yn yr Eglwys amlochrog sy'n cynnwys pob agwedd ar ein bywyd, wrth iddo weld arwahanrwydd y sfferau, ac eto wrth iddo weld eu cysylltiad a'u perthynas hanfodol hefyd, fe allwn weld cyfraniad diwinyddol a chymdeithasol pwysig Hiraethog a'r grŵp o radicaliaid anghydffurfiol a welsom yn codi yn hanner cynta'r ganrif ddiwethaf.

Mi ddechreuodd Hiraethog ystyried perthynas Cristnogaeth a gwleidyddiaeth ynghanol paradocs, a dyma'r, paradocs a fu'n achlysur canolog i ddihuno'r gydwybod gymdeithasol yng Nghymru. Datgysylltiad yr Eglwys oedd pwnc gwleidyddol mawr y ganrif. Mae'r holl bwnc yn amwys: er mwyn torri'r cysylltiad rhwng crefydd a gwleidyddiaeth, rhaid i'r crefyddwr wleidydda. Diddordeb pennaf Hiraethog o safbwynt gwleidyddiaeth oedd gwrthweithio grym yr eglwys: ei ddiddordeb o safbwynt cref-yddol oedd gwrthweithio ymyrraeth y wladwriaeth.

Ceir ysgrif gan Hiraethog yn y *Dysgedydd,* Ionor 1834 ar 'Grefydd Sefydledig' lle y mae'n cytuno y gellid gwrthod talu'r dreth eglwys er bod deddfau'r wlad yn gorchymyn hynny. Dyma anogaeth sy'n ddigon cyfarwydd i ni y dyddiau hyn yn nyddiau brwydr yr iaith, y gellir anufuddhau i ddeddfau gwlad ar sail gwrthwynebiad ar dir crefydd neu foes.[7]

Yn y *Dysgedydd* 1839 (132) ceir adroddiad am gyfarfod yn y Bala: 'Dywedodd y dichon fod rhai yn dywedyd, nad oes gan weinidogion yr efengyl ddim a fynont ag achosion gwladol y deyrnas; i y rhai hyn gofynai Mr. Rees, ai nis gwyddent hwy mai y Goruchaf oedd yn llywodraethu yn nheurnasoedd y byd? Oni wyddent fod yr angelion yn ymyraeth yn wastad a sefyllfa wladol dynion? A chyfeiriodd hwynt at y ddegfed bennod o Daniel, &c. Gofynodd oni wyddent hwy fod y "deyrnas a'r llywodraeth, a mawredd y llywodraeth dan yr holl nefoedd, i gael eu rhoddi i bobl saint y Goruchaf?" A chan mai felly y mae pethau i fod, fod yn ddyledswydd arnynt, fel Cristionogion ac fel gweinidogion, i arferyd pob dylanwad ag oedd ganddynt er ehangu achos rhyddid gwladol a chrefyddol?'

Yn awr, mae'r cwestiwn yn codi—sut y gall Cristion sicrhau swydd addolgar ac achubol yr eglwys leol yn ogystal â gweithio mewn plaid wleidyddol (a hynny fel Cristion) heb fod ei Gristnogaeth yn cael ei darostwng i'w wleidyddiaeth? Ateb Hiraethog yw—drwy beidio â chlymu awdurdod y naill wrth y llall, drwy ganiatáu i Gristion symud yn wirfoddol i mewn i'r naill neu i'r llall, yn berson cyflawn, yn Gristion cyson, ond heb gymysgu swyddogaeth a hawliau gwladol ac eglwysig: meddai Hiraethog,[8]

> Ar yr yr egwyddor wirfoddol, yn gwbl oll yr oedd eglwys Moses yn byw ac yn bod gan bob Gwr ewyllysgar o galon yn unig y derbynid offrymau at draul ei gwasanaeth . . . Ni osododd Moses erioed na degwm na threth i'w codi trwy rym cyfreithiol a gorfodol . . . A ellir tybied am fynud pe buasai yn ewyllys a bwriad sylfaenydd Eglwys y Testament Newydd iddi gael ei chysylltu ag awdurdodau y byd hwn, na buasai yn rhoddi cyfarwyddiadau ar y mater i bennaduriaid a swyddogion gwladol ar y mater yn rhywle yn llyfr cyfraith ei deyrnas? . . . Y mae hi yn foddlon i dalu pob gwarogaeth ddyledus i'r

7. cf. *Cronicl yr Oes,* 15/11/38, lle yr ysgrifenna'n erbyn hawliau gwladol yr Eglwys.
8. Llyfr. Gen. C. 6342A.

penadur a'r ynad, i dalu pob teyrnged a threth at achosion y deyrnas, ond yn y pethau a berthynant i gydwybod a chrefydd, hona ei hannibyniaeth, ac nad oes a wnelo'r awdurdod wladol ddim oll âg ymyrryd â'r pethau hyn . . . Nid yn unig nid oes dim o blaid y cysylltiad yn y Testament Newydd, ond y mae ynddo ddatganiad croew, cryf, penderfynol yn ei erbyn, o enau pen mawr yr Eglwys ei hun—'yr hwn ger bron Pontius Peilat a ddygodd dystiolaeth dda', a hon yw y dystiolaeth dda hono, 'Fy mhrenhiniaeth i nid yw o'r byd hwn.'

Mae Hiraethog yn dadlau annibyniaeth yr eglwys ar y wladwriaeth, ac eto werth yr ysbryd Cristnogol yng ngweinyddiaeth y wladwriaeth. A dyfynnu Dr. Tudur Jones: "Egwyddor dra phwysig mewn Calfiniaeth yw parchu annibyniaeth briodol y gwahanol feysydd tan Dduw".

Cyn belled ag y deallaf i, dyma safbwynt Hiraethog:

Gellir dwyn crefydd i blaid, a hyd yn oed gwleidyddiaeth i bwlpud; ond ni ellir dwyn *plaid wleidyddol* i bwlpud na *hawliau eglwysig* i blaid wleidyddol. Mewn plaid wleidyddol gywir rhaid cael Cristnogaeth, wrth reswm; ond nid swydd y blaid wleidyddol yw pregethu'r Groes na gweinyddu'r sagrafennau. Mewn pwlpud, gellir—yn wir—rhaid, cael arweiniad ar egwyddorion ymarferol bywyd bob dydd cyn belled ag y dangosir hwy yn yr ysgrythur; ond nid swydd y pwlpud yw cyflwyno polisi politicaidd nac annog pleidlais neilltuol.

Yr hyn sy'n eu cysylltu yw'r person, y Cristion crwn, sydd er ei fod yn offeiriad yn ddinesydd hefyd.

Yn 1843 yr oedd yn cychwyn *Yr Amserau,* ac ymhlith y bwriadau fe nodir "dangos cysylltiad agos yr holl bethau hyn (sef arwyddion ac amgylchiadau yr amseroedd) â theyrnas yr efengyl".

Un o areithiau enwocaf bywyd Hiraethog oedd un a roddodd yn Lerpwl ym Mehefin 1852.[9] Yr oedd ei frawd, y Methodist Calfinaidd, yn bresennol; a dywed yr adroddiad, "Daeth Henry Rees i'r cyfarfod, ond yr oedd yn *apologetic* iawn wrth gymryd rhan gyhoeddus o gwbl mewn gwleidiadaeth, a'r Parch. John Hughes, Lerpwl, yr un modd." Ond pan gododd Hiraethog, fe wynebodd ef y broblem yn blwmp ac yn blaen: meddai fe:

Gofynir yn bur gyffredin, Pam yr ydych chwi fel gweinidogion yr efengyl yn ymyraeth ag achosion o'r fath hyn? . . . Am mai dynion

9. Codwyd adroddiad o'r *Faner* i atodiad yn nhraethawd T. E. Davies.

ydym yn bwyta fel chwithau. Ni allwn ni ddim byw heb fara mwy na
rhyw ddynion eraill, ac y mae llawer ohonom ni ag y mae bara rhad
o gymaint o fendith i ni a'n teuluoedd ag yw i ddosbarthiadau ereill
(clywch, clywch). Peth arall, fel y crybwyllwyd eisoes, yr ydym yn
wladwyr, ac yn ddeiliaid gystal a dynion ereill—nid yw crefydd, na
gweinidogaeth yr efengyl yn codi y rhai sydd ynddi uwchlaw bod yn
wladwyr, nac yn eu darostwng islaw hynny—ond yr un peth ydynt; y
mae ganddynt hawliau gwladol i ofalu am danynt, ac y mae gan-
ddynt ragorfreintiau gwladol i'w cyflawni. Yr oedd Paul yn sefyll ar
ei iawnderau gwladol; ac yr oedd yn wrol hefyd. "Ewch ymaith yn
awr", meddai ceidwad y carchar, "mae'r swyddogion wedi anfon
i'ch gollwng yn rhydd". "Wedi iddynt ein curo yn gyhoeddus a ydynt
yn awr am ein bwrw ni ymaith yn ddirgel? Ah, y mae y dwfr wedi
myned i'w clustiau. Rhyfeiniaid ydym ni. Nag af un cam pe bawn i
yma am bymthegnos, os na ddeuant yma eu hunain i'n gollwng yn
rhydd". Beth oedd hyny? Sefyll dros ei iawnderau fel dinasydd
(clywch, clywch). Hefyd, y mae ein Beibl ni yn orlawn o achosion
gwladwriaethol; os rhaid i ni fyned a pholitics allan o'r addoldai, y
mae yn rhaid i ni fyned a'r Beibl allan—y mae politics y byd yn hwn.
Fe synech yr hyn sydd yn cael ei ddweyd ynddo yn achos y tlawd,
yr amddifaid, yr anghenog—y mae y Beibl yn Feibl y tlawd mewn
modd neilltuol. Fe gyhoedda waeau trymion yn erbyn "y rhai sydd
yn gwneuthur deddfau anwir i ymchwelyd y tlodion oddiwrth y farn,
ac i ddwyn barn angenogion". "Yr hwn sydd yn ymffrostio, ym-
ffrostied yn hyn ei fod yn deall, ac yn fy adnabod i, mai myfi yw yr
Arglwydd a wna drugaredd, barn, a chyfiawnder yn y ddaear; o her-
wydd yn y pethau hyn yr ymhyfrydais". Ac edrychwn arno drachefn
yn dyfod trwy yr un prophwyd i siarad a mab anuwiol i Josiah
dduwiol, ac yn dywedyd wrtho, "Oni fwytaodd ac oni yfodd dy dad,
ac oni wnaeth efe farn a chyfiawnder? Efe a farnodd gŵyn y tlawd
a'r anghenus: onid fy adnabod i oedd hyn?" Onid crefydd yw hyn?
"Medd yr Arglwydd". Barnodd gŵyn, a dadleuodd ddadl y tlawd a'r
amddifad. Yr wyf yn ei ystyried yn fater crefyddol i ddwyn hyn i'r
pulpit a'r platform, ac i'w ddadlu tra byddaf yn meddu llaw a ddichon
ysgrifenu, a thafod a ddichon siarad (uchel gymeradwyaeth). Y
mae ein Duw ni yn ymwneyd a pholitics y byd—y mae yn dda i ni
feddwl hyny. Duw sydd yn sefyll yn nghynnulleidfa y galluog, ym
mhlith y duwiau y barna efe. Beth y mae yn ei wneyd yno? Y mae yn
dywedyd fel hyn wrth y gwyr galluog, a'r duwiau, y dukes, yr earls, y
lords, a'r esquires sydd yno.—Pa hyd y bernwch ar gam, y derbyn-
iwch wyneb yn ddirgel? . . . Y mae angylion y nefoedd yn ymwneyd a
pholitics y byd, ac ni feddyliodd y bodau hyn fod eu dwylaw yn rhy
lan i wneyd hyny. Fe ddywedodd un angel ei fod wedi byw yn llys
Persia, ac ni chlywais fod un o'r angylion ereill wedi camu ei ben, a
dywedyd, Yn wir, nid wyf yn ei gweled yn iawn. Yr wyf wedi cael fy
mriwio. (Cymeradwyaeth). Beth yr oedd yn ei wneyd yn llys pagan-
aidd ac eilunaddolgar Persia? Ai nid oedd dim ond rhysedd ac anuw-

ioldeb yno? Beth allasai ef fod yn ei wneyd yn y fan honno? Yr oedd ar ei ddyledswydd yno, ac yr oedd yn dweyd wrth Daniel ei fod yn myned yno drachefn, a thra byddaf yno, fe fydd tywysog tir Groeg yno yn cydweithio i ddwyn ein hamcanion i ben. Y mae politics yn cael eu trin gan angylion y nefoedd, ac nid ym ninau, fel gweinidogion yr efengyl, uwchlaw angylion y nef, ond yr ydym dipyn islaw iddynt. (uchel gymeradwyaeth).

Wel, dyna i chi gynulleidfa mewn cyfarfod politicaidd a oedd yn cymryd byd yr ysbryd o ddifrif. A dyna weinidog nad oedd am fod yn estrys wrth wynebu'r byd real o'i amgylch.

Carwn yn gryno iawn yng nghysgod y sylwadau hyn am wleidyddiaeth gyfeirio at syniadau *addysgol* Hiraethog, er mwyn nodi enghraifft gyffelyb o'r weledigaeth Galfinaidd ynghylch cylchoedd "annibynnol" yn bodoli o fewn un Cylch cyd-ddibynnol.

Yr oedd Hiraethog yn credu na ellwch gael addysg niwtral: dau fath o addysg sydd—addysg Gristnogol ac addysg Satanaidd. Yr oedd yr ysgol fel pob rhan arall o fywyd iach i fod yn ddarostyngedig i Grist. Ond nid capel yw ysgol. Rhaid i faes yr ysgol fod yn annibynnol ar gapel eithr yn cyfrannu o ysbryd yr efengyl. Rhaid iddi fod yr un pryd hefyd yn annibynnol ar y wladwriaeth, neu fe all sefydliad nad yw yn ei hanfod yn Gristnogol ymyrryd â natur addysg a'i gwenwyno hi. Meddai Hiraethog:[10] "Y mae addysg y bobl yn gyfryw beth, na ddylai yr awdurdod drosto gael ei ymddiried i unrhyw blaid grefyddol na gwladol. Diau fod gan bob plaid hawl, ac y dylai hefyd wneuthur ei goreu yn ei chylch trwy ei nerth gwirfoddol ei hun, tuag at addysg yr oes sydd yn codi yn holl ganghennau gwybodaeth fuddiol: ond peth arall yw bod un blaid yn ymwisgo ag awdurdod llywodraethol, ac yn cyfranu yr addysg hono a ddewiso hi i'r bobl, ar draul y wladwriaeth. Gwell yw rhyddid heb addysg, nag addysg heb ryddid."[11]

Wedi ceisio gweld y modd yr oedd Hiraethog yn gweld ei Gristnogaeth yn berthnasol i'w wleidyddiaeth, hefyd i addysg, ac eto'n gweld yr eglwysi eu hun fel sefydliadau a oedd yn gwbl annibynnol ar y meysydd hynny, fe garwn symud ymlaen i ystyried pa berthynas a welai ef rhwng *llenyddiaeth* a Christnog-

---

10. *Yr Amserau,* 13/12/1843.
11. Gweler *Cofiant y Parch. W. Rees,* T. Roberts a D. Roberts, Hughes, Dolgellau, 1893, 246, 247, 250: medd T. Eirug Davies yn ei draethawd M.A., 'Yn gyson â safbwynt yr hen Ymneilltuwyr, edrychai Hiraethog ar addysg fel gwasanaeth crefyddol'; ac medd D. E. Jenkins yn ei draethawd arno, 'Dyna'r safle a gymerai Hiraethog—addysg wirfoddol, a chrefydd wirfoddol'.

aeth. Yn y fan yma eto y mae'n gynrychiolydd nodweddiadol o'i gyfnod, ac eto'n ei arwain.

Methiant ieithyddol oedd rhan fawr o fethiant llenyddol y ganrif ddiwethaf, diffyg sensitifrwydd i fywyd a blas yr iaith fyw. Canlyniad oedd hyn, i raddau, i'r ffaith fod y traddodiad wedi'i golli, fod addysg Gymraeg a nawdd ysgolheictod gan uchelwyr (neu gan Brifysgol), yn absennol. Yr oedd yna fethiant arall i'w gael hefyd yn yr ymagwedd esthetig, yn y syniadaeth am bwrpas llenyddiaeth; a diau fod athrawiaeth Hiraethog yntau ynghylch pwrpas llenydda wedi bod yn niweidiol i ansawdd ei waith ei hun. Meddai ef[12]: 'Gwir ddiben a swyddogaeth y ddawn farddonol ydyw meithrin rhinwedd yn y galon ddynol—meithrin ysbryd i ufuddhau, ac addoli y Bod Goruchaf, a'r teimladau sydd briodol tuag at bob dyn ynddi.'

Fel y gwelsom ym myd gwleidyddiaeth Gristnogol, rhaid cydnabod *gwahaniaeth* rhwng meysydd priodol yr eglwys leol a'r blaid boliticaidd: felly hefyd, y mae i ddiwinyddiaeth a llenyddiaeth hwythau eu swyddogaethau gwahanol tan Dduw. Sialens y beirniad Cristnogol yw cydnabod eu bod ill dwy o dan Dduw, ond eu bod o hyd ar ryw olwg yn annibynnol ar ei gilydd. Perygl Hiraethog a llawer o'i gyfoedion (yn wir, eu methiant fel Annibynwyr) oedd tybied fod yn rhaid i lenyddiaeth anelu at adeiladu moesoldeb y gymdeithas neu geisio perswadio dynion i dderbyn y Beibl.[13]

Wrth synied fel hyn am 'fuddioldeb' pob act ddynol, yr oedd hi'n naturiol fod Hiraethog yn tueddu i weld barddoniaeth yn llai llesol i ddynoliaeth na rhai gweithgareddau mwy defnyddioldebol. Meddai fe[14]: "Y mae un Hugh Miller [sef y gwyddonydd daearegol] yn fwy o werth i'r byd na hanner cant o feirdd, yn ôl tyb yr ysgrifennydd, yr hwn ei hun sydd yn cymeryd arno ei fod yn dipyn o fardd."

---

12. *Gweithiau Barddonol Gwilym Hiraethog,* 275; ar 'ddefnyddioldeb' llenyddiaeth' gweler 'Rhyddiaith Grefyddol y Bedwaredd Ganrif ar Bymtheg', R. Tudur Jones, yn *Y Traddodiad Rhyddiaith,* Gomer, Llandysul, 1970, 346-349.
13. Meddai T. Eirug Davies yn ei draethawd M.A., 36: 'Onid oedd perigl iddo gymysgu celfyddyd a moesoldeb nes colli ohono'r blaenaf yn yr olaf?' Gweler *Safonau Beirniadu Barddoniaeth yng Nghymru yn y Bedwaredd Ganrif ar Bymtheg,* H. Llewelyn Williams, Foyle, Llundain, d.d., 85-8 lle y sylwir ar fethiant Hiraethog i werthfawrogi Daf. ap Gwilym—o'i gyferbynnu ag ymateb Thomas Jones, Dinbych.
14. *Rhyddweithiau Hiraethog,* II, 103.

Does gen i ddim cyfle ar hyn o bryd ond i gyfeirio at un arwedd ar swyddogaeth gywir y llenor o Gristion,[15] sef fy nhyb fod llawer gormod o bwys wedi cael ei roi yn y gorffennol ar y llenor fel proffwyd (gan rai fel Gruffydd) neu'r llenor fel offeiriad (gan rai fel Euros), heb ddigon ar y llenor fel brenin, sy'n darostwng y ddaear gerbron Duw. Pwy bynnag sy'n defnyddio potensial teimladol a syniadol yr iaith i'r eithaf y mae hwnnw'n llenydda'n dda ym mryd y Cristion. Trwy iaith y mae'r meddwl dynol yn cyrraedd ei uchder mwyaf: y mae iaith yn cyffwrdd â phob agwedd ar y meddwl dynol. Ac y mae'r sawl sy'n ei thrin hi gyda champ a bywyd yn cyflawni un o weithgareddau aruchelaf y bersonoliaeth. Y mae'n breniniaethu ar y ddaear.

Fe fethodd llawer o'r hyn, a dybiai Gwilym Hiraethog ei bod hi'n llenyddiaeth Gristnogol, â bod nac yn llenyddiaeth nac yn Gristnogol am ei bod yn ystrydebol ac yn chwyddedig, yn bietistig ei sentiment ac yn barchusol o ran cywair, heb ddim o'r egni a'r purdeb sy'n ymhlyg mewn Cristnogaeth megis y mae mewn llenyddiaeth fyw. Ni raid bod yn Gristion i fod yn llenor da, mae'n wir, ond fe ddylai'i Gristnogaeth os yw'n gyflawn gytbwys fod yn fanteisiol ac yn iachusol i bersonoliaeth y llenor o Gristion.

Bywiogrwydd neu fywyd yw cynnwys yr Atgyfodiad. Cadarnhawyd yno fod y greadigaeth yn anniffoddadwy. Yn llythrennol (ac mae'n bryd inni sylweddoli fod y pethau mwyaf yn digwydd yn llythrennol) fe goncrwyd llesgedd sylfaenol yr ysbryd dynol syrthiedig ar y Groes; a methiant i ddwyn y fuddugoliaeth hon i'n bywyd beunyddiol yw'r rheswm dros ein gwendidau cymdeithasol a llenyddol fel ei gilydd.[16]

Ni cheir beirniadaeth lenyddol Gristnogol ar chwarae bach. Mewn cymdeithas lle y mae'r addysg a'r safonau beirniadol sy'n ffurfio meddyliau ifainc yn seciwlar i'r eithaf, y mae'r adwaith Cristnogol cyntaf yn tueddu i fod yn amrwd, yn naïf ac yn anghywir. Rhaid curo'r meddwl Cristnogol i'w ffurf gywir drwy

15. h.y. ystyr llenor yn ôl relatifiaeth y cyfeirbwynt absoliwt.
16. Rhai llyfrau sy'n ymdrin ag estheteg gyfoes o safbwynt Calfinaidd—*The Mark of Cain*, S. B. Babbage, Paternoster Press, Exeter, 1966; *The God who is there*, F. Schaeffer, Hodder & Stoughton, London, 1968; *Testament of Vision*, H. Zylstra, Eerdmans, Michigan, 1961; *A Christian Critique of Literature*, C. Seerveld, The Association for Reformed Scientific Studies, Ontario, 1964; *Unafraid to Be*, R. Etchells, Inter-Varsity Press, London, 1969; *Escape from Reason*, F. A. Schaeffer, Inter-Varsity Fellowship, London, 1968; *Art and the Public Today*, H. R. Rookmaaker, L'Abri Fellowship Foundation, Huémoz-sur-Ollon, 1969.

gydol blynyddoedd o brofiad caled, drwy flynyddoedd pryd y mae ffydd aeddfed yn gorfod ymgodymu â chraffter esthetig medrus.

Ond fe ganiateir i'r Cristion offeryn arbennig i chwilio tywyll leoedd ysbryd dyn. Gŵyr o leiaf y rheidrwydd o farnu; gŵyr hefyd nad goddrychol mo'i safonau. Fe ddylai doniau fel y rhain fod yn gaffaeliad hyd yn oed yn y gwaith—sy'n agored i bagan ac i Gristion yn ddiwahân, megis y mae'r gwaith o arddio—sef y gwaith o lenydda. Diau, felly, fod yna weledigaeth Gristnogol o lenydda, megis y ceir gweledigaeth Gristnogol ar bopeth.

Teg sylwi mor llydan oedd diddordebau Hiraethog yn awenyddol. Fe geir ei gynnyrch barddonol mewn pedwar gwaith yn bennaf; ond ar y cyfan rhaid cyfaddef erbyn heddiw mai anodd iawn yw dod o hyd i ddim sydd o werth arhosol yn yr un ohonynt. Dogfennau hanesyddol ydynt yn hytrach na ffrwythau awenyddol cyfoethog. Ond o safbwynt deall natur y ganrif ddiwethaf, ac yn wir er mwyn cydnabod mawredd bywyd y ganrif, fe dâl inni eu hefrydu'n ofalus. Cymerwn er enghraifft yr anghenfil syrffedus o gerdd, *Emmanuel*.

Y gerdd debycaf yn y Gymraeg i *Emmanuel* o ran uchelgais a chynnwys yw *Golwg ar Deyrnas Crist* Pantycelyn. Nod Williams oedd ffitio gwyddoniaeth a diwylliant cyffredinol ei oes o fewn fframwaith Cristnogol, a dyna yw nod Hiraethog yntau: ymgais ydyw i ateb y rhesymoliaeth ddatblygiadol gyfoes.

Gwelir hefyd, wrth gymharu'r ddau fardd hyn, y dirywiad neu'r enciliad. Y mae Hiraethog yn wannach yn ei sicrwydd goruwchnaturiol ac yn barotach i dderbyn esboniadau naturiol ar ffenomenau yr oedd eisoes ddatguddiad Cristnogol pendant ynglŷn â nhw ar gael. A hefyd y mae ei ymwybod gwan o dreiddgarwch pechod drwy'r greadigaeth, nes bod y cwbl yn ochneidio, a phob dim wedi'i lygru y tu hwnt i fesuriadau daeareg ddatblygiadol naïf, yn dangos dyneiddiad optimistig pellach na cheid mohono gan Bantycelyn. Yr oedd deallusrwydd Pantycelyn yn ogystal â'i brofiad crefyddol yn gyfryw fel yr oedd ef yn tueddu i gywiro neu i gymhwyso gwyddoniaeth yng ngolau'r ysgrythur, lle'r oedd Hiraethog yn tueddu i gymroeddu'n ysgrythurol. Enghraifft deg o hyn sy'n cyfuno'r diffyg ymwybod â'r goruwchnaturiol a hefyd y diffyg ymwybod ag effeithiau cyrhaeddbell pechod yw'r parodrwydd diniwed i lyncu llyfr (dibwys bellach) a ddarllenasai ef gan y daearegwr H. Miller, sef *The Testimony of the Rocks* lle yr awgrymir mewn modd digon cyfarwydd i ni i gyd bellach "gyda golwg ar chwe diwrnod y creu yn yr hanes gan Moses—eu bod yn cynnwys chwech o gyfnodau o orfeithion oesau bob un."[17] Ni ellir llai na meddwl ein bod yn gweld yn hyn un o wendidau'r rhyddfrydwyr diwinyddol a oedd i ddod wedyn, sef eu diffyg myfyrdod a diffyg craffter ynghylch elfennau symlaf y ffydd, a'r awch i garlamu ar frys ar ôl yr holl chwiwiau dynol heb drafod ymhlygion y drefn drychinebol a gofnodir gan y neges Grist-nogol.

Fe ŵyr pob Cristion uniongred heddiw fod y Cwymp hanes-yddol mor gyrhaeddbell fel na allai'r un daearegwr na biolegwr fyth obeithio dweud dim drwy ei wyddor ei hun ynghylch cyflwr y cread cyn y Cwymp. Ond dichon nad oedd y ffaith hon yn y ganrif ddiwethaf mor eglur yn gofyn ystyriaeth.

Wrth gymharu *Golwg ar Deyrnas Crist* ag *Emmanuel,* gan debygu o bosib fod patrwm neu ddelfryd i'r olaf yn y gyntaf, y mae'n werth cyfeirio at y ffaith fod gan Hiraethog astudiaeth (129 tud.) o waith Pantycelyn (*Darlithiau Gwilym Hiraethog,* 1907, Gee), ac y mae'r ail bennod yn ymdrin yn gyfan gwbl â'r gerdd, *Golwg ar Deyrnas Crist.* Y mae Hiraethog yn dechrau'i holl astudiaeth o waith Pantycelyn drwy ganolbwyntio ar y gerdd hon, a ddisgrifir ganddo fel "y benaf o orchestion awenyddol ein bardd." Wedi amlinellu cynllun deunyddiau Williams, meddai Hiraethog; a dyma'r math o feddyliau, dybiaf i, a oedd ganddo ef ei hun wrth baratoi ar gyfer *Emmanuel:* "Ymaflyd yn y fath destyn mawreddog, yn cynnwys y fath amrywiaeth o faterion, a'r rhai hyny y mwyaf pwysig a fuont erioed, neu a fyddant byth, yn wrthddrychau myfyrdod dynion ac angylion ydoedd, yn ddiau, yn anturiaeth orchestol. Cynnyrchu cân deilwng o'r fath destyn, hefyd, a raid fod yn un o orchestion penaf anturiaethau awen-yddol. I lenwi y gylcheden uchod rhaid i'r gân fod, nid yn unig yn gyfangorph cryno o dduwinyddiaeth, ond rhaid iddi gynnwys sêr-draith, elfydd-draith, daear-draith, môr-draith, mil-draith, a llysieu-draith, i ryw fesur; ac felly y mae."

---

17. *Emmanuel,* I, x. Nid wyf yn dadlau o blaid dehongliad llythrennol yn y fan yma. Yr hyn sydd o ddiddordeb arbennig i mi yw'r modd anhunanfeirniadol y derbyniai rhyddfrydwyr ddull llythrennol y daearegwyr o feddwl, gan anwybyddu'n gyfan gwbl yr ystyriaethau goruwchnaturiol.

Yr oedd gan Hiraethog ddarlith boblogaidd ar Ddaeareg ac un arall ar Seryddiaeth. Meddai ei gofiannydd am yr olaf:[18] "Cofus genym ei glywed yn dweyd pan yn paratoi y ddarlith hon, pe buasai yn ddyn ieuanc, o bob pwnc, mai Astronomyddiaeth a gawsai ei fyfyrdod pennaf. Yr oedd wedi ei lyncu i fyny gan ei bwnc, fel yn wir y byddai gyda phob pwnc yr ymaflai ynddo . . . Dywedai yn y ddarlith hono mai seryddiaeth yn bendifaddeu ydyw yr ardderchocaf o'r gwyddorion anianyddol."

Dyma'r math o ddiddordebau a oedd eisoes yn corddi ynddo wrth dorchi ei lawes ar gyfer *Emmanuel.* Tebyg i *Pantheologia* Pantycelyn o ran cynnwys ac ysbrydiaeth oedd traethawd Hiraethog ar "Grefydd Naturiol a Datguddiedig." Bu ganddo law hefyd yn y cyfieithiad o *Credoau y Byd,* J. Gardener. Gwir amdano, fel y dywedodd S.L. am Bantycelyn: "Dysgodd hanes crefyddau a diwinyddiaeth, a darllenodd yn eang mewn gwyddoniaeth ac amryw wybodau. Yr oedd ganddo flys athrylith am gyfoethogi ei feddwl, gan ddeall bod llawnder gwybodaeth yn dyfnhau pob profiad."[19] Y mae'r cwbl o ymdriniaeth S. L. a Gomer M. Roberts â *Golwg ar Deyrnas Crist* yn awgrymog a gwerthfawr wrth fyfyrio *Emmanuel.*

Dyma eto, sylw gan S.L. ar Bantycelyn sy'n dal yn gwbl wir am Hiraethog:

"Hanes y Duwdod drwy'r unig a'r holl gyfnod y bu hanes iddo, o'r pryd yr arfaethodd y cread ac y mynegodd ei hun i ddynion ac angylion, a thrwy angylion a dynion, a thrwy ei waith a'i ymgnawdoliad, hyd at y pryd y cyflawner yr arfaeth oll, a chyflwyno'r cwbl yn ôl i'r Bwriedydd, a diweddu hanes,—dyna destun *Golwg ar Deyrnas Crist . . . Summa Theologica* ar gân."[20]

Gwahaniaeth pwysig ac arwyddocaol rhwng Pantycelyn a Hiraethog oedd bod Pantycelyn, ynghanol cyfnod a oedd mor ddwfn a hyderus ei brofiad Cristnogol, yn dra hydeiml ac effro i'r heresïau sydd bob amser yn ysu i oresgyn y gwan ei ffydd. Amddiffyniad cadarn yw *Golwg ar Deyrnas Crist;* cyfaddawd yw *Emmanuel,* ac ymgais i ildio neu i gymrodeddu gerbron gwyddoniaeth yr amseroedd. Y mae *Golwg ar Deyrnas Crist* yn ceisio mynegi gwirioneddau datguddiedig a chadarn ac yn

18. *Cofiant W. Rees,* T. Roberts a D. Roberts, Hughes, Dolgellau, 1893, 354.
19. *Williams, Pantycelyn,* Saunders Lewis, Foyle, Llundain, 1927, 74-5.
20. ibid., 75.

treiddio i'r bygythion arferol a chyfarwydd ym mhob oes; eithr traethu ar sail tybiaethau rhesymegol a gwyddonol ei amser ei hun a wna *Emmanuel* Hiraethog i raddau, heb sicrhau'r cyfandod diwinyddol, ac nid oes dim sy'n cael ei ail-sgrifennu a'i gywiro mor aml â gwyddoniaeth.

O safbwynt llenyddol, fe dybiaf i mai yn ei ryddiaith y ceir gwaith mwyaf nodedig a mwyaf darllenadwy Hiraethog.

Tair nofel a ysgrifennodd ef, gan ddechrau gydag *Aelwyd f'Ewythr Robert*. Ond y mae tri rheswm dros ystyried llyfr arall, sef *Llythurau 'Rhen Ffarmwr* yn yr un garfan â nhw: y mae cymeriad yr Hen Ffarmwr ei hun yn ail-ymddangos yŋ un o'r tair nofel, sef, yn *Cyfrinach yr Aelwyd;* y mae ffurf y llythyr hefyd yn ail-ymddangos yn y nofel honno, ac wrth gwrs yn hanesyddol y mae perthynas agos rhwng y nofel a'r llythyr;[21] ac yn drydydd yr oedd arddull *Llythurau 'Rhen Ffarmwr* yn rhagflaenu'r tair nofel ac yn perthyn iddynt hwy o ran naws yn hytrach nag i ryddiaith arall Hiraethog.

Methiant ieithyddol oedd methiant llenyddiaeth Gymraeg yn y ganrif ddiwethaf i raddau helaeth fel y dywedasom o'r blaen, er y gellid dadlau mai methiant ieithyddol yw pob methiant llenyddol. Yn y pedair cyfrol hyn o ryddiaith yr oedd Gwilym Hiraethog yn fodd i iachuso'r iaith. Y mae f'Ewyrth Robert yn dweud wrth yr Hen Ffarmwr yr hyn a ystyria'n rhagoriaeth ynddo, mewn llythyr yn nechrau *Cyfrinach yr Aelwyd* (t. 18): 'Yr ydych yn siarad run fath a'r hen bobol yn union, a dyna'r fath siarad fydda i'n garu glowed; ni chlowch chwi mo'r genhedlaeth yma o bobol yn *sgwrsio* na dim yr un dull ag y byddai yr hen bobol gynt rywsut; ni chawn i yn y myw gan y bachgen yma sgrifennu'm llythyrau i atoch chwi fel yr wy' i yn eu dweyd nhw wrtho fo—rhaid iddo fo gael trwsio, a thaclu, a thocio, a llyfnu, a smwddio, a phletio, a plaenio, a sgwario'r geiriau, a chael y cwbl wrth reolau'r *grammar* chwedl yntau. Gwell gan inau glowed un

---

21. Yn y ddeunawfed ganrif yr oedd y dechneg o lunio nofel ar ffurf llythyrau yn gyffredin iawn, megis *Clarissa Harlowe,* Samuel Richardson a *La Nouvelle Héloise,* J. J. Rousseau. Cofir am bwysigrwydd ffurf y llythyr yng Nghymru gyda'r Morusiaid a Goronwy Owen. Yng nghanrif Hiraethog cofir am y *Nofel mewn Naw Llythyr,* Ffiodor Dostoiefsci, ac *A Bundle of Letters,* Henry James, yn ogystal ag am O.M. yn llunio'i lyfrau taith ar sail llythyrau. Ceir sylwadau buddiol ar y ''llythyr'' fel ffurf lenyddol grefyddol gan Geraint Bowen yn y gyfrol a olygodd ei hun, *Y Traddodiad Rhyddiaith,* Llandysul, Gomer, 1970, 119-125. Gweler hefyd *Told in Letters,* R. A. Day, The University of Michigan Press, 1966.

yn llefaru ac yn darllen iaith fyddo'n cloncio ac yn rhoncio tipyn, a phigau a chnyciau arni hi. Fedra i gael fawr o flas ar y pregethau *smwdd,* llyfnion, gwastad, rheini. 'Rwyf fi yn hoff iawn er yn blentyn o laeth sur i'w yfed, ac mi fydd arna i eisiau i bregeth neu araeth fod rywbeth yn debyg i laeth sur, yn crafu corn y ngwddf i wrth i mi ei llyncu hi.'

Erbyn heddiw, y rhyddiaith answyddogol hon, a gawsid ynghynt yn Hunangofiant Twm o'r Nant o'r un ardal ac yn Llythyrau'r Morysiaid (ac a ddisgrifiwyd gan Saunders Lewis yn ei ysgrif ar *O.M.—Triwyr Penllyn,* Plaid Cymru, 33, ac yn *Straeon Glasynys,* Y Clwb Llyfrau Cymreig, 1943, xlv-xlvi), dyma'r hyn a fawrygir gennym yn rhyddiaith y ganrif ddiwethaf. A dyma wir gamp lenyddol Gwilym Hiraethog, nid ei arwrgerdd *Emmanuel* yn bendant, nid ei ddarlithiau na'i ddiwinyddiaeth, ond ei ddarlun unochrog ond ffraeth o'i amseroedd yn yr iaith a oedd yn briodol i'r amseroedd hynny.

Gadewch inni flasu ychydig ar yr iaith honno: *Llythyrau 'Rhen Ffarmwr* (arg. 1939), 13, mi dorwn i fynu yn chwils mân potes bod yg un un; 15. mi ddoe pethe i drefn toc y da . . . mau'n rhyfedd gin i atoch chi . . .; 17. mi rydw i chwedi rhoid y mhen yn dorch yn sownd; 18. Boeth y bo fo, Blag arno, Boeth y bo'i berfedd; 19. am neythud dim ar chwyneb ton y ddyar yma, yn nghulch i busnes; ia, a surthio y mrig yr hen eglwus; 29. nes doedd hi'n ystyn i bagie'n llech farw.

Cyfrinach yr Aelwyd (arg. 1878) 21. pheidiwn i'n y myw oes a'u gneud nhw; 24. i fewn i'r tŷ ar ei hald; 30. roeddech chi yn gyru ar draws 'i grimoge fo yn arwinol; 33. y mae yn syn genyf atoch; 138. gellid gweled llawer o'r Jacki yn John . . . yn nawsio allan ar droion.

Helyntion Bywyd Hen Deiliwr (arg. 1940) 11. mi wranta' i y gwnaiff Huw lindorch iddo fo; 15. nad oedd Huw ddim am ddal genau'r sach iddi i dywallt ei chelanedd . . . wedi cnoi clust yr hwch fawr yn shags gwylltion; 49. byddai'r naill ym mrig y llall beunydd; 52. yn well na'r grachen siop yn y pentref . . . y mae'n bwnc gennyf fi bob amser erioed i dalu ar law; 55. pob robin goch a welem yn ysgrythu yn ei gwman; 62. os caniateir imi fathu gair newydd, rhyw *haldibwldi* o ddyn oedd o; 64. y gair garw ymlaen fydd ganddo fo'n gyffredin . . . wel 'di'r trwyn sur mae'r teiliwr yn 'neud ar dy slotan de di? Mae'r teilwriaid yma'n

gynddeiriog am de cry', fel te manus haidd; 97. yr oedd wedi ei
ddal yn y groglath; 99. Chwaer ydoedd yr hen arad' limog
Gymreig i'r car llusg; 121. o'i go' wyllt wibwrn; 127. tra bo
chwthod ynthw' i; 146. buasai yno dŷ ar ffyrch rhwng y fam a'r
mab mewn canlyniad.

Dyma'r Gymraeg fel yr oedd mewn gwirionedd y tu ôl i stiff-
rwydd Seisnigaidd a mawreddogrwydd Puwaidd y Gymraeg
swyddogol yn y ganrif ddiwethaf.

Ar ryw ystyr, yr oedd y datblygiad llenyddol hwn yn cydredeg
â'r adwaith cymdeithasol a ddisgrifir gan Daniel Owen yn erbyn
rhagrith. I lawer ohonom heddiw, rhagrith oedd prif bechod oes
Victoria, a'n prif hawl ni i ragoriaeth drostynt. Gwir fod llawer o
bobl ar gael gynt yr oedd eu mewnolion mor hyfryd bob dim â'u
hallanolion; ond yr oedd llawer hefyd, yn ddiamau, yr oedd eu
hallanolion yn deg, ond eu mewnolion yn bur wachul. Gyda ni,
diau fod y mewnolion benbwygilydd yn bwdr; ond chwarae teg i
ni, gallwn ymffrostio'n hyderus fod yr allanolion yn bwdr hefyd.

Fe ystyrir fel arfer mai ffurf gymharol ddiweddar yw'r nofel.
Gwir bod ynddi stori, fel sydd yn y rhamant a'r arwrgerdd a'r
chwedl werin. Ond y mae'r nofel ddiweddar yn wahanol; ac er
mai dyma'r ffurf bwysicaf mewn rhyddiaith ers dwy ganrif yn
Lloegr, Ffrainc a Rwsia, hyd yn oed yn y gwledydd hynny y mae
yn newydd. Y mae'n wahanol i'r hen ramantau yn bennaf yn ei
chymeriadaeth arbennig ac yn y modd y mae'n ymgysylltu ag
amseroedd arbennig a lleoedd arbennig, lle byddai'r hen
chwedlau'n tueddu i gyflwyno teipiau mwy cyffredinol a'r
rheini'n llai clymedig wrth amseroedd a hyd yn oed wrth leoedd
arbennig.

Y duedd yw cydnabod dechreuadau'r nofel Saesneg yn 1740
pryd y sgrifennwyd *Pamela* gan Richardson, a'r nofel Gymraeg
yn 1853 gydag *Aelwyd f'Ewythr Robert* gan Wilym Hiraethog, er
bod rhai lled-nofelau yn y naill iaith a'r llall wedi eu sgrifennu
ynghynt.

Yn y Gymraeg fe gafwyd lled nofel ynghynt yn 1830, sef *Y
Bardd, neu Y Meudwy Cymreig* gan Gawrdaf. Ond yr oedd honno
yn fatsien damp ac yn ddi-olynydd. Yn wir, ceir bwlch o dair
blynedd ar hugain cyn i ddim tebyg ymddangos eto; a Gwilym
Hiraethog oedd gwir gychwynnydd y nofel Gymraeg. Llenydd-
iaeth Saesneg a'i hysbrydolodd ef; ond nid tyfu o'r llenyddiaeth

Saesneg orau a wnaeth ei nofel, eithr tarddodd mewn nofel Americanaidd, boblogaidd, sâl. *Uncle Tom's Cabin* 1852 oedd ei hysbrydiaeth gysefin; ac er mwyn gweld mor effro oedd Cymru i bethau o'r math, sylwch inni gael o leiaf ddau gyfieithiad ohoni i'r Gymraeg o fewn blwyddyn, neu un cyfieithiad gan Hugh Williams ac un lled-gyfaddasiad gan Wilym Hiraethog.

Fe ddywedodd G.R. (brawd S.R.) yn ei ragair i *Jeffrey Jarman* 1855: 'Bernir yn gyffredin mai CABAN FEWYRTH TOMOS ydyw y *novel* goraf a ysgrifenwyd erioed.' Fe welir, felly, safonau beirniadol cenedl a oedd heb addysg yn ei hiaith, a heb nawdd gan nac uchelwyr na Phrifysgol.

Y llyfr poblogaidd nesaf a ymddangosodd yn America oedd *Ten Nights in a Bar-Room*, T. S. Arthur 1854, sef nofel ddirwestol o'r math mwyaf elfennol a gorliwgar. Y flwyddyn ddilynol, yng Nghymru, fe ymddangosodd tair nofel ddirwestol, sef *Jeffrey Jarman, Y Meddwyn Diwygiedig, Henry James, neu Y Meddwyn Diwygiedig*, a *Llewelyn Parri, neu y Meddwyn Diwygiedig*. Ac yn wir, yn 1859 fe gyfieithwyd *Ten Nights in a Bar-Room* ei hunan i'r Gymraeg gan ŵr ifanc tair ar hugain oed yn dwyn yr enw Daniel Owen, sef mentr gyntaf ein prif nofelydd i fyd llenyddiaeth. O hyn ymlaen y mae yna lif parhaol o nofelau yn yr iaith Gymraeg: hynny yw, yr oedd F'ewyrth Tomos yn dad i deulu, yn gychwynnydd mudiad.

Felly, nid mewn llenyddiaeth ddeallus o safon y mae gwreiddiau'r nofel Gymraeg, ond yn y stwff mwyaf sentimental a phropagandaidd a gynhyrchwyd yn ystod yr oes fwyaf sentimental a welodd y byd erioed. Mae hi fel petai llenyddiaeth heddiw yn chwilio am safonau mewn comics, mewn cylchgronau merched, neu mewn llyfrau clawr-papur pornograffaidd.

Gan fod Gwilym Hiraethog wedi sylfaenu ei waith ar lyfr Saesneg, y mae perygl inni dybied mai dyna'r cwbl ydyw, ac y talai'n well inni symud ymlaen yn gyflym i ystyried ei ddwy nofel arall, sef *Cyfrinach yr Aelwyd* 1856-8 (adargraff. 1878) a *Helyntion Bywyd Hen Deiliwr* 1867 (adargraff. 1877). Ond y mae cryn wahaniaeth rhwng cyfaddasiad Gwilym Hiraethog a chyfieithiad manwl; ac yn y gwahaniaeth hwnnw y mae ei arwydd-ocâd sy'n bell-gyrhaeddol am ein bod yn ymwneud â dechreuad ffurf yn y Gymraeg, dechreuad a gafodd gryn ddylanwad wedyn.

Nid ail-wampiad moel o'r nofel Americanaidd yw *Aelwyd*

f'Ewythr Robert. Cynllun Gwilym Hiraethog yw trefnu bod darn o nofel yn cael ei ddarllen bob nos ar aelwyd hen ffermwr yng Nghymru, ac ar ôl y darlleniad, y mae'r gynulleidfa fach sydd wedi dod ynghyd yn seiadu uwch ei ben. Hynny yw, adroddiad am seiad sydd yma; ac yn lle cymryd pregeth neu brofiad gan un o'r aelodau yn destun i'r myfyrdod, fe drafodir penodau nofel am gaethwasiaeth.

Yn awr, y mae'r dechneg hon o osod stori o fewn fframwaith stori arall yn ddigon adnabyddus yng nghrefft y nofel Ewropeaidd. Ond yng ngwaith Gwilym Hiraethog—a dyma'r lle y mae ef yn ymestyn yn ôl i Bantycelyn ar y naill law ac ymlaen i Daniel Owen ar y llall—y mae'r myfyrdod yn ymdroi o amgylch casgliadau moesol, sef "testun mawr nofelwyr Cymraeg y ganrif ddiwethaf" yng ngeiriau Dafydd Jenkins, "problem perthynas dyn a'i enaid": gwthir y seiadwyr i ateb cwestiynau ynghylch y bywyd da.

Yn fras, fe ellir dweud fod yr atebion o ddau fath, ac y mae'n ddigon amlwg pa un o'r ddau y mae Gwilym Hiraethog yn ei dderbyn. Y ddwy ochr sydd yma yw'r ddwy ochr y mae'n rhaid dod yn ôl atynt i'w hystyried beunydd a byth wrth drafod Gwilym Hiraethog, sef,

1. Modryb Elin, y Methodist Calfinaidd, cynrychiolydd y ceidwadwyr rhagluniaethol, y rhai sy'n tueddu i dderbyn y drefn gymdeithasol, ac i wneud crefydd yn bersonol ac yn oddefol o safbwynt ein gwaith beunyddiol.

2. F'ewythr Robert, yr Annibynnwr Calfinaidd, cynrychiolydd y gweithredwyr radicalaidd, ac un y tybiwn i ei fod yn nes ar ryw olwg at safbwynt Calfin ei hunan yn y diwedd.

Yn awr, dyma'r rhaniad gan Daniel Owen yntau, a dyma'r ddadl rhwng Mari Lewis a Bob Lewis hwythau; er bod yna wahaniaethau tra arwyddocâol, y mae yna debygrwydd hefyd. Fel yr awgrymais i, roedd Gwilym Hiraethog yn ochri'n naturiol gyda F'ewythr Robert, y genhedlaeth ganol a oedd o ran meddwl fel petai yn erbyn yr hen. Er mwyn deall ei safle, serch hynny, y mae'n werth inni gofio'r min rasel yr oedd yn ei gerdded. Yn y canol yr oedd ef, mewn gwirionedd, gyda'r hen ar un ochr a'r ifanc ar y llall: sylwi yr oedd ef ar yr hen, bid siŵr, gan adweithio'n ei erbyn; drifftio yr oedd ef tuag at yr ifanc heb fod yn feirniadol, heb sylwi, a phe gwelsai ef gyda'n hôl-olwg ni, fe sylweddolai ei fod bron â thorri ar y creigiau. Nid dwy, ond tair ochr a oedd ar gael, mewn gwirionedd, a'r rheini'n gyd-bresennol yn ei waith: sef,

1. Y gwrth-gymdeithasol Calfinaidd (Modryb Elin).
2. Y cymdeithasol Calfinaidd (F'ewythr Robert).
3. Y cymdeithasol gwrth-Galfinaidd (Y genhedlaeth ddilynol)

Mae'n ddigon rhwydd i ninnau weld hyn wedyn. Ond y patrwm clasurol a gymerodd ef, patrwm a welir mewn tri phâr o frodyr adnabyddus, sef patrwm y gwrthdrawiad syml Modryb Elin *versus* F'ewythr Robert: dyna batrwm Ebenezer Richard *versus* Henry Richard, Owen Thomas *versus* John Thomas, ac wrth gwrs Henry Rees *versus* William Rees (sef Gwilym Hiraethog).

Nofel seiadol, felly, oedd *Aelwyd f'Ewythr Robert*.[22] A dyna hefyd y ddwy nofel nesaf a sgrifennodd Gwilym Hiraethog, sef *Cyfrinach yr Aelwyd* a *Helyntion Bywyd Hen Deiliwr*. Nid oedd gwaith gweinidogaethol Gwilym Hiraethog fyth ymhell iawn oddi wrth ei waith o nofela. Ac efallai mai perthnasol fyddai dyfynnu brawddeg gan Samuel Richardson i ddangos nad oedd Hiraethog ar ei ben ei hun yn hyn o beth: meddai Richardson mewn llythyr at y Fonesig Elchin (22 Medi, 1755): 'Instruction, Madam, is the pill; amusement is the gilding.' Ac meddai'r nofelydd Trollope yntau yn ei Hunangofiant (pennod viii; 1883) 'I have ever thought of myself as a preacher of sermons, and my pulpit as one which I could make both salutary and agreeable to my audience.'

Bid siŵr, yng Nghymru ni raid dweud fod y traffig yn teithio ar hyd y ddwy ffordd, a bod dull y nofel o feddwl mor bresennol yn y pwlpud ag yr oedd dull y pwlpud yn bresennol yn y nofel. Yng nghyfrol Gwilym Hiraethog o ddwy ar hugain o bregethau, sef

22. Yr oedd diddordeb Hiraethog yn achos y caethweision yn ddwfn ac yn gadarn. Mor gynnar â 1838 yn Ninbych buasai'n siarad yn huawdl o blaid "anfon Deiseb i ddau dŷ y Senedd yn achos Caethion yr India Orllewinol" *(Cronicl yr Oes,* 23/2/1838.). Ni raid derbyn y ddamcaniaeth mai *The Biglow Papers* J. R. Lowell oedd ysgogiad Hiraethog i lunio *Llythurau Rhen Ffarmwr* (gw. rhagair i arg. 1939 gan E.M.H. x); ond os oes cysylltiad, gwiw cofio mai caethwasiaeth oedd testun Lowell. (Ni chasglwyd y *Biglow Papers* tan 1848 er iddynt ddechrau ym Mehefin 1846. Os rhaid wrth batrwm, gwell gennyf ddamcaniaeth D. E. Jenkins, 285 yml. am 'An Old Shropshire Farmer' a godwyd i'r *Caernarvon* & *Denbigh Herald,* 13/1/1844 o'r *Nottingham Mercury;* hefyd C. & D. Herald, 20/1/1844).

Koheleth (Llundain, 1881, xv. 1-476), fe welir dawn storïol yr awdur yn ddigon amlwg. Ac y mae perthynas y stori a'r bregeth wedi bod yn un annatod o'r dechrau cyntaf, fel y gwelwn yn y Beibl ei hun.

Fe ddangosodd Saunders Lewis yn gelfydd iawn berthynas y cofiant a'r nofel yn y ganrif ddiwethaf. Yn awr, y ddwy ffurf rydd-iaith bwysicaf yn y bedwaredd ganrif ar bymtheg oedd y cofiant a'r bregeth; ac mi dybiaf i fod dylanwad y bregeth ar y nofel gymaint, onid yn fwy na dylanwad y cofiant.

Y mae hanes y nofel a hanes y ddrama ddiweddar yn gyfredol ac yn gydberthynol. Yr oedd gan y naill a'r llall wreiddiau neu seiliau cyn y Diwygiad Methodistaidd, ond bu rhaid iddynt ill dwy ddechrau o'r newydd tua chanol y ganrif ddiwethaf. Ceisient bellach fod yn dderbyniol drwy ymgysylltu â'r mudiad dirwest neu drwy fod yn foeswersol. A digon naturiol yw hi ein bod yn gweld yr arloeswr gan Hiraethog yn ymhél â'r naill a'r llall, fel y gwnâi Beriah Gwynfe Evans yntau ymhellach ymlaen.

Wedi hela'r anterliwt o'r golwg, y ddrama gapel neu'r 'ymddiddan' (fel y gelwid hi'n aml) oedd y symudiad pwysig cyntaf yn hanes y Ddrama Gymraeg yn y ganrif ddiwethaf, a J.R. (brawd S.R.) oedd pencampwr y ffurf hon. A dyma'r math o ddeunydd dramatig a lanwai'r llwyfan o 1835 hyd nes i'r Ddrama Hanesyddol gynyddu yn ei grym tua 1880 gyda Beriah Gwynfe Evans yn llunio rhethreg fombastig ac areithiol iawn am Owain Glyndŵr, Llywelyn ein llyw Olaf a Charadog.

Yng nghyfnod yr 'ymddiddan' neu'r ddrama gapel yr ysgrifennodd Hiraethog *Y Dydd hwnw: neu y 2,000 Gweinid-ogion a drowyd allan o'r eglwys sefydledig ar ddydd gwyl Bartholomeus, Awst 24ain, 1662 ar gyffelybrwydd Drama,* arg. R. Hughes and Son, Wrecsam, 1862, 1-96.

Yr oedd, felly, yn flaengar ac yn effro ei ddiddordeb yn y ffurf chwyldroadol hon fel y bu ef gyda'r nofel.

Wrth agor y ddrama hon heddiw a dechrau ei darllen, y mae hi'n darllen yn ddigon tebyg i'r modd y disgwyliwn i ddrama ddarllen ar destun mor anghydffurfiol bendant, ond bod ei rhydd-iaith hi'n gaboledig ac yn ddethol iawn, Ond wrth inni symud ymlaen, fe gyfarfyddwn â Waller, Y Llawryf Fardd (Poet Laureat) a Milton, ac y mae'r ddau hyn fel sy'n weddus yn ein diddanu ar fydr, Waller mewn cwpledau odlog a Milton yn ei fesur penrhydd. Ar ôl i Milton orffen y mae'r Ail Act, Golygfa III yn agor (neu Ran II Drych III, fel y'i gelwir gan Hiraethog) ac fe welwn yn sydyn fod rhywbeth wedi digwydd i'r ddrama, fel petai presenoldeb Milton wedi gadael ei ôl[23]. Dyma'r Brenin yn dweud:

'Yr ydych yn edrych, fy Mhrelad dysgedig,
    Yn bur annedwydd, fel gŵr dychrynedig,
Ymddengys yn wir, fod rhyw ddrwg yn bod,
    Nad wyf yn ei wybod, mae'n debyg'.

A dyma Morley yn ateb:

'Rhynged bodd i'ch Mawrhydi, cymerasom yr adeg,
    I dd'od heddyw yma i fynegi i chwi ddameg,
Mae uwch ben y wlad yma gwmwl pur ddu,
    Ni waeth i chwi hyny na chwaneg'.

Hynny yw, y mae rhyddiaith hanner cyntaf y ddrama wedi cael ei disodli bellach gan brydyddiaeth. Ond pa fath o brydyddiaeth? Gadewch imi ddyfynnu ychydig o araith Sheldon lle y mae'n sôn am y Piwritaniaid a oedd wedi ymyrryd â'r Eglwys Wladol:

'Y rhei'ni, 'r hen dwyllwyr, a droisant allan,
Lu o wŷr cymwys yr Eglwys rywiolglan;
Rhai o dan esgus eu bod yn anfoesgar,
A rhai gan eu baeddu fel cŵn mud a byddar,
Ac yn eu dallineb, hwy ddygent i'r llanau,
Deilwriaid, gwehyddion, neu gryddion, pob graddau,
Dynion penweinion o bob opiniynau;
Annibynwyr a Throchwyr, pob math o wrth ddrychau;
A heidiau taerion o Bresbyteriaid,
Yn wŷr tynion o Buritaniaid'.

Ie, prydyddiaeth ac ynddi gyffyrddiadau cynganeddol cryf sydd gennym yn y fan yma; ond mwy na hynny, dyma arddull hynod debyg, a mesurau tebyg, i eiddo Twm o'r Nant. A dyma ni'n cofio mai yng nghanol bro'r anterliwtwyr y cafodd Hiraethog ei fagu, ac nad oes fawr o ffordd rhwng Nantglyn a Llansannan.

Ond dilynwn ymlaen yn y ddrama. Cawn ambell bwl o ryddiaith o hyd, gydag amryw ddarnau anterliwtaidd. Ac yna, dyma ni'n cyrraedd y bedwaredd act. A dyma rywbeth go annisgwyl; fel

---

23. Yn nhraethawd D. E. Jenkins, 455, disgrifir y ddrama fel un ar gynllun Samson Agonistes, Milton; ond ar ba sail nis gwn.

hyn y mae'r Gwyliedydd yn agor yr olygfa gyntaf: nid Twm o'r Nant yw hyn, ac nid drama gapel chwaith:

> Wel dyma'r dydd—Dydd Du Bartholomeus—
> Du dywell ydyw'r wybren, claf yw'r haul
> Y bore heddyw; mae amrantau'r wawr
> Yn drymion farwaidd, fel pe byddent hwy'n
> Hwyrfrydig iawn i agor dorau'r dydd;
> Cymylau mawrion, duon, tewion iawn,
> Orweddant acw ar y dwyrain borth,
> I'w gloi a'i gau i fyny rhag i'r gwawl
> Dd'od trwyddo—hoffent guddio'r golygfeydd
> Sydd ar gael eu datguddio yn ein gwlad.
> Y gwynt darawyd fel â pharlys mud,
> Neu ddiffyg anadl, fel nas gall efe
> Gyflenwi angenrheidiau natur; mae'i
> Hysgyfaint hi am dano yn dyheu'.

Ac yn y blaen am sawl tudalen.

Yn awr, beth sydd gennym yn y fan yma? Dynwarediad o Shakespeare? Digon tebyg. A dyma'r union fath o beth a geid wedyn ym mhen rhyw bymtheng mlynedd gan Beriah Gwynfe Evans, sef drama hanesyddol à la Shakespeare. Wrth sgrifennu ei ddrama gapel,[24] felly, yr oedd Hiraethog yn ffurfio pont rhwng Ysgol yr Anterliwtwyr ac Ysgol y Dramodwyr Hanesyddol Shakespearaidd a oedd i ffynnu yng Nghymru o 1875 hyd nes i W. J. Gruffydd eu lladd yn ei ymosodiad yn *Y Beirniad* 1911.

Canrif o ddyn oedd Gwilym Hiraethog. Yr oedd maint ei lafur yn eleffantaidd. Yr oedd ef, fel ei ganrif, yn ymhél â phob math o ffurfiau llenyddol ac â phob math o gynnwys syniadol a theimladol. Methiant ei ganrif oedd ei fethiant ef. Ond yr oedd rhywbeth arwrol yn ei ddelfryd a'i uchelgais hefyd, ac yr oedd yn byw mewn oes pryd y cyfrifid gweinidogion yn anad neb yn arwyr i'r gymdeithas i gyd.

Fe welir ei arwriaeth yn anad unlle yn y modd y ceisiodd ymaflyd â phroblem y Cristion yn y byd, heb fynd yn un o'r byd.

Un o'r problemau diwinyddol ac ymarferol a oedd yn wynebu'r ganrif ddiwethaf, fel y mae'n wynebu'r gweddill ffyddlon yn ein

---

24. Cefais fy nghyfeirio gan Mr. Gareth Watts o'r Llyfrgell Genedlaethol at bamffledyn heb wyneb-ddalen, ond a all fod gan William Rees, sef *Cymmanfa Pen Carmel*, Caerfyrddin: argraffwyd gan William M. Evans, 1-8, sy'n ddramodig, peth mewn "rhyddiaith" (adnodau Beiblaidd) a'r gweddill mewn penillion i'w canu.

dyddiau ni, ydyw datrys perthynas gras arbennig neu achubol ar y naill law a gras cyffredin ar y llall. Beth yw'r berthynas hefyd rhwng yr eglwys (lluos. eglwysi) ar y naill law fel sefydliad lleol ac iddo'i swydd ddwyfol o efengylu a chyd-addoli, a'r Eglwys (dim lluosog) ar y llaw arall fel y'i gwelir ym mhob credadun lle bynnag y bo yn cyflawni'i fywyd dynol beunyddiol?

Yn fy marn i, methiant ein hamseroedd ni i ateb y broblem ddyrys hon yw un o'r rhes o resymau technegol ac ymarferol y gellid eu nodi dros fethiant tystiolaeth yr eglwys yn ein cyfnod ni.

Beth yw'r berthynas rhwng y proffwyd Cristnogol a'r gwleidydd ymarferol? Neu (ar lefel sy'n ymddangosiadol fwy diniwed) beth yw'r berthynas rhwng yr offeiriad Cristnogol a'r llenor creadigol? Beth yw'r berthynas rhwng brenhiniaeth Gristnogol a brenhiniaeth barhaus a gwerthfawr y dyn seciwlar?

Y mae dau ateb yn amlwg yn ymgynnig, a'r ddau'n anghywir: yn gyntaf, nid oes dim perthynas o gwbl, a hynny yw, ni ddylai'r Cristion ymwneud â gwleidyddiaeth neu â llenyddiaeth etc., a dylai ymdroi'n neilltuedig ym myd achub eneidiau, aileni, ffydd yn y Gair ac yn y blaen; neu'n ail, nid oes dim gwahaniaeth o gwbl, hynny yw, gwaith yr eglwys leol yw gwleidydda, llenydda ac yn y blaen gan fabwysiadu holl alwadau'r byd fel petaent yn alwadau iddi hi.

Mae'r ddau ateb yn anghywir fel y dengys yr ysgrythurau. Mae'r pietist, o'i ran ef, mewn cornel dywyll ac yn cefnu'n afiach ar fodolaeth gytbwys yr holl bethau creëdig gan ddianrhydeddu penarglwyddiaeth Crist a chan gamliwio cyfoeth yr efengyl ger-bron ei gyd-ddynion. Mae'r cymdeithaswr penagored yntau hefyd, sy'n methu â gweld neilltuolrwydd swydd yr eglwys leol, o'i chyferbynnu â sefydliadau eraill megis yr ysgol, y blaid wleid-yddol, y cylchgrawn llenyddol ac yn y blaen, yn debyg o gymysgu a glastwreiddio'r gwaith arbennig a chwbl ganolog o dystiolaethu'n achubol ynghylch pechod dyn a'r farn sydd arno a'r iawn a dalwyd ar y Groes.

Ffordd arall o sôn am y broblem fyddai drwy grybwyll y sfferau y cyfeiria Kuyper a Dooyeweerd atynt. Fe geir sfferau ym mywyd y Cristion: sffêr y teulu, sffêr y blaid wleidyddol, sffêr ei swydd, sffêr yr eglwys leol ac yn y blaen. Y Cristion iach yw'r un sy'n dwyn ei Gristnogaeth i'r rhain i gyd ac yn eu cynnwys nhw ac eto'n gweld eu hamrywiaeth: yr undod a'r amrywiaeth. Y pietist yw'r un sy'n ymgyfyngu i sffêr yr eglwys leol, ac yn ystyried mai eiddo'r bydol yw pob dim arall. Y cymdeithaswr penagored yw'r un sy'n methu â gweld fod i bob un o'r sfferau hyn ei reolau 'i hun a'i fewn-arglwyddiaeth briodol yn ôl ei natur ei hunan ac yn ôl ei swyddogaeth ei hunan—er bod y cwbl, bid siŵr, o dan ben-arglwyddiaeth Crist: felly, gyda'r cymdeithaswr penagored hwn fe all y blaid wleidyddol o ganlyniad geisio ymyrryd â'r teulu, neu'r eglwys leol geisio ymyrryd â'r swydd feunyddiol.

Nid problem rwydd mo hon; nid problem rwydd i'w hoelio yn ei manylrwydd.

Gwerthfawr iawn, serch hynny, yw cydnabod ei bodolaeth hi—ei diffinio hi,—yn hytrach na'i hanwybyddu drwy obeithio y daw i'w lle heb inni ei hwynebu'n blwmp ac yn blaen.

Dyna pam y tybiais y gallai fod o ddiddordeb, felly, sylwi sut y bu i un brawd enwog yn y ganrif ddiwethaf ymhél â'r broblem hon, ond i raddau helaeth heb ei diffinio'n blwmp ac yn blaen, sef William Rees (Gwilym Hiraethog), un sydd ar ryw olwg yn cynrychioli'r gorau yn enwad yr Annibynwyr. Diddorol fyddai ei gymharu hefyd yn hyn o beth â'i frawd, pe bai cyfle. I ryw raddau, yr oedd Henry Rees yn tueddbennu tuag at osgo'r pietist, a William yn tueddbennu tuag at osgo'r cymdeithaswr pen-agored; ond ceir gan y naill a'r llall hefyd, holl lawnder yr ymateb Cristnogol cytbwys a chymorth i ni hefyd ateb y broblem yn ein dyddiau ni. William oedd hufen yr Annibynwyr: Henry oedd hufen y Methodistiaid Calfinaidd.

Y Calfinydd mewndroedig oedd Henry Rees a'r Calfinydd alldroedig oedd William. Yr oedd Henry Rees yn anhraethol well pregethwr na'i frawd; efallai mai ef yw'r pregethwr llenyddol gorau a gafwyd erioed yng Nghymru. Yr oedd ei brofiad yn ddyfnach, dybiwn i, er ei fod yn gulach, a'i ddiwinyddiaeth yn sicrach. Ond ni fentrodd ef, fel y gwnaeth William fentro, i wynebu'r byd: sef un o broblemau mwyaf y bywyd Cristnogol, bob amser, ac yn sicr y broblem fwyaf, y broblem fawr gyffredinol, yn ymarferol. Fe fentrodd William wynebu seciwlar-iaeth—mewn gwleidyddiaeth, addysg, llenyddiaeth a gwyddon-iaeth; ac er bod ei ymgais, fel y dylid ei ddisgwyl, yn amherffaith ac yn annigonol, yr oedd yn ymgais arwrol ac yn adlewyrchu hefyd arwriaeth Galfinaidd ei amseroedd.

Sylwer eto ar amrywiaeth y ''mathau'': ymddiddorodd Hir-aethog ym mhob un o'r prif ''fathau'' o lenyddiaeth a ysgrifennid yn y ganrif ddiwethaf—y cofiant a'r bregeth, y delyneg a'r arwr-gerdd, yr emyn a'r nofel, newyddiaduriaeth a'r ddrama, yr esboniad a'r astudiaeth ddiwinyddol, yn ogystal â'r holwyddoreg hyd yn oed, a chan ychwanegu ei "fath" arbennig ef ei hun, sef y ddarlith gyhoeddus.

XVI

NODIADAU AR Y GANRIF DDIWETHAF

Mor helaeth ac amlochrog yw'r defnyddiau i astudio'r ganrif ddiwethaf nes bod angen set o fapiau hylaw i'n helpu i olrhain y llwybrau. Mentrwn ddodi un map bach yn y fan yma.

Cynllun y nodiadau:

A. Tonnau'r Diwygiad; B. Agweddau ar y Gweithgarwch; C. Ail Glasur Methodistiaeth; CH. John Elias; D. Cyfriniaeth Ann Griffiths; DD. John Jones Tal-y-sarn; E. David Rees; F. Clasuron diwinyddol; FF. Patrwm y trychineb; G. Lewis Edwards; NG. Dylanwad Almaenig; H. Charles G. Finney; I. Techneg Pwlpud; L. Hynt y Gyffes Ffydd; LL. David Adams a Rhyddfrydiaeth Ddiwinyddol; M. Rhai termau.

A. TONNAU'R DIWYGIAD

Parhad oedd patrwm meddwl y ganrif ddiwethaf o waith mawr a sefydlwyd yn bennaf yn y ddeunawfed ganrif, fel yr oedd y ddeunawfed ganrif yn barhad o waith mawr a sefydlwyd yn yr unfed ganrif ar bymtheg. Amryfal ac amlochrog iawn oedd llenyddiaeth Gymraeg y bedwaredd ganrif ar bymtheg; ond y mae'r datblygiad syniadol o'i mewn oddi wrth uniongrededd gadarn dechrau'r ganrif i'r chwalfa ffydd yn y diwedd yn rhoi i lenyddiaeth y cyfnod hwnnw dyndra dramatig trasiedi mawr-eddog.

Un ffordd o synied am y patrwm llydan hwn a gafwyd mewn un symudiad cyson fyddai ar ffurf tonnau, a'r rheini'n cael eu cyf-eirio gan yr un egnïon ag a fu'n symud yn niwygiad Methodist-aidd y ganrif gynt.

I. Y don gyntaf
Daniel Rowland 1713-1790; Howell Harris 1714-1773; William Williams 1717-1791.

II *Yr ail don*
   Thomas Charles 1755-1814; Thomas Jones 1756-1820.

III *Y drydedd don*
   (a) John Elias 1774-1841; Ann Griffiths 1776-1805; Henry Rees 1798-1869; John Jones 1796-1857 (David Charles; William Roberts)
   (b) Christmas Evans 1776-1838 (J. P. Davies)
   (c) William Williams o'r Wern 1781-1840 (Gwilym Hiraethog; David Rees; George Lewis)

IV *Y bedwaredd don* (dechrau'r chwalu)
   Lewis Edwards 1809-1887; Owen Thomas 1812-1891; Edward Matthews 1813-1892; Michael D. Jones 1822-1898; William Thomas (Islwyn) 1832-1878.

V *Y bumed don*
   Daniel Owen 1836-1895; Thomas Charles Edwards 1837-1900; Emrys ap Iwan 1851-1906.

B. AGWEDDAU AR Y GWEITHGARWCH
   Gellid crynhoi prif weithgarwch y symudiad hwn pan oedd ar ei gryfaf, sef yn ei waith o greu gwareiddiad Calfinaidd, fel hyn:
   (i) Pregethu: efengylu ac addysgu.
   (ii) Addysgu (Yr Ysgol Sul): llythyrenogrwydd, miniogi'r meddwl.
   (iii) Esbonio: mewn esboniadau uniongyrchol ac astudiaethau diwinyddol cymesur.
   (iv) Cymhwyso Cristnogaeth i bob pwnc: cylchgronau, Gwyddoniadur.
   (v) Cenhadu a Chymdeithas y Beiblau: un o gampweithiau crefyddol a gwareiddiol pennaf Cymru yn y 19 G. oedd y gwaith cenhadol yn Nhahiti, Madagascar, a'r India.
   (vi) Rhai symudiadau cymdeithasol: dirwest, radicaliaeth.
   (vii) Emynyddiaeth: canu. Y cyfansoddiadau hyn ynghyd â'r pregethau a'r cofiannau oedd yr orchest lenyddol o fewn y symudiad Calfinaidd. I'r gogledd y symudodd yr emyn yn y 19 G., ac wrth fudo fe newidiodd ei ansawdd. Symudodd o wlad a chywair Williams, Dafydd Jones, Morgan Rhys, John Thomas, Dafydd William, Thomas Williams a David Charles i wlad a

chywair Edward Jones, Ann Griffiths, Pedr Fardd, Thomas Jones, Robert ap Gwilym Ddu, Ieuan Glan Geirionydd ac Ehedydd Iâl. Fe'i coethwyd mewn gair ac ymadrodd. Ymgysylltodd â'r traddodiad clasurol ac â chanu carolaidd yr ail ganrif ar bymtheg.

(viii) Dadleuon: meithrin doniau dadansoddi a disgrifio, a gwarchod rhag y gelyn bythol.

(ix) Hanesyddiaeth: cofiannau a hanes enwadol.

C. AIL GLASUR METHODISTIAETH:

THOMAS JONES, DINBYCH, 1756-1820

"Yr ail o glasuron mawr y Methodistiaid ar ôl Mr. Williams, Pantycelyn—yn fardd, yn hanesydd, yn llenor, yn ddiwinydd, yn ysgolhaig.' (Merch Gwern Hywel, Saunders Lewis).

1. Llenor

Meddai Thomas Parry amdano, 'llenor gorau ei oes ar rai ystyron.' Ceir y darnau coethaf o'i ryddiaith yn ei *Hunangofiant* meistraidd, yn yr *Ymddiddanion Crefyddol,* ac yn wasgarog mewn pregethau ac yn niwedd eithaf y *Merthyrdraith.* Ni allaf feddwl am neb yn y ganrif ddiwethaf a ysgrifennai ragorach rhyddiaith nag ef, a dyna oedd barn Lewis Edwards hefyd.

II. Bardd

Un o wendidau cynyddol anghydffurfiaeth yn y ganrif ddiwethaf—gwendid a gynyddodd gyda philistiaeth canol y ganrif—oedd yr esgeuluso ar gelfyddyd, ar werthfawrogiad esthetaidd, ar lenyddiaeth synhwyrus. I raddau, yr oedd Thomas Jones yn eithriad. Ceir ei 'Gywydd i'r Aderyn Bronfraith' ym *Mlodeugerdd Rhydychen,* ac fe gofir sylwadau craff Saunders Lewis arno yn *Y Llenor,* 1933: 'I mi, bu darllen y cywydd hwn megis darganfod planed newydd.' Ceir rhyw bedwar ar ddeg o emynau ganddo hefyd yn llyfr yr Hen Gorff, rhai megis 'Aed, aed y newydd am y dwyfol waed' ac yn arbennig 'Mi wn fod fy Mhrynwr yn fyw', emyn y dywedodd Saunders Lewis amdano ei fod yn 'un o'r emynau mwyaf Calfinaidd yn yr iaith'.

III. *Diwinydd*

Efô a Thomas Charles oedd dau ddiwinydd praffaf Cymru yn y ganrif ddiwethaf: yn wir, hwynt-hwy yw'r diwinyddion mwyaf a gawsom o 1790 hyd heddiw. 'Prif arwr dadleuon diwinyddol Cymru' oedd ef, yn ôl Owen Thomas. I'r rhai a ddaeth yn gyfarwydd ag olrhain dirywiad diwinyddiaeth yn Lloegr drwy ddilyn brwydrau Spurgeon fel y'u hadroddwyd mor ofalus gan Iain Murray, diddorol sylwi mai dwy ddadl gyffelyb a gafodd Thomas Jones, yntau, y gyntaf yn erbyn Arminiaeth (1800-1810, tri llyfr) a'r ail yn erbyn yr hyn a elwir yn Uchel-Galfiniaeth (1810-1820) ond a oedd yn amddiffyniad ganddo ef o'r gwirionedd am Anfeidroldeb Iawn Crist ('Efe yw yr Iawn', meddai Thomas Jones: hynny yw, y mae'r Iawn yn anfeidrol ynddo'i hun, ond yn neilltuol o ran gosodiad dros y rhai a gredai). Y lle gorau i ddarllen am hyn oll heddiw yw'r penodau ar ddadleuon gan Owen Thomas yng *Nghofiant John Jones, Tal-sarn.*

IV. *Hanesydd*

Priodol sôn am ei hanesyddiaeth yn sgîl ei ddiwinyddiaeth oherwydd yr ymwybod hanesyddol a gadarnhâi ei ddadleuon megis *Ymddyddanion Crefyddol rhwng Ystyriol a Hyffordd* 1807. Meddai'r diweddar Athro Idwal Jones, 'Erys y *Merthyrdraith,* o ran cyflawnder, ehangder, a diddordeb, yn un o lyfrau mawr yr iaith Gymraeg'. Llyfr am hanes y Merthyron a gyhoeddwyd yn 1814 yw'r *Merthyrdraith;* ac y mae'n ymestyn dros 1,181 o ddudalennau. Ni fyddwn yn cynghori neb heddiw i ddarllen llawer mwy nag o dudalen 878 hyd y diwedd; eithr yma fe geir llawer sy'n wreiddiol ddifyr ac yn dangos dawn Thomas Jones i adrodd stori. Meddai Frank Price Jones am y Llyfr: 'hanes gofalus yn cyflwyno'i ffeithiau'n deg a chlir'; ac meddai Owen Thomas (ac ai dyma'r lle y cafodd SL ei ddefnydd o'r radd eithaf?), 'y prif lyfr a gyhoeddwyd erioed yn ein hiaith.'

V. *Geiriadurwr a Chyfieithydd*

Priodol nodi fod i'w Eiriadur Saesneg a Chymraeg, 1800, le diogel a phwysig yn hanes geiriaduraeth Gymraeg. Y mae graen neilltuol ac urddas naturiol hefyd ar ei gyfieithiadau: (a) *Cristion mewn Cyflawn Arfogaeth,* Gurnal, 1786-1819, (b) *Cofiant y Parch Thomas Charles,* 1816.

VI. *Arloeswr y Wasg*

Efô oedd cychwynnydd a pherchennog cyntaf Gwasg Gee, Dinbych. Golygydd *Y Drysorfa Ysprydol,* sef y cylchgrawn enwadol cyntaf i ymddangos yn Gymraeg, y dywedodd yr Athro Idwal Jones amdano, ''Y mae'n amheus a gyrhaeddwyd safon uwch gan unrhyw gylchgrawn enwadol yng Nghymru yn ystod y ganrif ddiwethaf.' Diddorol a phwysig hefyd yw nodi mai ef oedd y cyntaf (neu ymhlith y cyntaf) i sgrifennu straeon yn Gymraeg i blant, sef *Anrheg i Blentyn.* Byddai'n rhwydd iawn bellach i ni gael tipyn o sbort ar gorn y rhain—megis ar gorn unrhyw waith i blant am flynyddoedd wedyn; ond y chwyldro yn achos Thomas Jones oedd iddo ddeffro i angen plant o gwbl ac ymddiddori ynddynt a cheisio chwilio am eu lefel.

VII. *Arweinydd Crefyddol*

Thomas Jones yn anad neb a oedd yn gyfrifol am i'r Methodistiaid ymsefydlu'n enwad, drwy iddo ddechrau bedyddio a gweinyddu'r cymun ei hun, ac yntau heb ei ordeinio. Dyma'r cam allweddol, yn ddiau. Cymerodd i ddechrau ddull yr annibynwyr a'r eglwys fore, sef y gynulleidfa'n gofyn am y peth; yna, dylanwadwyd ar Thomas Charles i ordeinio nifer o weinidogion, a hyn a wnaeth y Methodistiaid Calfinaidd yn 'Gorff', sef yn drefniadaeth gysylltiedig, a maes o law yn ganoledig i raddau.

Ni ddylem feio Thomas Jones am y beiau sy wedi tarddu o'r gyfundrefn honno bellach. Yn ystod y bwlch a ymagorodd ar ôl marwolaeth tadau'r Diwygiad (Howell Davies 1770, Howell Harris 1773, Daniel Rowland 1790, William Williams 1790, Peter Williams 1796) cododd angen mawr am arweiniad ymhlith y Methodistiaid. Ac yr oedd gan Thomas Jones y ddawn hon—a darddai'n arbennig o'i gadernid dewr (a welwyd yn ei amddiffyniad o ryddfreiniau'r Pabyddion, a hynny yn nannedd beirniadaeth ac erledigaeth lem, ac unigrwydd hefyd) ac o'i ddeall hanesyddol.

Meddai R. T. Jenkins amdano: 'Y mae Thomas Jones yn un o ddau ddyn mawr y Methodistiaid Calfinaidd yn ei ddydd. Ni chafodd fanteision addysg Thomas Charles, eto odid nad oedd yn gryfach meddyliwr nag ef.' Bid siŵr, cafodd fanteision eraill, rhai bydol, heblaw ei ddoniau naturiol a doniau gras arbennig—er bod rhyw fath o ddawn, mae'n rhaid, wedi bod yn gyfrifol am y ffaith iddo briodi dair gwaith, peth a barodd—ynghyd â'i etifeddiaeth gan ei dad—iddo ddod yn ŵr cyfoethog iawn, 'ond odid y Methodist cyfoethocaf yn ei ddydd.' Yr oedd hynny—ynghyd â'i ddysg fawr—yn dra phwysig ar gyfer 'delwedd' y Methodistiaid tlodion, yn arbennig mewn ambell dref fach snobyddlyd fel Dinbych.

I ni heddiw, y prif hyfrydwch a geir yng ngwaith Thomas Jones yw ei ddatganiad clir a dwfn o'r efengyl a'r mwynhad a geir o ymdroi gyda'r gwirioneddau godidog a ddatguddiwyd i'w galon gan yr Ysbryd Glân. Dichon y byddai rhyddfrydwyr diwinyddol neu ddyngarwyr seciwlar yn achwyn oherwydd 'diffyg gwreiddioldeb' gan fod pobl felly (megis y dywed *Merch Gwern Hywel*) 'heb gadw mewn cof mai etifeddiaeth ydy'r Ffydd, ac mai cadw'r ffydd, traddodi, ydy swydd pregethwr, nid ymresymu'n rhydd. Dyna ystyr brwydro Mr. Jones, Dinbych.' Wel beth bynnag am y syniad arferol am 'wreiddioldeb', y mae'r efengyl yn seinio fel cloch ac yn rhedeg fel ffrwd ddilygredd drwy dudalennau'r llenor mawr hwn a fu farw yn nhraean cyntaf y ganrif ddiwethaf.

CH. JOHN ELIAS

Diau mai un o bersonoliaethau cawraidd dechrau'r ganrif ddiwethaf oedd John Elias; a chyn mynd ati i drafod ambell broblem unigol ynglŷn â'i feddwl a'i fuchedd, dichon y byddai'n hwylus inni arolygu'n weddol gyffredinol rai o'i nodweddion pwysicaf:

(i)   Ei awdurdod, yn tarddu o gyfuniad o'r efengyl uniongred ac o'i ddifrifoldeb mawr; teimlad cryf, ynghyd â sobrwydd, wedi eu rheoli gan fin a mêl yr efengyl yn ei phurdeb.

(ii) Doniau areithyddol digyffelyb.

(iii) Cododd rhagfarnau cryf yn ei erbyn yn yr oes ar ei ôl, oherwydd—

(a)   Yn bennaf, ei uniongrededd glasurol gadarn, oblegid cael ei ddilyn gan genhedlaeth laciach;

(b)   Ei wleidyddiaeth geidwadol (dyma brif fwgan ymddangosiadol Cymry'r 20fed ganrif). Rhaid cofio mai un rheswm dros ei Doriaeth adweithiol a brenhinol oedd yr elyniaeth hysterig ar y pryd yn erbyn Methodistiaid cynnar dan y dyb eu bod yn bygwth chwyldro, yn cydymdeimlo â'r Ffrancwyr, ac am sarnu trefn a chyfraith;

(c)   Ei gyfrifoldeb am y Gyffes Ffydd, a fu'n hunllef i lawer Methodist wedyn. Syllai'r egwyddorion di-sigl hyn i fyw llygaid yr Hen Gorff am flynyddoedd i'w atgoffa am yr hyn a fu;

(ch)   Rhaid ei feio'n ddiau am orgyfundrefnu'r enwad: fe'i gosododd ar y llwybr gwleidyddol tuag at reolaeth drwy bwyllgorau. Oherwydd ei sêl dros burdeb (heb sylweddoli'n ddigonol yr amhosibilrwydd o ddiogelu cywirdeb ffydd drwy foddion allanol), bu'n gorwylied yn barhaus uniongrededd ei frodyr er mwyn gweithredu 'disgyblaeth'. Diau hefyd iddo ddangos anystwythder wrth gydweithredu ag achosion efengylaidd eraill;

(d)   Chwyddwyd y sylw at ei wyriad bach ynghylch Iawn Cytbwys; ond y mae'n amlwg iddo gywiro hyn, a phregethu'n rymus i'r gwrthwyneb, ac mai dros dro byr yn unig y coleddodd y cyfeiliornad hwn, er bod ei olynwyr wedi ymaflyd ynddo gydag awch wrth gwrs. Y mae un o'i bregethau enwocaf (*Ioan* i. 29) yn cyrraedd ei huchafbwynt yn y geiriau a ailadroddir, 'Y teulu sy'n rhy fychan i'r Oen': *Enwogion y Ffydd,* gol. J. Peter a G. ap Rhys, Llundain, II, 420.

Creadur braidd yn anystywallt, a dweud y lleiaf, oedd John Elias hyd yn oed yn ystod ei oes. A bu'n ddigon annoeth i ddarparu ym 1974, ar gyfer Cymry diwedd yr ugeinfed ganrif, ddau canmlwyddiant ei eni. Trodd Pabydd enwocaf ein gwlad ati i lunio comedi gymen i ddathlu'r achlysur; a dyma dŷ cyhoeddi yn yr Alban yn cyflwyno cyfrol hardd o gofiant iddo ynghyd â chasgliad helaeth o'i lythyrau a detholiad o'i ysgrifau. Cofiant safonol Edward Morgan a gyhoeddwyd yn gyntaf yn 1844 ydyw'r cofiant hwn, wedi'i dwtio yma ac acw i'n cyfnod ni gan Gomer M. Roberts. Y mae'r llythyrau (26 ohonynt) a'r ysgrifau wedi'u golygu gan S. M. Houghton, athro hanes yn y Rhyl gynt ac un a fu (gredaf i) yn gryn ddylanwad ar dwf Dr. Tudur Jones.

Ar ôl gweld a darllen drama Saunders Lewis, hyfryd yw troi at y Cofiant er mwyn cael ein hatgoffa ein bod yn ymwneud â sant a bod ei fywyd defosiynol a'i dduwioldeb ef yn cael argraff lawer llawnach ar ei feddwl a'i fuchedd nag yr awgrymir ym mhortread difyr Mr. Lewis. Fe fu John Elias yn anlwcus yn y chwedl a adawodd ar ei ôl, yn arbennig o'i gymharu ag arwyr cynnar y Diwygiad, gwŷr a fu'n hynod boblogaidd yn nhraddodiadau'r wlad. Fe ddaeth Daniel Rowland a Williams Pantycelyn yn arwyr i'r rhai a'u dilynodd, am fod eu holynwyr uniongyrchol hefyd yn etifeddion iddynt. Yr olynwyr uniongyrchol hyn mewn amser a roddodd i'r arloeswyr eu lle diogel yn hanes Cymru. Ond ar ôl John Elias, yng nghanol y ganrif ddiwethaf, dyma'r pryd y dechreuodd y Dirywiad Mawr, y dirywiad mewn athrawiaeth a'r dirywiad cysylltiedig mewn profiad a chariad. Fe adweithiwyd yn erbyn cadernid pendant y genhedlaeth gynt. Fe geisiwyd peidio ag wynebu man canol y gwrthwynebiad, wrth gwrs, eithr cydio mewn gwendidau ymylog; a cheisiwyd cyfiawnhau'r chwalfa gredo drwy ymosod personol ar gynrychiolwyr yr uniongrededd hanesyddol.

Er bod John Elias o dan gysgod ers blynyddoedd bellach, yn araf deg rydw i'n synhwyro fod tuedd i'w gydnabod ef o'r newydd yn un o fawrion y ganrif ddiwethaf,—efallai'r pregethwr mwyaf a gafodd Cymru erioed, yn arweinydd meddwl pwysig ac yn gyfrwng bendith helaeth yn ei oes. Da, serch hynny, yw ein hatgoffa'n hun pam yr aeth ef o dan gysgod gynt.

Roedd ef yn cynrychioli Cristnogaeth y Beibl yn hytrach na Christnogaeth y dychymyg. Gŵr oedd ef a oedd yn *credu* hefyd—credu yn yr ystyr o ddibynnu'n llwyr ac yn bersonol ar berthynas hollol fyw, feunyddiol o Grist, y Crist a oedd wedi gwneud (yn ei hanes ef) yr hyn y dywedasai Ei fod yn mynd i'w wneud. Bwyd go gryf oedd hyn. Yn union ar ôl amser Elias fe ddechreuodd credu lacio yng Nghymru—lluchiwyd y peth hwn a'r peth arall, y naill ar ôl y llall, a disodlwyd credu'r efengyl effro gan athrawiaethau dyneiddiol a chan yr arferiad rhyfedd o grefydda. Fe ddisgrifiwyd Rhyddfrydiaeth ddiwinyddol gan Richard Niebuhr fel hyn: 'Duw heb ddicter yn dod â dynion heb bechod i mewn i deyrnas heb farn drwy weinyddiad Crist heb groes'. Ffydd hollol wahanol i hynny a oedd gan John Elias.

Er mwyn cyfiawnhau'r oes newydd, serch hynny, yr oedd yn rhaid rywsut glirio John Elias o'r gydwybod; ac fe aethpwyd ati i ymosod arno'n egniol ar ddau ffrynt.

Fe geisiwyd honni fod ei ddiwinyddiaeth ef yn sigledig a'i fod yn tueddbennu at Uchel Galfiniaeth, yn wir at Antinomiaeth.

Trafferth Uchel Galfiniaeth yn ei sêl dros gydnabod Penarglwyddiaeth Duw oedd gwadu cyfrifoldeb dyn, ei drafod ef fel 'peth', heb gydnabod ei ddyletswydd i ufuddhau. Ni chyflwynid y gorchymyn cyffredinol i bawb edifarhau oherwydd y gred bod yr efengyl yn gyfyngedig i etholedigion. Honnid nad oedd gennym warant i wahodd at Grist ond y rhai sy'n ymwybod o bechod ac o angen. Hefyd, fel y dywedodd Pantycelyn.

'Y maent yn dala'r ethol, a'r gwrthod cas yn un,
Heb gofio llw'r drugaredd a dyngodd Duw ei hun'.

Hynod anffodus yw'r ansoddair 'uchel' i'r fath wyrdroad.

Yn gymharol ddiweddar sylwaf fod Dr. W. T. Owen yn ei lyfr ar *Edward Williams* yn dal: 'In Wales its hold (h.y. Uchel Galfiniaeth) on Nonconformity was especially strong, and it was not until the death of John Elias, its most powerful and influential advocate, that freedom was eventually secured.'

Yn awr, y mae holl bregethau John Elias, a'r cynnig rhydd o'r efengyl a'i anogaeth angerddol i bechaduriaid edifarhau'n ddiymdroi, yn dangos anghywirdeb y fath feirniadaeth. Ond ystyrier y ddau ddyfyniad canlynol: dyma a ddywedodd wrth ddiarddel Edward Roberts am ei Uchel Galfiniaeth yng Nghymdeithasfa'r Wyddgrug 1836:

'Nis gwn i ddim pa beth i'w feddwl ohonoch yn Sir Fflint yma. Y mae yma ryw ysbryd, ers blynyddoedd, na wn i ddim pa fodd i roddi cyfrif amdano, oddi eithr ei fod wedi dyfod oddi wrth yr un drwg ei hunan. Yr ydych yn gwthio eich gilydd i ryw eithafion, sydd mi a obeithiaf, yn hollol ddieithr i siroedd eraill, oddi eithr fel y maent yn cael eu llygru gan rai ohonoch chwi. Fe ddywedir fod rhai ohonoch yn pregethu anallu dyn yn y fath fodd ag i esgusodi y pechadur yn gwbl; ie, yn gwadu dyletswydd dyn i edifarhau a chredu; ac yn cyfyngu galwad briodol a gwirioneddol yr efengyl i'r etholedigion yn unig; ac yn dadlau nad ydyw yn perthyn i'r byd yn gyffredinol a diwahaniaeth. Nid oes ryfedd fod syniadau mor anefengylaidd ac anysgrythurol â'r rhai yna, yn gyrru eraill i ryw eithafon yr ochr arall. Yr ydwyf yn gobeithio, ar ôl heddiw, y byddwch yn cydymdrech i rodio ar hyd canol y ffordd.'

Dyma ef yn sgrifennu at ei fab pan oedd hwnnw yn yr ysgol yng Nghaer:

'Y mae dy lythyr yn gogwyddo gormod at lwybr Antinomaidd, trwy gamgymryd a chamddefnyddio'r athrawiaeth am anallu dyn, ac felly yn tueddu osod y bai ar Dduw. Ymddengys fel pe byddi yn meddwl nad oes gennyt ti ddim i'w wneud, oddi eithr i rywbeth rhyfeddol dy gyfarfod, megis y digwyddodd i Saul wrth fyned i Damascus. Beth! Dim i'w wneud ond aros yn dy bechodau? A bod yr

Hollalluog i'w feio am nad yw yn dy alw oddi wrthynt, ac yn dy lusgo hyd yn oed yn erbyn dy ewyllys? O, fy annwyl fab, gwylia gyfeiliorni! Er bod dyn yn farw mewn camweddau a phechodau, eto nid ydyw yn farw fel pren neu faen. Nid ydyw dyn heb enaid,a chyneddfau galluog, i weithredu yn rymus a rhwydd . . . Y mae yr Arglwydd wrth achub pechaduriaid yn ymddwyn tuag atynt fel creaduriaid rhesymol.'

Y mae'r gyfrol gan Edward Morgan yn cadarnhau'r disgrifiad o John Elias fel Calfinydd canol-y-ffordd: tyst o'i ddadansoddiad manwl o beryglon Uchel-Galfiniaeth yn ei lythyr at Weinidog, Rhagfyr 24, 1824 (tt 316-319) ac yn y dyfyniad o'i ddyddiadur ar dudalen 141. Yn wir, y mae ei gofianwyr J. Roberts a J. Jones (1850) yn tebygu fod cas John Elias at Antinomiaeth yn waeth nag at Arminiaeth. Arminiaeth ydyw'r athrawiaeth wrthwyneb, sy'n gwadu Penarglwyddiaeth Duw, ac yn gosod penderfyniad a chyfrifoldeb Dyn yng nghanol cynllun iachawdwriaeth.

Yr ail ffrynt y ceisiwyd ymosod arno oedd ei ddysg. Fel y gwyddys, ail hanner y ganrif ddiwethaf oedd cyfnod eilun-addoli addysg, y cyfnod pryd y tueddai snobs fel Thomas Charles Edwards[1] i ddirmygu dynion hunan-addysgedig megis John Elias. Addysg gyfoethog lafar gwlad, a thrwythiad yn y Piwritaniaid, yn hytrach na hyfforddiant confensiynol y Brifysgol, oedd ei gynhysgaeth ef. Honnid bod ei lyfrgell ef yn grebachlyd o gul a'i barch at ysgolheictod yn bitw. Dyna fyddai pen draw cabledd i'r addysg-addolwyr a'i dilynodd, oherwydd, fel y gwŷr pawb, daethpwyd i goelio y byddai ymchwil a dysg yn datrys pob problem grefyddol, ac nad oedd yn bosibl i neb ond ysgolhaig Prifysgol ddeall Gair Duw, beth bynnag am ufuddhau iddo. Aethpwyd ati i fwrw anfri ar arweinwyr Cristnogol di-Brifysgol y genhedlaeth uniongred.[2]

Priodol, felly, yw darllen yn y cofiant (e.e. ar dud. 39) mor ddiwyd ac mor llydan oedd diddordebau John Elias ymhob math o bynciau deallol. Medrai ddarllen Hebraeg a Groeg, a cheid yn ei lyfrgell 'tua naw cant o gyfrolau, gan yr awduron gorau, yn hen a diweddar'. Byddid yn gwawdio, gynt, ei bwyslais ar ddiwin-

---

1. Tystir i'w snobyddiaeth yn *Edrych yn Ôl*, R. T. Jenkins ac yn ei agwedd at "an uneducated ministry."
2. Hoff gan ambell un adleisio y cyhuddiad di-sail nad oedd John Elias wedi darllen Calfin. Ond anodd credu y gallai osgoi darllen yr Esboniad ar y Salmau (tt. 530) er enghraifft, 1828.

yddion Piwritanaidd Loegr; ond yn y cyfnod diweddar hwn fe welwyd adfywiad aruthrol ym march beirniaid llenyddol a diwinyddion (heblaw Cristnogion cyffredin) at y dyfnder sydd yn yr ysgrifenwyr cyfoethog hynny. Soniai ei fab am John Elias: 'Gwelais ef unwaith yn methu ag eistedd i ddarllen gan boenau dirfawr yn ei ben: ac efe a ledodd y llyfrau agored ar hyd y llawr, a gorweddodd yn eu canol i'w darllen'. Meddai ei ferch, 'Nid yn aml y gwelais ef yn cymryd ei foreufwyd heb fod ganddo lyfr yn ei law'.

Dechreuodd y syched am lyfrau yn gynnar iawn yn ei fywyd, a gwyddom am lu o gyfrolau a fu'n gwmni beunyddiol iddo—clasuron mawr y ffydd, heblaw gweithiau ar feddygaeth, daearyddiaeth, seryddiaeth, cyfraith gwlad, ac yn y blaen.

Meddai H. Gwalchmai, 'yr oedd yn yfed dysg fel hydd sych-edig yn yfed dyfroedd'. Tystiai ei fab, 'byddai fy annwyl dad yn ei lyfrgell bob munud a allai ei gael; yno yr oedd ei gartref, a byddai fel gŵr allan o'i elfen pan gedwid ef oddi yno weithiau gan amgylchiadau anorfod. Dychwelai ef i'w lyfrgell yn aml pan fyddem ni ym mynd i'n gorweddleoedd, a mynych yr arhosai yno hyd ddau neu dri o'r gloch y bore'.

Nid syn, felly, pan ddechreuwyd ymorol am gefnogaeth i sefydlu Athrofa yn y Bala, mai John Elias oedd un o'r prif hyr-wyddwyr i'r symudiad. Os oedd diffyg o gwbl yn ei agwedd ef at ddysg, nid mewn ehangrwydd na brwdfrydedd y ceid hynny, eithr yn y ffaith na rybuddiodd ddigon mor gyfyngedig yn y pen draw yw pob dysg ddynol, mor chwannog i ymhonni ac ymfalchïo; ac yn ail, yn y ffaith nad olrheiniodd y gwahaniad penodol rhwng y dull seciwlar o feddwl am ddysg a'r meddwl Cristnogol amdani. Yn y genhedlaeth a'i dilynodd ef fe fedd-iannwyd pob dysg gan y meddwl di-Grist, ac ymdriniwyd â phob pwnc daearol fel pe na bai Duw yn penarglwyddiaethu arnynt.

Tipyn go lew o fraw felly oedd iddo ymrithio gerbron Cymru ar ddau ganmlwyddiant ei eni—gyda'i athrawiaeth, a'i dduw-ioldeb, a'i brofiad dwys ei hun yn sail i'w ddawn bregethu, gyda'i wreiddioldeb, hyd yn oed ei hiwmor, a chyda'i ddadansoddiad o'r dirywiad a oedd yn bygwth yr eglwys; gyda'i oddefgarwch hefyd (yn rhyfedd iawn), goddefgarwch sydd heb feddalwch a heb ym-gais i eistedd ar y clawdd.

Calfinydd uniongred a chlasurol oedd John Elias, gydag ambell wyrdroad hollol eilradd. Safai'n ddiwinyddol gydag Awstin a Chalfin, yn olyniaeth Erthyglau Eglwys Loegr a'i Chatecism, gyda Phantycelyn a Daniel Rowland, gyda chyffesion ffydd yr Annibynwyr a'r Bedyddwyr: hynny yw, fe arddelai ffydd sydd, er gwaetha'r canu hwyliog ar emynau, yn bur ddieithr i bennau ac i galonnau capelwyr Cymru yn y cyfnod diweddar.

Diau iddo wyrdroi ryw ychydig er enghraifft yn ei wrthdrawiad gyda Thomas Jones ynghylch helaethrwydd yr Iawn; ond pan ddangosodd hwnnw mai 'Efe yw yr Iawn' ac anfeidroldeb cynhenid yr Iachawdwriaeth, yr oedd John Elias yn ddigon o ddyn i gwympo ar ei fai. Y cymhelliad y tu ôl i'r gwyrdroad hwn oedd ei ofal ef am anrhydeddu Crist, fel na bai un diferyn o'i waed Ef yn cael ei gyfrif yn wastraff. Ond sylwer, nid gogwyddo tuag at Uchel Galfiniaeth a wnâi ef yn yr achos bach enwog yma, eithr fel arall yn hollol, tuag at Arminiaeth, *gan gydbwyso'r Iawn â phechod dyn, fel pe bai dyn ar ryw olwg yn effeithio ar Iawn Duw.* Diau, ar y llaw arall, y gellid gweld cymhelliad Calfinaidd manwl ynghylch Etholedigaeth—nid Uchel Galfinaidd bid siŵr—yn y ffaith fod ymgais i'w diogelu a'i hanrhydeddu fel athroniaeth;—oni chyfrifir gan rai fod Etholedigaeth hithau yn Uchel-Galfinaidd! Yn wir, clywais un 'ysgolhaig' nodweddiadol yn addef fod pregethau Calfin yn 'burion', ond rhyw duedd 'Uchel-Galfinaidd' sydd ganddo yn ei *Institutio.*

Tebyg fod yr ymgais i ymwrthod â John Elias, ac i ymwrthod â'r Efengyl gadwedigol odidog a bregethai ef drwy nerth yr Ysbryd Glân, yn adlewyrchiad o ysfa sydd yn medru ymyrryd hyd yn oed ag ysgolheictod cytbwys. Bûm yn siarad y dydd o'r blaen ag Athro Cadeiriol yn y Clasuron, ac yr oedd ef yn dweud am y gwahaniaeth dirfawr a welai ef rhwng y feirniadaeth a geid ym myd y Clasuron a'r math o feirniadaeth anhygoel a lyncid ym myd Beirniadaeth Feiblaidd. Ac yn ei farn ef, ni ellid esbonio'r hygoeledd gwallgof gyda'r olaf ond yn nhermau ysbryd aflan a phenderfyniad cwbl ddall ysbrydol. Nis cyfrifid yn ysgolheictod mewn unrhyw faes arall.

D. "CYFRINIAETH" ANN GRIFFITHS

Da y dangosodd yr Athro Hywel D. Lewis mai Hindŵ, i bob pwrpas, oedd Tillich. Nid pawb sy'n sylweddoli cynifer o Hindŵaid sy'n llenwi pwlpudau Cymru erbyn hyn; ac nid llai eu

470

Hindŵaeth oherwydd eu bod yn gwasgaru ambell ddyfyniad o'r ysgrythurau Cristnogol ac ambell gyfeiriad at yr Iesu yng nghanol eu cenadwri. Eto, os gorfodir ni gan Hindŵaid i ail-chwilio ffeithiau hanesyddol yr efengyl a sylweddoli o'r newydd Berson Crist, fe ddaw rhyw oleuni o'r nos i gyd, hyd yn oed os chwelir yr holl enwadau yn y broses.

Rhydd y sylw newydd diweddar i Ann Griffiths gyfle inni i wahaniaethu'n bendant ac yn eglur rhwng "cyfriniaeth" Gristnogol a Chyfriniaeth Hindŵaidd. Gwahaniaethant yn sylfaenol yn ôl eu rhagdybiaethau; a chan fod Tillichwyr yn tybied (yn ddigon diniwed) eu bod yn ddiragdybiaeth—o leiaf ar ddechrau ambell frawddeg er y gallant nodi'u rhagfarn yn dalog ddigon erbyn y diwedd—gall fod yn hwylus inni ymgyfyngu am y tro i nodi rhagdybiaethau Ann Griffiths.

Yr oedd ei "chyfriniaeth" hi wedi'i disgyblu gan ffeithiau allanol Cristnogol: ffeithiau hanesyddol oedd yn ffurfio neu'n argraffu natur ei phrofiad o'r Duwdod. Fel y mae Duw wedi'i gyfyngu gan Ei natur Ei hun, felly y mae'r Cristion yn diffinio popeth dilys drwy Air Duw ac nid drwy ei chwiwiau ef ei hunan.

Pair hyn gryn anhawster i'r sawl sy'n ceisio cydio Ann Griffiths wrth y traddodiad cyfriniol anuniongred, fel y sylwodd J. R. Jones yn ei astudiaeth ddiweddar dra awgrymus (*Ac Onide,* 223-244). Ac y mae ef yn darlunio sefyllfa Ann fel petai yna wrthdaro rhwng yr "elfen gyfriniol" a'r "elfen ddiwinyddol Galfinaidd". Ond yn wylaidd iawn, fe garwn awgrymu nad oes modd cael Calfiniaeth iawn heb yr "elfen gyfriniol" a oedd mor gryf yn Ann, ac ni cheir "cyfriniaeth" Gristnogol ychwaith heb gael athrawiaeth uniongred gan ei bod yn troi'n gyfriniaeth arall onid angorir hi yn y gwirionedd.

Dowch inni gysidro *Ffordd* y Cyfrinwyr, er enghraiifft. Dadleuai J. R. Jones nad yw Ann yn gyfrinydd am na cheir cyfundrefn gyfriniol ganddi yn graddio'r ffordd yn y modd arferol: gwyddom fel y nodir amrywiol "orsafoedd" ar y ffordd hon, ac o dro i dro rhoddir enwau ffansiol iddynt. Sonia rhai diwinyddion Pabyddol, felly, am Ffordd Purdan, Goleuo, ac Undeb; a bydd cyfrinwyr lawer eraill yn ceisio disgrifio'r stadau seicolegol, gan amlaf, y buont hwythau drwyddynt. Ni cheir dim o'r fath gan Ann, meddai J.R., am mai cyfundrefn ddiwinyddol a geir yn ei hemynau hi a honno wrth natur yn gorfod bod yn anghyfriniol.

Yn awr, rhaid peidio â gwyrdroi'i ddiwinyddiaeth hi. Yn sicr, fe geir cynllun yn honno—neu drefn—a gellir gweld hynny yn union debyg, yr un fath yn hollol â'r drefn "gyfriniol". Mae ganddi hi gerdd gyfan ar y "Ffordd" (*Pedwar Emynydd,* IV) a'r gair "Ffordd" yn digwydd 14 o weithiau a "llwybr" unwaith ynddi; a ffordd "i hedd a ffafor gyda Duw", mewn gwirionedd, ydyw testun ei cherddi benbwygilydd. Nid yw'r dadansoddiad Calfinaidd o drefn-y-cadw sydd y tu ôl i'r ffordd hon yn ddim ond amlinelliad o ddatblygiad anochel profiad y Cristion. Cymerer y camre a ddisgrifir gan y Calfinydd fel arfer: galw effeithiol, atgenhedlu ac aileni, ffydd ac edifeirwch, cyfiawnhau, mabwysiad 'sancteiddhad a pharhad mewn gras, undeb â Christ, a gogoneddu. Yn awr, nid yw'r rhain namyn casgliadau diwinyddol ar sail ysgrythurol o dyfiant bywyd pob Cristion; eithr gwelir mai disgrifiad mwy ysgrythurol a thrwyadlach ydynt o'r camre bras a noda'r cyfrinydd Pabyddol yntau. Er mai deallol yw hyn, ar ryw olwg, nid deallol yn unig mohono: y mae'r deall a'r teimlad yn gwbl gytûn ac annatod am mai'r Person yr oedd Ann yn dotio arno yw'r Gair ei hun: Efô yw'r Ffordd. Nid deuoliaeth sydd gennym gyda'r rheidrwydd o ddewis naill ai'r Person neu'r Drefn a chael un yn eilbeth (*Ac Onide,* 242). Ar ryw ystyr, y Ddeddf oedd yn Ei ddiffinio. Y mae rhai Hindŵaid, ar y llaw arall, yn ceisio dal fod "Duw y tu hwnt i ffiniau, yn fwy na phob diwinyddiaeth". Ac y mae'r fath honiad gwlithog yn ymddangos yn enbyd o uwchradd ac o "dduwiol". Ond y gwir yw bod Duw'n cael ei ddiffinio gan yr adwy rhwng y ddwyblaid, gan Ei weithred o greu, gan ei fawredd tragwyddol.

Brawychai Ann rhag dychmygion o bob rhyw, am ei bod yn sylweddoli'r cwymp sydd yn seicoleg pob cyfrinydd. Ond nid oedd rhaid iddi ddychmygu Crist gan Ei fod Ef wedi'i gyflwyno'i hun o ran natur gyda llawer o fanylion yn yr Ysgrythurau hynny o Genesis ymlaen a efrydai hi mor ddwfn, a chan fod yr Ysbryd yn bywiocáu'r adnabyddiaeth hon yn ei pherson hi ei hun. Rhan o'r modd o ddiffinio'r Duwdod oedd y Ddeddf a Threfn-y-cadw, nid dim byd ar wahân; nid oedd y naill yn bod yn annibynnol ar y llall, ac felly ni allai fod yn "eilbeth". Ei diwinyddiaeth oedd ei "chyfriniaeth".

Heblaw gweld gwrthdaro rhwng Diwinyddiaeth a Chyfriniaeth Ann, fe welai J. R. Jones wrthdaro rhwng ei hamgyffrediad o'r personol a'r amhersonol. Roedd arwyddion (meddai *Ac Onide* 235 yn ddiolchgar) o'r gyfriniaeth Hindŵaidd (Tillichaidd) amhersonol yn y gyfres o droadau am 'nofio', 'treiddio', 'suddo', a 'môr', a thybid bod hyn yn groes i'r gyfriniaeth Gristnogol bersonol, hanesyddol, ffeithiol. Ond dyma baradocs Cristnogol y mae llawer o feddylwyr Hindŵaidd yn cael anhawster i'w ddeall ac sydd wrth gwrs ynghlwm wrth yr ymgnawdoliad a'r iawn fel ei gilydd, yn y ffaith fod y diamser wedi ymgorffori mewn amser, a'r trosgynnol wedi dod yn berson daearol ac wedi gweithredu mewn hanes. Wrth geisio ymgyfyngu ar y naill ochr gan anwybyddu neu heb wybod am y llall, y mae'r Hindŵ yn gorfod aros yn anghyflawn yn ei gyfriniaeth. Ond i A.G., fel i bob Cristion byw, y tragwyddol oruwchnaturiol yn y dyn naturiol Iesu, y Duw ddyn hwn, y crewyd pob peth trwyddo ac a ddaw i farnu yn y dydd diwethaf, hwn ydyw'r Un y treiddiwn i'w adnabyddiaeth, y "nofiwn" ynddo, ac a garwn yn ddiderfyn. Daeth y Tu-hwnt-i-amser i mewn i Amser.

Dadleuai J.R. (*Ac Onide* 227) fod Ann yn y bôn am dreiddio i undod nid â bod unigol, nid â pherson, ond "i undod â Dyfnder neu Drosgynolder Bod". Diau mai dyna uchelgais Hindŵaidd Tillich, yntau, ond y mae holl dystiolaeth Ann—ei sôn am wrthrych, am berson, am ddelw, am brofi'n bersonol "erotig" y berthynas hon—y mae trymder mawr yr holl dystiolaeth yn ysgubol wrthwyneb i'r ddamcaniaeth anghyfan hon.

Yr hyn sy'n nodweddiadol o Ann yw:

> 'Wele'n sefyll rhwng y myrtwydd
> *Wrthrych* teilwng o fy mryd'.

(XIII, 1: sef rhif yr emyn, a'r pennill, yn *Pedwar Emynydd*).

'Am fod *gwrthrych* i'w addoli'. (XX; Cf. XII, XIII, 2)
'Dyma'r *person* a ddioddefodd' (III, 3)
'Dwy natur mewn un *person*' (VI, 1)
'O fy enaid, gwêl addasrwydd
  Y *person* dwyfol hwn' (VI, 2)
'Wedi ei dragwyddol setlo
  Ar *wrthrych* mawr ei *berson*' (VII, 2)
'Ymddifyrru yn ei *berson*' (XIV, 2)
'Am fod arna i'n sgrifenedig
  Ddelw *gwrthrych* llawer mwy' (V, 2; Cf. 3, 5)
'A mwynhau ei *ddelw'n* llawn' (IX, 2)
'A'm henaid ar ei *ddelw'n* llawn' (XX, 7)

Cywir y pwysleisia J. R. Jones yr agwedd "ysbrydol" i'r undeb hwn, ond rhaid ymatal rhag ei orbwysleisio neu fe gollir y diriaethu, sef, y paradocs Cristnogol na all yr Hindŵ ei amgyffred. (I, 2, 3; III 2, 4; XX, 3, 4).

Llygatynnir rhai gan yr elfen erotig yng ngwaith Ann, fel llygoden ar ôl tamaid o gaws. Gwelant ei nwydau'n gig-agored a rhyfeddant at ei hymateb corfforol i'r Duwdod. Ond dyma eto y methiant i sylweddoli cyfanrwydd anochel Cristnogaeth, ac athrawiaeth y Person. Gwyddai hi—o efrydu *Caniad Solomon*—fod i'r corff ac i briodas eu lle anrhydeddus ym mhrofiad y bersonoliaeth iach (VII, 1; IX, 2; X, 2; XIII, 2; XIV, 1, 2; XX, 7; XXV); a thyfasai yr amgyffrediad hwn o'i gwreiddiau ysgrythurol, o'i hufudd-dod a'i diwinyddiaeth hi. Fel y cwympasai'r ysbryd a'r corff gyda'i gilydd, felly y'u hiacheir yn unol ac ynghyd.

Nid rhwydd yw canfod sut y llwyddwyd yn *Ac Onide* i beidio â gwerthfawrogi cyflawniad y paradocs Cristnogol yn Ann Griffiths gan nad yw hi'n mynd y tu hwnt i'r athrawiaeth Gristnogol sylfaenol. Ond rwy'n meddwl fod y gyfrinach i'r gam-ddealltwriaeth hon i'w gweld yn statig rwydd neu yn unochredd y dehongliad Hindŵaidd o Undeb. Chwyldro i'r holl berson yw undeb i Ann Griffiths, trawsffurfiad (II, 2, 3, 5; IX, 2; XX, 7). Drwy'r iawn a dalwyd dros y tlawd ei ysbryd, fe geir ffordd oddi wrth ddamnedigaeth y gyfraith yn ei thywyllwch a'i diddymdra eithaf at y gyfraith hardd a gogoneddus a gyflawnwyd drosom, oddi wrth "arswyd yn wyneb sancteiddrwydd y ddeddf" (nas ceir gan Ann medd rhai, ond a geir XX, 2; XXIV, XXVII), ymlaen i'w hanrhydeddu (I, 2; II, 2; VII, 1; XX, 3), oddi wrth yr hunan gor-mesol at yr undod hwnnw â Duw sy'n datglymu pob rhwym yn llwyr. Camsynied yw honni fod yr undeb a brawf Ann Griffiths (a phob Cristion) yn "ddull o feddwl am Dduw a dyn fel dau berson unigol yn wynebu ei gilydd a chanddynt, fel petai, hawliau a gwrth-hawliau yn erbyn ei gilydd" gan nad oes yr un undeb yn bosibl o gwbl nes i'r fath sefyllfa gael ei dileu'n llwyr; ac wrth gwrs gŵyr pob Cristion nad oes ganddo ohono'i hun ddim hawl o gwbl ar Dduw.

Rhwystr arall ar lwybr yr Hindŵ ydyw amharodrwydd Ann a Christnogion eraill i ganiatáu i ddyn dybied ei fod yn dod yn Dduw, hynny yw, i ganiatáu iddo'i gyfrif ei hun yn gydradd neu o'r un sylwedd â Duw. Dyma, eto, nerth ei chyfriniaeth hi; ei bod yn llwyddo i ganfod yr undeb sanctaidd heb adael i'r fuddugoliaeth ryfeddol honno gael ei gwenwyno gan y Diafol ar y funud olaf nes peri iddi ymchwyddo y tu hwnt i'w chreadedigrwydd graslon. Yn wir, yr union ymchwyddo hwnnw, y mae hi'n sylweddoli, yw'r felltith (yn y Cwymp) sydd wedi codi'r adwy. Dyma'r paradocs: yr ymhonni balch i lefel y Duwdod sydd wedi pellhau dyn oddi wrth undod gweddus â Duw, undod anrhydeddus a hardd, undod "cyfreithlon". Y dyrchafu ar y ddeddf (yr union beth sy'n ymddangos fel petai'n torri'r undod—ar yr wyneb) yw'r un peth hwnnw sy'n mynegi mor llwyr fod A. G. *wedi* profi'r adnabyddiaeth unol. Yr ymfychanu priodol sy'n mawrhau'n briodol.

Oherwydd yr ymchwyddo hunanol fe dry "undeb" yr Hindŵ yn oferedd: oherwydd gweld y gwahaniad fe dry undeb y Cristion yn gylch cyfan.

Yr oedd yr Athro J. R. Jones yn amheus a oedd y term *cyfrinydd* yn addas ar gyfer Ann Griffiths. A bûm innau'n teimlo'n dra anesmwyth ynglŷn â'r term, am fod rhagdybiaethau Hindŵaidd yn cael eu cysylltu mor fynych â'r gair. Naturiol yw teimlo'n anniddig fod camp ysblennydd Aldous Huxley, o'i uniaethau'i hun (a hynny yn fwy addas nag a dybir efallai) â choesau cadair, yn cael ei chyfrif ar yr un gwastad â phrofiadau Ann drwy'r gair "Cyfriniaeth". Ond efallai y dylem sgwaro a chydnabod diffyg yr Hindŵ, ei anghyfanrwydd, ei wyrdroad a'i fethiant i gynnwys y paradocs o'r dihanes mewn hanes, y Gair a wnaethpwyd yn gnawd (a'r rheswm cwbl hanfodol dros hynny), yn gam gwag hollol ddilys ar ffordd tyfiant ysbrydol. Ar y ffordd gyfriniol gellir syrthio ar y cam cyntaf; ac ni ellir ond drwy Un gyrraedd y pen draw; a dim ond un ffordd a drefnwyd, a braint Ann oedd ei cherdded hi'n ffyddlon i'r pen draw hwnnw.

Eto i gyd, mae'r math o ddiffiniadau sy'n lympio cyfrinydd Theistaidd fel Ann yn yr un categori â "chyfrinwyr" antheistaidd, ar sail Undod neu rywbeth felly, mor wirion â'i dosrannu hi gyda'r Bardd Cocos ar sail iaith. Dyma'r math o gamarwain sy'n ein cadw ni mewn cylch seithug y dyddiau hyn. Mae gan bob celfydd a phob gwyddonydd aeddfed ymwybod ac ymdeimlad â'r Undod Bod yma: nid yw profiad y Cristion a phrofiad Ann wedi dechrau nes cefnu ar hynny ymhell. Heb ei hystyried hi yng ngolau ffeithiau hanesyddol (amser a gofod) ei chrefydd, yng ngolau Gwrthrych unigol neilltuedig, yn ferch a gollodd bob awdurdod ac a ymdlododd yn wybodol ac yn ewyllysiol, heb ei gweld yn ei braw melys gerbron yr hyn sy'n llythrennol ddisgrif-iedig, a'i dwylo'n gwbl wag, nid ydym wedi deall nid yn unig ei hemynau hi, ond profiad hanfodol y Cristion hefyd. Profiad go anghyffredin bellach ac a gamgyflwynir yn fwriadol benderfynol.

Dyma faterion a wyddai plant bach yn nechrau'r ganrif ddiwethaf. Arwydd—hen arwydd—o'r tewder croen a fagwyd gan y Sefydliad i gamddeall y Gair yw bod yr esboniad o symlder ac undod y profiad cadwedigol mor ddieithr, yn wir mor an-hysbys. Wedi dechrau gyda rhagdybiaeth anghywir, y mae'r cwbl oll yn anghywir. Heb ddeall y Cwymp personol, heb ddeall natur perthynas dyn a Duw, heb gredu swydd ddigyffelyb y Duw-ddyn Crist Iesu a gwaith yr Ysbryd Glân, y mae pob sylw ar union-grededd yn enbyd o druenus. Yn ddieithriad pan fydd yr Hindŵ yn saethu at uniongrededd, saethu i'r awyr y mae ef mewn gwir-ionedd oherwydd nid oes dim tebygrwydd o gwbl rhwng union-grededd ynddi'i hun a'r hyn a ddywed ef yw hi. Wrth luchio'r ysgrythurau allan neu'n hytrach wrth eu dethol yn ffansïol oddrychol, collwyd hefyd o raid yr union brofiadau ysbrydol y mae'r oes hon yn amgyffred o bell sy'n angenrheidiol iddi ac y mae'n eu chwenychu. Daeth chwenychu cyfriniaeth seicolegol a chyfriniaeth ramantaidd yn ffasiwn yn ein dyddiau ni. Chwenychir y canlyniadau, ond gwrthodir y gwir Achos.

DD. JOHN JONES TAL-Y-SARN

Enghraifft yw John Jones o un agwedd ar y datblygiad yn ystod y drydedd don. Drwy Ieuan Glan Geirionydd, y buasai mewn cysylltiad ag ef yn Llanrhychwyn, daeth Tal-y-Sarn o dan ddylanwad Edward Williams o Rotherham.

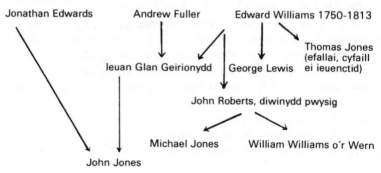

Gwaith pwysicaf Edward Williams oedd *An essay on Equity and Sovereignty,* 1809; soniwyd am 'Williams's effort to modify Calvinism and make it less rigid . . . to present Calvinism in a form that would be more acceptable to the growing number of people who experienced much difficulty with some of its doctrines, especially the doctrines of Election and Limited Atonement.'

Dau brif faes cyfeiliornad Edward Williams oedd:

(i) *Achos pechod.* Ceisiwyd ei symud yn gyfan gwbl y tu allan i arfaeth Duw. Y cymhellion posibl oedd gwneud Duw'n fwy deniadol; gwneud dyn yn fwy annibynnol; a bodloni chwilfrydedd dyn, hyd yn oed wyneb yn wyneb â dirgelwch annealladwy. Anodd iddo ef oedd deall sut y gallai'r Cwymp fod (megis y Creu a'r Groes) er gogoniant i Dduw. Yn ôl Cristnogaeth uniongred y mae pechod, er ei fod yn erbyn ewyllys Duw, o fewn Ei ewyllys, wedi'i ganiatáu yn y rhagordeiniad: Gen. 50, 20, 'Chwi a fwriadasoch ddrwg i'm herbyn; ond Duw a'i bwriadodd i ddaioni.' Yr allwedd i amgyffred presenoldeb Duw yn hyn oll yw'r pechod mwyaf, pechod sy'n fwy o lawer na'r Cwymp, sef y Groes, a ragordeiniwyd gan Dduw er mai dyn sy'n gyfrifol: Luc 22, 22, 'Ac yn wir, y mae Mab y dyn yn myned, megis y mae wedi ei luniaethu; eithr gwae y dyn hwnnw, trwy yr hwn y bradychir ef'; Act. 2, 23, 'Hwn wedi ei roddi trwy derfynedig gyngor a rhagwybodaeth Duw, a gymerasoch chwi, a thrwy ddwylo anwir a groeshoeliasoch ac a laddasoch.'

(ii) *Natur pechod.* Tueddai Williams i ystyried mai absenoldeb daioni oedd natur pechod. Eithr nid goddefol mohono, yn ôl Cristnogaeth uniongred. Y mae pechod yn weithredol ac yn ymosodol. I'r Cristion y mae bywyd ar ei hyd yn frwydr galed yn ei erbyn.

Ail ddylanwad pwysig ar John Jones, a dylanwad mwy iachusol, oedd Andrew Fuller. Ganddo ef, yn 1785, y cafwyd yr ymosodiad cyntaf ar Antinomiaeth ymhlith Bedyddwyr. Adwaith oedd ei genadwri yn erbyn tuedd Uchel-Galfiniaeth i beidio â chynnig yr efengyl i bawb. Gan ddilyn Bunyan (a chan wrthod Gill a Brine) mynnai Fuller, yn gwbl gywir, alw ar bawb i edifarhau, a phwysleisio dyletswydd a chyfrifoldeb dyn yn ogystal â Phenarglwyddiaeth Duw. Cyplysir Fuller ac Edward Williams weithiau oherwydd eu hymosodiad ill dau ar Antinomiaeth neu Uchel-galfiniaeth. Ond mewn gwirionedd, er eu bod ill dau'n hynod debyg i'w gilydd ac yn efengylaidd Galfinaidd yn eu hanfodion, ceid mwy o duedd gan EW i ddyfeisio dadleuon personol a gogwyddo mewn rhai athrawiaethau nas ceir mewn Calfiniaeth glasurol nac yn yr ysgrythur.

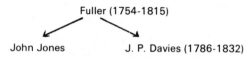

Fuller (1754-1815)

John Jones   J. P. Davies (1786-1832)

diwinydd pwysig iawn, y pwysicaf gyda'r
Bedyddwyr Cymraeg; *Traethodau J. P. Davies*
(yn cynnwys byr gofiant) gol. D. Rhys Stephen, 1834.

Dywedir mai canlyniad y dylanwadau hyn, yng ngyrfa John Jones, oedd iddo ddechrau pregethu'n fwy ymarferol; a thuedd y dyneiddiwr bob amser yw mawrygu gweithred ar draul ffydd, a chanmol pob pwyslais felly sy'n dangos bod gan ddyn rywbeth i'w wneud. Ond y tebyg yw mai yn nhraethodyn un o'r Piwritaniaid mwyaf, Flavel, *Anogaethau Efengylaidd i Sancteiddrwydd Bywyd,* y cafodd John Jones yr ysgogiad cywir i lefaru fel hyn am ddyletswyddau pobl tuag at Dduw. Ei berygl ef (efallai oherwydd y cefndir yng ngwaith Edward Williams) oedd esgeuluso'r ffaith fod pob anghrediniwr yn farw mewn camweddau, a cheisiai weithiau ei ddarbwyllo'n fyrbwyll i fyw bywyd o sancteiddrwydd "Cristnogol" cyn cael cyfiawnhad.[3]

Cafodd ei feirniadu'n hallt gan John Jones, Tremadog, er bod John Elias yn fwy cydymdeimladus o lawer.[4] Eto, gwelodd Elias yntau fod angen bod yn wyliadwrus. Ac fel y gwelwyd, y brodyr gwyliadwrus hyn a oedd ar y pryd yn yr iawn, oherwydd arwain a wnaeth gorbwyslais cymharol ddiniwed Tal-y-sarn at hiwmanistiaeth ddi-Dduw ein cyfnod ni.

E. DAVID REES LLANELLI

Gŵr arall a gynrychiolai orau'r cyfnod aur, ac eto a wanhaodd mewn rhai cyfeiriadau allweddol ar gyfer dyfodol Cymru, oedd David Rees (1801-1869). Efô sy'n cynrychioli'r bont rhwng

---

3. *Cofiant John Jones Talsarn,* Owen Thomas, Wrecsam, 1874, 225, 238, 582, 585, 606. Dichon hefyd fod awgrym gan John Jones yn ei *Bregethau* (402, 406) fod rheswm dyn yn ddilychwin er bod ei galon yn syrthiedig.
4. ibid 592.

gwareiddiad Cristnogol Ieuan Glan Geirionydd a Gwilym Hir-aethog ac efengyl gymdeithasol yr ugeinfed ganrif. Dyma'r tri cham:

(a) *Y gwareiddiad Cristnogol*; sef y tir nefol—

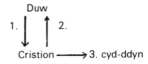

(Yn gyntaf, Duw yn caru dyn; yn ail, oherwydd hynny, Cristion yn caru Duw; yn drydydd, oherwydd hynny, Cristion yn 'caru' cyd-ddyn drwy fod argraff Duw ar ei gariad dynol).

(b) *Dull David Rees*; y gwahaniad neu'r bont—

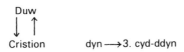

(Ceir ganddo uniongrededd[5] ynglŷn â phwysigrwydd ail-enedigaeth a gwerth hanfodol adnabyddiaeth bersonol o Iesu Grist. Y mae ei athrawiaeth gyffredinol yn gyflawn. Ond gwelir tuedd i ysgaru crefydd oddi wrth y gweddill o fywyd: Cristnog-aeth mewn un cylch, a chylchoedd eraill ar wahân; Cristnog-aeth yn bwysicach, wrth gwrs, ond ar wahân. Pwysleisir ganddo wleidyddiaeth mewn modd digon iachus, ond heb ofalu i'w gosod o fewn fframwaith organaidd;[6] hynny yw, i egluro ei lle a'i natur o fewn patrwm bywyd dan benarglwyddiaeth Duw. Engh-raifft allweddol a nodweddiadol ydoedd addysg: dyma un o'r mannau allweddol i Gristnogaeth glasurol uniongred yn y ganrif ddiwethaf gracio yn ei hagwedd at y byd.)

(c) *Yr efengyl gymdeithasol*; sef y tir daearol—

(Duw
weithiau, ond heb berthynas achubol)   dyn (annibynnol) ⟶cyd-ddyn

(Yn ôl y ddysgeidiaeth hon, cyfystyrir gweithredoedd dyngarol i

---

5. Ar uniongrededd D.R., gw. *David Rees*, Iorwerth Jones, Gwasg John Penry, 1971, 21, 37, 60, 61, 62, 178.
6. ibid 224, "yn nesaf at ein crefydd dylai gwleidyddiaeth gael ein sylw": cf. ibid. 78-80.

bob pwrpas â Christnogaeth, a daeth Iesu Grist yn esiampl yn unig.)

Enghraifft dda o'r datblygiad oedd yr ymgyrch ym myd addysg. Dechreuodd David Rees yn uniongred ddigon yn ei ymgyrch addysgol drwy geisio ysgolion Cristnogol wedi'u cynnal yn annibynnol wirfoddol, hynny yw, yn ôl pob tebyg, ysgolion a'r drefn, y rhaglen waith,[7] y ddisgyblaeth, cynnwys y pynciau a'r dulliau, wedi'u goruwchlywodraethu gan weledigaeth Gristnogol. Ildiodd ef—fel yr ildiodd cynifer o'r Cymry y pryd hynny—i bres y llywodraeth.

Meddai'r Parch. Iorwerth Jones,[8] 'Gwelodd gweinidogion Ymneilltuol Llundain— mor gynnar ag 1840—bosibiliadau derbyn arian llywodraeth at addysg fydol: "it should be used for the advancement of that secular education concerning which all are agreed, and not for education in religion, on which we are so much divided." Petrusai'r Wesleyaid rhag cyfyngu ar hyfforddiant plant yng nghrefydd y Beibl. Ond dyna'r safbwynt a ddatblygwyd yn llawnach gan Robert Vaughan . . . Cydnabu David Rees ei ddyled i'w ddaliadau ef . . . Cyfaddefai Vaughan y buasai addysg seciwlar mewn perthynas ag addysg grefyddol yn tra rhagori ar addysg seciwlar ar ei phen ei hun . . . Yr oedd addysg seciwlar, yn ôl Vaughan, yn anhraethol well nag anwybodaeth ronc. Cytunai David Rees y dylid gadael crefydd o'r neilltu "mewn unrhyw gynllun seneddol at addysgu y wlad" . . . Tynnai linell derfyn eglur rhwng gwybodaeth naturiol o'r hyn sydd amlwg i'r synhwyrau, ar y naill law, a gwybodaeth ddatguddiedig o'r pethau ni welir ond a amgyffredir trwy ffydd . . . Amcanodd Cobden a Hume hwythau at "roddi addysg fydol dda, yn holl annibynnol ar grefydd," a chlod sydd gan David Rees iddynt.'

Nid damwain yw hi fod y gwendid hwn yn athrawiaeth David Rees yn cydredeg â Sais-addoliad.[9] Nid damwain chwaith ei fod yn coleddu'r hen raniad Tomistig rhwng Gras a Rheswm.[10] Ond

7. Diddorol yw cyfeiriad Mr. Iorwerth Jones ibid. 272 at ysgrif ar y pryd yn y *Diwygiwr* gan John Thomas: 'Credai ef mai "gwybodaeth grefyddol" oedd "pob peth ellir ddysgu yn yr ysgol ddyddiol," . . . i'r Cristion yr oedd daearyddiaeth, seryddiaeth a hanes yn astudiaethau o weddau ar waith Duw.'
8. ibid. 271-2, 284.
9. ibid. 39, 41-3, 175, 240, 241, 244, 245.
10. ibid. 57: medd ef, 'annichonadwy ydyw cael y galon wedi ei thymheru a gras heb fod y deall i raddau wedi ei oleuo gan wybodaeth,' lle na welai dysgeidiaeth gyflawn lai na bod y deall yn cael ei lywodraethu gan ras.

diamheuol yw ei gyfraniad iach ym myd gwleidyddiaeth radical-
aidd, megis yn ei barch at reswm (heblaw am yr ysgariad bondi-
grybwyll), yn ei weithgarwch Cymraeg mawr, ac yn ei dystiol-
aeth Gristnogol efengylaidd. Efô oedd yr arloesydd pennaf
ymhlith y genhedlaeth loyw honno o Annibynwyr a fu ynghanol y
gwaith o radicaleiddio Cymru yn y ganrif ddiwethaf, yn arbennig
drwy'r cylchgronau. Golygodd ef *Y Diwygiwr* o 1835 hyd 1865.
Blwyddyn bwysig wedyn oedd 1843 pryd y dechreuodd S.R. *Y
Cronicl* yn fisolyn a Gwilym Hiraethog *Yr Amserau* yn bythef-
nosolyn. Drwy'r cyfnodolion hyn (a thrwy'r ddarlith) y crëwyd y
farn gyhoeddus Gymreig. A rhan o'r un symudiad fu *Y Faner* gyda
Thomas Gee yn 1857.

Yn y *Diwygiwr* ond odid y meithrinwyd y genhedlaeth nesaf o
Annibynwyr radicalaidd, sef Ieuan Gwynedd (1820-1852), John
Thomas (1821-1892) a Michael D. Jones (1822-1898).

F. CLASURON RHYDDIAITH DDIWINYDDOL Y CYFNOD

Heblaw pregethau John Elias, David Charles, Christmas
Evans, John Jones, William Morris, Edward Morgan, a heblaw
esboniadau a llyfrau hanes a llawer o waith pwysig mewn cylch-
gronau, gweithiau Cristnogol mwyaf nodedig y cyfnod mewn
rhyddiaith oedd—
1. *Drych Ysgrythyrol neu Gorph o ddifinyddiaeth,* George
   Lewis, 1796.
2. *Geiriadur,* Thomas Charles, 1805.
3. *Ffynhonnau Iachawdwriaeth,* Benjamin Jones, 1805.
4. *Hyfforddwr,* Thomas Charles, 1807.
5. *Ymddyddanion crefyddol,* Thomas Jones Dinbych, 1807.
6. *Sylwadau ar lyfr Mr. Owen Davies, sef ei Ymddyddanion
   rhwng Hyffordd a Beread,* Thomas Jones, 1808.
7. *Ymddyddanion rhwng dau Gyfaill, Ymofynydd a Henwr,*
   Thomas Jones, 1816.
8. *Galwad Ddifrifol,* John Roberts, 1820.
9. *Cyffes Ffydd* (M.C.), 1823.
10. *Traethodau,* J. P. Davies, 1834.
11. *Y Pregethwr a'r Gwrandawr,* Richard Williams Lerpwl,
    1840.
12. *Cysondeb y Ffydd,* Lewis Edwards, 1845.
13. *Athrawiaeth yr Iawn,* Lewis Edwards, 1860.
14. *Hanes Duwinyddiaeth,* Lewis Edwards, 1889.

FF. PATRWM Y TRYCHINEB

Gallwn grynhoi patrwm datblygol y meddwl Cristnogol fel hyn er mwyn canolbwyntio sylw ar y trychineb a ddigwyddodd i fywyd ysbrydol Cymru:

1. Dechrau'r 19 G:

Oes aur meddwl Calfinaidd.
e.e. Thomas Jones; Thomas Charles.

2. Ail Chwarter y 19 G:

Oes aur pregethu Calfinaidd.
e.e. John Elias

3. Trydydd Chwarter y 19 G:

Y trobwynt mawr (1840-1860)
e.e. Lewis Edwards; Finney.

4. Pedwerydd Chwarter y 19 G:

Penllanw rhyddfrydiaeth ddiwinyddol.
e.e. David Adams

5. Dechrau'r 20 G: Parhad ac 'Adwaith': sef —

Parhad rhyddfrydiaeth

Thomas Rees
John Morgan Jones
D. Miall Edwards
David Williams
J. R. Jones

(Seciwlariaeth; Dyneiddiaeth;
Eciwmeniaeth; Tillich; Bultmann)

Tair ffrwd adferol

Barth
J. E. Daniel;
Vernon Lewis;
Bowyer

Neo-Domistiaeth
S.L.;
Aneirin T. Davies;
Gwenallt (canol oed)

Parhad y
gweddill
efengylaidd

Martyn Lloyd-Jones;
Tudur Jones;
Gwenallt (hen);
Elwyn Davies

G. LEWIS EDWARDS—ARLOESWR Y DIRYWIAD MODERNAIDD:

1. Nerth y llinach:
cariai enw mawr Thomas Charles drwy briodi ei wyres; yr oedd hefyd wedi'i hyfforddi gan Thomas Chalmers; David

Charles, prifathro Trefeca, oedd ei frawd-yng-nghyfraith.

2. Nerth ei safle:
   prifathro'r Bala, 1837 ymlaen; golygydd y *Traethodydd*, 1845 ymlaen; yr oedd dau brif goleg y M.C. yn ei ddwylo ef a dwylo David Charles.

3. Glastwreiddiodd Galfiniaeth yn ddiarwybod:
   heb droi'n bendant yn erbyn y traddodiad uniongred a gafodd gan Thomas Charles a'i gefndir Cymraeg yn gyntaf, a chan ei Athro, Thomas Chalmers, yn ail, ceisiodd impio arno Blatoniaeth a Hegeliaeth, a llunio neges eclectig a oedd heb egwyddor ganolog, heb system na threfn, heblaw'r egwyddor o gyfaddawd.

   (a) Hegeliaeth: Yn ôl L.E. (*Cysondeb y Ffydd*), 'Y mae yr iawn farn ar bob pwnc yn cynnwys dau wirionedd gwrthgyferbyniol.' 'Y mae un dosbarth yn barnu fod yr ewyllys yn rhwym, a'r llall yn barnu ei bod yn rhydd . . . Os nad ydym yn camsynied, y gwirionedd am yr ewyllys yw, fod yma rwymau a rhyddid yn cydgyfarfod.' Hwn yw'r traethawd Cymraeg cyntaf ar athroniaeth Hegel (gw. hefyd Nodiadau Ychwanegol, *Traethodau Diwinyddol* 1867, sy'n ymgais i ateb y dadleuon rhwng Calfiniaid ac Arminiaid: t. 701). Medd Schaeffer am yr ugeinfed ganrif, 'The mark of our century is the victory of the Hegelian concept of synthesis, instead of a recognition of truth in the sense of antithesis and opposites.' Gwelir y relatifiaeth hon bellach mewn athroniaeth, moesoldeb, celfyddydau, etc. Dylanwadau ar L.E.—John Wilson, cyfaill Coleridge, edmygydd Kant, athro Athroniaeth Foesol; a Blackwood's Magazine (yr Almaen a'r rhamantwyr).

   (b) Snobyddiaeth dysg ddynol: balchder y bachgen galluog o Benllwyn, parchusrwydd a bri addysg ar draul gwybodaeth rasol unplyg a phrofiad ysbrydol; mudiad y Colegau Diwinyddol; *Ysgolion Ieithyddol i'r Cymry*, 1849, 'Hanfod dysg yw gwybod y clasuron' (Lladmerydd y Dadeni Dysg). Meddai'r Athro Geraint Gruffydd: 'Dyna snobyddiaeth Seisnig hysbys Lewis Edwards, a fflangellwyd mor ddidderbyn-wyneb gan Emrys ap Iwan: er mai'r Cymry Cymraeg a wasanaethodd Lewis Edwards drwy gydol ei oes, ni bu heb ofidio am hynny ar brydiau, ac anogai ei fab hynaf a'i ddisgyblion gorau i fynd at y Saeson neu at yr achosion Seisnig yng Nghymru.'

(c) Rhyddfrydiaeth yn ffasiynol: yn 1837 hysbysebwyd fod y Coleg yn mynd i roi 'liberal education'. Ystyr hynny oedd hiwmanistiaeth y traddodiad Groegaidd-Rufeinig paganaidd. Ym mryd L.E., niwtraliaeth oedd hynny. Un o ddiffygion mawr y ganrif oedd y methiant i ddatblygu addysg (gwleidyddiaeth a'r celfyddydau) ar seiliau Cristnogol. Ni ffurfiwyd athroniaeth ddigonol am y "byd".

4. Bu'n fodd i sefydlu Addysg ffurfiol yn lle Cristnogaeth fel petai yn ateb i broblemau byw. Dyma waredigaeth boblogaidd troad y ganrif hon. Gwnaeth hynny ar sail y gwendid anochel a oedd yn hanesyddol bresennol ym mywyd Cymru, oherwydd diffyg Addysg Gymraeg amlochrog: 'The Welsh are prone to judge of the merits of a sermon, not by the matter, but by the amount of bodily strength with which it is pronounced . . . It will take an age to undo the effects that have resulted from the fatal folly of cherishing an ignorant ministry.'

5. Thomas Charles Edwards:[11]
Cynnyrch anochel y tad oedd y mab. Meddai am ei safbwynt yn ei anerchiad 1888, gerbron Cyngor y Presbyteriaid yn Llundain,' . . . a theology which shall be more Divine than Arminianism, more human than Calvinism, and more Christian than either, because it combines them in the broader and deeper truth concerning the Person of Christ which underlies both.' Meddai Vyrnwy Morgan, *Welsh Religious Leaders in the Victorian Era,* 1905, 'He made theology independent of any doctrine of inspiration . . . He had all the modern distrust of system building . . .'

6. Patrwm dechrau'r ymosodiad ar Galfiniaeth yng ngwledydd Prydain:
   (i) ei wneud yn enw'r Arglwydd Iesu;
   (ii) gan efengylwyr yr ymddangosai eu ffyddlondeb i'r ysgrythurau uwchlaw amheuaeth.

---

11. 'T. C. Edwards a'i gyfraniad i ddiwinyddiaeth Cymru,' J. E. Caerwyn Williams, *Diwinyddiaeth,* XXV, 1974, 3-28.

NG. DYLANWAD ALMAENIG

Yn ail hanner y 19eg ganrif yr Almaen a oedd yn arwain diwylliant Ewrob mewn llawer o gyfeiriadau. Yr hyn oedd Ffrainc i Emrys ap Iwan, ac i "Feddwl y Dauddegau" (fel y'i geilw A. Llywelyn-Williams) gyda Bebb, R. T. Jenkins a Saunders Lewis, dyna oedd yr Almaen i'n llenyddiaeth o Lewis Edwards hyd Elfed.

(a) *Athroniaeth a Diwinyddiaeth Ryddfrydol*	(b) *Ieithyddiaeth*	(c) *Llenyddiaeth*
Kant, Hegel, Baur, Strauss, Lessing, Schleiermacher	Bopp, Schleicher, Müller, Zeus	Goethe, Schiller, Heine
Rowland Williams, Lewis Edwards, T. C. Edwards, J. Puleston Jones, David Adams, Miall Edwards	John Rhys, J. Morris Jones, Ifor Williams, J. Lloyd-Jones	Islwyn, Y Bardd Newydd (Gwili), Elfed, J. Morris Jones, Silyn, T. Gwynn Jones

Ar ryw olwg, ysgol o feirdd Almaenaidd oedd y 'Beirdd Newydd'. Meddai Gwili yn ei ragymadrodd i'r bryddest anfuddugol *Tu Hwnt i'r Llen,* 1896: 'Buasai yn dda ganddo (sef ef ei hun) pe buasai ei feirniaid . . . yn dangos eu bod yn meddu cyfarwyddeb a llenyddiaeth fwyaf ardderchog Ewrop, o Descartes a Spinoza i lawr trwy Kant, Fichte, Schelling a Hegel, i Goethe a Carlyle.'

H. CHARLES G. FINNEY

Ni sonnir amdano oherwydd ei ddylanwad penodol, nad oedd efallai'n fawr iawn, ond oherwydd ei fod yn enghraifft sy'n crynhoi tueddiadau amryfal yn y cyfnod. Americanwr ydoedd: pery ei ddulliau hyd heddiw gyda Billy Graham.

Llyfrau:

(i) *Darlithiau ar Adfywiadau Crefyddol,* cyf. E. Griffiths, Abertawy, 1839, tt. 444.

(ii) *Pregethau ar amrywiol o bynciau pwysig,* cyf. E. Griffiths, Abertawy, 1841, tt. 216.

Ei nodweddion:

(i) Arminiaeth neu Belagiaeth: ewyllys rydd dyn—efô sy'n gallu dewis ildio i Grist.

(ii) Techneg benodol i esgor ar dröedigaethau (do-it-yourself kit):

(a) Cynnal 'revival meeting' yn lle ffoliteb pregethu yn
syml, (trefnu teimladaeth—miwsig, canu, gweiddi, curo
dwylo).
(b) Gwasgu seicolegol, yr apêl—sedd y penderfyniad
neu 'y sedd edifeiriol' (Diwygiad '59): Pennod XIV,
'Mesurau er cael adfywiadau.' e.e. 'Dygwch ef at y
prawf, gelwch arno i wneud un peth, i gymryd un cam,
ac a'i dygo at bobl Dduw; neu croeswch ei
falchder—cyfyd ei falchder, ac efe a wrthoda; dinoethir
ei dwyll, ac efe a wêl ei fod yn bechadur colledig eto;
pan, oni buasai i chwi wneud hynny, y gallasai efe fyned
rhagddo gan wenieithio iddo ei hun ei fod yn Gristion.
Os dywedwch wrtho, 'Dyna yr eisteddle i rai dan
wasgfa, deuwch allan, ac arddelwch eich pender-
fyniad i fod o du yr Arglwydd; ac os na bydd efe yn fodd-
lon i wneud peth cyn lleied â hynny, yna nid yw yn
foddlon i wneud *dim,* a dyna efe wedi ei ddinoethi o
flaen ei gydwybod ei hun.'

I. TECHNEG PWLPUD:

Perthyn yr ymwybod cynyddol o dechneg pregethu i'r un
ymgais i ddyfeisio dull i esgor ar dröedigaethau. Rhoddir llawer o
sylw i hyn yn y cofiannau: y connoisseur oedd Owen Thomas,
Cofiant John Jones, e.e. 842, 844.

(i) Actio, defnydd o'r bys, cymryd rhannau gwahanol, y
wên.
(ii) Canu.
(iii) Hynodrwydd geiriol (Ebenezer Morris): pregethu
barddonol (J.R., Elfed), alegorïau ac eglurebau, storïau
diddan.
(iv) Yr hwyl Gymreig: tad y dull oedd David Davies (1775-
1838), Sardis, Myddfai.

Prif gychwynnydd y traddodiad dramatig oedd Robert Roberts,
Clynnog (e.e. Brwydr Pen Calfaria; 1762-1802), yn ystod oes aur
pregethu. Fe fu gwrando arno ef yn ysgogiad uniongyrchol i
Christmas Evans (e.e. y Dyn Cythreulig o Gadara). Fe gafodd y
dull ddylanwad ar bregethwyr mawr, megis John Elias (rhoi'r
meddwon ar werth yng Nghaergybi) a John Jones Tal-y-sarn,

486

ond heb eu difetha. Trobwynt y fwlgareiddio gor-ymwybodol efallai oedd Matthews Ewenni, 1813-1892, ac ymlaen heibio i J. H. Davies (1879, efelychu pregethwyr enwog) i Philip Jones, pryd y darfu, fwy neu lai'n ddirmygedig. Dyna'r olyniaeth ganolog.

Diau mai mewn parch y dechreuodd y llygru hwn: e.e. *John Elias a'i Oes,* W. Pritchard, Llyfrfa'r Cyfundeb. (Ceir enghraifft dda o'r ymwybod perfformio, t. 70-71) t. 74, 'Dywedai unwaith wrth ei gyfaill, Mr. John Matthews, Aberystwyth, iddo fod lawer gwaith yn gwylio ei ysgogiadau ei hun trwy gyfrwng drych, rhag i ddim ynddo ef—dim ysgogiad annaturiol, dim lled-chwithdod, na gwedd frochus, nac annymunol i neb, fel ag i beri i'r efengyl a bregethai fod o dan anfantais i gael ei dylanwad ei hun.'

Christmas Evans, J. T. Jones, Gomer, 1938, t. 68-69, 'Darllenodd ddiwinyddion ei gyfnod i gael defnydd pregethau; gwyddai, hefyd, gynnwys llyfrau y grefft bregethu, yn enwedig Blair, awdurdod mawr y grefft yn ei gyfnod . . . a phe bai Cadair Crefft Bregethu gan Fedyddwyr Cymru, ar y pryd, yr oedd Christmas yn ŵr medrus ym myd theori, yn ogystal ag ym myd ymarfer, i'w llenwi . . . fe geir yr un ymwybod o grefft pregethu, *deportment,* iaith, llais, goslefu, ynganiad, ystumiau.'

Dichon y dylid nodi mai gan genhedlaeth y dirywiad, a lygat-ynnwyd at yr hyn a geisiai, y cofnodwyd y nodweddion hyn. Ond o fewn pob cenhedlaeth ceir hadau ei distryw ei hun.

L. CYFFES FFYDD 1823

Dyma un o gampweithiau'r Methodistiaid Calfinaidd, y symudiad a gododd bregethwyr mwyaf Cymru, diwinyddion mwyaf Cymru, emynwyr mwyaf Cymru, ac (yn ôl Mr. Dafydd Glyn Jones) enwad mwyaf llenyddol Cymru.

Y prif awduron oedd John Elias, Michael Roberts, ac yn ôl pob tebyg, Ebenezer Richard.

O ran cynnwys safai ym mhriffordd y Cyffesion mawr Protestannaidd—Erthyglau'r Eglwys Wladol, Cyffes West-minster (Presbyteriaid) 1646, Cyffes Savoy (Annibynwyr) 1658.

Y rhesymau dros ei llunio:
(i) Fel arfer, prif gymhelliad cyffesion a chredoau oedd

ymateb i heresi. Oherwydd twf Wesleaeth yng Nghymru a thwf Arminiaeth o fewn yr Eglwys Wladol, mynnai'r Methodistiaid Calfinaidd ddiffinio'u safle. Daliai Arminius nad yw dyn mor llygredig fel na all gredu yn yr efengyl pan roddir hi o'i flaen ef: yn y pen draw, y mae iachawdwriaeth yn dibynnu ar waith dyn ei hun. Rhoddai'r Calfiniaid y lle llywodraethol i ewyllys Duw, tra rhoddai'r Arminiaid y lle allweddol i ewyllys dyn.

(ii)　Ymdeimlad o israddoldeb. Teimlent wrth ei llunio a'i chofrestru'n gyfreithiol fod y Methodistiaid yn dod yn fwy o 'gorff' swyddogol. Yr un pryd, yr oeddent am eu cyferbynnu eu hun o ran trefniadaeth â'r Annibynwyr a'r Bedyddwyr. Yr oedd iddi swyddogaeth ymarferol ar gyfer holi blaenoriaid ac ymgeiswyr am y Weinidogaeth wrth eu derbyn yn aelodau o'r Cyfarfod Misol.

Pwyntiau arwyddocaol yn y Gyffes:

(i)　Mewn gwahanol gyfnodau gall gwirioneddau gwahanol gael eu pwysleisio. Os cyfiawnhad drwy ffydd oedd pwnc mawr y Diwygiad Protestannaidd, ailenedigaeth oedd pwnc mawr y Diwygiad Methodistaidd. Medd W. T. Ellis, 'Allan o 44 o Erthyglau ein Cyffes Ffydd ni, ceir dros 12 yn trafod gwahanol agweddau Person a gwaith yr Ysbryd, tra prin y gwyddai dyn wrth ddarllen Erthyglau Eglwys Loegr a rhai Cyffesion diweddarach i'w hawduron ''gymaint â chlywed a oes Ysbryd Glân''.'

(ii)　Yn wahanol i'r Methodistiaid yr oedd yr Eglwys Wladol yn dysgu 'ail-enedigaeth mewn bedydd' fel Eglwys Rufain (h.y. sagrafennaeth), tra oedd y Methodistiaid yn dal fod Cristion yn dod yn Gristion drwy fod yr Ysbryd Glân yn deffro yn ei enaid ymwybod byw o Dduw ynghyd â'r ymwybod o fod ar wahân i Dduw oherwydd pechod: mewn edifeirwch y daw ail-enedigaeth drwy Ras Duw.

Yn ogystal â'r Gyffes ei hun, cafwyd *Constitutional Deed 1826*: 'na byddo cyfnewidiad yng nghyffes ffydd neu'r egwyddorion a'r athrawiaethau i'w dysgu a'u hamddiffyn gan y cyfundeb dywededig gael un amser ei ganiatáu nac hyd yn nod ei ddadlu.' Dyma gyfraith gwlad yn ymddangosiadol glymu'r adeiladau ac ordeiniad gweinidogion a blaenoriaid wrth y Gyffes eglur hon.

Amlinelliad bras o ddirywiad diwinyddol yr enwad, tyfiant y tueddiadau canlynol:

1. *Natur Duw*: goruwchnaturiol → naturiol; person →gwaelod bod; Tad i'r rhai a ailanwyd mewn modd arbennig (er Ei fod yn Dad ffynhonnell i bawb) → Tad penagored.

2. *Natur Iesu Grist*: Yr un sy'n sefyll ar ganol hanes i unioni trychineb drwy weithred gerbron Duw → datguddiwr (gorau) gwirioneddau. Heb bechod, goruwchnaturiol (gwyrthiau, atgyfodiad corfforol) → athro moesol. Y barnwr diwethaf, gwrthrych ffydd → dyn da, esiampl, dim gwaith achubol ar y groes.

3. *Natur yr Ysbryd Glân*: Person → dylanwad. Ail-enedigaeth → bod o dan ddylanwad syniadau neu deimladau. Gweithred Duw → proses. Collir y berthynas bersonol rhwng dyn a Duw.

4. *Natur dyn*: Abnormal syrthiedig → normal. Dan ddicter Duw, sef pechadur colledig → dyn yn gwneud ei orau. Perthynas â Duw yn gyntaf → perthynas â chyd-ddyn yn gyntaf.

5. *Natur gair Duw*: Goruwchnaturiol → naturiol. Awdurdod → "dehongli" yn fodd i beidio â chredu. Anffaeledig → ffaeledig. Digwyddiadau yn y canol → syniadau.

6. *Tragwyddoldeb* → amser: Tyfodd y dogma fod newid yn well na chadw, datblygiad yn fwy derbyniol na'r anghyfnewidiol, a'r ansefydlog yn wirionedd canolog.[12]
   Dyma ddychwelyd i athroniaeth Heracleitos.[13]

7. *Tynged dyn*: Nid melys gan ddyn anianol oedd yr athrawiaeth am gosb dragwyddol. Er bod Iesu Grist yn ei farwolaeth yn ogystal ag yn ei ddysgeidiaeth yn dangos fod hyn yn gyson â chariad Duw'r Tad, hoffter y presbyteriad newydd o'i ben a'i bastwn ei hun oedd ymwared â'r anghyfleustra hwn.

8. *Newid teitl yr enwad*: Methodistiaid Calfinaidd → Eglwys Bresbyteraidd Cymru: h.y. pwyslais ar gredo a phrofiad → pwyslais ar drefniadaeth.

Y TRIC: Yr oedd problem ddiddorol yn wynebu'r enwad yn yr 20fed ganrif: cyffes eglur a chadarn, ychydig o'r gweinidogion yn ei derbyn (rhai yn ei gwawdio a llawer yn ei beirniadu), eto cyfraith gwlad yn clymu'r capeli oll a'r holl eiddo wrth y credoau

---

12. *Datganiad Byr ar Ffydd a Buchedd,* R. H. Evans, Eglwys Bresbyteraidd Cymru, 1971.
13. *Hanes Athroniaeth,* D. James Jones, Gwasg Prifysgol Cymru, 1939, 23.

hyn, ac uwchlaw popeth—dim hawl gyfreithiol i newid na thrafod newid y gyffes honno.

Problem fach oedd hon, bid siŵr, i gyfreithiwr go iawn: dyma a wnaethpwyd:

1. Nid newid y gyffes, ond newid y weithred gyfansoddiadol a oedd yn ei chlymu wrth yr eiddo.

2. Llunio cyffes newydd: 'Datganiad Byr ar Ffydd a Buchedd', heb glymu neb na dim wrthi.

3. Ymddwyn fel pe na baent yn ei newid,[14] ac eto ei newid yn bendant,[15] yn bennaf drwy hepgor neu adael allan.[16]

Y cymhelliad oedd diogelu'r eiddo.[17]

Dyma un act fawr yn unig yn hanes y trychineb mwyaf yn hanes Cymru mewn cyfnod o 110 mlynedd; eto, nid hanes un enwad sydd yma, a bod yn deg, ond hanes pob enwad: ymddengys y trychineb yn eglurach gyda'r Methodistiaid Calfinaidd oherwydd (a) gloywder a mawredd eu cyflawniad yn eu hoes aur, (b) iddynt ffurfioli a chlymu eu safle cyntaf yn gyhoeddus, ac wedyn iddynt gyfreithloni'r dirywiad.

LL. DAVID ADAMS (1845-1923)

Dyma restr o'i brif weithiau:

1884: Athroniaeth Hegel (*Cyfansoddiadau Eist. Gen.* 1884, 111-173).

1892: Moeseg T. H. Green a Dr. J. Martineau (*Cyfansoddiadau Eist. Gen.* 1892, 178-209).

1893: *Datblygiad yn ei berthynas a'r Cwymp, Yr Ymgnawdoliad a'r Atgyfodiad,* Caernarfon.

1897: *Paul yng Ngoleuni'r Iesu,* Dolgellau.

d.d.: *Datblygiad yn ei ddylanwad ar Foeseg a Diwinyddiaeth,* Wrecsam.

1901: *Moeseg Gristionogol,* Dolgellau.

1904: *Personoliaeth Ddynol a'r Ymgnawdoliad,* Dolgellau.

1907: *Yr Hen a'r Newydd mewn Diwinyddiaeth,* Dolgellau.

1908: *Esboniad ar yr Epistol at y Galatiaid,* Aberdâr.

1914: *Yr Eglwys a Gwareiddiad Diweddar,* Merthyr.

---

14. R. H. Evans op. cit. 30-1, 32, 55, 85.
15. ibid. 67.
16. ibid. 45.
17. ibid. 53, 73, 114.

Enghraifft loyw o'r ymddatod diwinyddol erbyn diwedd y ganrif oedd David Adams. Nid oes dim yn mynd yn annarllenadwy mor gyflym â diwinyddiaeth ryddfrydol. Lle y mae clasuron diwinyddol uniongred y gorffennol yn cael eu darllen o hyd er lles defosiynol, y mae diwinyddiaeth ryddfrydol yn dibynnu ar yr egwyddor o ddarfod, o fod yn sylw dros dro. Sonia Mr. Glyn Richards[18] am ddull meddwl sylfaenol David Adams fel hyn: 'credai'n bendant y dylid ail-lunio'r athrawiaethau Cristionogol i gydymffurfio ag agwedd athronyddol yr oes . . . Cymerodd yn ganiataol fod gallu datblygol y greadigaeth yn gyfystyr â hunan-ddatguddiad a gweithgarwch y Duw mewnfodol—y Duw a breswyliai yn y cread.'

Enw arall ar y mudiad oedd 'Moderniaeth', gair sydd ynghlwm wrth y rhagdybiaeth fod yr eglwys bob amser yn hen ffasiwn. Meddai Paul H. Holmer o Ysgol Ddiwinyddol Yale: 'Rhaid inni beidio â bychanu'r gŵyn fod diwinyddiaeth yr eglwys yn hen ffasiwn. Crea cwyn felly'r argyhoeddiad y deuai'r byd i gyd yn Gristnogol pe deuai diwinyddion yn fodern. Wrth gwrs, braidd yn uchel yw'r pris: rhaid ymwared â'r atgyfodiad, yr iawn, y geni gwyrthiol, y farn ddiwethaf, ac yn ddiweddar Duw ac ychydig o bethau eraill, ond fe ellir cadw popeth arall, ac yn sicr ystyr y pethau hyn . . . Yr unig ffordd i wneud Cristnogaeth yn dderbyniol yw trwy dynnu popeth allan ohoni a gwneud ei hystyr yn union yr un fath â'r hyn y byddai'r bobl yn ei gredu beth bynnag.' Fe allasai ychwanegu hefyd na ddaw neb byth hyd yn oed wedyn i fod yn 'fodern' o gwbl, gan fod y 'modern' bob amser yn darfod cyn gynted ag y mae'n cyrraedd.

Yn naw degau'r ganrif honno[19] daeth Uwchfeirniadaeth yng Nghymru'n weddol gyffredinol i resymoli ac i ddarpar sail ymddangosiadol wyddonol dros wrthod awdurdod wrthrychol a hanesyddol yr Ysgrythurau, gwrthod y Duw sy'n llefaru. Gwendid canolog y Rhyddfrydwyr diwinyddol yn eu beirniadaeth Feiblaidd,—gwendid Anghristnogol mewn gwirionedd,—oedd eu rhagdybiaeth fod yn rhaid trafod y Beibl fel llyfr dynol yn unig, ac nid fel llyfr dynol + dwyfol fel y gwneid yn

---

18. *Datblygiad Rhyddfrydiaeth Ddiwinyddol ymhlith yr Annibynwyr*, Glyn Richards, 1957, 12: trafodir ymdriniaeth Adams â Phechod, yr Ymgnawdoliad, yr Atgyfodiad, Datguddiad, 12-22.

19. Dechreuodd gael peth sylw mor gynnar â'r pum-degau drwy gyfrwng Rowland Williams, Lewis Edwards, Owen Thomas, Thirwall, Ollivant a Brutus.

nhraddodiad ysgolheigaidd y Cristnogion hanesyddol. Er gwaethaf mawredd y traddodiad uniongred Cymreig, fe graciodd hwnnw'n weddol rwydd ar drothwy'r ganrif hon (o'i gyferbynnu â'r cryfder ysgolheigaidd a barhaodd ymhlith amryw yn yr Iseldiroedd ac yn America), yn bennaf ar y lefel ddynol, oherwydd diffyg addysg Gymraeg (a'r ddibyniaeth gyson o ganlyniad ar Loegr) ac oherwydd yr israddoldeb seicolegol a oedd yn cydredeg â'r safle meddyliol, cymdeithasol a gwleidyddol ac a fethai â rhoi hyder i bersonoliaeth y Cymro. Yr oedd Lewis Edwards wedi ceisio mewn modd braidd yn gymysglyd awgrymu ffordd glasurol o drafod yr ymagwedd naturiolaidd hon, llwybr tebyg i'r un a gymerodd y Piwritaniaid gynt a diwinyddion cyfoes (y pryd hynny) Mudiad Rhydychen, sef parhau traddodiad diwinyddol ac ysgolheigaidd y Tadau Eglwysig.[20] Ond erbyn ail hanner y ganrif nid oedd odid neb yn ddigon gwreiddiedig yn y traddodiad uniongred clasurol Cymreig i allu ei ddilyn ef.[21]

M. RHAI TERMAU YN NADLEUON Y GANRIF

Amyraldiaeth: (gw. Baxteriaeth) Y gred fod ewyllys Duw ar gyfer iachawdwriaeth gyffredinol a bod achubiaeth pob dyn drwy Grist yn bosibl ar yr amod eu bod yn credu; ac o blith y rhai sydd yn 'bosibl', y mae Duw wedi ethol rhai i iachawdwriaeth wirioneddol. Y mae gwaith Crist yn gyffredinol, a gwaith yr Ysbryd Glân yn arbennig.

Antinomiaeth: (gw. Crispiaeth) Nad yw'r ddeddf foesol i Gristion o ddim gwerth nac o ddim awdurdod bellach: (llythrennol—yn erbyn deddf).

> Mae'r Antinomian trwsgwl yn dweud i maes ar go'dd,
> Os pechu wna, neu beidio, y bydd ef wrth ei fodd—
> Cyn iddo'n caru gyntaf fe wyddai Duw ein bai,
> 'Rys wedi maddau'n pechod cyn inni 'difarhau.'
>
> (Pantycelyn)

Apolinariaeth: Mai enaid dynol tragwyddol fu gan y Mab.
Apostasi: Gwyrdroad gan unigolyn, eglwys neu genedl oddi wrth wirionedd, sancteiddrwydd, ac addoliad yr efengyl.

---

20. 'Y Dr. Lewis Edwards a Beirniadaeth Feiblaidd,' H. Islwyn Davies, *Y Traethodydd*, Gorff. 1945, 120-128.
21. 'Esboniadaeth Feiblaidd Ryddfrydol yng Nghymru', W. Eifion Powell, *Diwinyddiaeth*, XXV, 1974, 29-39.

Ariaeth: Nad oedd Crist o'r un hanfod â'r Tad: nad oes felly Drindod. Bu amser pryd nad oedd Crist. Ef oedd y cyntaf a'r goruchaf o bob bod a grewyd. Yn ôl R. T. Jenkins, aeth holl eglwysi Arminaidd Cymru drwy'r un cwrs: Arminiaeth → Ariaeth → Undodiaeth.

Socinus falch ac Arius, ill deuwedd yr un rhyw,
Sy'n haeru nad yw Iesu yn hollalluog Dduw.'
(Pantycelyn)

Gwrthwynebwyd Ariaeth gan Athanasiws; ac fe'i gwrthodwyd am ei bod yn heresi gan yr Eglwys yng Nghyngor Nicea, O.C. 325.

Arminiaeth: Y Pum Pwnc: (1) EWYLLYS RYDD: gallu dyn i ddewis iachawdwriaeth. Dibynna ar ei gydweithrediad ef. Rhodd dyn i Dduw yw ffydd. (2) ETHOLEDIGAETH AMODOL: yn dibynnu ar ffydd ac ymateb gan rai a ragwelsid gan Dduw, ac a ddewisodd Ef o ganlyniad. Dim rhagarfaeth. (3) PRYNEDIGAETH CYFFREDINOL: felly'n dibynnu ar y pechadur yn unig. Ni sicrhawyd iachawdwriaeth i neb oll, ond y mae'n bosib i bawb. Bu farw Crist i achub unrhyw un, *os* . . . h.y. dyn sy'n gosod y ffiniau ar effeithiolrwydd marwolaeth Crist. (4) GALLU I WRTHOD YR YSBRYD GLÂN. (5) CWYMPO ODDI WRTH RAS. Gwelir mai'r egwyddor sy'n clymu'r pum pwynt wrth ei gilydd yw bod dyn yn y canol bob tro, nid Duw.

Mae e'r Arminian tywyll yn haeru nerth gan ddyn,
Mewn bywyd, neb mwy dinerth, pan brofir, nag e' ei hun.'
(Pantycelyn)

Enwyd ar ôl Jacobus Arminius, diwinydd o'r Iseldiroedd 1560-1607.

Athanasius: Efô (yn y ddadl am y Drindod) a orfu ar Arius, fel y gorfu Awstin ar Belagius, a Chalfin ar Armin.

Awstin: diwinydd mwyaf yr Eglwys rhwng y Testament Newydd a'r Diwygiad Protestannaidd. Pwysigrwydd ei bwyslais—llygredigaeth lwyr drwy'r cwymp, a dyn heb allu ynddo'i hun i ufuddhau i gyfraith nac i efengyl; Rhad ras Duw.

Baxteriaeth: (gw. Amyraldiaeth; Crispiaeth; Neonomiaeth) Lledawgrymai Richard Baxter (1615-91) fod gan ddyn ran yn y gwaith o gyfiawnhau, gwaith (yn ôl y Calfiniaid) na pherthyn ond i Dduw ei hunan.

493

'Chytuna' i ddim â Baxter, sy'n rhannu'r Cyfiawnhad,
Na Chrisp sy'n dodi'r Gyfraith yn hollol dan ei dra'd.'

(Pantycelyn)

Credai i Grist farw dros bawb, a bod colledigaeth yn dibynnu ar
ewyllys dyn: h.y. ceir etholedigaeth gyfyngedig a di-ffael, ond
nid oes dim gwrthodedigaeth. Nododd R. T. Jenkins i gryn nifer
o Faxteriaid yn yr ail genhedlaeth droi'n Arminiaid cyd-
nabyddedig. Credai hefyd nad tragwyddol mo'r Ddeddf:
cyfrwng ydyw ar gyfer diben, a gall Duw ei newid os yw Crist
yn bodloni'r Deddfroddwr, ac felly y cedwir dyn.

Calfiniaeth: Y Pum pwnc oedd prif achosion y dadlau, er bod
Calfiniaeth yn golygu llawer mwy na hyn, ac yn cael ei ffyn-
honnell ym Mhenarglwyddiaeth Duw: (1) ANALLU DYNOL:
llygredigaeth drylwyr oherwydd y pechod gwreiddiol: Gen. 6,
5; Ioan 6, 44; I Cor. 2, 14; II Cor. 3, 5; I Ioan 5, 19. (2)
ETHOLEDIGAETH DDIAMOD: h.y. yn ôl ewyllys arglwydd-
iaethol Duw: Ex. 33, 19; Math. 11, 27; Math. 22, 14; Ioan 15,
16; Rhuf. 9, 16; I Cor. 1, 27-9; II Tim. 1, 9. (3) PRYNEDIGAETH
NEILLTUOL: h.y. dros yr eglwys neu'r etholedig yn unig: Ioan
11, 50-3; Ioan 17, 9; Act. 20, 28; Eff. 5, 25-27. Lle y bo cyfeir-
iadau at y cyffredinol, II Cor. 5, 14-15; I Tim. 2, 6, fe'u ceir er
mwyn dangos nad oedd gwahaniaeth rhwng Iddewon a
Chenhedloedd. (4) GRAS ANORCHFYGOL: y mae'r alwad yn
effeithiol ac felly gras yn anwrthwynebol: Ioan 6, 37; I Cor. 1,
27-9; Eff. 2, 1-5. (5) PARHAD MEWN GRAS: er bod modd
syrthio *o fewn* gras: Ioan 6, 39; Ioan 10, 27-30; Rhuf. 8, 35-39.

Crispiaeth: (gw. Antinomiaeth, a'r odl o dan 'Baxteriaeth') Tobias
Crisp, Bedyddiwr, 1600-1643, pencampwr yr Antinomiaid.
Yn y ddadl honno ystyrir mai Baxter oedd pencampwr y gwrth-
wynebwyr.

Cyfamodiaeth: Calfiniaeth glasurol; fe'i hystyrir yn Gymedrol
gan rai. Y mae'n amlwg yng ngwaith Irenaeus, y Piwritaniaid
(e.e. Vavasor Powell a *Madruddyn y Difinyddiaeth Diwedd-
araf* cyf. Sion Tre-rhedyn), Cyffes Westminster a Chyffes Ffydd
y M.C., Thomas Charles ac R. Tudur Jones. Mynnir fod Duw
wedi gweithio drwy ddau gyfamod. Cyfamod gweithredoedd:
cyfamod uniongyrchol rhwng Duw ac Adda, os byddai i ddyn
ufuddhau i Dduw, câi fywyd. Wrth anufuddhau, collai dyn ei
gysylltiad â Duw. Cyfamod gras: drwy ffydd yn Iesu Grist, yn

hytrach na gweithredoedd, y mae dyn wedi'r cwymp yn etifeddu bywyd (neu iachawdwriaeth). Yr unig amod yw 'bod yr Ysbryd Glân yn cael ei dywallt ar yr etholedigion i greu ynddynt y ffydd sydd yn amhosibl iddynt wrth natur.'[22]

Deistiaeth: Derbyn tystiolaeth rheswm a chredu yn Nuw ar sail y datguddiad mewn natur heb ddim datguddiad neilltuol.

Ffwleriaeth: Calfiniaeth glasurol, a elwir yn gamarweiniol yn gymedrol. Mater o bwyslais yw hyn yn bennaf: pwysleisio cynnig rhydd o'r efengyl i bob pechadur yn ddiwahân. Gwahoddiad cyffredinol ac etholedigaeth neilltuol ynghyd: dyletswydd dyn ynghyd â phenarglwyddiaeth Duw. Ond y mae'r Iawn yn neilltuol, nid oherwydd annigonolrwydd, eithr oherwydd cymhwysiad.

Isel-Galfiniaeth: gw. Baxteriaeth.

Neonomiaeth: (gw. Baxteriaeth) Gan fod dyn wedi methu cadw'r ddeddf gyntaf, sefydlir Deddf Gras, deddf newydd, wedi'i newid er mwyn y berthynas newydd rhwng dyn a Duw.

Nomiaeth: Iachawdwriaeth drwy weithredoedd.

Pantheistiaeth: 'Mae'r oll yn gysegredig.' Duw yw enaid y bydysawd. Ar wahân i ddyn, Duw amhersonol yw.

Patripasiaeth: Dioddefaint Duw Dad.

Pelagiaeth: Enwyd ar ôl Pelagius, mynach o Brydain yn y 4edd ganrif. Tebyg i Arminiaeth, ond yn gwadu'r pechod gwreiddiol a llygredigaeth lwyr. Ei phrif egwyddor—fod ewyllys dyn yn gyfan gwbl rydd.

Piwritaniaid: Plaid o fewn Eglwys Loegr yn yr ail ganrif ar bymtheg a oedd o ddifrif am ddiwygio a phuro'r Eglwys. Ar ôl Deddf Unffurfiaeth 1662 aeth llawer ohonynt yn Anghydffurfwyr.

Rhesymoliaeth: Hawl rheswm i weithredu'n bennaf awdurdod ymhob cylch o wybodaeth.

Rhyddfrydiaeth: Bychanu neu wadu'r goruwchnaturiol: diwylliant a moesoldeb yw iachawdwriaeth yn hytrach na phrynedigaeth gan Grist: gradd sy'n gwahaniaethu rhwng Cristnogaeth a chrefyddau eraill, nid ei natur hanfodol.

Sabeliaeth: Y Drindod yn agweddau gwahanol ar yr un Person.

Sandemaniaeth: e.e. J. R. Jones, Ramoth. Derbyn ffeithiau a

---

22. *'Athrawiaeth y Cyfamodau'*, R. Tudur Jones, Y Traethodydd, Gorff. 1950, 118-126.

moeseg Cristnogaeth yn ddeallol heb deimlad; credu noeth. "Credu heb Ysbryd, credu heb rym."

Semi-Belagiaeth: Dyn drwy'i alluoedd naturiol yn medru cymryd y cam cyntaf tua thröedigaeth, ac y mae hyn yn teilyngu cynhorthwy'r Ysbryd. Hynny yw, gall fod ffydd yng Nghrist gan ddyn a thueddiadau sanctaidd cyn derbyn ohono ras dwyfol; ac felly nid analluogwyd mo'i ewyllys gan bechod.

Sosiniaeth: Tebyg i Foderniaeth: gwadu dwyfoldeb Iesu Grist, dim iawn dirprwyol, dim pechod gwreiddiol, dim rhagordeiniad; dilyn esiampl Crist yw ystyr iachawdwriaeth.

Swblapsariaeth (Isgwympedyddiaeth): Wedi'r cwymp y daeth arfaeth Duw i weithrediad.

Swpralapsariaeth (Uwchgwympedyddiaeth): Yr oedd arfaeth Duw wedi trefnu cwymp dyn.

Theistiaeth: Derbyn y datguddiad o Dduw mewn natur neu mewn datguddiad neilltuol, os profir neu os cymeradwyir hynny gan reswm.

Uchel-galfiniaeth: Gwadu cyfrifoldeb dyn—ei drafod ef fel peth, heb gydnabod ei ddyletswydd i ufuddhau. Ni chyflwynir gorchymyn cyffredinol i bawb edifarhau oherwydd credu bod yr efengyl yn gyfyngedig i etholedigion. Dywedir nad oes gennym warant i wahodd at Grist ond y rhai sy'n ymwybodol o bechod ac o angen. Anffodus yw'r ansoddair 'uchel' ar y fath wyrdroad.

Undodiaeth (gw. Sosiniaeth): Dyn yn unig oedd Crist. Nid oes pechod gwreiddiol. Rheswm dynol sydd i esbonio'r Beibl. Trwy efelychu rhinweddau Crist y daw "iachawdwriaeth".

XVII

DANIEL OWEN A'R TRYCHINEB MAWR

Tua 1850 fe ddechreuwyd y digwyddiad mwyaf yn hanes Cymru, sef chwalfa drylwyr, amlochrog, ac ingol, Cristnogaeth hanesyddol. Nid amlygwyd hyn ar y cychwyn gan unrhyw ddiffyg dramatig a sydyn mewn mynychu oedfaon: parhaodd aelodau i fynychu cyfarfodydd dair gwaith y Sul, cafwyd Diwygiad mawrddwys ym 1859 (ac un arall, pwysig ond llai cyrhaeddgar ym 1904), cododd tipyn o hwyl ar ymgyrchoedd dirwest a sol-ffa, ac adeiladwyd llawer o gapeli newydd lle y rhoddid bri ar swydd y weinidogaeth ac y bu diddordeb o ryw fath mewn dadleuon diwinyddol a chymdeithasol. Ond po fwyaf yr efrydir y dirywiad trychinebus a oddiweddodd Gristnogaeth glasurol yng Nghymru yn ystod y ganrif a aeth heibio, amlaf y byddir yn mynd yn ôl tua'r dyddiad 1850: tua'r pryd hynny y dechreuodd yr arweinwyr crefyddol droi'u cefnau'n bendant ac yn gymharol gyson ar hanfodion neu seiliau'r efengyl a draddodwyd unwaith am byth i'r saint, a hynny wrth gwrs yn ddiarwybod iddynt. Wrth reswm, ymhob eglwys Gristnogol fe geir bob amser yn anochel ac yn ddisgwyliedig y gwendidau dynol a'r camgymeriadau cyfarwydd ffaeledig; ac felly, hyd yn oed ymhlith arwyr y ffydd rhwng 1736 a 1850, buasai arwyddion mân a chyson o wyriad ac o ysictod—Howell Harris gyda'i oddrychedd gorthrechol o dro i dro, Peter Williams gyda'i gamddealltwriaeth fach ynghylch y Drindod, John Elias a'r tipyn cyfeiliornad tymhorol ynghylch helaethrwydd yr Iawn, diffyg ymwybod yn gyffredinol ynghylch amlochredd ac undod bywyd materol, diwylliannol, ac ysbrydol ac yn y blaen. Ond yr oedd yr hyn a ddigwyddodd tua 1850 yn anhraethol fwy chwyldroadol na hynyna oll; ac fel y gwelwn bellach, fe ddrylliwyd canolbwyntiau'r ffydd ac fe falwyd ei hystyr hi mewn modd a oedd yn fwy penodol o lawer nag enciliad syml, yn fwy ysgubol na 'datblygiad' ac yn fwy cyrhaeddbell yn ei ddylanwad.

Yn hanes syniadaeth, ym mhatrymwaith diwylliant Cymru, nid

497

oes dim a ddigwyddodd i feddwl cyffredin y bobl yn fwy sylfaenol ac yn fwy canolog na'r dryllio hwn ar eu ffydd hwy rhwng 1850 a 1880. Arweiniodd hyn at arddull hollol newydd mewn moesoldeb ac mewn ymarweddiad, ac at gyfundrefn newydd o egwyddorion bywyd, ac wrth gwrs at lenyddiaeth o natur gwbl wahanol i bob dim a aethai o'i blaen: yr oedd bywyd ysbrydol a moesol, diwylliannol a chymdeithasol Cymru wedi'i newid o'r brig i'r bôn unwaith am byth.

Ganwyd Daniel Owen yn 1836. Yr oedd ei fam yn perthyn i'r cyfnod cynt; ond yr oedd ei dyfiant ef wedi ei arwain ef yn grwn i mewn i'r cyfnod newydd. Gwelai ef yn eglur ei ffrwythau rhyfedd ar bob llaw. Y trychineb mawr hwn, y dryswch a'r rhwygo ysbrydol a amlygwyd mewn cymeriad a gweithred ac arddull, dyma'r testun aruchel, y pwnc aruthrol o arwyddocaol a gymerodd ef yn galon i'w waith pwysicaf. Hyn a roddodd iddo fin ar ei fyfyrdod a sylwedd mawredd yn ei themâu. Hyn sy'n ei wneud, mewn rhai ffyrdd, yn nofelydd mwy dyfnddeall na Dickens, yn llenor mwy dwys na Flaubert a Balzac. O ganol y profiad enfawr hwn, y mae ef yn mynegi bywyd ei oes a'i orffennol ei hun.

Ni charwn honni gormod dros weithiau Daniel Owen. Yn bennaf oherwydd diffyg addysg Gymraeg ynddo ef ei hun ac yn ei gynulleidfa, oherwydd diffyg traddodiad uchelwrol i lunio'r chwaeth gyffredin, oherwydd y toriad yn ei wreiddiau llenyddol ac israddoldeb cymdeithasol ei iaith, ni lwyddodd Daniel Owen erioed i gynnal cysondeb aeddfedrwydd yn ei feddwl na'i arddull. Fe geir gormod, gormod o lawer iawn o ddiffygio plentynnaidd, sy'n bradychu'r ffaith nad oedd ef yn medru—yn wir, efallai mai amhosibl ydoedd i'r un awdur ffuglennol ar y pryd—ymaflyd yn sylwadaeth feirniadol ei gyhoedd gyda hyder. Ceir llithriadau enbyd mewn difrifoldeb; ac y mae'r rhain yn feflau aml a thrist ar bob un o'i weithiau pwysig.

Ond wedi cydnabod hynny ac wedi addef ei gyfyngiadau, rhaid troi wedyn i ystyried amrediad a threiddgarwch personol ei waith; a chanfyddwn yn fuan fod a wnelom â nofelydd yr oedd craffter ei ddadansoddiad o sefyllfa'i wlad ynghyd â llawnder ei allu i amgyffred yr argyfwng trasieg, yn ogystal â'i fedr crefftus a hyd yn oed ei ddyfeisgarwch ieithyddol, yn caniatáu iddo, ac i raddau'n ei orfodi, i lunio ffurfiau a ddiriaethai'n gyrhaeddgar ac yn deimladus y symudiad ysbrydol a chymdeithasol enfawr hwn a oedd yn ail-lunio pobl Cymru o flaen ei lygaid.

Safai ef, felly, rhwng dau fyd. Dyma pam y rhoddir i ragrith y fath le amlwg yn ei waith. Diriaethad oedd rhagrith o'r ffaith fod y byd newydd yn ceisio weithiau wisgo mwgwd yr hen fyd, gan geisio llechu y tu ôl i ymddangosiad diniwed fel pe na bai dim dirywiad wedi digwydd o gwbl a'r glendid a fu yn dal yn ddilychwin. Ond un arwydd yn unig, manyn mewn gwirionedd, oedd rhagrith, er mai dyna a lygatynnodd olynwyr cenhedlaeth Daniel Owen, un amlygiad mewn patrwm eang ac amlochrog o lygredd ac o ymddatodiad cyffredinol. Ac er mwyn amgyffred lle arbennig Daniel Owen yn natblygiad llenyddol a syniadol Cymru, rhaid sylweddoli ei le allweddol a'r modd y dadlennodd ef drwy adledd llydan y llygru hwnnw.

Craidd y gwahaniaeth rhwng yr oes newydd a'r hen ydoedd ailenedigaeth neu beidio. Yr oedd yr hen oes wedi cael ei harwain i sylweddoli mai craidd y ffydd Gristnogol oedd bod yn rhaid i ddyn gael ei eni drachefn, fod angen i'r hen ddyn farw'n llwyr a chael ei lenwi o'r newydd gan y bywyd sydd yng Nghrist. Yn awr, nid profiad gwrthrychol o'r math hwn yw'r trobwynt angenrheidiol a gydnabuwyd erioed gan yr eglwysi yng Nghymru, wrth gwrs. Ond yr oedd y fframwaith o gredu a sefydlwyd yn y wlad hon yn Oes y Saint, a'r ymddiried goruwchnaturiol a oedd wedi para'n llesg neu'n frwd ar draws y canrifoedd, fel pe bai wedi aeddfedu yn y ddeunawfed a dechrau'r bedwaredd ganrif ar bymtheg yn athrawiaethau cyflawn ac wedi'u deffroi'n brofiadau bywiol a oedd a'u gwreiddiau'n gadarn mewn Awstiniaeth ac mewn Cristnogaeth gynnar.

Nid dychwelyd at yr hen lesgedd canol oesol oedd ystyr yr oes newydd seciwlar ar ôl 1850, eithr taflu'r fframwaith o gredu yn grwn: codi seciwlariaeth faterol yn grefydd a gwagio bywyd o'r goruwchnaturiol ac o awdurdod y Gwirionedd. Fel hyn y mae Mari Lewis, yn ei ffordd bietistig ei hun, yn disgrifio'r newid, gan ddechrau drwy sôn am y grym cyn y colli:

'Doedd yr efengyl ddim yn newydd fel pwnc—'roedd hi yn Nghymru er cyn co'—ond y bobol oedd wedi cael calon newydd, ysbryd newydd, a blâs newydd arni trwy ddarllen y gair, gweddïo Duw, a chael tywalltiad o'r Ysbryd Glân. Ond yrŵan, fel y deydais i, mae pobol yn darllen y papyr yn lle'r Beibil . . .' (Rh. 61)

'Mae lle i ofni—gobeithio mod i'n camgymeryd—fod crefydd y dyddie hyn yn fwy o ffasiwn nag o fater bywyd.' (Rh. 62)

Enghraifft arwyddocaol o'r gwacâd ar ystyr bywyd ac ar ystyr y gair 'Cristion' oedd y newid yn statws aelodaeth. Ceir o hyd—mae gennyf innau gyfaill o weinidog a ymadawodd ag enwad confensiynol am yr un rheswm—fod pwysau ar weinidogion i dderbyn yn gyflawn aelodau blant a gyrhaeddai ryw oedran arbennig; mater o oedran ac o gyffesu pen, i lawer, ac o gredo ddeallol neu o ddymuniad sentimental oedd y cymhelliad i ddod yn aelod eglwysig. Nid oedd angen aileni na thröedigaeth mwyach fel yn nechrau'r ganrif. Dyna'n union ganolbwynt y chwyldro a oedd wedi digwydd rhwng oes Daniel Owen ac oes ei fam: *'Thomas Bowen y pregethwr a ddygai ein hachos ymlaen. Byddai efe bob amser yn zelog yn mhlaid ieuenctyd yr eglwys* (ys gwn i ai dyna'r peth chwerwaf a sgrifennodd D. O. erioed?), *ac yn ofalus iawn am beidio eu gadael yn rhy hir heb eu cyflawn dderbyn. Cymhellai yn feunyddiol y rhieni i wasgu y peth at feddyliau eu plant, ac i'w paratoi gogyfer â'r amgylchiad. O'r ochr arall, siaradai Abel Hughes ar y gochelgarwch oedd yn angenrheidiol i, a'r perygl o, dderbyn rhai yn gyflawn aelodau cyn iddynt fod yn addfed o ran eu profiad a'u gwybodaeth. Gan fod y pregethwr a'r blaenor fel hyn yn byw yn yr eithafion, dygwyddai ambell i ffrwgwd rhyngddynt.'* (Rh. 106).

Erbyn *Enoc Huws,* sef erbyn cyfnod aeddfedrwydd Daniel Owen, yr oedd y ffrwgwd yna drosodd a Christnogaeth wedi colli'i hystyr:

'Miss Trefor oedd safon ein holl ferched ieuainc. Hi (ar ôl marw Abel Huws) oedd y gyntaf i gael ei smyglo yn gyflawn aelod heb ei holi.' (E. 32).

Dull Daniel Owen oedd cymryd arno ei fod yn cydymdeimlo â'r oes newydd hon, ac eto rhydd y dadleuon cryfaf yng ngeneuau'r hen oes. Yr oedd ei wir safle, serch hynny, yn amwys ddigon.

'Dyledswydd pawb, Dafydd Dafis,' ebe fi, 'ydyw edrych ar ol ei fywioliaeth.'

'Gwir,' ebe Dafydd, 'ond y mae dyledswydd fwy na hono yn bod. Rhaid i ddyn edrych ar ol ei fywioliaeth; ond fe ddylai edrych mwy ar ol ei fywyd. Mae arnaf ofn, mai pwnc pobol y dyddiau yma ydyw bywioliaeth ac nid **bywyd.**' (E. 152)

Rhaid oedd i'r safle ei hun aros yn amwys, serch hynny, am ei fod ef yn gyfiawn feirniadol o amryw ddiffygion yn yr hen oes. Yn wir, yr oedd ei weithred syml o nofela ei hunan yn feirniadaeth ar yr hen oes honno ac yn wrthryfel yn ei herbyn. Meddai Roger Edwards wrth gyflwyno'r awdur yn y Rhagymadrodd i'r *Dreflan*: *'Dichon fod rhyw ychydig nifer o bobl dda yn meithrin gwrthwynebiad i ddwyn allan wirioneddau crefyddol mewn ffordd o adroddiadau neu ystorïau, megys y ceir yma.'* (T.v.) Hyd ddiwedd ei yrfa, teimlodd Daniel Owen ei fod yn ei mentro hi wrth greu ffuglen; ac yr oedd yr euogrwydd hwn a'r ymddiheurad hwn yn pwyso arno oherwydd presenoldeb yr hen oes hyd yn oed yn y gorchwyl celfyddydol o lunio storïau. Brysiai i ddweud yn 'At y Darllenydd' (G.T. iv): *'Hyderaf nad oes llinell yn GWEN TOMOS a wna niwed i'r meddwl puraf, ac na fydd yn hollol amddifad o addysg yn gystal a difyrwch i'r hwn a'i darlleno.'* A saith mis yn ddiweddarach, wrth gyflwyno *Straeon y Pentan,* meddai fe (S. iv): *'Hyderaf fod i bob un o'r straeon ei hergud, ac nad oes dim yn un o honynt i iselu tôn moesoldeb y darllenydd.'*

Yr oedd ef yn ofni, wrth iddo ef ei hun lunio llenyddiaeth 'seciwlar' ac ymaddasu i batrwm dyneiddiol a oedd yn cael ei gynnal gan rai nad oedd ganddynt amgyffrediad o hanfod ystyr bywyd, ei fod ef ar ei waethaf ei hun yn hyrwyddo'r caledu a'r pellhau oddi wrth deyrnas Dduw yr oedd ei fam gynt wedi sefyll yn eu herbyn.

Yr hen wrthdrawiad rhwng Cyfiawnhad trwy Ffydd a Chyfiawnhad trwy Weithredoedd, dyna yn syml a geid rhwng y ddwy genhedlaeth y portreadai Daniel Owen eu rhwyg hwy. Ar y naill ochr yr efengyl waredigol, ac ar y llall yr efengyl gymdeithasol: ar y naill ochr, calon newydd; ac ar y llall, côd o foesoldeb. Yn ei 'haraith' angerddol i'w mab, un o'r darnau mwyaf ingol ac yn wir farddonol a sgrifennodd Daniel Owen erioed, y mae Mari Lewis am hebrwng ei mab y tu ôl i'r ymddangosiad at yr hanfod ei hun:

'Fel bachgen da wrth ei fam, ni fu dy well yn y chwe' sîr, a chês i 'rioed brofedigaeth hefot ti yn y ffördd hono; ac y mae gen' i ddiolch mawr i ti, ac i'r Brenin mawr, am dy garedigrwydd yn gweithio mor galed i gadw cartre' i dy fam a dy frawd. Ond am dy enaid di yr ydw i yn son yrŵan. Dydi o fawr o bwys a gaf fi damed ai peidio; ond y mae o anfeidrol bwys, fy machgen anwyl, fod dy enaid di a mine dan orchwyliaethau Ysbryd Duw. Bendigedig

fyddo ei enw Ef! nid ydyw yn gadel llonydd i mi, ac yr wyf yn credu ei fod yn meddwl gneyd rhwbeth o hona i; ac O na allwn gael lle i feddwl fod o'n siarad rhwbeth hefot tithau! Mae dy weled mor ddidaro am gael dy ddiarddel yn tori fy nghalon, fy ngwas gwirion i. Oddiallan y mae'r cŵn—oddiallan y mae'r dryghin a'r ystorm. Yr wyt wedi myned allan o gylch y cyfammod a'r eiriolaeth—yr wyt wedi colli'r cysgod, Bob bach.' (Rh. 78)

Ac wrth iddi hi ateb yr awgrym mai dim ond newid ffasiwn oedd y newid a oedd ar gerdded ym mywyd Cymru, wrth iddi esbonio fod y thema yr oedd hi a Bob yn ymwneud â hi yn fater tragwyddol, meddai hi:

'Ffasiwn ydi edifeirwch, wel di, y bydd raid i ti gydymffurfio â hi, ne nid ëi di byth i'r bywyd. Ffasiwn ydi hi, Bob, sydd wedi gneyd miloedd yn fyddigions am dragwyddoldeb. Ond mi ddeyda i ti pryd y bydd hi yn **hen** *ffasiwn: pan fydd yr haf wedi darfod, a chyneua' yr enaid wedi myn'd heibio.'* (Rh. 79)

Dyma'r pren mesur y mae'n rhaid i'r holl gymeriadau yng ngwaith Daniel Owen sefyll o'i flaen, a hynny sy'n rhoi iddynt ddimensiwn na cheir mohono yn nofelau Cymraeg y ganrif hon, dyweder. Nid ydynt yn byw ac yn bod yn weledig yn unig: rhith yw'r gweledig, rhag-rith rhyngddynt a'u gwir fodolaeth. Rhaid i Domos Bartle hyd yn oed gael cymaint â hynny o glem am y gwir bethau:

'Mi wn eich bod felly o ran byw yn onest a disôn-am-danoch,' ebe fy mam. *'Ond y mae crefydd yn ein dysgu ni fod eisio rhwbeth mwy na hyny cyn yr awn ni i mewn i'r bywyd, Tomos bach.'* (Rh. 136)

Un o'r materion a barai anhawster i Daniel Owen (a'i oes) ac un o'r problemau na lwyddodd i'w ddatrys er ei foddhad ei hun oedd lle 'gwybodaeth' yn hyn oll. Gwelai ef, wrth reswm, y ddyletswydd a'r hyfrydwch o amlhau gwybodaeth; ond fe dybiai, yn gam neu'n gymwys, fod a wnelai hynny â balchder cnawdol ac ymchwyddo ysbrydol, ac felly fod dyn yn cael ei rwystro rhag ymostwng yn y galon. Meddai Mari Lewis:

'Does gen i ddim mynedd gwrando arnat ti ac eraill yn sôn am addysg ac addysg fyth a hefyd, fel pe bydde addysg yn gallu gneyd y môr a'r mynydd, ac yn gneyd y tro yn lle gras Duw.' (Rh. 63)

Beth y gallai symlder arswydus byw-a-marw yr efengyl ei ddweud gerbron dryswch cnawdol dadleuon ac ymresymu pen o fewn cyfyngiadau cymhleth amser a lle?

Yr oedd fy mam naill ai yn ddifater neu yn analluog i ateb Bob, a'r unig beth a ddywedodd oedd:

'Gweddïa fwy, fy machgen i, a siarada lai.' (Rh. 116)

Nid oedd y duedd i ddisodli adnabyddiaeth o Grist gan athrawiaeth ddynol, neu addoliad calon gan wybodaeth pen, namyn rhag-rith neu ragfur arwynebol y geiriau yn erbyn y Gair: cogio ail-enedigaeth, tröedigaeth wneud yr arwyneb.

'Roeddat ti yn son am ryw bobol mai'u hamcan pena nhw ydi cael gwybod y gwirionedd; ac yr oeddwn i yn dallt ar dy siarad di dy fod di yn rhoi dy hun yn 'u bwndel nhw. Ond pa wirionedd wyt ti yn 'i feddwl? Os y gwirionedd am Dduw, am bechadur, ac am dragwyddoldeb wyt ti'n feddwl, mi wn na chei di mo hwnw ond yn Ngair Duw ei hun.' (Rh. 186)

Roedd y ffaith yna, wrth gwrs, y tu hwnt i ddirnadaeth Bob, o leiaf hyd at ychydig cyn ei oriau olaf, pryd y cafodd ef beth golwg ar dlodi ysbryd a phryd y dechreuodd ei enaid alaru (Rh. 190-191). *'Ys truan o ddyn ydwyf fi,'* cyfaddefodd ef gan luchio o'r neilltu ei foderniaeth a'i uchelgais ddaearol. Ac wedi cydnabod y tywyllwch mewnol a oedd yn etifeddiaeth iddo, roedd yna gyfle i'r goleuni gwir sydd yn disgwyl o hyd.

Y pen—y tafod a'r deall—sy'n rhagfur neu'n rhagrith yn erbyn hanfod y galon yn *Enoc Huws* drachefn. Richard Trefor yw cynrychiolydd *par excellence* y Cristion yn ôl yr enw, y capelwr allanol, y credwr pen: *'Mi glywes Bob yma'n deyd fod y Beibl ar bene'i fysedd o, ond mi fase'n well gen i glywed fod tipyn o hono yn 'i galon o.'* (E. 28) Y mae'r pen yn sychedu am esgusodion i atal y galon (sef hanfod y bersonoliaeth) rhag cael ei throi: hiraetha'r rheswm yn ei dro, oherwydd didröedigaeth y galon, am amddiffynfa rhag i'r pen weld yn loyw ei dwpdra tragwyddol. Dadlenna Daniel Owen naïfder Mr. Simon, y pregethwr modernaidd a oedd am ddangos ei fod yn hobnobian gyda'r damcaniaethau diweddaraf, a'r dull deallol newydd a fabwysiadwyd gan oes a oedd yn dechrau dwyfoli addysg: *'Mae yn amheus ai doeth yn Mr. Simon oedd sôn cymaint am wrthddadleuon annghredwyr wrth bobl Bethel, canys ni wyddai un o bob haner cant o honynt fod y fath wrthddadleuon wedi bod yn blino ymenydd neb erioed. Ond wedi clywed Mr. Simon yn eu traethu, dechreuodd rhai o'r ieuenctyd—yn ol tuedd lygredig y galon ddynol—eu coleddu a'u hanwesu. A digrif ddigon oedd clywed ambell ysgogyn pendew, na ddarllenasai gan' tudalen o lyfr yn ei fywyd, yn cymeryd arno fod yn dipyn o anghredwr, ac yn defnyddio geiriau a thermau na wyddai tu nesaf i lidiart y mynydd, mewn gwirionedd, beth ydoedd eu hystyr.'* (E. 295)

Mantais Daniel Owen oedd ei fod ei hun yn llefaru o'r tu fewn i brofiad cyflawn Cristion wedi'i atgenhedlu, ac fe wyddai o raid am holl rym yr amgylchedd hollbresennol o fydolrwydd. Yn hyn o beth, fe welir yr adnoddau ychwanegol sy ar gael ar gyfer y llenor sy'n medru tynnu nid yn unig ar ffynonellau gras cyffredin—fel pob llenor arall—ond hefyd wedi profi i'r dwfn o ffynonellau dirgel gras arbennig. Gwyddai Daniel Owen am y math o lawnder a ddaw i ran y Cristion, a hynny'n bersonol ac yn fywydol, ac eto, cadwai ei sensitifrwydd cynhenid i amlochredd yr hyn sydd y tu allan i'r defosiynol.

Nid dynwarediad ac nid adlais o brofiad ail-law a ganiataodd iddo grisialu tröedigaeth Rhys Lewis, y dyn cyffredin ynghanol y bedwaredd ganrif ar bymtheg. Y mae yma dinc y gŵr a oedd ei hun wedi cerdded drwy'r dyffryn:

'I arbed siarad â Miss Hughes cymerwn arnaf ddarllen yn ddygn; ond ychydig a wyddwn beth a ddarllenwn, canys crwydrai fy meddwl yma a thraw, gan ddychwelyd yn feunyddiol i aros uwch ben fy anhapusrwydd. Ymddangosai pob peth i mi mewn gwedd newydd. O'r blaen nid oedd Duw, pechod, a byd arall, ond geiriau yn unig i mi; ond erbyn hyn yr oeddynt yn sylweddau byw, a'u harswyd yn cyffwrdd ac yn treiddio pob **nerve** *yn fy enaid, os goddefir i mi ddyweyd felly. Yn flaenorol nid oedd y seiat ond math o glwb, a minnau yn aelod o hono; ond erbyn hyn edrychwn ar yr eglwys fel cynulleidfa o bobl ysbrydol, rhywogaeth etholedig, na wyddwn i ddim yn brofiadol am natur ei chyfansoddiad, ei hymborth, a'i chynnaliaeth. Er fod fy enw ar ei llyfr, teimlwn fod rhyw gagendor mawr rhyngof â'i bywyd a'i chymeriad. Synfyfyriwn oriau bwygilydd. Ceisiwn osod fy hunan o fy mlaen yn bwyllog, a rhoi fy hunan drwy arholiad.—Beth sydd arnat ti? A ydyw dy synwyr yn dechrau anmharu? Pa ddrwg a wnaethost na wnaed gan eraill, a llawer mwy? Ond cofiwn yn y fynyd y dywedai fy mam mai cwestiynau o eiddo y diafol oedd y rhai hyn, ac ni chawn gysur ynddynt. Edrychwn yn ol, a cheisiwn berswadio fy nghôf i gyfeirio at ryw bethau yn y gorphenol oedd*

yn fy ffafr; ond teithiai fy nghydwybod o'i flaen, a chyfodai lu i'm taflu i lawr, a thorai fy ngôf ei galon, a gadawai i'r gydwybod gael ei ffordd ei hun. Meddyliwn fod holl gyneddfau fy enaid wedi ymgynghreirio yn fy erbyn.' (Rh. 231-232)

Nid dyma'r lle i geisio olrhain yn fanwl bob cam ac elfen yn y profiad canolog ac angenrheidiol hwn. Digon yw dweud nad oes yma ddim pregethwrol, na dim academaidd o syniadol ynglŷn â'r dröedigaeth, fel y mae'n hoff gan feirniaid seciwlar dybied mor fynych. Diddorol yw'r enghreifftiau unigol ac arbennig o bigiadau cydwybod sy'n deffroi'r anghredadun yn araf deg, ac yn ei yrru i wynebu Pechod, nid yr haniaeth, eithr y peth cyffredinol hwnnw, sy'n treiddio drwy'r bydysawd ac a ddaw'n llosg o fyw i greadur ar ôl iddo gael cipolwg bach bach ar ogoniant Duw. *'Bum yn y cyflwr hwn amryw wythnosau; a chofus genyf nad y pechodau neillduol a gyflawnaswn a'm blinai fwyaf, ond ymdeimlad o lygredigaeth cyffredinol a pharhaus, a dyeithrwch poenus i bethau ysbrydol a goruwchnaturiol.'* (Rh. 233)

Dengys yr ymbalfaliadau cloff wedyn wrth i'r creadur newydd hwn geisio gweddïo (a hynny'n blentynnaidd o anysgolheigaidd), nad yw'r awdur am gyflwyno i ni berson yn cael profiad sydd y tu hwnt i bersonoliaeth nac amgyffred y dyn cyffredin yng Nghrist: nid cymeriad aruthr o hydeiml, wedi'i ddonio â rhyw ddirnadaeth ysbrydol eithriadol yn gynhenid, nid y math o berson y mae rhai'n hoffi'i labelu â'r term 'cyfrinydd', eithr un o ffôl bethau'r byd hwn, a hwnnw'n graddol dderbyn blas y gogoniant ei hun. Dyma ddiwedd un o'r gweddïau dwl hynny, gwych o ddwl; a gwelaf ynddi fentr y gŵr sydd am ddweud y gwir, ac sydd eto'n deall fod y gwir hwnnw, er hurted ydyw, pan fo ynghlwm wrth ddyfnder eithaf bodolaeth, yn gallu trechu pob naïfder arwynebol:

'Mae fy nghalon fel careg, ac ni fedraf ei newid. Er y dymunwn dy garu, ni fedraf. Ond ti wyddost fy mod yn casâu y diafol a'r cythreuliaid â châs perffaith; ac os bydd i ti fy rhoi yn eu canol, ni siaradaf byth air âg un o honynt—byth yn dragywydd, pe rhoddent haiarn poeth ar fy ngwefus. O! a ydwyf wedi dyrysu yn fy synwyrau? Gobeithio fy mod, oblegid yr wyt ti yn trugarhau wrth wallgofiaid. Gwna â mi fel yr wyt yn gweled yn oreu. Amen!' (Rh. 234)

Rhai o'r tudalennau pwysicaf yn y nofel hon, ac yn wir rhai o dudalennau mawr llenyddiaeth y ganrif honno, yw'r rhai sy'n dilyn hyn, a'r ymddiddan dadansoddol gydag Abel Huws (yn arbennig 246-8 a 251-2): dyma, mewn gwirionedd, yr uchelfan neu'r cywair ysbrydol y byddai Daniel Owen yn olrhain y llygru a'r israddoli, y dyneiddio a'r allanoli, oll yn ei sgîl a chyfarwyneb ag ef. Diau fod a wnelai'r rhan fwyaf o weddill gwaith y nofelydd â'r ymddatod mewnol ac allanol a oedd yn ymsefydlu yng Nghymru; eithr heb osod y canolbwnc hwn yn gadarn, heb ddangos ble'r oedd ei baradwys goll ef, ni byddai cymaint o rym ac o lawnder wedyn yn y cwymp. Er hoffed fo'r dyn anianol o'r llwyd, diffinnir y llwyd ar ei fwyaf gonest gan absoliwt y gwyn. Felly y diffinnir y 'du' hefyd. Ni chaed Capten Trefor i'r graddau y cafwyd ef (graddau gormodol, wrth gwrs, ym marn ambell feirniad seciwlar), oni bai inni gael Evan Jones yn gyntaf. (Rh. 23):

'Mae Evan Gwernyffynnon yn fwy ar ei liniau nag ar ei sefyll.'
'Gŵyr Evan yn dda beth ydyw teimlo'r cortyn' . . . *'un oedd wedi profi pethau mawrion crefydd.'*

Gosodir y bydolrwydd pwdr newydd mewn cyd-destun o sancteiddrwydd creiddiol, a heb hynny ni chaed trasiedi, ni chaed ystyr, ni chaed mo'r eironi na'r cyferbynnu cyfrwys—hyd yn oed y cyferbynnu brawddegol a dyfeisiadol—sy'n rhoi i Daniel Owen lawer o'i rin. Wrth ddisgrifio Sharp Rogers (T. 130) y mae'r awdur yn cyflwyno inni egwyddorion ei fydolrwydd ar ffurf parodi ar erthyglau crefydd. Yn wir, yn aml fe geisir amddiffyn y bydolrwydd gan ddelfrydiaeth neu adnod Gristnogol:

'O herwydd rhyw resymau, digonol ganddo ef ei hun, dros y caffai well gwrandawiad i'r erfyniad yn y pader sydd yn cyfeirio at y bara beunyddiol, efe a ymadawodd â'r "hen Gorff", ac a wnaeth ei gartref yn yr Eglwys Sefydledig.' (T. 3)

Sylwer mor llechgïaidd o bedantig oedd yr arddull i fynegi'r amddiffyniad hwn.

Cynnes o ymesgusodol, eciwmenaidd yn wir—*"agape"* ei hunan—yw Sharp Rogers:

Gan ei fod yn awyddus, fel y dywedwyd, i fod ar delerau da gyda phawb, yr oedd wedi ffurfio penderfyniad, er yn fore, i beidio dangos dim ffafraeth tuag at y naill enwad crefyddol mwy na'r llall; ac yn rhinwedd y penderfyniad hwnw, gwrthodai gyfranu at bob achos a fyddai yn dwyn gwedd enwadol. (T. 132)

Y llygredd gwaethaf ydyw llygredd y pethau gorau. Ym-draffertha Daniel Owen i drochi Capten Trefor, a'i ddal yn gyson, yn nyfroedd yr awyrgylch crefyddol: dyma'i amgylchfyd, dyma hefyd yr un pryd ei offeryn dichell mwyaf a nod ei ymosodiad gwaelodol. Fel hyn y gwêl Trefor y Mr. Fox a ddaw o Lundain:

Yr oedd yn grefyddwr mawr yn ei ffordd ei hun y diwrnod hwnw, ac ar ôl bod yn gwel'd Pwllygwynt, pan oeddym yn cael cinio, ar ôl iddo ofyn bendith, holodd gryn lawer am hanes crefydd yn Nghymru, a chymerodd gryn lawer o drafferth i ddangos mai yr un pethau oedd y **Scotch Presbyterians** *â'r Methodistiaid Calfinaidd. Gwyddwn o'r goreu mai yr un peth oedd o a minau.* (E. 42)

Dyma un o'r nodweddion sy'n gwneud Daniel Owen yn nofelydd cwbl unigryw. Y mae ef yn disgrifio gwareiddiad Calfin-aidd, cymdeithas a oedd wedi'i meddiannu'n syniadol, yn brof-iadol ac o ran ymarweddiad, gan ystyr unol Gristnogol, gwareiddiad a chanddo berthynas glòs rhwng yr holl agweddau ar fywyd daearol dyn a'r Crëwr a oedd yn cyflawni'r cwbl mewn ffydd, a'r gwareiddiad hwnnw—nid dim byd cyffredin, nid y bydol normal—ond oes arwrol a chyfoethog, honno yn cael ei than-seilio gan gymhellion anifeilaidd 'dyneiddiol'. Yr oedd 'dyn' ar ei lawnaf yn cael ei wenwyno. Meddai Capten Trefor wrth Enoc Huws (E. 69):

A ydych yn barod—oblegid mi wn fod y moddion genych—a ydych yn barod er eich mwyn eich hun—er mwyn y gymdog-aeth—ac yn benaf oll er mwyn achos crefydd—i ymuno â Mr. Denman a minau i gymeryd **shares** *yn y Gwaith newydd?*

Cerdded y tir dyrys hwnnw rhwng y diwedd a'r dechrau, lle y mae modd cael golwg ar y naill gyfeiriad a'r llall, nid o'r tu allan ond megis gan un y bu ganddo un droed, neu o leiaf blaen ei droed, yn yr hen dir, ac sydd a'r droed arall a phwysau'i gorff yn grwn yn y tir brau newydd, dyna yw'r ddeuoliaeth feddyliol a theimladol a osododd adeiledd thematig i Daniel Owen o'r *Dreflan* hyd *Gwen Tomos:*

Wrth dad Harri dywedent fod perygl i ni ddigio gŵr y Plas, ac wrth fy mam fod perygl i ni ddigio Duw. (G.T. 44)

O ganlyniad, braidd yn anghonfensiynol, ac annisgwyl o saf-bwynt seciwlar, yw ei ddadansoddiad o amgylchiadau materol. Er nad yw llwyddiant bydol yn cydredeg ag iechyd ysbrydol, o bell

ffordd (yn wir, fel arall yn aml), fe wêl yr awdur gysylltiad syl-
faenol rhwng anhrefn bywyd materol ambell waith ac anhrefn
ysbrydol, rhwng anwesu tlodi allanol a diffyg pwrpas mewnol (T.
4-5). Eto, gesyd ef y tlodi hwn o fewn cyd-destun o gysur hunan-
fodlon crefyddwyr difater (T. 28, 31, 33). Nid gorddifrifoldeb
chwyrn a hunan-gyfiawnder y theorïwr dosbarth canol sydd
ganddo ef wrth ymosod ar dlodi'r bobl, eithr sylwadau gofalus,
ysgafn o drist, y gŵr sydd ei hun wedi profi'r tlodi hwnnw i'r
gwaelod:

A barnu oddiwrth ei ddillad, gallaswn dybied ei fod unwaith
wedi bod yn hen iawn, ac wedi newid ei feddwl a myned yn
ieuanc yn ei ol, ond fod ei ddillad wedi gwrthod ei ddilyn yn ei gyf-
newidiadau, canys yr oeddynt yn awr yn rhy fawr iddo o lawer....
Pe buasai noethni yn brawf o ddiniweidrwydd, fel yr oedd gyda'n
rhieni cyntaf, buasai y bachgen hwn yn sefyll yn uchel yn
ngraddfa moesoldeb. (T. 30-31)

Ac yntau a'i grud yn y dosbarth "gweithiol", nid yw'n wyryfol o
anfeirniadol ynghylch y dosbarth hwnnw (yn arbennig o saf-
bwynt y dosbarth "gwledig" T. 69). Er bod ganddo, y mae'n
amlwg, lawn gydymdeimlad ag iawnderau'r "gweithwyr", y
mae'n ddigon craff ei feirniadaeth o beryglon undebaeth.
Cymhleth ddigon yw ei ddarlun ef o'r "rhyfel dosbarth" (GT. 7,
43), ac fe'i cyflwynir ef yng nghyd-destun ei ragfarnau gwrth-
eglwysig (GT. 16, 32, 42, 59, 63, 93, 121, 180). Diau fod i'r pwnc
o ymfudo hefyd ei gysylltiadau penodol ag amgylchiadau materol
(GT. 352) ond ei duedd ef yw ei symud i wastad mwy personol a
"gwreiddiol": perthyn ef i'r adwaith yn erbyn ymfudo, ac ni ellir
disgwyl iddo drin y mater fel y gwnaeth SR, dyweder. Pwnc cym-
deithasol heb ei ail—a'i gariad cyntaf—ym myd nofelau oedd
Dirwest (T. 71 yml; GT. 8, 213, 241, 246, 250, yml.). Cymeriad o
gryn bwys yn nofelau Daniel Owen yw'r herwheliwr. Ceir
pennod yn *Rhys Lewis* (XXX) gyda'r teitl 'Yr Herwheliwr', ac y
mae llawer o *Gwen Tomos* yn ymwneud â'r un campau. Yr hyn
sy'n bwysig i sylwi arno yw ei fod yn tueddu i gydymdeimlo â her-
whela: er ei fod yn erbyn diodydd meddwol, y mae ei gon-
demniad yn ysgafnach o herwhela. Ac yn y cydymdeimlad her-
whelgar hwn y mae iddo berthynas â dramodwyr cymdeithasol
20au a 30au'r ganrif hon—D. T. Davies, W. J. Gruffydd a'r lleill.
Rhan o'r rhyfel dosbarth oedd herwhela iddo. Eithr, nid oes yma

symlder Marcsaidd, y math o symlder a esbonia bopeth mewn termau economaidd a hanesyddol wleidyddol. Nid anwybydda ef y ffeithiau hynny, bid siŵr:

'Daw i ystrŷd gul a budr, cwbl anghofiedig gan y Bwrdd Lleol, oddigerth ar adeg hel y dreth.' (T. 68)

Ond *rhan*, rhan yn unig, o fywyd yw'r allanolion amlwg hyn. Gwir ei fod ef yn barod i'w hwynebu'n blwmp, yn ddigon felly fel y gellir synhwyro yma ac acw y gwenwyn hwnnw a drodd yn "efengyl gymdeithasol", er gosod honno, fel arfer, mewn modd iachus, ac o fewn gweledigaeth gyflawnach sy'n rhoi iddi lawnder unol y bywyd cyflawnedig:

'Yr ydw i wedi gwel'd pan fydd dyn yn llwgu o eisio bwyd, fod yn well rhoi swllt iddo fo na rhoi llon'd trol o draethodau crefyddol a chyngorion.' (T. 37)

Y cymeriad mawr cyntaf a grynhodd lygredd y dirywiad cynyddol i Daniel Owen oedd yr anghenfil ofnadwy hwnnw gan Jeremiah Jenkins. Wrth i'r awdur ei bortreadu ef y sylweddolodd mai dyma fyddai ei *forte,* ac wrth hir fyfyrio uwchben nodweddion diriaethol y datblygiad personol hwn y dechreuodd ef ar y dasg bwysig o gelfyddydu chwalfa'r traddodiad clasurol yng Nghristnogaeth Cymru. Rhan bwysig o'r datblygiad hwnnw oedd y colli ar ddifrifoldeb canolog, colli a oedd yn cydredeg yn hapus â'i dueddfryd llenyddol naturiol ef ei hun i gorffori ysgafnder yn ei waith. Gweld yr ysgafnder hwnnw ar waith a wnâi ef: sylweddoli'r ymadawiad llwyr a'r llygru ysbrydol mewn manion gweithredol. Felly, wrth ystyried y posibilrwydd o alw bugail:

Ni ddangoswyd un gwrthwynebiad gan neb oddigerth Mr. Jeremiah Jenkins yr hwn yn ol tystiolaeth un oedd yn eistedd yn ei ymyl càn gynted ag y clywodd son am fugail, a wthiodd ei law y foment hono i logell ei lodrau, i sicrhâu ei hun fod ei bwrs yn ddiogel, ac, er mwyn gwneyd hyny yn sicrach fyth, a'i symudodd i logell frest ei wasgod. Wedi gwneyd hyn, anadlodd yn fwy rhydd, a dywedodd—nad oedd efe yn gweled yr eglwysi oedd a bugeiliaid ganddynt yn llwyddo mwy nag eglwysi oedd hebddynt, ac mai doethach lawer, yn ei feddwl ef, a fuasai dewis ychwaneg o flaenoriaid, ac hefyd fod ganddynt ddigon o le i roi eu harian ymysg y tlodion. Hyn a ddywedodd efe nid am fod arno ofal am y tlodion. (T. 15)

Y mae'r adlais o Jwdas (mewn cyferbyniad ag addoliad 'gwastraffus') sydd yn y frawddeg olaf hon yn feirniadaeth ar wendid dyfnaf yr "efengyl gymdeithasol": y mae hefyd yn eironi sy'n gosod Jeremiah Jenkins o fewn fframwaith o ysbrydolrwydd llydan. Pethau ydyw bywyd iddo. Ond nid yw pethau eto wedi ymlanhau mor llwyr oddi wrth eu hystyr ysbrydol nes eu bod yn unplyg 'naturiol' eu harwyddocâd. Cedwir eironi yn y rhagrith am fod yna gyfundrefn gadarn o werthoedd uwch yn cyflyru hyd yn oed yr ymosodiad ar y gwerthoedd hynny:

Cododd ar ei draed, a dywedodd fod lle cryf i ofni mai ariangarwch ydoedd y prif rwystr ar ffordd llwyddiant crefydd ysbrydol y dyddiau hyn, a bod gwaith yr eglwysi yn rhoddi cyflogau mawr i'r gweinidogion a thuedd ynddo i'w gwneyd yn fydol, ac i beri iddynt feddwl mwy am arian nag am achub pechaduriaid. (T. 38-39)

Actio crefydd, yr ymddangosiad celwyddog (T. 96; E. 32; G. 13), dyna'r gynhysgaeth a drosglwyddir i'r oes newydd. Nid yw Mr. Smart ddim yn medru gweddïo'n gyhoeddus: er huotled ydyw mewn mannau eraill, ni fedr ymostwng ar ei liniau (T. 88). Lledneisrwydd yw'r gorau y gellir ei ddisgwyl mwyach (T. 190; E. 14-15). Collwyd yr ymwybod, yn wir yr hiraeth am ddisgyblaeth (E. 146), oherwydd ysgafnhau'r ymwybod â realiti barn (T. 63). Gwisgo dillad uniongrededd (G. 326-7) fydd y modd yn awr y cerddir i mewn i'r genhedlaeth nesaf, a rhydd y rheini yr hunanfodlonrwydd smyg hwnnw a geir ar ei orau gan y dyn anianol na chraciwyd ei asgwrn cefn, sy'n "gwneud ei orau", ac yn sicr nad yw "gynddrwg" ag y myn yr athrawiaeth Gristnogol hanesyddol inni ei gredu. (T. 50)

Un o'r gwendidau cynhwynol yng nghanol crefydd yr hen uniongredwyr Methodistaidd, yn arbennig tua chanol y ganrif, oedd eu tuedd gyson i neilltuoli crefydd ac i esgeuluso cyfanrwydd gweledigaeth yr efengyl Gristnogol: nid oedd ganddynt athrawiaeth Gristnogol ynghylch diwylliant—dyma'r hyn y byddai'r genhedlaeth ganlynol yn cydio ynddo, neu mewn agwedd bwysig arno, gan gondemnio'r traddodiad efengylaidd o'r herwydd am ei fod yn "esgeuluso'r ymarferol". Gallasai Emrys ap Iwan fod wedi ysgrifennu'r geiriau hyn yn Enoc Huws:

'Mae gen i ofn ein bod yn rhy dueddol i feddwl mwy am ein cadwedigaeth—am fod yn sâff yn y diwedd—nag am wneud ein dyledswydd.' (E. 225)

Diddorol iawn i ni sy'n gorfod ymboeni fwyfwy ynghylch argyfwng dirfodol ein hiaith yw sylwi ar ambell gyffyrddiad gan Daniel Owen â'r testun hwnnw. Fe ganfu ef yn ddigon eglur yr israddoldeb seicolegol bondigrybwyll (T. 82); eithr mwy arwydd-ocaol iddo ef ar y pryd oedd cysylltiadau eglwysig y dirywiad. Ar y naill ben, cyfeiria ef at y snobyddiaeth gyfarwydd a dyfodd o fewn patrwm yr eglwys wladol: *'Mae ganddo ddau giwrad; un yn Sais pur, ond wedi dysgu* methu *siarad Cymraeg.'* (T. 3). Gyda llaw, wrth grybwyll snobyddiaeth, gwiw yw cofio'r snobyddiaeth gyfatebol ym mywyd y dosbarth gweithiol: Rh. 61). Ac ar y pen arall, gwyddys am y math o siarad ymhlith pobl Bentecostaidd, yr hunan-gyfiawnhau dros eu diffyg parch at ddiwylliant a'u diffyg athrawiaeth am y greadigaeth a gorfforir yn y slogan gwrth-Gymraeg 'Mae'r efengyl yn bwysicach na'r iaith': rydw i'n rhyw dybied mai dyna a oedd mewn golwg (yng nghyd-destun yr Inglis Côs), heblaw'r cyfeiriad amlwg at ddydd y Pentecost bid siŵr, pan ddywedodd Daniel Owen:

Mae ein brodyr Annibynol a Wesleyaidd yn fwy pentecostaidd mewn un ystyr, beth bynnag, na'r enwadau eraill, yn gymaint a'u bod yn pregethu mewn mwy nag un iaith yn ein Treflan. (T. 4)

Ymgysylltа'r diffyg parch a'r diffyg sylweddoliad o arwydd-ocâd yr iaith Gymraeg ymhlith Pentecostiaid â'u pietistiaeth mewn cyfeiriadau eraill. Hyn a oedd yn cyfrif am yr agwedd bietistaidd at lenyddiaeth amlochrog yr oedd Daniel Owen yn ymwybod â hi ac yn ymgodymu â hi yn ei fagwraeth a'i dyfiant ei hun: yr oedd yr eglwysi Calfinaidd eu hun yng Nghymru yn gwyro o hyd tuag at gyfyngu annychmygus mewn materion celfydd-ydol a diwylliannol. (Rh. 186-7, 209; E. iv; GT. 336). Creai hyn dyndra a oedd yn gyfan gwbl er drwg, gredaf i, ac a oedd mewn gwirionedd yn ffactor penderfynol iawn yn y dirywiad.

Wrth iddo gorffori'r dirywiad hwnnw yn ei waith, nid oes amheuaeth na ddaeth Daniel Owen ei hun yn rhan o'r llygredd hwnnw a bortreadai, ac na allai lwyr wrthwynebu yr ysictod a ddadansoddai ef mor grafog o ffrwythlon: colli difrifoldeb, symud o'r dyfnder fwyfwy tuag at wyneb bywyd, oddi wrth Bechod at bechodau, oddi wrth y mewnolion at yr allanolion, oddi wrth Galfiniaeth tuag at Ryddfrydiaeth ddyneiddiol fwyfwy wrth iddo ymsefydlu yn ei yrfa lenyddol:

Ni bydd y gwaith hwn yn dwyn gwedd mor grefyddol a'r

Hunangofiant, *bydd a wnelo â chymeriadau, gan mwyaf, nad oeddynt yn hynod am eu crefyddoldeb.* (E. 9)

Eto, os oedd ef yn pellhau, fel pe bai ar hyd twnel, fwyfwy oddi wrth yr uchelfan gychwynnol, yr oedd yr haenau hynny a'u hamgylchai ar y dechrau wedi penderfynu cyfeiriad yr ysfa honno byth wedyn, ac wedi gyrru drwy'r gwaith hwnnw egnïon ac adnabyddiaeth o bwrpas a arhosodd yn gryfder i Daniel Owen o hynny ymlaen. Testun mawr iawn a gafodd ef i gynhyrfu'r awen, a bu'n eithriadol o gynhwysfawr yn ei fynegiant ohono.

Rhydd Calfiniaeth Daniel Owen gryn anhawster i amryw o'n beirniaid llenyddol, wrth reswm. Tueddant i'w thrafod yn gartwnaidd, yn gyntaf am nad ydynt yn ei deall (mae'n ymddangos) nac yn medru cydymdeimlo â hi, ac yn ail am eu bod yn gyfarwydd â'r gyfundrefn a adawyd ar ei hôl ac â'r bietistiaeth yn ei chynffon ddirywiol, ac yn cael eu dallu rhag gweld y canol sydd yn y dirywiad hwnnw. Dywed R. Gerallt Jones—er enghraifft—yn naturiol ddigon, fod Abel Hughes 'yn fwy na Chalfin. Y mae e'n ddyn'; ac ar ôl y fath ragdybiaeth gysurlon, y mae'r llawr wedyn yn glir iddo ar gyfer yr ysgarmes rhwng dyneiddiaeth ffansïol a Christnogaeth Feiblaidd. Mewn manylion, efallai, y canfyddir yr ysgarmes yna orau, oherwydd yn y manylion hynny y gellir casglu llawer o'r rhagdybiau. Er enghraifft, meddai Mr. Jones: 'Y mae i Mari Lewis ryw ateb i bob cwestiwn sy'n codi yn rhywle yn yr Ysgrythur. Duw sydd yn trefnu popeth, ac o fewn fframwaith Ei arfaeth O y mae'r cyfan yn troi. Ond i Bob nid yw pethau mor syml â hynny; mae'n gweld y rhagrith sydd ynghlwm wrth grefydd ffurfiol.'

Yn awr, fe welsom eisoes fod Mari Lewis (Rh. 116) 'naill ai yn ddifater neu yn analluog i ateb Bob' ynghylch *manylion* ei ddadl ef: nid oedd cymhlethion mân ei drafferthion ef mor bwysig â'r egwyddorion a oedd i'w cael yn gadarn yn nhrefn Duw. Ond a oedd fframwaith Ei arfaeth O mor *'syml'* ag yr awgrymir yma? Ac a oes awgrym ym mrawddeg olaf Mr. Jones nad yw rhagrith y grefydd ffurfiol ddim i'w gweld yn symlder naïf yr ysgrythurau—Ffariseaid neu beidio—a bod rhaid i Bob ddod o hyd i gymhlethdod sylfaenol pethau mewn man arall, mai cymhlethdod yw'r hunan-foddhad i'r gwrthwynebydd modern? Peth *syml*, bid siŵr, yw'r gwahaniaeth rhwng byw a marw; ac er bod yr oes ymhongar hon yn ceisio adeiladu drosto ryw fath o gymhlethdod arwynebol go naïf yn y bôn, dichon fod y symlder croyw hwnnw a ganfu Mari Lewis yn medru treiddio i berfeddion y cymhlethdod bydol yn well na dim.

Digon tebyg i'r anhawster a gafodd Mr. R. Gerallt Jones yw'r ymgodymu go annigonol â'r thema yma yn llyfr Dr. J. Gwilym Jones, yr agwedd wannaf ar y gwaith diddorol hwnnw. Astudiaeth Dr. John Gwilym Jones o *Daniel Owen* yw'r gwaith beirniadol gorau sydd gennym ar y nofelydd hwn. Mae'n gam gwirioneddol fawr ymlaen. Er disgleiried oedd cyfrol fechan Mr. Saunders Lewis, nid oedd mor afaelgar â'i stori ffraeth-esmwyth am Geiriog, y groser-fardd, nac mor angerddol ddadansoddol o Fictorianaeth.

Y mae myfyrdod Dr. John Gwilym Jones am ragrith yn nofelau Daniel Owen yn tarddu mewn gweledigaeth ddofn a threiddgar sy'n gorlifo'i bennod ar themâu ac yn byrlymu, fel y dylai, i mewn i'w bennod ar arddull. Gwelodd Dr. Jones fod arddull Daniel Owen yn gorff i enaid ei astudiaeth ddwys a dychanol ef o ragrith. Gwelodd hefyd fod y rhagrith yma'n fwy na bai achlysurol a phersonol, a'i fod yn fwy na nodwedd y ceir gwahanol agweddau arni o berson i berson, a'i bod mewn gwirionedd yn treiddio drwy fêr esgyrn y gymdeithas benbwygilydd o'r gorau hyd y gwaethaf. Mae'r ddwy bennod hyn ar Themâu ac Arddull ynghyd â'r ymdriniaeth gwta ar ''gynllunio'' yn ffurfio un o'r darnau mwyaf creadigol ac ysgytiol o feirniadaeth lenyddol a gawsom yn y Gymraeg ers chwarter canrif.

Mae'n weddus i mi ddweud hynny, a chodi fy het yna yn ddeche ar y dechrau, rhag ofn fod y gweddill sydd gennyf i'w ddweud yn creu camargraff hollol anghywir. Yn aml, y mae bwrw iddi i anghytuno neu i gecran ynghylch ambell bwynt mewn llyfr a adolygir yn gallu awgrymu rhyw fath o gondemniad yn hytrach na'm bod i, yn sicr yn y fan yma, am ddefnyddio pennod gyntaf Dr. Jones, 'Cefndir'—er fy mod yn anghydweld (yn chwyrn efallai)—yn unig er mwyn ceisio, yn fy mryd i, ddiffinio pethau'n fanylach, a dyna'r cwbl. Ni bydd y fath gollfarnu yn lleihau'r un iota ar fy marn fod y rhan olaf o lyfr Dr. Jones yn gyfraniad o bwys mawr iawn i'n dealltwriaeth ni o grefft Daniel Owen a'r nofel yn gyffredinol. Fe awn ymhellach, yn wir, a dal ei fod yn dangos y math o gyfraniad y gall y beirniad llenyddol (a llenyddiaeth ei hun ei wneud) i ddeall cyfnod yn hanesyddol sy'n gallu bod yn gym-harol farw yn nhomen "ffeithiol" yr haneswyr ystrydebol.

Cynnyrch nodweddiadol enwad y Methodistiaid Calfinaidd yn ein canrif ni yw Dr. John Gwilym Jones, fel yr oedd Daniel Owen yn gynnyrch nodweddiadol iddo yn hanner olaf y ganrif ddiw-ethaf. Cymerodd Daniel Owen "Galfiniaeth" mewn dirywiad yn brif destun i'w fyfyrdod. Canlyniad themâu nofelau Daniel Owen yw'r safbwynt diwinyddol a gymer John Gwilym Jones yn ei *Astudiaeth* ar y nofelydd, ac y mae hyn yn ychwanegu at y didd-ordeb cynhenid sydd eisoes yn sylwadau Dr. Jones ac a gŵyd o'i ddychymyg a'i ymateb byw arferol.

Mae Dr. John Gwilym Jones yn gynnyrch nodweddiadol i'w enwad am nad yw'n gyfarwydd â Chalfin. Dyna'r norm. Gall Presbyteriad dyfu, bellach, heb glywed erioed mewn trigain mlynedd o gapela yr un cyflwyniad Methodistaidd na Chalfin-aidd o'r efengyl. Gall diwinyddiaeth Calfin fod yn ddieithr iddo, a gall fodloni ar beidio â gwybod namyn rhai pwyntiau gwyrdro-edig nad oes iddynt fawr o ystyr ddisgrifiol. O leiaf, dyna'r casgliad sy'n anochel wrth ddarllen *Astudiaeth* Dr. Jones. Cymerer rhai brawddegau propagandaidd sy'n adlewyrchu'i saf-bwynt sylfaenol:

"O dderbyn y gredo Galfinaidd ni ellir yn hawdd ddal dyn yn gyfrifol am ei weithredoedd".

"Nid yw'r rhinweddau gwareiddiedig hyn (caredigrwydd a chydymdeimlad a chydymddwyn a chydoddef) yn bosibl i Galfin uniongred". Honna fod "barn bendant am grefydd" yn rhwystr "i Ddaniel Owen roi darlun gwir wrthrychol o Dreflan ei gyfnod." Ac awgryma na all y Calfinydd, yn wahanol i'r dyneiddiwr, fyth fod yn nofelydd heb "ystwytho'i gredo i fod yn fwy o ddyn-eiddiwr nag y rhoddir hawl iddo ganddi".

Yn awr, beth bynnag a ddywedir am ei ddehongliad ffeithiol anghywir yn ei bennod "Cefndir", ni ellir ond cydnabod fod J.G.J. bob amser yn aruthr o ddifyr i'w ddarllen, yn gyfareddol yn wir. Pan gyflwynodd ef Forgan Llwyd, nid Morgan Llwyd a gawsom o gwbl, eithr John Gwilym Jones; a phan gyflwyna Ddaniel Owen, John Gwilym Jones a welir eto; amrywebau arno a gawn o hyd—ond y mae'n werth ei gael, yn bendifaddau.

Ond dewch inni ystyried y gosodiadau uchod; oherwydd mi gredaf i mai pwysig yw inni gofio gan nad Calfiniaeth yw testun

Daniel Owen, eithr "Calfiniaeth" mewn dirywiad, ei bod felly'n esgor ar bietistiaeth, a ffariseaeth, a llif symudol o safonau y mae yna ffactorau eraill hefyd nad oes a wnelo Calfiniaeth ddim oll â nhw, megis diffyg addysg Gymraeg, diffyg cydnabyddiaeth â gwerthoedd a defnyddiau llenyddol cydwladol, ac yn y blaen. Ac y mae defnyddio Calfiniaeth fel ymbarél o reg i gynnwys pob trosedd llenyddol odano yn peri fod J.G.J. yn methu'n llwyr â sylweddoli'r athrawiaeth Galfinaidd am ddiwylliant, nac ychwaith nodi cymhlethdod y tueddiadau cymdeithasol a chrefyddol sy'n ymamlygu yn niffygion Daniel Owen.

Y mae'r hyn a ddywed Dr. Jones am gyfrifoldeb ym mryd y Calfinydd, er enghraifft, yn effeithio dipyn ar ei ddadl, ac felly mae'n werth nodi'r athrawiaeth Galfinaidd ei hun ar hyn. Gŵyr pob Calfinydd am yr adran gyflawn adnabyddus yn *Institutio* Calfin ei hun, I Pen. XVII, Ad. 3, *'Nid yw rhagluniaeth Duw yn ein gollwng o'n cyfrifoldeb'.* Gwaetha'r modd ni chyrhaeddodd cyfieithiad Cymraeg Joseph Howells ymhellach na'r ddegfed bennod; ond gan fod ysgolheigion Calfinaidd yn gweld y pwyslais ar gyfrifoldeb yn treiddio drwy'i waith benbwygilydd, hynny yw, hyd yn oed i adrannau "amherthnasol", dichon y'm hesgusodir am ymgyfyngu, wrth ddyfynnu, i ran anuniongyrchol o'i gyfieithiad ef (Pen. III): 'Gan fod Duw ei hun wedi cynysgaeddu pob dyn â rhyw ddrychfeddwl o'i Dduwdod, a'i fod yn adnewyddu yr atgof o hynny yn barhaus ac yn achlysurol yn ei ehangu, ni all neb wneuthur lloches o'i anwybodaeth er mwyn ymesgusodi. Mae pob dyn yn gwybod fod Duw, a hefyd mai Efô a'i gwnaeth, a chondemnir hwynt gan eu cydwybodau pan esgeulusant ei addoli a chysegru eu bywyd i'w wasanaeth'.

Gwelir, yn wir, fod Calfin yn rhoi llawer mwy o le i gyfrifoldeb nag a wna'r ymddygiadwyr hiwmanistaidd sy'n rhoi'r lle mwyaf i amgylchfyd ac adweithiau diewyllys. Oni chlywsom yr hiwmanist arferol yn dweud am droseddwr ifanc er enghraifft, 'Druan bach, nid arno fe mae'r bai, ond ar ei gartref'? Ni raid yn awr ymhelaethu ar berthynas cyfrifoldeb a'r athrawiaethau Calfinaidd eraill gan ei bod yn gwbl amlwg nad Calfiniaeth, beth bynnag, yw ffynhonnell syniadau Dr. John Gwilym Jones am gyfrifoldeb, a bod y gwir yn begynol wrthwyneb i'r hyn a ddywed ef. Da bod yn glir ar hyn os ydym am briodoli tarddiad y dylanwadau ar Ddaniel Owen a diffinio cymhlethdod y grymusterau syniadol a theimladol a oedd yn corddi ynddo.

Beth, wedyn, am y rhinweddau gwareiddiedig y mae J.G.J. yn dadlau sy'n amhosibl i Galfinydd? Rwy'n credu fod y man dall hwn yn effeithio ar ei farn gryn dipyn eto.

Oherwydd siaced gaeth ei hiwmanistiaeth y mae J.G.J. yn colli arwyddocâd mwyaf arbennig D.O. Mae'n tybied fod Calfiniaeth D.O. yn peri iddo wthio'i gymeriadau i ryw gadwedigaeth gyfleus neu ryw anghadwedigaeth naïf. Ond yn wir, ni wna'i Galfiniaeth ddim o'r fath fel y gwelwn gyda Chapten Trefor a Jeremiah Jenkins a Wil Bryan; ac yn wir, fe fyddai'n gwbl groes i Galfiniaeth. Beth, felly, a gawn? Wel, yn sicr y mae Calfiniaeth yn cynnwys holl amrediad (neu raens) hiwmanistiaeth—yr hyn a elwir yn ras cyffredin. Gall Calfinydd, — fel Daniel Owen,—amgyffred marwolaeth naturiol fel marwolaeth naturiol yr hiwmanist, rhagrith naturiol fel rhagrith naturiol yr hiwmanist, cydymdeimlad naturiol fel cydymdeimlad naturiol yr hiwmanist ac yn y blaen. Y mae holl amrediad profiadol yr hiwmanist o fewn amgyffred y Calfinydd, ac nid oes dim (ond prinder dawn neu adnoddau llenyddol) i'w atal rhag ei gynnwys yn synhwyrus ac yn ddychmyglon yn ei waith—dim o leiaf o'i Galfiniaeth. Ond y mae yna bersbectif arall—yr hyn a elwir yn ras arbennig—yn ymagor i'r Calfinydd sy'n gaeëdig i'r hiwmanist ac sy'n peri i'r hiwmanist ymddangos yn gymharol arwynebol a chyfyngedig, a hynny yw'r ffaith fod marwolaeth yn ogystal â bod yn weithred naturiol yn ddigwyddiad ac iddo ddimensiwn goruwchnaturiol, fod rhagrith neu gydymdeimlad (yn ogystal â chael eu 'chware' ar yr wyneb yn amlwg) yn dwyn adleisiau dyfnach o'r dimensiwn anweledig. Dyma yn ddiau ran o gamp D.O. Fel yr hiwmanist yntau mae ef yn gallu canfod y corfforol o flaen ei drwyn, yr "anifeiliaid" dynol yn symud ac yn siarad ar y gwastad daearol; ond yn ogystal â hynny, y mae i'r cwbl a ddigwydd yma ystyr lawnach, ychwanegol.

Diau fod yna rwystrau i Dd.O. ei fynegi'i hun yn hollol lwyddiannus—rhwystrau personol a rhwystrau cymdeithasol hefyd. Ond heb sylweddoli nad oes a wnelo'i Galfiniaeth ddim oll â'r rheini, yr ydym yn debyg o fethu amgyffred eu cymhlethdod; methwn â diffinio natur pietistiaeth, methwn â sylwi ar dwf Arminiaeth (sy'n peri, dybiaf i, fod *Gwen Tomos* mor wahanol i *Rhys Lewis*) methwn â deall ansawdd yr ymwybod cymdeithasol, neu ei ddiffyg—nad oes a wnelo eto, yn wahanol i awgrym J.G.J., ddim oll â Chalfiniaeth, fel y tystia'r doreth o astudiaethau cymdeithasol Calfinaidd yn y blynyddoedd diweddar. Yn awr, y mae gorsymleiddiad J.G.J. yn tarddu o gamddealltwriaeth eithaf cyffredin y dyddiau hyn. Ond carwn ddweud yn bwyllog, ar ôl rhai blynyddoedd o sylwi ar gyffredinedd y gamddealltwriaeth hon hyd yn oed ymhlith pobl a ŵyr yn well, fy mod yn gwbl sicr erbyn hyn fod y camddeall hwn yn fwriadol yn y bôn: mae ein beirniaid (a'n diwinyddion) mewn gwirionedd yn awyddus—yn ddwfn awyddus,—i beidio â deall. Weithiau, bid siŵr, yn ddiymwybod ac yn ddiymadferth o fwriadol. Ac yn wir, mi gredaf i y byddai D.O. yntau, pe bai ef yn fyw i'w gweld nhw, heblaw darlunio'r camddeall allanol hwn yn ein dyddiau ni yn amlwg fel y mae, yn mynnu dangos ei fod hefyd yn gamddeall sinistr ac ysbrydol dreiddgar yn ei hanfod. Gwrthodiad ydyw cyn gwrando: negydd ydyw, sy'n fewnol gaeth ei blyg.

Os ydys wedi dod i'r un gwreiddiau â D.O, o gyfeiriad anghrediniaeth ymosodol elyniaethus, hawdd y gellir cydymdeimlo â sylwadau J.G.J. am y gwendid yn nhraddodiad enwadol y "Methodistiaid Calfinaidd" ar gownt cydberthynas yr efengyl ag achosion cymdeithasol a dyngarol. Oni fuom oll hefyd (o leiaf yng nghyfnod adolesens) yn saethu at eglwysi diwygiedig De Affrica, at Ogledd Iwerddon ac enwadau ceidwadol taleithiau deheuol U.D.A. am yr un peth gan deimlo'n dipyn o hogiau, a chan ein hamddiffyn ein hun yr un pryd yn ddi-os rhag wynebu gwir rym uniongrededd? Diau mai o blith y Calfiniaid annibynnol neu fedyddiol (ac y mae'n gwreiddiau praffaf ni oll yn Awstin-Galfinaidd) y cafwyd y cyfraniad cymdeithasol cywiraf o'r math hwn.

Ond beth, felly, sy'n cyfrif am yr ymagweddu dieithr (i ni) a danlinellir gan J.G.J., yn syniadaeth gymdeithasol Daniel Owen? Ni raid rhestru'r gweithiau Calfinaidd hysbys mewn cymdeithaseg a gwleidyddiaeth a beirniadaeth gelfyddydol yn ein dyddiau ni er mwyn profi i neb cyfarwydd nad oes a wnelo hyn ddim yn uniongyrchol â Chalfiniaeth.

Dichon fod rhan o'r ateb mewn pietistiaeth: wedi amwyseiddio 'daear' a 'byd' a 'bydol', cafwyd adleisiau o'r ymwrthod asgetig a glywyd hyd yn oed yn nyddiau Awstinaidd Dewi Sant gynt—hynny yw, o hen hen helbul. Dichon hefyd fod rhan, rhan bwysicach, o'r ateb mewn adwaith digon Calfinaidd yn erbyn seciwlariaeth: yn wir, wrth astudio Mari Lewis ni ellir llai na thybied ei bod hi'n deall yn bur dda y diffrwythdra di-bwynt a'r bydgarwch dros dro, yn wir y diffyg cyfoeth moesol, sydd yng nghyfyngdra un-dimensiwn yr hiwmanist. Wrth bortreadu Bob gyda'r fath gydymdeimlad yr oedd Daniel Owen hefyd yn llai prennaidd o lawer yn ei "wleidyddiaeth" geidwadol nag yr awgrymir gan Dr. John Gwilym Jones. Nid yw'r bol sosialaidd a'i alwadau a'i hawliau, heb gael ei lefarydd yn *Rhys Lewis;* ond y mae cefndir diwinyddol Daniel Owen wedi caniatáu iddo godi ei gymeriadau i lefel uwch nag "ymddygiad", uwch na materoliaeth a rhesymoliaeth fas. Nid cyrff yw ei destun ond bywyd. Anodd i ni, yn wir, yn niwedd yr ugeinfed ganrif yw delfrydu pob streiciwr yn sant: llithrig rwydd fu damnio pob cyfalafwr gynt (er mai ef oedd y drwg amlycaf yn ddiau); ond y mae ynom ryw anesmwythyd bellach fod yr un Mamon diafolaidd hwnnw yn sataneiddio ac yn 'bydoli' calonnau eraill hefyd yn awr. Ar ryw olwg, ateb cynamserol a hynod dosturiol i seciwlariaeth gymdeithasol ein cyfnod ni oedd darlun D.O. o ymryson Mari a Bob Lewis.

Ond un o'r gosodiadau odiaf a geir yng nghyfrol Dr. Jones yw'r un lle y mae'n honni fod "barn bendant am grefydd" wedi bod yn rhwystr "i Ddaniel Owen roi darlun gwir *wrthrychol* o Dreflan ei gyfnod". Mae hyn yn yn ddiddorol am lawer rheswm. Wrth gwrs, mae'n tarddu o amhendantrwydd J.G.J. ei hun ac i'w weld ar waith yn ei ddrama ar Forgan Llwyd. Gormes y penagored a geir gan bobl sydd heb sylweddoli'u gogwydd. Dogma'r celwydd nad oes gwirionedd. Y mae ynghlwm hefyd wrth y myth hiwmanistig fod niwtraliaeth a gwrthrycholdeb yn bosibl o gwbl—myth y clywir ei adlais yn hanesyddiaeth R. T. Jenkins. Ac o ganlyniad, dichon ei fod yn awgrymu fod "darlun gwir wrthrychol" yn wir ddymunol yn y bôn.

Ond gŵyr pob beirniad sydd wedi myfyrio digon am hanfod celfyddyd y byddai Daniel Owen wedi *peidio'n* llwyr â bod yn nofelydd ac y byddai ei nofelau wedi peidio â bod yn llenyddiaeth o gwbl pe bai'r gwir *wrthrycholdeb* rhyfedd hwn wedi ymwthio i'w waith ef. Bu rhai llenorion "arbrofol" dan ddylanwad theorïau o'r math hwn yn diberfeddu'u goddrycholdeb, yn arwynebol o leiaf, gymaint ag y gallent; ac ymwacáu celfyddydol

518

a bywydol fu'r canlyniad bob tro. Ac y mae dyn yn cael ei ddenu—yn ddrygionus ac yn ddireidus efallai—i gasglu, felly, o honiad Dr. John Gwilym Jones ei hun "mai tuedd barn amhendant am grefydd fyddai esgor ar ddarlun gwir wrthrychol mewn nofel" ac os felly fod barn amhendant yn anfantais hollol drychinebus i unrhyw lenor. (Yn awr, mi garwn ddweud rhwng cromfachau fy mod yn diogel gredu hyn, ond heb ddilyn yr ymresymiad a orfodwyd yn y fan yma).

Yn y cyd-destun hwn y mae J.G.J. yn cyfeirio at Balzac ac ambell nofelydd estron arall. Ond dichon mai Dostoieffsci—yn fy marn i, nofelydd mwya'r byd—gŵr y mae ei brofiadau a'i farnau Cristnogol yn llachar yn eu heithafrwydd, fyddai'r gymhariaeth briodol; a chredaf fod hwnnw, sy'n ymdrin â'i gymeriadau a'i ddigwyddiadau mewn dimensiwn uwch o lawer na'r un naturiol a gweledig amlwg, yn gymar tecach wrth fyfyrio am y lle angerddol sydd i'r weledigaeth Galfinaidd yng ngwaith Daniel Owen, sydd, er ei fod yn llai o nofelydd o lawer, yn tynnu ei nodd o'r un ffynhonnell yn ei fannau dwysaf. Nofelydd "goddrychol" *par excellence* ac eithafol bendant oedd Dostoieffsci.

Dechreuais y bennod hon drwy honni fod y chwalfa yn ffydd y Cymry wedi dechrau gwreiddio o ddifrif tua 1850; ac yn awr, wrth gau pen y mwdwl, fe garwn grynhoi—ar ffurf rhestr yn wir—arolwg o'r elfennau gwahanol a ganfu Daniel Owen yn ei ddadansoddiad ef o'r dirywiad amlochrog ond pellgyrhaeddol hwn:

1. Llacio ar aelodaeth eglwysig: h.y. niwlio ystyr y term 'Cristion'. (Rh. 106). Yr oedd min yr efengyl Gristnogol yn pylu, a hithau'n dod yn sentiment i ymlynu wrtho. Yr oedd ei sylfeini, ei natur a'i phwrpas, yn cael eu camddeall fwyfwy (Rh. 62; 186-7).

2. Yr oedd yr athrawiaethau Cristnogol yn cael eu meddalu a'u chwynnu (Rh. 80; E. 15). Ysgubwyd uffern dan y carped (E. 15) Collwyd gwefr yr efengyl (E. 304).

3. Yr oedd dyfnder yr ymwybod o Bechod yn cael ei ddisodli gan faterion allanol megis Dirwest (Rh. 185) a 'phechodau' amlwg eraill (Rh.73, 81,184-5), gan gynnwys rhai anamlwg hefyd, bid siŵr, megis ariangarwch, malais, cenfigen, a rhagrith. Twf parchusrwydd a phietistiaeth (E. 14-15); byddai hyd yn oed Abel Huws bellach yn cael ei gyfrif yn "fras".

4. Yr oedd amheuaeth ac amwysedd yn graddol ddod yn ddogma (Rh. 81, 189). Daeth ansicrwydd yn ffasiwn ac yn rhan o awyrgylch y byddai'r genhedlaeth newydd druan yn tyfu'n ddiymadferth ac yn anfeirniadol ynddo.

5. Ymddangosai dyneiddiaeth yn fwyfwy deniadol (Rh. 189); a chyda'r symud pwyslais oddi wrth Dduw i ddyn, collwyd difrifoldeb, bychanwyd Crist gan gymharu'i aberth Ef â mân bethau dynol (Rh. 115).

6. Yr oedd lledu dysg ymhlith y dosbarth gweithiol wedi creu israddoldeb seicolegol ynghylch credu unplyg (E. 153). Tyfodd dysg ddynol i fod yn ateb hunan-ddigonol hyd yn oed ar gyfer materion dwyfol (Rh. 25, 60, 63); a chadarnhawyd bri dysg gan snobyddiaeth anochel (Rh. 61).

7. Datblygodd "dulliau" crefyddol yn fwyfwy allanol, yn dechnegau (o bosib dan ddylanwad Finney, neu o leiaf yn unol â'r symudiad hwnnw), a chododd teimladaeth wneud wrth i ganu a'r Gymanfa Ganu ennill nerth (Rh. 9).

8. Collodd goddefgarwch ei briod ystyr (E. 13, 146), nes bod goddefgarwch yn golygu bod y safonau i gyd ar lawr (E. 29, 32).

9. Gyda thwf dyneiddiaeth, yr oedd efengyl, a oedd wedi bod yn wrthrychol ac yn oddrychol, bellach yn tyfu'n fwyfwy goddrychol (E. 225); ac ystyr goddrychedd yw "fy syniadau *i*."

10. Yr oedd y symudiad oddi wrth Galfiniaeth at Ryddfrydiaeth ddiwinyddol hefyd yn cydredeg â'r symudiad seciwlar oddi wrth y byd amaethyddol tuag at fyd diwydiannol-fasnachol. Er bod y rhain fel petaent yn rymusterau gwahân, yr oedd rhai cymeriadau fel petaent yn fan cyfarfod rhwng y naill a'r llall. Ym mywyd Dafydd Dafis a Chapten Trefor, ceir gwrthdrawiad fel petai rhwng Calfiniaeth a Diwydiannaeth; ac yng ngwaith Daniel Owen, yr ail sy'n trechu. Er ei fod o ran rhagfarn a magwraeth yn pleidio'r gyntaf, yr ail oedd drechaf yn feddyliol ac yn gymdeithasol erbyn ail hanner y bedwaredd ganrif ar bymtheg (E. 152). Buasai'n rhaid i Daniel Owen wrth gryfder anarferol ac annaturiol i wrthsefyll y cyfuniad hwn o ddiwydiannaeth a dyneiddiaeth "naturiol"; ond rhan o'i grafftter arbennig ef oedd iddo ganfod nad oedd a wnelai cwymp Calfiniaeth â thwf allanolion diwydiannaeth. Crafftter go fawr ac anarferol hyd yn oed heddiw.

11. Neilltuwyd Cristnogaeth i fod yn weithgaredd nas wyneb-wyd ond gan ran o'r gymdeithas. Cyfyngwyd ei her i "ddos-barth canol" newydd, a chefnwyd ar y priffyrdd a'r caeau, y ffair a'r meddwon, er mwyn ymsefydlu mewn cyfundrefn gapelaidd gymharol gaeëdig. Y mae rhaniadau Buchedd A a Buchedd B, fel y disgrifiwyd hwy gan David Jenkins, yn dechrau ymgaledu yng ngwaith Daniel Owen nes bod y bont rhyngddynt wedi diflannu. Hyd yn oed yn *Gwen Tomos* y mae'r rhaniadau digyswllt yn arbennig o ddiddorol:

(i) Eglwyswyr a'r meddwon gyda'u canolfan yn y Bedol: Tori (troi ffermwyr allan am bleidleisio yn erbyn Gŵr y Plas) + Saesneg (Ysgol y Llan) + Perchen (absennol weithiau, plasau'n wag, Stryd Balchder).

(ii) Capelwyr gyda'u canolfannau yn y cartref ac yn y capel: Radical + Cymraeg + Ffermwr (ond gyda chyd-ymdeimlad â'r herwheliwr). O blith y capelwyr hyn, er tloted oedd llawer ohonynt, yr oedd pendefigaeth newydd yn codi. Yr oedd y frwydr rhwng Harri Tomos ac Ernest Griffith yn symbol o arwyddocâd y rhaniad arbennig hwn.

Rhan enghreifftiol oedd y neilltuo meudwyaidd hwn gan gapelwyr o fewn y gymdeithas o'r cyfyngu cyffredin ar y weledigaeth Gristnogol, y gymdeithas a gafwyd oherwydd colli golwg ar natur hollgynhwysfawr yr athrawiaeth Galfinaidd am benarglwyddiaeth Duw a'i berthynas â'r holl agweddau ar fywyd.

12. Yr oedd y dehongliad o fywyd yn symud o'r lefel oruwch-naturiol (sydd hefyd yn cynnwys y naturiol, wrth gwrs) i'r dimensiwn cyfyngedig 'naturiol' (E. 9, 14-15, 42, 69). Er mor unigryw oedd Daniel Owen, yr oedd ef yn rhan hefyd o fudiad llenyddol Ewropeaidd a ffynnodd yn y bedwaredd ganrif ar bymtheg, sef y "nofel ddiwydiannol"—Zola, *Mary Barton* (1848) a *North and South* (1855) gan Mrs. Gaskell, Dickens, *Sybil* (1845) gan Disraeli, *Alton Locke, Tailor and Poet* (1850) gan Kingsley, a *Felix Holt* (1866) gan Eliot. Nid oes amheuaeth fod y symudiad hwn wedi dylanwadu arno gryn dipyn ac wedi peri iddo gydymffurfio â'i ddehongliad gweddol ddyneiddiol o werthoedd, brwydrau, a sefyllfa-oedd a oedd yn plethu drwyddo. Cafodd Daniel Owen fudd mawr o'r myfyrdod a amlygir yn y nofelau hyn, yn bendi-

faddau, nid yn unig mewn iaith a dyfais, eithr hefyd yn athrawiaeth lywodraethol y chwyldro diwydiannol, y pwysau o blaid defnyddioldebaeth ac yn erbyn haelfrydedd calon. Dichon, serch hynny, fod y dylanwad pwysfawr hwn wedi milwrio'n dost yn erbyn ei hyder ef i ddatblygu'i ddehongliad gwerthfawr a threiddgar ei hun o ystyr y trychineb a oedd ar gerdded ym mywyd Cymru.

Bid siŵr, nid disgrifiad o'r elfennau hyn a geir yn unman yn nofelau Daniel Owen, ond eu cyd-blethu blithdraphlith yn fywydol drwy gymeriad, digwyddiad ac amgylchfyd, yn aml yn feirniadol eithr gyda chydymdeimlad deallol hefyd a thosturi tuag at druenusrwydd sylfaenol yr hyn a oedd ar gerdded. Heblaw dadansoddi o'r tu allan yr holl ffactorau hyn, y mae yna hunan-ymholi a chwilio perfeddion yn y modd mwyaf personol ac yn nhraddodiad gorau'r seiat. Yn wir, y mae'r dull seiadol o holi ac ateb weithiau'n effeithio hyd yn oed ar sgwrs y cymeriadau (Rh. 241-3). Ond yn y pen draw, ni ellir llai na chydnabod, er gwaetha'r anfanteision a bwysai ar Daniel Owen o du pietist-iaeth (yn ogystal â'r arwyneboli a'r cyfyngu ar dechneg oher-wydd addysg Saesneg, dirywiad yr iaith, a'i gynulleidfa anhyfforddedig), fod ei gefndir crefyddol hwn, a'r hyn a oedd yn hunan-feirniadol ddadansoddol yn hwnnw, wedi cyfrannu llawer o'r mawredd meddwl a theimlad a geir ganddo ac wedi'i wneud yn nofelydd yn gwbl ar ei ben ei hun ymhlith llu nofelwyr Ewrob yn y ganrif ddiwethaf.

Soniodd Saunders Lewis yn gywir iawn am wreiddiau nofelau Daniel Owen yn y Cofiant Cymraeg. Meddai fe, 'Ef (y cofiant) oedd y ffurf bwysicaf ar ryddiaith greadigol Gymraeg yn y ganrif honno.' Mae'r ansoddair 'creadigol', sy'n goleddfu 'rhyddiaith' yn y fan yna, wedi'i fwriadu yn ddi-os er mwyn diarddel y ffurf nerthol *par excellence* yn y cyfnod, sef y bregeth, er nad yw'n debyg y byddai Saunders Lewis mor barod i'w defnyddio efallai mewn dull mor neilltuedig erbyn heddiw.

Olrheinia Mr. Lewis ddylanwad y cofiant ar yrfa Daniel Owen drwy'n harwain ni at *Hunangofiant Rhys Lewis,* Gweinidog Bethel. Ond er mwyn cyflawni'r persbectif yn ddihysbyddol, y mae gofyn i ni weld cyfraniad y bregeth 'anghreadigol' yng ngyrfa Daniel Owen a'i ddylanwad ar ei ddull o adeiladu cymeriad. Pan ddechreuodd ef gyhoeddi ei waith yn nyddiau ei aeddfedrwydd, y gyntaf mewn cyfres o gyfrolau oedd *Offrymau Neillduaeth* 1879, sef saith pregeth orau ei ddeng mlynedd yn y pwlpud ynghyd â phum pennod 'Cymeriadau Methodistaidd'.

Er bod yna ymraniad fel yna yn y gyfrol, nid yw'r gwahaniad naws a natur mor ddwfn. Meddai un o'i gofianwyr amdano, sef John Owen 1899: 'Anfynych y clywyd ef yn pregethu ar bynciau athrawiaethol, ac ni roddai lawer o le i esboniadaeth. Disgrifio ac elfennu cymmeriadau ydoedd y duedd amlycaf yn ei bregethu, fel y gwelir yn ei *Offrymau Neillduaeth*. Ymhoffai mewn desgrifio cymmeriadau am y rhai na ddywedir ond ychydig iawn yn y Beibl ei hun. Yn wir, oddiwrth y cyfeiriadau lleiaf tynai ddarlun cyflawn o honynt, a nyddai o'i ddychymyg ei hun hanes bywyd aml un . . .'

Fel y gwelir, yn hanes y bregeth Gymraeg, y mae Daniel Owen yn cymryd ei le yn bendant iawn yng nghyfnod y dirywiad, gyda thwf y dull ffansïol o drafod y defnyddiau Beiblaidd ac athrawiaethol bersonol, gyda chynnydd yr awdurdod goddrychol a chyda mwy o ymwybod celfyddydol yn y cyfansoddiad.

Roedd D.O. yn hoff o bregethu'n bortreadol, ac yn y gyfrol a ddilynodd *Offrymu Neillduaeth* o ddwy flynedd, sef *Y Dreflan*, ei nofel gyntaf mewn gwirionedd, fe gawn y nofel yn cyfaddawdu â'r bregeth. Ac arhosodd y bwriadau didactig yn islais o dan ei nofelau oll ar hyd ei oes. Nid cwbl ddierth oedd yr ymagwedd hon yn Lloegr chwaith, fel y cyfaddefodd Trollope a Richardson.

Y mae i'r bregeth ei lle, yn uniongyrchol, yn nofelau Daniel Owen (er enghraifft, GT. 78-80), eithr y mae i'w feddwl oll ac weithiau'i arddull wreiddiau yn y corff o bregethu addysgol ac adeiladol a oedd yn ei gefndir ef. Yn ei hyfforddiant llenyddol—sef yn y diwylliant a gwmpasai ei dyfiant fel nofelydd—rhaid gosod y bregeth ochr yn ochr â'r anterliwt, atgofion a nofelau Roger Edwards, y cofiant, ac wrth gwrs nofelau Saesneg.

Meddwl a phrofiad y gwareiddiad Calfinaidd hwn—a hynny ar i lawr, fel y sylwyd—dyna a gynhyrchodd Daniel Owen y nofelydd, ynghyd â'i ddoniau diamheuol ei hun, bid siŵr. Heb sylweddoli cyfoeth y gwareiddiad rhyfedd hwnnw, a'i sylweddoli cyn belled ag sy'n bosibl o'r tu fewn fel petai, nid amgyffredwn fyth fel y dylem rychwant y ddealltwriaeth a'r portread mawr o

523

fywyd a geir yn nofelau Daniel Owen.

Ni ellid ystyried nofelau Daniel Owen yn drasiedïau unigol. Yn wir, y maent yn cynnwys llawer o elfennau ysmala y gomedi draddodiadol ac y mae'r bodlonrwydd hapus sy'n crynhoi pen draw sefyllfa amryw o'r prif gymeriadau yn ein calonogi ni mewn modd sy'n hollol ddieithr i wir drasiedi. Ac eto, o sylwi ar y ffordd o fyw a ddarlunnir, cyd-drawiad gwerthoedd y cenedlaethau, tueddbeniad yr eironi, a'r egwyddorion sy'n cael eu corffori, ni ellir lai na theimlo fod Daniel Owen yn cyflwyno i ni ddarlun trasieg cyflawn.

Dadleua Helen Gardner[1] mai ffenomen Ewropeaidd yw trasiedi—bod cysylltiad rhyngddo a'r syniadau crefyddol llywodraethol yn ystod yr oesoedd pryd y llewyrchodd. Y mae crefydd sy'n pwysleisio'r hanesyddol a chwrs y byd hwn yn ogystal â'r ffaith nad dyma'r bywyd terfynol a bod yna ochr arall i bethau, y mae crefydd felly yn gallu darparu'r math o werthoedd sy'n hanfodol ar gyfer trasiedi. Dyna a gafwyd gan y Groegwyr gynt; a deil Dr. Gardner fod athrawiaeth yr Atgyfodiad, penarglwyddiaeth Crist a rhagluniaeth, oll yn berthnasol, i'r adfywiad o drasiedi a gafwyd yn Ewrob Gristnogol. 'Yn y pwyslais ar werth yr unigolyn ac yn yr haeriad ynghylch pwysigrwydd a di-droi'n-olrwydd digwyddiadau hanesyddol, y mae Cristnogaeth yn anad yr un o'r crefyddau tra datblygedig yn medru cyfleu profiad trasieg fel peth perthnasol i ymchwil dyn am wirionedd a realiti.'[2]

Yng ngwaith Daniel Owen y mae'r weledigaeth o fywyd y mae ei drefn a'i batrwm yn cael ei ddifa, a'r ffaith fod dynion yn gyfrifol am y chwalfa hon, yn peri ein bod yn ymateb mewn modd dwfn a chynhwysfawr i sefyllfa drasieg dra phwysig.

---

1. *Religion and Literature,* Helen Gardner, Faber & Faber, London, 1971, 13-118.
2. ibid. 99.

XVIII

DECHRAU'R UGEINFED GANRIF

(i) *Rhagymadrodd i'r Ganrif hon*

Nid oes yr un genhedlaeth yn holl hanes ein llenyddiaeth a ymosododd ar yr un gynt gyda'r fath ffieidd-dod a dyfalwch ac angerdd ag a wnaeth yr un ar ddechrau'r ganrif hon. Fe fydd ambell un yn ein dyddiau balmaidd ni yn mentro awgrymu efallai nad oedd J. Morris Jones bob amser yn anffaeledig yn ei safonau, ac nad dull W. J. Gruffydd o lenydda efallai yw'r unig un i bara byth. Yr oedd rhai o ragflaenwyr Morris Jones a Gruffydd, hwythau, yn y ganrif ddiwethaf, yn gallu gweld peth bai ar Oronwy Owen. Ond am luchio melltithion cyffredinol a di-ddal-yn-ôl ar ei dadau, Morris Jones sy'n mynd â hi yn ddi-os; a bu Gruffydd yntau yn ei las flynyddoedd yr un mor ysgubol, ac o leiaf bron mor ysgubol ag y daeth wedyn yn ei hen ddyddiau i felltithio'r genhedlaeth wrthun ar ei ôl.

Ein tuedd 'haelionus' ni ydyw cyfiawnhau ein, tadau a rhesymegu drostynt. Yr *oedd* William Owen-Pughe yn ddrwg. Yr *oedd* Hwfa Môn yn annioddefol. Yr *oedd* y beirdd yn ddieithriad yn wallus, a'r nofelwyr benbwygilydd yn ddi-orffennol. Yr *oedd* hi'n dywyllwch ym mhob man.

Ac yna, gwawriodd John—a'i ramadeg, a'i Daliesin, a'i Gerdd Dafod, a'i feirniadaethau eisteddfodol. A bu goleuni mawr. A dechreuodd yr adar bach byncio, a'r coed flaguro. A daeth yr ardd o'i chwr yn brydferth ac yn fawr ffyniannus . . . Hen bryd hefyd.

Codwyd delwedd ac ymdeimlad o ymgyrch cyffrous yn erbyn y gorffennol, a chydiwyd yn optimistiaeth benbwl Oes Fictoria. Daeth yr ychydig a gafodd y safleoedd cyhoeddus, diwylliannol, allweddol i fod yn fwy pwerus na neb gynt nac wedyn: oher-wydd, yn syml, ni buasai'r fath safleoedd erioed o'r blaen, a rhaid oedd profi'u gwerth hwy; ac ni ddaethai neb byth wedyn i'r union safleoedd hynny heb fod ganddo ragflaenwyr o ryw fath a heb gyhoedd addysgedig a beirniadol i'w wylio hefyd. Ymdrefnodd yr ychydig cyntaf hyn yn glic, a dechreuasant, oherwydd eu cydnabyddiaeth â llawysgrifau'r Oesoedd Canol a'u cyfle i'w darllen, ddiarfogi beirniaid drwy ddysg hollol ddierth wedi ei sgrifennu mewn iaith gyfrin—iaith y clic ei hun.

Beth a wyddai twps y werin am iaith ddysgedig, lân, ddethol, draddodiadol? Pa glem a oedd gan Orseddogion pitw am lenyddiaeth y gorffennol a llenyddiaeth estron? Mewn erthygl ar ôl erthygl fe daranai John yn erbyn yr iaith annysgedig, wallus, chwyddedig, ddidraddodiad. Mewn beirniadaeth ar ôl beirniadaeth fe lachiai'r hen syniad neu ddelfryd anniwylliedig am lenyddiaeth ddi-safonau. Ac wedyn, wrth gyd-ganmol ei gilydd yn hyglyw fynych fe lwyddodd y clic yn gymharol ddiddramgwydd i stîm-rowlio dros ddarllenwyr y Gymraeg, ac adeiladu'r argraff hyfryd o gyfnod euraid newydd.

Yn awr, fe allai unrhyw ysgolhaig, pes dymunai, gael y math o hwyl a gafodd J. Morris Jones, drwy ddethol a chrafu—fel y gwnaethai Brutus gynt ymhlith y gwaelodion; hawdd fyddai creu'r syniad mai dyma bopeth—fel yr anghofiodd Brutus yntau gewri'r pwlpud anghydffurfiol. Ond ar lawer cyfrif, cynnyrch Lewis Edwards a'i gymheiriaid o'i flaen oedd y math o ymagweddu urddasol at ddysg ac at safonau unffurf, uchelwrol a ddaeth i nodweddu J. Morris Jones. Ffaith-garwch Stokes a Zeuss mewn iaith, ac Ashton glew mewn hanes llenyddiaeth, a esgorodd ar ei syniad prennaidd braidd am addysg ac ysgolheictod. Nid oedd wedi mynd fawr ymhellach na 'Nant y Mynydd' Ceiriog yn ei amgyffred o farddoniaeth. Heb warafun iddo ei glod a heb wadu na chamodd yn fras yn ei flaen, y mae galw inni ymbwyllo rhag inni, nid yn unig wneud cam â'r ganrif ddiwethaf yn ei mater, eithr hefyd rhag inni gambrisio y math o gyfraniad a wnaeth arloeswyr eraill dechrau'r ganrif hon.

Meddai Puleston Jones o ganol y cyfnod: 'Yr oedd y peth a wawdid gynt fel Cymraeg plwy, Cymraeg Rhydychen, Cymraeg Llafar Gwlad, yn bod ar hyd yr amser. Cadwesid y traddodiad amdano'n fyw yng nghanol y bedwaredd ganrif ar bymtheg—cyfnod sych, diffrwyth, ar yr iaith Gymraeg—gan Nicander a John Mills; a chyhoeddasid anathema gan Lewis Edwards ar y Cymraeg gosod a ddygasid i mewn dan ddylanwad Pughe a Gwallter Mechain . . . Fe anghofiai pleidwyr Cymreig Emrys ap Iwan a Chymraeg Rhydychen, nad oedd y defodau a ddilynent hwy fawr amgen na chanlyn ymlaen ar beth a gychwynasid gan rai yng nghanol y bedwaredd ganrif ar bymtheg gan Wilym Hiraethog, a Nicander, a John Mills . . .'

Ar ryw olwg, yr hyn sy'n ofnadwy a rhyfedd yw mor ddiddysg mewn gwirionedd oedd myfyrdod J. Morris Jones ei hun am lenyddiaeth. A chysidro ystâd beirniadaeth lenyddol ar y pryd mewn gwledydd cyfagos, megis Lloegr, Ffrainc a'r Almaen, yr oedd beirniadaethau Eisteddfodol Morris Jones a rhan gyntaf ei Gerdd Dafod yn anllythrennog ac yn anniwylliedig. Taeru awdurdodol yr anwybodusyn, dyna a geir ganddo'n rhy fynych; taeru anoddefgar a dallbleidiol yr amatur unbenaethol.

Ydyw'n wir, mae adfywiad llenyddol dechrau'r ganrif wedi cael ei orbrisio, ac eilunaddoliad o'i brif gynrychiolwyr wedi mynd yn rhy bell. Ond howld; yr ydym yn dechrau magu stêm, a chodi cyflymdra, ac awn i lawr y rhiw yma'n bendramwnwgl.

Fe ddigwyddodd rhywbeth, heb os.

Do; a digwyddodd mewn angerdd. Yr angerdd yn ddiau a ffurfiodd ddelwedd y cyfnod ac a'i gyrrodd yn ei flaen yn egnïol drwy feddyliau holl brif lenorion Cymru. Yr angerdd a gododd forâl a hyder y llenorion a'r darllenwyr fel ei gilydd. Yr angerdd a unodd y cwbl yn fudiad ac a'i diffiniodd yn arbenigol: yr angerdd a roddodd iddo rythm a thrwch, lliw a pherfedd.

Yn awr, fe ellid dweud fod i'r angerdd hwn ei achau ac nad oedd yn gyfan gwbl newydd. Ond yr oedd rhywbeth gwyrthiol o newydd ynddo yn ymddangos ar y pryd; a chredaf os caf ostwng fy llais, fod ynddo hefyd beth a oedd, mewn gwirionedd, yn hollol newydd. Yr oedd yn ganlyniad darganfyddiad personol go fawr a go chwyldroadol hefyd ym mhrofiad llenorion y cyfnod.

Byddaf yn synnu gyda llygaid go anghrediniol at y cyfrinwyr Tillichaidd sy'n medru bod yn chwyslyd o angerddol ynghylch gwaelod bod, a phethau anhraethol felly. Rhaid i'm goddrych wrth wrthrych. Hanes digwyddiadau a ffeithiau solet a llythrennol, dyna sy'n fy mowlio i. A chyda phob parch i'r goleunwyr goddrychol a'r bogail-syllwyr breuddwydiol, credaf mai dyna hefyd sydd wedi esgor ar bob symudiad o bwys hanesyddol, hyd yn oed ar y gwastad seciwlar.

Gwrthrych solet, yn sicr, a gyffrôdd yr angerdd ymhlith J. Morris Jones, O. M. Edwards ac Emrys ap Iwan. A'r gwrthrych hwnnw a newidiodd seicoleg arweinwyr y genedl. Os ydym yn mynd i gael rhyw amgyffrediad o naws dechrau'r ganrif, yna

bydd angen ymwneud â'r newid seicolegol go sylfaenol a ddig-
wyddodd yn eu plith, a cheisio canfod pa wrthrych a achosodd y
newid hwnnw.

Nid yn nhermau Lewis Edwards na Gwilym Hiraethog y gellir
esbonio J. Morris Jones nac O. M. Edwards. Yr oedd Lewis
Edwards yn olynydd digon naturiol i Thomas Charles, a hwnnw'n
olynydd eithaf cyson i Williams Pantycelyn. Ond Gwili ac Elfed
yw'r hyn a ddisgwyliem wedyn, nid cenadwri Llanfair-pwll a
Llanuwchllyn. Hwy a fyddai'n cynrychioli'r ymddatodiad a'r
dirywiad yn y rhuddin, nid soned 'Y Llwynog' ac 'Ymadawiad
Arthur'.

Mae'n ddigon hawdd, efallai, inni esbonio anocheledd yr
adwaith seciwlar chwyrn mewn llenyddiaeth yn erbyn yr hen
uniongrededd Gristnogol, a'r parodrwydd newydd i wfftio'r gor-
uwchnaturiol. Dod yng nghynffon y llwydo hir a pharchus a
wnaeth hynny. Roedd balchder naïf Lewis Edwards ynghylch
dysg (er gwaethaf ei uniongrededd), a hygoeledd di-eneiniad (a
llai uniongred) ei fab Thomas Charles Edwards, yntau, yn ein
harwain yn naturiol ddigon at dlodi difrifol ein diwinyddiaeth ddi-
weledigaeth ac eilradd yn y ganrif hon, ac at led-baganiaeth rhai
o'r beirdd hefyd. Dirywiad neu ddatodiad, mae hynyna i'w
ddisgwyl. Ond 'Cynddilig' T. Gwynn Jones a 'Cherddi'r Gaeaf' a
'Jezebel' Parry-Williams: o ble y daeth yr hyder a'r bywiogrwydd
esthetaidd i lunio'r rheini? Mae yna fwy na diwinyddiaeth sâl yn
y rhain.

Dewch inni gymharu Y Brython (1858-63), a olygwyd gan
Silvan Evans, sef cylchgrawn llenyddol gorau ei gyfnod â'r
Beirniad (1911-1920), a olygwyd gan J. Morris Jones, cylch-
grawn llenyddol gorau ei gyfnod yntau. Wrth gwrs, ar unwaith fe
sylweddolwn na ellir eu hynysu, a'u tynnu allan o'u cyd-destun.
Roedd y Brython yn arfer cyhoeddi llawer o'n hen lenyddiaeth,
gwaith barddonol Iolo Goch, Deio ab Ieuan Du, Lewys Glyn Cothi,
Wiliam Llŷn. Tudur Penllyn ac eraill, yn ogystal â thameidiau o
ryddiaith Llyfr Coch Hergest, Ystori Dared, Chwedlau Seith
Doethion Rufein, ac yn y blaen. Erbyn dyfod y Beirniad, roedd
trefn wahanol ar gyhoeddi'r hen lenyddiaeth: roedd Gwenogfryn
eisoes wedi cyhoeddi'r Llyfrau Coch, Du, Brutiau, Llan Dâv, y
Waun, Gwyn, Aneirin, Taliesin, a'r adroddiadau mawr ar y llaw-

ysgrifau. Roedd dull newydd o drafod testunau'n clasuron wedi ymagor. Felly, gallai Syr John yntau adael y gwaith o olygu testunau o'r fath i gyfryngau eraill. Un arall o gyfraniadau y *Brython* (a hyn, ynghyd â'r adran lythyrau, yw'r rheswm pam y byddaf i'n cael mwy o flas arno nag ar y *Beirniad*) fu ei bwyslais ar Lên Gwerin. Eithr erbyn dechrau'r ganrif hon yr oedd John Rhys wedi ymdrin â llên gwerin mewn modd beirniadol a chymharol mewn amryw gyfrolau ac erthyglau; ac yr wyf yn rhyw feddwl nad oedd gan Morris Jones mwyach gymaint o ddiddordeb yn y maes pwysig hwnnw.

Yn ei enw priod ei hun,—*Y Beirniad,*—y mae'r cylchgrawn hwn yn adlewyrchu ei naws orau. Dyma'r arbenigrwydd ar ôl y ganrif gynt. Yr oedd ysgolheigion proffesiynol yn awr a oedd wedi arbenigo'n llawn-amser mewn dysg Gymraeg yn cyflwyno'u casgliadau beirniadol am y tro cyntaf erioed. Ifor Williams ar Aneirin, ar ddiarhebion, ar Ddafydd ap Gwilym, ar Rhys Goch ap Rhiccert (a G.J.W. ar yr un testun) ac ar Salesbury; T. Gwynn Jones ar Ddraddodiad Llenyddol Cymru; G. J. Williams ar Iolo; Shankland ar Stephen Hughes, a Cheiriog a Goronwy Owen, William Davies ar Phylipiaid Ardudwy, R. T. Jenkins ar Theophilus Evans ac ar gyfnod y Tuduriaid, nodiadau ieithyddol y golygydd Syr John, a rhai adolygiadau crafog ddysgedig, dyma'r pethau a adlewyrchai gymeriad y cylchgrawn hwn i'r dim. Bid siŵr, yr oedd *Y Brython* eisoes wedi symud i'r un cyfeiriad gyda Thomas Stephens ar Fadog. Ond yr oedd maint y feirniadaeth newydd, a'i hawdurdod oherwydd cyfle'r ysgolheigion hyn i arbenigo'n araf uwchben llawysgrifau wedi'u trefnu'n daclus, yn ffactor dihafal yn y cyfnod diweddar.

Y feirniadaeth ysgolheigaidd hon yw'r cyntaf o'r rhesymau dros yr hyder; ynghyd â sylweddoliad o gwmpas neu faintioli llenyddiaeth safonol yn y Gymraeg; ynghyd â gwybodaeth gymharol—drwy addysg Prifysgol—am ei gwerth mawr ochr yn ochr â llenyddiaethau Ewropeaidd eraill. Y tri pheth hyn, gredaf i, yn dod ynghyd, a roddodd ysbardun ac addysg i garfan o lenorion dawnus, a oedd yn medru ymdrwytho yn y gorffennol, yn ogystal ag mewn llenyddiaethau tramor, nid yn achlysurol ond yn drwyadl. Yr oedd ar gael ar gyfer yr hen wladgarwch diwylliannol, a oedd wedi mudferwi ar hyd y canrifoedd, bellach wrthrych eang yn y gorffennol a sylfaen cymharol a disgyblaeth feirniadol. Ac yr oedd cydgyfarfyddiad y tri hyn yn newydd. Mi allwn ninnau fod yn fwy beirniadol na T. Gwynn Jones ei hun am ei destun o Waith Tudur Aled; mi all rhai o'n myfyrwyr ddangos gwallau ieithyddol John Morris Jones. Yr ydym oll—diolch i'r mudiad a darddodd y pryd hwnnw—yn medru ymdrwytho yn ein traddodiad. Bydd llawer iawn ohonom, ar sail ein haddysg, yn pori mewn llenyddiaethau estron. Ond ni chawn fyth fythoedd brofi'r newydd-deb, yr ymwybod o awdurdod a goruchafiaeth wedi'r tywyllwch maith. Arall yw'n breintiau ni. Diwedd y ganrif ddiwethaf biau'r fuddugoliaeth orawenus ac arbennig honno.

(ii) *Pryd y Dechreuodd y Ganrif?*
    Wrth geisio ateb y cwestiwn syml 'pryd y dechreuodd y ganrif hon yn llenyddol?' neu 'a oes dyddiad penodol y gellid ei ddefnyddio ar gyfer cyfnodi llenyddiaeth Gymraeg tua dechrau'r ganrif hon?' yr ateb arferol o gytûn bellach yw 1902, sef blwyddyn *Ymadawiad Arthur.* Dyma, yn sicr, chwyldro o awdl; ac fe fyddai'n braf i'r hanesydd pe baem yn gallu bod yn rhwydd unfryd fod llenyddiaeth wedi troi drosodd yn daclus syml yn y flwyddyn arbennig honno.
    Ond y mae 1901, sef blwyddyn *Telynegion* Silyn a W. J. Gruffydd, yn cynnig inni waith a ddaeth yn fwy nodweddiadol o lawer nag awdl T. Gwynn Jones o'r arch-ffurf a feddiannodd briffordd llenyddiaeth Gymraeg tan 1936. Pa mor groesi-ffiniol, felly, oedd y caneuon bychain hynny? Y maent, rywfodd, yn arwain ein sylw'n ôl ynghynt i 1890 pryd y dechreuodd John Morris-Jones gyhoeddi ei gyfeithiadau o ganeuon melysysgafn Heine, a ddaeth yn batrwm mor ffydlon ar ôl hynny i'r delyneg Sioraidd Gymraeg. Ac fe fyddai'n dra phriodol, oni fyddai, pe baem yn gallu amseru'r cychwyniad gan ryw weithred fel hyn o eiddo Syr John gan mai ef, bellach, a ystyrir y bersonoliaeth lenyddol fwyaf ffurfiannol ar ansawdd llenyddiaeth traean cynta'r ganrif.
    Ai 1890, felly, yw dechrau'r ugeinfed ganrif, a'r cyfieithiadau hyn o waith Heine?
    Onid gweddusach fyddai 1877 pryd y sefydlwyd John Rhys yn ei Gadair Gelteg yn Rhydychen? Oherwydd John Rhys oedd ffynhonnell ysbrydiaeth John Morris-Jones; ei gadair ef oedd y gynddelw i'r cadeiriau Cymraeg wedyn ym Mhrifysgol Cymru; ac ni

ellid gwadu pwysigrwydd y gymdeithas ifanc frwd honno o Gymry a foldiodd ddiwylliant ein gwlad ar drothwy'r ganrif, ac y bu John Rhys yn fath o gysgod gwarcheidiol drosti, sef Cymdeithas Dafydd ap Gwilym. Rhaid cydnabod, er gwaethaf pwysigrwydd John Morris-Jones, nad band undyn oedd llenyddiaeth troad y ganrif: yr oedd i gywion eraill John Rhys, megis Edward Anwyl, Llewelyn Williams, D. Lleufer Thomas, Puleston Jones, Gwenogvryn Evans, ac yn y blaen, ac yn arbennig O. M. Edwards, le hanfodol yn yr hanes. Symudiad cyffredinol, nid gorchestion unrhyw unigolyn, a ddaeth i mewn â'r ugeinfed ganrif. A pha gymdeithas neu grŵp o bobl,—ynghlwm wrth unigolyn, bid siŵr,—a allai gynrychioli'n well y newid eang hwnnw mewn llenyddiaeth Gymraeg na Chymdeithas Dafydd ap Gwilym?

Byddai, fe fyddai 1877 yn ddyddiad go bendant ac arwyddocaol; neu ryw ddyddiad tebyg yn hanes John Rhys. Ond sut y gallwn honni fod hyn wedi nodi math newydd o feddwl sy'n esgor ar yr ugeinfed ganrif ac nad oedd yn perthyn i'r cyfnod cynt? Ac yn wir, a oedd rhyw briodoleddau a nodweddai John Rhys nad oeddynt yn llawn gynrychioli'r ugeinfed ganrif? Beth oedd, debygwn ni, yn nodweddiadol ynddo?

Gwelir bod yr atebion i'r cwestiynau hyn yn mynd i ddibynnu ar y modd y cyffredinolir ynghylch yr hyn sy'n bwysig yn yr ugeinfed ganrif. Pa briodoleddau sy'n perthyn i'r ganrif hon a gyfrifwn yn hanfodol i ddynodi symudiad neu adfywiad llenyddol dechrau'r ganrif rhagor y cyfnodau cynt? Dyma, mewn gwirionedd, graidd ein hymholiad. Os ydym yn ymholi pa bryd y dechreuodd y ganrif, y mae angen ymholi gyda hynny pa bethau sy'n pwysleisio'r gwahaniaethau rhwng y ganrif hon a'r ganrif ddiwethaf.

Carwn fentro ymbalfalu tuag at ateb o ryw fath, a bydd hynny'n golygu fy mod yn gwneud rhai gosodiadau go ddogmatig am y tro.

I ddechrau, sylwer ar y symudiadau mawr a oedd eisoes ar gael yn y ganrif ddiwethaf ac a barhaodd ymlaen i'n canrif ni, ond a weddnewidiwyd oherwydd iddynt ddod yn gyfosodiad neu'n gyfuniad newydd o hen elfennau.

Yn y ddau ffigur mawr J. Morris-Jones ac O. M. Edwards yr wyt yn gweld uniad pedair hen ffrwd na ddaethant ynghyd yn hollol ond ynddynt hwy; ac er gwaethaf cyfraniad nodedig J. Rhys, nid oedd ef yn ddigon amlochrog nac yn ddigon llydan ond i gyfrannu at un ffrwd, ffrwd na fyddai wedi bod yn llenyddol effeithiol nac yn arwyddocaol oni bai am y tair arall. Dyma'r enwau a roddaf ar y ffrydiau ffynonellol hyn: ffrwd Zeuss, ffrwd Mazzini, ffrwd Lewis Morris, ffrwd Griffith Jones. Uniad y pedair ffrwd hyn—pedair hen ffrwd—yw un o nodweddion gwahaniaethol y ganrif hon.

Gramadeg Zeuss yn 1853 yn anad dim a oedd yn gyfrifol am y symudiad ysgolheigaidd a esgorodd ar Whitley Stokes, a maes o law ar John Rhys, ac a roddodd y safonau a'r dull gwyddonol o drafod iaith a ddaeth yn rhan anhepgor o gyfraniad J. Morris-Jones i lenyddiaeth Gymraeg dechrau'r ganrif. Dyma'r ffrwd academaidd a ddisgyblodd iaith ein llenorion, ac a dyfodd drwy'r traddodiad Cymraeg gan ddefnyddio'r traddodiad hwnnw i roi arlliw ar y cwbl o'n llenyddiaeth o hynny hyd heddiw.

Y mae'r ysbrydoliaeth a gafwyd gan y cyfandir, wedyn, ym mywyd Mazzini a Kossuth a chan genedlaetholwyr Iwerddon yn anhepgorol er mwyn deall Michael D. Jones a Mudiad Cymru Fydd. Gwiw cofio, pan soniwn am Rydychen, fod yna ddeffroad diwylliannol yng Nghymru yn cydredeg ag ef, y gallwn glymu wrtho ef yn anad yr un enw, Michael D. Jones, ac mai hwnnw oedd tad ysbrydol O. M. Edwards, Tom Ellis, ac ar ryw olwg Lloyd George druan. Ffrwd genedlaethol, braidd yn wleidyddol, oedd hon.

Hawdd gweld fod yr ysgogiad cenedlaethol hwn yn ogystal â'r diwygiad ysgolheigaidd wedi dyfod ynghyd yn gymen yng ngwaith J. Morris-Jones ac O. M. Edwards.

Ond yr oedd rhagor o symudiadau yn y cefndir. Cofiwn am y deffroad llenyddol ac ysgolheigaidd a ddigwyddodd yn y ddeunawfed ganrif ac a gysylltwn ag enw Lewis Morris a â chymdeithas y Cymmrodorion, symudiad academaidd nad oedd a fynnai fawr â Zeuss nac â'r Almaen. Heb hynny, ni chawsem y *Myvyrian Archaiology* na William Owen Pughe, Thomas Stephens, na Charles Ashton. Ac yn wir, er iddo dderbyn peth dylanwad gan Zeuss, yn fy marn i y mae'n rhwyddach gweld gwreiddiau D. Silvan Evans, nid yn unig o ran ei waith geiriadurol eithr yn amlach o ran ei waith golygu, yn tarddu yn y ffrwd bwysig hon. Sylwer, er enghraifft, ar ei gyfraniad yn golygu *Celtic Remains* (Lewis Morris), y Bardd Cwsg, Gwaith Ieuan Brydydd Hir, *Literature of the Kymry* Stephens, tair cyfrol

Gwallter Mechain, Llyfryddiaeth y Cymry, a chyfieithiad Edward Samuel o Grotius. Dyma'r ffrwd ysgolheigaidd 'frodorol' o'r Dadeni Dysg nad oedd yn ddyledus i Zeuss, ond a wnaeth ran helaeth o gyfraniad O. M. Edwards yn ystyrlon.

Ac yn bedwerydd, yr oedd i'r diwygiad crefyddol o hyd, a welwyd yn corddi'n ddeallol yn ysgolion Griffith Jones, Llanddowror, er gwaethaf yr ysictod a'i trawodd tua chanol y ganrif ddiwethaf, ei ddylanwad arhosol a'i draddodiad seiliol yng ngwaith dechrau'r ganrif hon. Talodd J. Morris-Jones y deyrnged'·hon i Thomas Charles yn y *Gwyddoniadur*: 'Y mae Cymraeg Thomas Charles yn rhywiog, ac yn naturiol. Y Beibl oedd ei gynllun, a'i Gymraeg ef a ddilynwyd gan yr ysgrifenwyr gorau ar ei ôl.' Yn y traddodiad hwn hefyd y ceid yr emynwyr. Dyma'r traddodiad a gynhyrchodd Lewis Edwards ac a ddylanwadodd yn ddwfn ar Daniel Owen. Er gwaethaf gwrthryfel arweinwyr llenyddol Cymru'n erbyn llawer o sentimentau, credoau, a ffaeleddau'r ffrwd grefyddol hon, nid oedd yr un ohonynt ar ddechrau'r ugeinfed ganrif yn medru dianc rhagddi'n gwbl ddiniwed. Ac y mae ei hôl ar O. M. Edwards yn hynod bendant.

Y pedair elfen hyn oedd y pedwar prif wreiddyn mewn hanes a glymwyd wrth ei gilydd yn y deffroad llenyddol. Bid siŵr, yr oedd rhai o'r elfennau hyn wedi ymuno â'i gilydd mewn rhai cyfuniadau amlwg o'r blaen. Gwelir ffrwd Lewis Morris a ffrwd Griffith Jones yn ymuno â'i gilydd yn y ddeunawfed ganrif, o fewn y Diwygiad Methodistaidd ei hun; ac erbyn Thomas Charles a Thomas Jones, Dinbych, yr oedd eu huniad yn ddiogel. Y mae'n arferiad bellach weld cenedlaetholdeb Mudiad Cymru Fydd yn cael ei gydio nid yn unig wrth genedlaetholwyr Ewropeaidd a Gwyddelig, eithr hefyd wrth yr ymlyniad cenedlaethol neu'r deffroad gwlatgar a gafwyd ymhlith Lewis Morris ac Ieuan Fardd a'u cwmni yn y ddeunawfed ganrif.

Aethpwyd â phob un o'r datblygiadau hyn gam neu ddau ymhellach ar ddechrau'r ganrif hon: er enghraifft, pwysig iawn yw'r pwyslais pendefigaidd a dyfodd yn sgil adfer gwybodaeth am yr oesoedd canol, proses a ddechreuasai yn y traddodiad ysgolheigaidd brodorol; ac o dan ddylanwad estron, tueddodd yr ysgolheictod hwn i gael ei finiogi, ac felly i fynd yn fwy beirniadol lym.

Ond y mae o leiaf ddwy elfen arall, newydd—datblygiadau

cymharol ddieithr yr wyf yn eu hystyried yn gwbl nodweddiadol o'r ugeinfed ganrif ac yn hollol hanfodol er mwyn deall ansawdd y meddwl a'r gwaith a gafwyd yn y cyfnod hwn. Fe welir un ohonynt wrth ystyried arbenigrwydd y ddau, Elfed ac Emrys ap Iwan, er bod iddo gryn bwysigrwydd hefyd yng nghyfraniad O. M. Edwards: sef yr olwg gydwladol ar Gymru, y dianc rhag taleithrwydd Seisnig i ffwrdd i'r Almaen a Ffrainc (peth a welsid eisoes, i raddau, yng ngwaith Lewis Edwards), ond a gadarnhawyd yn ddiriaethol ymarferol bellach drwy deithiau enwog gan y llenorion hyn, disgynyddion Lewis Edwards. Dyma gynhyrfiad syniadol, ffurfiol a seicolegol a fyddai'n dod â dimensiwn newydd ac arhosol i lenyddiaeth Gymraeg, ac a fyddai'n ei gosod mewn sefyllfa sydd yn parhau hyd ein dyddiau ni.

Mae'r elfen arall, er ei bod yn tarddu neu o leiaf yn gwbl amlwg er dechrau'r bedwaredd ganrif ar bymtheg ac ynghynt, wedi dod yn ganolog feddiannol yn y ganrif hon— sef yr elfen feirniadol; yr elfen ddadrithiol, ymwrthodol, negyddol, a dyneiddiol:

'Gwrthododd hwn eu llwybrau hwy i nef.'

Hon bellach yw'r ymagwedd ddogmataidd sy'n rhagdybiaeth i bob meddwl am fywyd, gan gynnwys iaith a ffurfiau llenyddol; ac er ei bod i'w chael yn gryf yn y ganrif ddiwethaf, ac i'w chanfod dyweder yn Lewis Edwards, nid dyma oedd yr archagwedd arweiniol a'r cywair ysbrydol llywodraethol yn y ganrif honno,—eithr yn hytrach, credu a derbyn ac adeiladu; gan sylweddoli presenoldeb y grymusterau negyddol, bid siŵr, a chan eu defnyddio'n garthiol hyd yn oed, a hyd yn oed gan ildio iddynt weithiau, eithr heb suddo'n llwyr, heb—fel petai—eu mabwysiadu'n adeiledd bywydol cyflawn.

Ym 1911 fe sefydlodd J. Morris-Jones y *Beirniad,* a ddywedodd yn ei deitl ac a fynegodd yn ei holl gynnwys, yr hyn a oedd yn nodweddiadol yn y symudiad newydd hwn. Yn lle traethu'r *Traethodydd* gynt, cafwyd beirniadu'r *Beirniad.* Eto, pe baem yn ceisio rhoi bys yn union ar ddyddiad i nodi pa bryd y daeth yr elfen hon, nid i'r golwg, eithr yn *norm,* nid 1911 fyddai hynny yn bendifaddau ac ni fyddai'n waith rhwydd chwaith i ddod o hyd iddo. Ar ryw olwg, yr oedd wedi dod yn norm, ar y cychwyn, fel y gellid disgwyl, ym myd crefydd: yr oedd hyd yn oed yr hen ddadleuon Arminaidd ddechrau'r ganrif ddiwethaf, a

geisiai osod dyn yn y canol (yn lle Duw), sef yn lle'r ddiwinydd-
iaeth uniongred, wedi'n harwain ymlaen yn naturiol at—

> 'Ond calon wrendy beunydd, clust a glyw
> Ei hen hyfrydwch yn y ddynol ryw.'

A threiddiodd hyn drwy'r meddwl Cymreig drwy gydol y ganrif
ddiwethaf nes cael ei gymryd bron yn ganiataol erbyn heddiw.

Nid oes lle yn y fan yma, wrth gwrs, i ddilyn yr holl agweddau
amrywiol a thra diddorol eraill ar y datblygiad hwn. Eithr, yr oedd
Ionawr 1800, pryd yr ymsefydlodd y Wesleaid yn Rhuthun, yn
ddyddiad go allweddol i lenyddiaeth Gymraeg, eithr yn ddyddiad
pur chwithig ar gyfer dechrau'r *ugeinfed* ganrif, efallai. A gellid
yn gyfiawn ddadlau, gredaf i, mai Undodiaeth (fel cred yn hytrach
nag fel enwad) yn amgenach nag Arminiaeth oedd norm
cynyddol hanner cyntaf yr ugeinfed ganrif yng Nghymru; a
byddai 1800 yn bur ddiweddar ar gyfer Undodiaeth, felly.

Gwelir wrth sgwrsio ar hyd ac ar led o gwmpas y broblem gym-
hleth hon a osodasom i ni'n hun, mor annelwig ddyrys yw'r holl
orchwyl o gyfnodi. A chyfyd y cwestiwn terfynol, ymhen hir a
hwyr, a yw cyfnodi yn fwy na gweithgaredd gwneud, yn ddim
amgen na haniaeth artiffisial a hynod anymarferol ym myd
hanesyddiaeth lenyddol; yn gyfleustra dychmygus ac yn gelwydd
hunan-dwyllodrus?

Yn wir, yr hyn a wynebwn mewn gwirionedd yw'r cwestiwn
mwyaf sylfaenol, nid pryd y dechreuodd yr ugeinfed ganrif, eithr
a ddechreuodd hi erioed?

A diau fod yna lawer a ddaliai'n gydwybodol ac yn
ddidwyll—ond braidd yn seithug—mai da fuasai pe bai erioed
heb ei dechrau.

(iii)   *Nodweddion y Cyfnod*

Dirgelwch i feirniad seciwlar, sy'n dechrau o safbwynt Gras
Cyffredinol, yw deall sut y mae beirniad Cristnogol, sy'n dechrau
o safbwynt Gras Cyffredinol *a* Gras Arbennig, yn medru gwerth-
fawrogi llenyddiaeth anghristnogol neu hyd yn oed wrthgrist-
nogol. Disgwylia ef fel arfer y dylai beirniad Cristnogol fynnu
cytuno'n llwyr â phopeth y mae'n ei ddarllen. Dichon nad yw'r
llyfr hwn wedi ysgafnhau ei gamddealltwriaeth ef yr un mymryn
yn hyn o beth, oherwydd mynnais yn unswydd orbwysleisio'r

themâu uniongyrchol grefyddol yn ein llenyddiaeth er mwyn amlygu un llinyn aur ac adeileddol yn hytrach na'i ddarlunio hi'n fwy cytbwys; a byddai darlun mwy cytbwys ohoni yn ceisio egluro gwerth materion anghrefyddol yn fwy penodol o lawer.

Wrth gyrraedd y ganrif hon, serch hynny, nid wyf am ymadael â'r patrwm a osodais i mi fy hun, er gwaetha'r camddeall tebygol hwn, ac er gwaetha'r ffaith ein bod yn cyrraedd cenhedlaeth nad oedd wedi profi realiti ymwybod â Duw personol annherfynol sy'n wrthrychol "yno". Ac eto, ni charwn golli'r cyfle i nodi'n gryno sut y mae beirniad Cristnogol (a dyma a ofynnodd un beirniad seciwlar i mi) yn dygymod â rhywbeth megis llinell R. Williams Parry: 'Marwolaeth nid yw'n marw. Hyn sydd wae,' o'i chymharu dyweder â Donne y gall ef (yn ei eangfrydedd) ei hoffi yr un pryd: 'And death shall be no more; death, thou shalt die.' Y rhagdybiaeth oedd fod rhaid, er mwyn gallu gwerthfawrogi'r naill a'r llall gyda'i gilydd, beidio â chredu dim byd.

Ar wahân i'r newid amser isymwybodol o arwyddocaol yn y ferf, y mae'n bwysig dechrau ar y lefel isaf oll, drwy nodi fod llinell Williams Parry yn ei chyd-destun yn daclus o effeithiol ac yn ergydio'r crebwyll yn fywiog. Felly, ar lefel symlaf yr hen feirniaid esthetaidd gynt, y mae'r llinell hon yn cyflawni'n hamod sylfaenol o ffrwythlondeb.

Ond wrth gwrs, llinell ydyw sy'n *dweud* rhywbeth hefyd, ac nid oes beirniadaeth lenyddol gyflawn sy'n medru anwybyddu hynny. Y mae llawer y gellir ei ddadlau ar y pen hwn: er enghraifft—

Sôn y mae R. W. Parry am y gŵr anianol ac am y dimensiwn gweledig: synied y mae Donne am y gŵr sydd yng Nghrist. Os ydym am farnu "gwirionedd" gosodiad R. W. Parry (yn yr ystyr fwyaf celfyddydol), y mae'n briodol barnu o fewn y cyd-destun yna.

Dyweder, ar y llaw arall, fod R. W. Parry yn dymuno—ac nid oes sail dros gredu hynny yn y gerdd hon—ddweud rhywbeth herfeiddiol o groes i ryw gredo Gristnogol, grymus o groes mi a obeithiwn: hynny yw, dyweder ei fod yn gwneud gosodiad croes i'r gwirionedd. A yw hynny'n ei gollfarnu wedyn? Y mae'r ateb unwaith eto yn dibynnu ar y cwestiwn hwn—a yw'n "wir" y gellir ei barchu a chyd-deimlo ag ef o fewn cyfyngiadau gras cyffredinol y gŵr anianol? Os yw ef yn dweud rhywbeth celfydd sy'n bersonol wir i'w adnabyddiaeth o ryw sefyllfa, fel y gwna R. W. Parry a Parry-Williams mor aml, neu Sartre a Beckett hwythau, yna y mae'r Cristion, am ei fod bob amser wedi byw drwy'r unrhyw brofiad o beidio â bod yn Gristion, a hyd yn oed o wrthod bod yn Gristion, yn medru ei werthfawrogi'n burion.

Yr wyf newydd ddarllen cerdd gan Srboljub Mitić o Iwgoslafia (yn *Relations* '73) a gyffyrddodd â mi'n ddwfn iawn. Y mae'n darllen megis catalog o symptomau'r hiwmanist pesimistaidd, y gŵr anianol cyfoes: gweld y mae ef gelanedd ym mhob man (onis gwelsom oll?), y mae'n synied am fywyd y byd fel pe bai'n freuddwyd gan dduw gwallgof, ac yn y blaen. Disgrifiad lliwgar enbyd ydyw o beth o ofnadwyaeth canlyniadau pechod, sef alltudiaeth, gan mwyaf ar y lefel ddynol gyda mymryn o awgrym o'r arwyddocâd cosmig, eithr wrth gwrs heb ymwybod o gyfrifoldeb o fath yn y byd (namyn cyfrifoldeb pobl, neu dduwiau, eraill). A chri anifeilaidd am drugaredd ydyw,—trugaredd heb arswyd edifeirwch, mae'n wir; ond ni all y darllenydd Cristnogol lai nag ymateb iddo, ar y lefel reddfol yn gyntaf, bron fel yr ymatebai i gi mewn magl.

Os yw'r llenor anghristnogol yn dweud rhywbeth sy'n werth ei ddweud ac yn haeddu parch o fewn cyfyngiadau gras cyffredinol, yna dylai'r Cristion deallus allu ymateb iddo o leiaf mor llawn â'r darllenydd anianol. Bid siŵr, tuedd y Cristion deallus iselradd yw adnabod yn ingol ddiffygion deallol a phersonol hiwmanistiaeth besimistaidd fel y cenfydd hefyd mor barod brinderau rhamantaidd hiwmanistiaeth optimistaidd; eithr nid yw hynny'n lleihau ei fedr i ganfod camp mynegiant y naill na'r llall.

Pan ymholwn pa beth yn hollol oedd cyfraniad llenorion 1902-36, nid yn eu hathrawiaeth nac yn nyfnder eu meddwl y ceir yr ateb. Prin yw gwerth syniadol T. Gwynn Jones, er enghraifft. Nid digon ychwaith yw dweud iddynt agor gorwelion Cymru i'r cyfandir, oherwydd yr oedd Lewis Edwards eisoes wedi gwneud hynny yng nghanol y ganrif gynt. Nid yw sôn am adfer y traddodiad ac am ddysgu o'r newydd am orffennol ein llenyddiaeth yn mynd i esbonio'r gwahaniaeth rhwng y genhedlaeth a gynhyrchodd *The Myvyrian Archaiology of Wales* neu *Hanes Llenyddiaeth Gymreig* Gweirydd ap Rhys a'r genhedlaeth a esgorodd ar *Cerdd Dafod* a *Cartrefi Cymru*.

Pe dilynem y tri llwybr gwahanol hyn, caem ddigon o sylwedd i'n myfyrdod. Fe gafwyd syniadaeth ac ymagwedd wahanol at fywyd: dadrithiad, seithugrwydd, paganiaeth esthetaidd, y ddihangfa ramantaidd, dyneiddiaeth optimistaidd a phesimistaidd. Fe gafwyd rhagor o ddylanwadau cyrhaeddbell o'r cyfandir ac ymhellach—Omar Khayyâm, Heine, Ibsen, Maupassant, Tshechof. Fe ddaeth ysgolheictod y Brifysgol â chyfoeth o wybodaeth, a manylach gwybodaeth, am holl hanes ein llenyddiaeth, gyda thestunau newydd a mwy dibynnol; fe fu'r dylanwad hwn yn iachusol o safbwynt cywiro a gloywi'r iaith hefyd. Efallai, o'r tair elfen a enwyd, mai adfer iaith rywiog a naturiol oedd y gwasanaeth mwyaf buddiol, yn ogystal â gwneud y traddodiad yn effeithiol fyw i lenorion cyfoes.

Ond nid yn yr un o'r rhain y ceir gwir gyfraniad mawr dechrau'r ganrif, eithr yng ngwerth pleserus eu gwaith ac yn y weithred o gywiro'r swyddogaeth lenyddol, o sefydlu unionach pwrpas i lenydda. Sef cyfraniad llenyddol syml a chyfraniad mewn beirniadaeth lenyddol yn gosod seiliau neu safle newydd i'r llenyddiaeth honno.

Eu hateb hwy i'r cwestiwn—beth yw pwrpas a natur llenyddiaeth?—dyma, ynghyd â'u dychymyg geiriol byw, yw'r prif beth sy'n eu gwahaniaethu.

Beth oedd eu hateb i'r cwestiwn ynghylch pwrpas llenyddiaeth? Fe'i hawgrymir ganddynt yn wasgarog ac yn bytiog.

Ffenomen 'annibynnol' yw llenyddiaeth iddynt: nid propaganda bwriadol grefyddol mohoni. (Y mae'r perygl naturiol o eithafu'r fath safbwynt yn cael ei unioni heddiw pryd y dechreuir o'r newydd werthfawrogi'r bregeth a'r llith wleidyddol.) Ei diben hi, gredent hwy, yw bywhau'r iaith, llunio ffurfiau newydd yn y meddwl, ychwanegu at ddefnyddiau'r dychymyg.

O ran natur llenyddiaeth, mawrygent yn aml symledd ac eglurder (gan arddel Ceiriog), synwyrusrwydd a theimlad personol (gan olynu Pantycelyn a Rousseau), gwreiddioldeb (gan gytuno â Chreuddynfab a Lewis Edwards), a natur wyllt (gan ddatblygu Taliesin Hiraethog ac Iorwerth Glan Aled).

Yn eu hagwedd at berthynas y llenor a'i gynulleidfa, gallent fawrygu'r gwerinwr mytholegol neu'r uchelwr mytholegol, weithiau'n ddiwahân, ond yn y naill achos a'r llall tueddent i ddemocrateiddio diwylliant bonheddig gan ychwanegu at

538

goethder yr uchelwr (yr oeddent wedi lled ymrwbio ag ef yn eu Prifysgolion a feithrinai ddosbarth-canol newydd), aberth, llafur a symlder y gwerinwr delfrydol.

Pe honnem fod cenhedlaeth 1902-1936 yn sylfaenol anghrediniol a'u bod yn ymwrthod â ffydd eu tadau, diau y byddem yn weddol agos i'n lle, er bod llawer o brotestiadau caswistig yn codi i'r gwrthwyneb o bryd i'w gilydd. Ond beth yn hollol, erbyn 1902, a ymddangosai iddynt hwy yn arwyddocaol yn ffydd eu tadau?

Rhwng 1859 a 1902 (ac yn wir ynghynt) cafwyd fel y gwelsom eisoes bellhau cynyddol oddi wrth Gristnogaeth Gymreig hanesyddol ac uniongred 600-1859, ac eisoes erbyn 1902 yr oedd crefydd newydd yng Nghymru, ac fel yr ymddangosai i ŵr ifanc yn tyfu yn ei chanol, yr oedd yn cynnwys elfennau eraill heblaw'r rhai Cristnogol i wrthryfela'n eu herbyn, elfennau a dyfodd ym 1859-1902 ac a fuasai yr un mor wrthun i John Penry, neu i Bantycelyn neu i Thomas Charles,—optimistiaeth gynyddgar, parchusrwydd Ffariseaidd, a "chrefydda". Mae'n hanfodol pwysleisio hyn er mwyn gwahaniaethu rhwng y gwrthryfel 'anymwybodol' (ond bwriadus wrth gwrs) yn erbyn Cristnogaeth ac ar y llaw arall y gwrthryfel ymwybodol yn erbyn "crefydd"; y gwrthryfel cyntaf yn erbyn yr holl draddodiad yng Nghymru a'r ail wrthryfel yn erbyn yr hanner can mlynedd cynt. Wrth wrthryfela'n erbyn posibilrwydd Cristnogaeth yr oedd y genhedlaeth hon yn rhan ac yn unol â thuedd gyson a nerthol a oedd wedi ennill cryn gyflymdra er canol y ganrif ddiwethaf: yr oedd amheuaeth eisoes yn ddogma ac yn rhwydd, a dyneiddiaeth erbyn hynny yn gwbl gonfensiynol. Prin erbyn dechrau'r ganrif hon oedd unrhyw ddiwinydd o bwys yng Nghymru a arddelai ffydd y Beibl. Yr hyn a oedd yn newydd yng ngwrthryfel y llanciau ifainc hyn, er mai rhesymegol anochel ydoedd, oedd nid y gwrthryfel yn erbyn Cristnogaeth eithr eu gwrthryfel yn erbyn "capela", oherwydd er bod y plisgyn bron yn gwbl wag yr oedd y sefydliad yng Nghymru yn dal i gnoi'r hen arferion gydag awch: daliai'r capeli'n gymharol lewyrchus rhwng 1902 a 1914 er bod yr 'efengyl' o'r pwlpudau'n prysur deneuo'n feunyddiol.

Sylwer fel yr oedd Gruffydd yn ddigon parod i dderbyn yn oddefol ddiwinyddiaeth ryddfrydol John Morgan Jones a D. Miall

Edwards, ac fel yr oedd Peate wedyn yn ymhyfrydu yn rhydd-frydiaeth Ariaidd J. R. Jones. Peth rhwydd bellach oedd dehongli anghrediniaeth ddyneiddiol gan ddefnyddio termau Cristnogol. A gellid dal fod T. Gwynn Jones, Parry-Williams, Williams Parry a Gruffydd yn adleisio, ar y cyfan braidd yn ddiegni, 'gredoau' eu hamseroedd. Nid oedd ganddynt ddim diwinyddol newydd i'w gynnig i Gymru amgen na'r seciwlariaeth a oedd wedi'i lleisio o'u blaen. Eithr yn eu gwrthryfel yn erbyn crefydda (o'i gyfer-bynnu â Christnogaeth) yr oedd eu cyfraniad yn llenyddol ddidd-orol yn hanesyddol; a cheisiwn gofrestru yma'r prif begynau yn y symudiad gwrthgrefyddol hwn:

A. 1. Adfer anrhydedd y corff a'r synhwyrus.

Rhan o'r dirywiad diwinyddol oedd ansicrwydd yng-hylch atgyfodiad corff, a lle canolog y corff ynghyd â'r enaid yn yr arfaeth Gristnogol.

   2. Cysylltiedig â hyn oedd adfer anrhydedd natur a'r byd creëdig.

B. 3. Casineb at ddeddfoldeb a lleihau hygoeledd naïf.

   4. Casineb at grefydd nad oedd yn ymarferol gymdeithasol ac a fodlonai ar gapela ac ar barchusrwydd rhagrithiol (par-had o agwedd Daniel Owen).

C. 5. Braidd yn gymysglyd oedd y gwrthryfel yn erbyn 'gloywach nen' y crefyddwyr—y nefoedd gyfleus a phietistig y tu hwnt i'r bedd: yr oedd amryw dueddiadau, a gwamalent rhyngddynt—

   (i) Hiwmanistiaeth optimistaidd: darparu nefoedd arall—

      (a) Cynnydd materol Victoriaidd, gwyddoniaeth;

      (b) Eldorado natur, chwedloniaeth a'r syn-hwyrau.

neu (ii) Hiwmanistiaeth besimistaidd: gwadu pob nef-oedd.

Ch. 6. Ymwrthodent â'r ddefod o 'gredu' ac o ufuddhau allanol, er na wyddent—ni allent wybod—am yr ufudd-dod ingol addolgar: yn lle adnabyddiaeth bersonol o Dduw, datblyg-wyd ganddynt, megis gan y rhai a wrthwynebent, gydym-ffurfio â 'rheolau' ac 'egwyddorion'. Ymwrthodent felly â chapela slic di-ymholiad, ac yn aml derbynient amheuaeth ddi-ymholiad yn ei le: hynny yw, amheuaeth heb amau amheuaeth.

Dyma wrthryfel priod eu hamser a'u lle, yr amgylchfyd, y 'ffasiwn' meddwl, yn darparu felly'n ddigon didwyll realiti profiad. O safbwynt Cristnogaeth, ar y llaw arall, yr oedd eu gwadiad yn dilyn yr hen batrwm oesol yma ac mewn gwledydd eraill:

1. Gwadiad o Arglwyddiaeth Duw: dyrchafu dyn.
2. Gwadiad o'i waith goruwchnaturiol: dyrchafu'r gweledig neu'r anianol yn unig ddimensiwn sylweddol bywyd.
3. Methiant anochel i adnabod Duw yn bersonol: dyrchafu goddrychedd cymysglyd.

Yr oedd popeth arall yn dilyn, yn wyrdroad digon rhagweladwy o fannau'r ffydd, megis er enghraifft yr ymwybod o ddrygau (yn lle argyhoeddiad o bechod), y syniad am berson bychanedig Crist, ac yn y blaen. Y pwynt mwyaf ffrwythlon yn ddiwinyddol yn y cyd-destun Cymreig, oedd y ddamcaniaeth gyfarwydd am angau yn ddiwedd y daith, fod anfod yn bosibl, a hyn yn esgor ar anobaith a gwacter.

(iv) *Cerddi Hir T. Gwynn Jones*

Yn fuan wedi imi ddechrau darllen llenyddiaeth â synnwyr gwahaniaethu fe gollais bob diddordeb yng ngwaith T. Gwynn Jones. Credwn pryd hynny—a daliaf i gredu—fod y bri a osodwyd ar lenorion ei gyfnod ef yn fwy o lawer nag y gallent ei ddal o dan lygaid chwilgar diweddarach. Yr oedd y cynllwyn (anymwybodol i raddau) a geisiodd ddarlunio hwnnw fel cyfnod euraid aruthrol yn hanes ein llenyddiaeth wedi digwydd am resymau hanesyddol naturiol; ond yr oedd yn bryd ennill yn ôl dipyn o gydbwysedd. Yn ddigon siŵr, yr oedd yna resymau elfennol a sylfaenol dros fawrygu'r cyfnod yn y cyd-destun hanesyddol: yr oedd yna gyferbyniad sydyn rhyngddo a chyfnod tlodaidd yn union o'i flaen, ac yr oedd yna rai elfennau yn y cyfnod cynt yr oedd angen, am resymau addysgol, i'r cyfnod newydd godi ymdeimlad o ymgyrch cyffrous yn eu herbyn. Yn wir, ymgyfunai elfen o genedlaetholdeb â'r adwaith hwnnw a'i gwnâi'n grwsâd ac a'i dyrchafai i lefel foesol a theimladol anarferol.

'Roedd y cyferbyniad gweledig yn cael ei amlygu'n arbennig mewn dwy agwedd:

1. Yr oedd diwedd y bedwaredd ganrif ar bymtheg yn enwog am ei hiaith wallus a chwyddedig, ddiflas a didraddodiad. Ni cheid dysg Gymraeg wreiddiedig; yr oedd addysg Saesneg a gwasg-feydd seicolegol o'r tu allan wedi dirymu'r parch at ddysg naturiol y werin ac ni thyfodd ysgolheictod safonol yn sefydliad yn ei lle, namyn drwy'r Eisteddfod druan.

2. Eilradd oedd yr hen estheteg hefyd; arwynebol a ffug. Cyfatebai'r iaith ddi-wreiddiau i ddelfryd neu syniad anniwyll-iedig am lenyddiaeth. Difethwyd y parch seicolegol at safonau esthetig cynhenid y werin wledig, ac yr oedd y safonau newydd a godwyd yn drystfawr a disylwedd.

Wrth ddarganfod o'r newydd iaith y gorffennol ac wrth syl-weddoli sut yr oedd yr iaith naturiol wedi cael ei gwenwyno gan anwybodaeth, gan ddamcaniaethau ieithyddol anghywir, a chan Seisnigrwydd di-chwaeth, yr oedd cenhedlaeth dechrau'r ugeinfed ganrif yn gallu ymddangos yn rhwydd chwyldroadol. Heblaw defnyddio iaith ddethol a thraddodiadol, yr oedd y gen-hedlaeth newydd hon wedi ymgydnabod â llenyddiaeth y gorff-ennol; heblaw cael ei hyfforddi mewn safonau ieithyddol newydd yr oedd hefyd wedi meithrin parch at gelfyddyd. Nid anodd iddi ddiarfogi'r hen do drwy ddysg broffesiynol a oedd yn ddieithr ac yn ymddangos yn gyfrin, yn wobr hyfforddiant hir a breintiedig. Yn y Brifysgol newydd yr oedd hi'n anochel mai'r rhain a lanwai'r swyddi newydd, yr ychydig allweddol mewn safleoedd cyhoeddus diwylliannol o bwys mawr; a chan nad oedd neb wedi bod yno o'r blaen, nid rhaid wrth ddim gostyng-eiddrwydd gerbron mawrion y gorffennol; hwynt-hwy oedd yr *holl* gewri, yr unig arwyr—yr oedd ganddynt fonopoli beirniadol.

Ni ellid gwadu'u harwyddocâd hanesyddol enfawr; ond wrth iawnbrisio'u harwyddocâd hanesyddol, nid iawn inni orbrisio'u gwerth llenyddol. Fe ddigwyddodd chwyldro ieithyddol ac esthetig, heb os nac oni bai; ond y mae'n amheus gennyf a ddi-gwyddodd y blodeuad llenyddol enfawr i'r un graddau ag y bydd llawer yn hoffi inni ei gredu.

Yr enghraifft orau o lenor y mae ei gyfraniad wedi ymddangos yn llai o lawer gyda threigl y blynyddoedd yw W. J. Gruffydd. Ni ellir gwadu nad oedd yn ffigur dylanwadol, yn hanesyddol bwerus; ond fel bardd yr enillodd ei enw mawr ym myd llenyddiaeth, a phrin y gallwn gyfrif mwy na rhyw ddyrnaid bach o'i ganeuon bellach yn rhai ac ynddynt nodweddion parhad. Digon swynol yw ei *Hen Atgofion* a rhannau o'i *Gofiant* i O. M. Edwards a rhai o straeon byrion; ond nid yw'r pethau hyn yn gyfryw i'w ddyrchafu i'r pedestal y dodwyd ef arno.

Er na bu i T. Gwynn Jones orfod ildio'i le mewn modd mor annisgwyl bendant, ni allwn i lai na theimlo fod y ganmoliaeth gyfoes a gafodd yntau wedi cyrraedd eithafion anghymedrol. Pan ddechreuais syllu am y tro cyntaf ar y cyfnod hwn â llygaid sobr, yr oeddwn yn teimlo'n bur debyg i'r plentyn bach hwnnw yn y chwedl a feiddiodd ddweud am yr ymerawdwr nad oedd dim pilyn amdano. A diau bod ein hadwaith ni hefyd yn gallu bod yn anghymedrol o anghytbwys i'r croes-gyfeiriad hwnnw wrth ddarganfod rhagfarnau tybiedig ddall ein tadau; a heddiw, wedi i ddrycin ein hadwaith dawelu a phan gaf droi o'm cwmpas i godi'r drylliau o wydr fy sbectol, y mae T. Gwynn Jones yn anad neb yn hawlio ail-ffeindio'i le.

Ond sut yr adweithiais gynt? Pa wendidau yn ei arfogaeth ef a ddug y llawryf oddi arno yn y cyfnod cynt?

Yr oedd ei ddarfelydd yn dlawd. Ymddangosai ei ddelweddau'n ystrydebol dreuliedig. Nid oedd yn feddyliwr, ac yr oedd ei holl syniadau'n gyffredin anniddorol. Er bod cymaint sôn amdano fel teimladwr penboeth, ymddangosai amrediad ei deimladau'n gyfyng ac yn arferol; fel y dywedwyd, yn graff er mewn ieithwedd Fictoriaidd, gan un o'i edmygwyr (Elphin, *Cy.* XVI, 153):

"Yr wyf bron meddwl y gall fod rhy fychan o deimlad ynddi (sef yn *Ymadawiad Arthur*). Buaswn yn barod i gyfnewid peth o'r ceinder marmoraidd am ychydig o ddagrau."

Hyd yn oed yn y peth hwnnw a gyfrifai ef a'i gyfoeswyr yn orchestol, sef ei acrobatrwydd seiniol neu ei ffurfioldeb caboledig, tueddwn i synied fod ganddo o dro i dro amgyffrediad arwynebol a fwlgar o'r hyn yw ceinder. Er bod Gwenogvryn Evans i'w gyfrif ymhlith ei elynion, yr oedd peth tân o dan y mwg pan ddwedodd (*Cy.* XXXIV, 105):

"Gwynn Jones aims at the gaudy pageantry of the grandiloquent, and attains the flatulent style, as if sound and thunder were more valuable than light."

Rhy aml y cawn ganddo y math o ddiffyg chwaeth llencynnaidd a amlygir gan y frawddeg hon o gyfnod ei aeddfedrwydd sicr a datblygedig: (am Dante) "Y mae dwyster a chywirdeb ei gerdd cymaint â'i glwyster a'i chywreindeb." Dyma'n rhy fynych y math o beth a gyfrifwyd yn "feistrolaeth ar yr iaith."

Dyna, beth bynnag, yr adwaith o leiaf ar ffurf amlinelliad. Dyna f'ymateb amrwd i waith T. Gwynn Jones bron drwy gydol y cyfnod rhwng 1950 a 1960; a thybiwn, gan i'r sôn amdano ymdawelu'n rhyfeddol yn ystod y deng mlynedd yna, mai tebyg (efallai'n is-ymwybodol) oedd ymateb y rhelyw o'm cydwladwyr ifainc. Gwir nad oedd yna ddim ymosod; ond yr oedd yr ymbellhau'n amlwg ac yn gyson. A chan fod y rhan fwyaf yn dod i weld mai prif waith beirniaid llenyddol yw dadlennu a diffinio gorchest yn gadarnhaol yn hytrach na llabyddio gwendidau, difudd oedd mynd ati i dynnu'n rhacs gelfyddyd cenhedlaeth a oedd yn sicr wedi gwneud cyfraniad hanesyddol diamheuol. Cafwyd adwaith hynod dawel.

Ond yn awr, y mae cyfle i ymryddhau o afael yr adwaith hwnnw efallai, er na fydd yr ailbrisio newydd yn hollol heb gyswllt â'r adwaith ei hunan.

Ni cheisiai T. Gwynn Jones finiogrwydd a chraffter meddwl: yn ei fryd ef y math o ddeunydd syniadol a oedd orau mewn barddoniaeth oedd yr athroniaeth gyffredin, synnwyr bawd wedi'i gaboli, doethineb treuliedig yr oesoedd. Fe allai pawb borthi'n fodlon holl wirebau T. Gwynn Jones gan ei fod fel petai'n mynegi cytundebau'r llwyth. Y mae bodlonrwydd meddwl yn frawd i lonyddwch meddwl. Ac yn yr un modd nid oedd ef yn ymwybod â'r delweddau personol sy'n ymddangos o'r newydd yn ein holl brofiadau beunyddiol: y delweddau derbyniedig a oedd eisoes yn hysbys ers canrifoedd, y cynddelwau llwythol, rhain a feddiannai'i chwaeth ef. Rhai tawel oedd y rhain hefyd: nid oeddent yn debyg o gynhyrfu'r synhwyrau a deffroi'r dychymyg. Swydd gadarnhau a oedd ganddynt.

Y mae'r Athro T. J. Morgan wedi dangos fel y mae ambell thema'n ymestyn ar draws y canrifoedd—drwy'r Gogynfeirdd a Beirdd yr Uchelwyr dyweder—ac fel petai'n cael ei ail-wau o hyd.

Yn yr un modd glŷn T. Gwynn Jones yntau wrth gnewyllyn bach iawn o themâu a'u hail-wau'n barhaus ar weill ei awen. Y mae yna undod hefyd (undonedd ar dro) yng nghywair ei arddull;ac y mae'n medru cynnal y dôn am ei bod yn ei feddiannu'n ddi-ymyrraeth.

Dyma'i gadernid, y math o gadernid a ystyrir weithiau'n nod-wedd Glasurol. Cadernid ydyw a enillodd ef drwy hir ymchwil ac ymdrech, ac sydd i'w weld yn tyfu'n gynyddol drwy gydol ei gyfres o gerddi hir. Cadernid ydyw a gyrhaeddodd aeddfed-rwydd hyderus a gorffenedig yn nhriawd yr ugeiniau. Sylwn yn gryno ar y tyfiant hwn yn fesurol:

A.	1902	Ymadawiad Arthur	Cyfnod y Cywydd yn fesur
	1909-10	Gwlad y Bryniau	sylfaenol.
	1910 (1916)	Tir na n-Og	
B.	1916 (1918)	Madog	Cyfnod yr Englyn yn fesur sylfaenol.
C.	1922	Broseliawnd	Cyfnod y Gyhydedd Ddeg
	1925	Anatiomaros	Ban.
	1927	Argoed	
CH.	1933-34	Cynddilig	Cyfnod y Vers Libre.

O'i gweld yn y fframwaith hwn ymddengys y cymysgedd o fesurau a geir yn *Ymadawiad Arthur* fel petai'n ei thynnu'n nes at awdlau'r bedwaredd ganrif ar bymtheg. Gwir bod yna drefnus-rwydd y tu fewn i'r cymysgedd ymddangosiadol, fel y mae anochelrwydd naturiol y tu fewn i stori amseryddol seml. Ond gwir orchest y gerdd yw'r ymchwil am lendid mewn iaith a ffurf sydd yma yn adlewyrchu'r ymchwil am berffeithrwydd sydd yn y thema, y ddihangfa rhag y llygredd cyfoes. Gwir arbenigrwydd yr awdl hon yw ei bod yn agor gyrfa gron T. Gwynn Jones wrth ddibennu gyrfa'r bedwaredd ganrif ar bymtheg.

Gwlad y Bryniau yw'r leiaf boddhaol o'r cerddi hir. Nid oes ynddi mo'r undod "storïol" a geir yn y lleill; ac er bod y bardd yn patrymu sefyllfaoedd cyffelyb o dan y pedwar pen gwa-hanol—Traddodiad, Rhyfel, Rhamant, Dadeni—tuedda'r awdl i droi yn ei hunfan. Y pedwar pen yma yw'r pedwar peth a oedd yn cyfrif fwyaf i T. Gwynn Jones. Dechreuai mewn traddodiad ac ymgeisiai am ddadeni; a phe bai gennym gyfle i amlinellu "delfryd" T. Gwynn Jones o'r "bardd mawr", gwaith a fyddai'n fuddiol ac yn ddadlennol, fe welem mai yn y cyfuniad o'r newydd a'r hen, o'r ysbryd deffro a'r twf ymdrech, y gwelai ef y nerth mwyaf. Dyma a ddywed, er enghraifft, yn 'Dante' (*Astudiaethau* 14): "Yr oedd yn Dante ysbryd y deffro newydd yn gystal â ffrwyth yr hen ymdrech. Lle bo'r ddeubeth hynny bydd yr awen greu ... (Y mae) ei waith ef yn crynhoi ynddo'i hun hanes a thwf meddwl yr hen gyfnod ac yn rhoi bywyd ynddo ag ysbryd y cyfnod newydd." Yfodd T. Gwynn Jones yntau'n helaeth o eirfa ac arddull y gorff-ennol: efrydodd ym myd y Gogynfeirdd a Thudur Aled, olrhein-iodd berthynas y beirdd a'r Chwedleuwyr, "Bardism and Romance," ymdrwythodd yn gariadus fel gwir ramantydd yn yr Oesoedd Canol: eithr yr oedd yn ymwybodol iawn ei fod ar flaen "adfywiad" llenyddol, ei fod ef rywsut yn dechrau o'r newydd gan roi bywyd newydd i hen iaith a hen lenyddiaeth.

Rhwng y ddeupen hyn, Traddodiad a Dadeni, byddai'n ym-droi'n gyson, yn ogystal â rhwng cymdeithas ac unigolyn; sef Rhyfel—uchafbwynt cymdeithasol y grymusterau anfywydol a'i cynhyrfai, grymusterau a gynhwysai Ddiwydiant hefyd;—a Rhamant—y ddihangfa unigol fywydol a osodai bob person mewn profiad ar wahân. Mae amryw o'i ganeuon mwyaf wedi'u hysbrydoli gan ei gasineb at Ryfel, megis *Madog* a *Chynddilig;* ac ni raid dibynnu ar bresenoldeb ynys a niwl yn ei ganiadau i amlygu'i bwys ar Ramant, gan fod dibyniaeth y cerddi hir hyn ar chwedloniaeth yn hytrach nag ar hanes yn enghraifft yr un mor bendant o'r tueddfryd hwn. Pregeth yw *Gwlad y Bryniau* ar y pedwar pen hyn.

Saif *Tir na n-Og* ar wahân i'r holl ganiadau hir eraill am ei bod yn gyfan gwbl ddramatig. O blith y grŵp cyntaf o ganiadau hir y mae'r myth sydd yn hon, ac sy'n rhoi unoliaeth iddi, yn fwy cymhleth ac yn fwy diddorol na'r hyn sy'n gefndir i *Ymadawiad Arthur* neu i *Wlad y Bryniau.* Nid yw'n annhebyg i'r stori glasurol am Orffews ac Ewrydice, lle y mae serch dynol eto yn cael ei ddwysáu oherwydd y perygl yn y cefndir; ond y mae mwy na hyn yma. Fel yn y chwedl glasurol ceir y cyferbyniad prudd rhwng dyhead dyn a'i dynged, ond y mae hyn yn awr ynghymysg â myfyrdod cyfarwydd T. Gwynn Jones ynghylch y tyndra rhwng y perffaith annynol a'r amherffaith ddynol, rhwng y delfrydol a'r diffygiol. Yn rhyfedd iawn—er bod hyn eto'n nodweddiadol o ddechrau'r ganrif hon yng Nghymru fel y gwelir yn *Ynys yr*

Hud—y mae'r dynol amherffaith, y cynefin ei hunan, yn tyfu i fod yn wrthrych hiraeth:

> A feddo gof a fydd gaeth
> Cyfaredd cof yw hiraeth.

Ac felly, y mae'r her i Osian gadw ei draed ar y ddaear (yn hytrach na'i ben yn y cymylau), peth sy'n mynd i'w ddistrywio mewn gwirionedd, yn beth i'w ddymuno. Y mae'r darfodedig yn annwyl, Iwerddon ddaearol a phrydferth yn lladd; a'i gwae hi sy'n trechu yn y pen draw.

Lluniwyd y gerdd ar ffurf opera, ac felly y mae'r mesurau telynegol tlws ac ysgafn soniarus yn gallu gweddu hyd yn oed i gerdd hir fel hon ac yn gallu amrywio'n naturiol. Tybiaf mai yn hon, o blith y grŵp cyntaf hwn o gerddi, y mae mynegiant T. Gwynn Jones ar ei leiaf gwastraffus ac yn fwyaf unol.

Trafferth y tair cerdd gyntaf hyn oedd bod traddodiad yr arwrgerdd ynddynt yn brwydro â thraddodiad y delyneg, brwydr yr oedd Goronwy Owen yntau'n dra ymwybodol ohoni. Gyda *Madog* y mae'r frwydr honno'n cael ei hennill mewn ffordd hollol wrthwyneb i *Tir na n-Ôg,* a'r arwrgerdd bellach yn sicr ohoni'i hun. Rhennir y gerdd hon yn bedair rhan, ac mae'n bosib eu bod yn cyfateb yn fras i bedair rhan glasurol yr epig. Y mae brwydr yn cael lle canolog yn ei datblygiad; ac yn ôl dull y canu aruchel y mae ynddi hefyd fôr a marwolaeth.

Y mae rhai o'r themâu a gâi le yn y tri chaniad cyntaf yn dod at ei gilydd yn cael eu hasio, ym mhoethder y rhyfel byd cyntaf. Rhoddir dwyster newydd i "ddagrau ei anniddigrwydd," oherwydd—

"Dyn ni chaiff na daioni na hedd ar y ddaear hon." Wrth anfodloni ar y byd, y mae Madog yn anfodlon ar Dduw ac yn gofyn cwestiwn Nietzsche sydd eto'n ffasiynol y dyddiau hyn:

"Onid aeth byd i'r annuw, O Dad, oni threngodd Duw?"

Syml yw testunau myfyrdod y bardd a'i gymeriadau, a'i gasgliadau'n hen gyfarwydd ac yn elfennol; ond y rheswm yw, ei fod yn elfennaidd yn ei ymateb i faterion hollol ganolog y profiad dynol. Dyna oedd hyfrydwch "doethineb" yr hen feirdd iddo—y cwpledi cofiadwy a oedd yn crynhoi'n ddestlus yr argyfwng dynol ac yn mynegi'n fachog brofiad hanfodol dyn gerbron ffeithiau mawr cynddelwaidd megis geni a marw, y gweledig a'r anweledig, cariad a chasineb. Gan mor addas ar gyfer cynllun mawr-eddog a syml y stori yr ymdrinia â hi, yw ei ddiddordeb ef ei hun yn y math hwn o ddiarhebu a gwirebu, y mae'r ystrydebu ysbryd-oledig hwn yn ein hargyhoeddi ac yn ein dyrchafu i wastad o weledigaeth ysblennydd.

Erbyn cyrraedd triawd yr ugeiniau, sef *Broseliâwnd* 1922, *Anatiomaros* 1925, *Argoed* 1927, yr oedd T. Gwynn Jones wedi cyrraedd llawn aeddfedrwydd ei bersonoliaeth a'i grefft. Yr oedd ei feistrolaeth ar gywair yn awr yn dangos cymaint hunan-barch a enillasai prydyddiaeth Gymraeg wedi'r bedwaredd ganrif ar bymtheg. Y mae i'r cerddi hyn symudiad Beirdd y Tywysogion, a'u detholrwydd geirfaol ar waith mewn cyd-destun diweddar, a chyda hyder meddyliol. Y mae ynddynt hefyd beth o dawelwch bugeiliol Fyrsil.

Myfyrdod ydynt ar yr un hen thema, gyda pheth amrywiad arwyddocaol. Ym Mroseliâwnd, "medd y rhamantau, y carchar-wyd Myrddin, y Dewin, tan ei hud ef ei hun." Fel y trodd chwedl *Tir na n-Ôg* yn gyferbyniad trist rhwng gobaith dyn â'i dynged, felly y mae Myrddin yn suddo i anwybod, i "froydd hud ei ddi-gymar freuddwydion": mae'r hudoli'n troi'n bylni, ac eto wrth gilio i'r tŵr ifori, y mae'r bardd yn dal i hyderu.

Ail-wau *Ymadawiad Arthur* a wna yn Anatiomaros, ond yn llawer mwy pesimistaidd. Nid milwr chwaith yw'r patriarch hwn, ond "Athro hen eu gwybodaeth a'u rhiniau" yn disgwyl bad marwolaeth. Ymedy ynghanol tristwch y bobl ifainc, ac y mae'r machlud yn duo.

Fersiwn seciwlar yw hyn, ar ryw olwg, ar y profiad Cristnogol (i) cychwyn o wlad amherffaith, (ii) croesi'r dyfroedd, (iii) cyrraedd gwlad ddifai. Ac y mae'n cydredeg hefyd â'r ymgyrraedd Fictoraidd am gynnydd, a'r hen ymchwil Arminaidd neu Ffawstaidd am berffeithrwydd (gyda dyn yn llwyddo fel arfer drwy'i ymdrech ei hun). Dyma waith arferol y bardd—troi defn-yddiau amherffaith iaith a mater yn ddelfryd diglair, croesi dyfroedd anodd ei ymdrech greadigol at wlad o werthoedd tra-gwyddol sicr. Yn y tir pell hwn o ran amser a lle, Argoed, Brosel-iâwnd, Rhos y Pererinion, Ystrad Fflur, Afallon, Ynys Enlli, Tir na n-Ôg, a Phenmon, nid oes dim diwydiant, na rhyfel, na gwaseidd-dra, na sectau, nac afiechyd, na hagrwch; ac yn wahanol i nefoedd Pantycelyn nid oes person yn ei chanol chwaith—nid yw'n wirioneddol ddynol er gwaethaf holl ddylanwad dyneiddiaeth. Nid ydym yn hollol siŵr ychwaith erbyn hyn a ydym yn ei chyrraedd.

Hunanladdiad penderfynol ac arwrol Iwerddon yn y dau-ddegau—y gwareiddiad bach uchelwrol yn suddo dan fôr materoliaeth farbaraidd, ond yn rhy falch i gym-rodeddu—dyma'r hyn a wasgai ar ymwybod T. Gwynn Jones yn ystod y cyfnod hwn. Tafluniodd y bardd ei bryder cyfatebol am Gymru i mewn i ddarlun o dynged Galeg ar dir Ffrainc:

> Tawel dy fyd nes dyfod dy dynged
> Hyd na welid o'i hôl ond anialwch
> Du o ludw lle bu Argoed lydan.

Dechreuodd ei Gymru mewn diniweidrwydd cyn-ddadrithiol:

> Yno gynt, y ceid awen ac antur,
> A gwir y doethion mewn geiriau dethol.

Dyma'r delfryd o wlad—nid y wlad sy'n medru wynebu'r diffeithiwch a'r dadrithiad, yr amheuon a'r ffalster, a hwylio allan yr ochr arall mewn buddugoliaeth ôl-ddadrithiol. Yn wir, wedi i'r prydydd fynd allan ac ymweld â llys yn Alesia lle y mae'r moddion estron hynod o arwynebol o ddiddanwch wedi cael eu llyncu'n wasaidd gan y bobl a oedd wedi cefnu ar olud eu tadau,

> A di-raen lediaith o druan Ladin,

ni wêl frwydr na gobaith:

> A'i lwybr a guddiwyd gan wlyb oer gaddug.

Rhag i Argoed rannu'r un ffawd, ac ildio i'r gwacter, dyma goed a dynion yn eu llosgi eu hun mewn un tân penderfynol:

> Rhyw wast o ludw lle bu fforest lydan.

Pan fo gwrthdrawiad, nid oes ond colledigaeth. Nid oes y fath beth yn bod â chredu wedi amheuaeth, sicrwydd ar ôl chwalfa, glendid wedi budreddi. Pan chwalwyd y ffydd ddynol mewn datblygiad a chynnydd, yr unig ystyr i drasiedi bellach yw stoïciaeth neu bylni Nietzschaidd.

Eithr dengys *Cynddilig* 1933-4 yr anrhydedd a'r harddwch sydd ynghlwm wrth y Stoïciaeth hon. Yn wir, y mae'r eironi yn y gerdd hon am "filwr" heddychlon, yr ymosodwr tyner (neu fel y dywedodd T. Gwynn Jones ar achlysur arall, y "pacifist" gyda phwyslais ar y 'fist') yn ein hatgoffa ni am yr hen ffŵl arwrol, o leiaf yr arwr a dybir yn ffŵl gan y gweddill o'r gymdeithas (cf. *Ynfytyn* Dostoieffsci neu'r *Hen Filwr Schweik* Hasek) ond sy'n rhoi'r argraff hefyd i ni fod ganddo rywbeth o werth nas ceir gan y gweddill o'r gymdeithas.

Ymsefydlu yn noethineb hen ei hil a wnaeth T. Gwynn Jones: ar ran ei Gymru gyfoes ef, yr oedd wedi cymryd arno'i hun dynged ei wareiddiad. Mynych y rhydd i ni ei ddarlun delfrydol o'r bardd. Ef ei hun, bid siŵr, yw'r prydydd a aeth allan ac a ganfu'r llygredd bygythiol, a cheir darlun ohono ar dud. 109 (*Caniadau*):

> Hwnnw a ganodd ei hen ogoniant,
> A drodd hanesion dewredd hen oesau,
> Geiriau y doethion a'r gwŷr da hwythau,
> A dirgel foddau eu mydr gelfyddyd,
> Yn newydd gân a gynyddai ogoniant
> Ei wlad a'i hanes, a chlod ei heniaith.

Hwn yw'r un sy'n colli; ac y mae ei golledigaeth yn hardd. Dyna sut y mae ei gynddelw yn medru bod yn hen (y gŵr mawreddog yn *Gwlad y Bryniau* 57, y Mynach ym *Madog* 88, Myrddin yn *Broseliâwnd* 75, Arthur yn *Ymadawiad Arthur*, ac *Anatiomaros*) yn ogystal ag yn ifanc (Bedwyr, ac amryw wŷr rhamantus ir yn *Gwlad y Bryniau*, 47, 48, 52, Osian yn *Tir na n-Ôg*, a Madog ei hun). Llwydda T. Gwynn Jones i gymathu'r ddwy ochr hyn yn emosiynol: (fel y gwelsom yn *Astudiaethau* 14) "Yr oedd yn Dante ysbryd y deffro newydd yn gystal â ffrwyth yr hen ymdrech." Tueddai Saunders Lewis i ddisgyn ar ochr cynddelw'r hen ŵr doeth urddasol, sef Phugas, Mordecai, Garmon a Gwydion, yn erbyn y gŵr anaeddfed rhamantus Gronw Pebr, Gwilym Brewys, Marc ac Ahasferus. Ond ni chymerodd T. Gwynn Jones yr un ochr, ac efallai mai dyna pam y mae'n gorffen mewn digalondid.

Ymgadarnhau mewn gweledigaeth gaboledig o drist a phrudd

o brydferth a wnaeth T. Gwynn Jones fwyfwy wrth i'r blynydd-
oedd ddirwyn rhagddynt. Adeiladodd y weledigaeth yn ei gerddi
hir yn dra uchelgeisiol, ond yr oedd ganddo'r cyneddfau ieith-
yddol a oedd yn atebol i'r uchelgais. A dewisodd ddadlennu ei
ymateb i arwriaeth gosmig y ddaear ar ffurf storïol, fel y
gwnaethai Hugo o'i flaen.

Yn wir, nid yw'n annhebyg i Hugo yn ei syniad Dionysaidd am
ysbrydoliaeth (Mab y Storm), ac yn ei ddatblygiad personol o
ramantiaeth syml ei synwyrusrwydd poblogaidd cynnar hyd ei
athronyddu apocalyptaidd yn y Cyfnod diweddar (e.e., "Y
Dynged" yn *Llafar*, Haf 1953). Dichon hefyd yn y pen draw, mai
ymagwedd eithaf tebyg i eiddo'r beirniad Ffrangeg arferol at
bwysigrwydd Hugo fydd gan y beirniad Cymraeg yntau wrth
efrydu T. Gwynn Jones: gwae ni, ydyw, y mae'n fardd myrddi-
ynog—gwae ni, ydyw, y mae ef yn aruthr.

(v) *Y Nef a Fu*

Ysgrifennodd T. Gwynn Jones 'Y Nef a Fu' (*Manion*, 17-25) yn
y cyfnod 1901-1903. Mae hi'n gerdd allweddol.

Dair blynedd ynghynt yr oedd wedi dod i Gaernarfon i
weithio'n is-olygydd ar yr *Herald Gymraeg, Papur Pawb*, a'r
Caernarvon & Denbigh Herald. Ym 1905 fe ymadawodd â
Chymru oherwydd afiechyd, er mwyn bwrw ysbaid yn yr Aifft. Y
mae'r cyfnod o saith mlynedd rhwng y ddau ddyddiad yma,
1898-1905, yn un diddorol a nodedig yn ei hanes: yr oedd yn
gymysg iddo o lawenydd ar y naill law—fe briododd ym 1899 ac
enillodd y gadair yn 1902; ac o ddigalondid ar y llaw arall—oher-
wydd colli'i frawd, a'i anhwylder ef ei hun, ymysg pethau eraill.

Ni chynhwysodd yn ei gyfrolau safonol *Caniadau* (C) a *Manion*
(M) yr un gerdd sy'n rhagflaenu'r cyfnod hwn. Dyma, felly, mewn
gwirionedd, gyfnod yr ymagor mawr iddo ef. O hepgor y cerddi y
gwyddom iddo eu hysgrifennu ar ôl mynd i'r Aifft, fe allwn restru
prif ganeuon y blynyddoedd yna fel hyn:

1900: Blodau Ffa (M); 1901-3: Y Nef a Fu (M); 1902:
Ymadawiad Arthur (C); Dyn a Derwen (C); 1903: Mab yr
Ystorm (M); 1905: Daear a Nef (C); Wrth eu Ffrwythau (C); Ex
Tenebris (M); Rhyddid a Rhaid (M).

Heblaw'r rhain fe gyhoeddodd ei nofel *Gorchest Gwilym
Bevan* (1900), ei gyfieithiad o *Macbeth* (1902) a'i gyfrol o gerddi

Gwlad y Gân a Chaniadau Eraill (1902). Oherwydd ei gyfathrach â Daniel Rees, ei bennaeth, fe ddechreuodd ymddiddori o ddifri iawn yng ngwaith Dante (T.G.J. a luniodd y rhagdraith i gyfieithiad D.R. yn 1903; yr oeddent eisoes wedi llunio drama Saesneg ar y cyd, 'Dante and Beatrice', 1903; ac yr oedd T.G.J. wedi sgrifennu'i ysgrif ar Dante i'r *Geninen* 1902); ac i Daniel Rees y cyflwynodd ef y ddwy gerdd olaf yn y cyfnod hwn—'Ex Tenebris' a 'Rhyddid a Rhaid'. Daniel Rees, yn sicr, oedd y dylanwad pwysicaf arno yn y saith mlynedd hyn; ac er bod T. G.J. eisoes wedi ymddiddori mewn llenyddiaeth dramor, tybiaf mai anogaeth D.R. amlieithog a barodd iddo ymroi i gyfieithu o'r Llydaweg rai o gerddi Taldir yn 1903, ac o bosib i gyfieithu cerdd o'r Lladin gan Horas yn 1902, ac o'r Almaeneg hefyd yn 1905.

Byddaf yn tybied mai'r saith mlynedd cynt, 1891-1898, oedd y cyfnod pryd y bu'n drwm o dan ddylanwad Emrys ap Iwan; saith mlynedd oeddynt y treuliodd T.G.J. bump ohonynt yn Swyddfa'r Faner yn Ninbych. Nid yw'n syn iddo gyfieithu cerdd o'r Ffrangeg yn 1895, ac iddo'i harwyddo hi fel hyn: Gwynn ap Iwan, Abergele. Nid yw'n syn chwaith iddo ddechrau dychanu yn y cyfnod hwn na chwaith iddo lunio rhai o'i ganeuon gwlatgar.

Ond ''cyfnod Daniel Rees'', os caf ei ddweud heb ddiraddio T.G.J., oedd 1898-1905; ac awgrymir peth o ddyled T.G.J. i'r gŵr hynod hwnnw yn *Cymeriadau*.

'Undodwr y cyfrifid Daniel Rees', meddai T.G.J. A dichon fod hyn hefyd yn un agwedd ar y dylanwad a gafodd ef ar ei isolygydd. Yn eu papur *Caernarvon & Denbigh Herald,* 1900, fe gyhoeddodd T.G.J. 'satire in verse' yn dwyn y teitl 'My Conversion', ac yn 1903 roedd ganddo ysgrif yn y *Geninen,* 'Credoau a Chyffesion Enwadol: ai rhaid wrthynt?' Yr oedd T.G.J. wedi symud o gylch Methodistiaeth 'ryddfrydol' Emrys ap Iwan a Thomas Gee i gylch a oedd yn fwy 'rhyddfrydol' o lawer iawn.

'Y Nef a Fu' (40 pennill) oedd y gerdd hir gyntaf a sgrifennodd T.G.J. yr oedd yn barod i'w harddel hi weddill ei oes. Hon hefyd yw'r gerdd gyntaf o bwys i ddangos ei ddiddordeb barddonol yn chwedloniaeth yr Oesoedd Canol. Mae hi'n dechrau:

> Gwae fynd y golau a'r gwirionedd fry,
> A dyfod yma wyll a chelwydd du,
>   A'n gado i ymbalfalu'n hanner dall
> Yn uffern heddiw am y Nef a Fu.

Pan ymholwn ni beth oedd y Nef honno a fu, fe welwn mai breuddwyd Macsen ydoedd, gweledigaeth Myrddin Ddewin, a gorhoffedd Hywel ab Owain Gwynedd, yn ogystal â Blodeuwedd ac Olwen. Eu llwybrau hwy yw'r rhai yr hiraethai ef amdanynt bellach; y rheini a feddwai ei synhwyrau ef. Eu geirfa a'u hiaith hwy a'i cynhaliai. Ar ôl y pennill cyntaf hwn, sy'n cyfeirio'n gynnil at yr uffern heddiw, fe geir yn yr hanner cyntaf 19 o benillion. Dyna hanner ffordd yn union drwy'r gerdd. Penillion cadarnhaol o lawenydd llesmeiriol ydynt oll gyda lleithder canol oesoedd Swinburne a'i gymheriaid yn drwm arnynt, oni bai am drwch ieithyddol T. Gwynn Jones ei hun.

Ond y mae'r ail hanner i'r gerdd yn dechrau yn y negyddiaeth a awgrymwyd eisoès yn y pennill cyntaf. A dyma'r T. Gwynn Jones arall, yr un a anghofir weithiau oherwydd yr ymgolli meddal yn ei ddiangfeydd rhamantus, ond a oedd eisoes (o dan ddylanwad Emrys ap Iwan o bosib) wedi ymddangos droeon o'r blaen, sef y T. Gwynn Jones caled a negyddol. Yn wir, dyma ddechreuadau'r pedair llinell sydd ym mhennill 21: 'Ni, Na, Nid, Ni'.

Cyn inni fynd ati i ymholi beth yw'r uffern newydd hon sydd bellach yn disodli'r nef, carwn ddyfynnu pennill 22 yn grwn:

> Gwell pe'm dodesid cyn y dyddiau blin
> O dan y dail, fel 'Dafydd gywydd gwin',
>   Neu megis Omar yntau yn y bedd
> A rhos yn gwrido yno ar ei fin.

Ymataliwn. Nid cynnwys y pennill hwn yn unig sy'n ein taro, ond y mesur. Dyma ni'n cofio—gyda help y cynnwys, bid siŵr—mai union fesur 'Omar Khayyâm' ydyw yn ôl cyfieithiad J. Morris Jones. Ond er bod J.M.J. wedi dechrau cyfieithu'r penillion hynny yn Nhachwedd 1898, ni chyhoeddodd mohonynt tan 1907: y mae'n weddus nodi hefyd fod T.G.J. yn bwlchddanheddu'r drydedd linell,lle y mae J.M.J. yntau yn ei thynnu hi i'r chwith. Pan syllwn ar gyfieithiad cynt Fitzgerald, sut bynnag fe sylwn mai'r un mesur yn union sydd ganddo yntau, eithr â'i drydedd linell yn yr un safle ag y'i ceir gan T.G.J. Dyna awgrym clir, felly, o darddiad mesur T.G.J., debygwn i.

Ystyriwn, bellach, beth yn hollol yw'r Uffern sydd wedi disodli swynion yr Oesoedd Canol, yn ôl y gerdd hon, yr uffern y mae'r bardd yn dweud ei fod ef yn byw ynddi.

Ai teg yw'r blodau eto, megis cynt? . . .
Llanw amcan dyn drwy droi eu tlysni'n bunt . . .
Gad iddynt, ofer ydynt; creodd Duw
Dydi i droi un geiniog fach yn ddwy . . .
Ac arian teg a wnaethpwyd, gywraint waith
Er hudo dyn i fyw yn rhwydau diawl . . .
Efô yw'r celwydd sy'n rheoli'r byd.

Uchafbwynt a chlo'r gerdd i gyd yw'r ddwy linell olaf:

Swm popeth a glybuwyd ydyw hyn—
Prif amcan bywyd, golud yw, a moeth.

Dyma ganu T. Gwynn Jones yn ystod y cyfnod yr oedd yn llunio'r
awdl fawr a fu'n fuddugol o dan feirniadaeth J. Morris Jones yn
1902. Yr oedd J.M.J. wedi beirniadu'n annibynnol am y tro
cyntaf yn yr Eisteddfod Genedlaethol yn 1900, ond yr oedd
eisoes yn adnabyddus i T.G.J. am ei fod wedi cyhoeddi un o'i
awdlau yn *Cymru,* awdl sy'n cynnwys y llinellau:

Ie'r wobr a â â hi,
A'r elw sydd yn rheoli;
Rhyw genedl gaeth—saeth yw sôn—
Yma ŷm yn llaw Mamon.

'Mammonism' oedd un o losgeiriau'r hen Carlyle yn erbyn y
bedwaredd ganrif ar bymtheg, a hawdd y gellir cydsynied â dam-
caniaeth R. H. Tawney ymhellach ymlaen fod yr hunan-
ddisgyblaeth a'r parch at y greadigaeth gyfan a oedd yn atal
Calfiniaid rhag mynd yn wastraffus, wedi gallu dirywio'n rhwydd
iawn ymhlith rhai a gydiai yn yr allanolion i fod yn gybydd-dod ac
yn awch am bres. Dengys Mr. G. J. Evans yn ei draethawd M.A.,
serch hynny, fod J.M.J., o leiaf yn ei Awdl i Famon (nas
cyhoeddwyd tan 1907 er iddi gael ei chyfansoddi tua'r un pryd â'r
llall) yn ddigamsyniol ddyledus i Lewys Morys, ac awgryma y gall
fod arni ddylanwad awdlau a chywyddau dychan gan Siôn Tudur
a Siôn Brwynog, sy'n mynd â ni tu hwnt i Galfiniaeth ddirwy-
iedig diwedd y ganrif ddiwethaf beth bynnag.
Ond yn fy mryd i, er mai Mamoniaeth yw prif destun yr hanner
olaf i'r gerdd, nid dyna'r peth mwyaf diddorol arwyddocaol sydd

554

ynddi. Yr hyn sydd fel petai'n cynnwys Mamoniaeth yw diffyg ystyr: nid oes lle i wirionedd, ni ellir credu dim:

> Ond salw y dysgais i'r gelfyddyd fawr,
> Am hyn, nid wyf ond gwesyn bach yn awr,
> Yn gweld y gwegi ac yn rhegi'r nos,
> Ond wedi colli gobaith am y wawr.

Dyma'r ymagwedd sy'n cynnwys llawer iawn o feddwl T.G.J. ar hyd ei oes hyd yn oed pan nad yw'n cyfeirio at Famoniaeth, megis pan gly ei gân i'r undodwr Daniel Rees (yn 'Rhyddid a Rhaid'):

> "Nid yw einioes ond unawr",—
> Trwy ing pan fyddo'n trengi,
> Diau un chwedl dyn a chi.

Er bod Siôn Tudur a Siôn Brwynog a Lewys Morys oll wedi pastynu cybydd-dod a Mamoniaeth, nid oedd yr un ohonynt wedi canu am y gwacter ystyr hwn: dyma, yng Nghymru, briod gywair diwedd y ganrif ddiwethaf a dechrau hon. Dyma'r tro cyntaf y dechreuodd y gymdeithas gael ei chyflyru gan geidwadaeth ymddatodol y gwacter ystyr hwn.

Y mae amryw, megis Schaeffer a Rookmaaker, wedi olrhain datblygiad y tueddfryd cynyddol hwn yn hinsawdd ein hoes o gyfnod Kant a Rousseau ymlaen drwy Hegel hyd at Kierkegaard a'r chwalfa ddirfodol a chyfriniol a phornograffaidd ac abswrd heddiw.

Yr oedd rhai eisoes yng Nghymru wedi sylwi ar fân amlygiadau o'r Di-ystyr dyneiddiol yma yn gwasgarog ymddangos ym mywyd ein gwlad, megis y gwnaethai Daniel Owen yn ail hanner y ganrif ddiwethaf yn ei sylwadaeth yntau ar Famoniaeth a rhagrith a dyneiddiaeth naturiol. Ond T. Gwynn Jones, yn 'Y Nef a Fu', oedd un o'r rhai cyntaf i gydymffurfio, yn erbyn ei ewyllys fel petai, ac i fynegi lletholrwydd y Di-ystyr hwn ynddo ef ei hunan, a'r ymdeimlad cymdeithasol o fygfa ac o wacter agnostig yr oedd ef yn ei deimlo'i hun i'r byw yn ildio iddynt ac yn eu harddel. Efô oedd un o'r Cymry cyntaf i sylwi fod y Nef wedi'i cholli'n llwyr: marwolaeth oedd y byd hwn bellach, iddo ef, heb ddim aileni; ac roedd y bywyd gwareiddiol llawn yn eiddo i eraill gynt.

Yn y rhan fwyaf o'i ganu o hyn ymlaen derbyniodd hynny'n norm: dyma'r abwyd a lyncodd y gymdeithas hefyd.

XIX

Y SEFYLLFA GYFOES

Ymddangosodd dwy erthygl dra diddorol gan Mr. Meic Stephens yn *Taliesin* 21 a 24 sy'n ymosodiad go drwyadl ar geidwadaeth llenorion Cymraeg cyfoes ac yn ble huawdl dros fabwysiadu dulliau ysgrifennu modernaidd sy'n llethol o ffasiynol mewn llenyddiaeth estron. Dichon y geill y ddwy erthygl bwysig hyn fod yn fan cychwyn digon addas ar gyfer trafod y berthynas sydd rhwng Moderniaeth a'n llenyddiaeth gyfoes Gymraeg.

Efallai y dylid nodi, serch hynny, fod yna ychydig mwy o olion dylanwadu symbolaidd a swrealaidd ar farddoniaeth Gymraeg nag yr ymddengys fod Mr. Stephens yn barod i'w cydnabod. Yn niwedd y pedwar-degau a dechrau'r pum-degau, yn y *Faner* a'r *Fflam*, bu cryn dipyn o drafod (enbyd o debyg i eiddo Mr. Stephens) ar symbolaeth a swrealaeth hyd nes i Saunders Lewis, hyd yn oed, brotestio'n ein herbyn: cafwyd cerddi tra agored i ddylanwadau hynaws felly gan T. Glynne Davies a Rhydwen Williams heblaw gan Gwenallt, Waldo, Euros ac Ysgol Cadwgan. Sonia Mr. Meic Stephens fod llenyddiaeth Gymraeg wedi llwyddo i anwybyddu Freud bron yn llwyr; ond y mae *Williams Pantycelyn* Saunders Lewis, storïau J. Gwilym Jones, T. Glynne Davies, Pennar Davies, a llawer o rai eraill yn ormod o brawf i'r gwrthwyneb, gormod o ddigon yng ngolwg rhywrai. Ac wedi dyfod canol y chwedegau, gorchest i'r neb a fu'n byw ar bwys llyfrgell o lew ddianc rhag ymgydnabod â phrydyddiaeth goncrid, er na raid iddo bob amser fopio'i ben arni.

Y mae'r awen Gymreig wedi trin y rhain oll yn Gymreig iawn, bid siŵr, gan wrthod yn ogystal â derbyn; a hyn, fe ymddengys, yw'r maen tramgwydd i Mr. Stephens.

Gadewch i mi, felly, grynhoi yma y cwestiynau sylfaenol yr ystyriaf eu bod yn codi o erthyglau Mr. Stephens fel hyn:

(i) Pa mor oddefol y dylem fod gerbron Moderniaeth y dauddegau? A ddylid ei llyncu'n ddihalen anfeirniadol "er mwyn bod yn fodern"?

(ii) A yw arbrofi er mwyn arbrofi, gan ymwrthod â'r traddodiad yn grwn, yn werth ei wneud ac yn egwyddor gelfyddydol o bwys?

(iii) A oes ystyr, heblaw gimic neu wrthryfel arwynebol, i unrhyw ymgais i ymryddhau oddi wrth iaith (*le sabotage linguistique*) neu i fod yn uniongred wrth-iaith?

(iv) A fyddai cyfyngu'r traddodiad Cymraeg yn gaeth i'r hyn a elwir yn Foderniaeth yn fanteisiol, yn wyneb sylw Mr. Stephens fod y bardd Ffrangeg yn methu â bod yn "wrth-Fodern" . . . 'oherwydd mai Moderniaeth yw'r unig draddodiad a ŵyr a'r unig un y gall weithio o'i fewn'?

(v) A oes gan lenyddiaeth y gorffennol yng Nghymru rywbeth i'w ddweud, am ffurf a meddwl, wrth lenorion y presennol? A ddylid ofni'r gorffennol a'i anwybyddu mor drylwyr?

Gadewch inni gytuno â Mr. Meic Stephens yn gyntaf fod ceidwadaeth anfeirniadol mewn unrhyw ffurf yn gwbl farwol i bob llenor, a bod ar y mwyaf o geidwadaeth yng Nghymru fel yn Ffrainc ond ei bod o fath gwahanol. Y mae agwedd Mr. Stephens ar hyn, fel ar gynifer o bynciau eraill, yn awel iachus. Does dim llonydd i ffurfiaeth lenyddol o iawn mewn unrhyw iaith, a phan fo'n ymrigoli y mae'n peidio â byw.

Cytunwn hefyd yn ddigon mwyn y gallai "prydyddiaeth" goncrid fod yn ffurf ddilys ar gelfyddyd, ac efallai ein bod yn dal i ddisgwyl o hyd yr athrylith ddisgwyliedig i ymarfer y theoreiddio hwnnw gyda champ.

Beth a ddwedwn, wedyn, am yr hen gwestiynau uchod? Rwy'n ofni eu bod oll yn codi cynifer o faterion myfyrdod nes y byddai'n fwyaf buddiol inni ymgyfyngu i un yn unig, sef ar hyn o bryd, i'r mwyaf amserol, y trydydd: agwedd y bardd heddiw at yr iaith.

Dyma ddwy frawddeg berthnasol o eiddo Mr. Stephens:

1. 'Yn eu canu hwy (Nerval a Baudelaire) peidiodd barddoniaeth â bod yn fath ar ysgrifennu disgrifiadol gan dyfu'n iaith newydd (*langage* nid *langue*) yn seiliedig ar ei syniadau, neu symbolau, annibynnol ei hun ac yn defnyddio cyfres o werthoedd y dychymyg nad oedd yn ymwneud â'r "byd real".' 2. 'Os yw'n wir mai rhan o swyddogaeth y bardd yw gwahanu'r gair oddi wrth y llif parhaol o siarad, i'w ddal ac i roi iddo fodolaeth

annibynnol yna fe ellid dadlau fod y dyn sydd yn dad-gysylltu'r gair o'i gefndir arferol, sydd yn ei dorri i lawr yn seiniau a llythrennau, neu'n unedau eraill, ac sydd yn ein gorfodi ni i ddeall iaith mewn ffordd newydd, yn creu math newydd o farddoniaeth'.

Yn awr, carwn anghytuno'n ostyngedig ond yn hollol lwyr â'r naill osodiad fel y llall.

1. Ystyrier y frawddeg gyntaf. Os yw Mr. Stephens yn defnyddio'r geiriau *langue* a *langage* yn y ffordd a arferir gan bob ieithydd a geiriadurwr Ffrangeg, ac a ddiffiniwyd yn llawn gan De Saussure yn *Cours de Linguistique Générale* a chan Guillaume yn *Langage et Science du Langage,* y mae *langue* yn golygu'r potensial neu'r fframwaith ieithyddol sydd yn y meddwl, sef y gramadeg (yr eirfa a'r gyfundrefn seiniau), o'i chyferbynnu â'r *parole* (neu'r *discours*) sef y mynegiant achlysurol neu unigol. Mewn prydyddiaeth y mae Cerdd *Dafod* (fel y mae'r term yn ei awgrymu) yn perthyn i *langue*; ac wedyn y mae unrhyw enghraifft unigol o gerdd yn perthyn i fynegiant. Nid yw *langage* namyn y term sy'n disgrifio'r cwbl ynghyd, y cyfuniad cyflawn o *langue* a *discours*.

Beth, felly, a ddywedwn am farddoniaeth Ffrainc cyn Nerval a Baudelaire? Wrth gwrs, *discours* a geir gan bawb o'r bron cyn eu hamser hwy (fel wedyn) ar sail *langue*. Tra bo iaith ar gael, fe erys holl gyflawnder y system, y mewnol neu'r cudd yn ogystal â'r allanol a'r amlwg. Ni lwyddodd na Nerval na Baudelaire, wrth gwrs, i ddianc rhag yr holl ddefnyddiau hyn, na neb o'u dilynwyr llenyddol hwy chwaith. Nid dyna'u harwyddocâd hwy, mewn gwirionedd.

A oes modd cael llenyddiaeth heb iaith? Nac oes, yn bendifaddau. Fe ellir chwarae â seiniau, ond nid llenyddiaeth yw hynny, eithr cerddoriaeth. Fe ellir chwarae â llythrennau, ond nid llenyddiaeth yw hynny, eithr arlunio. Ni ddaw llenyddiaeth i'r golwg hyd nes bo iaith yn dod i'r golwg.

2. Ystyrier ail frawddeg Mr. Stephens. Nid gwahanu'r gair oddi wrth y llif parhaol o siarad a wna bardd, er mai dyna a wna gramadegydd. Rhoi pethau at ei gilydd a wna bardd: seiniau a geiriau, ond yn bennaf dim frawddeg neu frawddegau (er y gallant ambell waith fod yn frawddegau un-gair). Nid torri i lawr, eithr dodi ynghyd. Gwaith *langue* ydyw dadansoddi: gwaith *dis-*

cours yw cyfansoddi (ar sail *langue*). Yr olaf yw gwaith y bardd.

Wrth astudio y *langue* neu Gerdd Dafod y gorffennol, fe ddaw'r bardd o Gymro i ddeall yn well natur y seiniau sydd yn yr iaith a'u perthynas â'i gilydd a'u hamryfal bosibiliadau effeithiol. Daw i adnabod cystrawen a geirfa. Daw i ddeall hefyd y dulliau sydd eisoes wedi'u datblygu i drin (neu adffurfio) teimladau a syniadau.

Ffolineb, gredaf i, yw ceisio ymdopi heb y cyfoeth hwn o wybodaeth.

Ofn Meic Stephens, efallai, yw y bydd i'r wybodaeth hon gaethiwo'r bardd; ac yn sicr, fe all wneud. Ond gesyd Mr. Stephens y caethiwed arall o ymwadu â hyn oll—beth bynnag fo'r testun, beth bynnag fo'r profiad—y ddyletswydd awtomatig o gefnu'n ddiwreiddiau ar y gynhysgaeth ddofn. Fy sicrwydd i yw mai gwaith tra arwynebol a ddeuai wedyn—pe bai'r fath beth yn bosibl o gwbl.

Sut, felly, y mae llenyddiaeth Gymraeg wedi ymddwyn yn wyneb Moderniaeth?

Yn sicr, tuedda i fod yn arafaidd geidwadol ac ni ddylem fyth ymfodloni. Eithr, ni welwn chwaith fod llawer o le i deimlo'n digalon ac mai amgenach fyddai trawsblannu'r 'Sefydliad' Swrealaidd Ffrangeg neu sgythru ar ôl ffasiynau eraill yn ddiniwed odiaeth. Ni chredaf fod hyd yn oed rhai o'n beirdd gwlad, megis Dic Jones ac Isfoel ac Alun Cilie, wedi dianc yn gwbl ddi-anaf rhag Moderniaeth, yn arbennig os cymharwn hwy â beirdd gwlad diwedd y ganrif ddiwethaf. Ac wrth gwrs, bu'r datblygiad yn bur sylweddol gyda phrydyddion eraill. Diau fod yna ddewis a dethol wedi bod o'r "foderniaeth" a ystyriwyd yn arwyddocaol, pwyso a mesur yn ôl gwerthoedd cynhenid—ystyriaeth nad yw'n ymddangos yn berthnasol i Mr. Stephens. Eithr ar y cyfan, credwyd y gellid fforio'n bell iawn o hyd i mewn i'r traddodiad ac allan ohono, a bod yn ffrwythlon gyfoes: creu dyfodol yn bennaf drwy'r gorffennol. Y pwynt beirniadol pwysicaf i'w godi, wedi'r cwbl, yw—a oedd hyn oll yn llwyddiannus neu beidio? Nid unrhyw atalnwyd israddoldeb ynghylch ffasiwn (er bod y ffasiwn hwnnw fel y rhai a enwa Mr. Stephens, yn bur hen), eithr wynebu sylwedd y gwaith a ddigwyddodd ynddo'i hun. Y cwestiwn i'w ofyn ynghylch cyfrol o waith bardd ifanc yw, nid a yw'n dangos ei fod wedi darllen y cyfieithiad a'r cyfieithiad, neu a yw'n dilyn yn slafaidd y fformiwla a'r fformiwla, eithr a oes ganddo un gerdd dda. Dyma'r ystyriaeth sy'n arwyddocaol absennol o erthyglau cyffrous Mr. Stephens. Er cywired ydynt yn eu cyffro.

Gan y gorffennol bob amser y dysgwn ein hiaith bresennol: heb draddodiad nid oes yna ddim iaith. Felly gyda llenyddiaeth hefyd . . . ond iddi fod yn *barod,* wedyn, i wynebu mewn ffurf yn ogystal ag mewn meddwl, yr holl bresennol hwnnw,—holl gymhlethdod gweledig ac anweledig y tryblith cyfoes, gyda beirdd Rwsia a Japan a'r cyn-drefedigaethau Affricanaidd, yn ogystal, efallai, â chyda beirdd Ffrainc (a Pound yntau, pwy bynnag ydi o).

Tua'r dechrau'r bennod hon fe roddais bwys—gyda thinc o haerllugrwydd piwus, yn ddiau—ar wybodaeth am y datblygiadau modern oll, cyn belled ag y bo hynny'n bosibl; a thrwy gydol fy nadl yr wyf wedi pwysleisio'r gallu i ddethol yn ôl yr angen, ynghyd â'r hawl hefyd i *beidio â gwrthod,*—dyweder odlau Gwyddelig, cynghanedd, proest, odl, mydr, ac yn y blaen, ffurfiau amryfal yn y traddodiad os bydd eu hangen. Pan ddaeth *vers libre* yn gyfarwydd i feirdd Cymraeg, fe welwyd fod iddi rym a swyddogaeth achlysurol: dyna hefyd a ddigwyddodd wedyn (i raddau llai) wrth ystyried y moddion amryfal sydd o gysodi prydyddiaeth ar dudalen: gwelwyd ar dro fod ymyrryd â rhediad cystrawennol a'i ddatod (ac yn sicr, dadatalnodi pan fo angen) yn ôl arferion cynhenid yr iaith ei hun a'r meddwl dynol, hefyd yn bwrpasol: y mae gan y Swrealwyr hwythau (er eu bod, bid siŵr, braidd yn orymwybodol o'r isymwybod) rywbeth diddorol i'w ddweud am un agwedd ar y profiad dynol. Fe all rhai o'r materion hyn, ac eraill, fod yn fanion o bosib, ond y maent oll (ac ni wadwn yr un ohonynt) yn ychwanegiad at y traddodiad, ac ni allant fod yn amgenach. Yn y traddodiad ei hun y mae aruthredd y cyfoeth. A phan fo bardd ifanc heddiw yn taro am y tro cyntaf wrth ryw dechneg fach sy'n ymddangos yn chwyldroadol neu'n syfrdanol, ac yn carlamu ar ôl manion dull a phrydyddion eilradd estron megis Prévert a Reverdy, Tzara ac Arp (rhai digon diddorol i gyd), fe all y chwyldroadau mawr a ddigwyddodd eisoes drwy gydol ein traddodiad cyfoethog, yn ogystal â'r diffyg chwyldroadau, fod yn gymorth iddo groesawu pob newydd gydag aeddfedrwydd llawen ac i bwyso a mesur pob arbrawf gyda dyfnder a gweledigaeth—heb golli'i ben yn blentynnaidd ac yn anfeirniadol.

Paham y mae llenyddiaeth Gymraeg heddiw mor gyffrous o ddiddorol a llenyddiaeth Saesneg gyfoes mor ddi-rym?

Yng Nghymru mae gennym y fantais ddifesur o ddifrifoldeb moesol ac ysbrydol ein hargyfwng, yr her i bob llenor ymestyn i gystadlu â'r adnoddau mwyaf a geir mewn gwledydd eraill, y pwrpas cyfeiriol a geir oherwydd *engagement*, yr egnïon a ollyngir wrth ymladd a'n cefn at y wal, yr agosrwydd at y gymdeithas a wasanaethir gan y llenorion, a themâu dirfodol o fywyd a marwolaeth sy'n treiddio'n amrywiol i ganol ein sefyllfa hyd at gyfrwng ein meddyliau, yr ymdeimlad o rannu'n brwydr â phobloedd lawer ledled y byd (h.y. ein bod yn feicrocosm o gyffro cymdeithasol pwysicaf ein cyfnod), y ffaith fod perthynas hydeiml pobloedd a diwylliannau yn rhan o wead ein meddwl o'n crud, ac eironi gwaelodol a pharadocs cymhleth ein hymgais tlawd i oroesi.

Y mae diwylliant uniaith Lloegr heddiw, ar y llaw arall, wedi'i dynghedu yn ei hanfod i fod yn ddwfn blwyfol o'r dechrau, i fod yn sylfaenol anwybodus o seicoleg brwydrau pwysicaf y byd cyfoes, i fod yn gysurus ddigyffro ynghylch tynged ei fodolaeth ei hun. Fel nad oes dim min ar na gwleidyddiaeth na chrefydd yn Lloegr heddiw, felly y mae ei llenyddiaeth, er gwaethaf ambell ysgogiad ar yr wyneb, yn seiliol ynghwsg.

Mae hyd yn oed beiau Cymru yn ffrwythlon ysgogol i i lenor. Ac un ohonynt yn ddiau yw'r israddoldeb seicolegol: yn yr awr ogoneddus hon ein hanes—ac ar adeg truenusrwydd mwyaf llenyddiaeth Saesneg—fe geir ambell un o hyd i'n hannog i ystyried dynwared yr allanolion moddol a geir dros y clawdd (neu dros yr eigion).

Dywed beirniaid llenyddol dwyrain Ewrob wrthym mai mewn adegau o lonyddwch digyffro a diffyg digwyddiadau y bydd yr "arbrofion" allanol yn cael eu cyflawni; eithr ar adegau pryd y mae'r themâu mawr yn cael eu corffori ym mywyd y bobl, ysgubir y maldod hwnnw o'r neilltu. Yn awr, nid oes gen i ddim yn sylfaenol yn erbyn llonyddwch diwylliannol ambell dro; a diau fod llawer ohonom yng Nghymru a garai ambell chwarter canrif ohono. Ond er drwg neu er da, tra bôm ni, rhaid cydnabod y ffaith mai syllu'n ddiderfyn i safn fygythiol dryll diwylliannol a gawn ni—a man a man inni gymhwyso'n syniadau llenyddol neu feirniadol ar gyfer y sefyllfa.

Man a man, felly, yw inni sylweddoli cryfder aruthr y sefyllfa Gymreig—mewn modd Cymreig, a thrafod Moderniaeth neu un-rhyw -aeth arall o'r fan yna.

Beth yw priod nodwedd Moderniaeth, o'i chyferbynnu â Rhamantiaeth, Symbolaeth, Realaeth, a'r aethau diderfyn eraill? Cynigiaf i mai nodwedd ydyw, fel yr awgryma'i henw, sy'n tarddu o'i hymwybod ag amser. Ac am un rheswm, oherwydd methiant rhai i ddygymod â phresenoldeb beirniadaeth lenyddol, daethpwyd yn dra ymwybodol o'r newid anorfod mewn ffasiynau llenyddol, a throdd hynny'n awydd bwriadus i gyn-hyrchu newidiadau er mwyn 'datblygu' llenyddiaeth, ac esgor yn benderfynol ar gyfnod, neu'n hytrach gyfnodau newydd, cyfnod newydd bob blwyddyn neu nid hwyrach bob mis. Sylwyd—yn allanol—fod un cyfnod yn adweithio'n erbyn cyfnod blaenorol a theimlwyd fod hynny'n ddyletswydd neu'n ddull o fyw,—eithr yn fewnol, yr hyn a ddigwyddai'n normal oedd bod galwad dyf-iannol un genhedlaeth yn adweithio'n erbyn agwedd arbennig ar fywyd yr un flaenorol. Gwneuthuredig braidd oedd yr 'arloesi' ffug hwn, felly, i raddau. Bwrdais (*Bourgeois*). Academaidd.

Diau fod peth o'r Foderniaeth honno yn mynd i aros gyda ni. Ac yn sicr, gan ei bod hi'n sefyll rhyngom a'r traddodiad, pan geisiaf honni ein bod ni yng Nghymru yn ymwneud ag Ôl-foderniaeth bellach, nid meddwl yr ydys mai gwrth-foderniaeth ydyw o anghenraid neu yn unig. Eithr, er mwyn codi uwchlaw ffael-eddau amlwg Moderniaeth, rhaid yw gwneud yn union yr un math o beth ag a wna Moderniaeth ei hun, sef (i raddau) ad-weithio yn ei herbyn, fel y gellid sefydlu Ôl-foderniaeth.

Mae'r bardd Ôl-fodernaidd, o ran diffiniad, yn trafod pob symudiad modernaidd fel pe bai'n rhan o'r traddodiad, beth bynnag fo'r symudiad hwnnw, hyd yn oed os yw'n symudiad gwrth-ôl-fodernaidd. Ffordd arall o ddisgrifio'r ymagwedd Ôl-fodernaidd yw gyda'r ansoddair 'newydd-draddodiadol', yn yr ystyr fod pob gwrthryfel i'w ganfod i *mewn* i'r traddodiad: yn yr un ffordd ag na all barddoniaeth fod yn wirioneddol wrthiaith, er y gellid ymaflyd codwm â'r iaith (*parole*), hefyd, ni ellir gwrth-ryfela oddi allan i'r traddodiad. Bid siŵr, nid awdurdod yw'r traddodiad, onid yn yr un ffordd ag y mae'r iaith ei hun yn awdur-dod. Amgylchfyd ydyw: ysgol: gwraidd: gogonedd: adeiledd emosiynol, meddyliol, a ffurfiol; ond adeiledd y mae'r bardd yn gorfod ei wrthod i ryw raddau, neu fe fydd y traddodiad ei hun yn darfod.

I'r Ôl-fodernwr y mae'r cwbl hyd at y don olaf mewn Modern-iaeth yn rhan o'r traddodiad, a gellid edrych arno'n feirniadol a'i ddefnyddio yn ôl yr angen. Fe all hyn ymddangos yn wrth-Fodernaidd ar dro, ac fe *fydd* yn wrth-Fodernaidd, pan gwyd un-rhyw agwedd Fodernaidd i wrthod yr iaith neu'r gweddill o'r traddodiad *en bloc*; eithr hyd yn oed y pryd hynny fe fydd Ôl-foderniaeth yn deall hanfodion y gwrthodiad ac yn gallu cym-hathu hyd yn oed hynny.

Un o beryglon y 'safbwynt' yr ydyw i'n ei bleidio yw bod yn ym-agweddol neu'n emosiynol eclectig; ac yn sicr, gyda'm gwreiddiau aneciwmenaidd i, nid dyna fy mwriad; ac i rywun a chanddo argyhoeddiadau cadarn nid yn unig am y byd a'r betws, ond am ffurfiaeth lenyddol hefyd, ni chaiff ei lethu fel yna, bid siŵr.

Hen beth bellach yw Ôl-foderniaeth yng Nghymru—yn ogystal â gwrth-Foderniaeth. Ar ôl imi sgrifennu'r adran gyntaf o'r bennod hon derbyniais lythyr oddi wrth un llenor adnabyddus:

'Roedd swrealaeth, dadaistiaeth ac ati yn bynciau trafod gennym ni yn y tridegau pan oeddem yn stiwdants ym Mangor. Mi enillais i dystysgrif yn y steddfod gydgolegol tua 1937 am gyfres o ysgrifau swrealaidd, a Williams Parry yn feirniad; ac mi roedd gen i amryw byd o'r moderniaethau hyn ymhlith hen hen bapurau yn y tŷ yma tan ryw wyth mlynedd yn ôl. Yn wir, roedd y pry dihafal o Ffest-iniog—John Ellis Williams—yn creu hwyl gyda chanu concrid mor bell yn ôl â 1932.'

Yn awr, allan o'r math hwn o gefndir, oherwydd gorfodaeth yr amgylchfyd Cymreig, fe godod Ôl-foderniaeth—Saunders Lewis, Pennar Davies, Gwenallt, Waldo, Tecwyn Lloyd, Euros (i raddau helaeth), J. M. Edwards (yn ei waith aeddfetaf) a llu o rai eraill, heblaw amryw o lenorion eraill yn ein dyddiau ni. Yr oedd arbenigrwydd argyfwng ein gwlad yn peri iddynt ymateb i solips-iaeth ddirywiol a diymadferth Moderniaeth mewn modd creadigol.

Arhosodd o hyd, bid siŵr, y lledu diderfyn ar gylch y testunau, ffenomen a ddaeth o dan gesail Moderniaeth; a derbyniwyd rhai o'r nodweddion eraill yn achlysurol yn ôl yr angen—iaith lafar, cystrawennu afresymol, cysodi anarferol ar dudalen, rhythmau 'rhydd,' cyfosod delweddau'n wrthgyferbyniol neu ar siawns (*collage*), cynilo'r syniadaeth, cyfeiriadaeth, ac yn y blaen. Ond ar y cyfan, oherwydd grym ein hargyfwng cenedlaethol, darostyng-wyd y rhain i'r traddodiad.

Hyd yn oed yn *Syndod y Sêr,* Meirion Pennar, y mae amryw o'r caneuon yn well deunydd nag yr awgryma Mr. Meic Stephens, nac a awgryma'r bardd ei hun yn ei Ragair. Mi gredaf i fod 'Hydref ir', 'Haul a Burgyn', 'Concwest' ac 'Atgno' ac amryw byd o'r lleill yn dangos arwyddion Ôl-foderniaeth. Y peth tristaf ynglŷn â *Syndod y Sêr*—o fabwysiadu safbwynt yr awdur ei hun—yw'r Rhagair: bod bardd ifanc o Gymro yn gorfod aros tan 1968, nes ei fod yn 23 oed, cyn iddo daro wrth feirdd *Expressionismus* yr Al-maen, sef beirdd 1914-1925.

Eithr, na phryderer. Go brin fod cripian ar ôl pob mân 'arbrawf' gan brydyddion eilradd diweddar chwarter mor anturus a chwyl-droadol â darllen Dafydd ap Gwilym a Dante, Goethe a Dafydd Nanmor. Os bydd bardd cyn ei 23 oed wedi ymhél â'r clasuron, fe fydd wedi cael hyfforddiant digon cyffrous. Fe all fod yn gymorth i beidio â llyncu'n ddihalen bob math o theorïau diniwed wedyn.

Arwydd o anaeddfedrwydd yw bod ambell apêl hwyrfrydig yn dal i godi o blaid Moderniaeth, mewn gwlad sydd mor ferw ac mor rymus ei bywyd mewnol â Chymru. A ninnau heddiw ynghanol y fath wledd gyfoes—sut bynnag y dehonglwch y wledd fawr honno, yn waed neu'n win—diffyg sylweddoli realiti ein cyflwr cyfoes fyddai llygadu'r briwsionyn sydd wedi hen lwydo ar fwrdd ein cymydog. Rhaid iddo ef fodloni ar y briwsionyn, oher-wydd does ganddo fe ddim gwledd. Ond ni thâl theoreiddio arwynebol a dynwared trwsgl i ni.

Y rhan fwyaf arwynebol o iaith yw atalnodi, a'r agwedd fwyaf arwynebol ar farddoniaeth mewn llyfr yw ei chysodiad ar y tud-alen. Pan ganolbwyntir yn ormodol ar hynny gan y bardd ei hun neu gan y darllenydd, y duedd yw colli hanfod pob barddoniaeth.

Diolch fod trychineb y Gymru sydd ohoni yn medru cyfar-wyddo pob llenor aeddfed sydd gennym mai rhaid yw i lenydd-iaeth fod yn dragwyddol ôl-fodernaidd.

Gellid ystyried (yn ein hymgais i ddiffinio termau) ddwy

ffenomen sy'n gychwynnol ar wahân, ac eto sydd wedi dod ynghyd wedyn. Yn gyntaf, gellid defnyddio'r term 'Moderniaeth' am yr hyn sy'n newydd ac yn ddiweddar ac yn gyfoes. Gellid cyfeirio, felly, at yr ymestyn cwbl anochel ac angenrheidiol ar ffiniau celfyddyd, sy'n sicr o ymddangos i geidwadwr bob amser fel petai'n dryllio safonau neu hanfodion.

Ond yn ail, gellid defnyddio'r un term i ddynodi rhyw dueddiadau penodol mewn celfyddyd. Hynny yw, y mae'n derm technegol i ddisgrifio rhai datblygiadau gwrth-draddodiadol (nid anhraddodiadol) yn y ffordd ddiweddar o synied am lenyddiaeth. Ac yn hyn o beth, credaf ei bod yn tarddu yn y chwalfa mewn meddwl a gwerthoedd (sy'n ysbrydol), ac ynghlwm wrth ddogmâu relatifaidd a digyfeiriad y ddiwinyddiaeth ryddfrydol neu neo-ryddfrydol.

Pe rhoddem i Foderniaeth yr ystyr 'boblogaidd' gyntaf, fel petai, o fod yn gyfoes ac yn newydd sbon danlli, yn arbrofol ac ati, yna fe allem gytuno fod yna fatth o reidrwydd i bob llenor byw a chyflawn ei derbyn hi. Ond pe rhoddem iddi yr ail ystyr, yr ystyr dechnegol (a diwinyddol yn y bôn) o gynrychioli clwm o syniadau neu safbwynt ynghylch celfyddyd—safbwynt y gellid chwilio'i berfeddion ef—yna fe fyddai rhai ohonom yn mynnu ei phoeri hi o'r genau. A phan geisir priodi'r naill a'r llall fel petai'r briodas rhyngddynt yn anochel, yna fe geir creaduriaid anystywallt sy'n ceisio llunio'r math hwn o bennod i ddangos celwydd y briodas.

Y mae'r gwahaniaethu hwn, gredaf i, yn sylfaenol i ddeall y modd y llyncwyd diniweitiaid hygoelus. Gwelid, gyda'r math cyntaf o Foderniaeth nad oes bywyd llenyddol heb aflonyddwch na heb ansefydlogrwydd (o fewn sefydlogrwydd traddodiad, bid siŵr). Ond coelid gyda'r ail fath o Foderniaeth fod yn rhaid uniaethu hynny gydag arbrofi gwneud, gyda ffurfioli er mwyn ffurfioli, gydag ymystwytho ac ymryddhau di-gyfeiriad a di-ystyr. Tyfodd y gred fod newydd-deb o anghenraid ynghlwm wrth rai confensiynau allanol, wrth baraffernalia megis cysodi di-drefn ar dudalen, â chwarae â llythrennau ac atalnodau, tra oedd y gwasgaru cystrawennol a geirfaol yn adlewyrchu'r rhannau hynny o'r is-ymwybod (hynod ymwybodol) lle nad oedd rheolaeth na disgyblaeth.

Fe garwn yn awr, sefyll yn ôl fel petai, a bwrw golwg

gyffredinol dros Foderniaeth, a'i gosod o bosib mewn mymryn o gyd-destun hanesyddol. A dangos mai dogma athrawiaethol yw penderfynydd pob ffurf (neu ddiffyg ffurf) . . . Symleiddio neu beidio.

Symptom yw Moderniaeth lenyddol o ddatblygiad cyffredinol yn y gymdeithas ac yn y meddylfryd cyffredin; a chredaf, wrth ol-rhain ffurfiau llenyddol mewn hanes, na ellir eu hynysu a'u trafod hwy ar wahân i'r ysgogiadau ysbrydol sy'n esgor arnynt.

Rwy'n siŵr y gallasai traddodiadwr go iawn fynd yn ôl ym-hellach o lawer na Hegel. Ond yr oedd Gwenallt yn arfer dal—ac rwy'n siŵr ei fod yn ei le—mai dyfodiad Hegeliaeth drwy Lewis Edwards, i'r meddylfryd Cymraeg oedd un o ffactorau mwyaf arwyddocaol Moderniaeth i'n bywyd diweddar—boed yn llen-yddol, yn foesol-gymdeithasol, neu'n ddiwinyddol. Ac y mae dyfodiad y cyfosodiad (*synthesis*) fel pen draw pob ymchwil, gan ddilyn yr hen gamre cyfeillgar, gosodiad/gwrthosodiad/cyfos-odiad, yn un o'r dulliau a gafwyd i alltudio'r gwirionedd ang-hysurus bendant o'r meddwl cyfoes ac i dderbyn relatifiaeth yn 'uniongrededd' newydd. Heb anghyfleustra'r cyferbyniadau absoliwt da / drwg, gwir / celwydd, neu'n sylfaenol — bywyd / marwolaeth, fe gafwyd yr anrwymedigrwydd dogmatig sydd mor nodweddiadol o un math o ddyn modern. Yn sgîl y cyfosodiad hwn fe leddfwyd ar eithafiaeth y gred Gristnogol glasurol ym Mhenarglwyddiaeth Duw ac angen dyfnddwys dyn. Drylliwyd y fframwaith sy'n cynnal cyferbyniadau gwerthoedd. Yn sgîl y cyfosodiad hwn fe ddaeth yr abswrd a ffug gyfriniaeth, pornograffiaeth ddi-egwyddor a mewnddrychaeth swrealaidd i fyd llenyddiaeth; diffyg gwerthoedd absoliwt i foesoldeb, a bri ar anarchiaeth ac ar osgoi gwaith i mewn i'r meddylfryd cym-deithasol; ac eciwmeniaeth lobscowsaidd a seciwlariaeth neu anghrediniaeth 'Gristnogol' i fyd crefydd.

'Nid yw fy ngwir ond gau, a'm bywyd nid yw fyw.'

Gellid dilyn thema Hegeliaeth yn ddigon diymdrech, gredaf i, i bob un o'r cyfeiriadau hynny. Yn lle gwrthosodiad hanesyddol y Gristnogaeth glasurol, fe gafwyd rhagdybiaeth newydd a dull newydd o geisio cyrraedd gwirionedd. Gyda Kierkegaard yn fuan wedyn fe gafwyd cam pellach: yr ail gam mawr tuag at chwalfa. Llam fyddai'r gair iawn, mae'n debyg. Ac yr oedd yn ymwneud â'i agwedd ef at yr afreswm.[1]

Bu chwit-chwatrwydd digon amlwg ynglŷn â rheswm yn y cyfnod diweddar—y gogoneddu dwyfol arno ar un adeg, a'r difrio eithafol arno wedyn; ac yr oedd hyn yn fater sylfaenol grefyddol, a ddaeth â ffrwythau cwbl amlwg ym myd llenyddiaeth. Yn awr, y mae Rheswm bob amser wedi rhoi trafferth i grefyddwyr. Fe fyddai'r hen resymolwyr yn ceisio rhagdybied fod popeth ar gael o fewn amodau rheswm naturiol—hynny yw, o fewn gofod ac amser; a rhaid nad oedd dim safonau y tu hwnt i'r dimensiwn twt yna. Fe gafwyd rhywrai eraill ar y llaw arall a welai'r llygredd a'r balchder a oedd ar waith hyd yn oed o fewn rheswm, ac a gredai fod popeth o wir bwys yn sicr o fod o fewn y dimensiwn sydd yn uwch-resymol, sef y dimensiwn uwch-ddynol; ac felly, tybient y dylid dirmygu ac alltudio rheswm hyd yn oed pe ceisiai dyn (neu wedi i ddyn) ymostwng i'r rhagdybiaeth oruwchnaturiol gychwynnol.

Tyfodd y gred yn y cyfnod diweddar sy'n annatod gysylltiedig â'r ddeuoliaeth anffodus hon—y gred nad oes i ddyn ystyr na phwrpas. Ar ôl ysbaid o gredu mai dyn oedd popeth, aethpwyd i goelio (yr un mor ddi-dystiolaeth oddrychol) nad oedd dyn yn ddim. Neu fel y dywedodd T. Glynne Davies:

> 'Ond 'ddaw hi ddim felly,
> A phridd
> Yn y pen draw ulw fel yn y dechreuad yw . . .
> Pridd.'

Wrth gefnu ar Gristnogaeth hanesyddol, sydd, yn ei hanfod, yn wirionedd rhoddedig a gwrthrychol o'r tu allan, fe geisiwyd cynhyrchu neu ddarganfod "ffydd" o'r tu fewn. Dyma'r llam. Ac allan o'r ymgais yma, fe gafwyd anobaith ac *angst,* abswrdiaeth a'r 'profiad terfynol' y clywn gymaint amdanynt gan ddirfodwyr megis Sartre a Camus.

---

1. Trafodir y datblygiad hwn mewn cyfres o lyfrau pwysig gan Francis A. Schaeffer, sef *Escape from Reason,* IVF, 1968, *The God Who Is There,* Hodder and Stoughton, 1968, *He is There and He is not Silent,* Hodder and Stoughton, 1972, *Back to Freedom and Dignity,* Hodder and Stoughton, 1973, *Art and the Bible,* Hodder and Stoughton, 1973.

Nid oedd cysylltiad ystyrlawn rhwng y naturiol a'r goruwch-naturiol bellach, rhwng y goddrych a'r gwrthrych. Yr oedd cyffuriau Aldous Huxley a'i hobnobian gyda chyfriniaeth yn rhan gyfewin o'r ffenomen ddiwylliannol hon. Ac o'i dilyn hi i'w diwedd, fe sylweddolwn na allwn ei chyfathrebu, na ellir ei chyf-lwyno'n ystyrlawn i gyhoedd fyth. Yn ei phurdeb 'concrid' ac arch-atalnodol, nid yw'n llefaru hyd yn oed: medd Gareth Alban Davies—

'Hylo! Oes rhywun yma?
Ond nid atebodd neb.
Gorweddai gwacter yn deidi ar wacter,
cyfrinach ar gyfrinach,
llwch ar lwch.
Ni oedd y meistri newyddion, ffôl.'

Yn y cyd-destun hwn y mae'n rhaid ystyried yr anogaethau diweddar inni droi'n ôl at 'Foderniaeth', beirdd yr Expression-ismus, barddoniaeth goncrid a Swrealaeth. Y mae'r dat-blygiadau ffurfiol mewn llenyddiaeth, os nad ydynt o dan lywod-raeth disgyblaeth safonau diwinyddol iach, yn cael eu pender-fynu i raddau helaeth gan ddiwinyddiaeth ddirywiol: amhosibl yw gwahanu mynegiant ffurfiol llenorion oddi wrth eu credoau dyfnaf.

I'r rhain, y mae Cristnogaeth hanesyddol, ffeithiol, bersonol-wrthrychol wedi mynd. Y goddrych yw'r awdurdod. Glynir weithiau wrth y sentiment, yr 'ymdeimlad' o dduw-ddyn, Crist digynnwys; a chwelir y Crist hanesyddol—yn ogystal â'r gwerth-oedd absoliwt hanesyddol—sy'n un â'r ysgrythurau gwrth-rychol.

Eto—fel y dangoswyd eisoes—er ymddangosiadol ddyrchafu hiwmanistiaeth, pen draw anochel y dull hwn o weld dyn, yn rhyfedd iawn, oedd ei weld ef fel petai'n sbwriel, yn ddibwynt, ac yn sothach. Collodd ei urddas, yr urddas sy'n tarddu o'r ffaith fod ganddo bwrpas tragwyddol disymud.

'Asgwrn ac asgwrn, forwynig wen,
A chudyll a chigfran uwch dy ben.'

Cam cyntaf y broses oedd gwir wendid yr holl ddatblygiad hwn. Ciliodd y parodrwydd i dderbyn arweiniad o'r tu allan i ddyn, er na ellid colli'r gynneddf sylfaenol sydd ganddo i ym-wybod â'r goruwchnaturiol hwnnw. Rhyw fath o ddisgrifiad athrónyddol neu drefniad ar y dymuniad gorthrechol i gael prof-iadau afresymaidd oedd dirfodaeth seciwlaraidd: llwybr mwy uniongyrchol oedd y cyffur L.S.D. a'r lleill. Nid y cynnwys oedd yn bwysig bellach, eithr y weithred: Rwy'n cofio am Athro diwin-yddol gyda'r Hen Gorff yn dweud nad oedd dim ots ganddo os nad oedd yn sicr beth oedd Cristnogaeth: efallai, pe bai'n mynd allan i *ddewis* ac i *weithredu,* y byddai, yn y gwneud hwnnw, yn *dargan-fod* Cristnogaeth. Yr oedd hwn, druan, heb yn wybod iddo'i hun yn ddiau, yn adlewyrchu'r hyn a ddigwyddodd mewn celfyddyd hithau.

Nid oedd hyn oll yn anochel o gwbl wrth estyn tiriogaeth celfyddyd: gallai hi fyrlymu'n greadigol i mewn i'r traddodiad heb dderbyn y rhagdybiaethau ysbrydol sydd ynghudd mewn Moderniaeth dechnegol. Ond nid Moderniaeth yn yr ystyr o gyf-oesedd a ddewiswyd, eithr Moderniaeth yn yr ystyr ddiwin-yddol. Y methiant i wahaniaethu rhwng y ddwy ffenomen hyn sy'n peri nid yn unig i feirniaid ac artistiaid llai craff na'i gilydd lyncu pob ffasiwn diweddar, eithr hefyd yn y pen draw sy'n eu hatal hwy rhag bod yn wirioneddol greadigol ac adeiladol.

Meddai Hans Arp mewn un gerdd:

> 'y pen i waered
> y coesau i fyny
> syrth bendramwnwg i'r diwaelod
> y daeth ohono.'

Dyna ben draw methodoleg yr ail Foderniaeth—Dada, y chwarae siawns mewn geiriadur, taflu llythrennau i'r het, celf-yddyd yn syrthio bendramwnwg i'r diwaelod. Y mae'r diffyg deddfol sydd yng nghalon y fath gelfyddyd yn y bôn yn ddyledus i'r hollt mewn realiti, ac yn ymgais i wrthryfela'n erbyn rhaglun-iaeth awdurdodol. 'Adwaith' yn erbyn hyn, ar ryw olwg, yw'r Ôl-Foderniaeth a arddelwn i, yn ddigon anfedrus—ymgais newydd-hen i gydnabod undod celfyddyd naturiol a gwybodaeth oruwch-naturiol, undod gwirionedd gwyddonol, hanesyddol a chref-yddol.

Un o baradocsau Moderniaeth ddi-ddeddfau yw ei chyf-yngder. Y mae rhai o'n beirdd 'arbrofol' Cymraeg (sy'n 'arbrofi'

569

ambell waith mewn modd digon teg) yn cyrraedd yn fuan ffiniau'u harbrofion, heb wybod beth sydd wedyn, na pham y mae ffurf yn pallu. Buan y llwyddodd Jackson Pollock i ddihysbyddu'r posibiliadau o luchio paent ar siawns dros gynfasau; ac nid oedd ar ôl ond hunan-laddiad. Y paradocs gwrthwyneb mewn Cristnogaeth hanesyddol yw'r ymostwng, gyda dwylo gwag, i gaethiwed y gwirionedd,—a'r gwirionedd hwnnw'n diderfyn ymwneud ag Un sy'n bod ac yn fod: nid â'r syniad o Dduw nac â'r gair duw ychwaith, ond â'r Person, nid yn deimladol yn unig, ond yn gynhwysfawr—â'r Gwirionedd gwrthrychol oddrychol. Rhyfedd fod y fath ddiwinyddiaeth draddodiadol yn ymwneud â'r holl broses o farddoni heddiw ac yn sylfaenol allweddol i obaith llenyddiaeth yn y dyfodol. Ond felly y mae, i'r sawl a welo undod y greadigaeth.

Y mae llenyddiaeth bob amser yn ddehongliad o olwg ar realiti. Os yw'r olwg honno wedi dadfeilio, nid oes a'i hadfywia'n llawn ond ffynhonnell pob adfywiad.

Un o'r paentwyr cyntaf i dorri tyllau yn ei gynfas oedd Lucio Fontana. Fe'i torrodd ef yn agored â min ei ellyn, wedi digio'n erbyn ffaith ei gyfyngiadau'i hun, mewn moment o ing yn erbyn seiliau celfyddyd. Yr enw a roddodd ar y gwaith hwn o'r eiddo, a luniwyd yn 1964, oedd 'Diwedd Duw'.

Fe ddangosodd Saunders Lewis un tro, wrth drafod Cân Ioan Siencyn i'r Hebog, fod y ffaith fod gennym yng Nghymru draddodiad trwchus a dwfn, yn caniatáu i fardd bach gynhyrchu cerdd fawr. Yn yr un modd, fe allwn gydnabod mai cyfraniad arall gan y traddodiad Cymraeg (a hwnnw o gyfnod Garmon hyd at Lewis Edwards yn draddodiad Awstinaidd-Galfinaidd) ydyw sicrhau nad yw'r math cyntaf o foderniaeth, sef arbrofi cyfoes byw i mewn i'r traddodiad, yn ildio'n llwyr nac yn rhwydd o flaen yr ail Foderniaeth, y Foderniaeth dechnegol (a diwinyddol).

Rhan o waith beirniad llenyddol ydyw dadlennu fel y mae'r digwyddiadau ar lefel ffurfiol a'r datblygiadau cyfredol mewn cynnwys yn cyd-ddibynnu ar safonau ysbrydol dwfn. Gellir hefyd ddangos ei bod yn bosib o hyd adfer fframwaith ysbrydol a all iacháu celfyddyd.

Nid yn unig y mae'r traddodiad Awstinaidd-Galfinaidd yn wydn yng Nghymru, ac felly'n meddu medr mawr i orthrechu chwalfa y Foderniaeth dechnegol lenyddol (a diwinyddol); eithr hefyd y mae modd ei adnewyddu. Y mae modd clirio'r camddeall bwriadol, a meistroli'r trachwant i'w wrthod. Y mae modd hefyd sylweddoli ei fawredd a'i anrhydedd. Ac yn wir, credaf mai dyna'r fan hanesyddol a gyrhaeddwyd bellach,—pryd y mae'r rhagdybiaeth sy'n sylfaen i Foderniaeth ddiwinyddol ymhob ffurf arni yn ymddangos o'r diwedd yn anfoddhaol ac yn annigonol.

Diolch i'w ddyfnder, gellir o hyd, o fewn y traddodiad Cymraeg nerthol, esgor ar lenorion-mewn-oed sy'n gallu trafod pob arbrawf yn feirniadol, yn hytrach na suddo'n selog isradd odano. Daeth yn bryd, bellach inni fyfyrio'n fwy treiddgar beth yw rhuddin ysbrydol y traddodiad llenyddol hwnnw.

Amherthnasol ar y cyfan yw llawer o'r dadleuon ynghylch Moesoldeb mewn llenyddiaeth ddiweddar. Nid ydys yn wynebu gwir broblemau llenyddol anfoesoldeb; ac wrth erlid amharchusrwydd, y mae'r erotig yn tynnu'r sylw oddi wrth yr anffrwythlon.

I ambell hen sowldiwr crefyddol, bod yn ffariseaidd oedd ystyr bod yn Gristion: ymgynhyrfu oherwydd cyfeirio at serch mewn modd rhy fywiog, digio'n ulw o achos beiddgarwch rhyw air neu'i gilydd. I ambell filwr modern, bod yn haelfrydig braf tuag at y cyfryw faterion yw gweithredu'n Gristnogol. Ac yn y naill achos a'r llall, yr ydym yn colli'r hyn y bu ei wir angen arnom.

Ers blynyddoedd fe fu'r hen ragfarnau ffasiynol (megis hefyd ffasiynau pensaernïol a cherddorol ein capeli) yn graddol ymddatod. Pan ddaeth y Fonesig Chatterley i'r golwg, fe gawsant fywyd newydd am ryw bythefnos; ond wedyn, gyda'i hwyresau, dal i chwalu, malurio, a throi'n llwch a wnaethant. A thrwy'r cwbl, dim o'r meddwl Cristnogol, fel cleddyf. Dibynnwyd ar ddefodau cymdeithasol, a methwyd â thystiolaethu dros yr hyn sydd y tu ôl a'r tu hwnt i bob cymdeithas.

Oherwydd, y mae yna farn Gristnogol ar hyn fel ar bopeth arall. Nid yw hynny, hyd yn oed, y tu hwnt i deyrnas ei phenarglwyddiaeth. Gallwn ddeall y beirniaid Anghristnogol yng Nghymru yn osgoi'r cwestiwn; ond i feirniaid Cristnogol nid oes esgus dros gadw'n dawel. Llais defodaeth, a dim mwy, yw'r sensor, ac y mae sarhad ar bersonau (megis y Frenhines ar hyn o bryd) yn bwysicach yn ei olwg na bod yn Anghristnogol. Disgwylir i feirniad o Gristion, sut bynnag, drechu defodaeth gymdeithasol, a ffurfio'i feddwl o gwmpas un pwynt cyson, codi uwchlaw sensor—hyd yn oed *yn erbyn* sensor os oes rhaid, gydag un sylfaen ac un fframwaith.

Gwaeth nag anfoesoldeb, go ddiniwed ambell dro, y nofelau cyfoes yw methiant truenus y Cristnogion i ffurfio barn gyflawn am lenyddiaeth a bron pob mater arall yn y byd modern. Gwaeth na phenryddid yr agwedd at ryw yw'r balchder defodol mewn parchusrwydd a fynegir o hyd ym mharlwr ambell gapelwr.

Fe ddaliwn i'n barod fod nofel Lawrence am y Fonesig Chatterley (fel y rhan fwyaf o lên gyfoes) yn Anghristnogol, ac yn wir yn wrth-Gristnogol—a cheisiaf brofi hynny—ond daliwn yr un pryd ei bod yn llai gwenwynllyd i achos Crist na'r rhagrith a gynhyrcha'r gwrthwynebiad gwag tuag ati.

Dechreuwn gyda'r gair bach anghynanadwy enwog gan fod hwnnw wedi achosi tipyn o ffws. Yn awr, nid camddefnyddio enw'r Arglwydd sy dan sylw; nid dweud Iesu, Crist neu Dduw yn gableddus neu'n ddi-barch, nid dyna achos y cyffro. Yn wir, mae Cristnogion yn caniatáu i'r cyfryw gamddefnydd lifo o'r Wasg yn feunyddiol heb godi aeliau hyd yn oed. Cymrodeddwyd ar hynny bellach. Nid protestio yr ydys chwaith fod y gair yn cael ei ddefnyddio yn erbyn rhyw ddogma Cristnogol, fod yma elyn marwol i'n diwinyddiaeth. Onid yw'r Wasg rad yn llawn o elyniaeth tuag atom? Oni chyhoeddir llyfrau'n rheolaidd sy'n cydnabod yn agored mai eu pwrpas yw ein tynnu ni'n rhacs? Gawn ni fod yn gwbl glir ar hyn: dyw defnyddio'r gair bach anghynanadwy ddim yn treisio dim gwir bwysig. A gallwn, hyd yn oed fel Cristnogion, gydnabod fod bwriad Lawrence wrth ei ddefnyddio—beth bynnag am ei lwyddiant—wedi bod yn fwriad moesol. Mae'r rhan fwyaf o'r brotest yn erbyn y gair bach yn brotest ddefodol, dyna i gyd. Ac os gadawn ein beirniadaeth ar y lefel yna, yr ydym yn methu yn ein dyletswydd Gristnogol, yr ydym yn peidio—o hyd—â ffurfio barn iach ar nofel fel hon.

Yr ail bwynt a godir yw godineb. Mae'r nofel hon yn darlunio serch gwraig briod tuag at ŵr arall fel rhywbeth da a phrydferth. Ac yn erbyn hyn y protestiwn.

A ydym yn onest? Holwn ein hunain. A ydym yn y bôn yn anesmwyth ynghylch y disgrifiadau rhywiol erotig ond yn coelio fod ein protest yn erbyn godineb, fel y cyfryw, yn fwy diogel? A deimlwn ein dadl yn wan yn erbyn lliwiogrwydd cyfathrachau rhywiol, ond yn gryf yn erbyn godineb? Ac felly, er mai'r cyntaf yw nod ein gwrthwynebiad, yr ail sy'n ei chael hi gennym. Os felly, yr ydym yn anonest o hyd, ac yn methu â llunio barn Gristnogol.

Cymerwn ein bod yn onest, yn gwbl bur yn ein beirniadaeth. Godineb yw'n gelyn. Wel, pam yn enw rheswm nad ydym wedi protestio'n ffyrnig yn erbyn yr un peth gyda Dafydd ap Gwilym, a hwnnw, druan ohono, yn destun astudiaeth arbennig yn ein colegau? Yr oedd llawer o feirdd yn ei gyfnod ef yn credu mai'r tu allan i'r cwlwm priodasol yn unig yr oedd serch go iawn yn bosibl. Dichon fod Dafydd yn cytuno â'r farn honno.

Nac ydym, nid ydym yn onest, yn gyson onest, os ydym yn dewis nofel y Fonesig Chatterley i'w beirniadu ar y pen hwn ac yn esgeuluso popeth arall o'r un hil. Yn wir, nid testun da i'w feirniadu yw Chatterley, os dyna yw'n bwriad, gan mor rhwydd yw camddeall nod ein beirniadaeth: am fod y nofel yn cynnwys cymaint o bethau eraill a all ein cynhyrfu, mae dewis hon fel canolbwynt ein protest yn erbyn godineb yn dacteg amwys ac aneffeithiol.

Label negyddol yw godineb. Er bod Lawrence, yntau, yn pregethu'n *erbyn* ffordd arbennig o fyw, llwydda ef i roi argraff eithaf cadarnhaol yn ei nofel. Protest bositif ac adeiladol yw ei eiddo ef. Ac os ydym am gwyno ynghylch Chatterley a'i safonau serch—ar lefel athrawiaethol gan iddi gael ei bwriadu felly i raddau—yna teg i ninnau fod yr un mor gadarnhaol hefyd. Mae rhyw yn destun pwysig yn yr ugeinfed ganrif. Gawn ninnau, sy'n Gristnogion, wrth daranu uwchben y peth, ofalu nad ydym yn ddinistriol yn unig yn ein sylwadau. Os felly, bradwyr ydym i'n galwedigaeth.

Mae'n destun anodd. Mae'n destun y mae hi mor rhwydd gwneud caff gwag wrth ei drafod. Ond wrth gwrs, ni allwn ei osgoi; ac y mae awgrymu y byddai gochelyd yn beth dymunol yn ffolineb o'r mwyaf.

I rai, y pwyslais a roddir ar ryw yw'r hyn sy'n eu poeni. Mae'r oes hon, meddan nhw, wedi meddwi ar y pwnc. Dyna'r hyn a geir ymhob papur newydd, ar bob hysbyseb, ar y teledu, ac yn y blaen. Maint y peth yw'r boen: byddai ychydig yn burion, ond ni roir llonydd i ni. Ac mae'r gŵyn yn gywir, er ei bod yn bur arwynebol. Wrth gymharu canu'r werin heddiw â chanu'r werin ganrif yn ôl, fe welwn fel y mae'r testunau wedi ymgyfyngu ac wedi ymdlodi. Collwyd cydbwysedd pechod hyd yn oed: aethom yn dra arbenigol bellach.

Eto, nid dyma'r diffyg sylfaenol. A chyn trafod hwnnw, hoffwn, heb gyfaddawdu'r un gronyn, ddweud un peth o blaid Lawrence a all ymddangos yn amhiwritanaidd, os oes ots am hynny. Un o gampau Lawrence yw ei fod yn llwyddo i ddarlunio'n hynod o fyw brydferthwch rhyw: anesmwythyd a mwynhad serch rhywiol, dyma destunau sydd wrth ei fodd a lle y mae ei fynegiant yn goeth ac yn ffrwythlon. A dywedaf y peth gyda'r parch mwyaf, gallai rhywun ddadlau'n ystyrlon fod Duw'n defnyddio gwaith fel hyn i'w bwrpas ei hun. Fe wyddom fod llawer o barau priod sy'n cael anawsterau rhywiol, lle y mae cymhlethdodau defod a ffasiwn yn peri rhwystrau o bob math. Nid yw'n amhosib y gall Lawrence gynnig cymorth yn y cyfryw achosion, gan ei fod yn sefyll o blaid bywyd, o ran cynnwys ac o ran arddull. Heblaw hynny, mae rhai Cristnogion wedi dal—ac mi gredaf eu bod yn iawn—fod serch rhywiol sy'n llawn cynghanedd, hynny yw, sy'n *rhoi'r* hunan, yn brofiad sy'n adlewyrchu, yn well na dim ar y lefel naturiol, yr alwad i addoli ac i wasanaethu'r tragwyddol ei hun. Mae undeb gŵr a gwraig wedi bod yn gyffelybiaeth deg i undeb Duw a dynoliaeth. Wrth ymbalfalu tuag at gariad cyflawn, y mae deuddyn yn medru hiraethu'n gywir am anfarwoldeb. Llwybr yw hwn sy'n llawn peryglon, ac nis gwadaf o gwbl. Heb nodi'n benodol beth yn union yw'r peryglon, serch hynny, fe adawn ni'r llwybr o dan haenen o niwl.

Mae Lawrence yn gynrychiolydd i'r traddodiad mwyaf poblogaidd ym meddwl cymdeithasol Ewrob ers dwy ganrif, traddodiad Rousseau, traddodiad rhyddid dilyffethair (neu os oes llyffetheiriau, fe benderfynir y rheini mewn modd pragmatig), y traddodiad sy'n gweld 'y plentyn yn y canol' ym myd addysg, gyda chwarae a dawnsio a gwadu'r pechod gwreiddiol. Dyma'r dull cyffredin o feddwl, bellach: a dim ond gras ataliol ar ffurf pragmatiaeth sy'n ei atal rhag mynd dros ben llestri—yn sicr, nid unrhyw wrthwynebiad cadarnhaol Cristnogol. Collwyd y syniad Cristnogol am ryddid, sy'n rhyddid mewn caethiwed a chaethiwed mewn rhyddid, sy'n ennill popeth wrth roi popeth: disgyblaeth teulu Duw. Ac o ganlyniad, fe geir tuedd i edrych ar undeb gŵr a gwraig fel diben ac nid fel cyfrwng, ac ni chodir i weld gogoniant y nef sy'n gallu dilladu pob peth dynol. Addolir yr hyn sy mewn amser, ac ni welir y chwant a'r weledigaeth fel peth sy'n ymestyn y tu hwnt.

Ond mae'r rhai ifainc, sy'n gweld angerdd a dyfnder rhyw, yn gywir yn eu gwelediad, yn llawer mwy iawn na'r Ffariseaid sy'n troi eu cefn. Peth dwfn a difrifol ydyw, ac mae hyd yn oed y duedd (fenywaidd, meddan nhw) i ddelfrydu ac i dragwyddoli rhyw—tuedd a ddaeth o dan lach Saunders Lewis yn ogystal â Lawrence—yn tarddu o brofiad anymwybodol efallai sy'n rhan o'r ymdrech iach i ddwyn y ddaear a'i phethau oll i feddiant yr ysbrydol.

Nid ceisio dweud yr wyf fod rhywbeth i'w ddadlau o blaid y naill ochr a'r llall. Nid oes dim cyfaddawd. Dweud yr wyf fod yn-rhaid i gapelwyr yr oes a fu drechu eu rhagfarnau cymdeithasol Ffarise-aidd, er mwyn meddwl yn glir Gristnogol heddiw: dweud yr wyf fod yn rhaid i weddillion ifainc yr eglwys weledig drechu tuedd yr oes hon at 'oddefgarwch' ac 'eangfrydedd,' a dechrau meddwl yn glir Gristnogol nawr. Nid addoli'n Gristnogol yn unig, ac nid ym-ddwyn yn foesol yn unig; ond *meddwl* am bob peth o gwmpas un pwynt.

Peth od yw hynny, peth tra anarferol y dwthwn hwn. Wrth drafod gwleidyddiaeth neu lenyddiaeth neu addysg, mae'r byd seciwlar eisoes wedi datblygu modd cydnabyddedig o ddadlau, ac ar y tir hwn, yn ôl y fframwaith hwn y bydd Cristnogion yn ym-fodloni ar ymresymu. Yr ydym yn peidio â siarad yn rhy uchel am Benarglwyddiaeth Crist: mewn pwyllgor byddai'n ddi-chwaeth. Actiwn fel paganiaid moesol ymhobman, a "Christnogion" yng nghromfachau'n capeli.

Dyma f'awgrym—fod y gweinidogion (neu'r llyfrgellwyr neu'r cyhoeddwyr) Ffariseaidd, yn lle ymosod ar ambell gynnyrch llen-yddol rhywgarol, yn gweithio gorff ac enaid i adeiladu meddwl Cristnogol cyflawn am lenyddiaeth. Os ydynt yn hiraethu am brotestio, yna ymosoder ar ein gwacter ein hun yn yr achos yma. Ar ôl adeiladu fframwaith o feddwl fel yna—ac nid cyn hynny—y bydd modd dwyn barn yn glir ac yn ddigamsyniol ynghylch ambell grwydryn achlysurol. Mae'n hen bryd i ni siarad am Dduw a llenyddiaeth fel cyfuniad cwbl anochel a pharhaol; ac ymhen hir a hwyr, fe wêl y byd seciwlar nad pregethu'r ydym, ac nid siarad yn 'barchus,' neu dorri cyt moesegol ychwaith, ond defn-yddio'r unig offeryn sy gennym ar gyfer pwyso a mesur, dadan-soddi a gwerthfawrogi.

Crybwyllais gynnau y Fonesig Chatterley a'i hwyresau Cym-raeg. Mae'n amlwg bellach nad hwy sy'n fy mlino: nid y ddadl yn

575

eu herbyn nac o'u plaid. Nid maswedd na Ffariseaeth. Yr hyn sy'n boen yw ein beirniadaeth gymdeithasol a llenyddol ddi-Grist. Dechreuwn yn y fan yna. Cred y beirniaid llenyddol seciwlar mai dim ond yn ôl termau seciwlar y mae modd beirniadu llên, dim ond yn ôl termau 'naturiol,' daearol, y dylid meddwl am estheteg. Cyn brysio i ddweud 'druan ohonynt,' cofiwn mai nyni sy'n gyfrifol na welsant ond y ffordd honno mewn beirniadaeth lenyddol. Wynebwn y chwyldro hwn ein hun yn gyntaf.

Rhan o'r ddefod o gydymffurfio â'r oes "oddefgar" hon yw'r duedd gyffredin, yn arbennig mewn storïau Cymraeg yn chwe-degau a saith-degau'r ganrif hon (wyresau *Lady Chatterley's Lover*) ac mewn cylchgronau megis *Lol,* i ddarlunio cyfathrach rywiol, noethni corff, llosgach, godineb, a phuteiniaid a phethau; ac nid yw ond yn briodol mai'r Gweinidog yw'r arwr *par excellence,* yn fynych (megis yn *Ienctid yw 'Mhechod,* John Rowlands), ynghanol y confensiynau hyn. Ym mryd rhai protest-wyr egwyddorol, dyma'r unig ymosodiad o bwys ar safonau Cristnogol y mae'n wiw inni ymarfogi yn ei erbyn. O du'r cydym-ffurfwyr "goddefgar", ar y llaw arall, fe ddaw amddiffyniadau go naïf cyfatebol ynghylch rhyddid ac eangfrydedd, moderniaeth a beiddgarwch, amddiffyniadau mor naïf bob dim â'r ymosod-iadau llipa gan barchedigion hen-ffasiwn. Gan y naill ochr a'r llall canolbwyntir sylw ar arwynebolion. Drwg mwyaf yr amddiffynwyr a'r ymosodwyr fel ei gilydd yw iddynt anneallus orbwysleisio un agwedd ar holl fodolaeth dyn (yr un sydd o dan eu trwyn) a dibrisio'r ystyr gadarnhaol a'r ystyr negyddol sydd yn treiddio drwy'i holl fywyd, a chan anghofio'r dibenion llawn yn ogystal â'r cyfryngau pwysicaf.

Gwiw y beirniadodd Wayne Booth[2] gredo Zola mai 'Gweith-red dda yw brawddeg a luniwyd yn gelfydd,' oherwydd yn ôl yr un ddadl gellid cyfiawnhau bomiau atomig da neu siamberi nwy effeithiol a thaclus. Nid digon yw i feirniad llenyddol fodloni ar gyd-berthynas fewnol yr elfennau arddullegol a chyn-arddull-egol mewn llenyddwaith, heb hidio am y berthynas rhyngddi a threfnusrwydd y bydysawd a heb falio am gyfrifoldeb dyn i'w gyd-ddyn ac i'w Grëwr.

Diau, bid siŵr, fod o fewn cylch llenyddiaeth, ei gwerthoedd

---

2. *The Rhetoric of Fiction,* University of Chicago Press, 1961, 388.

mewnol a phriod ei hun. Eithr rhaid gwarchod rhag cymysgu ei "hunanlywodraeth" ffederal o fewn patrwm cyfan y bydysawd aġ "annibyniaeth" ramantaidd sy'n tarddu o safbwynt diwinyddol Pelagaidd gau. Mor rhwydd y gellir camu o'r naill safle, sy'n iach, i'r safle arall, sy'n gwbl afiach. Meddai Baudelaire,[3] 'Ni all barddoniaeth, ar beryg marw. neu ddiorseddiad, gael ei llyncu gan wyddoniaeth neu foesoldeb; nid gwirionedd yw ei wrthrych, eithr yn unig hi ei hun.' Yn rhan gyntaf ei ddatganiad, y mae'n gosod egwyddor ddigon diogel, sef hunan-lywodraeth y sfferau. Ond yn y gynffon, ysywaeth, y mae'n methu â chanfod darostyngiad yr holl sfferau i absoliwt sy'n fwy ac i gydberthynas organaidd â bywyd yn ei amlochredd.

Nid amherthnasol wrth brisio llenyddiaeth yw holi'r cwestiwn a yw'n ddiraddiol neu beidio. Ni ellir disgwyl adfer y safonau moesol mewn llenyddiaeth heb ymwared â'r ddiwinyddiaeth ddiraddiol honno sydd wedi goddiweddyd meddwl Cymru'n weddol gyffredinol. Weithiau fe geir gweinidogion go bropor yn protestio ynghylch anwedduster llenyddwaith ar seiliau defodol rhyw safonau goddrychol o foesoldeb sy'n hollol chwiwiol, a'r un pryd hwynt-hwy yn anad neb sy'n gyfrifol am ddifa'r credoau gwrthrychol mewn barn a damnedigaeth sy'n hanfodol i adeiladwaith y moesoldeb y cymerent arnynt eu bod yn ei amddiffyn. Hwy, efallai, yw prif awduron a hyrwyddwyr y nihilistiaeth hollgynhwysol yn y ganrif hon nad yw'r tipyn anwedduster puteingar ond yn is-gynnyrch digon isradd ohoni.

Dylid, mi gredaf i, geisio holi tri chwestiwn ynghylch celfyddyd pryd bynnag y codir perthynas moesoldeb a llenyddiaeth:
1. A yw'r gyd-berthynas fewnol yn dda? Hynny yw, a yw'r dadansoddiad technegol o holl elfennau'r llenyddwaith cyfan yn cael ei foddhau?
2. A yw'r gyd-berthynas allanol yn dda? Hynny yw, a yw'r cydymateb rhwng y llenyddwaith a'r bydysawd yn unol â safonau, nid seciwlar "niwtral" ond Cristnogol, ffrwythlon, cadarnhaol?
3. A yw'r athrawiaeth o ddiben sy'n treiddio drwy blethwaith ffurf ac ystyr pob celfyddydwaith yn negyddu bodolaeth Celfyddyd ei hun yn y pen draw?

Wrth ateb y naill gwestiwn ar ôl y llall,—ac y mae'r ail yn

---

3. *Oeuvres Complètes,* gol. J. Crepet, Paris, 1925, III 157-60.

seinio'n gras ac yn chwyldroadol i'r seciwlarwr 'niwtral'—nid gweithio yn ôl sgrecheiriau pietistig symlaidd yr ydys, eithr gweithio oddi ar feddwl Cristnogol cyflawn sy'n cynnwys llawer iawn mwy na pharchusrwydd, ac yn gosod y llenyddwaith unigol o fewn fframwaith cyflawn a gwrthrychol bywyd.

Yn ei gyfrol *The Stubborn Structure* y mae Northrop Frye[4] yn dadlau mai'r weledigaeth eironig yw'r hyn sydd drechaf yn ein dyddiau ni, a'i nodweddion yw ing, ffieidd-dra a diffyg synnwyr. Fel y mae'r gwyddonydd (a dyn ei hun yn ei hanfod) yn medru ymwahanu oddi wrth yr amgylchfyd er mwyn sylwi arno, hynny yw yn medru dod yn oddrych ar wahân i'r gwrthrych, felly y mae'r weledigaeth eironig yn ymwahanu ymhellach oddi wrth ei thestun gan sylweddoli fod ynghanol y berthynas goddrych-gwrthrych ryw fath o alltudiaeth, unigedd a diffyg ystyr.

Yn ein dyddiau ni y myth eironig hwn a sefydlwyd yn llywodraethol, a hoff gan y llenor drafod y sefyllfa ddynol fel pe bai hi'n allanol iddo. Dyna pam y mae'n ei gweld hi wedi'i mecaneiddio, yn rhwystredig, ac yn hurt. 'Mewn llenyddiaeth y mae eironi,' medd Frye, 'yn fyth soffistigedig, a'r ffordd orau o'i ddeall ef yw fel parodi neu rwystriad ar y mythau rhamantaidd a digrif mwy cyntefig lle y câi ymgyrch ei gyflawni'n llwyddiannus.'

Oherwydd ei fod yn fodd i chwyddo'r ego yn uwchraddol ac i ddwyfoli safle'r llenor wyneb yn wyneb â'i gyd-ddyn, yr oedd y modd eironig hwn yn gydnaws â chyflwr diwinyddol ein cyfnod. Un o bleidwyr mawr y ffasiwn eironig hwn yng Nghymru yw Mr. Dafydd Glyn Jones[5] a ddywedodd: 'Wrth sôn am eironi, yr ydym ynglŷn â'r peth pwysicaf, ond odid, mewn unrhyw waith o gelfyddyd, boed ddrama, nofel, stori fer neu hyd yn oed gerdd.'

Yn ddiweddar, serch hynny, gwelwyd dechreuadau amheuon, hyd yn oed yn Lloegr,[6] ynghylch digonolrwydd y modd eironig hwn i arwain y gweithgarwch llenyddol. Gwelwyd nad yw'n golygu ond un symudiad deallol negyddol, a all fod yn effeithiol o fewn cyfyngiadau neilltuol, ond nad yw'n mynd yn ddigon pell

4. *The Stubborn Structure,* Northrop Frye, Methuen & Co., London, 1970, 34-5, 53.

5. *Barn* 138 (1974), 280.

6. e.e. Ian Watt, yn *Literary English Since Shakespeare,* George Watson, OUP, 1970, 379; *The Ironic Harvest,* Geoffrey Thurley, Edward Arnold, 1974.

yng nghwmpas y profiad llenyddol cyflawn. Yn y bôn, y mae'r weithred o orddyrchafu'r modd eironig yn syrthio am resymau diwinyddol.

Ni ddylai ein synnu fod, ochr yn ochr ag eironi, elfennau mewn Moderniaeth sy'n tarddu o ffynhonnell hollol wrthwynebol. Yn wir, yr unig fodd i ganfod cysylltiad yr amryfal elfennau cyd-wrthddywedol oll yw ar seiliau diwinyddol-lenyddol.

Ymrwymedigrwydd yw un ymagwedd wrthwynebol a fu'n ddigon amlwg yn ystod y ganrif hon, hyd yn oed ymrwymedigrwydd dirfodol a llwyr; ac ar y cyfan, fe ellid dweud mai iach mewn llenyddiaeth fyddai i'r elfen gadarnhaol honno a geir mewn ymrwymedigrwydd fod yn drech ac yn uwchradd o'i chymharu â'r elfen negyddol ac ymwahanol a geir mewn eironi.

Nid ffenomen gymdeithasol yn unig yw ymrwymedigrwydd. Math isradd hynod o ddylanwadol yn Ffrainc o ymrwymedigrwydd personol yw Swrealaeth. Y mae'n groes i eironi am ei bod yn groes i'r osgo deallol ac yn ymdaflu'n ddilywodraeth i'r ymwybod. Y mae'n wrthwyddonol o ran techneg ac awyrgylch am ei bod yn pleidio awtomatiaeth seicig. Un o nodweddion mwyaf ffasiynol Moderniaeth oedd y pwyslais hwn a roddodd ar yr isymwybod, gan awgrymu mai dyma'r rhan gyntefig. Ymrwymwyd hwn yn anarchiaeth yr id. Dyma'r lle, medden nhw, yr oedd teimlad yn trechu syniad, a greddf yn trechu amcan, ac egni'n trechu rheswm. Dyma'r grym celfyddydol gwreiddiol, medden nhw.

O'r gorau. Ond o'm rhan i, y darganfyddiad ôl-fodernaidd pwysicaf yw darganfod trefn ryfeddol yr is-ymwybod hwnnw gan Gustave Guillaume, y modd y mae'r is-ymwybod wedi dosrannu realiti'n gyferbyniadau ysmudol, yn sythwelediadau drefnus, ac wedi dadansoddi gwaelodion yr iaith—y gwaelodion cynfeddyliol—yn adeileddau hylaw. Y drefn hon yw trefn celfyddyd. Ni all neb sy wedi myfyrio ar adeiladwaith dyfnaf yr iaith, yr adeiladwaith cymen na feddylir yn ei gylch ond a gymerir yn ganiataol ar gyfer pob mynegiant, ni all y sawl sy wedi craffu'n ymwybodol ar y patrymau anymwybodol hyn—patrymau gorfodol realiti—lai na chydnabod mai dyma berthynas ddeddfol, weddol agos i'r hyn sy'n ysgogi celfyddyd. Dyma ffurf yn ei heithaf glân; ffurf yn ei hwy.

Seiliwyd Swrealaeth ar fyth anghywir, ar fecanwaith meddwl

heb na threfn na phwrpas. Fe'i seiliwyd hi ar yr un ddiwinydd-iaeth â Dadaistiaeth, sef diwinyddiaeth a ystyriai farddoniaeth wirioneddol yn gynnyrch damwain, yn ddi-fwriad, a'i holl gysyllt-iadau'n nihilistaidd newydd. Gwir, wrth gwrs, fod barddoniaeth ynghlwm wrth sythwelediad anymwybodol ac yn hanfodol ddigymell; ond y mae ei chnewyllyn wedi'i drefnu o gwmpas ystyr a'i theimlad wedi'i adeiladu o gwmpas pwrpas.

Ar y cyfan, fe wrthodwyd Swrealaeth yng Nghymru, ar wahân i ambell rithyn yng ngwaith Rhydwen, Pennar, T. Glynne Davies a Gareth Alban Davies. Fe'i gwrthodwyd fel y gwrthodwyd y gor-ddefnydd hermetig o gyfeiriadaeth, neu'r gorymwybod o siâp cysodiad ar dudalen. Fe dderbyniwyd ar y llaw arall elfennau eraill mewn Moderniaeth: vers libre, symbolaeth, defnydd hel-aethach o baradocs, ymrwymedigrwydd cymdeithasol, eironi, amwysedd, her diwydiannaeth ac i raddau her trefolrwydd, cymhlethrwydd, dylanwad seicoleg ar storïau a nofelau, ac yn anad dim y gorymwybod cynyddol o feirniadaeth lenyddol. Ond yr oedd y chwalfa iaith a ddaeth yn sgîl dadaistiaeth, swrealaeth a barddoniaeth goncrid mewn cynifer o wledydd yn reddfol wrthun o hyd yng Nghymru er gwaetha'r ddirywiaeth ddiwin-yddol.

Y mae'r gair Moderniaeth yn lled-awgrymu presenoldeb ysfa anghymedrol yn y ganrif hon am newydd-deb, ysfa a oedd yn tarddu i raddau mewn anaeddfedrwydd oherwydd bod y dyn modern yn colli'i wreiddiau, yn colli traddodiad a chymdeithas, yn colli cyfrifoldeb lleol a dylanwad agos ar batrwm ei fywyd beunyddiol. Tyfodd ymhlith llenorion yr hiraeth gormesol am fod yn newydd bob munud. Oherwydd ansicrwydd neu israddoldeb ynghylch traddodiad, fe fynnwyd taflu'r traddodiad hwnnw'n fwriadus, a charlamu ar ôl rhyw Americanwr gweddol ddiweddar, copïo llenor eilradd o Ffrainc, ac efelychu'r estron mwyaf eithafol rywsut rywfodd am nad oeddid yn meddiannu'r brodorol yn hyderus.

Eithr nid digonol a chyflawn yw esboniad cymdeithasol o'r math yna gan fod siâp y newydd-deb modernaidd hwn yn dad-lennu athrawiaeth arferol y llenorion diweddar hyn ynghylch y byd: y mae cyfeiriad y ffurfwaith yn eu bryd hwy'n rhy ddefodol o gyson inni anwybyddu rheswm arall dros eu dullweddau, rheswm sy'n ddyfnach o lawer na'r cymdeithasol.

Mynegi ystyr realiti yw amcan eithaf eu celfyddyd hwy, ac i'r llenor modernaidd y mae etifeddiaeth, magwraeth ac amgylch-fyd fel ei gilydd yn ei wthio ef i adeiladu ystyr y realiti hwnnw heb Dduw. Nid estron i draddodiad yn unig mohono: y mae'n estron i'w gyd-ddyn, yn estron i'r bydysawd, ac yn estron iddo'i hun; yn syml am ei fod yn estron i Dduw. Nid sothach chwerthinllyd na pheth i'w ddirmygu mo'r gelfyddyd fodernaidd hon a gynhyrcha ef, felly, eithr ymgais ddifrif y dyn modern i ddod o hyd i ystyr neu ddelwedd mewn bywyd, wrth fod yr hen drefn yn chwalu. Ond y mae'r dullweddau a fabwysiada ef ar gyfer mynegi'r ymagwedd honno yn cael eu penderfynu gan ffurf ei athrawiaeth, sy'n mynd yn ôl o leiaf at hiwmanistiaeth wyddonol y ddeunawfed ganrif. Cymerer, er enghraifft, y wedd gyntefigaidd sy'n hen ystrydeb a fasnachwyd yn bur helaeth bellach ac a wthir mor rymus gan y cyfryngau torfol cyfoes. Y mae ei darddiad datblygiadol yn eglur, a tharddiad diwinyddol sydd iddo:

A. *Hiwmanistiaeth wyddonol*: → B. *Cyntefigiaeth fodernaidd:*
mecaneiddio a dad-ddyneiddio'r paganiaeth newydd, Gaugin, cyffuriau,
person; anifeileiddio dyn. jazz, blues, cerddoriaeth beat,
pop a chelfyddyd bop/crefftau
gwledig yn cael eu hadfer,
celfyddyd plant (Rousseau).

Llefaru y mae'r llenor modernaidd o hyd fel bod crefyddol, ac y mae'r gyntefigiaeth gyfoes (fel y gwacter ystyr cyfoes) yn rhan o'i wrthryfel ysbrydol anochel yn erbyn trefn roddedig a gwrth-rychol y cread, yn fodd iddo wrthod awdurdod ysbrydol o'r tu allan i'r hunan, yn esgus i resymoli hunan-ganolrwydd diddis-gyblaeth ac i wadu ymhob rhyw ddull y posibilrwydd o ddatguddiad nad yw o dan ei reolaeth ef ei hun.

Y mae hyn oll yn ein harwain i ystyried nad yw'r iaith sydd mewn llenyddiaeth ddim yn annibynnol ar y gwrthrychau a gynrychiolir ganddi. Ni all safonau llenyddol ymdopi *in vacuo* ar wahân i safonau'r realiti sy'n amgylchfyd iddynt, y realiti y cais llenyddiaeth ei ddehongli a'i fynegi. Y mae'r ystyr sydd o fewn llenyddiaeth ynghlwm wrth y gwirionedd sydd y tu allan iddi. Myth gau yw bod llenyddiaeth yn ynys, ei bod yn hunan-gynhaliol ac yn gyfan gwbl ar wahân i bob ystyriaeth arall. A ffolineb fyddai ceisio mapio cwmpaswaith dihysbyddol ar gyfer beirniadaeth lenyddol sy'n hunan-ddigonol ac na rydd sylw i werthoedd nac i batrymau bywydol sy'n gyn-lenyddol ac yn all-lenyddol. Ein gorchwyl olaf pan ddown at 'Y Clo' ymhen hir a hwyr, felly, fydd ceisio awgrymu'n gynnil aruthr beth yw'r berthynas lawn rhwng yr holl agweddau gwahanol sy'n cyd-adeiladu teyrnas llenyddiaeth a beirniadaeth lenyddol, a datgan yn groyw—er mor amhoblogaidd fo—na ellir anwybyddu ystyriaethau diwinyddol, eithr yn hytrach mai'r rheina yn y pen draw sy'n ffurfiol benderfyniadol ac yn rwndwal adeileddol i holl ffurfiau a deunydd llenyddiaeth.

Yn ôl yr Upanishad, gofynnodd y brahman i Bhava esbonio iddo sail y bydysawd. Arhosodd Bhava yn ddistaw. Gofynnwyd iddo eilwaith, ac yna'r drydedd waith; ac yna, dywedodd Bhava: 'Rwy'n ei ddysgu i ti, ond dwyt ti ddim yn deall; distaw yw'r âtman'.

Yr atman, bid siŵr, yw ffansi barchus y Dwyreiniwr am 'hanfod pethau,' ffansi sy'n dod yn ddeniadol o'r newydd yn Ewrop yn y bwlch hwnnw a grewyd wrth golli'r Ffydd Ddiffuant. Daw ffansïon y Dwyrain heddiw, a hyd yn oed cyffuriau'r Dwyrain, ag ymchwil am dawelwch personol a ffug dragwyddoldeb mewn angof anesthetig a 'chyfriniol'. Nid eiddo'n cenhedlaeth ni yn unig yw'r syniadaeth hon. Yr oedd y Rhamantwyr ar ddechrau'r ganrif, a feithrinwyd ar ryddfrydiaeth ddiwinyddol machlud anghydffurfiaeth ac a fagwyd ym mreichiau Omar Khayyâm, hwythau hefyd yn ymhoffi yn yr un dychmygion:

> 'Ni all terfysgoedd daear byth gyffroi
> Distawrwydd nef; ni sigla lleisiau'r llawr
> Rymuster y tangnefedd sydd yn toi
> Diddim diarcholl yr ehangder mawr . . .'

Nid oedd 'Bedd' T. Gwynn Jones ychwaith ymhell o'r un ymagwedd.

Er mor lew oedd ambell ddatganiad megis 'Buchedd Garmon' ac 'Eples', gweddus yw cyfaddef mai ychydig fu eu dylanwad yn erbyn y diddymdra hwn y daeth cynifer o anghydffurfwyr Cymru i gredu ynddo ac i'w anwesu. Yr absenoldeb hwnnw yw'r

582

hyn y mae'r dyn anianol bob amser yn llithro i'w goleddu yn hytrach nag wynebu ofnadwyaeth y Duw personol, byw. Yr oedd y Duw na lefarai yn llawer haws dygymod ag ef na'r Duw a oedd yn Air awdurdodol. Yn un peth, yr oedd yn llawer mwy amhendant.

Gellid meddwl pan ystyriwn waith diweddar Saunders Lewis y byddem yn ymwneud â diwinyddiaeth gadarnach na 'rhyddfrydiaeth' lac; diwinyddiaeth fwy miniog, ac wedi'i gwreiddio'n ddyfnach ym meddwl yr Oesoedd. Ac y mae hynny, wrth gwrs, yn wir.

Ond diddorol sylwi fel y bu Mr. Lewis erioed—a ninnau oll, mae'n siŵr,—braidd yn anfeirniadol pan ddeuai wyneb yn wyneb â Chyfriniaeth. Hyd yn oed yn ei hanes personol ei hun, yn yr ysgrif hyfryd honno 'Profiadau' a ddarllenir mor gyffrous ganddo ar ei recordiau diweddar, sylwer ar y parodrwydd i fod yn oddefol, yr ymagor annethol a direswm, y gwahodd i bwy bynnag a ddelo o'r byd arall, y disynhwyro a'r ymwacáu dwyreiniol cyfarwydd: ymarferion hollol groes i lwybr godidog y Salmyddion, ac Eseciel (1) ac Esaia (6) dyweder.

Yr ymarferion hynny yw'r cyd-destun priodol i ddarllen 'Gweddi'r Terfyn':[7]

'Ac o'n cwmpas erys mudandod a'r pwll diddymdra
Y syrth ein bydysawd iddo'n gyfan ryw nos.
Ni all ein geiriau olrhain ymylon mudandod
Na dweud Duw gydag ystyr.
Un weddi sy'n aros i bawb, mynd yn fud at y mud.'

Pan ddown i drafod 'Gweddi'r Terfyn', rhaid bod yn eglur nad barnu yr ydys (er ei fod *ef* wedi datgan dymuniad felly) ai Cristion neu beidio yw Mr. Lewis: nid ein busnes *ni* yw hynny. (Credaf i—ac nid oes dim pwys o gwbl i'm cred—mai ef yw'r dylanwad Cristnogol iachaf yń ein llenyddiaeth ers cenedlaethau.) Nid ydym ychwaith yn trafod ei ddehongliad cysurlon ef o'r gerdd yn y *Tyst,* Meh. 13, 1974. Chwilio yr ydym yn hytrach eiriau'r gerdd ei hun, a'u hystyried hwy hefyd yng nghyd-destun datblygiad nodedig yn ei ddramâu a'i gerddi yn y blynyddoedd diwethaf, datblygiad y mae ei symudiad eisoes wedi'i gysgodi yn y gwahan-

---

7. Ceir ymdriniaeth olau gan Dr. Pennar Davies yn *Saunders Lewis,* gol. D. T. Lloyd a G. R. Hughes, Llandybïe, 1975, 176-177.

iaeth rhwng *Gymerwch chi Sigaret* a *Brad* ac sy'n cynnwys *Yn y Trên, Cymru Fydd,* y cyfieithiad o Beckett, ac amryw o'i gerddi.

Ymwneud yr ydym nid â'i ddigalondid adnabyddus oherwydd i'r Eglwys Babyddol newid ei dull o addoliad, ond â'r modd sydd ganddo ef yn bersonol ers peth amser o ddisgrifio'i brofiad o'r ystyr eithaf, a'r modd y mae hyn yn ffitio i batrwm tueddiadau diwinyddol ein cyfnod.

Sylwer yn gyntaf ar y dylanwad Cyfriniol a grybwyllwyd eisoes. Yn awr, yr ydym yn y fan yma mewn byd hollol wahanol i eiddo'r rhyddfrydwyr cymysglyd a diddisgyblaeth hynny ymhlith Anghydffurfwyr Cymru sy'n cwcian eu ffydd eu hun ac yn gyfan gwbl oddrychol, gan swancio bod yn "gyfrinwyr" ('megis Waldo' fel y dywedir). Yr ydym, yn un peth, yng nghwmni gŵr a'i wreiddiau'n ddwfn mewn diwinyddiaeth batristaidd ac yn y Diwygiad Methodistaidd, gŵr serch hynny y mae ei waith yn dangos yn bendant ei fod yn glustdenau i symudiadau meddyliol ac ysbrydol ein hamseroedd.

Meistr Eckart a'i ddilynwyr mawr, Tauler, Suso a Ruysbroeck sy'n cael y bai am y ddysgeidiaeth ynghylch Duw fel 'diddymdra' a 'mudandod'. Nid yw yn gyd-ddigwyddiad, serch hynny, mai dyma agwedd rhai o grefyddau ffasiynol y Dwyrain: nid yw'n syndod chwaith i Otto weld y fath debygrwydd rhwng Eckart a Sankara. Dyma osgo Tillich hefyd, a mân Dillichiaid Cymru hwythau. Yr oedd Eckart wedi sugno'n hir yng Nghyfriniaeth syncretaidd Pseudo-Dionysius, a thueddai i uniaethu popeth yn bantheistaidd gyda Duw. Daw dyn i undod â Duw, gredai, drwy ymarfer â distawrwydd. Ond er na ddywed Mr. Lewis mo hynny, fe gondemniwyd Eckart yn blwmp ac yn blaen am heresi gan yr Eglwys yn 1327.

Nid sôn yr ydym, felly, am Gyfriniaeth Gristnogol uniongred fel y'i gwelid yn nhraddodiad Bernard, Tomas á Kempis ac Ann Griffiths. Y mae'r profiad Cristnogol cyfriniol o Dduw ynghlwm wrth gynnwys hanesyddol ("dweud Duw gydag ystyr"): y mae iddo gynnwys athrawiaethol a chynnwys moesol. Dyma'i wreiddioldeb a'i ddychryn. Ymwneud yr ŷm yn y fan yma yn hytrach â chredo ffansïol hollol ddifri am "Dduw", sy'n dod o hyd i'r diffiniad gorau o'r Duwdod mewn termau megis 'diddymdra' a 'mudandod'.

Geill llawer o'r pethau eraill a ddywed Mr. Lewis yn y *Tyst* fod yn ddigon unol â'r ffydd, megis yr haeriad fod yna debygrwydd rhwng undod â Duw a marw. Dyna ddweud digon ysgrythurol, bid siŵr, dweud sydd hefyd yn brofiad bywiol i bob Cristion tlawd a dderbyniwyd gan Dduw. Ond mewn dyddiau fel y rhain pryd y mae Nihilistiaeth yn rhemp ac afreswm yn ddelfryd, pryd y mae pobl yn lluchio'r geiriau 'Diddim' a 'Diystyr' o gwmpas yn gafalir, y mae gofal hunan-feirniadol ynghylch unrhyw brofiadau goruwchnaturiol a ddaw i'n rhan yn dra gofynnol.

Bu Van Buren ers peth amser, dan ddylanwad Wittgenstein mae'n debyg, yn ein diddanu drwy ddweud pethau tebyg am Dduw i'r hyn a ddywed Mr. Lewis, 'na ellir dweud dim amdano o gwbl sy'n datgan ei natur, dweud Duw gydag ystyr': carai Van Buren o ganlyniad, mae'n debyg, ymgyfyngu i siarad am brofiadau Dyn ac i seciwlariaeth gyfyngedig. Wel, gwyddom am yr hoffterau hen hyn.

Dyna haeru gor-gyfarwydd y 'neo-fodernwyr', rwy'n ofni . . .
[Awgryma Mr. Lewis (*Mabon* wyth, 10) fod angen esbonio'r term hwn. Defnyddir y term diwinyddol a hanesyddol 'Modernwyr' wrth gwrs, am y rhyddfrydwyr hynny a ysgogwyd gan Schleiermacher a Ritschl ac y daeth eu dadleuon i Gymru gyda David Adams, Miall Edwards ac eraill. Bu adwaith anochel yn erbyn y rhain, gan bobl fel Pius X a Barth ar y cyfandir a J. E. Daniel yng Nghymru. Yna, ar sail yr un rhagdybiaethau'n union â'r hen 'Fodernwyr' hynny fe gododd ysgol newydd o ddiwinyddion—'Neo-Fodernwyr'— i gasgliadau cyffelyb yn y bôn, ond gan newid y termau (a dyma'r peth mwyaf yng ngolwg rhai) a chan amrywio ychydig ar y dadleuon. Enghraifft o'r rhain yw Tillich; a J. R. Jones yn Gymraeg. Er nad da gan y 'Neo-Fodernwyr' gael eu cyplysu â'r 'modernwyr', tuedd annifyr diwinyddion uniongred o'r tu allan i'r ysgol yw pwysleisio'u perthynas sylfaenol hwy.]

Ni charwn, bid siŵr, hyd yn oed led-awgrymu fod lleisiwr mor fawr dros y ffydd â Mr. Lewis wedi suddo yn y corsydd gorbresennol hynny; yn wir, yr oedd ei wreiddiau patristaidd yn hen ddigonol iddo ganfod y bylchau yn arfogaeth ddiwinyddol J. R. Jones, ac y mae ei ddisgrifiad o'r ymgnawdoliad yn ddiweddar (yn y *Tyst*) yn dangos yn gyffrous o glir ble mae'n sefyll o hyd. Sôn yr ydys am ddylanwad diwinyddol anuniongyrchol arno, ynghyd â phrofiad personol a diwylliannol nas gwelwyd mewn cyfnodau eraill yn ei hanes, ond a fynegir bellach yn fynych mewn dullwedd ddiwinyddol, mor fynych nes ffurfio patrwm.

Mae'r pwysleisio hwn ar absenoldeb ac anfodolaeth Duw, Ei fudandod neu'i ddiddymdra, yn berthynas rhy rwydd i'r ffoedigaeth anghrediniol. Clywais yn ddiweddar un o gynrychiolwyr adnabyddus yr hen Efengyl Gymdeithasol yng Nghymru, anghydffurfreg amlwg, yn sôn ar y radio am "ei syniad hi" am Dduw—nad oedd hi, beth bynnag, ddim yn meddwl Ei fod Ef byth yn ymyrryd ym mywyd y byd. Pan oedd rhywun yn sâl neu'n wynebu marwolaeth, doedd hi, meddai, ddim yn gweddïo am weithred ddwyfol, dim ond am nerth i ddwyn y baich (er mai anodd cysoni'r naill osodiad â'r llall). Sut bynnag, er mai dyma'n ddiau "ei syniad hi" am Dduw, a syniad y rhelyw o'i bath, nid dyma, bid siŵr, syniad y Beibl o un pen i'r llall—beth bynnag yw'r ffynhonnell: yn wir, pe bai Duw felly, ni byddai Cristnogion yn gwybod am yr Iawn nac yn medru gweddio, 'Dyro i ni heddiw ein bara beunyddiol. A maddau i ni ein dyledion . . . Ac nac arwain ni i brofedigaeth.'

Diau mai'r Duw di-ymyrraeth, mud, marw hwn, serch hynny, yw'r un a bregethir bellach yn gyffredin yn llawer o bwlpudau'n gwlad, ac y mae'n cydweddu'n hyfryd â'r Gwaelod Bod go ddiddweud ac absennol sy'n sbïo arnom o dudalennau cymaint o'n llenyddiaeth gyfoes. Cynhyrchodd hwnnw hefyd ei foesoldeb atebol ei hun yn ogystal â'i estheteg.

Nid hela heresi Mr. Lewis, wrth gwrs, yw pwrpas hyn o bennod: pe felly, rheitiach fyddai dilyn ei frawddeg yn y *Tyst,* 'Nid digwyddiad mewn amser a lle yw'r Esgyniad, eithr "datganiad goruchaf ein ffydd." Yn wir, ar wahân i brydferthwch diamheuol ei gerdd ysblennydd ef o safbwynt esthetaidd, y mae nerth ei meddwl a'i hatyniad crefyddol yn ddigon amlwg ac yn galw am sylw—ei difrifwch sobreiddiol, ei rhybudd cywir rhag bod yn "oriach" ac yn rhwydd gysurus yn y "ffydd", a'i phwyslais ar yr ymdawelu canolog sydd i'r profiad o Dduw.

Bardd y gellid disgwyl iddo roi cryn bwyslais crynwrol cyffelyb ar ymdawelu oedd Waldo Williams,

'Oherwydd ein dyfod i'r ystafell dawel,'
'Nes dyfod o'r hollfyd weithiau i'r tawelwch.'

Ond diddorol i mi—o safbwynt ieithyddol yn ogystal ag o safbwynt crefyddol—yw sylwi fel yr oedd y *tawelwch* hwnnw fel arfer yng ngwaith Waldo ynghlwm wrth y *Gair.* Allan o'r undod tawel deuai hefyd elfennau llafar o amrywiaeth geiriol: yn hanfod y distawrwydd cyntaf yr oedd seiniau amryfal yr ieithoedd ffrwythlon yn llechu eisoes.

'O enau'r Bardd sy'n llunio'r byd.'

Hwnnw sy'n siarad yn ddiriaethol ac yn blwmp ac yn blaen: y tawelwch llafar.

'Ein chwilio ni'n eiriau i'w awdl mae Pencerdd Nef.'

Llefaru mae'r Pencerdd hwnnw: y mae hefyd yn distewi o fewn cyd-destun y gair.

Mewn "geiriau" eu hun hefyd, wrth gwrs, (megis cysgod yn y Greadigaeth,) y mae yna dawelwch; dyna sy'n gwahaniaethu rhwng cytsain a llafariad, sillaf acennog ac un ddiacen: dyna hefyd sy'n ffinio gair, yn goslefu cystrawen ac yn gorffen brawddeg. Yr un tawelwch a ddefnyddir o fewn adeiladwaith Cerdd Dafod i ffurfio acenion mydr, gorffwysfa a diwedd llinell. Un o ffeithiau iaith yw tawelwch. Meddai Révész, 'Dim ond y sawl sy'n medru siarad sy'n medru tewi. Yng nghwrs bywyd fe ddysgwn dewi ar ôl dysgu siarad.'

Nid mudandod yw tawelwch Duw, felly, ond distawrwydd y Gair—'fel y tau dafad . . .'; ac ni ellir gwadu na bydd y Cristnogion sy'n dod agosaf ato yn cyfrannu o'r un distawrwydd byw a phresennol, distawrwydd cryndod y myfyrdod ufudd, yr heddwch tuag at Dduw nad yw byth yn ddiddim. Eithr tawelwch ysbrydol yw hwnnw sy'n llawn o ystyr, sydd mewn gwirionedd yn ystyr i bopeth am mai'r Gair ydyw ystyr.

Dehongliad anieithyddol o iaith yw methu â gweld y distawrwydd sydd ynddi. Dehongliad perthynol yr un mor au yw cysylltu iaith â byd ffenomenau, a'r di-iaith â nwmena. ("Yr hyn na ellir siarad amdano, am hwnnw rhaid bod yn ddistaw.") Nid cam pell iawn yw tawelwch atheistig A. J. Ayer, ffilm Bergman *Y Distawrwydd* (1962), hunan-gofiant John Cage *Distawrwydd,* a drama Pinter *Distawrwydd*; cenhedlaeth gyfan yr iaith ddiflannol, lladd-wyr y Gymraeg, bychanwyr ystyr; pleidwyr y gwrth-Air, y genhedlaeth ormesol ddiddymgar y daeth yn bryd inni bellach ymwrthod â hi.

O ystyried "mudandod" Mr. Lewis, felly, yng nghyd-destun ei

"eiriau" i gyd, ei lafariaid agored ynghyd â'i gytseiniaid caeëdig, dichon y ceir dealltwriaeth lawnach ohono. Os na feddyliwn am y datblygiad diweddar hwn yng ngwaith Mr. Lewis yng nghyddestun y datblygiad mewn syniadaeth lenyddol Ewropeaidd, eithr yn hytrach yng nghyd-destun ei waith ei hun yn unig, fe ellir synied amdano'n bur wahanol i'r gwacter ffasiynol. Fe ellir ei gymryd yn rhan o'r cywiriad cyson ganddo rhag cymryd y ffydd yn rhy "iach". Gwyddys fod bod yn "or-iach" yn bosibl iawn, fod ambell un ohonom yn gallu ymorffwys mewn heddwch ffals a bod yn rhy ysgafn-galon ynghylch tramgwydd amheuon a maglau ofn a chryndod.

O gymryd diwedd y gerdd 'Gweddi'r Terfyn' yng nghyd-destun ei dechrau hi, ac o gymryd ei waith diweddar yng nghyd-destun prif ergyd gwaith cyflawn Mr. Lewis, ni ellir llai nag ystyried y gerdd hon yn gyffes ynghylch gwir fraw y credwr cloff. Cyffes sydd hefyd yn rhybudd ynghylch gorfodlonrwydd deallol peryglus. Nid wyf yn meddwl, wrth gwrs fod y rhybudd anfwriadus hwn ynghylch bod yn rhy "iach" yn unol â'r dull naïf braidd sy gan ryddfrydwyr diwinyddol o synied am hynny pryd bynnag y dônt ar draws gwir brofiad pendant o realaeth yr efengyl (chwithdod y dibrofiad gerbron yr annealladwy yw hynny); meddwl yr wyf yn hytrach, yn y bôn, am rai sy'n profi cyflwr seicolegol sy'n eu rhwystro rhag profi mwyach ddifrifoldeb anghysurus y neges oruwchnaturiol, rhai na wyddant mwy am yr ymostwng marwol parhaus. Dyna'r rhybudd. Dyna'r cyddestun Saundersaidd priodol hefyd, gredaf i, i ddeall y datblygiad pwysig hwn yn ei waith.

Ond a ellir ei ynysu yn ein meddwl fel hyn, darllen ei eiriau diweddar, a'u hamgyffred fel petai ar wahân i'r absoliwt diystyr a'r abswrdiaeth bodolaeth sydd wedi meddiannu gwead llenyddol cynifer o'i gyfoeswyr, a'u deall hwy yn gyfan gwbl felly? Wel, mae'n her i'n hystyriaeth o leiaf.

XX

CLO

Y mae i lenyddiaeth ei phriodoleddau ei hun sy'n ei gwneud yn wahanol i bopeth arall, a rhaid ei beirniadu yn ôl natur gynhenid y rheini. Ond ni ellir ynysu llenyddiaeth. Megis iaith y mae hi'n annatod ynghlwm wrth yr hyn y mae'n siarad amdano, ac y mae ei gwerth yn dibynnu ar natur yr hyn a ddywed am fywyd yn ogystal ag ar ei ffurf o'i ddweud. Hynny yw, y mae i lenyddiaeth 'hunanlywodraeth', ond nid yw'n annibynnol.[1] Y mae i lenyddiaeth ei chylch priodol ei hun, ond y mae'n derbyn ystyr a nerth gan bob cylch all-lenyddol sydd y tu allan iddo fel petai, yn ogystal â chan y canol 'llenyddol'. Mewn beirniadaeth lenyddol gyflawn, rhaid rhoi sylw nid yn unig i'r priodoleddau sydd yn amlwg o fewn cylch llenyddiaeth, — y rhai ffonolegol, morffolegol a semantolegol,—eithr hefyd i berthynas llenyddiaeth â seicoleg dyn, â chymdeithas', â byd natur, ac â'r cosmos.

Ceir, ar yr olwg gyntaf, felly, ddwy lefel o werthoedd. Yn gyntaf y rhai llenyddol 'hunanlywodraethol', sy'n cynnwys cynarddulleg (a drafodwyd yn *Tafod y Llenor*) sy'n gweithio o'r unigol i'r cyffredinol, ac arddulleg sy'n gweithio o'r cyffredinol i'r unigol. Yn ôl y rhain fe geisir barnu pa lwyddiant a gafwyd o'r tu fewn i'r grefft neu i'r gelfyddyd. Pa mor fedrus y clymwyd y rhannau yn y cyfan? A cheisir disgrifio adeiladwaith seiniol ac ystyrol y gwaith, ei rythmau a'i eironi, ei ieithwedd a'i ddelweddau, y tyndra rhwng dynodiad a chynodiad, yr amwysedd a'r medr i wneud meddyliau teimladol yn weladwy. Fe fyddai rhai beirniaid Positifaidd, megis I. A. Richards er enghraifft, yn dadlau mai amhriodol yw mynd ymhellach na hynny a disgwyl i farddon-

---

1. Y termau cyferbyniol a ddetnyddia Pierre Macherey, *Pour une théorie de la production littéraire,* Francois Maspero, Paris, 1971, 65-68 yw 'autonomie' ac 'indépendance': 'La spécificité de l'oeuvre, c'est aussi son *autonomie*: elle est à elle-même sa propre régle, dans la mesure où elle se donne ses limites *en les construisant* . . .L'idée d'indépendance absolue signale une pensée mythique . . .'
2. Yma y gwnaeth beirniadaeth Farcsaidd ei phrif gyfraniad, yn neilltuol o safbwynt hanesyddiaeth faterol.

589

iaeth wneud gosodiadau rhesymegol am realiti allanol, ac na ddylid barnu barddoniaeth yn ôl ei pherthynas all-lenyddol.

Ond y mae ansawdd y cynnwys mewn llenyddiaeth yn dibynnu ar ail lefel o werthoedd, sef ar ei harwyddocâd wyneb yn wyneb â'r holl agweddau eraill ar ein bodolaeth. Hynny yw, ni all y beirniad llenyddol cyflawn anwybyddu perthynas llenyddiaeth â'r hyn sy'n ymddangos yn oruwchlenyddol.[3] Sut y llunnir y mythau gwahanol sy'n dehongli deunydd y meddwl a'r teimlad a ysgoga'r llenor—ei hunan, ei gymdeithas, ei Dduw, yn ogystal â'i amgylchfyd amhersonol? Am fod iaith yn gyfrwng i ddadansoddi a disgrifio bywyd i gyd—i greu "byd-ddelwedd", y mae ansawdd y cyfarfyddiad ieithyddol â'r byd dirfodol yn effeithio ar ansawdd y testun llenyddol.

Heblaw hynny, mewn beirniadaeth lenyddol gyflawn ceir haen amgylchynol arall o werthoedd (o amgylch y ffurf ac o amgylch y deunydd) sy'n treiddio ac yn gordoi'r gwerthoedd llenyddol mewnol neu hunanlywodraethol yn ogystal â'u perthynas â'r gwrthrychau a drafodir; a haen ddiwinyddol-lenyddol yw honno. Hi biau'r gwerthoedd sy'n gofyn—A yw'n ymwneud â'r dibwys? A yw'n arwyddocaol? A yw'n cyfoethogi bywyd? Dyma'r maes lle y mae'r darllenydd yn ymateb i lenyddwaith â'i fodolaeth i gyd.

Nid yw dweud hyn yn golygu ein bod am dreisio hunaniaeth llenyddiaeth. Ond y mae a wnelo cyfangorff llenyddiaeth â holl brofiad dyn, ac y mae ei berthynas eithaf ag ef ei hun, â'i gymdeithas, â'r ddaear, ac â Duw yn mynd i ymddiriaethu mewn modd arwyddocâol yn ei feirniadaeth lenyddol. Eithr yn y lle cyntaf, nid ar ffurf uniongyrchol 'ddiwinyddol' y gwna hynny—mwy nag ar ffurf gemegol. Y mae'r llenor yn ymateb i fywyd i gyd drwy iaith yn deimladol-feddyliol ac yn gelfyddydol, hynny yw, â'i holl bersonoliaeth ond mewn unedau o iaith drawsffurfiedig. Ac yn hyn o orchwyl, fel y ceisiwyd dadlau, fe all cân serch baganaidd a nofel 'seciwlar' a darn o feirniadaeth lenyddol am eironi neu fydr, ragori ac egluro bywyd gyda dyfnder a thrwch, gan ddarparu "gwybodaeth" lenyddol am ddynoliaeth i bob darllenydd deallus. Eto, pa mor seciwlar neu anghrediniol neu 'wrthgrefyddol' bynnag fônt, y mae pob gwaith llenyddol,

3. 'Theology and Literature: a linguistic approach', Samuel T. Logan, *The Westminster Theological Journal,* Spring, 1974, 334-360.

beth bynnag yw ei bwnc, wedi'i gyflyru gan ymagwedd sylfaenol tuag at bwrpas neu werthoedd.

Dadl y ddwy gyfrol hyn, felly, yw bod beirniadaeth lenyddol yn unplyg ddeublyg. Yn ei gwedd gyntaf (sy'n cynnwys cyn-arddulleg ac arddulleg) y mae'n dadansoddi llenyddiaeth yn dechnegol. Ac yn *Tafod y Llenor* ceisiais yn bennaf ddatblygu dull ieithyddol Guillaumaidd o ddadansoddi'r adran gyn-arddullegol o'r wedd honno. Eithr nid dyna'r diwedd. Am fod pob llenyddwaith yn dweud rhywbeth am y byd "y tu allan" ac yn wir yn rhan o'r byd hwnnw, ni all y beirniad llenyddol lai na'i brisio yn ôl persbectif lletach ac yn ôl fel y mae'n amlygu gwirionedd teimledig yn weladwy. Yn y pen draw, rhaid iddo ddatblygu dehongliad diwinyddol-lenyddol: nid dehongliad diwinyddol crai, eithr ymagwedd sy'n ymwneud â defnydd arbennig o iaith ac â golwg arbennig ar fodolaeth. Yn wir, eisoes yn y wedd gyntaf (Arddulleg a Chyn-arddulleg) y mae presenoldeb ymwybod o werthoedd ynghylch trefn a chyferbyniad ar waith yn rymus. Ac yn y gwerthoedd llywodraethol sylfaenol hyn, yn y pen draw, nid oes lle i ddull y synthesis o weithio. Gan fod a wnelom â gwirionedd, yr unig feirniadaeth lenyddol gyflawn—pe bai'r fath beth yn bosibl ar y ddaear hon—sef y feirniadaeth y dylid gweithio tuag ati, dyna fyddai hi, sef beirniadaeth sy'n ymrwymedig ac yn ddigymrodedd Gristnogol, beirniadaeth sy'n medru digoni'r holl berson. Ni ellir mesur na barnu'n derfynol foddhaol ond yn ôl y datguddiad terfynol yn y Gair; ac yn y gyfrol hon ceisiais yn bennaf ddatblygu dull Calfinaidd o ddehongli'r wedd honno ar lenyddiaeth, gan ganolbwyntio'n enghreifftiol ar y traddodiad Cymraeg.

Ar berygl gor-symleiddio, ac ar berygl methu â chyfleu'r modd y mae'r categorïau amryfal yn cydblethu mewn gofod ac amser, mentraf yn awr fapio'r prif agweddau ar feirniadaeth lenyddol yr ydys wedi ceisio cydnabod yn y deuawd yma o gyfrolau, er mai A1 ac C1 yw'r ddwy adran a gafodd y sylw manwl a phenodol.

Dyma dabl sy'n amlinellu cynnwys a pherthynas beirniadaeth lenyddol yn ei chyflawnder:

591

BEIRNIADAETH LENYDDOL "GYFLAWN"			
A. MEWNOL		**B. ALLANOL** (Y cyswllt â'r goddrych neu â'r gwrthrych a drafodir)	
1. CYN-ARDDULLEG (Gwybod)	2. ARDDULLEG (Adnabod)	1. MYTH neu FODEL	2. AMLYGIAD unigol
Gwyddor: o'r arbennig i'r cyffredinol, e.e. astudio mydr; beth yw stori? etc.	*Celfyddyd*: o'r cyffredinol i'r arbennig, e.e. hyd brawddegol; adeiladwaith cerdd neillduol, etc.	(i) Yr hunan seicolegol) (ii) Cyd-ddyn (cymdeithasegol) (iii) Daear a bydysawd (ecolegol/cronolegol) (iv) Duw (crefyddol)	
1. Ffonoleg 2. Morffoleg 3. Semantoleg	Cyhydedd, Cyflythreniad, Rhythm, Onomatopoeia, Trefn eiriol, Cywair geirfaol a gramadegol, Patrymu delweddau, etc.		
Deddfau	Rheolau	Atrefniad cyffredinol o'r gwrthrychau a ganfyddir yn oddrychol	Enghraifft arbennig a adeiladwyd ar sail y perthynaseddau hynny
Cerdd Dafod	Cerdd Fynegiant		

C. RHAGOSODIADAU DIWINYDDOL-LENYDDOL (pwrpas, gwerthoedd, trefn hanfodol), Cristnogol neu beidio sy'n gorwedd o dan y Mewnol a'r Allanol: dibynna'u treiddgarwch ar bresenoldeb neu beidio o'r argyhoeddiad personol o bechod ac o'r profiad o iachawdwriaeth.

(i) Barn gadarnhaol (safonau: cyflawnder, lled a dyfnder, o bosib cymhlethrwydd, cydlynedd, patrwm cyferbyniol; bywiogrwydd, dwysedd; perthnasoldeb, cysylltiad â'r profiad cyfan o fywyd.)
(ii) Barn negyddol.

1. GRAS CYFFREDINOL YNGHYD Â GRAS ARBENNIG	Potensial dealltwriaeth a gwerthoedd y darllenydd Cristnogol.	
2. GRAS CYFFREDINOL AMDDIFAD	Potensial dealltwriaeth a gwerthoedd y darllenydd anghrediniol.	

Yn y ddeunawfed ganrif a dechrau'r ganrif ddiwethaf, efelychu bywyd (mimesis) ac 'adeiladu' darllenwyr fuasai nod y nofel ym mryd theorïwyr (Adran B ac efallai C uchod). Gyda Flaubert a'i ddilynwyr wedyn yng nghanol y ganrif ddiwethaf, hunan lywodraeth i gelfyddyd oedd y sgrechair (Adran A uchod). Cydberthynas fewnol y rhannau yn y greadigaeth esthetig oedd eu prif gonsarn mwyach. Felly Gautier; felly James. Felly hyd ein dyddiau ni[4] Ortega a Robbe-Grillet, ac wrth gwrs y beirniaid cyfoes megis Roland Barthes. Gwelir mai gwrthod y naill a'r llall o'r safbwyntiau hyn a wneir yn y gyfrol hon. Cydnabyddir rhyw fath o hunanlywodraeth y tu fewn i'r llenyddwaith, ac fe'i gelwir yn hunanlywodraeth ffederal; ond rheoli 'gwlad' a wna'r llywodraeth honno—y mae iddi wrthrych llywodraethu, y mae ganddi berthynas "allanol"; y mae hefyd ar gael wladwriaethau cyfagos a llywodraethau arnynt, ond y maent oll o dan y gydlywodraeth ganolog. Annigonolrwydd amlwg y beirniaid hunanlywodraethol "pur", hyd yn oed o safbwynt seciwlar, oedd eu bod heb ddygymod yn iawn â pherthynas y llenyddwaith a'i ddeunydd. Wrth wneud peth a oedd yn ddigon dilys, sef mawrygu natur 'annibynnol' y gwaith, collasant afael ar ei natur 'ddibynnol'. Wrth bwysleisio'r mewnfodol, anwybyddasant y trosgynnol.

Fe all tabl fel yr uchod ymddangos i arddelwyr y dull hanesyddol o drafod llenyddiaeth braidd yn rhy gategorïaidd, haearnaidd, gor-syml, taclus, neu ba ansoddair bynnag y cerir ei luchio'n ei erbyn. Ar hyn o bryd, clytwaith chwiwus braf a hoffus o ddi-drefn o ddisgyblaethau yw hanes llenyddiaeth: gall gynnwys tamaid o gofiant, dadansoddiad o natur mydr, sylwadau seicolegol, disgrifiad arddullegol o rythmau rhyddiaith, ychydig o gymdeithaseg, dyfarniadau gwerth (ar seiliau diwinyddol yn y pen draw), ac yn y blaen—y cwbl, o ran maint pob eitem, eu cyd-berthynas â'i gilydd, a'r pryd yr ymddangosant mewn astudiaeth yn dibynnu ar chwiw'r hanesydd (neu'r beirniad) ar y pryd. Sut y mae'r gwynt yn chwythu? Dyma'r dull defodol a blêr, y dull sgyrsiol o ymhèl â llenyddiaeth y buom oll yn gyfrannog ohono, ac a bery tra bo clep yn glep.

Y cwestiwn y mae'n rhaid ei ystyried bellach, serch hynny, wyneb yn wyneb â'r tabl uchod yw a yw'r dosraniad newydd hwn

---

4. *The Theory of the Novel*, ed. J. Halpern, OUP, 1974.

yn dal dŵr—hynny yw, a yw'n dweud y gwir am ddulliau gwahanol a phenodol o feddwl am lenyddiaeth sydd eisoes ar waith ynddi, ac y dylid cydnabod eu bodolaeth ddiffiniol? A yw "hunanlywodraeth" ieithyddol llenyddiaeth vis-à-vis ein barn boliticaidd, dyweder, yn ddosraniad ystyrlon? A yw'r gwahaniaeth penodol rhwng cyn-arddulleg wyddonol ac arddulleg gelfyddydol yn glir ac yn gyferbyniol gywir?

Onid diwinyddol-lenyddol yn y bôn yw'r safbwynt Marcsaidd neu'r safbwynt ffug-niwtral ymhlith yr hiwmanistiaid esthetaidd; ac felly, onid oes rhagdybiaeth a fframwaith meddwl diwinyddol-lenyddol bob amser yn sail i bob beirniadaeth hyd yn oed er na sylweddolir mo hynny?

Os felly, os yw'r arweddau gwahaniaethol hyn yn bod yn gwbl benodol, yna ni wna'r gri 'gad fi'n llonydd' gan yr "hanesydd llên" ceidwadol mo'r tro i wrthod yr anghenraid cynyddol eglur i sylweddoli ac i nodi pa weithgaredd beirniadol sydd ganddo ar y pryd ac i beidio â chymysgu'n afradlon anfwriadol un ddisgyblaeth â disgyblaeth arall.

Eto, yr un pryd ag y dylid cydnabod fel hyn yr arweddau gwahaniaethol—yr amrywiaeth systematig—sydd o fewn beirniadaeth lenyddol, y mae'n rhaid hefyd gydnabod y cydlyniad—yr undod, yr ymaflyd cyffredinol a chyflawn sydd am y cwbl, y gwaed sy'n rhedeg drwy'i holl wythiennau ac yn rhoi iddo fywyd. Rhan o bwrpas y gyfrol hon fu ystyried y mater olaf, neu o leiaf un dull o feddwl am yr undod hwnnw sy'n bresennol ym mhob man.

Yn niwedd *Tafod y Llenor,* cyfrol lle y bûm yn ceisio trafod theori ynghylch ffurf llenyddiaeth (Adran A. 1 uchod), fe awgrymais fod angen un gyfrol arall (ar Adran C. 1 uchod), ymdriniaeth ynghylch nod llenyddiaeth er mwyn cwblhau'r theori 'gyflawn' o lenyddiaeth a oedd gennyf yn fy meddwl. Wrth gyrraedd terfyn hyn o gyfrol, y mae'r addewid yna o'r diwedd wedi cael ei chywiro. Ond wrth ymlwybro ymlaen drwy'r ddwy gyfrol hyn gyda'i gilydd, 'rwy'n gweld fel y mae fy syniad am adeiledd cyflawn theori lenyddol wedi dod yn eglurach i mi, hyd yn oed os nad ymddangosodd yn eglurach i neb arall. Fel yr awgryma'r tabl uchod, y mae yna orchwyl arall bellach yn f'aros. Yr oedd *Tafod y Llenor* wedi ymsefydlu yn A. sef yn y Mewnol; ac er na thrafododd lawer mwy nag 1. sef Cyn-Arddulleg, ceisiwyd diffinio'n weddol benodol safle 2. hefyd, sef Arddulleg, ym mhatrwm y theori gyflawn. Gobaith y gyfrol hon wedyn, *Diben y Llenor,* oedd disgrifio arwyddocâd y rhagdybiau a oedd yn waddol i bob sylwadaeth ynghylch ffurf neu gynnwys ac a roddai iddynt gyfeiriad, y gwerthoedd diwinyddol-lenyddol, er mai C. 1. yn unig a gafodd fy sylw i'n bennaf oherwydd y cyfle a roddwyd gan y traddodiad Cymraeg i wneud hynny, er imi geisio nodi fel y mae C. 2 hefyd ar waith yn ei ffordd ei hun ymhlith beirniaid seciwlar neu anghrediniol. Yn raddol, ar hyd yr amser, serch hynny, y mae presenoldeb B. sef yr Allanol, y ddelwedd o'r deunydd, wedi bod yn cyniwair yn fy meddwl ac yn mynnu lle mewn theori sy'n ceisio bod yn "ddihysbyddol." Felly, os ceir cennad rywdro ymhen hir a hwyr, ac os ceir efallai egni ac amynedd a hyder, ni wn a fyddai'n bosibl ymroi i gyfrol arall er mwyn dibennu'r triawd angenrheidiol, cyfrol a fydd yn dwyn teitl megis *Deunydd y Llenor,* ac a fyddai, mi obeithiaf, yn sylwi'n arbennig ar B. 1 sef ar y Myth neu'r model a adeiledir wrth drafod 'gwrthrychau' llenydda.

Y drefn a Chalfiniaeth

Yr hyn yw'r rhecsyn coch diarhebol i'r tarw, dyna fu Calfiniaeth yn aml i lawer o'n deallusion Cymraeg diweddar, gan gynnwys y beirniaid llenyddol. Eithr er urddasoled y geill fod, nid bob amser y bydd rhuthr y tarw yn bwrpasol nac yn ddeheuig. Rhan ddiddorol o'r adwaith yn erbyn y meddwl Cristnogol—os gwelir ef yn trafod rhywbeth heblaw 'crefydd'—yw'r duedd i ystyried mai 'rhagfarn' yw Cristnogaeth, ond nad yw'r meddwl dyneiddiol neu anghrediniol ond yn feddwl 'gwrthrychol' a 'diduedd'.

Fe'n magwyd ni oll yn y cyfnod diweddar mewn amgylchfyd dyneiddiol ac anghrediniol felly lle y cymerwyd yn dawel ganiataol fod Cristnogaeth yn amherthnasol ac yn methu â chynnig pwrpas na gwerthoedd ar gyfer ystyried llenyddiaeth dyweder. Dyna oedd patrwm ein cyfundrefn addysg. Anghrediniaeth bedestraidd oedd yr awyr a anadlasom beunydd. Syniadau dyneiddiol ystrydebol oedd y bara beunyddiol a fwytasom. A 'thyfasom' heb sylwi dim. Heddychiaeth: rhyddid cymdeithasol: cydraddoldeb: gweithredoedd dyngarol: pethau da i gyd. Dyn, ar ei ben ei hun. Derbyniasom yn oddefol ac yn anymwybodol y rhagdybiau rhyddfrydol oll; a phe bai rhywun wedi awgrymu inni fod modd meddwl o'r newydd o'r gwaelod gyda rhagdybiau gwahanol, a dod i gasgliadau cwbl wahanol gyda blaenoriaethau gwrthwyneb bron, ni fuasem yn deall ond drwy ymdrech ddirfawr: yr oedd ein magwraeth wedi digwydd yn ddigwestiwn.

Rhan fuddiol o effaith gosod yr achos ynghylch materion 'daearol' gerbron mewn dull Cristnogol ydyw crisialu'r adwaith hiwmanistaidd. Dywedodd un beirniad am feirniadaeth lenyddol Gristnogol, 'Ni leddir (ganddi) y safbwyntiau annerbyniol dyneiddiol eithr ennill atynt amddiffynwyr.' Eithr gan mai drwy ras yr ydys yn gadwedig, ni fyddai dadleuydd Cristnogol yn disgwyl yn amgen, bid siŵr. Wedi'r cyfan, nid creu dyneiddwyr newydd o gwbl a wneir, oherwydd dyna'n man cychwynnol a normal ni oll, y sefyllfa anchwyldroadol a rhigolaidd. Yr hyn a wneir yw peri bod ei arddelwyr mwyaf diniwed yn sylwi efallai am y tro cyntaf ar ei fodolaeth wironeddol, ac yn mynd ati i'w cyfiawnhau'u hun yn fwy ymwybodol ac i geisio esbonio—yr hyn nas gwedir o gwbl—sut y mae'r dyneiddiwr, er gwaethaf ei anghrediniaeth (a thrwy ras cyffredinol, er na ddwedir mo hynny) yn medru llunio gweithiau llenyddol gorchestol. Eto, cryn gamp o hyd iddo ydyw sylweddoli ei fod ef yn gwneud rhywbeth mwy na dweud ei feddwl yn hollol ddiragfarn haelfrydig a'i fod mewn gwirionedd yn traethu'r cwbl ar sail rhagdybiau dynganolog anymwybodol.

Wrth sylweddoli fod yr anghrediniwr diragfarn yn pwngan o ragfarnau, gweddus yw sylwi ar un feirniadaeth reolaidd y cais ei defnyddio i ddamnio Calfiniaeth, sef bod Calfiniaeth yn gyfundrefn dwt a gorsyml. Fe'i cymherir yn hyn o beth â Marcsiaeth. Ymagweddir hyd yn oed gan y meddylwyr mwyaf naïf ac arwynebol fel pe baent yn ddeallusion mwyaf soffistigedig wrth iddynt honni. 'Ond rydw i'n meddwl fod bywyd yn fwy cymhleth na hynyna.'

Yn y bôn, wrth gwrs, symleiddiad arswydus o elfennol yw'r cyffredinoliad hwn ynghylch Calfiniaeth, fel y gŵyr pawb a ddarllenodd yr *Institutio*. Dull ydyw hefyd o ymchwyddo ac o ymddyrchafu, gan awgrymu fod rhyw greaduriaid bach twp fel Paul ac Awstin, Calfin a Phantycelyn, Martyn Lloyd-Jones a Thudur Jones yn gorfod meddwl mewn categorïau trefnus, ond y gwyddom ni, arcn-athronwyr dwfn yr adain ddyneiddiol, fod cymhlethdodau'r cread yn ein gorfodi i beidio â dod i gasgliadau rhy systematig.

Ond y mae'r feirniadaeth hon ar Galfiniaeth yn fwy na balchder cyfarwydd: yn y bôn y mae'n fynegiant o deimlad diwinyddol. Teimlad, nid deall. A theimlad hynod rymus. Deil gwir feddwl deallol y gorllewin o hyd i arddangos trefnusrwydd byd natur, er gwaethaf pob abswrdiaeth. Deil ein hieithyddion i ddatgelu patrymau a'n ffisegwyr i geisio deddfau penodol. Deil ein gwleidyddion hefyd, hyd yn oed, i arddel cyfraith a chyfundrefn o ryw fath. Ni allant lai. Teimlad yn unig, meddwl teimladol, sy'n gyrru'n llenorion (a'n diwinyddion weithiau) i arddel caos a diffyg pwrpas. Cynnyrch emosiynol ydyw'r abswrd, a rhagdybiaeth anneallol gyfyngedig nad yw'n cael llawer o hwyl ar ei hamddiffyn ei hun, ond sy'n hylaw fel rhagfarn yn erbyn casgliadau 'pendant'. Bod pendantrwydd yn bosibl, dyna'r tân ar y croen. Bod modd gwybod atebion, dyna'r ymosodiad dirfodol a 'haerllug' ar ein diogelwch hunan-ganolog. Bod trefnusrwydd yn rhan o natur y cread, ac yn wir yn rhan o'r arfaeth cyn y cread ac wedyn, dyna fygythiad cwbl anffasiynol i'r teimladau. Bygythiad y symlder arswydus sydd y tu hwnt i gymhlethdod.

Ar wahân i fod yn fythol ffasiynol yn ei hamrywebau nid oes fawr o ddim gan ddyneiddiaeth abswrd i'w gynnig i feddyliwr gofalus heddiw. Ni bydd yr un meddyliwr sydd wedi hir fyfyrio uwchben patrymau'r greadigaeth a dulliau gorfodol y meddwl dynol ei hun o weithio yn teimlo y dylid condemnio Calfiniaeth oherwydd ei threfnusrwydd 'syml'. Mewn man arall y bydd yn rhaid wedyn ddod o hyd i'r gwrthwynebiad iddi, oherwydd tramgwydd cyson fydd y ffydd. Sialens ydyw sy'n wrthun i'r dyn naturiol. A beth bynnag yw'r 'rheswm' neu'r 'teimlad' a geir am ei gwrthod hi, ei gwrthod hi sy'n rhaid. Yr hyn sy'n dal yn effeithiol hanfodol yw ei bod yn cael ei dirmygu, fel y gellir rhuthro'n ôl wedyn at y norm cynefin.

Rhag ofn bod camddeall am yr hyn a awgrymir yw'r 'norm' crefyddol cynefin hwnnw yn llenyddiaeth Gymraeg, carwn nodi mai'r norm o anghenraid bob amser yw llenyddiaeth ddynganolog. Hyd yn oed yn y cyfnodau mwyaf Cristnogol, y man cychwyn yw'r dyn naturiol. Peth abnormal yn ei hanfod yw Cristnogaeth, wedi'r Cwymp.

Ond ochr yn ochr â'r rhagdybiaeth seciwlar a'r hunan-lywodraeth ddyneiddiol hon, y mae gan y dyn naturiol bob amser ymwybod crefyddol a chydwybod sydd drwy ras cyffredinol yn effro i'r byd goruwchnaturiol, beth bynnag a wna ef o hynny. Dyna norm sylfaenol annelwig y mae'r chwyldro Cristnogol yn ymosodiad arno. Awgrymu'r wyf i mai'r ffurf fwyaf creadigol a'r fwyaf adeiledddol ar wrthryfel neu adffurfiad ar y norm ysbrydol, teimladol a deallol (ond crefyddol ddyn-ganolog) yn hanes llenyddiaeth Gymraeg yw Awstiniaeth neu Galfiniaeth, ad-ffurfiad sydd wrth ddarostwng dyn yn ei ddyrchafu, wrth ei fych-anu yn ei gyfoethogi.

Nid yw dadlau hyn yn golygu difrïo cyfraniadau amryfal ac amryliw eraill i'r traddodiad. Yr oedd un gweinidog Wesle, ar enghraifft, yn tybied dro fy mod yn diystyried gwerth y cyfraniad Wesleaidd. Digon ar y pen hwnnw yw dyfynnu Whitefield, pan ofynnodd un Calfinydd go wrth-Wesleaidd iddo, 'Ydych chi'n meddwl y gwelwn ni John Wesley yn y nefoedd?' a ddywedodd: 'Wel, nac ydw, dydw i ddim yn credu y gwnawn ni.' Cytunodd y cyfaill chwerw ag ef, ac yna ychwanegodd Whitefield: 'y rheswm, na welwn ni mono yw hyn—mae arna i ofn y byddwch chi a finnau mor bell oddi wrth orsedd Crist, a Wesley mor agos, fel y caiff ef ei golli yn nisgleirdeb ei Waredwr, a go brin y byddwch chi na finnau'n gallu ei weld ef.'

Digon tebyg fod y safbwynt Wesleaidd, pan oedd e'n gwrth-wynebu gwir Uchel-Galfiniaeth, yn gywiriad iachus mewn dysgeidiaeth: mae'n amlwg er enghraifft fod yr alwad yn mynd allan i *bob* dyn edifarhau. Nid oes amheuaeth chwaith nad dynion a oedd yn adnabod Crist yn bersonol oedd llawer iawn o'r rhai a gynrychiolodd y corff Wesleaidd yng Nghymru. Nid oes dim dau chwaith na fu i amryw Galfiniaid gamddeall Wesley yn llwyr yn ei athrawiaeth am gyfiawnhad drwy ffydd ac nid ar unrhyw gyfrif drwy weithredoedd. Diau hefyd fod agosrwydd efengyl-aidd y Wesleaid at y Calfiniaid yng Nghymru yn peri eu bod yn cyfrannu yn gyffelyb ym mhriffordd y traddodiad mawr yn hanner cyntaf y ganrif ddiwethaf. Er mai prin ar yr olwg gyntaf yw cyfraniad emynwyr Wesleaidd megis Ehedydd Iâl a'r diwin-yddion megis Samuel Davies ochr yn ochr â chynnyrch syl-weddol yr holl enwadau Calfinaidd, teg yw dal eu bod yn cynrychioli pwyslais sy'n llawer lletach na'u henwad. Eto, wedi dweud hynyna i gyd, rhaid dychwelyd at y gosodiad cyntaf: ni ellir cymryd nac Arminiaeth na Phelagiaeth na Wesleaeth fel y gwrthwynebydd miniog i ddyneiddiaeth, sydd wedi bod mor gynhyrfus o ffrwythlon yn y meddwl Cymraeg. Priffordd y gwrthryfel Cristnogol creadigol o ddyddiau Dewi hyd Gwenallt yn y traddodiad Cymraeg fu Awstiniaeth neu Galfiniaeth, y corfforiad ffaeledig hwn o Gristnogaeth anffaeledig.

Nid traddodiad unlliw yw'r traddodiad Cymraeg, serch hynny. Neu fe ellir dweud, mewn ffordd arall, fod traddodiadau eraill heblaw'r un mawr Awstinaidd-Galfinaidd o fewn y dreftadaeth Gymraeg hon. Nid yn ôl ei maint allanol y mae mesur cyfraniad Undodiaeth, er enghraifft, i ryddid cydwybod yn wyneb erledigaeth cyfraith gwlad a chrefyddwyr byrdrem, heblaw ei dyngarwch nodedig. Gwych oedd cymeriadau lliwgar megis Tomos Glyn Cothi, Iolo Morganwg, Thomas Stephens, a Gwilym Marles.

Ac er pwysiced y traddodiad Awstinaidd-Galfinaidd yng Nghymru, nid oedd hyn yn ffenomen gyfyngedig i Gymru, wrth gwrs, fel y protestiai'r Alban a'r Swistir a'r Iseldiroedd yn ddiau ped awgrymem y fath beth, ac fel y protestiai Pascal a Racine a Rembrandt ac Awstin hwythau.

Ond yng Nghymru, o ddyddiau Dewi Sant hyd ddyddiau Gwenallt, y mae grym y meddwl a'r profiad Awstinaidd-Galfinaidd yn ffactor canolog yn themâu ein llenyddiaeth ac yn fygythiad bythol i'r ddyneiddiaeth honno y buom erioed wrth natur am ei harddel. Er mor anesmwyth y bydd llawer wrth sylwi ar hyn, y mae deall hyn yn gymorth i amgyffred llawnder deallol a dwys ein traddodiad, a hyd yn oed i ddirnad yn graffach natur y grym a yrrai'r rhai a wrthwynebai Galfiniaeth gyda'r fath angerdd. Dyna pam y rhoddwyd y fath sylw iddo yn y drafodaeth hon.[5]

---

5. Sylwaf wrth fwrw golwg yn ôl bellach dros fy nhipyn trafodaeth fod ar y mwyaf o gyfeirio—'bygylu' a ddwedai rhai—at fwgandod y 'rhyddfrydwyr diwinyddol.' Nid er mwyn dweud 'Na' wrthynt y gwnaethpwyd hynny yn y fan yma (er fy mod yn credu'n ddigon siŵr fod mawr angen dweud 'Na') Ac nid oherwydd diffyg hoffter ohonynt chwaith. Fe'u defnyddiais yn unig er mwyn diffinio: y mae cyfeirio ymwrthodol a negyddol yn fodd angenrheidiol i ffinio neu i gyferbynnu'n eglur; ac mewn oes amwys, dichon y maddeuir dygn gysondeb y fath wahaniaethu.